CHAMPION CLASSIQUES
Collection dirigée par Claude Blum
Série « Moyen Âge »
sous la direction d'Emmanuèle Baumgartner et de Laurence Harf-Lancner

LE ROMAN D'ALEXANDRE
OU
LE ROMAN DE TOUTE CHEVALERIE

Dans la collection *Champion Classiques*

Série « Moyen Âge »
Éditions bilingues

1. THOMAS, *Le Roman de Tristan* suivi de *La Folie Tristan* de Berne et de *La Folie Tristan* d'Oxford. Traduction, présentation et notes d'Emmanuèle Baumgartner et Ian Short, avec les textes édités par Félix Lecoy.
2. ROBERT D'ORBIGNY, *Le Conte de Floire et Blanchefleur*, publié, traduit, présenté et annoté par Jean-Luc Leclanche.
3. *Chevalerie et grivoiserie-Fabliaux de chevalerie*, publiés, traduits, présentés et annotés par Jean-Luc Leclanche.
4. RENAUD DE BEAUJEU, *Le Bel Inconnu*, publié, présenté et annoté par Michèle Perret. Traduction de Michèle Perret et Isabelle Weill.
5. THOMAS DE KENT, *Le Roman d'Alexandre* ou *Le Roman de toute chevalerie*. Traduction, présentation et notes de Catherine Gaullier-Bougassas et Laurence Harf-Lancner, avec le texte édité par Brian Foster et Ian Short.
6. GUILLAUME DE BERNEVILLE, *La Vie de saint Gilles*, publiée, traduite, présentée et annotée par Françoise Laurent.

THOMAS DE KENT

LE ROMAN D'ALEXANDRE OU LE ROMAN DE TOUTE CHEVALERIE

Traduction, présentation et notes de Catherine Gaullier-Bougassas et Laurence Harf-Lancner

avec le texte édité par Brian Foster et Ian Short

CHAMPION CLASSIQUES
HONORÉ CHAMPION
PARIS – 2003

Catherine Gaullier-Bougassas, Maître de Conférences de Littérature médiévale à la Sorbonne nouvelle, a publié récemment aux éditions Champion *Les Romans d'Alexandre : aux frontières de l'épique et du romanesque*.

Laurence Harf-Lancner, Professeur de Littérature médiévale à la Sorbonne nouvelle, a publié, entre autres, *Les Fées au Moyen Age : Morgane et Mélusine ou la naissance des fées* (Éditions Champion) et l'édition bilingue du deuxième grand roman en vers consacré à Alexandre le Grand au XIIe siècle, *Le Roman d'Alexandre* d'Alexandre de Paris (Le Livre de Poche).

www.honorechampion.com

ISBN 2-7453-0519-0 ISSN 1636-9386

INTRODUCTION[1]

Alexandre le fils d'un magicien oriental sulfureux, l'ancien roi d'Égypte Nectanabus; Alexandre le guerrier et le stratège invincible, élu par les/la divinité(s) pour conquérir un empire quasi universel; Alexandre le roi généreux et courtois; Alexandre l'élève d'Aristote et le savant qui veut explorer l'Orient et élucider ses arcanes; Alexandre le héros démesuré qui, dans sa quête personnelle de la toute-puissance et de l'immortalité, entraîne son armée dans une entreprise sacrilège; Alexandre le sage qui souhaite s'initier aux valeurs autres de l'Orient, se convertit au monothéisme à Jérusalem et entame un débat théologique avec les Brahmanes: voilà autant de facettes – parfois difficiles à concilier, d'où la naissance d'ambiguïtés – de cette figure héroïque et royale dont la geste romanesque n'a cessé de hanter les hommes du Moyen Âge. En témoignent l'abondance des œuvres qu'ils lui ont consacrées, en latin comme en français, du XIIe au XVe siècle, ainsi que le nombre de manuscrits conservés. S'emparant des récits et des légendes de l'Antiquité tardive, l'Occident médiéval a contribué à la survie et à la recréation de ce personnage mythique, dont la grandeur et l'ambivalence dépassent le mythe politique du roi conquérant.

Lorsque Thomas de Kent, sans doute entre 1175 et 1185, compose son *Alexandre* anglo-normand ou *Roman de toute chevalerie*, il est loin d'être le premier auteur médiéval à remémorer la vie d'Alexandre. La fascination qu'a suscitée le roi de Macédoine n'a cessé de s'exercer depuis l'Antiquité. Dès le premier tiers du XIIe siècle, elle a entraîné sur le territoire français l'écriture de plusieurs *romanz*, récits en langue romane, qu'Alexandre de Paris rassemble et adapte vers 1180-1185: son *Roman d'Alexandre* semble avoir connu un tel succès qu'il tend très vite à reléguer dans l'oubli les versions continentales antérieures et devient l'une des plus importantes vulgates médiévales sur Alexan-

[1] Les références des textes de l'Antiquité et du Moyen Âge qui portent sur Alexandre et que nous analysons ou citons sont regroupées dans la bibliographie.

dre, dont la postérité sera fructueuse. En effet, du XIIIe au XVe siècle, il sera l'objet d'amplifications et de continuations, puis de mises en prose, qui montrent l'ampleur de sa diffusion et l'autorité qu'il a exercée. Rien de tel pour le *Roman de toute chevalerie*. Thomas de Kent ne nous a pas légué un texte décisif dans l'histoire de la transmission littéraire de la geste d'Alexandre. Son *Alexandre* anglo-normand ne peut être considéré comme un maillon essentiel de la chaîne des textes médiévaux qui, du XIIe au XVe siècle, s'engendrent les uns des autres. Il n'est certes pas resté complètement marginal, puisqu'au XIIIe siècle il a été adapté en moyen haut anglais par l'auteur du *Kyng Alisaunder*[2]. Mais il n'a pas provoqué la rédaction de textes aussi divers et multiples que l'œuvre d'Alexandre de Paris et nous est conservé dans un nombre inférieur de manuscrits. Tout porte à croire que sa diffusion s'est en grande partie limitée aux territoires anglo-normands. S'il n'a pas réussi à s'implanter sur le continent, c'est sans doute qu'il a été lui aussi victime du succès de la version d'Alexandre de Paris.

Les trois manuscrits complets de l'*Alexandre* anglo-normand, qui datent du deuxième quart du XIIIe siècle et de la première moitié du XIVe siècle, nous donnent d'ailleurs la preuve que les copistes ont rapidement comparé la version anglo-normande à la version continentale. Ils ont en effet sensiblement modifié le portrait que Thomas dresse d'Alexandre en lui annexant deux longues séquences du *Roman d'Alexandre* d'Alexandre de Paris: la branche II sur les expéditions proche-orientales du roi (“ fourrage ” de Gadres, prise de Tyr…) et la branche IV sur la mort du héros. Ces interpolations équivalaient sans doute dans leur esprit à des corrections. Il s'agissait d'amplifier le récit de Thomas pour combler ses lacunes, pour donner une version plus complète et meilleure. Que manquait-il donc à l'*Alexandre* anglo-normand ? Comme les deux importants fragments ajoutés attestent d'une forte influence de l'écriture et de la thématique des chansons de geste, on suppose que les copistes ont trouvé la version de Thomas trop peu épique. Pour satisfaire leurs désirs et peut-être surtout ceux

---

[2] John Gower s'inspire aussi du *Roman de toute chevalerie* pour son récit sur Nectanabus et la reine Olympias (*Confessio Amantis*, VI, 1789-2336).

de leur public, ils ont jugé nécessaire de rajouter de longs récits guerriers qui évoquent l'univers des chansons de geste et celui des chansons de croisade et offrent un insistant panégyrique du roi. Ils ont réaffirmé l'esthétique épique de la répétition, pour renforcer la dramatisation du récit et la célébration du héros[3].

La version anglo-normande n'a en revanche exercé aucune influence apparente sur les textes continentaux, sans que nous puissions savoir si ces derniers l'ont connue ou non. À partir du XIIIe siècle, son long récit des origines illégitimes d'Alexandre, avec les amours d'Olympias et du magicien Nectanabus, est en outre éclipsé par celui du *Roman d'Alexandre* en prose, cette adaptation de l'*Historia de Preliis* qui va jouir d'un immense succès, devenir la deuxième vulgate française sur la vie du roi macédonien et sans doute concurrencer aussi l'œuvre d'Alexandre de Paris. L'*Alexandre* anglo-normand a donc moins plu que les versions continentales et surtout celle d'Alexandre de Paris. S'il a moins suscité l'adhésion du public, s'il a moins soulevé les imaginations et fait rêver, ce n'est pas seulement parce que sa tonalité n'est pas assez guerrière et épique, à une époque où les auditeurs se délectent des récits de combats. C'est aussi sans doute qu'il entraîne moins facilement les auditeurs à s'identifier à son héros, car il est moins imprégné des idéaux politiques du XIIe siècle. Il projette trop peu sur Alexandre et ses hommes les valeurs chevaleresques et royales médiévales pour que les auditeurs puissent se reconnaître facilement en eux et rêver de les imiter. Tout porte en effet à croire que le discours politique insistant d'Alexandre de Paris, le statut de miroir du prince et du chevalier qu'il confère à son œuvre font partie des raisons majeures de son succès. Une pratique aussi concertée de l'anachronisme et une telle " médiévalisation " d'Alexandre sont en

[3] En annexant la branche II du *Roman d'Alexandre* d'Alexandre de Paris, les copistes sont responsables de la perte du récit que Thomas de Kent donnait du siège de la ville de Tyr. C'est parce qu'ils l'ont sans doute trouvé trop court, trop narratif, trop dénué de la dimension " lyrique " des chansons de geste, qu'ils lui ont substitué la version d'Alexandre de Paris, longuement amplifiée selon la tradition épique.

revanche étrangères à Thomas de Kent, qui préserve davantage l'altérité et l'étrangeté du roi[4].

Certes, au-delà de l'exemplarité royale et chevaleresque que les premiers romans médiévaux attribuent à Alexandre, on sait que la fascination du Moyen Âge pour le roi macédonien provenait aussi de sa découverte des merveilles de l'Orient et là, force est de constater que Thomas de Kent comblait *a priori* les désirs des hommes et des femmes de son temps. Il développe si longuement les descriptions de l'Inde et de l'Éthiopie qu'il donne pleinement à l'Orient la dimension d'un " horizon onirique "[5]. Néanmoins son écriture reste peut-être trop savante, trop proche des modèles encyclopédiques et trop lourdement didactique. C'est très net avec les longues digressions qu'introduisent les présentations de l'Inde et de l'Éthiopie: elles prennent chacune la forme d'une liste et sont si peu intégrées au récit de l'exploration d'Alexandre qu'elles pourraient en être détachées (l. 248-263; 416-444). Les auditeurs pouvaient sans doute louer le sérieux de l'auteur, mais ils s'intéressaient probablement peu à l'exactitude et à l'exhaustivité " scientifiques " des connaissances rapportées. Leur désir n'était pas de recevoir un cours de géographie et d'anthropologie, mais de rêver sur les merveilles orientales à travers les aventures d'Alexandre. Or Thomas de Kent déroule souvent assez sèchement le récit de la découverte par Alexandre de ces prodiges. Alors que les premiers auteurs continentaux, Lambert le Tort puis Alexandre de Paris, dramatisent la narration de sa quête, notamment en renforçant sa dimension prométhéenne, Thomas de Kent a moins recours aux procédés des romans d'aventure et aux ressources de l'ornementation rhétorique. Des difficultés pouvaient en outre se poser pour la réception des longues digressions encyclopédiques. Comment les lire

---

[4] Exception faite des épisodes de la visite à Jérusalem et de l'enfermement des peuples Gog et Magog (mais alors nous verrons que " l'assimilation " est d'ordre non pas politique, mais religieux).

[5] J. Le Goff, " L'Occident médiéval et l'Océan Indien: un horizon onirique ", *Pour un autre Moyen Âge*, Paris, Gallimard, 1977, pp. 280-298. L'Orient avait déjà cette dimension d'horizon onirique dans des textes latins, narratifs ou encyclopédiques, mais Thomas de Kent est l'un des premiers auteurs en français à développer autant la description de ses merveilles.

à voix haute, comment les rendre " audibles " ? Comment soutenir l'intérêt des auditeurs avec de telles énumérations dissociées de la narration ? Ces morceaux de bravoure encyclopédiques sont davantage des textes à lire à voix basse et même, dans les manuscrits enluminés (certes postérieurs à la rédaction de l'œuvre), des pages à contempler, alors qu'aux XIIe et XIIIe siècles, la lecture individuelle n'existe encore quasiment pas, sauf dans les milieux cléricaux. Or Thomas de Kent semble s'adresser davantage à une élite aristocratique laïque qu'à des clercs.

En dépit de ces " imperfections ", quand on replace l'*Alexandre* anglo-normand dans le contexte plus large de la création littéraire en *romanz* au XIIe siècle et de la réception médiévale des grandes figures historiques et mythiques de l'Antiquité, Thomas de Kent apparaît néanmoins comme un écrivain tout autant novateur et audacieux, sinon plus, qu'Alexandre de Paris. Ce qui n'implique pas du tout que la version continentale soit dénuée d'originalité, bien au contraire. Mais l'apport d'Alexandre de Paris est à relativiser. Cet auteur est largement redevable à ses prédécesseurs, qui écrivent déjà en français et dont il assemble et adapte les récits sur Alexandre. S'il transforme profondément les versions antérieures des enfances et des premières campagnes guerrières du roi, il se contente souvent, pour les aventures orientales, de démarquer le récit français de Lambert le Tort. Ainsi la vulgate dite d'Alexandre de Paris est-elle moins l'œuvre d'un auteur unique que le produit de plusieurs *romanz*, le résultat de plusieurs strates d'écriture en français. En revanche, Thomas de Kent travaille directement à partir de sources latines, suivant cet idéal de l'écriture savante – encore très largement latine – qu'est la compilation, et il crée seul, selon toute vraisemblance, une version nouvelle en français.

Thomas de Kent, cet inconnu...

Que savons-nous de Thomas de Kent et du milieu dans et pour lequel il écrivait ? Rien ou presque, comme c'est encore souvent le cas pour les auteurs du XIIe siècle. Nous ne connaissons que ce qu'il nous apprend lui-même lorsqu'il intervient dans son œuvre: son nom et son origine anglaise. Il signe en effet avec insistance son livre (l. 194, P. 22; l. 410, v. 6581; l. 415, vv. 6676-6677; l. 421, vv. 6732-6734).

Il s'excuse ailleurs de ne maîtriser qu'imparfaitement le français, qui ne serait pas sa langue maternelle, sans que nous puissions savoir si c'est l'exacte vérité ou une feinte (v. 4662). Comme le font d'autres auteurs anglo-normands, il donne ensuite la traduction anglaise d'un mot français, en l'occurrence le nom propre *Char*, le Chariot (vv. 4674, 4676), et signale une nouvelle fois son origine anglaise, avant de citer le célèbre auteur de l'*Histoire ecclésiastique des Anglais*, Bède (v. 4678).

Quant à son prénom, Thomas, il a jadis provoqué des rapprochements avec deux autres Thomas d'Angleterre, l'auteur du *Tristan* et l'auteur du *Roman de Horn*, deux œuvres qu'on date des années 1170[6]. Écrit comme le *Roman de toute chevalerie* en laisses d'alexandrins, le *Roman de Horn* est lui aussi aux frontières de la chanson de geste et du roman, dont il concilie thématiques et techniques d'écriture. L'auteur du *Tristan* a en commun avec Thomas de Kent d'intervenir pour présenter la méthode d'assemblage de ses sources et évoquer son travail littéraire. Mais bien qu'on puisse à juste titre supposer qu'un même clerc s'exerce à des sujets très divers, les quelques points de convergence entre les trois œuvres sont très insuffisants pour permettre d'affirmer que ces trois Thomas n'en seraient qu'un seul, d'autant plus que les trois romans divergent profondément dans les techniques d'écriture utilisées. Entre autres, l'analyse des sentiments des personnages et le discours sur l'amour qui marquent le *Tristan* de Thomas sont presque étrangers au *Roman de toute chevalerie*.

---

[6] Sur Thomas de Kent, les rapprochements avec les deux autres Thomas (*Roman de Tristan*, éd. F. Lecoy, Paris, Champion, 1992; *Romance of Horn*, éd. M. K. Pope, Oxford, 2 t., 1955 et 1964) et la date du *Roman de toute chevalerie,* voir B. Foster et I. Short, *The Anglo-Norman Alexander (Le Roman de toute chevalerie),* éd. reprise dans ce volume, London, 1977, vol. II, pp. 72-76; B. Foster, " The *Roman de toute chevalerie:* its Date and Author ", *French Studies*, t. 9, 1955, pp. 154-158; A. Foulet, " La date du *Roman de toute chevalerie* ", *Mélanges Rita Lejeune*, Gembloux, Duculot, 1969, vol. II, pp. 1205-1210; M. D. Legge, *Anglo-Norman Literature and its Background*, Oxford, 1963, pp. 96-107; *Anglo-Norman in the Cloisters, the Influence of the Orders upon Anglo-Norman Literature*, Edinburgh, 1950, pp. 35-43; B. Wind, " Nos incertitudes au sujet du *Tristan* de Thomas ", *Mélanges Jean Frappier*, Droz, Genève, 1970, pp. 1129-1138. Thomas a écrit son récit entre 1174 et 1200 selon B. Foster et I. Short (*op. cit.*, t. II, p. 76), entre 1175-1185 selon L. Foulet (art. cit.).

Nous n'avons non plus aucune certitude sur le milieu dans lequel Thomas de Kent écrivait et le public auquel il s'adressait. Si l'on prend en considération toutes les sources qu'il mentionne et qu'il a réellement utilisées, on constate qu'elles forment un ensemble important et sont pour la plupart des " classiques " de la culture cléricale. Il est donc légitime de supposer que Thomas appartenait au milieu des clercs, bien qu'il feigne parfois – *topos* d'humilité oblige – de se présenter comme *jolifs e ne gueres lettré*, étourdi et peu cultivé (v. 6652)[7]. Il s'attribue d'ailleurs le titre de *mestre*, de clerc (v. 6731), comme le fait par exemple avant lui l'historien Wace. Il se qualifie, peut-être avec une pointe d'humour mais surtout pour vanter les mérites de son travail, de *romanzour parfont/ le meillur qe l'em siet en trestut ceo mond* (vv. 6733-6734). Comme les autres clercs auteurs de *romanz*, il se donne alors pour mission, dans la description encyclopédique de l'Éthiopie, d'*espondre le latin* (v. 6732), de dévoiler le contenu d'ouvrages latins aux laïcs (les *illitterati*, les illettrés qui ne comprennent que le français). Il se range aussi du côté des clercs lorsqu'il dit que ces derniers, disposant des mêmes autorités latines, pourront témoigner de la rigueur de ses traductions (vv. 1337-1342). L'ampleur de ses sources prouve en tout cas l'accès à une bibliothèque fournie. Or, dans les années 1170-1180, ce ne pouvait être que celle d'un monastère ou bien celle d'un prince. La première hypothèse est sans doute plus vraisemblable pour Thomas de Kent. Remarquons en effet que son œuvre ne comporte aucune dédicace à un éventuel commanditaire ou mécène ni aucun indice qui permettrait de le situer dans une cour précise. Il en est d'ailleurs de même pour les auteurs des *Romans d'Alexandre* continentaux, alors que, dans le dernier quart du XIIe siècle, l'usage de la dédicace est attesté dans de nombreux prologues de romans et de chroniques. Thomas évoque

---

[7] L'hypothèse de M. D. Legge, selon laquelle il serait un moine bénédictin de Saint-Alban, s'appuie seulement sur l'origine des illustrations des manuscrits P et C, sans doute réalisées en effet à Saint-Alban (*Anglo-Norman in the Cloisters, op. cit.*, pp. 35-43); D. J. Ross estime que seul l'illustrateur peut être rattaché à cette abbaye: voir *French Studies,* IX, 1955, pp. 349-351 (discussion de l'article de B. Foster, déjà cité), "A Thirteenth Century Anglo-Norman Workshop illustrating Secular Literary Manuscripts ? ", *Mélanges Rita Lejeune, op. cit.,* t. I, pp. 689-694.

certes à plusieurs reprises son public, mais il reste très imprécis en " sélectionnant " les *home(s) chevalerus* (v. 16, les nobles qui aiment les histoires guerrières), *cil qui sunt de romanz coveitus* (v. 17, ceux qui aspirent à écouter des récits en français), *les dames k'ont le quer leger* (vv. 648-655, les dames frivoles). Il mentionne plus loin les critiques éventuelles de clercs ou de chevaliers (l. 194, P. 25) et s'adresse ou feint de s'adresser à des seigneurs cultivés, auxquels il enjoint d'aller vérifier l'exactitude de ses dires dans les livres latins (vv. 4610-4613; 6657-6664).

En dépit du flou de ces mentions et de l'absence de dédicace, vu la date de composition du *Roman de toute chevalerie* et son écriture en anglo-normand, nous sommes enclins à supposer qu'il trouvait son public à la cour d'Henri II Plantagenêt, d'autant plus que l'on sait que le roi et son entourage valorisaient la culture savante et s'intéressaient au personnage d'Alexandre le Grand[8]. Dans de nombreux ouvrages didactiques, les clercs de la cour anglaise présentent le roi macédonien comme un modèle de roi lettré et de roi chevalier. Ils insistent sur son éducation savante, sa largesse et sa courtoisie, trois des fondements majeurs de sa puissance de conquérant, et ils flattent parfois Henri II

---

[8] G. L. Hamilton parle de l'existence d'un " véritable culte pour l'histoire d'Alexandre en Grande-Bretagne " au moment où Thomas compose son récit. Ce culte est ancien, puisqu'au VIIIe siècle le roi Alfred traduit le récit d'Orose et que du VIIIe siècle encore date une traduction en vieil anglais de la version latine de la *Lettre d'Alexandre à Aristote sur les merveilles de l'Inde*. À partir du XIe siècle sont réalisés en Grande-Bretagne de nombreux recueils des écrits latins sur Alexandre, et Thomas de Kent pourrait bien travailler à partir de l'un d'entre eux, vu la multiplicité de ses sources (G. L. Hamilton, " Quelques notes sur l'histoire de la légende d'Alexandre le Grand en Angleterre au Moyen Âge ", *Mélanges Antoine Thomas*, Paris, Champion, 1927, pp. 195-202; voir aussi D. J. A. Ross, *Alexander Historiatus, a Guide to Medieval illustrated Alexander Literature*, Frankfurt, Athenaüm, 1988 (1e éd. 1963), pp. 28-29, et " A check-list of manuscripts of three Alexander texts: the *Julius Valerius Epitome*, the *Epistola ad Aristotelem* and the *Collatio cum Dindimo* ", *Scriptorium*, 34, 1980, pp. 275-278). Pour le contexte de la littérature anglo-normande, se reporter à A. Crépin et H. Taurinya Dauby, *Histoire de la littérature anglaise du Moyen Âge*, Paris, Nathan université, 1993, pp. 21-22, 43, 98-100, et S. Crane, *Insular Romance (Politics, Faith and Culture in Anglo-Norman and Middle English Literature)*, Berkeley and Los Angeles, University of California Press, 1986.

en le comparant à lui[9]. Par exemple, lorsque Giraud de Barri développe un portrait élogieux d'Henri II dans sa *Topographia Hibernica* et vante ses succès guerriers, il va jusqu'à l'appeler " notre Alexandre de l'Occident ": " Vos victoires défient les bornes de la terre: vous, notre Alexandre de l'Occident, avez étendu votre bras depuis les Pyrénées jusqu'aux confins occidentaux de l'Océan septentrional[10]. " Il n'est donc pas invraisemblable de penser qu'avec un *romanz* sur Alexandre Thomas de Kent pouvait espérer plaire à Henri II, même si nous n'avons aucune preuve de l'existence de liens entre eux, même s'il faut bien reconnaître aussi que Thomas s'inspire très peu des idéaux politiques chevaleresques que prônent les clercs du roi anglais. Son œuvre ne reflète aucune idéologie aristocratique insistante, elle ne s'attarde pas longuement sur la courtoisie et la largesse d'Alexandre et, tout en insistant sur son éducation savante, ne la rattache que très peu au prestigieux Aristote, qui doit s'effacer devant le trouble Nectanabus. Thomas préfère mettre en lumière et justifier le pouvoir absolu du roi macédonien. Mais peut-être est-ce aussi une stratégie pour séduire un roi épris de puissance et soucieux d'amoindrir l'indépendance de ses grands vassaux. Thomas diffère en tout cas des auteurs continentaux qui écrivaient sans doute à la cour poitevine d'Aliénor d'Aquitaine et d'Henri II, puis dans les territoires normands du roi anglais[11].

---

[9] Sur la cour d'Henri II et ses clercs, les ouvrages sont nombreux. Citons R. R. Bezzola, *Les origines et la formation de la littérature courtoise en Occident (500-1200)*, 3e partie, t. I, Paris, Champion, 1963; E. Türk, *Nugae Curialium, le règne d'Henri II Plantagenêt (1145-1189) et l'éthique politique*, Genève, Droz, 1977; J. Flori, *L'essor de la chevalerie (XI-XIIe siècles),* Droz, 1986, pp. 304-337; et les deux volumes des *Cahiers de civilisation médiévale, Y-a-t-il une civilisation du monde Plantagenêt ?,* XXIX, 1986; *Henri II Plantagenêt et son temps,* XXXVII, 1994. On sait que les clercs de l'entourage d'Henri II reprennent sans cesse l'idée proverbiale qu'un roi illettré est un âne couronné et ils incluent Alexandre dans la liste des modèles de rois savants, avec César et Charlemagne.

[10] Voir J.-M. Boivin, *L'Irlande au Moyen Âge, Giraud de Barri et la Topographia Hibernica*, 1188, Champion, 1993; 3e partie, ch. 47, p. 266 et pp. 267-278.

[11] On suppose que l'auteur poitevin de l'*Alexandre* décasyllabique a vécu à la cour d'Aliénor d'Aquitaine. Alexandre de Paris se dit originaire de la ville normande de Bernay (br. III, l. 149; br. IV, l. 75), tandis que Lambert viendrait de Châteaudun (br. III, l. 14), qui appartient aussi au domaine normand des Plantagenêt.

L'Alexandre anglo-normand et les autres *Romans d'Alexandre* du XIIe siècle

Quand Thomas de Kent compose son *Alexandre* anglo-normand, il existe donc déjà plusieurs récits en français sur le roi macédonien. C'est un auteur nommé Albéric de Pisançon qui, dans le premier tiers du XIIe siècle, compose en laisses d'octosyllabes le premier *Roman d'Alexandre*, l'un de nos plus anciens *romanz*. Vers 1160, un poète poitevin le " renouvelle " en laisses de décasyllabes. Quelques années plus tard un dénommé Eustache écrit un *Roman du Fuerre de Gadres*, sur un épisode fictif des campagnes d'Alexandre au Proche-Orient (un ravitaillement de l'armée, près de la ville de Gadres/Gaza). Ensuite, vers 1170 (sans que la datation puisse être très précise), Lambert le Tort est l'auteur d'un long récit des aventures d'Alexandre en Orient. Selon toute vraisemblance c'est lui le premier qui use de l'alexandrin, ce dodécasyllabe qui au XVe siècle prendra le nom d'alexandrin justement en raison de ses liens très forts avec les *Romans d'Alexandre* et de leur grande diffusion. Des années 1170 date enfin un poème sur la mort d'Alexandre, dont nous n'avons conservé que les huit premières laisses (manuscrit A du *Roman d'Alexandre*, l. 349-356). Alexandre de Paris, vers 1180-1185, s'est employé à assembler ces quatre textes pour configurer toute la vie du roi[12]. Les versions continentales du *Roman d'Alexandre* offrent ainsi une succession de réécritures, avec un processus constant d'amplification des vers, des laisses et de l'ensemble des textes, et elles sont très significatives des mécanismes de la création littéraire au XIIe siècle.

---

[12] Pour des analyses plus précises sur le *Roman d'Alexandre* d'Alexandre de Paris et sa genèse, voir P. Meyer, *Alexandre le Grand dans la littérature française du Moyen Âge*, Paris, F. Vieweg, 1886, 2 t.; Alexandre de Paris, *Le Roman d'Alexandre*, trad. L. Harf-Lancner, Paris, Le Livre de Poche (Lettres gothiques), 1994, introd., pp. 10-27; M. Gosman, *La Légende d'Alexandre le Grand dans la littérature française du XIIe siècle, une réécriture permanente*, Amsterdam, Rodopi, 1997; C. Gaullier-Bougassas, *Les Romans d'Alexandre. Aux frontières de l'épique et du romanesque*, Paris, Champion, 1998.

C'est parallèlement à ces *Romans d'Alexandre* continentaux, sans qu'en apparence il existe de liens directs avec eux, que Thomas de Kent rédige son *Alexandre* anglo-normand. Si l'antériorité de ce dernier par rapport à la vulgate d'Alexandre de Paris semble probable, il est impossible de savoir avec certitude si Thomas connaissait les récits d'Albéric, de l'auteur poitevin, d'Eustache et de Lambert le Tort, et donc s'il voulait rivaliser avec eux[13]. Tous ces auteurs s'inspirent des mêmes sources, les dérivés latins du *Roman d'Alexandre* du Pseudo-Callisthène[14]: l'*Epitomè* des *Res gestae Alexandri Macedonis* de Julius Valerius, *l'Epistola Alexandri ad Aristotelem* et l'*Historia de Preliis*. Les différences sont néanmoins si nombreuses entre les versions anglo-normande et continentales qu'on est tenté de supposer que Thomas a voulu se démarquer de ses prédécesseurs, mais on en reste à une pure conjecture. Quoi qu'il en soit, Thomas de Kent a l'originalité d'écrire en français la première, ou l'une des toutes premières, " biographies " complètes d'Alexandre, à rassembler en un seul livre une grande partie des connaissances alors disponibles sur le conquérant ainsi que sur l'Orient[15]. Il est aussi le premier à relater dans un *romanz* les amours de Nectanabus et d'Olympias et donc la conception illégitime d'Alexandre. Il s'agit là d'une " révolution " par rapport aux textes continentaux, vu que le récit d'Albéric et l'*Alexandre décasyllabique*, puis, sur leurs traces, Alexandre de Paris, renient avec véhémence cette légende des origines d'Alexandre. Ils la rejettent comme une calomnie qu'auraient inventée de son vivant des adversaires politiques du roi, pour briser sa carrière. La bâtardise est alors

---

13 Pour J. Weynand (*Der Roman de toute chevalerie des Thomas von Kent in seinem Verhältnis zu seinen Quellen*, Bonn, 1911), Thomas ignorait les versions continentales. A. Foulet pense au contraire qu'il devait connaître le récit de Lambert le Tort (" La date du *Roman de toute chevalerie* ", art. cit.).

14 Le seul auteur du XIIe siècle qui s'inspire d'une autre tradition sur Alexandre est Gautier de Châtillon dans l'*Alexandreis* (1176), une adaptation du récit de Quinte-Curce.

15 Nous disons l'une des toute premières, car les manuscrits de l'Arsenal et de Venise du *Roman d'Alexandre* (manuscrits A et B) offrent deux mises en cycle des premiers *Romans d'Alexandre* continentaux qui sont antérieures à celle d'Alexandre de Paris et moins élaborées qu'elles. Elles ont dû être réalisées entre 1170 et 1185, mais nous ignorons si elles précèdent ou non la rédaction du *Roman de toute chevalerie*.

considérée comme une souillure irrémédiable, qui rend le héros indigne de l'exercice du pouvoir royal. Thomas de Kent développe au contraire avec une visible complaisance le récit des aventures rocambolesques et des tromperies de Nectanabus et donne une ouverture très romanesque à son œuvre. Ce sont les pratiques magiques et les mystifications de Nectanabus qui constituent le moteur initial du récit: les fictions qu'il invente décident du déroulement de la narration. La thématique amoureuse accentue aussi le décalage entre la facture choisie, celle des chansons de geste, et le contenu de la narration, qui rappelle l'univers des romans contemporains. En dépit de l'adoption des laisses monorimes d'alexandrins, que Thomas de Kent partage avec Lambert le Tort et Alexandre de Paris, l'influence du modèle épique est d'emblée moins forte que dans les *Romans d'Alexandre* continentaux, ce que confirme la suite de l'œuvre.

La révélation au grand jour de la bâtardise d'Alexandre et de son lien de filiation avec un magicien sulfureux aux agissements peu édifiants est peut-être aussi à relier avec la moindre importance du discours politique dans l'*Alexandre* anglo-normand. Thomas de Kent ne construit pas explicitement son œuvre comme un miroir du prince, il ne cherche pas à modeler le portrait de son héros sur les idéaux politiques de son époque. Les ambitions didactiques ne lui sont pourtant pas étrangères, bien au contraire, mais elles sont d'un autre ordre. C'est le didactisme scientifique – ou pseudo-scientifique à nos yeux – qui l'intéresse, avec la description de l'Orient, de son bestiaire et de ses peuples, alors qu'un tel encyclopédisme ne passe jamais au premier plan du *Roman d'Alexandre* et qu'Alexandre de Paris accorde une place et des fonctions autres au merveilleux. Dans l'*Alexandre* anglo-normand, cet encyclopédisme fonde sa légitimité sur une réécriture scrupuleuse des autorités latines. Le respect des sources, qu'elles soient historiographiques ou encyclopédiques, est sans cesse réaffirmé dans les interventions et les professions de foi littéraires de Thomas. Il contribue sans doute à le détourner d'une “ médiévalisation ” du héros antique aussi marquée que dans la vulgate d'Alexandre de Paris. Thomas ne fait pas sienne la pratique concertée et insistante de l'anachronisme qui, dans les premiers romans antiques, implique la projection sur le passé d'un idéal rêvé pour le présent et l'avenir. Il s'éloigne de la vision morale de l'histoire comme source d'exemples pour, semble-t-il, s'inspirer d'une conception plus " moderne " du travail d'historien, plus " technique ", car fondée sur une exploitation plus scrupuleuse des sources et sur la pratique revendiquée de la compilation[16]. Très souvent en effet, nous y reviendrons, il évoque ses " outils de travail " et sa méthode, alors qu'Alexandre de Paris préfère les commentaires moralisateurs aux réflexions métalittéraires.

La plus grande fidélité de Thomas à l'*Epitomè* et à l'*Epistola* peut aussi expliquer la plus sensible cohérence du portrait qu'il dresse d'Alexandre. L'ambiguïté qui marque à nos yeux la vulgate continentale et qui est en grande partie une invention d'Alexandre de Paris est absente de l'*Alexandre* anglo-normand: il s'agit du décalage entre le discours politique insistant d'Alexandre de Paris, son panégyrique du roi et du chevalier Alexandre, et le choix que fait le même auteur d'attribuer au héros des échecs répétés dans les déserts indiens, d'accentuer quasi systématiquement les manifestations de son orgueil excessif, de sa volonté démesurée de toute-puissance. Thomas de Kent ne laisse pas de telles ambiguïtés dominer son récit. S'il intervient moins lourdement pour porter aux nues l'exemplarité royale d'Alexandre, il choisit de montrer qu'en dépit de quelques tentations sacrilèges, le roi s'initie en Orient au monothéisme juif et à sa sagesse. Il exploite en ce sens des légendes anciennes qui restaient étrangères à l'*Epitomè* et avaient été introduites dans l'*Historia de Preliis*: la visite d'Alexandre à Jérusalem, l'enfermement de Gog et Magog, le voyage au paradis terrestre. Il renouvelle enfin le récit de la mort d'Alexandre pour montrer son acceptation ultime de la condition humaine et de la loi divine. Autrement dit, même si bien sûr – l'histoire oblige –, la mort prématurée du personnage clôt les deux œuvres, Alexandre de Paris travaille plutôt à donner une structure descendante à la trajectoire de son héros (bien qu'il feigne d'en revenir dans la dernière branche à l'image idéale des débuts): il souligne le destin manqué d'un élu des dieux, le dévoiement causé par un orgueil et une cupidité sans bornes.

---

[16] Sur l'émergence de cette conception de l'histoire dans les chroniques en latin, voir B. Guenée, *Histoire et culture historique dans l'Occident médiéval*, Paris, Aubier, 1980, pp. 109-146.

Thomas de Kent, sans méconnaître cette tentation de la rivalité avec les puissances divines, tend au contraire à mettre en lumière la progressive ascension morale du héros, son apprentissage de l'humilité[17].

Des écarts très sensibles séparent donc la version anglo-normande de la vulgate continentale. Thomas ignorait sans doute l'œuvre d'Alexandre de Paris, mais nous ne pouvons pas exclure, bien qu'aucune preuve n'existe, qu'il ait connu l'*Alexandre* décasyllabique ou l'*Alexandre en Orient* de Lambert le Tort, surtout s'ils écrivaient tous les trois dans la mouvance d'Aliénor d'Aquitaine et d'Henri II: Thomas de Kent en Grande-Bretagne et les deux autres dans le Poitou et en Normandie. L'auteur anglo-normand ne cite certes jamais ces *Romans d'Alexandre* antérieurs, il n'engage de polémique avec aucun texte en français[18], mais la forte présence de l'auteur dans le récit, l'insistance sur la rigueur de son travail, sur son retour direct aux sources latines – qui n'ont rien de conventionnel dans les années 1175-1185 – reflètent peut-être un besoin de s'affirmer face à des concurrents.

Le discours de l'auteur sur son travail littéraire

L'un des aspects novateurs du *Roman de toute chevalerie* vient en effet de la mise en scène de l'auteur dans son texte. Ce dernier ne se contente pas des interventions d'un narrateur omniscient sur la régie de la narration ou sur les sentiments des personnages. Il prend en charge la production de l'œuvre et expose aux auditeurs ses méthodes et ses outils de travail, ainsi que les différentes finalités qu'il assigne à son texte.

---

[17] Pour une comparaison précise des deux œuvres, voir C. Gaullier-Bougassas, *op. cit.*

[18] Il ne reprend même pas le *topos* des mauvais conteurs qui dénaturent l'histoire qu'ils rapportent, comme le fait Alexandre de Paris (br. I, l. 2). Il se contente de parler des " envieux ", qui ne sont pas forcément des auteurs concurrents (l. 1). Bien entendu l'absence de mention des *Romans d'Alexandre* antérieurs ne signifie pas nécessairement qu'il les ignorait. Thomas ne cite jamais l'*Epitomè,* alors qu'il l'adapte précisément.

Le plaisir des aventures merveilleuses

Le prologue de l'*Alexandre* anglo-normand, quand on le compare aux autres prologues de la production littéraire d'avant 1175, frappe par son originalité. Thomas de Kent s'affranchit des *topoi* qui marquent les *incipit* tant des chansons de geste que des *romanz*. En dépit de l'adoption de la facture des chansons de geste, aucune formule épique du type *Plest vos oïr bele chanson ?*, *Or escoutés segnor*, n'apparaît pour lancer le propos. Quant aux autres modèles de prologue qui s'offraient à lui, ceux des premiers *romanz*, il ne leur reprend que la confusion – certes décisive – du narrateur avec le scripteur/l'auteur. Contrairement par exemple à l'auteur du *Roman de Thèbes* ou à Benoît de Sainte-Maure dans le *Roman de Troie*, il ne justifie aucunement son entreprise littéraire par des ambitions didactiques[19]. Dans l'image qu'il donne de lui-même au seuil de son œuvre, la transmission tant de connaissances historiques que de modèles de comportement chevaleresque et royal ne semble pas l'intéresser. Il ne revendique pas la mission pédagogique dont la plupart des auteurs de l'époque se disent investis par Dieu lui-même et il ne s'abrite pas derrière ses sources, comme il se plaît pourtant à le faire plus loin. Tout ce qu'il doit à l'*Epitomè* de Julius Valerius est en effet occulté, comme s'il créait *ex nihilo* le récit de faits pourtant bien connus, mais dont il ne met pas en relief le caractère historique.

Il feint d'abord de tenir le discours d'un moraliste chrétien sur les tourments et la vanité de l'existence terrestre – discours qui informe notamment des vies de saints –, mais la rupture avec ces considérations de sermonnaire est aussitôt amorcée quand il revendique le droit au divertissement de ses contemporains et insiste sur le plaisir, en apparence gratuit, que ses *vers merveillus* (v. 26) doivent procurer aux auditeurs. Il souhaite que, tel un ouvrage de fiction, son œuvre leur donne une parenthèse d'évasion et leur permette d'oublier un moment leur détresse face à tous les maux de l'existence terrestre. Présentant

---

[19] Voir les prologues de *Thèbes* (éd. G. Raynaud de Lage, Paris, Champion, 1966; éd. et trad. F. Mora-Lebrun, Paris, Le Livre de Poche, 1997) et de *Troie* (éd et trad. E. Baumgartner et F. Vielliard, Paris, Le Livre de Poche, 1998).

et justifiant son récit par l'impact qu'il doit produire, il décline alors tout un ensemble de termes qui appartiennent au champ sémantique du plaisir (vv. 13-17). Et l'on sait qu'à ce prologue succède un long récit des aventures du magicien Nectanabus et de ses amours avec la reine Olympias: une histoire qui a pour mérite de plonger d'emblée les auditeurs dans l'émerveillement et les rêves, mais non de les édifier! La restriction apportée à l'idée d'une universelle *vanitas vanitatum* reflète ainsi une célébration des pouvoirs consolateurs et même " euphorisants " de la littérature. Elle pouvait rappeler l'entrée en matière audacieuse du premier *Roman d'Alexandre*, celui d'Albéric, sans que nous puissions là encore savoir si Thomas la connaissait:

> Dit Salomon, al primier pas,
> Quant de son libre mot le clas:
> " Est vanitatum vanitas
> Et universa vanitas. "
> Poyst lou me fay m'enfirmitas,
> Toylle s'en otiositas!
> Solaz nos faz' antiquitas
> Que tot non sie vanitas! (l. 1)

Mais Albéric contestait la parole de sagesse de l'auteur de l'*Ecclésiaste* en s'appuyant d'emblée sur la grandeur et l'exemplarité extraordinaires d'Alexandre, sur la preuve que donne le héros antique de l'étendue des pouvoirs humains sur terre. Aux vers 13-17, Thomas de Kent, lui, ne célèbre pas son héros lui-même, mais le récit de sa vie et les vertus de l'écriture, et il le fait sans affirmer aucune préoccupation morale. Il est ainsi l'un des premiers auteurs français à fonder sur le plaisir l'écriture d'un texte profane en *romanz*.

La vérité historique et scientifique: traduction et compilation

C'est seulement beaucoup plus loin que le discours de Thomas sur son œuvre se transforme. À partir du moment où il relate l'entrée de son héros en Orient, sans revenir explicitement sur cette idée de plaisir et donc sans la renier, il met en effet en valeur la vérité historique et scientifique de son œuvre. Il s'emploie à multiplier les preuves de l'exactitude de son récit, en citant précisément ses sources et en justifiant son travail de compilation et de traduction. C'est très net lorsqu'il greffe sur la narration les morceaux d'encyclopédie que sont les descriptions de l'Inde et de l'Éthiopie. Au principe du plaisir s'ajoute ainsi – sans doute plus qu'il ne se substitue à lui – le principe de la réalité et de la vérité.

Dans les années 1175-1185, revendiquer une pratique de la compilation en citant précisément de multiples autorités est là encore une innovation. Seul l'anglo-normand Gaimar, dans sa *Chronique des Angleis*, a déjà repris à son compte ce modèle de l'écriture savante latine[20]. Dans le *Roman de Troie*, Benoît de Sainte-Maure a lui aussi évoqué sa traduction des récits de Darès et de Dictys, mais sans se présenter avec insistance comme un compilateur. L'idéal de la compilation reste encore lié à l'historiographie latine avant tout. Thomas n'emploie certes jamais les termes *compiler* et *compilation* – ils ne sont pas encore entrés dans la langue française[21] –, mais il énumère plusieurs fois ses sources, toujours latines, pour bien insister sur son désir de retourner aux textes les plus anciens et les plus authentiques. Des deux récits sur Alexandre qui lui fournissent sa trame narrative d'ensemble, nous avons vu qu'il occulte le premier, l'*Epitomè* de Julius Valerius, alors qu'il fait état du second, l'*Epistola Alexandri ad Aristotelem* (l. 194, 195, 414). Les autorités qu'il privilégie davantage sont des historiens et des encyclopédistes latins, parfois grecs, de l'Antiquité tardive et du Haut Moyen Âge, et les sources qu'il allègue, loin d'être fictives, lui ont la plupart du temps fourni des épisodes ou des descriptions qu'il a greffés sur la narration.

Prendre des historiens prestigieux pour garants contribue bien sûr à l'authentification de son propre récit. Orose et Trogue Pompée sont

[20] Éd. A. Bell, Londres, 1960, vv. 6430-6526. Gaimar explique comment, avec l'aide de sa dame, il *purchaça maint esamplaire,/ liveres engleis e par gramaire/ e en romanz e en latin* (vv. 6435-6437) et les sources utilisées sont présentées avec des précisions suffisantes pour qu'il ait été possible de les identifier.

[21] Dans les récits historiographiques latins, le terme *compilare* ne devient fréquent qu'à partir de la seconde moitié du XIIe siècle (B. Guenée, *op. cit.*, pp. 211-214).

ainsi cités plusieurs fois (l. 64, 414, 415, 417)[22]. Néanmoins les éléments qu'il leur a empruntés sont somme toute relativement limités[23]. Jamais il ne se fait l'écho de leur portrait à charge d'Alexandre, jamais il ne rapporte les actes d'un tyran sanguinaire qu'ils prêtent au roi, jamais il ne développe non plus la théorie des quatre règnes d'Orose. Bref, ces récits historiographiques, il les connaissait, mais, en dépit de l'exactitude de ses quelques emprunts, il les mentionne presque à contre-emploi, tant l'image du roi qu'il donne est profondément différente de la leur. Il se sert surtout du prestige attaché au nom de leurs auteurs, comme s'il savait que ses auditeurs, des *illitterati*, ignoraient le contenu de leurs œuvres et pouvaient tout au plus connaître leurs noms et se laisser impressionner par leur autorité. Le seul historien qui lui fournisse un épisode majeur est l'auteur juif du Ier siècle, Flavius Josèphe (l. 55, 188, 529). Thomas va même jusqu'à donner – fait rare au XIIe siècle – le titre de l'ouvrage dont il s'est inspiré, les *Antiquités judaïques*, à propos de l'épisode qu'il lui a effectivement et sans trahison majeure repris: le récit de la visite d'Alexandre à Jérusalem (vv. 3793-3794)[24].

---

22 S'il disposait de l'*Historia adversum paganos*, composée par Orose au Ve siècle, Thomas ne pouvait connaître les *Histoires Philippiques* de Trogue Pompée, depuis longtemps perdues à son époque, qu'à travers l'abrégé que Justin en avait réalisé à la fin du IIe ou au début du IIIe siècle, et qui était déjà la source principale d'Orose pour l'histoire macédonienne. On ne connaît de Trogue Pompée que les rares informations fournies par Justin. On pense qu'il était un contemporain d'Auguste, ce qui permet à l'éditeur d'expliquer le rapprochement que Thomas fait de son nom avec celui de César au vers 1338 (éd. cit., t. II, p. 90).

23 Il les a utilisés pour compléter sa présentation de la Babylone d'Assyrie et de Sémiramis et pour modifier l'épisode du temple libyen où Alexandre ordonne au prêtre de mettre fin aux rumeurs sur sa naissance. Sur l'épisode du temple libyen: Justin, livre XI, ch. XI, 2-12; Orose, livre III, 16, 12-13; sur Sémiramis: Orose, I, 4, 4-5; II, 2, 1; 6, 7-9; sur Babylone: Orose, II, 6-9; III, 20-2; sur quelques combats contre des Indiens: Orose, III, 19, 7-11; Justin, XII, 9, 5-13; 10, 1-4.

24 Certes, il n'avait pas sous les yeux le texte grec, mais une version latine. L'épisode avait été traduit par un certain Rufinus, puis inséré dans l'*Historia de preliis* et dans l'*Historia Scholastica* que Pierre le Mangeur avait rédigée vers 1170 et qui avait très vite emporté un large succès comme résumé de l'histoire sainte. Thomas de Kent connaissait aussi bien la première que la seconde. Il démarque plus loin l'*Historia Scholastica* dans sa description de Babylone (Liber Genesis, cap. XXXVII, De

Le modèle de l'écriture historiographique l'autorise en outre à amplifier la description des espaces que traverse le roi macédonien[25]. Pour compléter l'image de l'Orient et conférer un caractère scientifique à son ouvrage, il compile plusieurs encyclopédies latines, qui contenaient d'ailleurs souvent des allusions à Alexandre, et l'influence de ces textes savants est finalement plus prégnante que celle des récits historiques latins. Ce sont les *Collectanea rerum memorabilium* de Solin, un long catalogue de merveilles du IIIe siècle après J.-C., qui a joui d'une grande diffusion au Moyen Âge, au point de devenir l'une des références obligées des historiens[26]. C'est aussi la *Cosmographie* d'Æthicus Ister, à laquelle il donne souvent pour auteur saint Jérôme (l. 64, 236, 243, 397, 43, 414, 427): à ce prestigieux modèle de traducteur, d'historien et de moraliste le Moyen Âge attribuait en effet une traduction latine de cette *Cosmographie* grecque.

En définitive, Thomas joue rarement de références complètement fictives. S'il cite deux fois le nom d'Isidore de Séville (l. 560, 636), alors qu'il ne s'inspire pas directement de lui et ne reprend jamais sa pratique de l'étymologie (il aurait pu être tenté de le faire à propos des noms de peuples orientaux), c'est sans doute en raison de la renommée de l'encyclopédiste et de la longue description de l'Orient que contiennent les *Etymologies*. Il se réfère aussi trois fois à l'auteur grec *Magastes* ou *Magesten* (vv. 4595, 4607, 6660), Mégasthène, qui écrivit au IIIe siècle avant J.-C. un récit sur l'Inde, *Indica*, résumé par Diodore de Sicile avant d'être perdu. Il ne pouvait donc connaître ni l'original ni l'abrégé. Enfin, une figure mythique d'explorateur de l'Inde, *Denis* ou *Dyonis* d'Inde (vv. 4595, 6660), évoque sans doute

---

dispersione filiorum Noe, et Nemrod; cap. XXXVIII, De turre Babylon), tout en attribuant alors l'emprunt, conformément à sa préférence pour les autorités les plus anciennes, à Josephus et à Moïse, les auteurs sur lesquels Pierre prétend lui-même s'appuyer (l. 519). À la fin de son récit, il reprend à la *Disciplina clericalis* de Pierre Alphonse le discours des philosophes sur la tombe d'Alexandre (l. 544).

[25] B. Guenée, *op. cit.*, p. 167.

[26] *Ibid.*, p. 168. Thomas cite Solin aux vers 473, 1339, 4498, 4594, 4603, 4606, 4611, 4928, 6657, 6816.

le dieu Dionysos[27]. Ces deux dernières références fictives permettent de dessiner les contours de la figure d'autorité qu'il préfère: celle du savant explorateur (vv. 4595-4599). L'image de l'écrivain voyageur qui aurait consigné par écrit ses découvertes, il l'étend d'ailleurs à ses autres garants (vv. 6622-6626). Thomas se conforme alors à l'une des constantes de l'écriture de l'histoire au XIIe siècle: pour les historiens du Moyen Âge, la meilleure autorité est celle des témoins oculaires, dont les apôtres sont les plus prestigieux modèles[28]. De surcroît, tous ces voyageurs renvoient ici à la figure de l'Explorateur par excellence qu'est Alexandre, d'autant plus que le roi grec est censé avoir écrit l'*Epistola ad Aristotelem,* un récit de son voyage en Inde qui offre lui aussi un catalogue des merveilles découvertes. Au cours de son périple oriental, Alexandre demande également à des *vileins chanuz* (v. 7020) de lui dévoiler les secrets et les merveilles de leur contrée, pour qu'il puisse les *mettre en (ses) autoritez*, les consigner dans ses registres, comme s'il envisageait ensuite d'en tirer un livre, une encyclopédie (vv. 7025-7027). On sait enfin que le verbe *trover*, qui revient sans cesse à propos tant de l'exploration de l'Orient par Alexandre que des découvertes livresques de l'auteur, est au Moyen Âge l'un des verbes qui désignent la création poétique.

Thomas de Kent a donc réellement utilisé un nombre important d'ouvrages, qui forment une bonne part des autorités les plus lues et les plus accessibles dans les bibliothèques de son époque[29]. Il ne s'est pas limité aux autorités anciennes mais connaît des sommes plus récentes, celles de Pierre le Mangeur et de Pierre Alphonse. Il maîtrise ses “ classiques ” comme les “ nouveautés ”, au point de pouvoir extraire tel ou tel passage qui convient à son propos et lui permet d'infléchir selon ses désirs le portrait du roi macédonien. Se donnant

---

27 Les légendes lui prêtaient en effet, à lui et à Hercule, une conquête de l'Inde et l'érection de bornes aux confins de l'Orient (voir M. Cary et E. Warmington, *Les Explorateurs de l'Antiquité,* Payot, Paris, 1932, ch. X).

28 B. Guenée, *op. cit.,* p. 78. Dans son *Évangile*, saint Jean affirme déjà la supériorité de celui qui a vu: “ celui qui l'a vu en a rendu témoignage, et son témoignage est digne de foi ” (19, 35).

29 B. Guenée, *ibid.*, p. 249.

l'image d'un clerc vulgarisateur, jamais il ne cherche à s'attribuer le mérite de l'innovation, de l'originalité. Jamais la tentation ne semble l'effleurer de se présenter comme le découvreur d'une version inédite, qui serait la meilleure, la plus authentique et qui, mystérieusement perdue, aurait été retrouvée grâce à sa curiosité et à sa sagacité. Il ne choisit pas ce type de fiction, pourtant *a priori* plus valorisante, alors qu'elle est déjà établie au XIIe siècle et a de beaux jours devant elle. Sa préférence va au sérieux de l'érudition et à un rôle de " maître d'école ". Sans cesse il éprouve le besoin de se placer dans la posture humble de celui qui s'abrite derrière ses autorités et se contente de relayer leur discours (vv. 4664, 6646). Son œuvre reflète ainsi clairement la conception médiévale de l'écriture comme réécriture de textes antérieurs et le soupçon de péché d'orgueil qui semble encore si souvent s'attacher à toute revendication d'originalité[30].

Si le choix d'un public de laïcs implique nécessairement la traduction du latin au français, il justifie aussi l'assemblage dans un même récit de données historiques et scientifiques qui proviennent de textes divers auxquels les " illettrés " n'avaient pas accès. Pour les convaincre de l'exactitude de son récit, Thomas les invite parfois à aller vérifier eux-mêmes en se reportant à ses sources ou bien il allègue le témoignage d'autres clercs qui partagent la même culture que lui (vv. 1337-1342, 6657-6664). Le procédé est certes avant tout rhétorique, puisque la majorité de ses auditeurs ne devaient pas lire le latin et que son entreprise est justement fondée sur leur ignorance de la culture savante, mais outre son rôle d'authentification, il lui permet de retracer son propre itinéraire de lecture et de collection de textes, de dévoiler une partie de la genèse de son œuvre, quelques-unes des étapes de sa " fabrication ". Thomas s'affirme comme un *auctor*/un auteur au double sens médiéval du terme: à la fois un garant, qui

30 Sur le poids des autorités au Moyen Âge, voir B. Guenée, *op. cit.*, pp. 129-146, M. Charles, *L'Arbre et la source*, Paris, Seuil, 1985, p. 134, et, au sujet des encyclopédies, B. Ribémont, *De Natura rerum, Études sur les encyclopédies médiévales*, Orléans, Paradigme, 1995, pp. 41-52.

s'appuie lui-même sur d'autres garants, plus anciens[31], et un écrivain qui " augmente " (selon l'étymologie qui fait dériver le terme *auctor* du verbe *augere*), qui amplifie la trame narrative de l'*Epitomè* et de l'*Epistola* à l'aide de fragments d'ouvrages scientifiques et historiques latins.

Une telle pratique de la compilation montre combien il rêve de réaliser une somme sur l'histoire d'Alexandre ainsi que sur la géographie et l'anthropologie de l'Orient, un livre complet qui ferait autorité en englobant tous les écrits antérieurs. Avec cette transposition dans la littérature en *romanz* de la pratique jusqu'alors essentiellement latine de la compilation, Thomas joue là aussi un rôle de pionnier et donne un nouveau témoignage de ce que M. D. Legge a appelé la " précocité de la littérature anglo-normande "[32]. Son œuvre est en avance sur le grand essor que connaît au XIIIe siècle l'idéal de la somme, de la " totalité ", dans la littérature de fiction comme dans les ouvrages encyclopédiques. L'inscription à deux reprises du nom d'Isidore de Séville (l. 560, 636) témoigne sans doute du désir de se donner la caution du plus prestigieux modèle latin de compilation, les *Étymologies*, dont B. Ribémont a montré le rôle fondateur pour l'ensemble des encyclopédies françaises postérieures: " Pour Isidore, de fait, le compilateur n'est pas le simple polylecteur recopiant, par extraits, des sentences autorisées. Il est alchimiste (...) combinant les diverses substances, apportant lui-même éléments, liants, catalyseurs, afin de produire ce qui est à la fin une matière nouvelle "[33].

Thomas n'évoque certes qu'avec imprécision son travail de compilateur: l'intégration dans un même récit de fragments de textes d'origine diverse, la création entre eux d'une continuité, d'une unité. *Al mielz qe soy e poy l'ay certes ordiné,* se contente-t-il d'affirmer

---

[31] Plusieurs fois il se porte lui-même garant de la vérité de son texte et se donne la dignité d'une autorité. Voir par exemple les vers 443-444, 6745.

[32] " La précocité de la littérature anglo-normande ", *Cahiers de civilisation médiévale*, VIII, 1965, pp. 327-349.

[33] B. Ribémont, *op. cit.*, p. 45. Voir tout le chapitre " L'encyclopédisme médiéval: de la définition d'un genre à son apogée. Sur la pertinence des notions d'apogée et de décadence ", pp. 11-68.

(l. 414, v. 6653). Si brièvement soit-il, il revendique quand même l'élaboration d'une cohérence, d'un ordonnancement ou d'une *conjointure* pour reprendre le terme de Chrétien de Troyes. Mais il ne justifie pas ses choix, ses préférences pour tels textes et tels épisodes, de même qu'il tait tout ce qu'il n'a pas retenu de la tradition sur Alexandre. Les modifications que le processus d'assemblage et surtout l'idée qu'il se fait d'Alexandre entraînent sur le contenu de ses sources sont occultées, comme si sa compilation allait parfaitement de soi et était la seule possible. En effet, dans la logique du discours sur la vérité de son récit, il nie toute transformation profonde des textes latins. Les explications qu'il apporte sur les grands principes de sa traduction – son *translatement* (l. 194) – louent sa rigueur et sa fidélité. Avec insistance il revient sur son refus catégorique de tout ajout fictionnel: *Sachez de controvere n'ay rien ajusté* (v. 6654), *Donc saverez vos pur voir qe n'est pas contrové* (v. 6664). *Controver* signifie donc pour lui " dire des contre-vérités, des mensonges ", conformément au sens le plus courant du terme au XIIe siècle, alors que Benoît de Sainte-Maure dans son *Roman de Troie* l'emploie plus audacieusement pour désigner sa création poétique comme réécriture inventive des récits latins (vv. 132-137)[34]. Thomas de Kent rejoint néanmoins Benoît de Sainte-Maure lorsqu'il affirme que cette fidélité doit nécessairement s'accompagner d'un travail de réécriture formelle, d'ornementation, à l'aide de *beles paroles*, des couleurs de la rhétorique:

La verité ai estrait, si l'estorie (ne) ment.
N'ai ses faiz acreu, çoe vus di verreiement,
Mes beles paroles i ai mis nequedent.
N'i ai acreu l'estoire ne jo n'i ost nient;
Pur plaisir as oianz est un atiffement;
Home ne deit lange translater autrement;

---

[34] E. Baumgartner montre que pour Benoît *controver* signifie " le contact fécond et le rapport de rivalité (*contre* marque aussi bien en ancien français le mouvement d'hostilité que la coïncidence temporelle et la contiguïté spatiale) qu'une (œuvre) entretient avec le texte source " (" Vocabulaire de la technique littéraire dans le *Roman de Troie* de Benoît de Sainte-Maure ", *Cahiers de lexicologie*, 1987, 2, p. 41).

Qui d(ir)eit mot por mot, trop irreit leidement.
D'un bon livre en latin fis cest translatement. (l. 194, P 11-18)

Benoît parle lui aussi des " bons dits " qui lui servent à orner sa source sans la trahir (*Roman de Troie*, vv. 139-144). Quant au refus catégorique de la traduction littérale, du " mot à mot ", qu'exprime Thomas, il rappelle un texte célèbre de l'une de ses autorités: la *Lettre à Pammachius sur la meilleure méthode de traduction* de saint Jérôme, qui développe longuement l'idée que la transposition mot à mot est à proscrire[35]. Si Thomas cite ailleurs plusieurs fois Jérôme, c'est sans doute, au-delà de la *Cosmographie* d'Æthicus Ister, parce que ce dernier est alors la grande autorité en matière de traduction. S'inscrivant dans la lignée d'un tel maître, sa propre entreprise en est d'autant plus légitimée et auréolée de prestige.

Plus loin, il signale aussi l'importance, pour ce travail d'ornementation et une bonne réception de son texte, de la mise en vers de la prose latine:

Pur pleisir as oianz l'ay un poy atiffé,
E feint unes paroles pur delit e beauté.
Romanz est ennoius quant un poy n'est rimé;
Si malement est leu, de pis est escouté. (l. 414, vv. 6647-6650)

Remarquons que vers 1175-1185, alors que la prose littéraire française n'a pas encore vu le jour et que le vers est le mode d'expression de tous les auteurs en *romanz*, Thomas semble évoquer la possibilité d'écrire en français sans versifier, même si c'est pour la rejeter. Il reste fidèle à la perception qu'ont ses contemporains du vers comme marque d'un écrit littéraire, surtout quand, comme ici, il est associé à la strophe. Le travail de la versification est essentiel à la création littéraire et donne aux écrivains le sentiment justifié de renouveler les récits latins dont ils s'inspirent. Thomas précise néanmoins ailleurs la nécessité de *par reson dire et versifier* (v. 1330), de ne pas faire

---

[35] Saint Jérôme, *Lettres*, éd. et trad. J. Labourt, Paris, Les Belles Lettres, 1953, t. III, pp. 55-73.

beauté pur envoiser (v. 1333), bref de ne pas ajouter de fables et d'ornements pour plaire. On voit déjà affleurer ici une conscience des dérives auxquelles la recherche des rimes et des artifices formels peut conduire. Quant au choix des laisses épiques et de l'alexandrin, jamais il n'est mentionné et encore moins justifié.

L'enseignement politique et éthique: le choix prédominant de l'implicite

Le désir de reconnaissance et les prétentions scientifiques qui animent Thomas le conduisent non seulement à déployer tout un arsenal de " preuves " littéraires, mais aussi à s'éloigner d'une conception trop ouvertement morale de l'histoire, qui reste pourtant dominante au XIIe siècle. Selon cette dernière en effet, les faits historiques sont utilisés comme prétexte à un discours sur des valeurs générales et à la mise en exergue d'exemples édifiants. La vérité politique et éthique prime sur la vérité historique, d'où la pratique fréquente et concertée de l'anachronisme[36]. De telles ambitions didactiques ne sont certes pas absentes de l'*Alexandre* anglo-normand, mais elles restent le plus souvent implicites. Tout d'abord le long récit de la conception d'Alexandre, loin de transmettre des modèles de comportement conformes à la morale dominante, présente la figure sulfureuse d'un *trickster,* dont les pratiques subversives sont implicitement valorisées, et une femme adultère qui n'hésite pas à fomenter l'assassinat de son époux. Préoccupé avant tout d'exciter la curiosité et de soulever l'imagination de son public, Thomas de Kent n'exprime d'ailleurs aucun dessein pédagogique, sinon lorsqu'il intervient pour lancer un avertissement aux dames frivoles: l'histoire d'Olympias constitue pour elle une mise en garde, car *l'em se deit par autre chastier* (l. 32, v. 661). Quant à Alexandre lui-même, sans nul doute il trace de lui un portrait très élogieux, mais il ne développe jamais des panégyriques aussi hyperboliques que ceux d'Alexandre de Paris. Moins soucieux de sa " fonction idéologique ", il ne prend en charge que rarement et partiellement l'interprétation des faits relatés. Aucune

---

[36] B. Guenée, *op. cit.*, pp. 27-30.

glose ne donne au récit la valeur générale d'un miroir de la royauté et de la chevalerie, d'un traité destiné aux hommes du XIIe siècle et dicté par les idéaux politiques de leur époque. Le titre *Roman de toute chevalerie*, qui laisse entendre un ouvrage didactique sur la chevalerie, n'est d'ailleurs pas de Thomas, ce sont des copistes qui l'ont introduit *a posteriori* dans les colophons des manuscrits. Une fois seulement, dans le récit des campagnes militaires d'Alexandre, telle une concession à l'idéal alors dominant dans les *romanz*, Thomas se justifie par le profit que les auditeurs pourront tirer de la connaissance des exploits d'Alexandre (vv. 1320-1328). Mais ensuite il intervient très rarement pour commenter les actes d'Alexandre autrement que par de brèves mentions. Leur signification politique reste immanente au texte, c'est au lecteur de la déchiffrer et de la méditer. Aucun long développement par exemple sur les fondements du pouvoir royal, sur les mérites de la largesse royale, sur la préférence absolue qu'un roi doit accorder à la noblesse, pour reprendre les grands axes du discours politique d'Alexandre de Paris.

Les rares jugements de Thomas qui dépassent quelques vers sont des commentaires de moraliste et non de " penseur " politique. Le discours misogyne présent dans le portrait d'Olympias revient ainsi à propos de la rencontre du héros grec avec Candace, que Thomas inscrit dans la lignée des aventures célèbres d'hommes trompés par une femme. Avant de relater la mésaventure érotique du roi, il apprend clairement à ses auditeurs le sens exemplaire de la séquence, en développant une longue tirade sur les clichés de l'antiféminisme médiéval – la versatilité et la ruse féminines, l'opposition d'Ève à Marie (l. 513). Le moraliste affirme aussi sa présence lorsqu'il dénonce le péché de convoitise et la vanité des richesses (l. 1; l. 35, vv. 740-744; l. 149, vv. 3134-3140) et qu'il s'efforce de montrer l'initiation du roi à une sagesse préchrétienne (vv. 6533-6538).

La synthèse novatrice de plusieurs univers littéraires

La richesse de l'image que se donne le narrateur – écrivain soucieux du plaisir de ses auditeurs, traducteur, compilateur, historien, encyclopédiste, moraliste – est déjà un signe de l'inscription de son œuvre aux frontières de plusieurs genres littéraires du XIIe siècle. Le

Roman de toute chevalerie réunit en effet des techniques d'écriture et des thématiques qui, au XIIe siècle, renvoient à des univers littéraires différents: essentiellement la chanson de geste et le *romanz*, ce dernier étant lui-même d'une grande diversité. Les hommes du Moyen Âge ne raisonnaient certes sans doute pas en termes de genres littéraires et n'établissaient pas entre les divers types d'œuvre qu'ils composaient des frontières aussi strictes que celles que dressent parfois les critiques modernes, mais ils ne pouvaient pas être inconscients des différences qui séparent les textes en laisses épiques des récits en octosyllabes à rimes plates. Qu'elle soit intentionnelle ou non – nous ne le saurons jamais –, la synthèse de plusieurs univers littéraires dans l'*Alexandre* anglo-normand, comme dans les *Romans d'Alexandre* continentaux, est en tout cas bien réelle. Ces textes sont impossibles à classer sur l'échiquier des genres que la critique distingue traditionnellement[37]. Plutôt que de les considérer comme des chansons de geste romancées et donc " abâtardies " ou des romans malhabiles, nous préférons les appréhender comme des œuvres hybrides et étudier leur pratique du syncrétisme.

L'influence de la chanson de geste et le renouvellement de l'écriture épique

L'un des modèles les plus prégnants de Thomas est la chanson de geste: il lui emprunte le découpage du récit en laisses, des procédés de répétition aux enchaînements et tout un ensemble de motifs, surtout guerriers, qui lui servent souvent à amplifier la trame narrative de ses sources latines. Au XIIe siècle, cette facture épique semble d'ailleurs indissolublement liée aux *Romans d'Alexandre* et elle le demeurera jusqu'au XIVe siècle pour les œuvres qui s'inscriront dans le prolongement de la vulgate d'Alexandre de Paris.

Thomas compose des laisses d'une longueur relativement faible, comparable à celle des plus anciennes chansons de geste: environ

---

[37] H. R. Jauss prend ainsi le parti de les considérer comme un genre à part entière (" Littérature médiévale et théorie des genres ", *Théorie des genres*, dir. G. Genette et T. Todorov, Paris, Seuil, 1986, p. 44).

16 vers en moyenne[38]. C'est dire qu'il leur conserve une unité et la valeur d'une vraie strophe et que son œuvre n'annonce pas l'allongement des laisses au profit de la continuité narrative dont témoignent de nombreuses chansons de geste du XIIIe siècle[39]. Il se sert d'elles comme d'un instrument de structuration du récit, pour bien détacher chacune des cellules de la narration, comme c'était déjà le cas dans la *Chanson de Roland.* En outre, dans leurs premiers vers, il procède souvent à des répétitions plus ou moins longues, pour dramatiser le récit des batailles ou celui des attaques de monstres dans les déserts orientaux[40]. L'épisode de l'enfermement de Gog et Magog est l'une des séquences de l'exploration orientale les plus marquées par ces procédés épiques d'insistance et, conformément au modèle des chansons de geste, Thomas de Kent les utilise pour renforcer l'atmosphère de terreur et célébrer Alexandre (l. 386-410)[41]. Corrélativement à cette maîtrise de l'art de la laisse, les épisodes guerriers réactualisent tout un ensemble de motifs épiques bien connus, tant narratifs que rhétoriques[42]. Les plus emblématiques sont les motifs rhétoriques très stéréotypés du combat à la lance et de la mêlée générale, qu'il reprend très souvent en restant fidèle à leurs clichés[43].

Néanmoins, force est de constater que l'*Alexandre* anglo-normand est loin d'être une " vraie " chanson de geste. Quand on le compare

---

38 Voir J. Rychner, *La Chanson de geste, essai sur l'art épique des jongleurs*, Genève, Droz, 1955, p. 68; D. Boutet, *La Chanson de geste, forme et signification d'une écriture épique au Moyen Âge*, Paris, PUF, 1993, p. 77.

39 Par exemple dans une chanson de geste qui fait la part belle à des aventures orientales, *Huon de Bordeaux*. Voir M. Rossi, *Huon de Bordeaux et l'évolution du genre épique au XIIIe siècle*, Paris, Champion, 1975, pp. 131 et suivantes.

40 Par exemple, l. 94, 104, 138-144, 154, 175, 209, 214, 219, 268-276.

41 Pour une analyse de l'emploi de ces procédés épiques, voir C. Gaullier-Bougassas, *op. cit.*, pp. 41-79.

42 Cette distinction entre motifs narratifs et motifs rhétoriques est de J.-P. Martin, *Les Motifs dans la chanson de geste, définition et utilisation*, Lille, 1992.

43 Voici trois exemples: vv. 3072-3077 pour " le combat à la lance "; 1988-1996, 2987-2991 pour " la mêlée générale ", l'un des motifs que Thomas préfère. Parmi les autres motifs épiques réécrits, on trouve " le conseil ", " le messager ", " l'ambassade ", " l'armement ", " l'armée au départ ". Voir C. Gaullier-Bougassas, *op. cit.*, pp. 101-147.

aux chansons de geste antérieures et aussi au *Roman d'Alexandre* d'Alexandre de Paris, on constate combien Thomas a atténué les marques formelles du genre épique et affaibli son esthétique de la répétition. Tout d'abord, les enchaînements des laisses restent dans l'ensemble simples. Ils ralentissent faiblement la narration et servent peu à dilater la durée du récit, si bien que la dimension lyrique des plus anciennes chansons de geste tend à disparaître. Ensuite, les procédés de répétition doivent souvent se plier à des fins étrangères aux chansons de geste. Parmi elles, la plus marquante est la mise en scène du merveilleux oriental et l'amplification des descriptions[44], alors que l'on sait que les chansons de geste antérieures et contemporaines n'accordent que très peu de place à la description et au merveilleux, qui sont en revanche deux caractéristiques du *romanz*. Dans d'autres cas, ces répétitions servent à imposer une image du héros bien éloignée du portrait des guerriers épiques: par exemple celle d'un roi tourné en dérision, humilié par Candace (l. 450-455; 513-528), ou lors de l'enfermement de Gog et Magog, celle de l'explorateur des abysses (l. 386-410). Le récit des aventures orientales offre aussi un type de reprise qui n'appartient pas aux procédés des chansons de geste: des laisses de résumé, souvent liées aux professions de foi littéraires de l'auteur (l. 228, 241, 349, 412). Enfin et surtout, Thomas ne reste fidèle aux procédés épiques d'insistance que lorsqu'ils servent ses intentions. Sinon, et c'est très souvent le cas, il s'affranchit d'eux. Un décompte montre que moins d'un cinquième des laisses sont enchaînées par des reprises à valeur épique, c'est-à-dire créatrices d'effets d'intensité et de dramatisation. L'écrasante majorité des strophes se suivent donc sans aucune répétition ou avec une reprise simple et rapide d'un vers ou d'un hémistiche. C'est dire combien Thomas privilégie la linéarité du récit aux dépens de la discontinuité et de l'intensité épiques. L'écriture des laisses tend à devenir une simple technique de division de la narration ou de la description, un instrument de " régie " du texte. Les strophes décou-

[44] Par exemple aux laisses 448, 479, 483, 531, qui débutent par des reprises d'éléments descriptifs relatifs à une fosse merveilleuse, des serpents, les Seres et Babylone.

pent avec cohérence la narration en ses principales “ cellules ”, sans la ralentir; elles contribuent à la clarté et à la lisibilité du texte.

Quant à l'introduction d'une thématique étrangère aux chansons de geste, elle semble exercer deux influences contraires sur le découpage épique du récit. Dans le récit de la conception et des enfances d'Alexandre, elle va de pair avec l'écriture de laisses en moyenne plus longues que dans le reste de l'œuvre (une vingtaine de vers), d'où la rapidité du rythme narratif. Chacune constitue un tableau qui rassemble tous les éléments d'une scène particulière, hors de toute atmosphère épique[45]. Plus loin, le développement de la description de l'Orient provoque en revanche un raccourcissement très net des laisses: près des deux cinquièmes des laisses 220 à 546 ont moins de 8 vers. Ces petites laisses, qui découlent des ambitions encyclopédiques de Thomas, apparaissent soit isolées, soit dans des successions continues, dont les plus importantes forment les descriptions de l'Inde et de l'Éthiopie (l. 248-263; 416-444). Elles se suivent alors sans aucune liaison[46]. C'est un bel exemple du renouvellement des fonctions de la laisse épique: le découpage adopté met en relief la structure descriptive de liste et, surtout sur l'espace de la page du manuscrit, détache l'évocation de chaque merveille.

Cette évolution des fonctions de la laisse est sans doute aussi à relier à l'emploi de l'alexandrin. Pourquoi donc le choix du dodécasyllabe? Dans les années 1170, le vers épique est encore le décasyllabe. Il va être supplanté par l'alexandrin, mais seulement à partir de la fin du XIIe siècle et surtout au XIIIe siècle. Utilisés pour la première fois, semble-t-il, dans un poème religieux, *Li Vers del Juïse* (1130-1140), les alexandrins apparaissent ensuite, regroupés en laisses monorimes,

---

[45] Par exemple à la laisse 5 la fête courtoise que donne Olympias pour son anniversaire, à la laisse 27 l'adoubement d'Alexandre... Le récit de la conception et des enfances d'Alexandre (l. 1-49) est la séquence qui offre le nombre le plus faible d'enchaînements épiques et elle répond bien à l'esthétique romanesque de la curiosité que D. Poirion a opposée à l'esthétique épique de l'intensité (*Précis de littérature française du Moyen Âge*, Paris, PUF, 1983, p. 66).

[46] Quelques-unes d'entre elles sont certes peut-être de seconde main, dues au travail de mise en page, d'établissement des rubriques et du programme iconographique auquel se livrent les copistes.

dans des œuvres diverses qui semblent avoir pour point commun leur caractère hybride, leur inscription à la confluence de plusieurs genres littéraires. Ce sont des textes qui racontent l'histoire, et souvent l'histoire contemporaine, sur le modèle des vies de saint – *La Vie de saint Thomas Becket* de Guernes de Pont Sainte-Maxence (1172-1174) – ou sur celui des chansons de geste. Les exemples sont plus nombreux dans ce dernier cas: la *Chronique* de Jordan Fantosme, sur la révolte des fils d'Henri II contre leur père (1174)[47]; les premières chansons de croisade, *La Chanson d'Antioche, La Conquête de Jérusalem* et les *Chétifs*, remaniements de poèmes antérieurs perdus, qu'on doit à Graindor de Douai (1177-1181); le prologue (" chronique ascendante ") et la première partie du *Roman de Rou* de Wace (1160-1170); une traduction de l'*Historia regum Britanniae* de Geoffroy de Monmouth dont nous n'avons gardé que quelques fragments; l'*Alexandre en Orient* de Lambert le Tort (environ 1170). Cette facture a rapidement été abandonnée pour l'écriture de l'histoire de l'Occident médiéval, alors qu'elle s'est conservée pour les chansons de croisade et aussi bien sûr pour la geste d'Alexandre. Du troisième quart du XIIe siècle, nous conservons enfin deux autres textes en laisses d'alexandrins qui s'inscrivent aux frontières de la chanson de geste et du *romanz*: une chanson de geste originale par l'importance qu'elle accorde à la description de l'Orient byzantin, *Le Voyage de Charlemagne à Jérusalem et à Constantinople* (1150-1160), et le *Roman de Horn* (1170), qui entrelace la thématique de la croisade à celle des amours courtoises[48].

Dans toutes ces œuvres, l'emploi conjoint de l'alexandrin et des laisses serait peut-être l'indice de la pratique d'un syncrétisme

---

47 Jordan Fantosme écrit une partie de sa *Chronique* en laisses rimées d'alexandrins (*Chronique*, éd. et trad. R. C. Johnston, Oxford, 1981).

48 *Li Vers del Juïse*, éd. E. Rankka, Uppsala, 1982; *La Vie de saint Thomas Becket* de Guernes de Pont Sainte-Maxence, éd. E. Walberg, Paris, Champion, 1964; *La Chanson d'Antioche*, éd. S. Duparc-Quioc, Documents relatifs à l'histoire des croisades publiés par l'Académie des inscriptions et des belles-lettres, 11, 1977-1978, 2 t.; *La Conquête de Jérusalem*, éd. N. R. Thorp, Alabama, 1992; *Les Chétifs*, éd. G. M. Myers, Alabama, 1981; *Harley Brut*, éd. B. Blakey, *Romania*, t. LXXXII, 1961, pp. 44-70; *Le Voyage de Charlemagne à Jérusalem et à Constantinople*, éd. P. Aebischer, Genève, Droz, 1965.

littéraire. Remarquons en outre parmi elles le grand nombre d'œuvres anglo-normandes rédigées dans les années 1170. Au-delà de l'*Alexandre en Orient* de Lambert le Tort, Thomas de Kent pouvait connaître les récits de Jordan Fantosme et de Guernes de Pont Sainte-Maxence, ainsi que le début du *Rou*. L'écriture en laisses d'alexandrins lui permet, nous semble-t-il, de réaliser deux objectifs différents. Le découpage épique du récit en laisses sert l'agrandissement héroïque de la geste d'Alexandre, la célébration de cette figure fabuleuse de roi et d'explorateur, et cela en dépit de l'affaiblissement de l'esthétique épique de la répétition[49]. L'inscription dans le genre des chansons de geste entoure de solennité le récit et crée pour " horizon d'attente " un portrait magnifié d'Alexandre en roi épique. Toute l'habileté de Thomas de Kent est justement de jouer de ces attentes pour ensuite à la fois les combler et les dépasser, voire les trahir. Son héros conjoint en effet les vertus épiques traditionnelles à d'autres qualités étrangères aux guerriers des chansons de geste. Il évolue dans un univers beaucoup plus divers et complexe que ne l'est celui des chansons de geste antérieures. La longueur de l'alexandrin permet alors de multiplier les éléments tant explicatifs que descriptifs, ces " effets de réel " qui donnent une vision du monde plus riche et nuancée. Elle contribue à l'élaboration d'une syntaxe plus souple, plus riche en propositions subordonnées, aussi bien dans le récit que dans les discours. L'une des caractéristiques *du Roman de toute chevalerie* est d'ailleurs de prêter aux personnages de longs discours – prononcés oralement ou bien écrits dans des lettres –, et l'on sait que le développement d'une écriture hypotaxique, l'insertion de discours et parfois de lettres sont au XIIe siècle des procédés liés à l'univers des *romanz*.

---

[49] Le choix de la facture épique s'explique peut-être aussi par le caractère historique des faits relatés, conformément au lien que la chanson de geste maintient toujours avec l'histoire et à la " non-interchangeabilité des personnages de la chanson de geste et du roman courtois " (H. R. Jauss, *Littérature médiévale et théorie des genres*, *op. cit.*, p. 46).

L'influence du romanz *médiéval*

Tout d'abord, quels termes Thomas emploie-t-il pour désigner son œuvre ? Il ne la qualifie jamais de *chanson*, bien qu'il emploie plusieurs fois ce terme, notamment à propos des poèmes qu'Alexandre et ses hommes écoutent déclamer[50]. Le mot *romanz* intervient deux fois, avec son sens premier de "récit en langue française" (vv. 17, 1318). Le terme *vers*, plus fréquent (vv. 26, 443, 1320, 6186), montre l'importance de la versification pour la valeur littéraire du texte[51]. Les autres modifications hypertextuelles apportées aux sources sont signalées par les termes *translatement* (" traduction ", l. 194, P. 18) et *enbrievement* (" ouvrage reposant sur un processus d'abréviation ", l. 194, P. 23)[52]. Enfin, les substantifs *fez* (v. 24), *overe* (v. 23) et *livere* (vv. 4609, 8024, 6168) désignent plusieurs fois, mais indirectement, le récit: à une époque où le prestige de l'écrit est immense, Thomas, comme les autres auteurs de *romanz*, rêve de donner à son récit l'autorité d'un livre, même s'il prévoit qu'il sera lu oralement[53]. Quant aux verbes qu'il choisit pour évoquer son acte d'énonciation, ils ne renvoient pas davantage à la " performance " orale d'un récitant de chanson de geste, mais ils appartiennent au vocabulaire qu'emploient les auteurs de chroniques et de romans de son époque: *dire*, le plus fréquent, qui, comme dans tant d'autres romans, ne désigne pas une parole orale, mais l'écriture d'un texte; *translater*; *estraire/traire*;

---

[50] V. 5013. Voir aussi le vers 6134. Quant au substantif *geste*, s'il renvoie trois fois au récit de Thomas (vv. 1324-1325, 6642-6643, 7480), il désigne non pas une chanson de geste, mais le récit des exploits du héros ou ses exploits.

[51] Le terme *vers* est aussi employé deux fois à propos de la lettre que Candace adresse à Alexandre (vv. 6959-6987). Il semble alors avoir le sens de " paragraphe ", " partie ", comme *li premiers vers* d'*Érec et Énide* (v. 1796, éd. M. Roques, Paris, Champion, rééd. 1970).

[52] Signalons que les encyclopédistes des siècles suivants mettront très souvent en relief le terme *breviter* ou ses dérivés dans leurs professions de foi (B. Ribémont, *De Natura rerum*, *op. cit.*, pp. 33-34, 41-44).

[53] Voir E. Baumgartner, " Le livre et le roman (XIIe-XIIIe siècles) ", *Littérales*, 1, 1987, pp. 7-19; *De l'Histoire de Troie au livre du Graal*, Paradigme, Orléans, 1994, pp. 37-47.

conter/raconter; *descrire*; *deviser*; *escrire*; *noter*; *diter*; *faire des vers, un livre, un translatement*[54]. Ils montrent donc tous combien l'auteur revendique la production de son texte. Or, cette confusion du narrateur avec l'auteur et cette mise en scène d'un auteur qui réfléchit sur son travail littéraire, étrangères aux chansons de geste, sont des caractéristiques majeures du *romanz*[55].

En outre, la pratique de la *translation* émane et tire sa justification d'une volonté de vulgariser un savoir qui était jusqu'alors réservé aux clercs. Comme les auteurs des romans antiques, Thomas se donne pour mission de transmettre des connaissances sur l'Histoire et les grands mythes de l'Antiquité. L'enjeu n'est plus celui des poèmes épiques: la commémoration rituelle que fait une communauté de sa propre histoire fondatrice. La distance qu'introduit l'étrangeté d'Alexandre, au-delà des ambitions historiques, permet en outre d'utiliser le récit de sa vie comme support, voire comme prétexte, à un discours encyclopédique sur l'Orient et un discours éthique à propos de l'initiation du héros à la sagesse du monothéisme. Les foyers d'attention des auditeurs et les connaissances véhiculées sont ainsi multiples, comme dans les romans antiques.

Dès la première lecture, ce sont les longues parenthèses digressives sur les merveilles de l'Inde et de l'Éthiopie qui signalent combien Thomas s'écarte du modèle des chansons de geste. Non intégrées à la narration, de telles listes s'opposent radicalement à la recherche épique de la dramatisation, de l'intensité. Elles traduisent aussi une prise en compte par l'auteur de la diversité humaine qui est inconnue des chansons de geste. Ces dernières incluent parfois des peuples orientaux fabuleux dans les armées des Sarrasins, mais c'est toujours, du moins

---

[54] *Dire*: 22, 648, 1246, 1318, 1335, 3580, P. 1, P.10, P. 12, P. 20, P. 39, P. 4245, 4612, 4660, 4675, 6159, 6392, 6409, 6607, 6645, 6667, 6675, 6676, 6717, 6888; *translater*: l. 194, P. 16, 4609, 4662, 6644; *estraire/traire:* P. 11, P. 44, 4273, 4600; *conter/raconter:* 6168, 6581, 6640, 8019; *descrire*: 6169, 6391, 6646; *deviser*: 7410; *escrire*: 4065; *noter*: 7989; *diter*: 1335; *faire des vers, un livre, un translatement:* 6186, 6168, l. 194, P. 18.

[55] Voir E. Baumgartner, " Texte de prologue et statut du texte ", *Essor et fortune de la chanson de geste dans l'Europe et l'Orient latin*, actes du IXe congrès international de la Société Rencesvals, 1984, t. II, pp. 465-473.

jusqu'au XIIe siècle, pour réduire leur étrangeté à une monstruosité diabolique qui légitime l'idéologie de la croisade: les Sarrasins prouvent encore, si besoin en est, leur perversité en passant alliance avec de telles forces du mal. Thomas rompt avec cette vision caricaturale de l'Autre et manifeste une curiosité pour les multiples formes possibles de l'altérité. Sans aucun doute il transmet alors des connaissances qu'il croit en partie objectives, mais en même temps la représentation pseudoscientifique de l'Orient dont il hérite ressemble trop à un jeu de l'imaginaire pour qu'il n'y soit pas sensible. En introduisant des variations dans les descriptions qu'il emprunte à ses sources, il contribue d'ailleurs lui aussi à la métamorphose incessante de l'image des monstres au Moyen Âge, qui découle de la transmission livresque[56]. Autrement dit, sa fascination pour les peuples de l'Orient reflète le prestige que détient à ses yeux le savoir encyclopédique et sa volonté de donner un statut scientifique à son œuvre. Mais elle semble aussi s'expliquer par le plaisir qu'il éprouve à transformer l'image humaine, en opérant un jeu d'inversion, de défiguration ou d'idéalisation, à partir de la norme occidentale. Son œuvre atteste combien l'Orient offre à l'imaginaire occidental un espace de liberté, voire de défoulement: c'est le monde de tous les possibles.

Dans les années 1175-1185, l'adaptation et l'insertion dans un récit en *romanz* d'aussi longs fragments d'encyclopédies latines est une innovation. Avant Thomas plusieurs auteurs ont introduit dans leurs *romanz* quelques merveilles de l'Orient et réécrit des fragments d' " Image du Monde ". Le *Roman d'Enéas* et le *Roman de Troie* notamment laissent affleurer un désir de transmettre aux auditeurs des connaissances sur la géographie, le bestiaire ou les peuples de l'Orient, mais leurs descriptions ne prennent jamais une ampleur comparable à celle de Thomas. On sait aussi que les premières " Images du Monde " en *romanz* autonomes ne datent que de l'extrême fin du XIIIe siècle[57].

---

56 Voir C. Gaullier-Bougassas, *op. cit.*, pp. 257-271.

57 Aussi bien la *Mappemonde* de Pierre de Beauvais (fin du XIIe siècle ou début du XIIIe siècle, éd. A. Angremy, *Romania*, t. 104, 1983, pp. 316-350, 457-498) que l'*Image du Monde* de Gossuin de Metz (1246, éd. O. H. Prior (rédaction en prose), Lausanne-Paris, 1913) ou le *Livre dou Tresor* de Brunetto Latini (1260 environ, éd. F. J. Carmody,

De même, l'un des textes à succès sur les merveilles de l'Orient, *La Lettre du Prêtre Jean*, a dû être composé en latin vers 1150-1160, mais traduit en français seulement aux environs de 1190[58]. Seul l'anglo-normand Philippe de Thaon a déjà rédigé en *romanz* le premier *Bestiaire* (1121-1135), ainsi qu'un *Comput* et deux *Lapidaires*[59] et il faut attendre le début du XIIIe siècle pour voir apparaître d'autres bestiaires français. Thomas de Kent joue donc un rôle de pionnier en adaptant aussi longuement en *romanz* la tradition tératologique des encyclopédies latines. Il œuvre pour la naissance d'une littérature scientifique en langue française et la promotion de cette dernière en tant que langue savante. L'examen des deux manuscrits illustrés de Cambridge et de Paris montre combien les copistes auteurs des rubriques et les illustrateurs parachèvent son projet scientifique. En partie responsables, semble-t-il, du découpage de la narration en petites laisses dans les descriptions de l'Inde et de l'Éthiopie, ils s'emploient à faire précéder d'une rubrique et d'une illustration chacune des strophes, consacrée le plus souvent à une seule merveille. Dans plusieurs folios l'image tend ainsi à supplanter le texte, qui se voit presque réduit au rôle de légende, sur le modèle de nombreux manuscrits d'encyclopédie ou de bestiaires. Les représentations picturales des peuples orientaux concordent en outre souvent avec les modèles iconographiques des encyclopédies latines[60].

Berkeley-Los Angeles, 1948, Slatkine reprints, Genève, 1975) sont postérieurs à l'*Alexandre* anglo-normand.

58 Éd. M. Gosman, Groningen, 1982. Voir aussi B. Ribémont, *op. cit.*, notamment pp. 11-68, 185-200.

59 *Bestiaire*, éd. E. Walberg, Lünd-Paris, 1900; *Comput*, éd. I. Short, Londres, 1984; *Lapidaire*, éd. P. Meyer, *Romania*, t. 38, 1909, pp. 481-522).

60 F. Avril et P. Stirnemann-Danz estiment d'ailleurs que l'un des artistes qui a collaboré à l'illustration du manuscrit BNF fr. 24364 a aussi travaillé pour un recueil d'ouvrages scientifiques (*Manuscrits enluminés d'origine insulaire VIIe-XVe siècle*, 1987, Paris, BNF, notice n° 171, pp. 126-138, p. 137). Sur l'iconographie des encyclopédies et des bestiaires, on pourra se reporter à R. Wittkower, " Marvels of the East, a Study in the History of Monsters ", *Journal of the Wartburg and Courtauld Institute*, 5, 1942, pp. 151-197 , *L'Orient fabuleux*, Paris, Thames et Hudson, 1991; X. Muratova, " Problèmes de l'origine et des sources des cycles d'illustrations des manuscrits des Bestiaires ", Actes du IVe colloque international *Épopée animale, fable et fabliau*, Paris,

La représentation de la géographie de l'Orient manifeste aussi des ambitions scientifiques et ce qu'on pourrait appeler une volonté de " réalisme ", même si bien sûr Thomas reste tributaire des connaissances médiévales, saturées de légendes. Thomas cherche à situer dans l'espace les aventures de son héros aussi précisément que le lui permettent ses différentes sources[61]. Le récit semble conçu pour que les auditeurs puissent se repérer et retrouver les différents sites évoqués sur une mappemonde, s'ils en avaient une à leur disposition. Avec ses exposés géographiques, ses " fiches " descriptives, Thomas donne d'ailleurs parfois l'impression de traduire par l'écrit ce mode de figuration picturale de l'univers et peut-être de rivaliser avec lui. La description de l'Orient devient ainsi une fin en soi, parallèlement au récit.

Ce projet pédagogique n'est pas le seul lien de l'*Alexandre* anglo-normand avec les *romanz* du XIIe siècle. Thomas de Kent adapte aussi ses sources latines en s'inspirant de procédés d'écriture, de techniques narratives et de motifs qui proviennent de cet univers littéraire divers. Ils sont le plus souvent liés aux notions d'aventure et de merveille qu'ignorent en revanche, on le sait, les chansons de geste antérieures et contemporaines. C'est avec de nombreux auteurs de récits romanesques et même de vies de saint que Thomas partage une fascination pour les aventures merveilleuses et la mise en œuvre des ressources de l'art du récit. Nous avons déjà mentionné le primat qu'il accorde à la linéarité du récit. Sur la trame narrative dont il hérite, il greffe aussi des motifs déjà bien établis dans les *romanz*: citons pêle-mêle les motifs du verger, du passage périlleux, des îles, des œuvres d'art que sont les tentes et les tombeaux, du cheval merveilleux. Son récit introduit des personnages dont les types appartiennent alors à l'univers

---

PUF, 1984, pp. 383-408; L. Harf-Lancner, " D'Alexandre à Marco Polo: représentations littéraires et iconographiques de l'Orient ", *The Medieval French Alexander*, éd. D. et S. Maddox. Sur la géographie médiévale et les mappemondes, voir K. Miller, *Mappaemundi, die ältesten Weltkarten*, Stuttgart, 1895-1898, 6 vol., et P. Zumthor, *La Mesure du monde*, Paris, Seuil, 1993.

61 Signalons qu'une inscription comparable dans le temps de l'Histoire manque. Thomas de Kent en effet ne trouvait pas de dates dans ses sources et il devait lui être difficile d'établir une chronologie.

des *romanz*: le magicien, les dames courtoises, l'enfant bâtard, les Amazones, les guides mystérieux. La plupart d'entre eux, Thomas les a trouvés dans ses sources, mais il a souvent amplifié leur portrait à l'aide d'éléments que comportent déjà d'autres *romanz*.

L'appartenance au genre romanesque de l'*Alexandre* anglo-normand s'impose enfin et surtout avec la structure narrative de la quête, une quête d'aventures et de merveilles, qui informe le récit à partir de l'entrée du héros en Orient. Quoique l'*Epistola Alexandri ad Aristotelem* n'ignore pas cette structure narrative, elle l'exploite moins systématiquement. Thomas semble là encore s'inspirer des premiers romans d'aventure pour dérouler le fil de la vie de son personnage. Son œuvre rappelle la représentation romanesque d'un univers mystérieux, qui, gouverné par la loi apparente du hasard et traversé de forces occultes, contraint le personnage à évoluer. Elle présente la réaction personnelle du roi face aux épreuves que cet espace lui impose, à l'instar de ce que montrent sous des formes diverses des romans comme le *Roman d'Énéas*, *Floire et Blancheflor* ou *Érec et Énide*. Il s'agit donc d'appréhender le héros comme un individu particulier, dont l'image royale n'est que l'une des facettes, de faire réfléchir et rêver sur sa destinée singulière. Au lieu d'agir, tels les guerriers des chansons de geste, en vertu de sa seule prouesse, dans une entreprise collective et au nom d'un idéal commun, Alexandre se plie à la loi des aventures pour se confronter à ses propres limites et à son destin, et il sort profondément transformé de ce cheminement personnel[62].

Et là est sans doute l'un des enjeux essentiels du *Roman de toute chevalerie*, comme d'ailleurs du *Roman d'Alexandre* d'Alexandre de

---

[62] Sur ces différences essentielles entre la chanson de geste et le roman médiéval, voir les études d'H. R. Jauss, “ Chanson de geste et roman courtois ” et de E. Köhler, “ Quelques observations d'ordre historico-sociologique sur les rapports entre la chanson de geste et le roman courtois ”, *Chanson de geste und höfischer Roman*, Heidelberg, 1963, respectivement pp. 61-77, 21-30. Sur les notions plus générales de récit épique et de roman sont toujours indispensables les ouvrages de G. Lukacs, *La Théorie du roman*, Paris, Gallimard, 1989 (Tel, 1re éd., 1920) et de M. Bakhtine, *Esthétique et théorie du roman*, Paris, Gallimard, 1987 (Tel, 1re éd., 1975; particulièrement le chapitre “ Récit épique et roman ”, pp. 441-473).

Paris: la tentative de retracer un itinéraire singulier, de la naissance et même de la conception jusqu'à la mort du personnage, avec toutes les évolutions qui s'opèrent en lui. Jamais rien de tel n'apparaît dans les chansons de geste antérieures qui figent d'emblée leur héros, Roland ou Guillaume, dans une exemplarité parfaite et se limitent chacune à une séquence de sa vie. Dans les récits romanesques et les vies de saint du XIIe siècle, c'est la configuration d'un temps plus long qui rend possible le récit d'une vraie transformation. L'univers du *romanz* offre ainsi souvent des personnages qui allient des traits positifs à des traits négatifs, du moins au seuil du récit. Ils se transforment sous la contrainte des événements et des passions qu'ils vivent – pensons à Tristan et à Iseut – ou tentent volontairement de se perfectionner. Le processus d'accomplissement dans lequel ils s'engagent alors n'est autre qu'une quête d'eux-mêmes, une tentative de dépasser leurs limites pour accéder à une réalité supérieure: la sainteté, la vision du paradis pour les héros des vies de saint; une forme de chevalerie plus pure et un amour plus profond pour Érec et Yvain par exemple.

Quant à l'Alexandre du récit anglo-normand, les objectifs de sa quête sont multiples. Motivé d'abord par le désir de conquérir un empire et revendiquant un pouvoir absolu sur le monde terrestre, il semble ensuite subordonner ses objectifs guerriers à la volonté d'acquérir une omniscience et une puissance quasi divines: reculer les bornes du monde et de la connaissance, élucider et maîtriser toutes les merveilles de l'Orient, s'approprier les secrets de l'Orient et les formes de sagesse qu'il offre. Par là même, peut-être en raison de cette conjonction surprenante d'une volonté de toute-puissance démesurée et d'une ouverture sur l'Autre, d'une conversion volontaire au monothéisme et d'une rivalité sacrilège avec les puissances divines – tant les dieux païens que le dieu juif –, il reçoit la grâce de pouvoir peu à peu approfondir son initiation au monothéisme, de prime abord trop superficielle. La fin de son parcours est alors marquée par un apprentissage douloureux, mais semble-t-il réussi aux yeux de Thomas de Kent, de la supériorité de la loi divine et des limites humaines. Le héros découvre la vanité de la puissance et de la richesse terrestres et l'humilité requise à tout croyant. Ce " processus d'éducation " fait ressortir les différentes facettes du personnage, ses contradictions, ses excès, mais aussi sa capacité à se remettre en cause et à apprendre[63].

Les multiples facettes du héros de Thomas de Kent

Thomas de Kent s'approprie les traditions historiques et légendaires en les " manipulant ", pour réinventer une image du héros qui, en dépit des fortes contraintes de l'Histoire, témoigne souvent de son point de vue et de ses choix idéologiques. La structure d'apprentissage qui informe son récit, sans effacer le trouble de ses origines ni le caractère condamnable de ses ambitions premières, sans lui retirer sa polyphonie romanesque, permet une progressive résolution des contradictions du héros: il finit par " s'assagir " et intérioriser la loi divine, et sa mort est interprétée comme un exemple édifiant, à la signification claire et univoque: elle donne une leçon sur la vanité des biens terrestres, sans que le personnage soit condamné.

Les origines " romanesques " du personnage

Thomas choisit d'emblée de développer longuement le récit de la conception d'Alexandre. La première image qu'il donne de lui, très romanesque[64], est celle d'un enfant bâtard, issu des amours adultères de deux personnages eux aussi introduits comme des héros de roman: la reine courtoise Olympias et le magicien Nectanabus. Le mystère et le trouble qui entourent ses origines invitent implicitement à s'interroger sur les conséquences d'une telle hérédité et la transmission

---

63 L'acceptation de l'aventure et des transformations intérieures profondes qu'elle est susceptible d'entraîner est l'une des caractéristiques du héros de roman selon M. Bakhtine.

64 En vertu non seulement de critères modernes (M. Robert, *Roman des origines et origines du roman*, Grasset, Paris, 1972), mais aussi de l'examen des textes du XIIe siècle. Les personnages d'enfant illégitime sont en effet fréquents dans les *romanz*, depuis le *Brut* de Wace avec Merlin et Arthur (nous pensons notamment aux lais féeriques *Yonec* et *Milon* de Marie de France, à *Tydorel*, puis à la douloureuse histoire de Caradoc, fils illégitime de l'enchanteur Eliavrès dans la *Première Continuation du Conte du Graal*).

éventuelle au fils de la " faute " des parents. Le héros est ensuite confronté à la découverte du secret de sa naissance et aux difficultés de la relation avec son père " officiel ", le roi Philippe. L'hésitation entre les deux figures paternelles marque de son caractère " problématique " ses enfances et ses premiers exploits. Nectanabus joue un rôle décisif dans la destinée d'Alexandre. Au-delà de sa volonté affichée de respecter ses sources, si Thomas reprend la version du *Pseudo-Callisthène* telle qu'il la trouve résumée dans l'*Epitomè,* c'est selon toute vraisemblance qu'il considère qu'elle contribue à la gloire d'Alexandre. Toute son œuvre semble en effet répondre au désir d'idéaliser le roi macédonien – il ne lui prête des échecs que pour montrer qu'il réussit ensuite à s'amender – et jamais n'affleure une condamnation de la bâtardise.

Le portrait de Nectanabus oscille entre l'image d'un " trickster " sulfureux et inquiétant et celle d'un savant exceptionnel. La série des mystifications qui permet à l'Oriental d'abuser la reine Olympias puis de réduire Philippe à l'impuissance est rapportée avec complaisance, alors que l'Oriental, tel un séducteur diabolique, transgresse sans scrupules et pour son propre plaisir les lois religieuses, morales et politiques. Thomas de Kent le dépossède en effet de la " caution " que lui offrait son statut de prophète d'Ammon dans le *Pseudo-Callisthène* et il accentue son ambivalence inquiétante. " Son " Nectanabus est privé de tout lien avec le surnaturel divin et ne féconde plus la reine en tant que substitut d'Ammon. Il usurpe désormais le statut de messager du dieu pour briser sa résistance. Clairement dénoncé comme un imposteur expert dans la manipulation des signes, un *fals truant* (v. 357), il n'est pourtant pas condamné. La rupture avec la divinité païenne lui retire toute grandeur surnaturelle, mais elle a le mérite de démystifier implicitement la légende de l'ascendance divine d'Alexandre: c'est peut-être déjà une façon pour Thomas d'éloigner le héros antique du paganisme et surtout de désamorcer sans le dire les critiques de son orgueil démesuré que martelaient les historiens.

Plus loin, les transformations apportées à l'épisode de la découverte de la statue de Nectanabus contestent d'ailleurs aussi bien la version du *Pseudo-Callisthène* que celle de la plupart des historiens sur l'oracle de Siwa: alors que Justin et Quinte-Curce montrent qu'Alexandre propage alors la croyance en sa propre théogénèse[65], et que dans le *Pseudo-Callisthène* il se proclame fils du prophète et demi-dieu Nectanabus, Thomas imagine que son héros choisit l'ascendance la plus " humaine ": Philippe. Trois éléments sont alors à retenir de la scène. Tout d'abord Alexandre n'est en rien tenté par une quelconque forme de déification. Ensuite, sans doute parce que sa carrière politique passe d'abord par la succession à Philippe sur le trône de la Macédoine, il refuse d'avouer au grand jour les liens qui l'unissent à Nectanabus, et cela malgré l'admiration et l'affection qu'il voue à l'Oriental. Même si l'*Alexandre* anglo-normand ne développe aucune analyse psychologique comparable à celles des autres romans antiques ou du *Tristan* de Thomas, un divorce s'établit donc entre l'être intime d'Alexandre et les apparences qu'il veut donner, conférant à son personnage une profondeur qui est le propre des héros de roman[66]. Nectanabus est ainsi condamné à rester dans l'ombre, bien que son rôle ait été essentiel et positif.

L'Oriental régénère en effet un royaume chancelant. Il donne un héritier à un couple victime de la malédiction de la stérilité et désuni[67], et à la Macédoine un roi prestigieux qui conquiert les richesses et les honneurs d'un empire. Les moyens malhonnêtes qu'il choisit pour parvenir à ses fins et imposer Alexandre sont d'emblée excusés parce qu'il agit pour le bien de son fils – auquel il se sacrifie – et celui de la Macédoine. Il met en œuvre ses talents

---

65 Justin, *Abrégé des Histoires philippiques*, livre XI, ch. XI, 2-12 (il soudoie les prêtres pour qu'ils le proclament fils de Jupiter Ammon); Quinte-Curce, *Histoires*, t. I, IV, VII, 25-31 (il condamne l'orgueil d'Alexandre et montre que les prêtres ont simplement voulu le flatter en lui attribuant une ascendance divine). Voir aussi Orose, livre III, 16, 12-13, dont la version est brève et floue: Alexandre veut effacer la rumeur de l'adultère de sa mère, mais on ne sait trop s'il se fait proclamer fils de Philippe ou bien fils d'Ammon.

66 M. Bakhtine invoque ainsi dans ses analyses sur les héros de roman " la dynamique de l'incompatibilité et de la discordance entre (les) divers aspects (de la représentation de l'homme). L'homme a cessé de coïncider avec lui-même et partant le sujet du récit a cessé de révéler l'homme tout entier " (*op. cit.*, pp. 467-468). Au contraire le personnage épique est complètement extériorisé et transparent (*ibid.*, pp. 467-468); G. Lukacs lui dénie même toute intériorité (*Théorie du roman*, *op. cit.*, p. 20)).

67 Une menace de répudiation pèse sur la reine (l. 9, vv. 199-201).

d'astrologue pour assurer à Alexandre l'avenir le plus glorieux possible, puis il vainc les résistances de Philippe, qui aurait pu être tenté par un infanticide[68]. Le rôle qu'il joue ensuite dans l'éducation de son fils est déterminant, car il lui transmet ses connaissances et surtout son fantasme de toute-puissance. Thomas de Kent célèbre en effet le savant extraordinaire qu'est Nectanabus. Le savoir scientifique de l'Oriental et sa maîtrise de la magie, présentée comme une science[69], lui assurent des pouvoirs surhumains. Il est justement intéressant de constater que le personnage est ici à nouveau dissocié du surnaturel: ni élu des dieux, ni suppôt de Satan. Ce qui montre bien qu'il diffère des magiciens des autres romans, et notamment des romans antiques, c'est que jamais Thomas ne l'appelle " devin " ni " enchanteur ", jamais non plus " sorcier " ou " diable ". Il tire en effet tous ses pouvoirs – du moins ceux qui lui restent après le retournement de fortune qui l'a contraint à l'exil – de sa raison humaine et de l'apprentissage des sciences. La discipline dans laquelle il excelle et qui fonde son autorité auprès d'Olympias est l'astronomie. C'est au Moyen Âge le dernier des arts libéraux, le plus prestigieux mais aussi le plus ambigu, parce qu'il conduit souvent de la célébration de Dieu à des ambitions sacrilèges, qui peuvent se manifester par la pratique de l'astrologie. On sait combien cette dernière a été condamnée par les Pères de l'Église, qui voyaient en elle " le signe, à la fois, d'une confiance en la raison jugée excessive et d'élaborations intellectuelles défendues par des personnes situées aux marges de la société[70] ". Or Thomas de Kent représente Nectanabus à la fois

---

68 Sur les résistances de Philippe, voir les vers 302, 333-337, 417-421.

69 Et l'on sait que d'autres œuvres romanesques évoquent l'existence d'écoles de magie en Orient ou en Espagne et/ou mentionnent les longues études qu'ont suivies magiciens et magiciennes (voir par exemple *Partonopeu de Blois*, éd. J. Gildea, Villanova University Press, 1967, t. I, vv. 4589-4622; *Cligès* de Chrétien de Troyes, éd. A. Micha, Paris, Champion, 1982, vv. 2966-2968).

70 M. Lejbowicz, " Les antécédents de la distinction isidorienne: *astrologia/astronomia* ", *Observer, lire, écrire le ciel au Moyen Âge*, éd. B. Ribémont, Paris, Klincksieck, 1991, p. 196. Sur les magiciens dans la littérature du XIIe siècle, voir R. L. Wagner, *" Sorcier " et " Magicien": contribution à l'histoire du vocabulaire de la magie,* Paris, Droz, 1939.

comme un marginal, un intrus à la cour de Macédoine, que la reine suspecte de folie, et comme l'incarnation de la croyance aux pouvoirs infinis de l'intelligence humaine. Les prédictions qu'il annonce à la reine, volontairement mensongères, ne sont certes pas le résultat de pratiques scientifiques sérieuses, mais plus loin la scène de l'accouchement impose son image de savant prométhéen. Tel un démiurge tout-puissant, il utilise sa maîtrise de l'astrologie pour se substituer aux dieux et décider du destin de son fils. Il enjoint à Olympias de retarder la naissance de l'enfant jusqu'au moment où les astres lui assurent la conquête d'un pouvoir politique absolu (l. 17, v. 384-408)[71]. Il défie alors implicitement la puissance divine par sa croyance en un déterminisme astral qui ne dépendrait pas des dieux et qu'un homme savant pourrait dominer.

Lorsqu'il participe ensuite très activement à l'éducation de son fils, c'est d'ailleurs pour lui apprendre à observer les astres (vv. 476-481). Il lui insuffle sa curiosité sans limites, son désir de percer tous les mystères, d'acquérir l'omniscience et par là même la toute-puissance des dieux. Deux idées fondamentales semblent transmises au jeune homme, qui les fait fructifier lors de son exploration de l'Orient: l'homme peut espérer accéder à un savoir total, et le savoir donne le pouvoir. Rien ne sera jamais dit en revanche sur les connaissances ésotériques qu'Alexandre reçoit dans le même temps: *de charmes la merveille* (v. 481). Ce sont sans doute la maîtrise de la magie sympathique, que Nectanabus a partiellement conservée (l'art d'enchanter des figurines de cire, l. 3, 9), le don de métamorphose (l. 15), la capacité à produire des songes (l. 9) ou des signes prodigieux (l. 16). Sans doute étaient-elles beaucoup trop sulfureuses et compromettantes. La littérature du XIIe siècle n'offre d'ailleurs aucun exemple de roi magicien.

La relation de l'assassinat de Nectanabus par Alexandre reflète ensuite les ambitions prométhéennes dont le magicien se rend coupable. S'y inscrit en effet en filigrane la fable ésopique de l'*Astronome*, dont le héros, à force de contempler le ciel, ne voit pas

---

71 Il prévoit sa puissance politique, mais n'annonce rien sur sa mort.

le puits qui se trouvait pourtant juste devant lui (l. 22-23)[72]. Cette fable est attachée au mathématicien astronome Thalès et quand les auteurs chrétiens du Moyen Âge condamnent le désir de savoir des philosophes, ils citent souvent Thalès comme exemple de savant sacrilège, parce que trop orgueilleux et confiant dans les pouvoirs de la raison. Alexandre supprime son maître pour se substituer à lui, dans un mouvement d'identification qui lui confère à lui aussi des ambitions démesurées. Ce qu'il lui reproche en effet, ce ne sont pas ses pratiques sacrilèges, comme l'imagineront des *Romans d'Alexandre* ultérieurs, mais les limites de son savoir. Comme dans l'histoire d'Œdipe, l'assassinat du père est aussi la condition nécessaire de sa reconnaissance par le fils. Le héros accède à sa propre histoire et à la profondeur d'une intériorité marquée par la contradiction et le refoulement. Son attitude contradictoire devant la statue de Nectanabus en donne ensuite une belle preuve (l. 51). Au terme de son parcours en Orient, Alexandre parviendra finalement à ne conserver que le versant positif de l'éducation et de l'influence de l'Oriental et il apprendra à renoncer à ses excès: le refus de toutes les lois et le fantasme de toute-puissance. Autrement dit à tuer en lui l'irrésistible identification à l'image fascinante, mais illusoire et mortifère, de la maîtrise absolue que Nectanabus lui a tendue[73].

L'exemplarité du roi

Au-delà des scènes de ce " roman familial ", l'éducation savante d'Alexandre – sa connaissance des sept arts libéraux que lui ont

---

[72] Sur cet épisode, voir L. Harf-Lancner, " Les *Romans d'Alexandre* et la fable de l'astrologue qui se laisse tomber dans un puits ", *Mélanges F. Suard*, Lille, 1999, pp. 373-386.

[73] Pour des analyses plus précises sur Nectanabus, voir C. Gaullier-Bougassas, *op. cit.*, pp. 345-379; " Nectanabus et la singularité d'Alexandre dans les *Romans d'Alexandre* français ", *Alexandre le Grand dans les littératures occidentales et proche-orientales*, *op. cit.*, pp. 303-319, et " Les mystifications de l'enchanteur Nectanabus et les ' origines ' des *Romans d'Alexandre* du Pseudo-Callisthène et de Thomas de Kent ", *Deceptio. Mystifications, tromperies, illusions de l'Antiquité au XVIIe siècle*, Publications de l'Université Paul-Valéry Montpellier-III, 2000, t. 2, pp. 339-366.

inculquée Nectanabus et Aristote – est un élément important de son image royale. L'une des profondes originalités du modèle de souverain qu'il incarne est en effet d'allier le pouvoir politique aux vertus de la *clergie* , alors qu'au XIIe siècle les chansons de geste et les *romanz* offrent très peu d'exemples de roi lettré[74]. Cette culture constitue l'un des fondements de son autorité politique. Les autres, plus traditionnels, sont sa prouesse, son élection divine et les " justes " ambitions collectives qu'il insuffle à ses hommes.

Tous les *Romans d'Alexandre*, depuis Albéric, mettent l'accent sur l'éducation complète qu'a reçue Alexandre, puis montrent ce que le roi lui doit, quelle intelligence et quelle sagesse utiles dans l'exercice du pouvoir elle lui a permis d'acquérir[75]. Nous ne reviendrons pas sur la conséquence pourtant majeure de cet enseignement: la naissance en lui d'une passion irrépressible pour le savoir et d'ambitions scientifiques qui l'entraînent dans son exploration de l'Orient. Cette volonté d'accéder à des connaissances jusqu'alors interdites aux hommes explique sans doute son avancée en Orient autant que le projet de conquête d'un empire universel. Une autre arme décisive pour le succès de son entreprise, et qui résulte elle aussi de son éducation, est sa maîtrise du langage et de la rhétorique. Son éloquence et son sens de la psychologie des foules lui permettent de convaincre et de galvaniser ses troupes. Le discours de la laisse 240 montre par exemple comment il sait flatter ses hommes, exploiter tant leur amour propre que leur " patriotisme ", leur attachement à l'honneur de la

---

74 Sur les images littéraires de la royauté au XIIe siècle, voir D. Boutet, *Charlemagne et Arthur ou le roi imaginaire*, Paris, Champion, 1992; R. R. Bezzola, *op. cit.*, plus spécialement 2e partie, t. II, pp. 517-537; 3e partie, t. I, pp. 149-207, 269-311; E. Baumgartner, " L'image royale dans le roman antique: le *Roman d'Alexandre* et le *Roman de Troie* ", *Cours princières et châteaux*, éd. D. Buschinger, Greiswald, Wodan, 1993, pp. 25-44, et R. Foreville, " La typologie du roi dans la littérature historiographique anglo-normande aux XIe et XIIe siècles ", *Mélanges E. R. Labande*, Poitiers, 1974, pp. 275-292.

75 Ses adversaires reconnaissent la supériorité de son intelligence et expliquent parfois sa puissance par son éducation savante (vv. 2360-2364, 2658-2659). Sur l'influence de l'enseignement d'Aristote, beaucoup plus forte dans les autres *Romans d'Alexandre*, C. Gaullier-Bougassas, " Alexandre et Aristote dans les *Romans d'Alexandre* français ", *The Medieval French Alexander,* éd. D. et S. Maddox, *op. cit.*

Macédoine, et miser sur leur espoir d'enrichissement en les abreuvant de promesses. Conscient de la puissance de séduction que lui donne l'art de la parole, il use aussi de son éloquence aux dépens de ses ennemis, pour rabattre leur orgueil et les ridiculiser. Dans l'épisode des cadeaux humiliants que lui adresse Darius (l. 65-79), les ressources du langage et les jeux avec les mots lui assurent un premier triomphe sur le roi perse, avant la victoire par les armes. L'échange de lettres prend en effet l'allure d'une véritable joute verbale: l'enjeu est d'agir sur l'autre en l'impressionnant par des arguments d'autorité, des menaces ou des humiliations. À la laisse 44, Alexandre riposte déjà à Darius avec le ton sentencieux d'un moraliste qui connaît la loi divine et sait que, en vertu de sa condamnation de l'esclavage, elle interdit au roi perse de soumettre la Macédoine. Ce n'est qu'après s'être adressé à lui comme un maître enseigne à son élève le bien et le mal qu'il lui oppose la force de ses hommes.

La capacité de réflexion qu'il a acquise durant ses études permet aussi à Alexandre de faire face à toutes les situations difficiles et même d'anticiper les épreuves pour mieux en triompher. Elle lui donne une lucidité et un sang-froid qui lui évitent les erreurs que la peur ou la souffrance pourraient lui faire commettre. Les exemples sont nombreux, en voici quelques-uns. Loin de se laisser abuser par les accusations que lance Parménion contre son médecin, Alexandre démasque le traître (l. 133-134). Alors qu'il est gravement malade et donc *a priori* plus influençable, il balaie les soupçons que son lieutenant veut éveiller en lui et prouve la justesse de son raisonnement. Le narrateur intervient d'ailleurs pour louer sa sagesse (vv. 2805-2811). Plus loin, l'épreuve des oracles des arbres du Soleil et de la Lune montre combien il sait masquer l'affliction qui l'envahit pour conserver son autorité sur son armée et les peuples conquis (l. 476-477). Durant son périple oriental, sa perspicacité lui permet de prévoir les dangers et de donner à ses hommes des ordres qui, dans un premier temps, les surprennent ou les irritent, mais ensuite leur démontrent combien il se soucie de leur intérêt. Durant le cheminement très éprouvant dans les déserts, il leur interdit ainsi de boire l'eau qu'ils découvrent avant de l'avoir goûtée lui-même. Il n'agit pas par égoïsme, comme l'a montré juste avant l'épisode de " l'eau rejetée " (l. 265-268), mais pour préserver leur santé. Le malaise que l'eau infestée provoque en lui révèle aussitôt le bien-fondé de ses craintes (l. 270-271). Ensuite, avant même l'arrivée des monstres, il ordonne à ses troupes de s'armer, bien que le poids de leur équipement leur rende plus insupportables encore les souffrances de la chaleur et de la fatigue (l. 276-277). Face à l'impuissance de la force militaire devant les peuples redoutables de Gog et Magog, ce sont plus loin son raisonnement et son habileté, ainsi que l'aide divine, qui lui permettent de trouver une solution. Il se remémore en effet le peuple de marins qu'il a rencontré auparavant et décide de lui rendre à nouveau visite. Au terme d'une exploration des abysses, il s'approprie leurs techniques étonnantes en rapportant plusieurs de leurs sous-marins, les *coliphas*, chargés d'un extraordinaire bitume qui permet de réaliser des soudures inaltérables. Avec cette matière première jusqu'alors inconnue, il fait souder les portes derrière lesquelles les diables resteront enfermés jusqu'à la fin du monde (vv. 6540, 6551). Tout au long du récit, la célébration de son habileté passe par l'emploi des adjectifs *cointe, enginus, sage* et des substantifs *sen*, *savance*, *engin* et *voisdie*[76].

Incarnation de l'*engin*, l'Alexandre de Thomas de Kent s'illustre tant par son intelligence pratique que par son sens de la ruse. Ce dernier élément du portrait du roi, certes déjà présent dans le *Pseudo-Callisthène* et ses dérivés, Thomas choisit de le mettre en valeur. Les ruses parfois bien prosaïques qui assurent la victoire à Alexandre ne le discréditent pas: pensons au stratagème d'intimidation de l'ennemi au moyen d'un nuage de poussière (l. 159), au simulacre de la fuite (l. 170), à la riposte ingénieuse aux éléphants (l. 352). Alexandre s'illustre aussi par ses talents d'acteur. L'art du déguisement et de la mise en scène de farces, dans lequel il excelle, lui sert à ridiculiser ses ennemis, Darius et Porrus, à leur prouver la supériorité de son intelligence et à les décourager (l. 159-168, 307-312). Enfin, le plaisir somme toute gratuit qu'il éprouve à se divertir et le souci de léguer à la postérité des scènes qui, en frappant les esprits, assureront le souvenir de sa gloire (vv. 3373-3374, 3381-3382) déterminent aussi sa conduite.

---

[76] Voir par exemple les vers 4823, 4890; l. 477, C. 86.

Avec les hommes qu'il respecte, il sait en revanche se conduire avec mesure et équité. Nous l'avons rappelé à propos de son médecin Philippe (l. 133-134). Dans l'épisode dit de " l'eau rejetée "(l. 265-268), il préfère renverser le peu d'eau qu'a pu recueillir Severin plutôt que d'étancher sa soif et de désespérer davantage ses hommes. Il s'impose alors comme un roi conscient de ses devoirs et soucieux de ne pas entamer son charisme. Plus loin, il contredit le jugement que ses lieutenants prononcent à l'encontre du Perse qui, après avoir revêtu les armes d'un Grec, a tenté de l'assassiner en le frappant de dos (l. 148-157). L'affirmation de sa puissance va alors de pair avec une célébration *a priori* cynique de la ruse, mais en même temps le roi se conduit finalement avec équité envers le Perse, dont les ambitions étaient légitimes. Il est ici question moins de sa générosité que de son sens de la justice. Le châtiment qu'il inflige aux meurtriers de Darius prouve aussi sa capacité à distinguer avec objectivité le bien du mal, sans se laisser aveugler ou influencer par ses intérêts personnels. Il les punit d'avoir trahi Darius, alors qu'ils lui ont pourtant facilité la victoire.

Les ressources que lui donne sa culture n'expliquent pas à elles seules ses succès. Le roi s'illustre aussi par une exemplarité guerrière sans faille. Thomas reste ici fidèle au témoignage de l'Histoire et à ses sources, ainsi qu'à un élément " obligé " de l'image d'un " bon roi " au Moyen Âge. La conquête de toutes les terres qu'Alexandre traverse, même dans l'Orient le plus lointain, prouve amplement sa valeur. La fureur guerrière qui l'anime, tel un *lou famillus entre angnels e brebiz* (v. 1887), rappelle par ses manifestations concrètes celle des guerriers des chansons de geste et Thomas " retrouve " souvent dans les récits de combats les horreurs épiques: guerriers agonisants qui soutiennent leurs entrailles; cervelles qui jaillissent des crânes fracassés; corps dépecés, pillages et massacres[77]. Les règles qui tendent à canaliser la violence des combattants dans les romans sont ici absentes, de même que toute leur inspiration aristocratique et chevaleresque. Contrairement à Alexandre de Paris, Thomas de Kent ne présente pas la chevalerie comme une caste sociale bien établie. Il

[77] Voir par exemple les laisses 209-210.

ne la confond pas explicitement avec la noblesse. Les énumérations qui contiennent le terme *chevalier* attestent du statut social indéfini de ces guerriers: tantôt elles les associent à la noblesse, tantôt aux *sergents*, aux fantassins[78]. Comme les auteurs des chansons de geste antérieures et contemporaines, Thomas donne sans doute très souvent au mot *chevalier* le sens premier de " guerrier professionnel qui combat à cheval, avec tout un équipement militaire ".

Conjointement à cette image non " romanesque " de la chevalerie, on remarque l'absence de la célébration insistante de la courtoisie et surtout de la générosité d'Alexandre qui marque les *Romans d'Alexandre* continentaux. Thomas de Kent se fait certes l'écho des actes les plus magnanimes que ses sources prêtent au conquérant (la courtoisie envers les femmes de Darius, la restitution à Porrus de tous ses biens (vv. 2073-2075; 5335-5338)), mais il reste très bref, sans les exploiter pour auréoler son héros d'une gloire " romanesque ". Rien sur l'efficacité politique de la largesse, cette vertu royale qui domine le discours politique des *romanz* et bien sûr le portrait d'Arthur[79], rien non plus sur la dépendance du roi envers ses chevaliers, sur un système de dons et de contre-dons qui pourrait rappeler les romans arthuriens. Thomas n'essaie pas de modeler le portrait d'Alexandre sur celui d'Arthur ou bien celui de Charlemagne, pour citer les deux grands modèles royaux de la littérature du XIIe siècle. Il ne projette pas sur lui les valeurs politiques de son époque et l'emploi, certes fréquent, du vocabulaire de la féodalité n'équivaut pas à la transformation du personnage antique en un roi féodal qui partagerait le pouvoir avec ses barons, ou en un roi-chevalier large et courtois qui veillerait

---

78 On pourra ainsi se reporter aux vers 665-667, 735-737, 2991, 4762-4763, 7472-7473. L'un des leitmotivs d'Alexandre de Paris, le rejet des serfs, n'apparaît pas non plus dans l'*Alexandre anglo-normand.* Voir M. Gosman, " Le *Roman de toute chevalerie* et le public visé: la légende au service de la royauté ", *Neophilologus*, 72, 1988, pp. 335-343 et *La Légende d'Alexandre au XIIe siècle*, *op. cit.*, pp. 290-316, et J. Flori, " La notion de chevalerie dans les chansons de geste du XIIe siècle, étude historique de vocabulaire ", *Le Moyen Âge*, 81, 1975, pp. 211-240, 407-445. Les rares moments où le code chevaleresque des *romanz* affleure sont le portrait de l'Athénien (l. 105-106) et le discours de Candeule à Alexandre (l. 505, 510).

79 Exception faite de la scène de conseil des laisses 195 à 201.

sur les intérêts exclusifs de l'aristocratie. Alexandre est pour l'auteur anglo-normand un souverain autoritaire, qui prend toujours ses décisions seul et fait trembler ses hommes. L'image finale des horribles guerres qui déchirent ses lieutenants après sa mort apporte une ultime preuve du bien-fondé de cet autoritarisme. Le récit fait ainsi l'apologie d'un roi absolu, un roi qui, éclairé par son éducation et son élection divine, sait mener avec sagesse et fermeté son armée et promouvoir l'intérêt général de toute la communauté qu'il dirige: *acrestre les rentes macedoignienes,/ Les honors de Grece e les assirienes* (l. 412, vv. 6598-6599). Les résultats acquis ne semblent laisser à l'auteur aucun doute sur les mérites de son gouvernement: *acreu (a) son realme, enrichi son barné* (l. 414, v. 6636).

Au-delà de la preuve par " l'efficacité ", Thomas de Kent invoque l'élection divine du roi et son rôle de médiateur entre le surnaturel et les hommes pour justifier ses ambitions impérialistes. Ce sont la volonté des dieux païens et celle du dieu des Juifs, venant ainsi rejoindre le désir de Nectanabus, qui prédestinent Alexandre à être roi et à conquérir un empire qui se substitue à celui de la Perse[80]. Les manifestations cosmiques qui accompagnent sa naissance (l. 18) annoncent que la terre entière tremblera devant lui; la victoire sur Bucéphale, conformément à l'oracle des dieux païens, légitime son accession au trône (l. 25-26). Ensuite et surtout, la divinité des Juifs tend peu à peu à se substituer au panthéon antique. Pour célébrer Alexandre comme élu et instrument de Dieu, Thomas insiste longuement sur sa conversion au judaïsme (l. 187-193), puis sur la mission civilisatrice et apocalyptique que Dieu lui assigne face aux peuples maudits de Gog et Magog (l. 370-410).

L'exercice de la fonction royale confère ainsi à l'Alexandre de Thomas de Kent une exemplarité qui ne se dément quasiment jamais. Les victoires qu'il remporte sur tous ses ennemis, jusqu'à sa mort,

---

[80] Voir le *Livre de Daniel*, que les Juifs présentent à Alexandre, et son image du transfert du pouvoir (la vision des quatre bêtes [7 et 8]). Orose développe la théorie des quatre règnes, selon laquelle le *regnum*/l'empire macédonien vient remplacer le *regnum* de Babylone et annonce l'empire romain (*Histoires contre les païens*, livre II, 1, 5-6).

prouvent que malgré les quelques sacrilèges commis, il conserve son élection divine et que l'assujettissement de l'Orient répond à la volonté de Dieu. En ce sens et conformément aux analyses théoriques de G. Lukacs et de M. Bakhtine, Alexandre est un personnage épique. Or, au XIIe siècle, si la chanson de geste est tenue pour le genre épique par excellence, elle ne détient pas le monopole de la fonction épique de rassemblement de toute une communauté autour de valeurs et de personnages exemplaires. Cette dernière traverse une bonne part des *romanz*: les édifiantes vies de saint bien sûr, mais aussi des chroniques et des récits romanesques. L'exemplarité guerrière, la médiation entre Dieu et les hommes et les ambitions conquérantes ne sont pas l'apanage des héros des chansons de geste. La comparaison avec les autres images littéraires de la royauté du XIIe siècle montre que le personnage de Thomas unit des vertus typiques de la chanson de geste – au premier chef la fureur guerrière – à des qualités qui renvoient plutôt à l'univers du roman: l'éducation savante, la maîtrise du langage, l'intelligence pratique à toute épreuve, la lucidité que donne la réflexion, la curiosité et une ouverture sur l'Autre qui prouve une plus grande tolérance. Mais il s'écarte des figures royales majeures des *romanz* par son étrangeté au système de valeurs aristocratique et chevaleresque. Thomas de Kent reste finalement plus éloigné des grands modèles dont il pouvait disposer que ne l'est Alexandre de Paris[81]. La raison en est sans doute que la réflexion politique n'est pas son objectif premier et que, pour rendre compte du gouvernement d'Alexandre, il se contente souvent de rester fidèle à ses sources.

L'explorateur curieux: grandeur et excès

Si essentielle soit-elle, l'image royale d'Alexandre n'épuise donc pas la signification du personnage. L'avancée en Orient est autant une

---

[81] L'image royale d'Alexandre dans la vulgate d'Alexandre de Paris s'inscrit elle aussi aux frontières de la chanson de geste et du roman, mais selon des modalités différentes. Elle reflète une influence beaucoup plus forte aussi bien des chansons de geste (avec l'amplification des récits guerriers, l'inscription en filigrane de l'histoire des croisades) que des *romanz* (l'insistance sur la largesse, sur la dépendance du roi envers la noblesse). Voir C. Gaullier-Bougassas, *op. cit.*, pp. 277-338.

exploration qu'une conquête. La figure du " découvreur " de nouveaux mondes passe même souvent au premier plan à partir du moment où le Macédonien pénètre en Inde. Or, cette quête du savoir semble obéir à une double finalité, contradictoire. Elle révèle tantôt sa générosité, tantôt son égoïsme et sa démesure, avant de l'entraîner dans un processus d'apprentissage d'une sagesse religieuse préchrétienne qu'il ne s'était pas donné comme objectif. Elle parvient alors à s'ordonner à la révélation de Dieu et perd sa subversion première. L'*Alexandre* anglo-normand offre ainsi un beau témoignage de la fascination doublée de méfiance qu'une curiosité humaine trop vive éveille au Moyen Âge.

L'Alexandre de Thomas de Kent parvient pleinement à assouvir sa soif de connaissance. Thomas, conformément à ses sources, lui accorde le bénéfice d'une parfaite maîtrise de l'Orient. Le roi macédonien passe avec succès les principales épreuves que cet espace rebelle lui oppose. Il résiste aux monstres, aux tempêtes, aux affres de la soif; il franchit de redoutables passages périlleux, réussit une exploration inédite des fonds marins et parvient jusqu'aux confins de l'univers en soumettant chacune des peuplades rencontrées[82]. L'Orient, arpenté et soumis à la force des armes, perd tous ses secrets devant cet aventurier de l'espace. En rendant transparent ce monde encore vierge, le roi-savant participe au développement des sciences humaines, recule les bornes du savoir. Il ravit à l'Orient ce qui peut rendre l'humanité plus puissante ou enrichir son imaginaire. Les découvertes en géographie, en sciences de la nature, en anthropologie permettent à ses hommes de mieux maîtriser l'espace et peut-être de situer plus justement leur civilisation par rapport aux autres, de " relativiser " leurs propres normes . Un peuple de marins, nous l'avons vu, leur révèle des techniques jusqu'alors inconnues: les soudures que permet un bitume extraordinaire et l'utilisation de sous-marins. Lors de sa navigation dans l'un de leurs *engins*, Alexandre accède à un nouvel espace jusqu'alors inconnu et commence une exploration des abysses que d'autres pourront continuer. En outre, comme il utilise le bitume pour

[82] Dans la version d'Alexandre de Paris, Alexandre reste en revanche très souvent impuissant devant les merveilles orientales (C. Gaullier-Bougassas, *op. cit.*, pp 460-493).

enfermer les peuples maudits de Gog et Magog, il devient un sauveur de l'humanité entière.

Sa curiosité prend aussi la forme d'une ouverture sur les sagesses que l'Orient lui révèle. Il sait renoncer à ses certitudes, accepter les différences et parfois adopter les valeurs de l'Autre. L'épisode de Jérusalem en donne l'épisode le plus probant, d'autant plus que sa conversion au monothéisme semble un élément essentiel de la version anglo-normande, alors qu'Alexandre de Paris amoindrit considérablement, voire efface, la portée religieuse de l'épisode (br. II, l. 111). Thomas reprend aussi, certes brièvement, l'épisode célèbre de la rencontre avec les Brahmanes, ces sages dont la religion préfigure le christianisme dans l'imaginaire médiéval. Il évoque le débat théologique qu'Alexandre aurait eu avec eux, sans le retracer précisément. Les Brahmanes révèlent surtout à Alexandre la ferveur avec laquelle ils adorent Dieu et se soumettent à sa loi, ainsi que leur mépris pour les biens terrestres, leur morale du *contemptus mundi* que le roi intériorise peu à peu[83] (l. 368).

Lorsqu'il arrache à l'Orient ses trésors matériels et spirituels, par la force ou par le respect et la mansuétude, le roi est néanmoins marqué par une double ambivalence. Son rôle de découvreur et de bienfaiteur de l'humanité tantôt semble inspiré par la/les puissance(s) divine(s), tantôt s'inscrit au contraire dans une logique d'opposition avec elle(s): il tend en effet à rivaliser avec elle(s), pour lui/leur voler des secrets qu'elle(s) gardai(en)t jalousement et ensuite les offrir généreusement aux hommes. Les signes de la résistance et de la colère divines – des manifestations atmosphériques violentes – révèlent en effet parfois le caractère sacrilège de son avancée dans les déserts indiens, d'où la dimension prométhéenne du personnage (vv. 5797-5801, 5847-5854). En outre Alexandre est loin d'agir toujours dans l'intérêt de l'humanité tout entière. Il poursuit très souvent des objectifs strictement personnels. C'est emporté par le fantasme d'une maîtrise absolue de la création divine et le rejet de toutes les formes d'autorité qu'il se lance sur les traces d'Hercule et de Dionysos, ses

---

83 Voir C. Gaullier-Bougassas, " Alexandre et les Brahmanes dans les *Romans d'Alexandre* français, du XIIe au XVe siècle ", *Le Moyen Âge*, 2000, t. CVI, pp. 467-493.

précurseurs dans la conquête de l'Orient. S'identifiant à eux, il tente de les surpasser. Il commence par détruire la ville natale d'Hercule, Thèbes (l. 111). Lorsque plus loin il franchit les bornes d'Hercule et de Dionysos, il n'hésite pas à faire démonter leurs statues pour comprendre leurs techniques d'assemblage. Une fois son orgueilleuse curiosité assouvie, il ordonne cependant de redresser les statues et de les apaiser par un sacrifice (l. 319-322). L'une des motivations principales qui le pousse ensuite à entreprendre la navigation vers l'île de Taprobane est le désir de réussir là où les dieux ont échoué (l. 326). Enfin, la soumission rêvée du paradis terrestre lui permettrait d'ouvrir à l'humanité ce sanctuaire perdu, de contraindre la divinité à redonner aux hommes leur ancienne condition édénique, mais aussi et peut-être surtout de satisfaire son désir d'immortalité et de toute-puissance.

Le mélange d'élans positifs et de dérives égoïstes dans lequel sa curiosité prend son origine va peu à peu s'épurer. Le personnage de Thomas tend finalement à résoudre lui-même ses propres contradictions, sous l'impulsion d'un dieu qui lui accorde la grâce de pouvoir s'élever à une forme supérieure de sagesse. Thomas de Kent n'insiste d'ailleurs jamais sur la démesure du héros autant qu'Alexandre de Paris[84]. La confrontation avec les dieux païens n'a pas la même violence dramatique et surtout son sens est profondément modifié par la conversion au monothéisme.

[84] Alexandre de Paris développe en ce sens les épisodes de la fontaine d'immortalité, de l'ascension céleste et de la prise de la tour de Babel à Babylone, qui sont absents de la version de Thomas. Il attribue aussi à son héros une attitude beaucoup plus sacrilège lors de son franchissement des bornes d'Hercule (br. III, l. 140-142). Cf. L. Harf-Lancner, "La quête de l'immortalité: les fontaines merveilleuses du *Roman d'Alexandre* d'Alexandre de Paris", *Sources et fontaines du Moyen Âge à l'âge baroque*, Paris, Champion, 1998, pp. 31-45 et " Alexandre le Grand dans les romans français du Moyen Âge: un héros de la démesure ", *Alexandre figure de l'inachèvement*, éd. F. de Polignac, *Mélanges de l'École française de Rome – Moyen Âge*, 112, 1, 2000, pp. 51-63.

Le sage: l'acceptation de la loi divine

Le héros de Thomas de Kent, grâce à son intelligence, à sa compréhension des révélations que Dieu lui envoie et à sa soumission aux missions qu'il lui propose, semble expier en partie les péchés d'orgueil et de démesure qu'il a commis. L'auteur anglo-normand tisse les fils d'une initiation religieuse au monothéisme qui est absente de sa source principale, l'*Epistola Alexandri ad Aristotelem*, et qui n'informe pas non plus la vulgate d'Alexandre de Paris. Il développe d'abord précisément le récit de la visite d'Alexandre à Jérusalem (l. 56-57, 187-193). L'épisode prend en effet à ses yeux la valeur d'une étape décisive dans la destinée d'Alexandre, conformément au symbolisme biblique de Jérusalem comme ville de la Révélation. Le roi macédonien renonce à ses croyances païennes pour se convertir au monothéisme. Cette adhésion volontaire permet de l'intégrer à l'histoire religieuse de l'Occident et les prophéties divines légitiment ses ambitions impérialistes. Il révèle lui-même à ses hommes que le dieu des Juifs lui est déjà apparu pour lui promettre la victoire sur la Perse (l. 192, vv. 3862-3884). Élu de ce dieu, conscient de l'être, il se reconnaît dans la prophétie de Daniel sur le roi qui doit détruire l'empire perse, quand les Juifs lui tendent le livre biblique (vv. 3885-3897). Après l'avoir utilisé comme un instrument contre les Perses, le dieu soumet Alexandre à des épreuves, pour lui donner, semble-t-il, la possibilité d'approfondir sa foi et d'acquérir l'humilité et le désintéressement d'un vrai croyant. Lors de sa visite à Jérusalem, tout porte en effet à croire que le désir de voir les promesses divines réalisées est la motivation principale d'Alexandre. Il va ensuite devoir dépasser cette forme superficielle de croyance pour intérioriser la loi divine et se déposséder du fantasme de maîtrise absolue qui l'animait jusqu'alors.

Sa volonté de conquérir le paradis terrestre et la présomption avec laquelle il veut lever tribut sur son seigneur, le dieu sans lequel la soumission de la Perse aurait pourtant été impossible, prouvent les limites de sa première initiation à la foi juive. Le messager du paradis lui délivre l'interdiction divine et lui remet une petite pierre dont les propriétés surnaturelles symbolisent la toute-puissance de la mort: elle a en effet pour vertu miraculeuse d'être si lourde qu'il est impossible de la peser, sauf si on la recouvre de poussière, car elle devient alors, comme par enchantement, d'une légèreté absolue. Les premières limites qu'Alexandre se voit opposer émanent ainsi du dieu de la foi monothéiste, dont il apprend l'autorité absolue, et non des dieux païens, impuissants. Ce sont les murailles du paradis terrestre qui jouent le rôle de démarcation de l'espace que la vulgate d'Alexandre de Paris assigne aux bornes d'Hercule. Face à elles, le héros doit pour la première fois rebrousser chemin. Mais l'examen de la version anglo-normande et la comparaison avec sa source probable, l'*Iter Alexandri Magni ad Paradisum*, montrent combien Thomas réinterprète l'épisode en faveur du Macédonien, en l'intégrant au récit de son initiation religieuse. Dans le texte latin et ses adaptations françaises ultérieures, *La Prise de Defur* et le *Voyage d'Alexandre au paradis terrestre*, le signe que Dieu transmet à Alexandre, la pierre sur laquelle un œil humain est incrusté, est non seulement un *memento mori*, mais aussi et surtout une condamnation violente de la convoitise insatiable du Macédonien. Thomas de Kent affaiblit donc d'emblée la portée critique de la scène. Dieu sermonne son héros sans l'humilier, sans le punir ni lui retirer ses faveurs. La raison en est peut-être l'attitude de soumission qu'Alexandre adopte dès que le messager lui révèle la volonté divine. Il ne s'entête pas dans son projet impie. Loin de se révolter, il se repent et s'incline, en se rappelant les précédentes manifestations du dieu (vv. 5607-5619). C'est la deuxième étape importante de son initiation religieuse. Aussitôt après, le dieu, loin de lui témoigner le moindre ressentiment, lui envoie la vision d'un ange pour lui révéler comment guérir ses hommes, empoisonnés par des Indiens (l. 346-347).

Dans les déserts orientaux, ce même dieu continue à lui enseigner sa loi en manifestant sa colère quand il estime qu'Alexandre dépasse les limites humaines (l. 360-364). Thomas de Kent s'inspire alors de l'image biblique des déserts comme espace de souffrances, d'épreuves et parfois de révélations. Il ne présente pas la vengeance terrible d'un dieu courroucé qui condamnerait à la mort un héros impie, car les manifestations de la puissance divine sont plus des épreuves formatrices que des châtiments. Justement interprétées par les Macédoniens, là encore elles entraînent Alexandre dans un processus de perfectionnement intérieur. Comme devant le paradis terrestre, il choisit le repentir et la prière, provoquant l'arrêt immédiat des tempêtes et des cata-clysmes.

Son élection divine se manifeste ensuite avec éclat lorsque le dieu, par l'intermédiaire d'un messager étrange, lui assigne la tâche redoutable d'enfermer les peuples maudits Gog et Magog (l. 370-408). Cette mission à forte valeur rédemptrice, qui va lui donner la grandeur incontestable d'un héros civilisateur, il s'y attaque avec un courage et une abnégation sans faille, utilisant toutes les ressources de son audace et de son ingéniosité. Mais ses moyens humains s'avèrent insuffisants jusqu'à ce que le dieu se manifeste à lui pour lui apporter son aide. Cette intervention ne prend cependant pas la forme d'un miracle qui se substituerait à l'action du héros. La divinité le laisse d'abord se confronter à des échecs répétés et éprouver douloureusement son impuissance, sans doute pour qu'il mesure encore une fois la faiblesse de ses forces humaines. C'est seulement lorsqu'Alexandre, désespéré, s'en remet à lui et le supplie d'anéantir les peuples impies qu'il lui révèle comment vaincre les monstres, comment utiliser le bitume oriental pour confectionner des portes derrière lesquelles ils resteront enfermés jusqu'au jour du Jugement dernier (l. 405-410). La transformation d'Alexandre en un sauveur de l'humanité apparaît comme le couronnement de son apprentissage religieux. Elle efface ses excès antérieurs et impose l'image d'un héros apte à s'amender. Le péché d'orgueil dont il accuse les peuples maudits peut rappeler ses propres attitudes sacrilèges. Lui qui incarnait une volonté de puissance excessive se métamorphose en un champion de la loi divine, en un croyant à l'humilité exemplaire.

Sa piété se confirme lors de sa mort. Thomas de Kent semble alors confronté à une difficulté: comment expliquer cette disparition prématurée, une des données de l'Histoire impossible à gommer, alors que son héros semble devenir un héros préchrétien avec l'enfermement de Gog et Magog ? Il rejette toute la culpabilité sur Antipater[85] et

[85] Ce dernier apparaît certes autant comme un baron traître que comme l'instrument d'une logique surnaturelle, qui renvoie aux origines troubles du roi et à la faute commise par Olympias et Nectanabus. L'oracle des arbres du Soleil et de la Lune, qui émane d'une puissance divine indéfinie, a en effet appris à Alexandre que la brièveté de sa

prête à Alexandre une attitude face à la mort qui prouve la sincérité de sa foi. Le conquérant accueille cette fatalité dans la dignité et l'apaisement. Complètement " purifié ", il renonce avec sérénité au monde terrestre auquel il était d'abord trop attaché. Son refus de la révolte et son acceptation de la loi divine et de sa condition humaine se manifestent dans son dernier discours. Un copiste peu attentif, l'auteur des rubriques du manuscrit édité, le présente comme une " complainte ", alors qu'Alexandre refuse justement de déplorer la fin de sa vie (l. 537-538). Le dieu peut ainsi reconnaître le profit que son protégé a tiré des lumières de la foi, qu'il lui a révélées à Jérusalem, et de la morale du *contemptus mundi*, qu'il lui a inculquée devant le paradis terrestre et dans les déserts.

Autrement dit, c'était un héros prométhéen qui se lançait à l'assaut de l'Orient, c'est un sage qui meurt, presque un saint, en tout cas un homme conscient que sa vie donne à l'humanité entière un exemple de la vanité de la puissance terrestre. Thomas de Kent a l'audace de transformer progressivement en un croyant humble et soumis à son créateur un héros dont la tradition occidentale condamne presque toujours l'*hybris*. L'*Alexandre* anglo-normand commence comme un roman d'amour et de magie, pour ensuite se donner les accents d'un récit historiographique et d'une chanson de geste. Puis il développe un long récit d'aventures merveilleuses, qu'il entrecoupe de pages encyclopédiques et de séquences édifiantes, avant que sa fin ne semble s'inspirer du modèle des vies de saint. En dépit de sa mort ou peut-être en partie grâce à elle, la destinée d'Alexandre suit alors une trajectoire ascendante. La cohérence profonde du personnage réside donc moins dans sa fonction politique que dans son aventure d'individu singulier et sa progressive initiation religieuse.

destinée avait été décidée dès sa conception (l. 470, C 2-C 6). Sur cette mort et les étapes de l'initiation, voir C. Gaullier-Bougassas, *Les Romans d'Alexandre*, *op. cit.*, pp. 297-302, 493-504; 515-519.

Manuscrits et édition

De l'*Alexandre* anglo-normand, nous conservons cinq manuscrits, dont deux réduits à un feuillet (O, Oxford, Bodleian Library, Lat. misc. b. 17 et L, Londres, British Museum, Add. 46701). Les trois manuscrits complets sont le manuscrit D de Durham (Cathedral Library, C. IV. 27 B), qui a servi de base à l'édition de B. Foster et I. Short, le manuscrit P de Paris (BNF fr. 24364) et le manuscrit C de Cambridge (Trinity College, O. 9. 34 (1446))[86]. Le plus ancien est le manuscrit C. On le date du second quart du XIIIe siècle. Il est orné de 152 illustrations, qui seraient dues à un artiste de l'atelier de Saint Alban. Malheureusement nous n'avons conservé que 46 de ses folios sur 96 probablement, si bien que malgré son ancienneté il est trop lacunaire pour une édition. Le manuscrit P date du début du XIVe siècle. C'est un remaniement du texte anglo-normand par un copiste francien, qui aurait été réalisé à Londres. Son programme iconographique exceptionnel (311 illustrations) semble l'œuvre de deux artistes, dont le second pourrait être un illustrateur d'ouvrages scientifiques. Le manuscrit D, le plus récent, date du milieu du XIVe siècle. Les lacunes du manuscrit C et la réécriture en francien du manuscrit P expliquent que les éditeurs, B. Foster et I. Short, aient choisi le manuscrit D, bien qu'il soit peu correct et tardif. Ces trois manuscrits reproduisent probablement des versions de la première moitié du treizième siècle, qui amplifiaient un récit antérieur, perdu, en ajoutant deux longs extraits de la branche II (“ le fourrage de Gadres ”) et de la branche IV (“ la mort d'Alexandre ”) du *Roman d'Alexandre* d'Alexandre de Paris, et qui étaient peut-être déjà illustrées.

---

86 Les deux manuscrits incomplets sont le ms. O d'Oxford (Bodleian Library, Lat. misc. b. 17, f. 140 seulement) et le ms. L de Londres (British Museum, Add. 46701, ff. viii-ix). Sur cette tradition manuscrite, on se reportera aux analyses de B. Foster et de I. Short dans l'introduction à leur édition, ainsi qu'aux articles de B. Foster, “ *The Roman de toute chevalerie* ... ”, art. cit. et de David J. A. Ross, “ A Thirteenth Century Anglo-Norman Workshop... ”, art. cit. Voir aussi les notices de M.R. James, *The Western Manuscripts in the Library of Trinity College, Cambridge*, Cambridge, 1902, vol. III, notice 1446, pp. 482-493, et de F. Avril et P. Danz Stirnemann, *Manuscrits enluminés d'origine insulaire, op. cit.*, pp. 126-138.

Le présent volume reprend l'édition de B. Foster, telle qu'elle a été complétée par I. Short et publiée par l'Anglo-Norman Text Society en 1976 et 1977 (vol. I, Texts and variants; vol. II, Introduction, notes and glossary (Anglo-Norman Text Society 29-31, 32-33). Dans son édition, B. Foster a cherché à reconstituer ce qu'a dû être la version originale de Thomas de Kent, si bien qu'il ne suit aucun manuscrit intégralement. S'il a choisi comme manuscrit de base le manuscrit D, il en a retranché les interpolations des deux branches d'Alexandre de Paris. Il a aussi dû faire appel aux manuscrits C et P, quand c'était possible, pour remédier aux folios manquants de D, ou sinon laisser un vide dans le texte qu'il édite. Il retranscrit ainsi du manuscrit P les laisses 194-200 (perdues aussi bien dans D que dans C) et du manuscrit C les laisses 470-483. L'interpolation dans les trois manuscrits conservés de la branche II d'Alexandre de Paris a provoqué la perte du récit que Thomas de Kent donnait du siège de Tyr, d'où un blanc dans le texte édité après la laisse 62.

Dans le récit de la mort d'Alexandre, B. Foster a aussi fait appel au manuscrit C pour les laisses 535-536. La raison n'en est pas la perte de folios de D, mais l'interpolation par le scribe du manuscrit D d'une partie de la branche IV d'Alexandre de Paris. Le manuscrit D entrelace en effet des extraits de la vulgate continentale avec des fragments d'un plus bref récit de la mort et de l'enterrement d'Alexandre, qui doit remonter à la version primitive, ainsi qu'avec des passages qui lui sont propres (l. 537-538: le discours d'Alexandre; l. 544: le discours des philosophes). B. Foster adopte alors une double stratégie d'édition: il a recours au manuscrit C, sur le fondement qu'il est le seul à conserver, peut-être dans son intégralité, ce qui était vraisemblablement la version originale de Thomas: un bref récit de l'absorption du poison, puis du partage de l'empire (l. 535-536, C 180-203); mais en même temps il conserve les ajouts originaux du manuscrit D (l. 537-538, 544).

Le manuscrit D est en effet le seul manuscrit à contenir plusieurs épisodes très importants et décisifs quant à la signification de la destinée d'Alexandre: la visite d'Alexandre à Jérusalem (l. 56-57, 187-193), sa tentative de conquête du paradis terrestre (l. 337-341), son dernier discours, juste avant sa mort, et celui des philosophes sur sa tombe (l. 537-538, 544). Ils sont édités en italique. On ignore si ces séquences, absentes des manuscrits C et P, appartenaient à l'œuvre de Thomas de Kent ou si elles ont été introduites ultérieurement par un copiste. B. Foster a choisi de les conserver. Son édition présente donc un caractère un peu artificiel, puisqu'elle se fonde sur plusieurs manuscrits plutôt que d'en reproduire un seul intégralement. M. Gosman a ainsi critiqué ces " corrections "[87]. Elles peuvent pourtant se justifier vu l'état des manuscrits conservés. Le manuscrit C était trop incomplet. Le remaniement en francien du manuscrit P offre certes l'une des formes sous lesquelles le texte a été lu au Moyen Âge, mais il est sans doute encore plus éloigné de la version de Thomas de Kent que le texte édité par B. Foster. Même si bien sûr toute tentative de retrouver la version originale d'un texte médiéval ne peut pleinement aboutir et se fonde sur des choix plus ou moins arbitraires, même si le manuscrit D offre peut-être des ajouts ultérieurs, l'édition de B. Foster et I. Short permet au lecteur moderne de prendre connaissance des spécificités de l'*Alexandre* anglo-normand[88].

Nous remercions Ian Short et l'Anglo-Norman Text Society de nous avoir permis de reproduire le texte de cette édition.

---

[87] *La Légende d'Alexandre au XIIe siècle*, *op. cit.*, pp. 290-291.

[88] Pour l'étude de la langue et de la métrique, voir le tome 2 de l'édition B. Foster et I. Short, pp. 24-61.

Analyse du récit

PROLOGUE : l. 1-2.
LA CONCEPTION D'ALEXANDRE : l. 3-16.

l. 3- 4b : Nectanabus et son exil en Macédoine
l. l. 5 : la fête d'Olympias
l. 6-9 : la première rencontre entre Olympias et Nectanabus
l. 10-13 : la supercherie de Nectanabus et la conception d'Alexandre
l. 14 : la vision envoyée par Nectanabus à Philippe
l. 15 : les métamorphoses de Nectanabus en dragon et en aigle
l. 16 : le prodige de l'éclosion d'un œuf de dragon

LA NAISSANCE ET LES ENFANCES D'ALEXANDRE : l. 17-49.

l. 17-18 : la naissance d'Alexandre
l. 19-20 : l'éducation d'Alexandre
l. 21 : Bucéphale
l. 22-24 : le meurtre de Nectanabus par Alexandre
l. 25-26 : le dressage de Bucéphale
l. 27 : l'adoubement d'Alexandre
l. 28-29 : la guerre contre Nicolas
l. 30-40 : la répudiation d'Olympias
l. 41-42 : la guerre contre la cité de Mathona
l. 43-45 : le premier message de Darius
l. 46-49 : la mort de Philippe, Alexandre sur le trône

LE DÉBUT DES CONQUÊTES : l. 50-62.

l. 50 : la prise de la Lombardie, la soumission de Rome et la conquête de l'Égypte
l. 51 : le couronnement d'Alexandre à Tripoli et l'hommage à la statue de Nectanabus
l. 52 : la fondation d'Alexandrie d'Égypte et d'Alexandrie de Syrie
l. 53-62 : le siège de Tyr

LA PREMIÈRE CAMPAGNE CONTRE DARIUS : l. 63-101.

l. 63-64 : prologue interne
l. 65-66 : conseil de Darius
l. 67-78 : deuxième message et dons dérisoires de Darius, réplique d'Alexandre

l. 79 : troisième message de Darius
l. 80-101 : première bataille

LES VICTOIRES EN GRÈCE : l. 102-126.
l. 102-112 : destruction de Thèbes
l. 113-124 : soumission d'Athènes
l. 125-126 : prise de Lacédémone

LA DEUXIÈME CAMPAGNE CONTRE DARIUS : l. 127-186.
l. 127-132 : préparatifs
l. 133-134 : le bain dans le Tigre et la trahison de Parménion
l. 135-143 : la velléité de Tholomé
l. 144-153 : la deuxième bataille
l. 154-157 : le jugement du Perse
l. 158-168 : le déguisement d'Alexandre et le tour qu'il joue à Darius.
l. 169-175 : la troisième bataille
l. 176-178 : messages de Darius à Alexandre et à Porrus
l. 179-186 : l'assassinat de Darius et le châtiment de ses meurtriers par Alexandre

ALEXANDRE À JÉRUSALEM : l. 187-193.

LA PREMIÈRE CAMPAGNE CONTRE PORRUS : l. 194-230
l. 194 : deuxième prologue intérieur
l. 195-204 : le message de Porrus et la réplique d'Alexandre
l. 205-211 : la première bataille contre Porrus
l. 212-214 : l'enterrement de Bucéphale et la fondation d'une nouvelle Alexandrie
l. 215-217 : les lévriers d'Albanie
l. 218-219 : la deuxième bataille contre Porrus
l. 220-230 : la prise de Faacen et la description du palais de Porrus

L'ENTRÉE EN INDE : l. 231-300
l. 231-234 : la rencontre de trois paysans
l. 235-237 : le passage des Portes Caspiennes
l. 238-242 : l'avancée dans les déserts
l. 243-263 : la description de l'Inde
l. 264-277 : les souffrances de la soif
l. 278-281 : le château gardé par des hippopotames
l. 282-283 : la découverte d'une source
l. 285-300 : les attaques des monstres d'Orient

LA DEUXIÈME CAMPAGNE CONTRE PORRUS : l. 301-317

l. 301-306 : l'arrivée devant Bagdad

l. 307-312 : le déguisement d'Alexandre et le tour qu'il joue à Porrus

l. 313-315 : la bataille contre Porrus et la reddition de Porrus

l. 316-317 : l'amitié entre Alexandre et Porrus

LA SOUMISSION DE L'INDE ET L'EXPLORATION DE SES MERVEILLES : l. 318-369

l. 318-319 : le départ pour les confins de l'Orient

l. 320-323 : le dépassement des bornes d'Hercule

l. 324-336 : l'exploration de l'île de Taprobane

l. 337-343 : l'échec face au paradis terrestre et le retour en arrière

l. 344-347 : les combats contre des Indiens

l. 348-359 : le bestiaire monstrueux et l'humanité étrange de l'Inde

l. 360-364 : les signes de la colère divine

l. 365-367 : la prise d'une cité indienne

l. 367-369 : la rencontre avec les Brahmanes et la fin de l'exploration de l'Inde

LA LUTTE CONTRE GOG ET MAGOG ET LEURS ALLIÉS : l. 370-411

l. 370-380 : le discours du mystérieux messager à un pied

l. 381-382 : le départ de l'armée grecque pour Taragonce

l. 383-385 : l'arrivée de la reine de Scythie et des deux reines des Amazones

l. 386-394 : l'échec des premiers combats contre Gog et Magog

l. 395-400 : le voyage sous-marin d'Alexandre

l. 401-411 : le sacrifice offert à Dieu et l'enfermement des peuples maudits

LA DÉCOUVERTE DE L'ÉTHIOPIE : l. 412-449

l. 412-415 : prologue intérieur

l. 416-444 : la description des peuples et des merveilles de l'Éthiopie

l. 445-446 : la voix qui prédit à Alexandre qu'il ne reviendra pas en Grèce

l. 447-449 : fin de la conquête de l'Éthiopie

LE MESSAGE DE CANDACE : l. 450-455

LES ORACLES DES ARBRES DU SOLEIL ET DE LA LUNE : l. 456-477

Le retour en Inde et la dernière bataille contre Porrus : l. 478-504

l. 478-479 : le pays du Jourdain et ses dragons

l. 480-484 : la rencontre des Seseres et des Seres

l. 485-487 : les attaques des monstres d'Orient

l. 488-490 : la construction d'une nouvelle Alexandrie et la mobilisation de l'armée grecque

l. 491-497 : le défi de Porrus

l. 498-504 : le combat singulier entre Alexandre et Porrus et la mort du roi indien

La rencontre d'Alexandre et de Candace : l. 505-528

La mort d'Alexandre à Babylone : l. 529-546

l. 529-530 : la description de Babylone

l. 531-533 : l'arrivée des Grecs à Babylone et les soupçons à l'encontre d'Antipater

l. 534-535 : l'empoisonnement d'Alexandre

l. 536-539 : le discours d'Alexandre et le partage des conquêtes

l. 540-543 : l'enterrement d'Alexandre

l. 544 : les discours des philosophes sur sa tombe

l. 545-546 : les guerres et les malheurs qui suivent la mort d'Alexandre

BIBLIOGRAPHIE

I – Textes

Édition de l'*Alexandre* anglo-normand de Thomas de Kent:

The Anglo-Norman *Alexander (Le Roman de toute chevalerie)* by Thomas de Kent, éd. B. Foster et I. Short, 2 vol., Londres, 1976 et 1977 (Anglo-Norman Text Society, 29-31, 32-33).

Les sources de Thomas de Kent

Sur Alexandre:

Collatio cum Dindimo, éd. F. Pfister, " Briefwechsel zwischen Alexander und Dindimus ", *Kleine Texte zum Alexanderroman*, Heidelberg, 1910, pp. 10-20 (voir " Le débat d'Alexandre avec les Gymnosophistes ", trad. G. Bounoure et B. Serret, dans le *Roman d'Alexandre du Pseudo-Callisthène*, Paris, les Belles Lettres, 1992, pp. 147-150).

Epistola Alexandri ad Aristotelem, éd. W. W. Boer, Beiträge zur klassischen Philologie, 50, Meisenheim, Hain, 1973; trad. G. Bounoure et B. Serret, *Le Roman d'Alexandre du Pseudo-Callisthène*, Paris, Les Belles Lettres, 1992, appendice I, pp. 123-146; trad. angl. et analyse L.L. Gunderson, Meisenheim, Hain, 1980.

Flavius Josèphe, *Antiquités judaïques*, trad. J. Chamonard, Paris, Ernest Leroux, 1904, t. III, livres XI-XV.

Historia de preliis Alexandri Magni, synoptische Edition der Rezensionen des Leo Archipresbyter und der interpolierten Fassungen J^1, J^2, J^3, éd. H. J. Bergmeister, Meisenheim, Hain, 1975; Rezension J^3, éd. K. Steffens, Meisenheim, A. Hain, 1975; Rezension J^2, éd. A. Hilka, Meisenheim, Hain, 1976-1977, 2 vol.; Rezension J^1, éd. A. Hilka et K. Steffens, Meisenheim, Hain, 1979.

Julii Valerii Epitome, éd. J. Zacher, Halle, 1867.

Julius Valerius, *Res gestae Alexandri Macedonis*, éd. M. Rossellini, Stuttgart, Teubner, 1993.

Justin, *Abrégé des Histoires Philippiques de Trogue Pompée et Prologues de Trogue Pompée*, trad. E. Chambry, L. Thély-Chambry, Paris, Classiques Garnier, 1936.

Orose, *Histoires contre les païens*, éd. et trad. M. P. Arnaud-Lindet, Paris, Les Belles Lettres, 1990, t. I, livres I-III.

Pseudo-Callisthène, *Le Roman d'Alexandre*, trad. du ms. L par G. Bounoure et B. Serret, Paris, Les Belles Lettres, 1992 (La Roue à Livres); trad. du ms. A par A. Tallet-Bonvalot, Paris, GF-Flammarion, 1994.

Quinte-Curce, *Histoire d'Alexandre*, éd. et trad. H. Bardon, Paris, Les Belles Lettres, 1948.

Sur l'Orient:

Æthicus Ister, *Die Kosmographie des Aethicus,* éd. O. Prinz, 1993 (München Monumenta Germaniae Historica, 14).

Pline l'Ancien, *Histoire naturelle*, livre VI (sur l'Inde), 46-106, éd. et trad. J. André et J. Filliozat, Paris, les Belles Lettres, 1980.

Solin, *Collectanea rerum memorabilium*, éd. Th. Mommsen, Berlin, 1895.

Autres:

Jérôme, " Lettre à Pammachius: la meilleure méthode de traduction " (" Ad Pammachium de optimo genere interpretandi "), *Lettres*, éd. et trad. J. Labourt, Paris, Les Belles Lettres, t. III, 1953.

Petrus Comestor (Pierre le Mangeur), *Historia scholastica*, éd. Migne, *Patrologie latine,* CXC-VIII.

Petrus Alphonsus, *Disciplina clericalis*, éd. A. Hilka, Heidelberg, 1911.

L'adaptation anglaise du *Roman de toute chevalerie*

Kyng Alisaunder, éd. G. V. Smithers, London, 1952 et 1957, 2 t. (Early English Text Society, 227 et 237).

Voir aussi le récit sur Nectanabus et Olympias de John Gower, *Confessio Amantis*, VI, 1789-2336, dans *The English Works of*

John Gower, éd. G. C. Macaulay, E. E. T. S., E. S. LXXXI-LXXXII, Oxford, University Press, 1900, II, pp. 215-230.

Les récits du XIIe siècle sur Alexandre

Albéric, *Le Roman d'Alexandre: The Medieval French Roman d'Alexandre, vol. III, Version of Alexandre de Paris, Variants and notes to branch I*, éd. A. Foulet, Princeton, 1949, pp. 37-60.

L'*Alexandre décasyllabique: The Medieval French Roman d'Alexandre, vol. I, Text of the Arsenal and Venice Versions*, éd. M. S. La Du, Princeton, 1937, Elliott Monographs 36.

Alexandre de Paris, Le Roman d'Alexandre: The Medieval French Roman d'Alexandre, vol. II, Version of Alexandre de Paris, Text, éd. E. C. Armstrong, D. L. Buffum, B. Edwards, L. F. H. Lowe, Princeton, 1937, Elliott Monographs 37; *vol. III, Version of Alexandre de Paris, Variants and Notes to Branch I,* prepared by A. Foulet, Princeton, 1949, Elliott Monographs 38; vol. V, *Version of Alexandre de Paris, Variants and Notes to Branch II*, with an introduction by F. B. Agard, Princeton, 1942, Elliott Monographs 40; vol. VI, *Version of Alexandre de Paris, Introduction and Notes to Branch III*, prepared by A. Foulet, Princeton, 1976, Elliott Monographs 42; vol. VII, *Version of Alexandre de Paris, Variants and Notes to Branch IV*, with an introduction by B. Edwards and A. Foulet, Princeton, 1955, Elliott Monographs 41.

Alexandre de Paris, *Le Roman d'Alexandre*, trad. L. Harf-Lancner (avec le texte édité par E.C. Armstrong et al.), Paris, Le Livre de Poche, 1994 (Lettres Gothiques).

Eustache, *Le Roman du Fuerre de Gadres d'Eustache: The Medieval French Roman d'Alexandre*, vol. IV, éd. E. C. Armstrong et A. Foulet, Princeton, 1942, Elliott Monographs 39.

Gautier de Châtillon, *Alexandreis*, éd. M. L. Colker, Padoue, 1978.

La Prise de Defur and *le Voyage au paradis terrestre*, éd. L. P. G. Peckham et M. S. La Du, Princeton, 1935, Elliott Monographs 35.

Le *Roman d'Alexandre*, versions des manuscrits de l'Arsenal et de Venise: *The Medieval French Roman d'Alexandre*, vol. I, *Text of the Arsenal and Venice Versions,* prepared with an introduction and a commentary by L. P. G. Peckham et M. S. La Du, Princeton, 1937, Elliott Monographs 36.

Le Roman d'Alexandre en prose: Der altfranzösiche Prosa-Alexander-roman, éd. A. Hilka, Halle, Max Niemeyer, 1920 (avec en regard l'édition de la version J² de l'*Historia de preliis*).

II – Études d'ensemble sur la légende d'Alexandre au Moyen Âge et les *Romans d'Alexandre*[89]

Abel (A.), *Le Roman d'Alexandre, légendaire médiéval*, Bruxelles, 1955.

Alexandre le Grand dans les littératures occidentales et proche-orientales, Actes du colloque de Paris, 27-29 novembre 1997, réunis par L. Harf-Lancner, C. Kappler et F. Suard, *Littérales* hors série, Université de Paris X-Nanterre, 1999.

Autour du Roman d'Alexandre, Bien dire et bien aprandre, n° 7, 1989.

Cary (G.), *The Medieval Alexander*, éd. D. J. A. Ross, Cambridge, 1956.

Frappier (J.), " Le *Roman d'Alexandre* et ses différentes versions du XIIe siècle ", *Gründriss der romanischen Literaturen des Mittelalters*, IV/I, Heidelberg, 1978, pp. 149-167.

Gaullier-Bougassas (C.), *Les Romans d'Alexandre, Aux frontières de l'épique et du romanesque*, Paris, Champion, 1998.

Gosman (M.), *La Légende d'Alexandre au XIIe siècle, une réécriture permanente*, Amsterdam, Rodopi, 1997.

The Medieval Alexander Legend and Romance Epic, Essays in honour of David J. A. Ross, éd. P. Noble, L. Polak, C. Isoz, Milwood, Kraus Publications, 1982.

The Medieval French Alexander, éd. D. et S. Maddox, State University of New York Press, 2001.

---

[89] Pour une bibliographie plus complète, voir C. Gaullier-Bougassas, *Les Romans d'Alexandre*, pp. 529-564.

Meyer (P.), *Alexandre le Grand dans la littérature française du Moyen Âge*, Paris, F. Vieweg, 1886, 2 vol., Genève, Slatkine Reprints, 1970.

Poirion (D.), " Arthur, Charlemagne et Alexandre ", *Résurgences. Mythe et littérature à l'âge du symbole (XIIe siècle)*, Paris, PUF, 1986, pp. 45-54.

Le Roman d'Alexandre, Bien dire et bien aprandre, n° 6, 1988.

Ross, (D. J. A.), *Alexander Historiatus. A Guide to Medieval Illustrated Alexander Literature*, Athenäum, Frankfurt, 1963 (réédition 1988).

Settis-Frugoni (Ch.), *La Fortuna d'Alessandro Magno dell'Antichita al Medioevo*, Florence, 1976.

III – Études sur le *Roman de toute chevalerie*

Avril (F.) et Danz-Stirnemann (P.), *Manuscrits enluminés d'origine insulaire, VIIe-XXe siècles*, Paris, 1987, notice n° 171 sur le manuscrit fr. 24364 de la B.N.F. du *Roman de toute chevalerie*, pp. 126-138.

Foster (B.), " *The Roman de toute chevalerie:* its Date and Author ", *French Studies*, t. 9, 1955, pp. 154-158 (discussion, pp. 348-351).

Foulet (A.), " La date du *Roman de toute chevalerie* ", *Mélanges Rita Lejeune*, Gembloux, Duculot, 1969, vol. II, pp. 1205-1210.

Gaullier-Bougassas (C.), *Les Romans d'Alexandre, Aux frontières de l'épique et du romanesque, op. cit.*

– " Alexandre et Candace dans le *Roman d'Alexandre* d'Alexandre de Paris et le *Roman de toute chevalerie* de Thomas de Kent ", *Romania*, t. 112, 1991, pp. 18-44.

– " Alexandre et les Brahmanes dans les *Romans d'Alexandre* français, du XIIe au XVe siècle ", *Le Moyen Age*, 2000, t. CVI, pp. 467-493.

– " Alexandre et la conquête de l'Ouest dans les *Romans d'Alexandre* du XIIe siècle, leurs mises en prose au XVe siècle et le *Perceforest* ", *Romania*, 2000, t. 118, pp. 83-104, 394-430.

– " La description du monde dans le *Roman de toute chevalerie* ", *La Description au Moyen Âge, Bien dire et bien aprandre*, 11, 1993, pp. 191-205.
– " Les mystifications de l'enchanteur Nectanabus et les 'origines' des *Romans d'Alexandre* du Pseudo-Callisthène et de Thomas de Kent ", dans *Deceptio. Mystifications, tromperies, illusions de l'Antiquité au XVIIe siècle*, Publications de l'Université Paul-Valéry Montpellier III, 2000, t. 2, pp. 339-366.
– " Nectanabus et la singularité d'Alexandre dans les *Romans d'Alexandre* français ", *Alexandre le Grand dans les littératures occidentales et proche-orientales, op. cit.*, pp. 303-319.
Gosman (M.), *La Légende d'Alexandre au XIIe siècle, une réécriture permanente, op. cit.*, pp. 290-316.
– " *Le Roman de toute chevalerie* et le public visé: la légende au service de la royauté ", *Neophilologus*, t. 72, 1988, pp. 335-343.
Hamilton (G. L.), " Quelques mots sur l'histoire de la légende d'Alexandre le Grand en Angleterre au Moyen Âge ", *Mélanges de philologie et d'histoire offerts à A. Thomas*, Paris, Champion, 1927, pp. 195-202.
Harf-Lancner (L.), " Le *Roman d'Alexandre* et la fable de l'Astrologue qui se laisse tomber dans un puits ", *Mélanges F. Suard*, Lille, 1999, pp. 373-386.
– "D'Alexandre à Marco Polo: représentations littéraires et iconographiques de l'Orient", *The Medieval French Alexander*, éd. D. et S. Maddox, *op. cit.*
James (M. R.), *The Western Manuscripts in the Library of Trinity College, Cambridge, a Descriptive Catalogue*, Cambridge, 1902, vol. III, notice n° 1446 sur le ms. de Cambridge O. 9. 34, pp. 482-491.
Legge (M. D.), *Anglo-norman in the Cloisters, the Influence of the Orders upon Anglo-norman Literature*, Edinburgh, 1950, pp. 35-43.
– *Anglo-norman Literature and its Background*, Oxford, 1963.
– " La précocité de la littérature anglo-normande ", *Cahiers de civilisation médiévale*, VIII, 1965, pp. 327-349.
– " La versification anglo-normande au XIIe siècle ", *Mélanges René Crozet*, Poitiers, 1966, pp. 639-643.

Raynaud (Ch.), " Une criminalité d'exception: les meurtres royaux dans le *Roman de toute chevalerie* (ms. B.N.F. fr. 24364) ". *Images et pouvoirs au Moyen Âge*, Paris, Le Léopard d'Or, 1993, pp. 161-176.

Ross (D. J. A.), " A Thirteenth Century Anglo-norman Workshop illustrating Secular Literary Manuscripts ? ", *Mélanges Rita Lejeune*, Gembloux, Duculot, 1969, vol. I, pp. 689-694.

– " A Funny Name for a Horse: Bucephalus in Antiquity and the Middle Ages ", *Autour du Roman d'Alexandre, op. cit.*, pp. 49-76.

– " Nectanabus in his Palace: a Problem of Alexander Iconography ", *Journal of Warburg and Courtauld Institutes*, 15, 1952, pp. 67-87.

– " Olympias and the Serpent ", *Journal of the Warburg and Courtauld Institutes*, 26, 1963, pp. 1-21.

Schneegans (H.), " Die handschriftliche Gestaltung des Alexanderromans von Eustache von Kent ", *Zeitschrift für französische Sprache und Literatur,* XXX,1906, pp. 240-263.

– " Die Sprache des Alexanderromans von Eustache von Kent ", *Zeitschrift für französische Sprache und Literatur,* XXXI, 1907, pp. 1-30.

West (C. B.), " Alexander the Great: *The Roman de toute chevalerie* ", *Courtoisie in Anglo-norman Literature*, Oxford, Blackwell, 1938, pp. 71-79.

Weynand (J.), *Der Roman de toute chevalerie des Thomas von Kent in seinem Verhältnis zu seinen Quellen*, Bonn, 1911.

Wind (B.), " Nos incertitudes au sujet du *Tristan* de Thomas ", *Mélanges J. Frappier*, Genève, Droz, 1970, pp. 1129-1138.

IV – Quelques études sur les autres *Romans d'Alexandre*

Anderson (A. R.), *Alexander's Gate, Gog and Magog and the Inclosed Nations*, Cambridge, 1932.

Baumgartner (E.), " L'Orient d'Alexandre ", *Bien dire et bien aprandre*, 6, 1988, pp. 7-15.

– " L'image royale dans le roman antique: le *Roman d'Alexandre* et le *Roman de Troie* ", *Cours princières et châteaux, pouvoir et culture du IXe siècle au XIIIe siècle en France du Nord, en*

Angleterre et en Allemagne, éd. D. Buschinger, Greifswald, 1993, pp. 25-44; repris dans *De l'Histoire de Troie au Livre du Graal*, Orléans, Paradigme, 1994, pp. 231-250.

– " La fortuna di Alessandro nei testi francesi medievali del secolo XII e l'esotismo nel *Roman d'Alexandre* ", in *Le Roman d'Alexandre. Riproduzione del ms. Venezia, Bibl. Courer, Courer 1493*, a cura di R. Benedetti, Udine, R. Vattori, 1998, pp. 11-28.

Cizek (A.), " Considérations sur la réception du thème d'Alexandre le Grand au Moyen Âge ", *Littérature et société au Moyen Âge*, éd. D. Buschinger, Amiens, 1978, pp. 201-230.

– " La légende de deux sages: Salomon le Pacifique et Alexandre le Grand dans la légende hellénistique et médiévale ", *Images et signes de l'Orient dans l'Occident médiéval, Senefiance*, 11, 1982, pp. 75-99.

– " Alexandre le Grand et les 'douze pers de Gresce' du *Roman français d'Alexandre* dans une perspective comparatiste ", *La représentation de l'Antiquité au Moyen Âge*, éd. D. Buschinger et A. Crépin, Wien, 1982, pp. 169-201.

Dubost (F.), " Le *Roman d'Alexandre* et le fantastique des espaces exotiques ", *Aspects fantastiques de la littérature narrative médiévale (XIIe-XIIIe siècles), L'Autre, l'Ailleurs, l'Autrefois*, t. I, Paris, Champion, 1991, pp. 256-282.

Gaullier-Bougassas (C.), " L'adoubement d'Alexandre dans les versions en décasyllabes et les versions en alexandrins du *Roman d'Alexandre* ", *La chanson de geste, écriture, intertextualités, translations*, éd. F. Suard, *Littérales*, 14, 1994, pp. 83-101.

– " Alexandre et Aristote dans les *Romans d'Alexandre* français ", *The Medieval French Alexander, op. cit.*

– " Alexandre et la ville dans le *Roman d'Alexandre* d'Alexandre de Paris ", *L'Antiquité dans la culture européenne du Moyen Âge*, éd. R. Brusegan et A. Zironi, Reinecke Verlag, Greifswald, 1998, pp. 229-239.

– " Alexandre héros païen ou héros pré-chrétien: diverses stratégies de réécriture à la fin du Moyen Age ", *Le Moyen Français*, 2001 (sous presse).

– " La curiosité d'un chevalier errant atypique, l'Alexandre du *Roman d'Alexandre*, et en contrepoint l'intégration à l'univers arthurien de l'Alexandre de *Cligès* ", *Cahiers de Recherches médiévales*, 4, 1997, pp. 143-149.

– " Jean Wauquelin et Vasque de Lucène: le 'roman familial' d'Alexandre et l'écriture de l'histoire au XVe siècle ", *Cahiers de recherches médiévales*, 5, 1998, pp. 125-138.

– " Le redoublement de l'enfermement d'Alexandre au val périlleux dans le manuscrit de Venise du *Roman d'Alexandre* ", *PRISMA,* XI, 1995, *Le regard II*, pp. 29-53.

– " La réécriture inventive d'une même séquence: quelques versions du voyage d'Alexandre sous la mer ", *Traduction, transposition, adaptation du Moyen Âge, Bien dire et bien aprandre,* 14, 1996, pp. 7-19.

– " Les versions en prose du XVe siècle du *Roman d'Alexandre:* le manuscrit de Besançon et l'*Histoire du bon roy Alexandre* de Jean Wauquelin ", *L'Épopée tardive,* éd. F. Suard, *Littérales*, 22, 1998, pp. 129-150.

– " La vie d'Alexandre le Grand dans *Renart le Contrefait* et le *Livre de la Mutacion de Fortune* ", *La Figure du roi*, t. 1, *Bien dire et bien aprandre*, 17, 1999, pp. 119-130.

Gosman (M.), " Alexandre le Grand et le statut de la noblesse ou le plaidoyer pour la permanence. Prolégomènes à l'histoire d'une légende ", *Non nova, sed nove, Mélanges de civilisation médiévale offerts à W. Noomen*, éd. M. Gosman et J. van Os, Groningen, 1984, pp. 81-93.

– " Les derniers jours d'Alexandre dans le *Roman d'Alexandre*: fin d'une vie exemplaire ", *Alexander the Great in the Middle Ages, ten Studies on the Last Days of Alexander in Literary and Historical Writing*, éd. W. J. Aerts, J. M. M. Hermans, E. Wisser, A. Nijmegen, Groningen, 1978, pp. 170-201.

– " Le descriptif idéologique dans le *Roman d'Alexandre* ", *La description au Moyen Âge, Bien dire et bien aprandre,* 11, 1993, pp. 207-220.

– " L'élément féminin dans le *Roman d'Alexandre*: Olympias et Candace ", *Court and Poet,* éd. G. S. Burgess, Liverpool, 1981, pp. 167-176.

– “ Le *Roman d’Alexandre* et les *juvenes*. Une approche socio-historique ”, *Neophilologus*, LXVI, 1982, pp. 328-339.

Harf-Lancner (L.), “ Alexandre le Grand dans les romans français du Moyen Âge: un héros de la démesure ”, *Alexandre figure de l’incomplétude*, éd. F. de Polignac, *Mélanges de l’Ecole française de Rome-Moyen Âge*, 2000-1, pp. 51-63.

– “ Le *Florimont* d’Aimon de Varennes: un prologue du *Roman d’Alexandre* ”, *Cahiers de civilisation médiévale*, XXXVII, 1994, pp. 241-253.

– “ De la biographie au roman d’Alexandre: Alexandre de Paris et l’art de la conjointure ”, *The Medieval Opus, Imitation, Rewriting and Transmission in the French Tradition,* éd. D. Kelly, Amsterdam, Rodopi, 1996, pp. 59-74.

– “ La quête de l’immortalité: les fontaines merveilleuses du *Roman d’Alexandre* d’Alexandre de Paris ”, *Sources et fontaines du Moyen Âge à l’âge baroque*, Paris, Champion, 1998, pp. 31-45.

Petit (A.), “ le traitement courtois du thème des Amazones d’après trois romans antiques: *Énéas*, *Troie* et *Alexandre* ”, *Le Moyen Âge*, LXXXIX, 1983, pp. 63-84.

Roncaglia (A.), “ L’*Alexandre* d’Albéric et la séparation entre chanson de geste et roman ”, *Chanson de geste und höfischer Roman*, Heidelberg, 1963, pp. 37-52.

Settis-Frugoni (Ch.), *Historia Alexandri elevati per griphos ad aerem (origine, iconografia e fortuna di un tema),* Rome, 1973.

Suard (F.), “ Alexandre est-il un personnage de roman ? ”, *Bien dire et bian aprandre* 7, 1989, pp. 77-87.

Weever (J. de), “ Candace in the Alexander Romances: Variations on the Portrait Theme ”, *Romance Philology*, 43, 1989-1990, pp. 529-546.

Zaganelli (G.), *L’Oriente incognito medievale (Enciclopedie, Romanzi di Alessandro, Teratologie),* Soveria Mannelli (Catanzaro), Rubbelli, 1997.

LE ROMAN D'ALEXANDRE
ou
LE ROMAN DE TOUTE CHEVALERIE

1

Cist siecles est culvert e perillus, 7r
Fors[1] a ceus ky servent le haut Roy glorius
Qui pur sa gent dona le soen sanc precius.
Si cum mester nous est, il ait mercy de nous,
Car vie d'ome est breve e le mond lab[o]rus,
Deceivables a toz e a multz ennuius.
Nequedent n'ad el siecle nul si bosoignus
Qe alcun delit n'ait, si trop n'est meseurous.
Mult put estre dolent al jugement irus,
Au jour ou tanz serront e tristes e pourous,
Qui pur sa char norir est en ceo mond penus.
A ceo k'om entent est son quer desirus.
Un deduit ay cho[i]si qe mult est delitus;
As tristes est confort e joie as dolerus,
E assuagement al mal as amerus.
Deliter se put bien home chevalerus
E tuit cil qui sunt de romanz coveitus.
A enviouse gent sunt ly bon fet costus,
Car joie e envoisure est doel as envius.
Le mal le tient al quer, dont vient le dit quitus,
Autrement crevereit, car tut est venimus.
Si envius me reprent, seignors, ceo dy a vous,
L'em mesprent bien sovent en overe meins grevous.
Mult par sereit ly home en ses fez eurous
Qe a la foiz n'est repris des homes envius.
Ore put qui voet oir vers merveillus
D'Alisandre le roy, de Daire l'orgoillus,
Cil qui conquist tanz regnes e tanz iles hidus,
Inde e Ethiope, les regnés plentivous,
Par force de bataille e meint estur dotus.

---

[1] Fort

1

Ce bas monde regorge de vices et de dangers,
sauf pour les serviteurs du puissant Roi de gloire,
qui pour son peuple donna son sang précieux.
Dans notre besoin, qu'il prenne pitié de nous,
car l'existence de l'homme est brève et la vie sur terre difficile,
pour tous pleine de pièges et d'épreuves.
Pourtant personne en ce bas monde n'est misérable
au point de ne jouir d'aucun plaisir, à moins d'être accablé de
[malheurs.
Il souffrira sans doute au jour du Jugement de colère,
au jour où tant d'hommes seront frappés de désespoir et de terreur,
celui qui, en ce monde, ne cherche qu'à nourrir son corps
et désire les biens les plus communément recherchés.
J'ai choisi un plaisir qui est source de délices :
il réconforte les malheureux, réjouit ceux qui souffrent
et soulage la douleur des amoureux.
Les chevaliers peuvent y trouver leur bonheur,
comme tous ceux qui aiment les récits en français.
Aux envieux le récit des exploits coûte de la peine,
car la joie et la gaieté leur sont des souffrances.
Le mal est enraciné dans leur cœur et leur inspire des remarques
[cinglantes:
ils crèveraient sinon, car ils sont pleins de venin.
Même si un envieux m'attaque, seigneurs, je vous le dis,
on commet bien souvent des erreurs pour des ouvrages moins
[difficiles.
Il aurait beaucoup de chance dans ses entreprises,
l'homme qui ne s'attirerait pas quelquefois les attaques des envieux.
Maintenant qui le souhaite peut écouter l'histoire merveilleuse
du roi Alexandre, de Darius l'orgueilleux,
d'Alexandre qui conquit tant de royaumes et tant d'îles terrifiantes,
l'Inde et l'Éthiopie, les royaumes opulents,
par la force des armes, des combats redoutables.

Hardiz estoit e conqueranz, sages e enginus.

ii La descripcion del mounde.

2

Ancienement ly sage mesurerent le monde, *7v*
Cum le firmament torne e cum la terre est ronde.
En trois la departirent sanz compas e desponde:
L'une est Aufrike, Asye est la seconde,
Europe est la tierce, de toz biens est feconde.
Doze signes au ciel dont clarté nous abonde,
Le curs des esteilles, cum la mer est parfonde,
Des doze mois parlerent e del vent qe rebonde,
De mars e d'averil e de may la plus monde,
De jun e de junet ou Virgo[1] se vergonde,
De aust e de septembre qe sa veigne feconde,
D'octobre e de novembre, decembre od la fonde,

[1] en V

Il était courageux et avide de conquêtes, sage et rusé[1].

ii La description du monde

2

Jadis les sages prirent les mesures de l'univers,
de la rotation de la voûte céleste et de la forme ronde de la terre.
Ils divisèrent cette dernière en trois parties, sans mesure ni règle:
la première est l'Afrique, la deuxième l'Asie,
l'Europe la troisième, riche de tous les biens[2].
Sur les douze signes célestes qui nous abreuvent de lumière,
sur les orbites des étoiles, la profondeur de la mer,
sur les douze mois, ils firent des traités, et aussi sur le vent qui [résonne,
sur mars, avril et mai, le mois plus pur,
sur juin et juillet, lorsque la Vierge montre sa pudeur,
sur août et septembre qui amène la vigne à maturité,
sur octobre et novembre, décembre avec sa fronde,

---

[1] Voir sur ce prologue l'introduction, *supra.*

[2] Cette division de la terre en trois parties, traditionnelle, est celle des *Images du Monde* et des *Mappemondes* en T/O: se reporter par exemple au *De Imagine Mundi* d'Honorius Augustodunensis (éd. V. I. J. Flint, *Archives d'Histoire doctrinale et littéraire du Moyen Âge*, n° 57, 1982, pp. 7-153); à l'*Image du Monde* de Gossuin de Metz (rédaction en prose, éd. O. H. Prior, Lausanne-Paris, 1913), et sur les mappemondes, à K. Miller, *Mappaemundi, die ältesten Weltkarten* (Stuttgart, 1895-1898, 6 vol.). Thomas de Kent, en entamant son récit par une très brève " description de l'univers ", semble s'inspirer d'un des modèles de l'écriture de l'histoire qui s'offraient alors à lui. Au moins depuis les écrits de Bède et d'Orose, que l'écrivain cite tous deux parmi ses autorités, de nombreux historiens latins commencent en effet leur récit par une description du monde et des pays qu'ils vont évoquer (B. Guenée, *Histoire et culture historique, op. cit.*, Paris, Aubier, 1980, p. 20). Benoît de Sainte-Maure reste plus fidèle encore à cette tradition dans le prologue de sa *Chronique des ducs de Normandie*, comme l'y invitent plusieurs de ses sources latines. Ici Thomas n'évoque ce modèle que pour introduire le personnage de Nectanabus et il s'en éloigne aussitôt en rejetant toute longue digression encyclopédique.

De genever, de feverer e de Aquarie od l'onde.
Qui de ceo plus querat, querge qui ly l'esponde.

iii De Nectanabus le roy de Libye.

3

Del mond esprover surent plusur baron.
Le plus sage de toz Nectanabus ot noun;

sur janvier, février, le Verseau avec son amphore[1].
Celui qui voudra en savoir plus, qu'il cherche ailleurs les réponses !

iii Nectanabus le roi de Libye.

3

Bien des nobles seigneurs surent examiner l'univers.
Le plus sage de tous avait pour nom Nectanabus[2];

---

[1] Sur le zodiaque et les représentations iconographiques des différents mois au Moyen Âge, voir E. Mâle, *L'Art religieux du XIIIe siècle en France,* Paris, 1898, rééd. Livre de Poche, 1988, pp. 142-157. Thomas de Kent se réfère aux travaux des champs seulement pour septembre, le mois des vendanges, et évoque pour les mois de décembre et février deux éléments qui s'inspirent de la représentation des signes du zodiaque la fronde comme emblème du Sagittaire, alors que ce signe est généralement symbolisé par un centaure qui tient un arc prêt à tirer; Aquarius le verseur d'eau pour le Verseau.

[2] Nectanabus est, selon l'histoire, le dernier pharaon d'Égypte. Contraint à l'exil par les Perses, il s'est réfugié non pas en Grèce, mais au sud de l'Égypte. Si des légendes égyptiennes ont très vite pris naissance autour de son personnage et du péché d'orgueil qui serait à l'origine de ses malheurs (voir B. E. Perry, " The Egyptian Legend of Nectanabus ", *Transactions and Proceedings of the American Philological Association,* 1966, pp. 327-333), le *Roman d'Alexandre* du Pseudo-Callisthène est le premier texte à le présenter comme le père d'Alexandre et à inventer cette filiation pour intégrer le roi grec à l'histoire de l'Égypte. Tandis que les plus anciens *Romans d'Alexandre* continentaux, celui d'Albéric et *l'Alexandre décasyllabique*, refusent cette légende des origines d'Alexandre et qu'Alexandre de Paris adopte peu après le même point de vue, Thomas de Kent choisit, peut-être pour se démarquer d'eux, de rester fidèle au dérivé latin du *Pseudo-Callisthène* sur lequel il travaille, l'*Epitomè* de Julius Valerius. Il respecte la version du Pseudo-Callisthène que lui transmet sa source, en ne donnant aucune explication du retournement de fortune dont est victime l'Oriental, en n'imputant aucune faute à celui qui va devenir le père de son héros. Remarquons cependant qu'il choisit de laisser dans le flou l'origine précise de Nectanabus ainsi que l'identité de ses adversaires. Seul le copiste qui invente les rubriques le présente comme le roi de la Libye (et non de l'Égypte) et rien n'est dit sur les Perses qui viennent l'attaquer. Du fait de cette absence de précisions, Alexandre apparaît ensuite moins nettement comme le successeur et le vengeur de l'Égyptien, lors de sa conquête de l'Égypte et de sa lutte contre les Perses. Nectanabus offre en effet l'image fascinante, mais aussi subversive, d'un roi astronome et magicien. Le personnage est d'autant plus sulfureux qu'il ne tire pas d'un lien privilégié avec le surnaturel divin les moyens occultes grâce auxquels il gouverne. Sur la magie sympathique que maîtrise Nectanabus, voir F. Lexa, *La Magie dans l'Égypte antique, de l'ancien Empire jusqu'à l'époque copte*, 2 vol., Paris, 1925.

Les curs as planetes esprova par reson,
Tuit ly quatre[1] element ly furent en bandon.
Quant autre roy conquist a force d'esperon,
Il se combaty par constanlacion;
Ne voleit guerroier sanz artimage non.
Si alcun roy se prist envers sa region,
Adonc alast cocher sus en sa meson;
Ewe en un bacin prist ou en un poton
E de cire feist une conjunccion
En semblance d'omes par ymaginacioun,
L'une semblance a ly, l'autre a son compaignon.
En chescune escriveit donc son propre non;
Combatre les feseit par simulacion.
Tant ne venissent nefs, eskarnard ne dromon,
Qe par engin nes tornast donc a destruccion.
Eissi ot tut jours pes desqu'al temps Phelippon. *8r*
Avint qe tresze roys, tut en un[e] seison,

[1] quarte

il examina avec rigueur les orbites des planètes
et s'assura une parfaite maîtrise sur les quatre éléments.
Les autres rois utilisaient les armes pour leurs conquêtes,
mais lui se battait avec l'aide des constellations
et ne voulait faire la guerre qu'avec les ressources de la magie.
Si quelque roi s'attaquait à son territoire,
il allait s'allonger au dernier étage de sa maison;
il prenait de l'eau dans un bassin ou un petit pot
et modelait des figurines de cire,
auxquelles, avec habileté, il donnait forme humaine :
la première était à son image, la seconde à celle de son adversaire.
Sur chacune il inscrivait alors le nom adéquat;
puis il simulait des combats entre elles[1].
Malgré le nombre de navires, de dromons[2],
grâce à la magie, il causait toujours leur destruction.
Il connut ainsi la paix jusqu'à l'époque de Philippe.
Un jour, treize rois, exactement au même moment,

---

[1] Les termes abstraits que Thomas de Kent emploie ici, *constanlacion, conjunccion, ymaginacioun, simulacion*, sont absents de sa source, l'*Epitomè*. C'est lui qui semble introduire dans la langue française les termes *simulacion* et *constanlacion/constellacion* : B. Foster assimile *constanlacion* à *constellacion*, qu'on trouve au vers 372, et le traduit par " position of heavenly bodies (influencing destiny) " (éd. cit., t. II, p. 123). *Conjunccion*, qui désigne un assemblage, apparaît déjà dans *Troie* (v. 29861). Quant à *ymaginacioun*, c'est aussi l'un de ses premiers emplois avec, semble-t-il, le sens d'une habileté dans la faculté d'inventer des images (selon Tobler-Lommatzsch, le sens de " faculté d'inventer des images " n'apparaît qu'à partir du *Roman de la Rose* (v. 8896), alors qu'auparavant, depuis la *Chronique des ducs de Normandie* de Benoît de Sainte-Maure, il désigne une image venant dans un rêve). Thomas de Kent s'essaie donc à une écriture savante pour rendre compte des pratiques de l'astronome-astrologue et magicien Nectanabus, un personnage qui, pour lui, incarne la science et la croyance aux pouvoirs infinis de la raison humaine.

[2] Selon la classification de C. Vilain-Gandossi (*Le Navire médiéval à travers les miniatures*, Paris, CNRS, 1985, p. 15), le *kanart* (du nordique *knarr*) figure parmi les bâtiments de tradition des mers du Nord : c'est un navire de transport de marchandises; le dromon (du grec *dromos*) figure parmi les bâtiments de tradition méditerranéenne et intermédiaires entre les bâtiments ronds, essentiellement marchands, et les bâtiments longs, plutôt destinés à la guerre. Le terme désigne au Moyen Âge un bâtiment de transport mal défini (*ibid.*, pp. 8, 10, 12).

Se pristrent contre ly par iceste achaison:
Sa mort eurent juré par fere traison,
Ost avoient mandé de meinte nascion.
Quant soit par les esteilles lour entencion,
Un ris geta de joie e dit une oreison:
Charme fust en chaldeu, ne say pas le jargon.
Ewe fist donc metre al bacin de laton,
Fist sors e dist charmes en estrange sermon.
Quant fet ot ceo qu'il volt par sa conjureison,
Adonc vist de son regne [tote] la confusioun.
S'il ne fuist ne tent pas nul[e] defension,
Ne la gent del realme nule garison,
Toz serront pris e occis e mené en prison.
Bien voit s'il atent ja n'avera r[e]ançon;
De attendre ou d'aler ert en grant suspecion.
Quant il eust pensé, si s'en fuist tost com laron;
Le chef rees e tondu s'en vest en cheminesson.

iiii Coment Nectanabus s'en fui e vint en Macedoine.

4a

Nectanabus s'ot rees e deguisé estreit,
Fuist s'en de son regné qe con[e]uz ne seit,
Par peine e par travail aire mut a espleit.
A Macedoine vient a la cité tut dreit.
En diverses pensees ert en destreit;
Ne siet qe put fere, ne quel mester fereit[1].
Au d[e]rein se purpense e dit qu'il se tendreit
A astronomie, a l'art dont plus saveit.
Un astrelabe d'or od ly porté aveit,
La hautur en comprent des planetes qu'il veit.

---

[1] menestral se feist

l'attaquèrent dans les circonstances suivantes :
ils avaient juré sa mort à la suite d'une terrible trahison
et avaient recruté des troupes dans de nombreux pays.
Quand Nectanabus apprit leur projet en observant les étoiles,
il s'esclaffa de plaisir et prononça quelques paroles :
c'était une formule magique en chaldéen, une langue que je ne connais [pas.
Il fit alors mettre de l'eau dans un bassin de laiton,
jeta des sorts et prononça des formules magiques dans une langue [étrangère.
Quand il eut terminé ses sortilèges,
il vit la destruction totale de son royaume.
S'il ne fuyait pas, il ne voyait aucune défense possible,
aucun salut pour le peuple du royaume :
tous seraient capturés, tués ou emprisonnés.
Il vit bien que s'il attendait, il serait mis à mort.
Il hésita longuement pour savoir s'il devait attendre ou partir.
Après réflexion, il prit promptement la fuite, comme un voleur.
Le crâne complètement rasé, il prit la route.

iiii Comment Nectanabus s'enfuit et arriva en Macédoine.

4a

Une fois rasé et parfaitement déguisé,
il fuit son royaume sans être reconnu
et, avec beaucoup d'efforts et de peine, chemina à vive allure.
Il gagna directement la cité de Macédoine.
Des pensées contradictoires l'angoissaient :
il ne savait que faire, quel métier exercer.
Il finit par décider de se consacrer
à l'astronomie, la science dans laquelle il excellait.
Il avait apporté avec lui un astrolabe d'or
et s'en servait pour mesurer la hauteur des planètes qu'il voyait.

4b

Ore est Nectanabus a dreit port[1] arivé,
Car le roy Phelippe n'ert pas en la cité;
Ainz est alé en l'ost ou mult ert demoré. *8v*
La reyne Olimpias governoit la cité.

v De la reyne de Macedoygne.

5

Ceo fu en mi averil, al comencement d'esté,
Qe cist bois sunt foilly, floriz e borgoné.
Feste tint la dame de sa nativité.
Quant il eurent mangé, des tables sunt levé.
Seignurs, vous savez bien, sovent est reconté
Qe dame coveit mult aver los [d]e beauté!
Ceo desire ele plus qe pris ne honesté.

---

[1] porte

4b

Nectanabus était arrivé au bon moment,
car le roi Philippe était absent de la cité :
il s'était engagé dans une campagne qui le retenait depuis longtemps.
C'était la reine Olympias qui gouvernait la cité.

v La reine de Macédoine.

5

C'était la mi-avril, au début de l'été,
quand les arbres bourgeonnent, se couvrent de feuilles et de fleurs.
La dame donnait une fête pour son anniversaire[1].
À la fin du repas, les convives se levèrent de table.
Seigneurs, vous le savez bien, on a souvent conté
combien les dames sont avides de louanges sur leur beauté !
Elles les préfèrent à l'estime et à l'honneur.

---

[1] Toute cette séquence montre le travail d'amplification auquel se livre Thomas de Kent à partir de la trame narrative de l'*Epitomè*. Il réécrit des motifs courtois que la littérature en *romanz* – essentiellement les romans antiques, le *Brut* et les premiers récits bretons – vient de créer: le portrait de la dame (ici la monture, à la strophe suivante, la description physique, certes brève, d'Olympias), l'évocation d'une fête courtoise, du cortège de la reine dans une ville décorée, de jeux chevaleresques et de danses dans un pré... Ce sont les auteurs de la trilogie *Thèbes, Énéas, Troie* qui composent en français les premiers portraits féminins (par exemple les portraits d'Antigone et d'Ysmaine dans *Thèbes* (vv. 4045-4100), de Camille dans *Énéas* (vv. 3956-4069)), tandis que Wace offre dans le *Brut* (vv. 10197-10620) l'une des premières occurrences de description d'une fête courtoise lorsqu'il présente celle qu'organise Arthur pour son couronnement. Remarquons aussi que la mention de l'épervier que tient la reine appartient à la représentation classique de la noblesse et de la souveraineté de la dame (voir par exemple *Thèbes*, vv. 4099-4100; *Erec et Enide*, vv. 5314-5318). Dans la littérature du dernier quart du XIIe siècle elle devient aussi souvent, en même temps que l'évocation d'une mule blanche, un attribut des fées (la fée de *Lanval* dispose d'une monture blanche et arrive à la cour d'Arthur avec un épervier au poing ; *Erec et Enide* évoque aussi une fête de l'épervier qui se déroule dans l'Autre Monde). Bien qu'Olympias, comme plus loin Cléopâtre, ne soient en rien des fées, Thomas de Kent utilise ces clichés descriptifs sans doute pour renforcer l'évocation hyperbolique de la beauté de ses héroïnes. Il commence enfin cette laisse en réactualisant le motif de la *reverdie*, qui provient de la lyrique des troubadours et des trouvères et que la littérature narrative s'est très vite approprié. Le renouveau de la nature au printemps coïncide ici avec le véritable départ du récit et avec la naissance du désir amoureux de Nectanabus pour la reine.

Ceste se purpense qe sis corps seit mostré
A cent mil le jur pur estre bien loé.
Escrie mareschals, cheval[er]s ad mandé;
En poy d'oure i ot plus de mil assemblé.
Un blanc mulet d'Aufrikqe ly ont amené,
Mult bels e bien fet, un poy ert pomelé;
Les jambes ot plates e les pez bien coupé;
Riche seele i avoit e li arçon paré,
Covert[e] d'un samit vermail menu overé,
Suz sele de mesmes a orfreis endenté;
Ly estriu furent d'or[1], ly poitral copuné,
Cloches plus de mil, de fin or esmeré;
Le frein fu de fin or entaillé e noelé,
Les resnes de seie, a gros botons dorré.
La dame mont[e] sus quant autre sunt monté,
E tient desur son poing un esperver mué.
Quatre mestre corneur ont son eire corné;
Les barouns de la vile ont les chemins paré,
E tendu lor pailles suz ses pez tapiné,
E timbres e tabors e lor corns ont soné.
N'[i] ad nul si riche n'ad la dame encliné
A genouz a la terre tut desaffublé,
E puis la suent toz la defors en un pré. 9r
Tante manere jeu i ont donc alevé,
Tant bel[2] curs atanty, quintines affermé;
Ces lions e ses urs, les veautres ont hué.
Itant bel[3] juvencels se sunt illuec medllé:
Ly un ont eskirmy, ly autre bastoné,
Ly auquant [ont] luté[4], li plusor bohordé.
Meint bliaut de samit i fu le jur deciré,
Meint dancel abatu, meint cheval enversé.
Plus de mil damoisels i ont carolé.

---

[1] dor e ly

[2] bele

[3] bele

[4] lutent; p. ont b.

Olympias réfléchissait aux moyens de se montrer
ce jour-là, à cent mille personnes, pour s'attirer les louanges.
Elle appela les palefreniers, convoqua les chevaliers :
en peu de temps plus de mille furent rassemblés.
On lui amena un mulet blanc d'Afrique,
splendide, bien découplé et un peu pommelé.
Il avait les pattes minces, les sabots bien taillés,
une riche selle aux arçons décorés,
elle-même garnie d'orfroi dentelé
et recouverte d'une étoffe de soie vermeille, finement travaillée.
Les étriers étaient d'or, le poitrail orné d'une bordure
avec plus de mille cloches de l'or le plus pur;
le frein était d'or fin ciselé et niellé,
les rênes de soie, avec de gros boutons dorés.
Après tous les autres, la dame s'installe sur sa monture,
tenant au poing un épervier mué.
Quatre maîtres sonneurs de cor annoncent son passage;
les seigneurs de la ville décorent le chemin du cortège,
déployant leurs étoffes de soie sous ses pieds, comme s'il s'agissait de [guenilles [1],
et font résonner tambourins, tambours et cors.
Tous, même les plus riches, s'inclinent devant la dame,
en s'agenouillant et en se découvrant,
puis tous la suivent à l'extérieur de la ville, dans un pré.
Que de jeux divers y sont alors installés,
de belles courses organisées, de quintaines élevées!
On lance à grands cris les lions, les ours, les vautres.
De beaux jeunes gens s'affrontent en grand nombre :
les uns à l'épée, les autres au bâton,
les uns à la lutte, les autres à la lance.
Bien des tuniques de soie furent déchirées ce jour-là,
bien des jeunes gens mis à terre, bien des chevaux renversés.
Plus de mille jeunes nobles se mirent ensuite à danser.

---

[1] Sur le conseil de I. Short, nous donnons ici à *tapiné* le sens de " déguisé ", " habillé en mendiant ".

6

La royne Olimpias out son mantel osté.
Mult fu gente de corps, le vis ot coloré;
Bloie ot chevelure, laschement gualoné[1];
Un cercel d'or avoit en son chef posé.
Le vis avoit traitiz, le braz dreit[2] e quarré.
Blanche estoit cum neif, le sang ert medllé;
Plus gent corps ne mielz fet ne fu de mere né.
Nectanabus la voit, tut est trepensé;
En la beauté de ly sunt si oil aresté.
Olimpias le voit si l'ad mult avisé.
Estrange ly semble pur ceo qu'il ert cusé:
As garnemenz qu'il ad, bien semble home desvé.
Dont il seit e quels hom ly ad donc demandé.
Quant il ot la dame, del respons ad doté,
Pense sanz demore q'a mal ne seit torné,
E dit: 'Venuz vous sui dire une verité.'
La reyne ot bref respons a ceo qu'il ad parlé;
Pour ad du vassal, ne siet sa volenté
E velt qe s'il rien en siet qe seit a celé.

---

[1] c. bien long l.

[2] les b. dreiz

6

La reine Olympias avait retiré son manteau.
Son corps était magnifique, son teint éclatant,
sa chevelure blonde était rassemblée en une tresse lâche.
Elle avait un cercle d'or sur la tête.
Son visage était bien dessiné, ses bras droits et pleins.
Sa peau avait la blancheur de la neige, mêlée au rouge du sang.
On ne vit jamais plus belle créature.
À sa vue, Nectanabus fut frappé de stupeur.
Ses yeux s'attardèrent sur la beauté de la dame.
Olympias s'en rendit compte et l'observa longuement.
Elle le trouvait étrange parce qu'il semblait tourmenté
et que ses vêtements lui donnaient vraiment l'air d'un fou[1].
Elle l'interrogea alors sur son origine et son identité.
Entendant la dame, Nectanabus ne sut que répondre,
songea aussitôt à ne pas s'attirer d'ennuis
et dit: “ Je suis venu vous dire une vérité ”.
La reine répondit du bout des lèvres à cette parole:
cet homme lui faisait peur, elle ignorait ses intentions [2]
et elle voulait garder cachés les secrets qu'il pouvait connaître.

---

[1] Dans toute cette séquence, Thomas de Kent joue avec la représentation médiévale de la folie. Alors que dans le *Pseudo-Callisthène*, la tenue vestimentaire de Nectanabus était celle des prophètes égyptiens, dans le contexte médiéval, la tonsure rappelle les signes distinctifs qui sont prêtés au fou. Voir P. Ménard, “ Les fous dans la société médiévale. Le témoignage de la littérature au XIIe siècle et au XIIIe siècles ”, *Romania*, t. 98, 1977, pp. 433-459 et “ Les emblèmes de la folie dans la littérature et l'art (XIIe-XIIIe siècles) ”, *Mélanges J.C. Payen,* Caen, 1989, pp. 253-265; J.-M. Fritz, *Le Discours du fou au Moyen Âge*, Paris, PUF, 1992. C'est Thomas de Kent qui imagine de saturer la scène de références à la folie. C'est lui qui invente la méfiance de la reine devant la déraison supposée de Nectanabus, sa peur devant l'éventuelle révélation de vérités compromettantes (on ignore lesquelles) que son délire pourrait lui inspirer. Il exploite le lien que le Moyen Âge établit souvent entre la folie et une forme supérieure de savoir et de sagesse. On est tenté de rapprocher cette scène de l'arrivée de Tristan déguisé en fou à la cour de Marc dans les *Folies Tristan.*

[2] Le terme *vassal*, très souvent employé pour désigner Nectanabus (vv. 152, 159, 186, 242, 265, 338), n'a pas ici son sens premier, mais est entouré de connotations péjoratives.

Ne velt enquere avant si ceo n'est a privé,
Car hom desvez ad tost un voirdit asené.
Donc monte la reyne al mulet sojorné,
Si s'en vont al paleis quant ont assez jué. 9v
La reyne est en son lit, n'ad le dit oblié.
Par un soen chamberlein ad le vassal mandé.

7

De la beauté de li fu li mestre suppris,
Devant la reyne est sur un siege assis.
Olimpias ly dit: 'De vous ay tant enquis
Qe astronomien estes e des ars poestis.
[Or me] dites, beau mestre, ou avez tant apris?'
'Hay!' fet il, 'royne, une rien vous devis:
Plus say jeo soul des ars qe home qe soit vifs.
L'aventure soy dire de chascun pais,
Espondre toz songes, toz plurs e toz ris;
Del tour del firmament ay jeo los e pris,
Par les curs des planetes ay grant avoir conquis.
N['en] ay autre charme[1], car par ceo m'en garis,
E si est ceo l'art dont plus me sui entremis.'
Olimpias li dist: 'Or me di, bel amis,
Pur quei me regardas[2] tu tut jur au vis?'
'Bele dame,' dit il, 'ne vous ert unc del pis.
Jeo record le veirdit dont ore ainz vous dis.
En Egipte ou jeo ere quant jeo cest art lis,
El temple a toz les dieus ou sacrefisce fis,
Un respons i oy pur quei fu cy tramis.
Verité vous diray, si cum vos promis;
Vous en frez enaprés solom le vostre avis.
Gré m'en devez saver quant jeo vous en garnis.'

---

[1] charue

[2] regardastes

Elle ne voulait continuer à l'interroger qu'en tête à tête,
car les fous font souvent des révélations.
Alors elle monta sur le mulet bien reposé,
et tout le monde regagna le palais après les divertissements.
La reine, allongée sur son lit, n'avait pas oublié le propos de Necta-
[nabus.
Elle envoya l'un de ses valets chercher l'homme.

7

Le maître, ébloui par sa beauté,
prit place devant la reine, sur un siège.
Olympias lui dit : " J'ai appris à votre sujet
que vous êtes astronome et savant dans les arts libéraux.
Dites-moi donc, cher maître, où avez-vous appris tout cela ?
– Ah ! répliqua-t-il, reine, je vous avertis d'une chose :
je suis le plus savant des hommes du monde entier.
Je sais prédire l'avenir de tous les pays,
élucider tous les songes, tous les pleurs et tous les rires.
La rotation de la voûte céleste m'a valu réputation et honneur;
les orbites des planètes m'ont gagné de grandes richesses.
Je n'ai pas d'autre pouvoir – mes connaissances m'en dispensent –,
et l'astronomie est la science à laquelle je me suis le plus consacré. "
Olympias lui répondit : " Dis moi donc, cher ami,
pourquoi m'as-tu dévisagée toute la journée?
– Chère dame, rétorqua-t-il, vous ne vous en porterez pas plus mal.
J'ai en mémoire la révélation dont je vous ai déjà parlé.
En Égypte où je me trouvais lorsque j'enseignais cette science,
dans le temple où je fis un sacrifice en l'honneur de tous les dieux,
je reçus une réponse qui détermina mon voyage jusqu'ici.
Je vous dirai la vérité, comme je vous l'ai promis;
vous agirez ensuite comme vous le voudrez.
Mais vous devez m'être reconnaissante de cet avertissement. "

8

La royne ert acoutee a l'esponde du lit,
Sengle en sa chemise en un mantel samit,
Un cercle d'or au chef de bon[1] overe eslit.
Voist vestu le vassal de mult estrange abit.
De ses diz est pensive e mult sovent en rit,
E il la garde au vis, ne l'aime pas petit.
Danger fet de parler, car volt q'ele l'en prit. *10r*
Al demorer illuc en ad [mult] grant delit.
Pensive est la royne quant les merveilles vit.

9

Les planetes del ciel, l[es] estayles l'enseigna.
Chescoun en sa colur mult bien li devisa:
La colur du soleil a cristal compara,
La lune a ad[a]mante, Martem vermeil nota,
Mercurie a verdur, Venerem assigna
A colur de saphire[2]; reson de toz mostra.
Quant la dame ceo vit, mult se merveilla.
'Bel mestre,' dit ele[3], 'e de moy qe sera?
L'em me fet entendre qe quant le roy vendra
Qu'il me volt guerpir e autre moiller prendra.'
Quant l'ot Nectanabus, le soleil esgarda,
La lune e les planetes, les signes qu'il trova.
Par lur equacion l'argument asumma,
Totes les aventures qu'il volt, esprova,
E rent le jugement de ceo qe ele demanda,
E dit: 'Qui ceo vous dist, de rien ne vous gaba.
Le roy guerpera vous, autre muiller avera,
Mes un enfant ançois de vous, dame, istra.
Dieu de terre ert nomé, voz hontes vengera,
Les regnés d'environ trestoz governera,

---

[1] bone

[2] A purpre saphire

[3] ele donc e

8

La reine était appuyée sur le rebord du lit,
vêtue seulement de sa chemise, sous un manteau de soie,
la tête ornée d'un cercle d'or ouvragé à la perfection.
Elle considérait l'accoutrement plus qu'étrange de l'homme.
Ses propos la rendaient songeuse et très souvent la faisaient rire,
tandis que lui la dévisageait, débordant d'amour.
Il se retenait de parler, car il voulait qu'elle le lui demandât.
Les moments passés en ce lieu lui procuraient un immense plaisir.
La reine était songeuse lorsqu'elle découvrit les prodiges de Necta-
[nabus.

9

Il lui apprit les planètes et les étoiles.
Il lui expliqua très clairement la couleur de chacune :
il rapprocha du cristal celle du soleil,
la lune du diamant; il représenta Mars vermeille;
il attribua le vert à Mercure et la couleur du saphir
à Vénus, en fournissant toutes les explications nécessaires.
À cette démonstration, la dame fut émerveillée.
“ Cher maître, dit-elle, et moi, quel est mon sort ?
On me fait comprendre que le roi, à son retour,
veut me répudier et prendre une autre épouse. ”
À ces mots, Nectanabus regarda le soleil,
la lune, les planètes et les signes du zodiaque qu'il distingua.
Grâce à leur conjonction, il évalua la situation,
examina tous les événements à venir qu'il voulut,
puis rendit son jugement sur sa question :
“ L'auteur de cette prophétie ne vous a pas menti.
Le roi vous répudiera, il épousera une autre femme,
mais auparavant, dame, un enfant naîtra de vous.
On l'appellera dieu de la terre, il vengera votre honte,
dirigera tous les royaumes environnants

Desqu'al chef d'orient les terres conquera;
Si hardiz ne si pruz unqes armes ne porta.
Amon le dieu de Libye en vous l'engendr[er]a.
Pur ceo voirdit dire a vous sui venu cea.
Ore vos apparillez, anuit vous apparra
Par songe tut iceo qe fere covendra.'

et conquerra le monde jusqu'aux confins de l'Orient :
jamais un homme aussi audacieux ni aussi vaillant n'a porté les armes.
Amon, le dieu de Libye, l'engendrera en vous [1].
Je me suis déplacé jusqu'ici pour vous apporter cette révélation.
Maintenant préparez-vous, cette nuit un songe
vous apprendra tout ce que vous aurez à faire "[2].

---

[1] Amon est l'un des principaux dieux égyptiens, que les Grecs ont identifié à Zeus. On le représentait avec la tête d'un bélier ou bien avec un visage humain portant des cornes de bélier, d'où le déguisement de Nectanabus.

[2] Thomas de Kent est sans doute le premier auteur en *romanz* à présenter un astrologue au travail. Olympias, conformément à la version du Pseudo-Callisthène, s'adresse en effet à lui pour connaître l'avenir de son mariage, car elle sait qu'une menace de répudiation pèse sur elle et redoute le retour de Philippe (les raisons de la désunion du couple ne nous sont jamais révélées). Nectanabus ne se donne ici que les simples apparences d'un savant et mystifie la reine en inventant une prédiction qui n'exprime que ses propres désirs. Il s'impose aux yeux de la reine en se présentant comme un savant et en dissociant sa science de pratiques magiques sulfureuses (vv. 166-172), en même temps qu'il usurpe le statut d'un prophète d'Amon. Bien qu'il agisse comme un personnage de " fripon ", aucun doute n'est cependant émis sur la réalité de ses connaissances astrologiques et magiques : la suite du texte le prouve. Si Thomas de Kent est fasciné par l'astrologue, il ne semble pas avoir compris le fonctionnement des pratiques astrologiques dont il se fait l'écho, d'où le flou des vers 192-197, qui renvoient à la description d'un zodiaque dans l'*Epitomè* : des tablettes astrologiques, des jetons qui représentent les planètes et qu'il convient de placer sur les signes correspondants et un horoscope : *Et cum verbo promit tabulas, quas huius peritiae docti pinacem nominant. Auro enim et ebore variatum pretium cum sui operis admiratione contenderat. Tum promit etiam septem stellas et horoscopum paritre, quibus singulis sui metalli species inerat. Iovem quippe viseres aëreo lapide nuncupatum, Solem cristallo, Lunam adamante, Martem dici sub lapide haematite, Mercurium smaragdo; Venus autem saphirina erat, Saturnus in ophite; at vero horoscopus lygdinus erat (I, 4, pp. 5-6).* L'*Epitomè* est ici proche du manuscrit L du Pseudo-Callisthène: *Et plongeant la main dans son poitrail, il en sortit une tablette dont la parole ne peut exposer le fonctionnement, faite d'or et d'ivoire, et portant les sept étoiles et un horoscope. Et le Soleil était de cristal, la Lune en acier, Zeus en pierre de ciel, Arès en hématite, Cronos en serpentine, Aphrodite en saphir, Hermès en émeraude, et l'horoscope en marbre blanc* (*Le Roman d'Alexandre* du Pseudo-Callisthène, trad. G. Bounoure et B. Serret, I, 4, 5-6). G. Bounoure et B. Serret expliquent ainsi le fonctionnement de ces tablettes: " on reproduit le ciel de naissance en disposant les astres en face des signes où ils se trouvaient, et l'on marque par le jeton de marbre le point où l'écliptique coupait alors

La royne i atendy, merveilles i pensa
E tint le pur desvé de ceo qu'il conta.
Dit ly donc qe ses diz a nul foer ne crerra[1]
De cy la qe ele voie cum ceo estre porra, *10v*
Mes si en songe le veit, pur devin le tendra.
Ly mestres prent congé, a son hostel s'en va.
Quanque mester ly fust a cel art[2] purchacea:
Les herbes acceptables colli e tribla,
Puis en ad pris le jus, par son sen les medlla[3]
E de virge cire un[e] ymage fet a.
Le non de la royne par lettres figura,
En un lit qu'il ot fet l'ymage cocha.
Environ icel lit chandeilles aluma,
Del jus qu'il ot fet des herbes l'ymage arosa,
Par charmes qu'il savoit sovent la conjura.
Quanque Nectanabus a l'ymage parla
La royne en son lit par avision songa.
Vis li fu qe un dragon en sa chambre entra,

---

[1] a mal fere ne trera

[2] art art (*second scared through*)

[3] les moilla

La reine écouta attentivement, remplie de stupeur,
et le prit pour un fou en raison de ses propos.
Elle lui répliqua alors qu'à aucun prix elle n'ajouterait foi à ses dires
avant de voir comment ils pourraient se vérifier,
mais que si elle avait ce songe, elle le considérerait comme un devin.
Le maître prit congé et regagna son logis.
Il réunit tout ce qui lui était nécessaire à cette pratique[1] :
il cueillit et pila les herbes appropriées,
puis il en préleva le suc, les mélangea selon ses connaissances
et réalisa une statue en cire vierge.
Il écrivit le nom de la reine en toutes lettres
et étendit la statue dans un lit de sa fabrication.
Il alluma des chandelles près de ce lit,
il arrosa la statue du suc qu'il avait extrait des herbes
et l'enchanta à maintes reprises avec des formules magiques qu'il [connaissait.

Tout ce que Nectanabus dit à la statue,
la reine, dans son lit, le vit en songe.
Elle eut la vision d'un dragon qui entrait dans sa chambre,

---

l'horizon à l'orient, c'est-à-dire le point ascendant de l'horoscope (résumé ici à ce dernier mot, qui sert d'origine à la succession des sorts ou maisons du ciel)" (*ibidem*, p. 269). Le manuscrit A du Pseudo-Callisthène décrit encore plus en détail la tablette astrologique (trad. A. Tallet-Bonvalot, *op. cit.*, p. 40). Au vers 204, on a, semble-t-il, la première occurrence dans la langue française du terme *equacion* (d'après Godefroy, qui le définit comme "formule exprimant une égalité entre une ou plusieurs quantités algébriques, renfermant une ou plusieurs inconnues" (t. 9, p. 499)). Thomas est aussi le premier à employer le mot *argument* comme terme d'astronomie.

[1] Cette maîtrise remarquable de la production des songes, dont nous avons ici un premier exemple et qui va plus loin se vérifier aux dépens de Philippe, introduit implicitement un doute sur les liens qui pourraient exister entre Nectanabus et l'univers diabolique. Le Moyen Âge croit en effet que les démons ont le pouvoir d'imiter ce type de signe que la divinité emploie souvent pour révéler sa volonté aux hommes (voir R. L. Wagner et notamment ses remarques sur l'*Elucidarium* d'Honorius d'Autun, dans *" Sorcier " et " magicien ": contribution à l'histoire du vocabulaire de la magie*, Paris, Droz, 1939, p. 106). D'ailleurs au XIIIe siècle, l'adaptateur du *Roman d'Alexandre en prose* précise à ce sujet que Nectanabus emploie *l'art de l'enemi* (éd. cit., p. 23). Néanmoins il est remarquable que jamais Thomas de Kent n'emploie dans son portrait de Nectanabus le vocabulaire de la *deablie* ni n'accuse l'Oriental de sorcellerie.

Puis vint desqu'a son lit, en home se mua;
Aprés si se cocha e estreit l'enbracea
E qu'il l'acolot e sovent la baisa,
E qu'au departir enceinte la lessa.
La dame s'esperi e del songe veilla,
Car donc Nectanabus se[s] karectes fina.
Tost e ignelement le vassal manda
E quanque ot veu prive[e] ment conta.
Il dit qe tuit est veir quanque ele songa;
Un lit pres del soen fere comanda,
Pur estre pres de ly e dit qu'il i girra:
Contre cel[e] aventure la confortera,
De mal e de pour par tuit la defendra.
Ele fist le lit fere si cum il le loa.

vi Coment Alisandre fust engendré, e cum Nectanabus se deguisa.

10

10 **P**ar le los al mestre le lit fere li fist,
Richesces e honors ovesqe li promist. *11r*
Quant tuit fu apresté, Nectanabus li dist
Qe la chambre voidast contre ceo qu'il venist;
Si en guise de dragon venir le dieu veist,
Belement e suef illuec le atendist[1],
E qe ele mot ne sonast, quei qe ele oist.
Un[e] pel de moton ovec les corn[e]s prist,
En semblance de dragon l'autre partie fist
De virge cire e puis la[e]inz se mist.
Le lit a la dame en tel semblance quist.

11

Par artimage fist icel[e] conjuncion,
Desqe le lit est venuz rampant cum dragon.
La dame le esgarde devant tuit environ,

---

[1] lentendist

s'approchait de son lit et se métamorphosait en homme.
Ensuite il s'allongeait et la prenait étroitement dans ses bras,
il la serrait contre lui et l'embrassait plusieurs fois,
puis la laissait enceinte à son départ.
La dame s'éveilla et le songe s'interrompit,
car à ce moment-là Nectanabus mit fin à ses charmes.
Elle se hâta de faire venir l'homme près d'elle
et lui raconta en tête à tête toute sa vision.
Il dit que son rêve était entièrement véridique,
et lui demanda d'installer un lit près du sien,
pour rester près d'elle et y passer la nuit :
il la soutiendrait ainsi face à ce prodige,
et la protégerait sans faute du danger et de la peur.
Elle fit installer le lit comme il le lui conseillait.

vi Comment Alexandre fut engendré et comment Nectanabus se déguisa.

10

Sur les conseils du maître, elle fit installer le lit
et promit à Nectanabus richesses et domaines.
Quand tout fut préparé, Nectanabus lui dit
qu'il devait quitter la chambre en prévision de l'arrivée du dieu.
Si elle voyait arriver le dieu sous la forme d'un dragon,
elle devait l'accueillir avec calme et douceur,
sans souffler mot, quoi qu'elle entendît.
Nectanabus prit une peau de bélier avec ses cornes
et, pour la seconde partie de son costume,
modela de la cire vierge en forme de dragon, puis il se glissa à [l'intérieur.
Il gagna le lit de la dame sous cette apparence.

11

Par ses pouvoirs magiques, il réalisa cet assemblage,
puis parvint jusqu'au lit en rampant comme un dragon.
La dame l'examina attentivement,

Ne quideit qe ceo fut si Amon le dieu non.
Le vassal vient al lit e ist de la toyson.
Ovec li se cocha en guise de baron;
Tuit autretiel le sent cum en l'avision
Qe ele avoit avant veu en la conjureison.
Al departir ly dist par breve oreison:
'En tey ay engendré le seignor Phelippon,
Roys ert e poestifs de meinte nacion;
Par force conquera meinte [grant] region,
De toz roys terriens avera il subjeccion.'
Prive[e]ment s'en vet aprés iceo sermon,
En son lit se cocha, k'om n'eust suspecion.
La dame lieve sus, vient a Nectanabon,
De quanque fist ou vit dit sa entencion
Tuit si cum nen seust cel[e] seducion.
Ele n'entendoit mie en li la traison.

12

La dame l'araisone e ly dist: 'Mestre cher,
Quidez qu'il ne voile mes a moy repairer?
Mielz vaut l'amur de dieu qe de nul chevaler.
Jeo l'aim si faitement ne m'en say conseiller. *11v*
Il n'est pas dieu de Libye s'il me fet danger,
Car iceo est resons qe dieu seit dreiturer.
Quant en peine m'ad mis[e] e en cel encombreer,
S'il est reisonable dieu, donc me deit alege[r],
Venir moy conforter, ma peine assuager.'
Nectanabus ly dit: 'Jeo sui son messager;
Ensemble od vous seray privé chambreer.
Quant le voudrez aver, tost li feray noncier.
Dites le au mein, si l'averez al cocher;
Si pensez del celer, car ceo vous est mester.
Si haut home cum dieu ne deit hom corucer.'
Les clefs de sa chambre ly fet donc bailler

persuadée qu'il ne pouvait s'agir que du dieu Amon.
Il gagna le lit et se dégagea de sa toison.
Il se coucha avec elle sous la forme d'un homme
et tout se passa comme dans la vision
qu'elle avait eue auparavant, grâce aux sortilèges.
En la quittant, il lui adressa quelques brèves paroles :
" En toi j'ai engendré le seigneur Alexandre [1].
Il sera roi et maître de nombreux pays ;
par les armes il conquerra d'innombrables contrées
et il soumettra tous les rois de la terre. "
Après ce discours, il partit sans être vu et
s'étendit sur son propre lit, pour n'éveiller aucun soupçon.
La dame se releva, se dirigea vers lui
et lui dit son sentiment sur tout ce qu'elle avait fait et vu,
en femme ignorante de cette mystification.
Elle ne comprenait pas qu'il l'abusait.

12

La dame l'interpelle en ces termes : " Cher maître,
croyez-vous qu'il ne veuille plus revenir auprès de moi ?
L'amour d'un dieu vaut mieux que celui d'un chevalier.
Je l'aime tant que je ne sais comment agir.
Il n'est pas dieu de Libye s'il me rejette,
car un dieu doit faire preuve de justice.
Puisqu'il m'a mise dans la peine en m'imposant cette épreuve,
s'il est un dieu sage, il doit me venir en aide,
il doit venir me réconforter et adoucir ma peine ".
Nectanabus répond: " Je suis son messager ;
en restant près de vous je pourrai vous servir.
Quand vous le voudrez à vos côtés, aussitôt je l'en informerai.
Dites-le-moi le matin, et vous l'aurez au coucher.
Mais veillez au secret, c'est une nécessité :
on ne doit pas courroucer un être aussi puissant qu'un dieu. "
Olympias lui fait alors remettre les clés de sa chambre,

---

[1] Correction de *Philippe* par *Alexandre*.

Qe entrer puisse e issir sanz congé demander,
Car ele quide par li de ses fez deliter.
Ore poet Nectanabus a seur envoiser;
Mult sovent iert priez de ceo qu'il deust prier.

13

La dame engrossist, al vis fu tote teinte.
Dist a Nectanabus: 'De mal sui tuit ateinte.
Le roy me fra occire s'il me trove enceinte.'
Nectanabus ly dist: 'Lessez ceste pleinte.
Ja mar aiez pour, itant ne serrez destreinte;
La semence en vous de par le pier[e] est seinte.
Ly roys le dotera, pour en avera meinte.'

vii De l'ostour tramis al roy Phelippe e de l'avision al roy Phelippe.

14

Par art ad enchanté le mestre un ostour
E tramet le a l'ost Phelippon son seignour.
La nuit ly fet veer par songe la verrur,
Puis si [l'ad] esvellé; li roys en ad pour.
Le songe qu'il ot veu tuit en ordre dist lur,
Coment le dragon vint e just od sa uxur.
'Dist ly qe enceinte estoit d'un riche empereur *12r*
Qui ma mort vengera, ma peine, ma tristur.
Desur le nombril prent jus d'une verte colur,
La moité d'un lion forma [enz] en la flur.
Orgoillus chef avoit, unc ne vit greignur,
La forme du soleil i esteit od sa luur.
Le lion le fereit de son pié en l'ur,
E la [ou] jeo estoie en si faite[1] errur
Un ostour m'esveilla; mult ai grant freur.'

---

[1] faite: *dans la marge* forte

pour qu'il puisse entrer et sortir sans en demander la permission :
elle croit ainsi par lui réaliser son désir.
Désormais Nectanabus peut prendre son plaisir en toute sécurité.
On le priera très souvent de faire ce qu'il devrait demander en priant.

13

La dame s'arrondit et perd toutes ses couleurs ;
elle dit à Nectanabus: " Un grand malheur me frappe.
Le roi me fera tuer s'il découvre ma grossesse. "
Nectanabus lui répond: " Cessez de vous lamenter !
Quelles que soient les attaques, vous n'avez rien à craindre,
car la semence que vous portez est sacrée par son origine.
Le roi en aura peur, il sera terrifié. "

vii. L'autour envoyé au roi Philippe et la vision du roi.

14

Le maître, par sa magie, a soumis un autour à des enchantements,
et l'envoie dans l'armée de Philippe, son seigneur.
La nuit, il révèle au roi la vérité à travers un songe,
puis il le réveille; Philippe est terrifié.
Il convoque ses devins et ses sages avant le lever du jour [1]
et leur rapporte son songe avec précision :
comment le dragon est venu coucher avec son épouse.
" Il lui a dit qu'elle était enceinte d'un puissant empereur
qui vengerait ma mort, ma peine, ma tristesse.
Il a pris un suc de couleur verte et sur le nombril
lui a dessiné la moitié d'un lion dans toute sa vigueur [2],
la tête orgueilleuse et d'une grosseur extraordinaire.
Il y figura aussi le soleil et sa lumière.
Le lion frappait le bord de l'astre de sa patte
et, tandis que j'étais pris par cette illusion,
un autour m'éveilla : j'en suis épouvanté.

---

[1] Ajout d'un vers de P: *Ses devins e ses sages mandast devant iour.*

[2] Correction de *en la flur* par *en sa vigur*, d'après la note de l'éditeur, *op. cit.*, t. II, p. 86.

'Voirs est vostre songe,' dient si devinur.
'Dieus qui l'engendra ceo noute la verdur;
La moité del lion designe la valur
E l'orgoil qe l'enfes avera al primur.
Bon[1] roy ert e hardiz, unc nen ot meillur;
Orient conquera par force e par vigur,
Ceo note le soleil, de ceo soiez s[e]ur.
A ceo qe dit avez sumes veray espositur.'
Puis guer[ri]a ly roys par force e par vigur,
Abaty la cité e encraventa la tur.
Repaire a Macedoigne, le chef de son honur,
Sa femme trove enceinte e a grant hydur.
Ele dit qe Amon ly dieux l'ad mis[e] en labur.
Plus n'en parla ly roys, mes semblant fist de irur.

viii Coment Nectanabus se mua en dragon, e cum la royne ly plaigna la teste.

15

Mult est irez li roys, ne siet qe est l'enfant.
Nectanabus veit bien qu'il fet mal semblant.
Atorne ses engins cum vassal deceivant;
Contre le roy velt estre a la dame garant.
Avint qe Phelippes tint une feste grant;
Tuit i furent si prince e si conte vaillant.
Quant il orent mangé [e] erent en seant,
En guise de dragon ly mestres vint avant *12ᵛ*
Par my cel haut paleis mult ferement rampant.
Plus de quinze pez fu la cowe trainant,
Getta fu des naraillis, hydusement siblant.
Li conte e ly baron de pour vont fuiant,
Li hardiz bacheler od les coarz muçant;

[1] Bone r.

– Votre songe dit vrai, répliquent ses devins.
La couleur verte signifie le dieu qui l'a engendré;
la moitié du lion désigne la vaillance
et l'orgueil que l'enfant manifestera dès sa naissance.
Il sera un roi exemplaire et hardi, le meilleur jamais vu;
il conquerra l'Orient grâce à sa force et son énergie :
c'est ce que signifie le soleil, vous pouvez en être certain.
Voilà la juste interprétation de vos paroles ".
Le roi reprend alors la guerre avec force et énergie,
rase la cité et abat la tour.
De retour à Macédoine, sa principale cité,
il trouve avec horreur sa femme enceinte.
Elle lui apprend que le dieu Amon l'a fécondée.
Le roi ne dit plus rien, mais montre sa colère.

viii Comment Nectanabus se métamorphosa en dragon et comment la reine lui caressa la tête.

15

Le roi est courroucé, il ignore qui est le père de l'enfant.
Nectanabus voit bien sa mine menaçante.
Il trame ses artifices en homme rusé,
car il veut protéger la dame contre le roi.
Un jour, Philippe organisa une grande fête.
Ses princes et ses comtes valeureux y participèrent tous.
Après le repas, ils étaient encore assis à table,
quand le maître s'avança sous la forme d'un dragon
dans la grande salle, en rampant, effrayant :
sa queue traînait sur plus de quinze pieds,
il crachait du feu de ses narines, avec d'épouvantables sifflements.
Comtes et barons s'enfuient, affolés ;
les jeunes guerriers hardis se cachent avec les couards[1] ;

[1] Les barons sont de grands seigneurs, les plus puissants vassaux du roi. Le terme glisse ensuite du sens social au sens moral, désignant celui qui possède les qualités (surtout guerrières) qu'on attend d'un baron. *Bachelier* désigne toujours un jeune homme, ici un apprenti chevalier.

Lur armes demandent de pour ly auquant.
Olimpias l'atent, il vient a ly corant;
Le chef ly ad pleyné tuit entur en estant[1]
E quida qe fut Amon, le dieu puissant.
Corent i chevaler, bacheler e sergant,
Environ le dragon de loinz environant.
Tuit se tindrent en pes; n'ot nul parlant
Par la grant merveille ou il sunt atendant.
Jamés n'orrez parler d'un si fals truant!
La ou tuit le pople fust a ly atendant,
En egle se mua si s'en ala volant.

ix Coment Nectanabus se mua en egle, e de la fesant qui pont l'oef en le giron le roy, signifiant la mort Alisandre.

16

Avis fu roy Phelippon, en mi sa region
Mult i ot bestes e oysels environ.
Une fesante vint volant tuit de randon:
Un oef lessa chair sur l'escurs Phelippon,
L'oef chay si pesça, e issi un dragon.
Mult par esteit petit e rampa environ
La test dont esteit issuz pur aveir garison.
Il ne put entrer n'en sus n'en son,
N'encontre la chalur trover defension.
Mort fu ly dragoncel par iceste acheson.

[1] esteant

la plupart, effrayés, réclament leurs armes.
Olympias se tourne vers le dragon qui la rejoint à vive allure.
Debout devant lui, elle lui caresse la tête,
persuadée que c'était Amon, le puissant dieu.
Alors chevaliers, jeunes gens et serviteurs accoururent,
et, à distance, formèrent un cercle autour du dragon.
Tous se tenaient cois, sans souffler mot,
en raison du prodige inouï qui mobilisait leur attention.
Jamais vous n'entendrez parler d'un fripon de cet acabit !
Les yeux de tous étaient fixés sur lui,
quand il se métamorphosa en aigle et disparut en s'envolant[1].

ix Comment Nectanabus se métamorphosa en aigle, et comment la faisane pondit un œuf sur les genoux du roi, présage de la mort d'Alexandre.

16

Le roi Philippe rêva qu'il était au milieu de son pays
et que les alentours regorgeaient de bêtes et d'oiseaux.
Une faisane vola jusqu'à lui à vive allure :
elle laissa tomber sur ses genoux un œuf
qui, sous le choc, se brisa et libéra un dragon.
L'animal était minuscule et, en rampant, il fit le tour
de la coquille dont il était sorti, pour s'y réfugier.
Mais ne pouvant y pénétrer, ni par dessous ni par dessus,
ni trouver une protection contre la chaleur,
le petit dragon finit par mourir.

---

1 Ces deux manifestations de Nectanabus sont selon toute apparence de véritables métamorphoses, et non plus un simple déguisement comme celui qu'il a confectionné grâce à la magie, lorsqu'il a rejoint Olympias en prenant les apparences d'Amon. Sur les représentations d'Olympias au(x) serpent(s), voir D.J.A. Ross, " Olympias and the Serpent ", *Journal of the Warburg and Courtauld Institutes*, XXVI, 1963, pp. 1-21. La *Vie d'Alexandre* de Plutarque, que le Moyen Âge ne découvre qu'à partir de la deuxième moitié du XVe siècle, évoque déjà le serpent que Philippe découvrit endormi aux côtés d'Olympias et les grands reptiles apprivoisés que la reine, s'adonnant au culte de Dionysos, tenait près d'elle dans ses délires (2, 6-7, trad. R. Flacelière et E. Chambry, Paris, Autrement, 1993, pp. 8-9).

Ly roys manda uns sages hom, Antiphon ot non;
Nul ne solt plus de ly juger de nation,
Del curs del firmament e de constellation. *13ʳ*
Le roy comanda qu'il deit sa entencion.
Cil en fet tost ses sors e sa conjecturacion,
Puis si l'espont au roy par mult clere reison:
'Du fiz vostre royne est ceste avision,
Qui tuit le mond tendra en sa subjeccion;
La rondesce de l'oef est la interpretacion.
Ceo qu'il morust[1] de dehors sa meson,
E jeuenes e petit, sanz consolacion,
Est, roys, a cel enfant significacion
Jovenes e conquerant morra[2] par traison
E hors de son pais; c'est l'exposicion.'

x Coment Alisandre nasqui, e des merveilles qe avindrent quant il nasquist.

17

La dame a son terme est mult engrossis.
Nectanabus ad la oure par l'astrelabe[3] enquis,
E dit a la dame: 'Une rien vous devis:
Si ly enfes nest ore, povres ert e mendis,
Coard e recreant, de bataille futifs,
Prison a moltz de genz, pein querant e cheitis.
Pur ceo vous tenez bien, s'en averez los e pris.'
La dame s'est tenue, tant [i] out engins mis.
Revenent les assauz e ele gette un cris.
Nectanabus li dit: 'Par ma foy, ore [est] pis!
Car s'il ore nest, donc ert il, ceo devis,
La moité d'ome de chef e de vis.
Tenez vous ore bien, car devant vos garnis.'
Au greignur doel[4] qu'ele ot si fist de ceo un ris.

---

[1] morra
[2] moroit
[3] astrelabre
[4] dolour

Le roi convoqua un sage, nommé Antiphon.
Personne ne savait mieux interpréter les naissances,
les orbites de la voûte céleste et des constellations.
Le roi lui ordonna de donner son avis.
Le devin mit aussitôt en œuvre sa magie et ses dons de prédiction,
puis il expliqua clairement au roi le prodige :
“ Cette vision concerne le fils de votre reine :
il asservira l'univers entier,
que symbolise la forme ronde de l'œuf.
La mort du dragon en dehors de chez lui,
dans son très jeune âge et sans réconfort,
signifie, sire, que cet enfant mourra
dans sa jeunesse et en pleine conquête, suite à une trahison,
loin de son pays : voilà le sens de la vision [1] ”.

x La naissance d'Alexandre et les prodiges
qui l'accompagnèrent.

17

La dame, au terme de sa grossesse, s'était beaucoup arrondie.
Nectanabus rechercha, avec son astrolabe, le moment de l'accouche-[ment,
et lui dit : “ Je vous avertis d'une chose :
si l'enfant naît maintenant, il connaîtra la pauvreté et la mendicité,
ce sera un couard et un lâche qui prendra la fuite dans les combats,
il subira souvent la prison et le malheureux mendiera son pain.
Vous devez donc tenir bon pour votre réputation et votre honneur. ”
La dame tint bon, grâce à ses pratiques magiques.
Mais les contractions recommencent et elle pousse un cri.
Nectanabus de dire: “ Ma foi, maintenant c'est pire!
S'il naît maintenant, je vous le garantis,
seule la moitié de sa tête et de son visage sera celle d'un homme.
Tenez bon maintenant, je vous ai prévenue. ”
À la douleur la plus violente, la dame répliqua par un rire.

---

[1] Dans le roman d'Alexandre de Paris, un songe similaire est attribué à Alexandre enfant: Br. I, laisses 9-14.

Par engin se tint si cum vos ainz dis.
Les assauz revenent de l'enfant qui fu vifs;
Grant pour out la dame, son quer fu pres peris.
Nectanabus en fust e dolenz e pensifs
Qui garde as planetes. A l'oure fust bahys[1], *13ᵛ*
E dit a la royne: 'Ore est tuit bien assis.
Lesse le tost venir, car roys ert poestis,
Governor de terres, sire de meint pais,
Hardiz e conqueranz encontre ses enemis.
Iceo est le veirdit qe pieça vos promis.'
Atant nasqui l'enfes; joie [en] ont ses amis.

18 Al nasquir de l'enfant avint grant aventure:
Tote la terre croula, mer mua sa figure,
Le soleil sa clarté, la lune sa nature;
Fist esclair e tonair[e] e vent a demesure;
Tenebre fu cel jur cum ceo fust nuit oscure.
Mult s'en espoanta chescune creature,
Ly pesson en la mer, bestes en lur pasture.
Hardiz fu e vaillant qui de vivere eust cure.
Le roy Phelippes dit a Olimpias e jure
Qe alcune merveille ert de icele faiture;
Pur ly ert l'ouscurté, la pluie, la freidure,
E folie ly semble qu'il tant vist ou dure.
S'il vit, il feroyt mult male noreture.
Ly mestres tint ses diz tuit a envoisure,

---

[1] esbahys

La magie lui permit de résister, comme je vous l'ai dit.
Mais l'enfant vigoureux renouvelle ses assauts.
La dame, épouvantée, manque de défaillir.
Nectanabus, inquiet et tourmenté,
observe les planètes, attendant la bonne heure,
et dit à la reine: " Maintenant tout est en ordre.
Laissez vite l'enfant venir : ce sera un roi puissant,
maître de maintes terres, seigneur de maints pays,
hardi et conquérant face à ses ennemis.
Voilà réalisée la prédiction que je vous ai faite ".
Alors l'enfant naquit, pour la joie de ses amis.

18

À la naissance de l'enfant, survinrent de grandes merveilles:
la terre entière trembla, la mer changea d'aspect,
comme la lumière du soleil et la forme de la lune.
Les éclairs, les coups de tonnerre et les vents se déchaînèrent ;
ce jour fut plongé dans les ténèbres, comme s'il était nuit noire.
Toutes les créatures furent saisies d'épouvante,
les poissons dans la mer, le bétail dans les champs.
Il fallait être hardi et vaillant pour vouloir continuer à vivre[1] !
Le roi Philippe dit et jura à Olympias
que cette créature était quelque prodige :
c'est elle qui provoquait les ténèbres, la pluie, le froid,
et c'était une folie que de la laisser vivre.
Si elle survivait, elle ne ferait que du mal en grandissant.
Le maître tourna ces paroles en dérision,

---

[1] L'évocation des manifestations cosmiques qui accompagnent la naissance d'Alexandre revient dans tous les *Romans d'Alexandre* (voir par exemple Alexandre de Paris, br. I, vv. 22-29, 62-94). Elle rappelle le scénario mythique de la naissance du héros tel que l'a analysé O. Rank, *Le Mythe de la naissance du héros*, Paris, Payot, 1983 (1re édition en 1909). Leur signification " officielle " semble être d'annoncer la puissance future du héros sur les quatre éléments, mais en même temps leur violence peut évoquer la fin du monde et le rôle de l'Antéchrist et donc suggérer la vocation au mal de l'enfant, d'où la réaction de Philippe. Mais le point de vue du roi grec, qui découle de sa méfiance devant un enfant qui n'est pas de lui, est implicitement dénoncé comme faux.

E dit a la royne: 'Tote en soiez s[e]ure,
Le temps est tuit tornez e partiz la laidure.'
L'enfes ot norisce sage[1] e bien meure
Qe li norist e aprent[2] saver e parleure.

19

La mere fist l'enfant mult nettement norir:
Itant crust en oyt aunz qe bien pot roy servir.
Dis mestres ly bayllent, a qui deit obeir,
Dont li uns l'aprent sey chaucer e vestir,
Ly autre a parler e cum se deit contenir,
E li autre a juer, chevaucher e eskirmir
E a porter armes e a cheval seir,
Poyndre e ate[i]ndre e a trere e ferir. *14r*
Li set ly apernent les [set] arz[3] retenir,
Cum il deit aposer e argumenz falir[4],
Chanter par musique e de toz mals[5] garir,
E cum deit parler a trestoz a pleisir,
E longur e hautur mesurer par avir.
Assez aprent l'enfes si a chef put venir;
D'estre yvre ou jolifs n'ot il point de leisir;
A peine put il manger, beivere ou dormir.
Qui entendre voudra, bels vers put oir,
De verray estoire estrete; ceo os bien garantir.
Alisandre est de l'age qu'il s'en volt esbaudir
E torner a barnage e d'enfance issir,
Penir sey de bien fere; los volt acollir.

---

[1] norisces sages

[2] noriscent e apernent

[3] li art a

[4] fahir

[5] males

et dit à la reine: “ Soyez tranquille,
le temps a changé et les intempéries sont terminées. ”
L'enfant reçut une nourrice sage et raisonnable,
qui l'éleva et commença son éducation.

19

La mère fait élever l'enfant avec de grands soins :
à huit ans, il aurait déjà pu servir un roi.
On lui donne dix maîtres, auxquels il doit obéissance.
Le premier lui apprend à mettre ses chausses et à se vêtir,
le deuxième à s'exprimer et à se conduire selon les règles,
le troisième à s'exercer aux jeux de la guerre,
à porter les armes et à monter à cheval,
à éperonner, heurter l'adversaire, jouer de la lance et de l'épée.
Les sept autres lui apprennent les sept arts libéraux :
comment poser des arguments et les remettre en cause,
chanter en musique et soigner toutes les maladies,
comment s'adresser à tous agréablement
et mesurer, par estimation, longueurs et hauteurs.
L'enfant apprend si bien qu'il parvient au terme de ses études,
sans avoir jamais l'occasion de connaître l'ivresse ou l'oisiveté.
À peine a-t-il le temps de manger, de boire et de dormir[1].
Qui prêtera attention, pourra écouter de beaux vers,
tirés d'un livre digne de foi: j'ose bien le garantir.
Alexandre est à l'âge où il veut s'enhardir,
sortir de l'enfance, devenir un guerrier,
s'efforcer d'accomplir des exploits, pour se couvrir de gloire.

---

[1] Il s'agit d'une éducation “ gargantuesque ” avant l'heure, qui vise à faire du futur roi un homme “ complet ”, à la fois un chevalier et un lettré. Tous les *Romans d'Alexandre* insistent sur l'importance de l'éducation et de la culture savante d'Alexandre, sur l'union de la *clergie* et de la *chevalerie* qui se réalise en sa personne. Notons qu'à la différence d'Alexandre de Paris, Thomas de Kent, conformément à sa source, mentionne très brièvement l'enseignement de son maître Aristote (l. 20).

20

Unqes plus bel de ly ne fut enfes[1] terrestre:
Bloy peil ot e crespe, gros oilz, vair le destre,
Cum leonine noir avoit le senestre.
E cres[s]oit en barnage, a toz plesoit son estre.
Bien siet a cheval e savoit de palestre,
De forest, de rivere, oisels gettre e pestre,
De lettrure e d'engin e de labur champestre,
Car li bons Aristotle fu sur trestoz son mestre.
Ceo fu le plus sage[2], ceo sievent clerc e prestre,
Qe unqes fut el siecle for Jesu le celestre.

xi De Bucifal le cheval Alisandre cum il manga la gent.

21

Avint si a un jur qe ly forein marchal
Presenterent Phelippe un merveillus cheval.
A force d'establie fu pris en un val,
Mes il n'ot si hardy qui li donast estal.
Par cheines de fer l'amenerent ly vassal:
Mult fut bels e bien fet si semble emperial,
Mes d'une cruauté fut il mult bestial.
Il ne volt suffrir frein ne seele ne poitral; *14v*
Homes mangoit[3] plus qe estreim formentail.

---

[1] not enfes t.
[2] sage que s.
[3] manguit

20

Jamais il n'exista plus bel enfant sur terre :
cheveux blonds et bouclés, de grands yeux, l'œil droit clair,
mais l'œil gauche noir comme celui d'un lion[1].
Il s'affirmait en vaillance et plaisait à tous.
Il montait à cheval avec talent et excellait dans les exercices athléti-
[ques,
la chasse au gibier de forêt et d'eau, le lancer des oiseaux et leur
[élevage;
il maîtrisait les lettres comme les techniques et les travaux des champs,
car le grand Aristote fut son maître principal.
Jamais sur terre ne vécut homme plus sage
– clercs et prêtres le savent –, hormis Jésus le céleste.

xi Bucéphale, le cheval d'Alexandre, et son anthropophagie[2].

21

Un jour, des maréchaux-ferrants venus de l'étranger
offrirent à Philippe un prodigieux cheval.
Il avait fallu une véritable attaque pour le capturer, dans une vallée.
Mais personne n'était assez audacieux pour le maîtriser.
Les vassaux du roi l'amenèrent lié avec des chaînes de fer.
Il était si beau qu'il semblait digne d'un empereur,
bien qu'il tînt de la bête sauvage par sa cruauté.
Il ne voulait supporter ni frein ni selle ni poitrail;
il préférait dévorer des hommes plutôt que de la paille.

---

[1] L'étrangeté du regard d'Alexandre, avec souvent la mention des yeux vairons, est l'un des éléments récurrents de son portrait. Le premier *Roman d'Alexandre*, le poème d'Albéric, à la suite de la tradition antique, attribue déjà au héros grec des yeux vairons et animalisés (*L'un uyl ab glauc cum de dracon/ Et l'altre neyr cum de falcon.* (vv. 62-63)). Thomas de Kent choisit un animal héroïque par excellence, le lion, alors qu'Albéric introduit un bestiaire plus inquiétant. Dans la *Prise de Defur* et le *Voyage d'Alexandre au Paradis terrestre,* conformément à l'*Iter Alexandri ad Paradisum*, Alexandre est symboliquement représenté par un œil dont la curiosité et la cupidité sont sans limites.

[2] Sur les représentations de ce cheval merveilleux, voir l'article de D. J. A. Ross, " A funny Name for a Horse : Bucephalus in Antiquity and the Middle Ages ", *Autour du Roman d'Alexandre, Bien dire et Bien aprandre,* n° 7, 1989, pp. 49-76.

L'em ly done ceus qu'al regné ont fet mal,
Qe jugez sunt a mort par jugement real.
E pur ceo fu nomé le cheval Bucifal:
Un[e] corn[e] ot al front cum ceo fut de roal;
Teste avoit de tor e corps de cheval.
For sul Alisandre nel monta homme mortal,
Si cum danz Solins dit qe tant estoit loial.
En un celer le fermerent desuz la tur aval
Qu'il ne face a la gent grevance communal.

xii Coment Alisandre occist son pier.

22

Dehors la cité encoste d'une treille[1],
Desus l'orle d'une fosse al travers d'une reille,
Fet danz Nectanabus chescune nuit sa veille,
E Alisandre ovec ly, qu'il aprent sanz chandeille
De soleil e de lune e de meinte esteille
Les engins e les sortz e de charmes la merveille.
Quant Alisandre sot de l'art, tantost s'apareille
Qu'il le voudra occire [la] ou a ly conseille.
Al fossé le trebuche cum le mestre someille,
Mortel coup ly done aprés en som l'oreille.
La char ly ront, quasse l'os, les chevelz en peille[2].
Dehé eit le clergon qui son mestre si veille!

---

[1] traille
[2] paille

On lui livrait les criminels du royaume,
les condamnés à mort par la justice royale.
Le cheval reçut le nom de Bucéphale pour la raison suivante :
il avait sur le front une corne qui semblait d'ivoire,
la tête d'un taureau et le corps d'un cheval.
Alexandre fut le seul mortel à pouvoir le monter,
comme l'atteste le maître Solin, d'une grande honnêteté[1].
On l'enferma dans une cave sous le donjon,
pour l'empêcher de faire du mal à tous.

xii Comment Alexandre tua son père.

22

À l'extérieur de la cité, près d'une treille,
appuyé à un parapet sur le bord d'un fossé,
le maître Nectanabus veillait toutes les nuits
en compagnie d'Alexandre, pour lui enseigner, sans la lueur d'une [bougie,
les secrets du soleil, de la lune et de nombreuses étoiles,
les sorts et les prodiges des formules magiques.
Après avoir assimilé sa science, Alexandre décida
de l'assassiner, à l'endroit même où il recevait ses conseils.
Il poussa le maître, endormi, dans le fossé,
en lui donnant un coup mortel en haut de l'oreille.
Il lui entailla la chair, lui fracassa les os et lui arracha les cheveux.
Maudit soit l'élève qui veille ainsi sur son maître !

---

[1] L'encyclopédie de Solin, *Collectanea rerum memorabilum*, composée au IIIe siècle après J.-C., est plus loin l'une des principales sources de Thomas de Kent pour sa description des merveilles de l'Orient. Elle présente Bucéphale au § 45, 8-9 (pp. 174-175 de l'édition Th. Mommsen, 1895). Dans la littérature anglo-normande, le terme *danz*, loin d'être ironique, est honorifique et équivaut à *sire* (voir M.D. Legge, " Some Notes on Anglo-Norman Vocabulary ", dans *Studies in Medieval French presented to Alfred Ewert*, Oxford, 1961, pp. 218-219).

23

Nectanabus li dit: 'Pur quei m'as ceo fet, sire?'
Alisandre ly respont: 'Tu sies le mond descrire,
E juger bien e mal de chascune matire.
Qe ne sous tu deviner qui te devereit occire?
Les autres devinas[1], de tey ne sous rien dire.
Ore gis illuec envers; tu n'as mester de mire.
Par les esteilles poez tes aventures dire.
M'est avis, endreit de tey astronomie enpire!
L'em deit astronome[2] blamer e despire *15r*
Qui ne veit ses aventures e tuz les autres mire[3].'
Del dit ad li mestres dolur e grant ire.

24

Ceo dit Nectanabus el fossé ou gisoit:
'Jeo savoye trop bien qe mon fiz m'oceroit.'
'Qui est donc vostre fiz?' Alisandre enqueroit.
Donc li conte l'ordre coment tuit avenoit,
La semblance e l'engin cum engendré l'avoit.
Alisandre en ot pité de ceo qu'il oit e voit,
Prent son pier[e] a son col, a l'hostel en va droit,
E si le couche el paleis, veant sa gent, tuit froit.
A sa mere le conte a un conseil estroit;
Mult se merveille de ceo qu'il disoit.
Ensevelir le fet a mielz qu'il savoit.

25

A cel temps fut le roy a grant suspecions
Qui aprés ses jours tendroit ses regions.
As dieus fet sacrifises de tors e de motons,
D'or e d'argent, riche[s] presenz e dons,
Puis [s]'est acuté al temple a geneillons,
Si fet ses prieres e dit ses oreisons.

---

[1] devinastes

[2] Tey deit astronomie

[3] e sur l. a. guire

23

Nectanabus lui dit: “ Pourquoi m'as-tu fait cela, seigneur? ”
Alexandre de lui répondre: “ Tu sais expliquer tout l'univers
et porter sur tout un jugement en bien ou en mal.
Pourquoi n'as-tu pas su prédire qui allait t'assassiner ?
Tu as prédit l'avenir des autres, mais tu as été incapable de connaître
[le tien.
Maintenant tu gis ici, la tête en bas; nul médecin ne peut t'aider :
en regardant les étoiles, tu peux connaître ta destinée.
Je crois qu'avec toi l'astronomie régresse !
On doit le condamner et le mépriser,
l'astronome qui ne prévoit pas sa destinée, alors qu'il connaît celle de
[tous les autres ! ”
Ces propos bouleversent et désespèrent le maître.

24

Nectanabus, depuis le fossé où il gisait, prononça ces mots:
“ Je savais parfaitement que mon fils me tuerait.
- Qui est donc ton fils ? ” s'enquit Alexandre.
Alors Nectanabus lui relata le déroulement des événements,
le déguisement et la ruse dont il avait usé pour l'engendrer.
Plein de compassion en l'écoutant et en le regardant,
Alexandre prit son père sur ses épaules, gagna directement le palais
et, devant tous, déposa sa dépouille glacée sur un lit.
Dans la stricte intimité, il apprit tout à sa mère,
qui en fut complètement stupéfaite.
Il fit alors célébrer les funérailles avec le plus grand soin possible.

25

À cette époque, le roi Philippe se demandait avec inquiétude
qui hériterait de son trône après sa mort.
Il sacrifia aux dieux des taureaux et des moutons,
il leur offrit de l'or et de l'argent, une multitude de riches présents.
Puis il s'agenouilla dans le temple,
récita ses prières et ses oraisons,

De la dotance qu'il ad, as dieus fet questions.
Par une voiz d'ymage ad oye le respons:
'Qui primer mont[e]ra de toz se[s] compaygnons
Sur le dos Bucifal, sanz estrius[1], sanz arçons,
Celi avera le regne qe tient ore Phil[i]ppons.'

26

Donc ot Alisandre quatorze anz e plus,
E oit le cheval henir aval la tur lajus.
Quida qe fust lion, de l'oir n'ert a us;
E vint illuec corant e le vit par un pertus.
'Iceo est Bucifal,' ceo ly dist Tholomus[2],
'Pur sa grant creualté l'ad enclos Phelippus.'
Quant ceo ot Alisandre, tost fist overir li us,
E quant il le vist, mult tost sailli sus, *15v*
Veant toz le galopa e le fist mat e confus.
Al roy l'aloit dire qui gardoit le reclus.
Donc siet le roy qe c'est par le dit Phebus
E Alisandre cum roy salue a grant frus.

xiii Coment Alisandre fu fet chevaler.

27

Quant li enfes Alisandre ot quinze ans entiers,
Bels esteit e hardiz, mult pruz e legers,
Mult bien portant armes, orgoillus e fiers;
Chevaler le f[e]ra Phelippe le guerers.
Ses barons fist mander, vavasors e terriers,

---

[1] estruis

[2] dist lui feus

et enfin questionna les dieux sur l'objet de ses craintes.
Il entendit une voix émaner d'une statue et lui adresser cette réponse:
" Le premier des compagnons de Philippe qui parviendra
à monter Bucéphale, sans étriers ni selle,
celui-là disposera du royaume que Philippe possède aujourd'hui. "

26

Alexandre avait alors un peu plus de quatorze ans,
quand il entendit des caves du donjon les hennissements du cheval :
peu accoutumé à de tels cris, il crut que c'était un lion.
Il s'y précipita et l'aperçut par une petite ouverture.
" C'est Bucéphale ", lui apprit Tholomé,
" c'est à cause de sa sauvagerie que Philippe l'a enfermé. "
À ces mots, Alexandre fit aussitôt ouvrir la porte,
et dès qu'il aperçut le cheval, sauta immédiatement sur son dos,
et partit au galop aux yeux de tous, en le maîtrisant parfaitement.
Le gardien de l'animal alla en informer le roi.
Alors Philippe comprit que l'oracle de Phébus s'accomplissait,
et salua Alexandre comme un roi, au milieu de l'émotion générale[1].

xiii L'adoubement d'Alexandre[2].

27

À quinze ans révolus, le jeune Alexandre
était beau et audacieux, preux et vif à merveille,
connaissant parfaitement l'art des armes, plein d'orgueil et de fierté.
Philippe, le guerrier, veut le faire chevalier.
Il convoqua ses barons, ses vavasseurs[3], tous ceux qui tenaient de lui [une terre,

---

[1] Réussissant cette épreuve de qualification royale, Alexandre apparaît comme l'élu des dieux. Ces derniers semblent ainsi confirmer les prédictions du magicien Nectanabus, qui jusqu'alors n'apparaissait pourtant plus comme un authentique devin.

[2] Sur le motif de l'adoubement dans la littérature médiévale, voir J. Flori, " Sémantique et société médiévale : le verbe *adouber* dans les chansons de geste du XII[e] siècle ", *Annales E.S.C.*, 1976, pp. 915-940 ; " Pour une histoire de la chevalerie : l'adoubement chez Chrétien de Troyes ", *Romania*, 100, 1979, pp. 21-53.

[3] Le vavasseur est un vassal de petite noblesse, placé au bas de la pyramide féodale.

E les lonteins marchis e riches soud[i]ers.
Tuit fu aresté ceo qe fut mesters:
Chauces ot de samit, taillees a quarters,
Un bliaut my parti, overé as eschekers,
Un mantel[1] sabelin dont le drap fu molt chers,
Esperons d'or [li] chauce li bon[2] gomfanonners
Antipater, qui sis mestres ert e conseillers,
Phelippon ceint l'espee, li roy dreiturers[3],
Bucifal ly done qui fu fort e cursers.
Cent vallez fet le roy pur s'amur chevalers,
Qui toz ont beles armes e bons coranz destrers.
Suff[e]ront en bataille les granz esturs pleners.
Cist serviront l'enfant pur dons e pur loers.
Mult fu grant la feste e riches ly mangers.
Quant napes sunt tretes, s'en partent esquiers.
Le roy fet amener [chargiez] d'or cent somers;
A Alisandre done parmeines[4] cent sisters,
As chevalers novels, as mestres botelers,
As mareschaus e as keus e as despensers,
A toz les jugleors, as fols e as pautoners.
N'ot nul qui vousist n'en donast volentiers;
Par ceo se fist amer e loer tuit premers, *16r*
Car l'em put los conquere par doner deners,
E[n]surketuit si li homs est large vianders.
Apreste ses armes, chars e charetters,
Font charger les chamels, olifanz bastisers.

xiiii Coment Alisandre assiga Elim, e coment le roy Alisandre occist le roy Nicholas.

28

As porz est Alisandre, mult ad bel orage;

---

[1] Une m.

[2] bone

[3] dreiturels

[4] meines *?*

ainsi que les marquis éloignés et les puissants chevaliers qui le [servaient.
Rien ne fut oublié dans les préparatifs de la cérémonie :
Alexandre reçut des chausses en soie, décorées de quatre motifs [différents,
une tunique de deux couleurs, travaillée en damier,
un manteau doublé de zibeline, d'une étoffe très précieuse.
Le bon gonfalonnier, Antipater, son maître et son conseiller,
lui attacha ses éperons d'or.
Philippe, le roi justicier, lui ceignit l'épée
et lui offrit Bucéphale, monture puissante et rapide.
Par amour pour lui, il adouba en même temps cent jeunes nobles,
qui reçurent tous de riches armes et de bons destriers rapides.
Sur le champ de bataille, ils endureront des combats acharnés,
ils serviront le jeune prince pour obtenir présents et récompenses.
La fête fut opulente et le festin somptueux.
Une fois les nappes enlevées, les écuyers se retirent.
Le roi fait amener cent chevaux de somme chargés d'or
et il distribue aussitôt cent sesterces à Alexandre,
aux nouveaux chevaliers, aux maîtres bouteillers,
aux palefreniers, aux cuisiniers, aux économes,
à tous les jongleurs, aux fous et aux mendiants.
À tous ceux qui le souhaitent il accorde des dons de bonne grâce.
Il s'attire ainsi aussitôt l'affection et les éloges,
car on peut s'attirer les éloges en offrant des deniers,
surtout si l'on est aussi un hôte généreux.
Alexandre prépare ses armes, ses chars et leurs conducteurs,
on charge les chameaux et les éléphants qui servent de bêtes de [somme.

xiv Comment le roi Alexandre assiégea Élim
et tua le roi Nicolas.

28

Alexandre est au port, le vent est favorable;

Levent sigle e vont tuit [al] dreit passage.
Issent puis hors des nefs e logent[1] [en] l'erbage
Desuz la tur de Elim, une cité marage.
Alisandre a pié torne de son barnage
Pur esgarder le lu e le rocher sauvage.
Trova le roy qui tint le regne en heritage;
Nicholas ot non e né fu vers Cartage,
Bien conust Alisandre e mult de son lignage,
Apris orent ensemble lettr[e]ure e langage.
Cil le saluat avant par [mult] grant culvertage:
'Dieu te salve, enfes de mult jovene aage.'
Alisandre s'estut, garda vers le boscage.
Nicholas ly dit: 'Valet, tu n'es pas sage.
Tu ne sies qe jeo sui, ne quel est mon parage.
Roy sui de cest regné, e des autres ay truage.
De l'orgoil qe tu fez ore me doing ton gage.'
Alisandre respount: 'Ore oy folur e rage.
Qe vaut la grandur de vostre parentage,
Ton regne e ton avoir ou grandur de corsage
Si la pruesce n'est al quer e al bon[2] corage?'
E Nicholas li dist: 'Qe quers en cest rivage?'
Alisandre respont: 'Jeo vinc pur ton damage.
Del regné voil avere e treu e servage,
Combatroy a toy, s'en averay le truage,
La corone de ton chef e del regné ostage.' *16v*
Nicholas ly maudist, escracha[3] en son visage;
Vers la cité s'en vet ou ert son mestre estage.
Alisandre s'en test si rist de [ce]l hontage,
E jure Dampnedieu, sa vertu e sa ymage,
S'en l'estur le trove, del chef ly frad tollage.

---

[1] logerent

[2] bone

[3] escracha: s *ajouté*

les Grecs hissent les voiles et traversent la mer sans s'arrêter.
Ils quittent alors les navires et dressent leurs tentes dans une prairie,
au pied de la tour d'Élim, une cité côtière.
Alexandre s'éloigne de ses hommes, à pied,
pour découvrir le site et le rocher sauvage.
Il rencontre le roi qui a hérité du royaume :
il s'appelle Nicolas et est né près de Carthage ;
il connaît bien Alexandre et nombre de ses parents,
car ils ont été formés ensemble aux lettres et à l'éloquence.
Nicolas salue Alexandre le premier, en l'insultant :
“ Que Dieu te sauve, petit garçon ! ”
Alexandre s'immobilise et tourne ses regards vers le bosquet.
Nicolas continue : “ Mon garçon, tu manques de bon sens.
Tu ignores qui je suis et quel est mon lignage.
Je règne sur ces terres et reçois un tribut des autres royaumes
Pour l'affront que tu me fais, donne-moi réparation ! ”
Alexandre rétorque: “ Tu parles comme un fou !
Que valent la noblesse de ta famille,
ton royaume, tes richesses ou bien ta haute taille,
si le courage ne soutient pas ton cœur et tes desseins ? ”
Nicolas de répliquer: “ Que cherches-tu sur ces côtes ? ”
Alexandre répond : “ Je suis venu pour ta perte.
Je veux de ton royaume tribut et obéissance.
Je te livrerai bataille et gagnerai le tribut,
la couronne que tu portes sur la tête et la soumission du royaume. ”
Nicolas le maudit et lui crache au visage,
avant de regagner la cité et son palais royal.
Alexandre, sans mot dire, rit de cet outrage
et jure sur Dieu, sa puissance et son image
que s'il le rencontre au combat, il lui coupera la tête.

29

Repeire Alisandre a sa[1] gent en la pree
Ou ele estoit loge[e] e tote aseuree[2].
Metent lur eschargaytes contre l'avespree,
La nuit se reposent desqu'a l'[a]jornee.
Mil graisles i sonent quant l'aube fu crevee.
Le soleil i est levé e chaie la rosee.
La gent Alisandre fu tost adobee
E vet vers la cité renge[e] e ordenee;
Ly enfes vet devant od sa lance leve[e] .
Nicholas les encontre od sa gent arme[e],
Les lances esloignees od l'autre est assemble[e];
A l'encontrer d'els fu forte la melle[e]:
Tant[e] bel[e] juvente[3] i ot el champ naffree,
E pez e poinz coupez, tante teste trenchee!
La bataille fu grande e forte e aduree,
Mult i ot genz occis e plus assenglantee.
Cele de la cité est primer chancelee.
Nicholas demeine orgoil e pompee.
Alisandre le voit, la colur ad muee,
E fiert de l'espié[4] ou l'enseigne est ferme[e];
Desuz la bocle d'or est la targe quasse[e],
La broigne se tint bien, ne put estre fausee.
Atant ad par irour la lance estraiee,
Sache le brant del forre, une l'en ad done[e][5]:
Le chef ly fet voler al trenchant de s'espee.
Cil chiet mort a terre car l'alme est sevree.
Alisandre dit: 'Ore as tu la cole[e] *17r*
Pur la vileinie qe hier seir me fu mostree.'

---

[1] ovec sa

[2] aserree

[3] Tant bel juvencel

[4] espee

[5] une coupe ly ad (*mais* coupe *est ajoutée sur la ligne*)

29

Alexandre rejoint ses hommes dans le pré
où ils ont établi leur campement en toute sûreté.
À la tombée du jour, ils postent des veilleurs
et se reposent toute la nuit, jusqu'à l'aube.
Mille trompettes sonnent au point du jour,
quand le soleil est levé et la rosée tombée.
Les hommes d'Alexandre s'arment aussitôt,
font route vers la cité, dans un ordre parfait.
Le jeune homme les précède, sa lance levée.
Nicolas vient à leur rencontre avec ses hommes en armes,
et, les lances brandies, les deux armées s'affrontent.
Le choc de la mêlée est d'une grande violence :
que de beaux jeunes hommes blessés sur le champ de bataille,
que de pieds et de mains coupés, de têtes tranchées !
C'est une bataille gigantesque, violente et acharnée ;
nombreux sont les morts et plus encore les blessés couverts de sang.
L'armée de la cité fléchit la première.
Nicolas se comporte avec orgueil et arrogance.
Alexandre le voit, il change de couleur
et le frappe de sa lance, sur laquelle est fixée sa bannière :
le bouclier de Nicolas se brise au centre[1],
mais sa cuirasse résiste, elle n'est pas entamée.
Alexandre abandonne alors avec fureur sa lance
pour dégainer son épée et lui en assener un coup.
De sa lame il envoie voler la tête de Nicolas,
qui s'écroule, mort : son âme s'est déjà séparée de son corps.
Alexandre s'écrie: “ Te voilà désormais puni
pour la bassesse dont tu fis preuve hier soir à mon égard ! ”

---

[1] La *boucle* est la partie centrale, la bosse (*umbo* en latin), qui a donné son nom au *bouclier*.

Li estors est departy e la bataille finee;
Despoillent toz les morz e proient la contree,
Abatent la cité, la tur ont encraventee
E tote la terre environ de[l] tut ont gastee.
La corone del regne ont ovec eus portee.
Quant fet ont lur voleir si vont a la maree,
Entrent a la flote qe ert eschipee,
E vont en lur pais, car le vent lur agree.

xv Coment le roy Phelippon enchaça Olimpias e esposa Cleopatram

30

En cele saison k'en ost ert alé Alisandre
Ou tant gent fist occire e tant sanc espandre,
E[n] surd a sa mere reprover e esclandre
De [ceus de] Macedoigne desqu'a la cité de Andre
Par cely qui vint del regné Cassandre.

31

Pur cel esclandre fu Phelippe pensifs.
Mande toz ses barons e trestoz ses amis.
De guerpir sa moiller ad son conseil pris;
Al regné de Grace ad ses messagers tramis,
A la plus bele feme qe fut el pais,
Franche, sage e gente e mult bele de vis.
Dame Cleopatra ot non, ceo m'est vis.
Tant ont li message doné e promis
Qu'il trovent vers la dame ceo qu'il ont quis.
Des noces atorner li ont bel[1] terme mis.
Il la recuilli[2] au liu ou fust assis,
C'est Macedoigne, d'illuec a trente dis.

[1] bele

[2] Ele le r.; ou lui fust

La mêlée est dispersée, la bataille terminée ;
les vainqueurs dépouillent les morts et pillent la région,
ils rasent la cité, abattent la tour,
ravagent entièrement tous les alentours
et emportent avec eux la couronne du royaume.
Leur but atteint, ils regagnent la mer,
embarquent sur les bateaux qui étaient prêts à repartir
et, grâce à un vent favorable, reviennent dans leur pays.

xv Comment le roi Philippe répudia Olympias et épousa Cléopâtre.

30

Pendant qu'Alexandre est parti en campagne,
qu'il cause la mort de tant d'hommes et fait couler tant de sang,
sa mère endure condamnations et attaques,
de la part de tous les Macédoniens jusqu'à la cité d'Andre,
par la faute de l'homme du royaume de Cassandre[1].

31

Ces attaques préoccupent Philippe.
Après avoir convoqué tous ses barons et amis,
il décide de répudier son épouse ;
il envoie des messagers dans le royaume de Grace,
à la plus belle femme de cette contrée,
noble, avisée et magnifique de corps et de visage.
Je crois qu'elle se nomme dame Cléopâtre.
Les messagers ont fait de tels dons et de telles promesses
qu'ils obtiennent d'elle ce qu'ils veulent
et lui fixent un délai suffisant pour préparer les noces.
Philippe l'accueille au siège de son pouvoir,
à Macédoine, trente jours plus tard.

---

[1] On ignore quelle est l'identité précise de ce Troyen. Peut-être est-il Pausanias, l'amant d'Olympias, que Thomas introduit plus loin, et qui assassine Philippe.

32

Pur ce[1] dy as dames k'ont le quer leger,
Qe a ces bachelers solent tant don[oi]er,
Qu'eles ne poeint plus lur seignurs corucer
Ne eles memes plus honir ne blame purchacer *17v*
Qe par vilein juer e par fol envoiser.
Car quant l'om se sent honiz de sa moiller,
Ne siet qu'il en face ne cum se deit venger
Sanz sey memes honir e les soens laydenger.
Ce sevent bien celes qe l'em voit trop fol[oi]er,
E pur ceo ne volent lur folie lesser.
Olimpias ne deit pas aver reprover,
Car plus sage de ly put l'em bien enginer.
Ne voy qe s'en puisse totes houres gaiter,
Neqedent l'em se deit par autre chastier.
Le roy Phelippe fet la feste appariller
E trestuit aprester qe ly out mester
En or, en argent, en beivre, en manger.
Venent li prince, li baron, li chevaler,
E ly riche marchis, li lontein soud[i]er,
Visconte e provost, li franc e terrier.
De par Cleopatram venent li messager;
Mande qe a Macedoigne vient pur noceier.
Cil mul venent avant e cil chargé somer,
Mareschals e serganz, herbigurs e husier,
E ly chamel chargé e li corant destrer
Q'ameinent cil vallet, dancel e esquier.
D[e]liverent le paleis, les chambres font joncher
De flurs e de balme, des foilles d'oliver.
Curtinent les gardins, les places font loger,

---

[1] ce *ajouté sur la ligne*

32

Voilà pourquoi j'avertis les dames au cœur frivole,
qui ont l'habitude de badiner avec les jeunes gens,
qu'elles ne peuvent pas courroucer leurs époux davantage
ni s'attirer un plus grand déshonneur et de plus violents reproches
que par des jeux honteux et des plaisirs insensés.
Car quand on se sent déshonoré par sa femme,
on ignore comment réagir et se venger
sans se déshonorer soi-même ni nuire aux siens.
Elles le savent bien, celles que l'on voit suivre une folle conduite,
et néanmoins elles refusent de renoncer à leur folie.
Il n'est certes pas juste de blâmer Olympias,
car une femme plus avisée qu'elle peut être victime d'une tromperie.
Je ne pense pas qu'on puisse constamment se tenir sur ses gardes,
mais on doit, par l'exemple des autres, se corriger soi-même[1].
Le roi Philippe ordonne de préparer la fête
et de disposer tout le nécessaire
en or et en argent, en boisson et en nourriture.
Alors arrivent les princes, les barons, les chevaliers,
les riches marquis et les guerriers qui viennent de loin,
les vicomtes et les prévôts, les nobles vassaux.
Les messagers de Cléopâtre arrivent aussi
et annoncent qu'elle fait route vers Macédoine pour les noces.
La précèdent mules et chevaux de somme avec leur fardeau,
palefreniers et serviteurs, intendants et gardiens,
chameaux bâtés et chevaux rapides,
qu'amènent de nombreux jeunes nobles.
On vide la salle du palais, on jonche les chambres
de fleurs, de baume et de feuilles d'olivier.
On orne les jardins de tentures, on installe des tentes sur les places

---

[1] Dans cette insistante intervention de clerc moraliste, Thomas de Kent s'adresse aux femmes et affirme pour la première fois des ambitions pédagogiques. En dépit du jugement mesuré qu'il porte ici sur la reine, ces vers annoncent la dégradation du portrait d'Olympias, qu'il va plus loin accuser d'avoir fomenté l'assassinat de son mari. Ils sont aussi une amorce du discours misogyne qu'il développe clairement avant le récit de la rencontre d'Alexandre et de Candace (l. 513).

A oes as meschines atornent le verger.
Ore ven[en]t li hom par cent e par miler;
Grant noise ad en la vile e cri al herberger.
Le roy Phelippe fet Olimpias conveier,
A un chastel la hors mult vilement enveier,
Car ne put de honte la cité chevacher[1].

33

Al paleis herbergent la gent Cleopatras, *18r*
E demeine[n]t grant joie, envoisures e gas.
Ele vient aprés, tote suavet le pas,
Sur un mulet d'Aufriqe amblant, rond e gras,
Si chevache pres de ly le prince de Damas
E cil de Sidonie, le riche Jonathas.
Dis mil chevalers li suent a un tas
Sur les muls de Sirie, toz en reals draps.
Sonent encontre ly en la cité li glas,
Les timbres e les tabors; donc dit Olimpias:
'De moy put l'em dire "De si haut si bas".
Ha! lasse, dolente, cheitive, qe feras?
Qu'es[2], mort, devenue?'; e dit donc: 'Ne me prendras?
Hay! fiz Alisandre, amis, e quant revendras?
M'est avis, mes hontes mult tart vengeras.
Mar vi unqes la guere de tey e de Nicholas!
Si fussez ovec moy ne m'enchaçast[3] pas,
Ne s'en pensast Phelippes pur tuit l'or de Baudas.'

---

1 C. ele ne poet por h. la ville c.

2 Ou es

3 changassent

et on aménage le verger pour les jeunes filles.
Alors les invités arrivent par centaines et par milliers
et la ville résonne du tumulte de leur installation.
Le roi Philippe envoie à Olympias une escorte,
pour la conduire, honteusement, à un château situé à l'extérieur de la [ville,
car elle ne pouvait traverser la cité sans essuyer d'outrages.

33

Dans la grande salle, on installe l'entourage de Cléopâtre
au milieu des plaisanteries joyeuses et des réjouissances.
Elle arrive peu après, au pas lent de sa monture,
sur un mulet d'Afrique rond et gras, qui va l'amble.
À ses côtés avancent le prince de Damas
et celui de Sidon, le riche Jonathas.
Dix mille chevaliers la suivent, bien regroupés,
sur des mules de Syrie, vêtus d'étoffes royales.
À son arrivée, les cloches carillonnent dans la cité,
les tambourins et les tambours résonnent; Olympias dit alors :
“ On peut bien dire de moi : ‘de si haut, elle est tombée si bas[1] !’
Hélas! malheureuse infortunée, que vas-tu devenir ?
Mort, où es-tu passée? Ne viendras-tu pas t'emparer de moi ?
Ah ! mon fils Alexandre, mon soutien, quand reviendras-tu ?
C'est trop tard, je le crains, que tu vengeras ma honte.
Maudite soit cette guerre contre Nicolas !
Si tu étais à mes côtés, Philippe ne me chasserait pas,
il n'y songerait même pas pour tout l'or de Bagdad ! ”

---

[1] La déesse Fortune est représentée, dans la littérature et l'iconographie médiévales, comme une femme (souvent aveugle), qui fait tourner une roue sur laquelle sont assis les hommes, élevés ainsi tout en haut de la roue pour être ensuite précipités vers le bas: voir H.R. Patch, *The Goddess Fortuna in Medieval Literature*, Cambridge (Mass.), 1927, et E. Mâle, *L'Art religieux du XIIIe siècle en France*, *op. cit.*, pp. 183-188.

34

Vest s'en Olimpias dolente e irascue,
De la honte qe ele ad fremist e tresue.
Si grant dolur en ad, a poy qe ele ne se tue.
Sovent se fust occise si hom ne l'eu[s]t tenue;
E dit: 'Lasse e cheitive, grant joie en ay perdue!
Si n'est, bel[1] fiz, par tey, jamés ne m'ert rendue.
Par petit[e] achaison grant peine m'est cr[e]ue,
E jeo en reprover e en vilté [sui] chaeue[2].
Jamés n'averay honur, fiz, s'il n'est par ta ayue.
Si tu poez longes vivere, ma peine ert [cher] vendue.
Ore m'apellent my home Royne abatue.
La dehors me covient vivere en un[e] mue;
Ceo fet Cleopatras qe m'onor m'ad tolue.'
Atant est la vile de l'effrey comm[e]ue.
Cleopatras chevache un[e] mule kernue *18v*
Plus blanche qe n'est neif, de fin or la sambue.
La chevesce del frein fu tuit a or batue,
Ly poitrals a piere, la resne a or tissue.
En guise de royne fust estreit vestue
D'un drap mult envoisee a une orle menue,
E porte un esperver sur son poing d'un[e] mue.
Des esperons a or son blanc mulet argue,
Itant ad chevaché qe la cité ad veue.
Mult i ot grant joie quant ele fust parvenue;
La gent de la cité i est tote acorue,
E ly roys vient encontre qui [mult] bel la salue.
Baise la, si ly dit: 'Bien veignez, ma drue!'
Prent la par la resne e meine la grant rue
Desqu'al mestre peron; illuec l'ont descendue
De desur un[e] purpre qe pur ly fust tendue.

---

[1] bele

[2] chaceue

34

Olympias quitte la ville, furieuse et désespérée;
elle tremble et frémit de honte.
Elle souffre tant qu'elle manque se tuer.
Plusieurs fois elle se serait suicidée si on ne l'en avait empêchée.
“ Malheureuse que je suis ! dit-elle, j'ai perdu toute ma joie
Toi seul, cher fils, peux me la redonner.
Une cause dérisoire m'a plongée dans le malheur
et a entraîné ma chute dans l'infamie et l'abjection.
Mon honneur est à jamais perdu, mon fils, si tu ne me secours pas.
Si une longue vie t'est accordée, tu vendras cher mon malheur.
Mes hommes me traitent aujourd'hui de reine déchue;
il me faut vivre à l'extérieur de la ville, en prison,
par la faute de Cléopâtre, qui m'a ravi tous mes honneurs ! ”
Toute la ville est alors en émoi.
Cléopâtre avance sur une mule à la longue crinière,
plus blanche que la neige, avec une housse de selle en or fin,
une têtière toute en or battu,
un poitrail incrusté de pierreries et des rênes tissées d'or.
Telle une reine, elle a le corps moulé
dans une étoffe aux couleurs vives, à la fine bordure,
et elle tient sur son poing un jeune épervier.
Piquant sa mule blanche de ses éperons d'or,
elle arrive en vue de la cité.
Son arrivée provoque une grande joie :
tous les habitants de la cité accourent,
le roi vient à sa rencontre et la salue avec de grands égards.
Il l'embrasse et lui dit : “ Soyez la bienvenue, mon amie ! ”
En tenant sa mule par les rênes, il la conduit à travers la rue principale
jusqu'au plus grand montoir[1], où on l'aide à descendre,
sur une étoffe de pourpre déroulée à son intention.

---

[1] Le *perron* est une grosse pierre qui sert de montoir.

35

Herbergent les chevals par meson e estables,
Vestent sei ly chevaler de draps covenables,
Aseent al manger au paleis par les tables.
Assis est Phelippes, le riche roy veillables.
Servent i chevalers e seneschals honorables,
Buteler, despenser e mestre conestables,
E les sages barons e toz les plus renables,
De claree, de piment e de vins beyvables.
Chantent cil jugleor de gestes e de fables.
Hay! Dieus sovereins, Pier[e] esperitables,
Tant est cist siecle faus, cheitis e deceivables,
E freles e malveis, tornant e muables!
Tost conquert hom richesce e tost vest a dyables,
Car ly aver del mond n'est a nuly estables.

xvi Coment Alisandre presenta al roy la corone Nicholas, e coment Alisandre tua Lisye e enchacea Cleopatram.

36

Mult par fu le jour bels a hore de nonne. *19r*
Alisandre revient e passa a Marsone,
E seet sur un cheval qe ly vint de Nerbone.
Des esperons a or un[1] petit l'esperone,
Les petiz galops vet, vers le peron rendone[2].
Ot le paleis fremir qe bonde e resone,
E vient einz el paleis ou veit meinte persone.
Sur le chef Phelippon met la real corone,
Veant toz ses barons son servise ly abandone.
Le roy le mercie del present qu'il ly done.

---

[1] une p.
[2] tendone

35

Après avoir installé leurs montures dans les écuries,
les chevaliers s'habillent d'étoffes seyantes
et s'attablent pour le repas, dans la grande salle du palais.
Philippe, le roi puissant et vigilant, s'est déjà assis.
Les chevaliers et les sénéchaux respectables,
les bouteillers, les maîtres d'hôtel et les intendants,
les sages barons et les seigneurs les plus avisés
servent des vins au miel et aux épices, et les meilleures boissons.
Les jongleurs déclament des chansons de geste et des récits fabuleux.
Hélas ! Dieu souverain, Père céleste,
comme ce monde est faux, trompeur et misérable,
comme il est fragile et mauvais, instable et changeant !
Les richesses s'acquièrent vite, mais s'évanouissent aussi rapidement,
car les biens terrestres ne durent pour personne.

xvi Comment Alexandre offrit au roi la couronne de Nicolas, tua Lisias et chassa Cléopâtre.

36

À l'heure de midi, par une journée magnifique,
Alexandre est de retour et traverse Marsone.
Monté sur un cheval de Narbonne,
il le pique légèrement de ses éperons d'or,
et se dirige au petit galop vers le montoir.
Il entend alors le palais en émoi retentir de cris,
pénètre à l'intérieur et y trouve la foule des invités.
Il pose la couronne royale sur la tête de Philippe,
et, devant tous les grands seigneurs, lui fait allégeance.
Le roi le remercie pour le présent.

37

La corone resçust Phelippe de paleste[1],
E dit qe mult est bone e riche e honeste.
Veant toz ses barons la met[2] en som sa teste.
Alisandre est iré, al quer ad grant moleste:
La feste est sanz sa mere; de ceo l'amoneste[3],
E dit a Phelippon: 'Ha! roy de noble geste,
Quant ma mere fra noces, vos serrez a la feste!'

38

De son primer conquest est ly roys coronez[4].
Aportent ly l'ewe, si ad ses meins lavez.
Au deis aprés Phelippe s[i] est [puis] acutez.
Assez i out bons vins e deintez e clarez.
Pres la royne siet un prince bien chasez,
Del conseil au roy ert [e] de ly mult privez.
Si cum l'estorie dit, Lisias fu nomez.
Envoisez fut e nobles e trop [fut] enparlez.
Diseit ses enveisures e ses gas atiffez;
Pur Alisandre corucer ad ses diz atornez.
Le roy e la royne sert ore a voluntez;
Il en avera loer e bons dons e grantz grez.
De ses orgoillus diz est Alisandre enflez;
Teneit une coupe pleine de bons herbez,
Fiert le desuz l'oye si qu'il en chiet palmez,
Andui li oil ly sunt de la teste volez. *19v*
Quant ceo voit Phelippe, a poy qu'il n'est desvez,
E saut vers Alisandre, a ly s'en est medllez.
Le deis est abatu, li manger reversez,
La sale estormie; tuit crient: 'Montez!'
Des chevalers i ad bien tost cent mil armez,

---

[1] palestre
[2] le met
[3] e ceo ly est aqueste
[4] corucez

37

Philippe reçoit de son défenseur[1] la couronne de Nicolas,
qu'il trouve belle, précieuse et imposante.
Devant tous ses barons, il la pose sur sa tête.
Alexandre ressent de la colère et une vive douleur,
car les festivités se déroulent sans sa mère ; il lance alors à Philippe
cet avertissement : " Roi de noble lignage,
quand ma mère célébrera ses noces, vous serez de la fête ! "

38

Le roi porte la couronne qu'Alexandre a gagnée pour sa première
[conquête.
On lui amène l'eau, il se lave les mains,
puis il s'approche de la table d'honneur,
couverte de bons vins et de mets délicats.
Un prince puissant a pris place à côté de la reine,
il appartient au conseil du roi et à son cercle d'intimes.
À ce que dit le livre, son nom est Lisias.
Il est enjoué, élégant et très bavard.
Il badine et fait des plaisanteries subtiles,
qui visent à provoquer la colère d'Alexandre :
il sert de son mieux la reine,
pour en recevoir une belle récompense et des remerciements.
Ses paroles arrogantes soulèvent Alexandre de colère.
De la coupe de vin aromatisé qu'il tient,
il le frappe sur l'oreille si fort qu'il s'effondre, assommé,
et que les deux yeux lui sortent de la tête.
Assistant à la scène, Philippe manque de perdre la raison ;
il bondit en direction d'Alexandre et en vient aux mains avec lui.
Ils renversent la table et les plats
et mettent la salle sens dessus dessous; tous s'écrient : " Aux armes ! "
Aussitôt cent mille chevaliers en armes

---

[1] L'éditeur renvoie à Godefroy, qui traduit *palestre* par *protecteur*.

Lur seignur ont rescuz car mult sunt airez.
Li rois est d'un[1] espié en la quisse navrez;
En sa chambre fu puis a grant peine portez.
Alisandre ert pruz e fort e alosez
E tint le brant al poing qe ert ensanglentez.
N'est qui le requerge, tost ne seit affolez.
A l'issir du paleis en ad meint mort ruez;
Boute Cleopatras aval par les degrez;
Cil qui par ly s'avoue est del paleis getez.
Qui cheval en pot aver mult tost s'en est alez.
La royne est monte[e] e vet en ses regnez;
Tost perdy la dowaire qe illuec li fu donez.
Grantment de son aver i fu donc[2] obliez;
Mult i gaigna Alisandre e ses riches barnez.

xvii Coment Alisandre reconseilla sa mere au roy.

39

Ly roys en sa chambre gist par estovoir.
Aprés ceo mult grant temps Alisandre le vint voir,
E dit a Phelippon: 'Sire, dites me voir,
K'ad ma miere forfet qe ne te deit avoir?
Icest vostre coruz me fet le quer doloir.
Pur quei l'as tu guerpie, ceo vousisse savoir,
Ou jeo, bel sire pere, qe ne soie ton hoir?
Jeo ne l'ay deservi, ne ele si cum espoir.
Tu l'as enprisone[e] la hors en un manoir.
Ore lay ceste folie atant remanoir,

---

[1] une

[2] aver is donc

secourent leur seigneur, remplis de colère.
Une lance blesse le roi à la cuisse[1];
on le transporte avec de grandes difficultés dans sa chambre.
Alexandre est vaillant, robuste et estimé,
il brandit son épée couverte de sang.
Tous ceux qui l'attaquent sont immédiatement blessés.
Nombreux sont ceux qu'il jette, morts, à la sortie de la salle.
Il précipite Cléopâtre en bas des marches,
et chasse de la salle tous ceux qui font partie de sa suite.
Ceux qui parviennent à trouver un cheval s'enfuient à toute allure.
La reine reprend sa monture et repart dans son pays,
en perdant d'emblée le douaire qu'elle avait reçu.
Elle dut renoncer à une large part de ses richesses,
qui profitèrent à Alexandre et à ses puissants barons.

xvii Comment Alexandre réconcilia sa mère avec le roi.

39

Le roi dut rester allongé dans sa chambre.
Alexandre laissa passer le temps avant de lui rendre visite.
Il lui dit alors: " Sire, dites-moi la vérité :
quelle faute inadmissible ma mère a-t-elle commise à votre encontre?
Votre accès de colère me tourmente.
Pourquoi l'avoir répudiée ? Voilà ce que je voudrais savoir;
et moi, cher seigneur et cher père, pourquoi ne suis-je pas votre
[héritier ?
Je n'ai pas mérité cela, et elle non plus, à mon avis.
Vous l'avez emprisonnée dans un château à l'extérieur de la ville.
Maintenant, mettez fin à cette folie :

---

[1] Même si le père et le fils se réconcilient, cette blessure à la cuisse a le sens d'une destitution du vieux roi et de la prise du pouvoir par le jeune Alexandre. Philippe mourra d'ailleurs peu de temps après. Il est tentant de rapprocher cette scène d'autres blessures identiques dans des textes contemporains, en particulier *Le Conte du Graal* de Chrétien de Troyes (la blessure du Roi-Pêcheur) et surtout *Raoul de Cambrai* (le roi Louis est blessé à la cuisse par Bernier, son vassal révolté) : voir E. Baumgartner et L. Harf-Lancner, *Raoul de Cambrai, l'impossible révolte*, Paris, Champion, 1999, pp. 47-48.

E jeo la menray ainz qe vienge[1] le soir,
E si vos servira tuyt dis a son poeir. 20r
Si meffet l[i] avez, de ceo ne puet chaloir;
Tuit vous ert pardonez, tant vous quide valoir.'
Phelippes [li] respont: 'Ore en fray ton voloir.'

40

Alisandre s'en torne, a sa mere [s'en] vet.
Quant ele le vist venir, contre li se met.
'Bele dame,' fet il, 'lessez ester cel plet.
Gardez qe ja en curt ne seit par vous retret,
Car trop est vil e malveis e en tuyt trop let.
Entre nous savom bien qe au roy estes meffet,
Si cum cil me dist de qui jeo sui estret.
Covenant li avez de leauté defet;
Pur ceste suspecion ad il perdu son het.
A dame Cleopatra basti un tel aguet,
Le plus bel de son tresor en la cité me let;
Le manger des noces ay jeo sempres deffet.'
Donc montent as chevals e s'en vont tuyt a het;
Venent a Phelippon; l'acordement fu fet.
Ore est la pees fete, qui qe dolor en est.

xviii Des messagers de la cité de Mathona.

41

Al jur que l'acordance al roy fete fu,
D'une fiere cité messagers sunt venu –
Mathona ot a non, si cum l'ay entendu –
E pleynent sey au roy qu'il sunt batu
E qu'il ne ly rendront servage ne tr[e]u.
Ceo lur peise forment qe tant en ad eu.
Le roy ont apellé vieillard e chanu,
Car Phelippes ert donc frelles e descheu.
Quant il ot les messages, mult en fu irascu.

[1] que ele vienge

je la ramènerai avant la tombée de la nuit,
et elle continuera à vous servir de son mieux.
Si vous lui avez fait tort, peu importe,
je vous aiderai à vous faire pardonner. "
Philippe lui répond : " J'exaucerai tes désirs. "

40

Alexandre s'en va rejoindre sa mère.
Dès qu'elle l'aperçoit, elle vient à sa rencontre.
" Chère dame, dit-il, laissez-là cette querelle !
Veillez à ne jamais vous en plaindre à la cour,
car elle est bien vile et peut beaucoup vous nuire.
Nous savons bien tous deux que vous avez commis une faute envers [le roi,
comme me l'a révélé celui qui m'a engendré.
Vous avez manqué à votre promesse de fidélité.
Ce soupçon lui a fait perdre sa joie.
J'ai tendu un tel piège à la dame Cléopâtre
qu'elle me laisse dans la cité la meilleure part de son trésor.
Je viens de gâcher irrémédiablement le repas de ses noces. "
Là-dessus ils montent sur leurs chevaux et partent tout joyeux.
Ils rejoignent Philippe et se réconcilient.
Désormais la paix est conclue, malgré tous les fâcheux.

xviii Les messagers de la cité de Mathona.

41

Le jour de la réconciliation avec le roi,
des messagers arrivent d'une cité arrogante
qui s'appelle Mathona, selon ce que j'ai entendu dire.
Ils se plaignent au roi d'être maltraités
et lui refusent désormais soumission et tribut.
Ils sont bien fâchés qu'il ait déjà tant obtenu d'eux.
Ils ont traité le roi de vieillard chenu :
c'est qu'il était alors diminué et vulnérable.
Quand il entend leur message, Philippe est pris d'une violente colère.

Donc le loent si prince, conseiller e si dru
Qu'il envoit Alisandre a force e a vertu,
Qu'il pense a conquere ceo qu'il ad perdu.
Le rois le comande; Alisandre est issu. *20ᵛ*
Del paleis si avale desuz un arc volu[1],
E prent un[2] olifant si le sone mult menu.
Tels dis mile l'entendent qe bien l'ont con[e]u,
Il n'ad cely qui ne prenge son escu,
Son haubert e son gambeison e son espié[3] molu,
Cheval ignel e bon ou kernu ou tondu[4].
Al peron en venent ou le tref fu tendu.
Alisandre i estoit lez les grez descendu;
Bel bacheler estoit e gent e bien cr[e]u,
En un vermail samit estreitement vestu.
Le mantel de son col fu tot[5] a or batu,
Chauces avoit chaucees[6] d'un [vert] samit teissu,
E monte Bucifal, le corant, le kernu –
Nel dorreit a home pur mil mars d'or molu –
E saut en les arçons qe point nes ad tenu;
Dreites jambes e beles e les pez vousu,
Tre[s] fort le touche des esporons agu.
Tant cum li rengs dure veant toz l'ad coru.
Suz ciel n'ot oisel qu'il n'eust recr[e]u,
Ne de home fors de ly ne fut il [re]tenu;
E tuit legerement s'en est revenu.
Tuit cil se merveillent qui le curs ont veu.
Donc dit a Tholomeu: 'Trop avom atendu.
Jeo ne seray jamés lez si m'er[e] combatu
Ou que n'aie le roy par mi le cors feru.

---

[1] senvale par les degrez volu

[2] une o.

[3] sespee m.

[4] bone ou krin ot t.

[5] tote

[6] a percees

Ses princes, ses conseillers et ses amis lui suggèrent alors
d'envoyer Alexandre dans la cité avec une forte armée,
pour reconquérir ce que l'on a perdu.
Sur l'ordre du roi, Alexandre se met en route.
Il descend alors les marches de la salle et, sous un arc voûté,
prend un cor pour en sonner à un rythme soutenu.
Dix mille hommes se dirigent vers lui, car ils l'ont bien reconnu;
chacun prend son écu,
son haubert, sa tunique rembourrée et sa lance acérée,
son bon cheval rapide, à la crinière flottante ou rasée.
Ils viennent au montoir près duquel la tente est dressée.
Alexandre se tient à côté des marches qu'il vient de descendre.
C'est un beau jeune homme, bien découplé,
vêtu d'une étoffe de soie vermeille bien ajustée.
Le col de son manteau est tout en or battu,
ses chausses sont tissées dans une soie verte.
Il enfourche Bucéphale le rapide à la longue crinière,
qu'il ne céderait pas pour mille marcs d'or moulu[1],
en sautant en selle sans appui.
Avec ses belles jambes droites et ses pieds cambrés,
il pique violemment le cheval de ses éperons pointus.
Jusqu'au bout de la rangée de ses hommes, il l'a fait galoper aux yeux
[de tous.
Le cheval vaincrait à la course tous les oiseaux du ciel
et ne se laisserait pas maîtriser par un autre qu'Alexandre.
Il revient ensuite sans aucune difficulté.
Tous les assistants sont émerveillés.
Alexandre dit alors à Tholomé : " Nous avons trop tardé.
Je ne connaîtrai plus la joie avant de m'être battu
et d'avoir atteint le roi dans sa chair.

[1] L'or moulu est réduit en paillettes.

Mar nous vie tr[e]u! Mult li ert cher rendu,
Car il en ert honiz e mort e confondu
E si regné destrutz e malement abatu.
Tanz haubers i avera desmaillé e rompu,
[E] tant escu froissi e tant helme fendu.
Par mur ne par chastel n'ert il defendu.'
A icestes paroles est l'ost esmeu. *21r*

42

Alisandre chevache od ses genz tuit irez.
Bien furent dis mil as blans haubers deugez
E quinze mil de genz qui erent tot[1] a piez.
Tant erent le chemin, le[s] forestz e les guez,
K'a la cité venent ou il sunt enveez;
E levent pereres, mangonels[2] ont drescez,
E getent feu e flambe e gros pels agusez.
Cil dedenz sunt bien contr'els apparillez:
De bretasches e de barres se sunt clos e veillez[3];
Defendent sey a force cum homes prisez.
Assaut les Alisandre qui jamés n'ert haitez
Sis avera mort ou pris e toz lur murs brisez.
Nes put a cel jur prendre; defors s'est alogez.
Devant la porte fu le real tref fichez.
Mult sovent par assaut les ad puis esveillez;
Destresce ont de viande, si sunt assegez.
Le pople la dedenz fu forment mesaisez;
De venir a bataille est mult acoragez.
Mielz volent morir qe estre [si] perillez;
E pernent lur armes si se sunt escriez,
E a ceus dehors se sunt donc apuiez.
Mult fu dur li estur al besser des espiez[4]:

---

[1] tote

[2] magneles

[3] reillez

[4] espeez

Il a tort de nous refuser le tribut ! Il le payera très cher ;
il connaîtra le déshonneur, l'anéantissement et la mort
et son royaume sera cruellement ravagé et détruit.
Que de hauberts seront alors déchirés et brisés,
que d'écus fracassés et de heaumes fendus!
Nulle muraille, nul château ne pourront le défendre ! "
Sur ces paroles, l'armée s'est mise en route.

42

Alexandre chevauche avec ses hommes pleins de fureur.
On compte au moins dix mille cavaliers, aux fins hauberts étincelants,
et quinze mille fantassins.
Ils franchissent les routes, les forêts et les gués
jusqu'à ce qu'ils atteignent le but de leur voyage.
Ils élèvent des perrières, dressent des mangonneaux,
lancent des projectiles enflammés et de gros pieux pointus.
Les assiégés sont bien équipés pour leur résister :
ils se sont protégés à l'aide de bretèches[1] et de barrières
et se défendent avec acharnement, en hommes de valeur.
Alexandre les attaque, car il ne connaîtra plus la joie
avant de les avoir tués ou capturés et d'avoir détruit leurs remparts.
Mais ce jour-là il échoue. Il établit alors son campement à l'extérieur
et fait dresser la tente royale devant la porte de la ville.
Il multiplie les assauts pour effrayer ses adversaires,
qui manquent cruellement de nourriture à cause du siège.
Les grands tourments qu'ils endurent
leur donnent un pressant désir de se battre :
ils préfèrent la mort à ces souffrances.
Ils prennent alors les armes, poussent leur cri de guerre
et attaquent leurs ennemis à l'extérieur de la ville.
Dès qu'ils abaissent les lances, le combat est terrible :

---

[1] Bretèches : tours en bois.

Dieu, tant escu e helmes i ot depeceez
E fors haubers rompuz e bons branz enocheez,
Tanz borgeis mors, tanz chevalers detrenchez,
E gisent par le champ naffrez e plaiez!
Corent li grant ruissel du vermail assenez;
Multz i ot d'abatuz e plus i ot blecez.
De mors e de pasmez fu le champ jonchez;
Ly sein[1] sunt alaschez e mult affebl[i]ez.
E veit Alisandre les soens esparpliez;
Trois foiz sone un corn sis ad realiez, *21v*
Car unqes en bataille ne fu [il] esmaiez.
Aba[i]sse son espié, au roy s'est alaisez:
Fiert le par my l'escu, l'aubert ad desmaillez,
E[m]point le mort a terre, de ly s'est si vengez.
Li borgeis sunt reusé e ly champ est lessez,
La cité est arse e ly mur pesc[i]ez
E li povre home occis e ly riche liez;
Sis ameinent chatis sur les chevals prisez.
A joie e a baudur se sunt donc repeirez,
E dient a Phelippon cum il ont espleitez,
La cité destruite, le regné exillez.
Quant Phelippe l'entent, joius fut e lez.

xix Des messagers Dayre le roy de Perse.

43

A cestes novel[e]s qe Alisandre lur dit,
Venent[2] entur Phelippon genz d'estrange abit.
Del roy Daire de Perse ont aporté l'escrit.
Ainz qe Alisandre venist, fu depescé e lit,
Pur Alisandre atendre fu mis en respit.
Alisandre estoit vestu d'un [vert] samit,
Un cercel en son chef de [mult] bon[3] or eslit

---

[1] sien
[2] Veit
[3] bone

Dieu, que d'écus et de heaumes alors mis en pièces,
de solides hauberts déchirés et de bonnes épées ébréchées !
Que d'habitants tués et de chevaliers mutilés,
qui gisent sur le champ de bataille couverts de blessures !
De larges ruisseaux rouges de sang serpentent ;
nombreux sont les morts, plus nombreux encore les blessés.
Le champ de bataille est jonché de cadavres et d'hommes sans
[connaissance.
Quant aux guerriers sains et saufs, leur faiblesse est extrême.
Lorsqu'Alexandre aperçoit ses troupes dispersées,
il sonne trois fois du cor pour les rassembler,
car jamais en bataille il n'a connu la peur.
Il abaisse sa lance, s'élance contre le roi :
il le frappe sur l'écu, lui déchire le haubert
et le jette, mort, contre terre : telle est sa vengeance.
Les habitants reculent et abandonnent le champ de bataille ;
la cité est brûlée, les murailles détruites,
les pauvres sont tués et les riches ligotés
pour être emmenés prisonniers sur les chevaux de prix.
Les Grecs s'en retournent dans la joie et l'allégresse
et relatent à Philippe comment ils ont accompli leur mission,
en détruisant la ville et en ravageant le pays.
Ce récit remplit Philippe de joie et de plaisir.

xix Les messagers de Darius, le roi de Perse.

43

Au moment où Alexandre annonce ces nouvelles,
des hommes au costume étranger s'approchent de Philippe.
Ils apportent une lettre du roi Darius de Perse,
que Philippe a fait ouvrir et lire avant l'arrivée d'Alexandre,
puis laissée de côté dans l'attente du jeune homme.
Alexandre, vêtu d'une étoffe de soie verte,
portait sur la tête un précieux diadème d'or fin,

Qu'il[1] prist de Nicholas quant il fu desconfit.
Enquist des messages car estranges les vit;
L'em li a tuit de chef ceo qu'il volent descrit.
Il se merveille mult e tint en grant despit
Qe l'em li deive rendre ou grant ou petit,
E dit a son conseil: 'Dampnedieu les maudit
S'il enportent un dener tant cum Phelippe vit!
Dayre est trop cruels, pur aver toz occit[2];
En si longtein pais est dreit qe nos oblit[3].
Ore li mandom, seignurs, qe jamés ne nos prit[4].
S'il nel fet par amur, par force ert escondit.'
Vient devant Phelippon e fai[n]tement surrit, *22r*
Mes ly messages[5] ne quident pas qe truage lur vit.

44

Donc parla Alisandre e dit en lur langage
A l'ainzné des messagers qui parut le plus sage:
'Dieu,' dit il 'cria home e forma a sa ymage,
Dona ly feu e eir e terre e ewage.
Vivere ne put sanz ceo, ceo dit divine page.
Ore veut Daire de nous sur ceo aver truage.
Qe Dieu mist en commun cil met en servage,
E prent cens e treu de commun heritage.
Franchement le dona Dieu a humeine lignage,
E cil par son orgoil le met en culvertage.
Ore en alez prier e ly e son barnage
K'en pes nous lest tenir terre, ewe e boscage
E quite nous en cleime e treu e passage,
Car Gregois ne deivent servir par hontage,

---

[1] Qil

[2] occist

[3] oblist

[4] qe ceo mes; prist

[5] d. messagers

dont il s'était emparé à la mort de Nicolas.
Voyant des messagers étrangers, il s'enquiert à leur sujet :
on lui apprend alors toutes leurs exigences.
Alexandre, stupéfait, ressent comme une grave offense
l'exigence d'un tribut, quel que soit son montant[1].
Il dit à son conseil : “ Que Dieu les maudisse,
s'ils emportent un denier du vivant de Philippe !
Darius est trop cruel : la convoitise le pousse à tuer tout le monde.
Nous habitons si loin de chez lui qu'il doit nous oublier.
Faisons-lui dire, seigneurs, de renoncer pour toujours à ses prétentions.
S'il n'accepte pas de bonne grâce, il sera repoussé par la force ! ”
Il rejoint Philippe et sourit faussement :
les messagers n'imaginent pas qu'il puisse leur refuser le tribut.

44

Alexandre s'adresse alors au plus âgé des messagers,
qui lui semble le plus sage, et lui dit dans sa langue :
“ Dieu a créé l'homme et l'a façonné à son image,
il lui a donné le feu, l'air, la terre et l'eau.
On ne peut vivre sans eux : la Sainte Écriture l'affirme.
Aujourd'hui Darius exige que nous lui payions un tribut sur ces biens.
Ce que Dieu a partagé entre tous, il l'asservit
et prélève un tribut et une taxe sur un héritage indivis.
Dieu l'a pourtant donné en toute liberté à l'humanité entière,
mais Darius, par son orgueil, l'assujettit[2].
Allez donc le prier, lui et son entourage,
de nous laisser posséder en paix nos terres, nos cours d'eau et nos [bois,
et de renoncer à nous imposer un tribut et un droit de passage,
car aucun Grec, et surtout pas moi ni ma famille,

---

[1] Nous adoptons la correction proposée par l'éditeur : *Qe l'em li deive rendre treu grant ou petit.* (éd. cit., t. II, p. 88).

[2] Alexandre tient un discours préchrétien, qui annonce sa conversion au monothéisme.

Ne jeo ensurketut ne hom de[1] mon parage,
A prince ne a roy de terre sauvage.
Roy greu ne deit unc sur li aver hontage.
S'il nel veut, donc dites aver en put damage,
Car jamés ne l'avera s'il nel prent par tollage.
Mil homes i averunt[2] ainz les chefs mis en gage
Ainz qu'a mon vivant ad treu ne paage.
Merci Dieu, jeo sui ore bien de cel age
Qe mon dreit dey tenir encontre utrage.
Ore avez bien oy quel est nostre corage.'
'Bels amis Alisandre,' dient ly message,
'Tel orgoil as enpris, tel folur e tel rage
Dont tu es confonduz e tuit ti parentage.
Mult avoms, bels amis, veu mult grant orage
Qe par un poy de pluie bien sovent assuage.
Tel purreit manacer Daire le rei alphage[3]
Ne l'osereit esgarder par mal en son visage, *22v*
Tuit i eust il lessé ses parentz en ostage.'

45

Ly message Dayre issent de Macedoigne,
Trespassent tote Grece e Tyre e Sidoyne
Dont puis fu poestifs le prince Apoloyne,
E dejuste la mer[4] vont costeant Armoyne.
Par le certein pais venent a Babiloyne.

xx Cum Pausanias ravi la royne, e cum Phelippe l'ocist.

46

Ly message Dayre vont hastivement.
Alisandre remeint e assemble sa gent;
Sur une cité vet qe treu ly defent.

---

[1] en sur ceo ne voil de

[2] avera

[3] daire de alphage

[4] mere

ne doit connaître le déshonneur d'être asservi
à un prince ou à un roi d'une terre sauvage.
Un roi grec ne doit jamais être déshonoré.
Si Darius refuse, dites-lui alors qu'il lui en cuira,
car jamais il n'obtiendra ce tribut, si ce n'est par la force.
Mille hommes seront décapités
avant qu'il ne prélève de mon vivant le tribut et l'impôt.
Dieu merci, maintenant j'ai bien l'âge
de défendre mes droits face à un affront.
Voilà, vous connaissez exactement notre sentiment.
– Alexandre, cher ami, rétorquent les messagers,
tu fais preuve d'un tel orgueil et d'une telle folie
qu'ils provoqueront ta ruine et celle de ta famille.
Cher ami, souvent nous avons vu un orage d'une extrême violence
s'apaiser après une minuscule averse.
Tel pourrait envoyer des menaces au noble roi Darius
qui n'oserait pas le défier en face,
même s'il détenait ses parents en otages ! "

45

Les messagers de Darius quittent Macédoine,
traversent toute la Grèce, les villes de Tyr et Sidon,
dont fut ensuite maître le prince Apollon,
et ils longent les côtes de l'Arménie[1].
Par des routes sûres, ils parviennent à Babylone.

xx Comment Pausanias enleva la reine et comment Philippe le tua.

46

Les messagers de Darius se hâtent.
Après leur départ, Alexandre rassemble ses hommes
et se dirige vers une cité qui refuse de lui verser un tribut :

---

[1] Après avoir été chassés par les Turcs de Grande Arménie (en Anatolie) en 1064, les Arméniens fondent en Cilicie le royaume de Petite Arménie, dont le dernier roi, Léon VI de Lusignan, sera chassé en 1375.

Doner le soloient al pere customement,
Mes pur ceo qu'il est vielz, nel dotent mes nient.
Alisandre i vet coroucez e dolent,
E guerroie la vile nuit e jur forment.
Pausanias, un Troiens, homme de bel juvent,
A qui mult grant honur e richesce apent,
Al pais ert puissant, manant d'or e d'argent.
Aime Olimpias e de s'amur s'esprent;
Manda li son corage tot[1] prive[e]ment.
Quant la dame le seit e son voler entent,
Au desir qu'il ad la dame ly consent
Qu'aprés la mort le roy fra son comandement.
Ore oiez de femme quel est son vengement!
Mult cele son voler par aise qu'ele atent,
Mes quant vient al venger, mult se venge crualment.
Tant sunt entr'els deus alé li mandement
Qe Pausanias i vient par son conseillement,
Car il sot qu'Alisandre ert al tornoiement.
Donc assaut Phelippon e le plaie mortelment,
E vet al paleis e la royne en prent.
Atant i vient Alisandre e trove al pavement
Les homes Phelippon qui s'en fuient senglent. *23r*
Quant il siet qe ceo est, si point ignelement;
Veit le roy Phelippon morir a grant turment.
Cely qui l'ot mort ot sa mere en present.
Saisist un dart d'ascer, de lancer ad talent,
Mes doute qu'il n'ocie sa mere ensement.
Ele escrie: 'Bel fiz, vengez mon marrement.'
Lesse le dart cure, le vassal en gravent.
Alisandre le saisist, a Phelippon le rent,
Le brant li met al poing e il fiert durement.
Tuit le chef ly trenche e le corps ensement;
Tel joie ad de sa mort qe la sue ne sent,

---

[1] tote

ses habitants avaient l'habitude de le payer à son père comme une taxe
[coutumière,
mais en raison de sa vieillesse, ils ne le redoutaient plus du tout.
Alexandre, plein de colère et de fureur, se dirige vers la cité
et mène l'attaque nuit et jour, avec acharnement.
Pausanias, un jeune et beau Troyen,
qui possède de vastes terres et d'importantes richesses,
jouit d'une grande influence dans le pays, car il est riche d'or et
[d'argent.
Il aime Olympias et, enflammé d'amour,
avoue à la reine ses sentiments en grand secret.
Quand la dame les connaît et comprend ses intentions,
elle consent si bien à son désir
qu'elle accepte de se plier à sa volonté après la mort du roi.
Écoutez maintenant comment une femme se venge :
elle dissimule longtemps ses intentions en vue du plaisir qu'elle attend,
mais quand vient l'heure, elle se venge cruellement.
Ils ont échangé de très nombreux messages,
si bien que Pausanias vient à la cour sur les conseils de la reine,
car il sait qu'Alexandre est parti au combat.
Il attaque alors Philippe et le blesse mortellement,
puis se rend au palais et enlève la reine.
C'est alors qu'Alexandre revient et trouve, dans la salle pavée,
les hommes de Philippe qui s'enfuient, couverts de sang.
Dès qu'il apprend la situation, il pique des deux à toute allure,
pour découvrir le roi Philippe dans les tourments de l'agonie.
Son meurtrier a aussi ravi Olympias.
Alexandre s'empare d'un javelot d'acier qu'il brûle de lui lancer,
mais il craint de tuer sa mère en même temps que lui.
Olympias s'écrie : “ Cher fils, vengez mon malheur ! ”
Alexandre projette le dard et renverse l'homme,
dont il s'empare pour le remettre à Philippe.
D'une épée qu'Alexandre lui glisse dans la main, Philippe frappe si
[violemment Pausanias
que, d'un seul coup, il lui tranche la tête et le corps.
La mort de son ennemi lui cause un tel bonheur qu'il en oublie la
[sienne.

E dit a Alisandre: ‘Bien ait ton talent
Qe ma mort vengeroies par ton [grant] hardement.’
A cestes paroles mort est li roys vereiement.

xxi De la mort al roy Phelippon e del coronement Alisandre.

47

Alisandre prent le paleis de cele gent parjure.
Mort est li rois Phelippes par cel[e] naffr[e]ure;
Comandent s’alme, al cors font tote sa dreiture
E solum la costome [mult] riche sepulture.
Le corps Phelippon fust enbasmé d’autre ointure,
En oint dont jamés n’avera poreture,
E puis l’ont covert de sa reale vesture,
Corone d’or al chef de mult riche faiture.
Cochent le en un sarcu d’un onicle dure,
De un jaspe entaillé ont fet la coverture,
E joint ont les deus peres od [mult] riche soudure.
D’or fu listé entur e tuit feit a peinture.
Epitaphe i avoit, si dit la lettr[e]ure:
“Ci repose li roys qui tant ama mesure.
Sanz renable achaison ne fist a nul laidure,
Ne tort ne volt suffrir ne orgoil ne sorfaiture”.
De quivere gete[i]z i ot une vousure, *23v*
Une ymage desus semblable a sa figure,
De fin or gete[i]z a sa estature,
A ovre soliene, a gregoise purtraiture.
Mult i ot peres mises en la entaillure,

Il dit à Alexandre : " Que tous tes vœux se réalisent !
Maintenant je comprends bien que les signes qui ont précédé ta *[naissance*
signifiaient que tu vengerais ma mort grâce à ta prouesse "[1].
Sur ces mots, le roi a rendu le dernier souffle.

xxi La mort du roi Philippe et le couronnement d'Alexandre.

47

Alexandre reprend le palais aux traîtres.
Le roi Philippe est mort de ses blessures ;
on prie pour son âme, on rend à sa dépouille tous les honneurs
et, selon la coutume, on lui offre une riche sépulture.
On embaume son cadavre avec un onguent,
qui le préservera à tout jamais de la pourriture.
Puis on le revêt de sa parure de roi
avec sur la tête sa couronne d'or luxueusement ouvragée.
On le couche dans un sarcophage creusé dans une agate dure,
tandis que le couvercle est un jaspe sculpté,
puis on assemble les deux pierres à l'aide d'une soudure précieuse.
Le sarcophage est recouvert de peintures, avec une bordure d'or
et une épitaphe, dont le contenu est le suivant :
" Ci-gît le roi qui aima tellement la mesure
que jamais il ne causa de préjudice à quiconque sans motif légitime,
et jamais ne toléra l'injustice, la vanité ni l'arrogance. "
Sur un arc coulé en cuivre
se dresse une statue qui reproduit les traits de Philippe,
sa taille, et qui est coulée en or fin,
selon les règles d'orfèvrerie syriennes et les techniques grecques du [portrait.
On incruste de nombreuses pierres précieuses dans la sculpture,

---

[1] Nous traduisons le vers que P ajoute après le vers 1009 (*Ore vei ieo ben que devant ton naissement*).

E triffure deuge[e] e sotille neelure.
Corone d'or au chef, entaille[e] sanz jointure,
E tenoit en sa destre un brant par la heudure,
Ovec l'autre un escu dedenz par l'enarmure.
Le vis avoit mult fier e la barbe meure,
E quarré fust par piz e grant par forch[e]ure,
E manance orient tant cum brant li dure.

48

Mort est li rois qui tint de Macedoigne l'empire,
Car sa femme le fist, cum dist est, occire.
Alisandre fet donc chartres e brefs escrire
As contes e as barons qui sunt desqes Assire;
Qui od li veut tenir ly mande ou vienge dire,
Car roys est de Grece; sur toz volt estre sire.
S'il i ad nul qui voille son mandement dedire,
Cil seit hors de sa pes, en sa guere e en sa ire.
Ly messager en vont qui portent la cire.
Ly prince e ly baron ont fet les escriz lire;
Del jeuparti en pensent ceo qu'il volent eslire.

avec de délicates ciselures et de fines incrustations d'émail noir[1].
La statue porte sur la tête une couronne en or sculptée d'une seule
[pièce,
sa main droite tient une épée par la garde
et sa main gauche un écu par les courroies.
Elle offre un visage farouche, avec la barbe d'un homme mûr,
une poitrine massive et une large carrure,
et elle menace l'Orient de toute la longueur de son épée[2].

48

Le roi qui gouvernait l'empire de Macédoine a trouvé la mort,
car sa femme, comme ma source l'atteste, l'a fait assassiner.
Alexandre ordonne alors de rédiger des lettres
à l'intention des comtes et des barons jusqu'en Assyrie :
que celui qui souhaite le reconnaître comme suzerain lui envoie un
[message ou vienne le lui dire,
car il est le roi de la Grèce et veut être leur maître à tous.
Si l'un d'entre eux veut se révolter contre son commandement,
qu'il soit exclu de sa paix, subisse sa colère et sa déclaration de
[guerre.
Les messagers partent en emportant les tablettes de cire.
Les princes et les barons se font lire les lettres,
puis réfléchissent à cette alternative.

---

1 Le terme *triffure* ou *trifoire* désigne des ciselures (F. Lyons, "Old French *trifoire*", *History and Structure of French, Essays in Honour of Professor T. B. W. Reid,* Oxford, 1972, pp. 152-169). Les nielles sont des incrustations d'émail noir. Comme les autres romans antiques et d'innombrables textes du XIIe siècle, le *Roman de toute chevalerie* manifeste ici la fascination qu'éprouvaient les Occidentaux devant les techniques d'orfèvrerie orientales.

2 Thomas réécrit ici le motif de la description de sépulture, que les romans antiques antérieurs ont fréquemment développé (E. Baumgartner, "Tombeaux pour guerriers et amazones : sur un motif descriptif de l'*Énéas* et de *Troie*", *De l'Histoire de Troie au Livre du Graal*, Orléans, Paradigme, 1994, pp. 189-202). La statue de Philippe menaçant l'Orient rappelle celle d'Hector brandissant son épée en direction de la Grèce dans le *Roman de Troie* de Benoît de Sainte-Maure (éd. et trad. E. Baumgartner et F. Vielliard, Lettres Gothiques, 1998, vv. 16786-16798), et l'on suppose que leur modèle devait être la statue de Justinien, tourné vers l'Orient, à Constantinople.

49

Quant ly prince marchis e cil du regné[1]
Ont oy les letteres qe Alisandre lur ad mandé,
N'ad nul tant hardi qe a ly ne seit torné,
Tuit a la manere cum Dieu l'ot comandé.
Alisandre li rois son pople ad mandé,
E tient curt e fet feste a sa mestre cité.
Illuec venent ly prince e li font feauté,
Ly duc e ly baron e ly conte alosé.
Le tresor Phelippon ad donc defermé;
A toz l'ad largement despendu e doné. *24r*
Des haubers[2] e des armes qu'il [i] ad trové
Ad les gentils vassals del regné adobé.
N'ot si povere donc qe ne fut abrevé
E al bref Alisandre son non enroulé.
De quinze mil homes ad creu son barné
E de set cenz ovec toz de Grece né.
Quant tuit furent assemblé e estoient nombré,
Si en ot sessante mil e set cenz auné.
Son argent e son or lour ad abandoné,
Ses nefs sunt chargees e ses somers[3] trossé.
Le tresor Phelippon ovec eus ont mené,
E vont dreit al rivage si se sunt eschipé.
Ly ancre sunt tret sus e li sigle levé.
Al regné de Tarse est Alisandre arivé;
Prent citez e chastels; ne li fust nul veé.
Les princes, les contes met suz sa poesté;
N'ad nul ne ly face homage e seurté.
Acrut l'ost de sa gent e puis s'en est torné
[Tut dreit] en Cezile od son riche barné.
Ly conte e ly baron sunt a ly atroé;
Homage ly ont fet e serement juré,

---

[1] regnee

[2] hanberes *?*

[3] someres

49

Quand les princes, les marquis et tous ceux du royaume
ont appris le contenu des lettres d'Alexandre,
aucun n'a assez d'audace pour refuser de se rallier à lui,
conformément à la volonté de Dieu.
Le roi Alexandre convoque ses hommes,
réunit sa cour et organise une fête dans sa cité principale.
Les princes s'y rendent et lui prêtent hommage,
ainsi que les ducs, les barons et les comtes renommés.
Il ouvre alors le trésor de Philippe,
pour le distribuer et le partager, avec générosité, entre tous.
Avec les hauberts et les armes qu'il a trouvés,
il équipe les nobles seigneurs du royaume.
Ainsi même les plus pauvres sont enrôlés
et ont leur nom inscrit sur le registre d'Alexandre.
Quinze mille hommes ont renforcé son armée,
ainsi que sept cents Grecs d'origine.
Une fois tous réunis et dénombrés,
on compte soixante mille sept cents guerriers.
Alexandre leur cède son argent et son or,
il fait charger ses navires et ses bêtes de somme.
Emportant avec eux le trésor de Philippe,
ils vont droit au rivage pour embarquer.
Ils appareillent et hissent les voiles.
Alexandre parvient dans le royaume de Tarse,
il prend cités et châteaux, sans rencontrer de résistance,
et il soumet les princes et les comtes :
aucun ne refuse de lui jurer foi et hommage.
Il renforce ainsi son armée, puis il met le cap tout droit
sur la Sicile, avec sa puissante troupe.
Les comtes et les barons se soumettent à lui ;
ils lui prêtent hommage et s'engagent par un serment.

Puis partirent d'iluec quant furent acordé.

xxii Coment Alisandre conquist Lombardie.

50

Alisandre passa les terres e vient en Lombardie
E tramist les messagers par tote Romenie.
Venent conte e baron e ly font tenserie;
Il en ot [mult] fier ost e grant chevalerie.
Le sené de Rome ne se asseura mye,
Mes tenent un conseil entre lur baronie[1].
Mandent ly qu'il tendront desuz sa seignurie
Par Milon, un conte qui donc ot la mestrie
De la cité de Rome e [de] tote Ytalie. *24v*
Corone li envoient d'or, d'ymagerie
As peres precious, a ovre de Sulie,
Qe covenant de pes entr'els temoignie,
E deus mil chevalers ly presentent en aie,
E quarante mil mars pur aler en Persie[2].
Pardurable amisté l'un a l'autre affie.
Salue les Romeins e mult les en mercie;
Si s'en ist du pais atote s'ost banie[3].
Al regné de Libie conduit [dreit] sa navie.
La terre environ ové sa gent hardie

---

[1] de sa b.

[2] mars daler en P.

[3] sost bastie

Puis les Grecs repartent, une fois la paix signée.

xxii Comment Alexandre conquit la Lombardie[1].

50

Alexandre traverse les terres, arrive en Lombardie
et envoie des messagers dans toute la région de Rome[2].
Comtes et barons viennent lui payer un tribut.
Il obtient d'eux une armée formidable, avec une chevalerie impression-
[nante.

Quant aux sénateurs romains, ils ne sont pas rassurés
et tiennent alors conseil au milieu de leurs hommes.
Ils lui font savoir qu'ils se soumettront à son pouvoir,
en lui envoyant Milon, un comte qui gouverne
la cité de Rome et l'ensemble de l'Italie.
Ils lui adressent en signe de paix une couronne d'or,
ornée d'incrustations en pierres précieuses,
selon les techniques d'orfèvrerie syriennes,
et lui offrent en renfort deux mille chevaliers
et quarante mille marcs pour l'expédition de Perse.
Ils se jurent une amitié éternelle.
Alexandre salue les Romains et leur adresse de vifs remerciements,
puis quitte le pays avec toute l'armée qu'il a mise sur pied.
Il dirige sa flotte tout droit vers le royaume de Libye.
La terre environnante, avec ses hardis guerriers,

---

[1] La conquête de l'Italie et de Rome par Alexandre est bien sûr une fiction, mais elle est attestée par la source que suit fidèlement Thomas de Kent, l'*Epitomè* de Julius Valerius (I, 29 ; de même Julius Valerius, *Res gestae Alexandri Macedonis*, I, 22 ; *Le Roman d'Alexandre* du Pseudo-Callisthène, trad. G. Bounoure et B. Serret, *op. cit.*, I, 29). La mention d'une soumission de l'Ouest par le roi macédonien revient plus loin dans le discours de l'empereur d'Athènes (l. 116, vv. 2368-2372), tout comme elle affleure plusieurs fois dans la vulgate d'Alexandre de Paris. Voir C. Gaullier-Bougassas, "Alexandre le Grand et la conquête de l'Ouest dans les *Romans d'Alexandre* du XIIe siècle, leurs mises en prose au XVe siècle et le *Perceforest* ", *Romania*, t. 118, pp. 83-104, 394-430.

[2] Il s'agit bien ici de la région de Rome. On sait que *Romenie* désigne souvent aussi au Moyen Âge Constantinople (la nouvelle Rome) et son empire.

De l'un chef desqu'a l'autre l'ad en sa main saisie;
N'en chastel n'en cité ne trove qe li desdie.
Assist i ses justices e fist sa establie
De ceaus barons qe ja ne li front trecherie,
Puis vet en Egypte, par terre barbarie.
Toz les regnés d'orient par force a ly eslie,
Grant gent a la sue en la terre ad coillie;
Donc vet outre le Nil prendre l'autre partie
Qe bataille n'i ot fet ne autre assaillie.
Ly conte e ly baron e sa bachelerie
Quant la venue Alisandre d'els est oie,
A joie e a leesce ont sa gent recoillie;
Lur avoir e lur corps metent en sa baillie.
Joius sunt de tel seignur; nel guerpiront mie,
Car en ly ont veu largesce e cortoisie.

xxiii Coment Alisandre aora l'ymage Nectanabus, e se fist coroner en Tripolin.

51

Alisandre quant fu seur, al regné demora,
Fist trencher les bois, nefs fere comanda,
Car celes furent freintes qu'il [i] amena.
En un[e] grant cité dementers demora,
Tripolim en latin l'estorie la noma. *25r*
A sa nativité illuec se corona[1].
Les princes e les contes del pais manda;
Mult les fist bien servir e del soen lur dona
E solum sa valur chascun honora.
Puis montent as chevals e il al soen monta,
Pur sey esbanoier par la cité s'en va.
D'une noire pere un[e] ymage esgarda,
En mye du marché sur une voute esta.
De quivere geté ert, e cil qui la geta

[1] coronera

il en prend possession d'un bout à l'autre ;
dans les châteaux et les cités il ne trouve personne pour lui résister.
Il y installe ses lieutenants et organise ses troupes
avec les barons qui ne le trahiront jamais,
puis il se dirige vers l'Égypte, en traversant des contrées sauvages.
Il se rallie par la force tous les royaumes d'Orient
et adjoint à ses hommes de nombreux Orientaux.
Ensuite il franchit le Nil et s'empare du reste de l'Égypte,
sans avoir besoin de livrer la moindre bataille.
Les comtes, les barons et les jeunes guerriers,
quand ils apprennent la nouvelle de son arrivée,
accueillent ses troupes avec joie et allégresse
et lui offrent leurs richesses et leur propre vie.
Ils sont si heureux d'avoir un tel seigneur qu'ils ne l'abandonneront [jamais,
car ils ont reconnu en lui générosité et courtoisie.

xxiii Comment Alexandre rendit hommage à la statue de Nectanabus et se fit couronner à Tripoli.

51

Une fois la paix assurée, Alexandre s'installa dans ce royaume.
Il fit couper des arbres et fabriquer des navires,
car ceux avec lesquels ils étaient arrivés avaient subi de graves avaries.
Il s'installa pendant ce temps dans une grande cité,
que le livre appelle en latin Tripoli.
Là, le jour de sa naissance, il se fit couronner.
Il convoqua les princes et les comtes du pays,
les fit servir avec de grands égards, leur offrit de ses richesses
et honora chacun d'entre eux selon son mérite.
Ensuite ils montent tous à cheval, avec le roi,
qui gagne la cité pour se divertir.
Alexandre examine une statue réalisée dans une pierre noire
et dressée au centre du marché, sur un arc.
L'artiste qui l'a réalisée l'a coulée en cuivre,

A trifoire la fist e mult bel[1] la dorra.
Qe ceo signifie il donc lur demanda.
Il dient qe un roys k'en le pais fu ja
Sur les homes de Perse totevoies guerr[i]a
E par son savoir toz jors les damaga.
'Ly amirals de Perse .xii. roys assembla;
D'aler en ost sur ly ses genz apparilla.
Quant le sot icist roys, le soleil esgarda
E les autres planetes teles cum les trova.
Veit par astronomie qu'al regné ne garra,
Mes sa deliverance par fuir veu a.
Unqes ne sumes mot; une nuit s'en ala.
Cil en sa semblance cest[e] ymage dresça;
Nectanabus ot non, sur Egypte regna.'
Quant l'ot Alisandre, de ses bels oilz plora;
Ceo qe aillors ot oy illuqes recorda.
A l'evesqe del temple prive[e]ment parla,
E tant ly promist e tant ly dona
Qe la nuit a celees en cel[e] ymage entra.
L'endemain Alisandre l'ymage aora:
Veant toz ses barons nef foiz agenoilla,
E diverses bestes as dieus sacrifia.
Qe de son pere deissent assez les conjura. *25v*
Ly evesqe dit: 'Roy, Phelippe[2] t'e[n]gendra.
A grant tort est blamee cele qe te porta,
Car onqes coupes nen ot de ceo dont blame en a[3].'
Le roy par cest engin sa mere escusa,
E de la blame ou ele ert si faitement osta.
Prist congé des barons e d'iluec s'en torna,
E fist charger ses nefs si les eschipa.

---

1 bele
2 Phelippon
3 oit

ornée de délicates ciselures et recouverte de dorures très précieuses.
Alexandre demande alors aux princes qui elle représente.
Ils lui répondent que jadis l'un de leurs rois
combattit sans relâche les Perses
et, grâce à sa science, parvint toujours à les anéantir.
" L'émir de Perse réunit un jour douze rois
et équipa ses hommes pour partir en campagne contre lui.
Quand notre roi l'apprit, il examina
la position du soleil et des autres planètes.
Par sa science de l'astronomie, il vit qu'il était perdu s'il restait dans
[son royaume
et que seule la fuite le sauverait.
Jamais il ne nous en souffla mot. Une nuit il partit.
Un sculpteur érigea cette statue à son image.
Le roi s'appelait Nectanabus et il régnait sur l'Égypte. "
À ces mots, des larmes coulèrent des beaux yeux d'Alexandre.
Il se remémora ce qu'il avait entendu ailleurs.
Il conversa en tête à tête avec l'évêque du temple
et lui fit tant de promesses et de présents
que la nuit, en secret, il s'introduisit dans la statue.
Le lendemain il rendit hommage à la statue :
devant tous ses barons, il s'agenouilla neuf fois devant elle
et offrit en sacrifice aux dieux plusieurs espèces d'animaux.
Puis il les supplia de lui révéler l'identité de son père.
L'évêque lui dit: " Roi, c'est Philippe qui t'a engendré.
La condamnation qui pèse sur ta mère est injuste,
car jamais elle n'a commis la faute dont on l'accuse. "
Grâce à cette ruse, le roi disculpa sa mère
et la rétablit ainsi dans son honneur.
Après avoir pris congé des barons, il quitta ce pays,
fit charger et appareiller ses navires.

xxiiii Coment Alisandre fonda Alisandrie en Egypte e Alisandrie en Sirie.

52

Entre orient e Sirie Alisandre sigla.
Ainz qu'il venist al regne, deus citez fonda,
Einz al desert pais par ont l'ost passa.
De sa menue gent ambedeus les poplea,
Defensable gent e armes i lessa.
Alisandre aprés ly les citez apella,
Uncore le[s] noment issinc ceaus qui meinent la.

53

Mult fu pruz Alisandre, cum vos poez oir,
Pur terres conquere e pur grant ost banir.
Les terres e les mers fet de sa gent fremir,
Roy n'ose contreestre ne prince a son pleisir.
Atote sa grant ost est venu devant Tir.
Cil dedenz ont oy qu'il devoit venir;
Mult de gent ont mandé par le regne a leisir.
Le roy Alisandre voleient acoillir,
Mandent ly qu'il volent contre ly venir
E qu'il ne sey deit pas en tant orgoillir:
Ainz verra la barbe de son vis florir
E le poil de son chef, qe bloy est, tot[1] chanir
E la greignur partie de son ost perir
Qu'il puise tuit iceo qu'il pense a fo[r]nir;
Mes aut a Macedoigne e prenge a eskirmir
E face sey baigner e suavet norir,

---

[1] tote

xxiv Comment Alexandre fonda Alexandrie d'Égypte et Alexandrie de Syrie.

52

Alexandre fit voile entre l'est et Sirius[1].
Avant d'arriver au royaume de Syrie, il fonda deux cités,
à l'intérieur du désert que l'armée traversa.
Il les peupla toutes deux avec le petit peuple qui l'accompagnait
et y laissa une garnison et des armes.
Il leur donna un nom qui dérivait du sien
et que leurs habitants ont toujours conservé[2].

53

Alexandre est un preux, comme vous allez l'entendre :
il sait conquérir les terres et enrôler une grande armée.
Il fait trembler les terres et les mers devant ses hommes ;
nul roi, nul prince n'ose s'opposer à son bon plaisir.
Avec sa grande armée, il parvient devant Tyr.
Les habitants ont appris son arrivée imminente,
et ont pu convoquer à leur gré de grands renforts dans le royaume.
Ils ont l'intention de lui résister,
et lui font savoir qu'ils veulent marcher contre lui
et qu'il ne doit pas manifester une telle arrogance :
il verra blanchir la barbe de son visage
ainsi que tous ses cheveux blonds,
il verra aussi la majeure partie de son armée périr
avant de parvenir à réaliser tous ses objectifs.
Qu'il retourne donc à Macédoine et apprenne les armes,
qu'il se fasse baigner et soigner avec délicatesse,

---

1 Sur le conseil de I. Short, nous comprenons ici *Sirie* comme Sirius, le Grand Chien, constellation de l'hémisphère austral.

2 On remarque combien brièvement Thomas de Kent mentionne la fondation de la " grande " Alexandrie (quant à Alexandre de Paris, il l'occulte complètement). Si le *Roman d'Alexandre* du Pseudo-Callisthène la relatait longuement (trad. G. Bounoure et B. Serret, livre I, 30-33, pp. 28-34), l'*Epitomè* avait déjà quasiment supprimé ce développement (livre I, 35). L'existence de la ville d'Alexandrie et sa construction par Alexandre étaient cependant bien connues des hommes du Moyen Âge.

De chars[1] e de pesons e de bons vins servir, *26r*
E pense cum il puisse sa gent maintenir
Contre Dayre qui li velt tuit son regné tollir.
Quant l'ot Alisandre, en ly n'ot que marir,
E voit qu'il ne volent lour portes overir.
Sa gent comande armer e la vile assaillir.
Qui haubert i ot, mult tost le volt vestir.
Idonc put l'em veer les fossez asaillir,
Les granz assauz fere e les murs acoillir,
E crouler ses espiés e gavelos[2] brandir,
E getter feu e flambe e des espees ferir,
E les cerveles fendre e les testes covrir,
E les sancs chair e la char od le quir,
E les bons escuz fauscer e les haubert faillir,
Les helmes depecer e cervele boillir,
Tanz gentils chevalers e tanz barons morir,
Pasmer ces damoisels e les vielz estordir,
Del sanc qu'il ont perdu muer e palir,
E gisent as fossez si ne poent issir.

xxv Coment le roy Alisandre assega la cité de Tyr.

54

Quant le roy Alisandre vit sa gent perir
E veit qu'il ne les put a l'assaut garantir,
Donc sone une gresle cler pur les soens esbaudir
E pur les soens ralier, car il s'en volt partir
E retrere arere sanz semblant de fuir,
Car il ne volt suffrir sa gent plus alaydir.
Trop i veit grant perte en l'assaut maintenir;
Fet les tuit belement pur iceo resortir.
Plus de dis mil de[s] soens veit as fosses gesir;
Les barons enporte e fet ensevelir.
Mult en ot grant dolur quant vint a l'enfuir

---

[1] Des chars

[2] espees e gaveloes

servir des viandes, des poissons et de bons vins
et réfléchisse aux moyens de protéger ses hommes
des attaques de Darius, qui veut le déposséder de tout son royaume !
À ces mots, Alexandre est fou de rage
et voit qu'ils refusent de lui ouvrir leurs portes.
Il ordonne à ses hommes de s'armer et de donner l'assaut contre la [ville.
Et chacun de revêtir aussitôt son haubert.
Quel spectacle de les voir alors attaquer les fossés,
lancer de redoutables assauts contre les murailles,
agiter leurs lances et brandir leurs javelots,
envoyer des projectiles enflammés et frapper de leurs épées.
fendre les cervelles et protéger leur propre tête,
verser le sang et faire tomber sur le sol la chair avec la peau,
briser les solides écus, entamer les hauberts,
mettre en pièces les heaumes, faire jaillir les cervelles,
de voir mourir tant de nobles chevaliers et de barons,
s'évanouir les jeunes nobles et les plus âgés,
de les voir perdre leur sang et changer de couleur,
et rester étendus dans les fossés, sans pouvoir s'échapper !

xxv Comment le roi Alexandre assiégea la cité de Tyr.

54

Quand le roi Alexandre voit ses hommes périr
et constate qu'il ne peut pas leur assurer une protection,
il fait résonner son cor pour leur donner du courage
et pour les rassembler, car il entend se retirer
sans que cette retraite apparaisse comme une fuite :
il ne veut pas que ses hommes subissent de plus grands dommages.
Comprenant que la poursuite du siège entraînerait trop de pertes,
il les fait tous reculer dans le calme.
Il voit plus de dix mille des siens gisant dans les fossés ;
il emporte les cadavres des barons pour les faire ensevelir.
Quelle douleur au moment des funérailles,

E meint[e] pleinte fet[e] e geté meint suspir.
Alisandre lur dit: ‘Lessez moy a covenir! *26v*
Cest[e] mesaventure me dust avenir.
Ne doit[1] nul bien aver qe nul mal put suffrir,
Ne dolur surdoleir, ne joie surjoir,
Mes solum le siecle se doit[2] home contenir.
Iceo qe m’ont fet lur quid uncore merir.
Seignurs, l’en put si tost un laid play bastir
Dont le regné se put enaprés repentir
E la gent aviler e sey memes honir,
Tote la contree destruire e malbaillir.’

55

Quant le roy Alisandre ot Tyr assegé,
As citez environ ad messagers envoié
Qe portent mandement fierement endité:
Somont les barons sur terres e sur fié
Qe atote lur force venent a cele fié
Ou ly roys Alisandre est par ire logé;
Viengent i toz qui poent porter espié,
Car ceo sachent il bien qe jamés n’ert haité
Decy la qu’il seit des citeins vengé
Qui au comencement l’ont tant corucé.
Pur ceo qe vers ly l’ont primes comencé,
Volt il qe cil soient primes contrallié,
Confondu e destruit e issi laidengé,
De vie e de membre e d’avoir damagé
Qe ly autre soient par eaux chastié.
Ly message Alisandre ont tant esploité,
As citez d’environ tant dit e tant prié
E vers les orgoillus fierement manacé
Qu’e[n] totes les terres n’ot nul si envoisé
Ne vienge al curt a ly ou il est al sié,

---

[1] doit *altération de* deit

[2] doit *altération de* deit

que de plaintes et de soupirs !
Alexandre leur dit alors : “ Laissez-moi prendre cette décision !
C'est moi-même que ce malheur aurait dû frapper.
On ne mérite pas de connaître la joie, si on ne peut endurer aucun [tourment ;
on ne doit verser dans l'excès ni pour se lamenter ni pour se réjouir,
mais adapter son comportement à ce monde.
Ce que les Tyriens m'ont infligé, je compte bien le leur faire payer.
Seigneurs, nous pouvons préparer rapidement un affrontement terrible,
que le royaume de Tyr aura lieu de regretter,
car nous humilierons et déshonorerons ses habitants,
détruirons et anéantirons tout le pays. ”

55

Après avoir mis le siège devant Tyr,
Alexandre dépêche des messagers dans les cités des alentours,
pour qu'ils transmettent un ordre, rédigé dans des termes violents :
le roi ordonne aux barons, sous peine d'être privés de leurs terres et [de leurs fiefs,
de venir le rejoindre avec toutes leurs troupes,
dans son camp, où le tourment le ronge ;
qu'y viennent tous ceux qui peuvent porter une lance,
et qu'ils sachent bien que jamais il ne connaîtra le bonheur
avant de s'être vengé des habitants de la cité,
qui lui ont causé tant d'outrages au début du siège.
Comme ils ont commencé les hostilités à son encontre,
il veut que les Grecs les attaquent en premier,
les anéantissent complètement et les déshonorent,
les tuent, les mutilent et leur prennent leurs richesses,
avant de châtier leurs autres ennemis.
Les messagers d'Alexandre ont si bien exécuté leur mission,
transmis leur message avec une telle insistance, dans les cités [avoisinantes,
et lancé de telles menaces aux orgueilleux
que nulle part ne se trouve un homme assez téméraire
pour ne pas se rendre à la cour, où Alexandre siège sur son trône,

Fors de Jerusalem dont li roys est iré.
Si vous diray pur quei il ne l'ont aidé, *27r*
Si cum Josephus le nos ad enseigné.

56

Al prince des Jewes Alisandre le poestis
En Jerusalem ad messagers transmis
Qu'i[l] li mande gentz armez e fervestis
En aide de sa guerre e bien talentis,
Ensi come font les autres citez du pais,
E face a l'hoste mander pur lui e ses e[s]litz
Vivres e vitailles e autres biens garnis,
A vendre pur deniers e non pas a respits
Et q'a li rende trewe, s'il voet estre amis,
De itant d'or par an come donoit a Daris;
Et qe ensurqetot[1] *preigne bon avis*
Qu'il poes[t] l'amour avoir de Macedoignis
E face tant q'aprés ne lur aviegne pis.

57

Les Jewes as messages respons ont donez
Qe of le roy Dayre sont confederetz,
Et promis qe par eaux jamés n'erent portez
Armes encontre lui e a ceo sont jorez,
Tant com est vivant rois en ses regnez.
Venir a l'encontre n'osent, ceo sachez,
Car lur ley ne soeffre qe facent fausetez.
Quant Alisandre l'entent, trop devient irrez,
Et dit q'il serra de cele gent vengez
Qe pur le roy Dayre einsi l'ont refusez.

---

[1] que sur ce tote

hormis à Jérusalem, qui s'attire la colère du roi.
Je vais vous dire pourquoi les Juifs refusèrent leur aide à Alexandre,
conformément aux enseignements de Flavius Josèphe[1].

56

Le puissant Alexandre a dépêché des messagers
au prince des Juifs, à Jérusalem.
Il lui demande de lui envoyer en renfort des soldats
bien équipés et pleins d'ardeur,
comme le font les autres cités du pays,
et de charger ces troupes de lui apporter, à lui et à ses proches,
des vivres et toutes les provisions nécessaires,
qui seront payées en deniers et non pas à crédit.
Il exige aussi de lui, s'il veut gagner son amitié, qu'il lui verse un [tribut
annuel en or, équivalent à celui qu'il remettait à Darius,
et que surtout il fasse bien attention
à gagner l'amitié des Macédoniens,
pour éviter le malheur de son peuple.

57

Les Juifs ont répondu aux messagers
qu'ils ont passé une alliance avec le roi Darius
et qu'ils se sont engagés par serment
à ne jamais prendre les armes contre lui,
tant qu'il vivra et régnera.
Ils n'osent lui déclarer la guerre, sachez-le,
car leur religion leur interdit la trahison.
En écoutant cette réponse, Alexandre est plein de colère
et dit qu'il se vengera de ce peuple
qui le repousse et lui préfère le roi Darius.

---

[1] Thomas de Kent fait référence aux *Antiquités judaïques* de Flavius Josèphe (trad. J. Chamonard, Paris, 1904, t. III, livre XI, pp. 48-55), dont il suit, à partir d'une traduction latine, la version de la visite d'Alexandre à Jérusalem.

xxvi Coment ceaux de Tyr pendirent les messagers Alisandre

58

Quant Alisandre out ses mors enterrez e foiz
E furent par cel ost ses barons esbaudiz,
Reis Alisandre ad doze princes esliz:
Les barbes orent blanches, botanz al piz[1],
Les raimes d'arbres d'olive portent tuit floriz.
De par Alisandre en seelez escriz
As citeins de Tyre ore oiez les diz:

59

'Alisandre ly roys, qui vers vous est irez,
Solum vostre deserte vous mande amistez.
Si vous sa seignorie suffrir en [pes] pussez
E il sur vous regnat, grant honur en avr[i]ez,
Car il est empereres e riche roy prisez.
De pes ne de justice mar en doler[i]ez
Ne danger de voisin mes ne dotissez;
Mes pur ceo qe primes mes comanz desdeignez
E me reusez arere si me contraliez,
Orible ensample as autres enseignez.
Quant sur vostre cité regner ne me lessez,
Tot[2] primer crualment m'en ere de vous vengez.
Si vous vous repentez, barons, honur en averez,
E si vous ne fetes, dolur e mal aiez!'

60

Veant toz fu lu e le seel briseez.
De cest fier mandement le pople est corucez.
Ly messager sunt pris e batu e liez,
Puis les ont turmentez e toz crucifiez.
Grant dolur ot ly rois quant ceo ly fu nonciez;

---

[1] pis
[2] Tote

xxvi Comment les habitants de Tyr pendirent
les messagers d'Alexandre.

58

Quand il eut enterré ses morts
et que les renforts eurent redonné courage à ses barons,
le roi Alexandre désigna douze princes :
leur barbe blanche leur descendait jusqu'à la poitrine,
et ils tenaient des rameaux d'olivier tout en fleur.
Écoutez maintenant le contenu de la lettre scellée
d'Alexandre aux habitants de la ville de Tyr :

59

“ Le roi Alexandre, malgré sa colère contre vous,
vous adresse ses amitiés en raison de votre mérite.
Si vous acceptiez sa domination dans la paix
et s'il devenait votre roi, vous en retireriez un grand honneur,
car c'est un empereur, un roi puissant et renommé.
Ni la paix ni la justice ne vous feraient défaut
et vous n'auriez plus à craindre les attaques de vos voisins.
Mais parce que d'emblée vous méprisez mon ordre,
me repoussez et me provoquez,
vous donnez aux autres peuples un exemple qui me fait horreur.
Puisque vous refusez de m'accepter comme roi de votre cité,
j'aurai tôt fait de prendre une vengeance cruelle.
Si vous vous repentez, barons, vous en retirerez des honneurs ;
sinon, que souffrances et malheurs s'abattent sur vous ! ”

60

Le sceau fut brisé et la lettre lue devant tous les habitants.
Devant cette injonction terrible, le peuple est pris d'un tel accès de [colère
que les messagers sont capturés, battus et ligotés,
avant d'être torturés et tous crucifiés.
À cette nouvelle, le roi éprouve une vive douleur.

Apele ses barons e dit: ‘Qe me conseillez?’
E il dient toz: ‘Tost vous apareillez.’
Donc prenent les escuz, les haubers deugez,
E venent a l’assaut toz rengez e serrez.

61

Tyr est une citee sur la mier[1] *assis,*
De haut mur[2] *enclos trestot de marbre bis.*
Les gentz sont crueaus e trop maltalentis:
Quant sunt coroucés, a poi [sunt] frenetis.
Bien sievent qe Alisandre est guerrous[3] *e poestis*
E voet venger ses genz q’ils avoient malbaillis.
De Corinth s’en ount soudiers eslits
Et estuffee la vile e trop bien garnis.
Par lettre l’ount maundez q’il en face du pis 28r
Q’il en purra faire e vengier ses despits,
Car ils nen ount cure d’estre ses amis.

xxvii De les aventures qe avindrent a l’assege de Tyre.

62

Alisandre ly roys est de corage fier
E de les Tyriens se voet a force vengier.
En jure ses dieux e l’alme son pier
Q’il fra la citee trestot ane[a]ntier,
Murs[4] *e tureles a terre cravanter*
E la place tot destrure e gaster.

[Interpolation du *Fuerre de Gadres*.]

---

[1] miere
[2] mure
[3] querrous
[4] Mures

Il appelle ses barons pour leur demander conseil.
Ils lui répondent tous: " Préparez-vous vite ! "
Ils prennent alors leurs écus et leurs fins hauberts
et viennent tous à l'assaut, en rangs serrés.

61

Tyr est une cité construite au bord de la mer
et tout entourée d'une haute muraille de marbre gris.
Ses habitants sont cruels et pervers :
quand ils sont en colère, ils perdent presque la raison.
Ils savent bien qu'Alexandre est un puissant guerrier
et qu'il veut venger les hommes qu'ils ont tués.
Ils ont alors engagé des guerriers de Corinthe,
bien ravitaillé et consolidé leur ville,
avant d'inviter Alexandre, par lettre, à leur infliger le pire
dont il soit capable, pour venger les humiliations qu'il a essuyées,
car ils n'ont aucune envie de devenir ses amis.

xxvii Les événements qui survinrent durant le siège de Tyr.

62

Le roi Alexandre est d'un tempérament farouche
et veut se venger des Tyriens par les armes.
Il jure sur ses dieux et sur l'âme de son père
qu'il fera raser la cité entièrement,
abattre les murailles et les tourelles,
et ravager de fond en comble le site.

(Interpolation du *Fuerre de Gadres*.)[1]

---

[1] La prise de Tyr est l'un des exploits guerriers d'Alexandre les plus célèbres au Moyen Âge. Alexandre de Paris le développe très longuement à l'aide du récit de Quinte-Curce et tend à montrer que le roi macédonien préfigure les croisés du Moyen Âge (br. I, l. 129-157 ; br. II, l. 1- 84). Dans le texte édité du *Roman de toute chevalerie*, le récit de la prise de la ville est inachevé. En effet comme le scribe du manuscrit D a substitué au texte premier, après la laisse 62, le récit que donne Alexandre de Paris du *Fuerre de Gadres* et de la conquête de Tyr et que la première version de la prise de la ville, celle de Thomas de Kent, n'a été conservée dans aucun autre manuscrit, le texte édité comporte inévitablement un blanc.

63

Ore dirom aprés romanz a talent 77v
D'Alisandre e de Dayre lur contenement.
Atende cil qui voudra les vers en present;
De bone estorie sunt tret al mien escient;
Nul nes put blamer qui nul bien entent,
Mes mult i put aprendre qe a vasselage apent.

xlvii Des messagers le roy Dayre od le respons Alisandre e coment Dayre se conseilla ové ses amis. 78r

64

Geste qui voet conter ou estorie traiter,
A quel fin doit trere voie il al comencer,
E die tel chose qui puisse profiter
Ou tel fet ou la gent se deive deliter,
Autrement son travail put malement enplaer.
E quant ot estorie tuit a l'atucher,
Bien doit par reson dire e versifier.
Verité doit dire e mensonge lesser,
E rien ne die for ceo qe ly soit mester.
L'en fet sovente foiz beauté pur envoiser,
Car a qui matir faut si covient purchacer.
Nel dy pas pur la moie, assez ay dont diter,
Car l'estorie en est grant e ly fet sunt plener;
E ceo poent ly clerk tresbien tesmoigner
Qui se volent a Cesar e Pompe acointer
E lire Aristotle e Solin versiler[1],
Orosie[2] e Ysidre e Jerome li bier
E les autres autors mestres de translater

---

[1] verfiler

[2] Croisie

63

Continuons à loisir notre récit
des agissements d'Alexandre et de Darius.
Ceux qui le veulent bien, qu'ils prêtent maintenant attention à ces vers:
je les ai extraits d'un livre digne de foi, selon moi ;
nul homme de bonne volonté ne peut les blâmer,
car on peut en tirer de bonnes leçons de prouesse.

xlvii Les messagers du roi Darius, la réponse d'Alexandre et le conseil de Darius.

64

Qui veut relater des exploits ou traiter de faits historiques,
doit avoir en tête dès le départ le but qu'il se propose
et rapporter des faits dont on puisse tirer
ou du profit ou du plaisir ;
sinon il risque d'employer sa peine à mauvais escient.
Quand il a à mentionner des événements historiques,
il doit écrire et composer des vers avec rigueur.
Il doit dire la vérité et omettre tout mensonge,
ainsi qu'éliminer le superflu.
On ajoute souvent des ornements pour plaire,
car qui manque de matière est obligé d'en chercher.
Je ne parle pas pour moi : j'ai beaucoup à écrire,
car l'histoire est grande, les exploits imposants ;
les clercs peuvent facilement l'attester,
s'ils veulent bien prendre connaissance de César et de Trogue Pompée,
lire Aristote ainsi que Solin[1],
Orose, Isidore de Séville, le noble Jérôme
et les autres auteurs maîtres dans l'art de la traduction

[1] I. Short traduit *versiler* par *lire à voix haute.*

Qe les fez Alisandre descristrent [al] primer.

65

A Babiloine venent ly bon messager
Qe Dayre envoia a Phelippon le fier,
E dient oiant toz: ‘Sire roy dreiturer,
Nous fumes a Phelippe vostre costomer
Qe vous sot chescun an son truage paier.
Le prodome se lessa volenters conseiller;
Mes ad un soen fiz, de novel chevaler,
Mult par est orgoillus, pruz piert e legier.
Le treu ancien ne vos deigne envoier.
Dit nous qe nous dussom pur vostre honur prier
Qe des ore lessissez treu a demander.
Ne[l] metez en costome n’en tiel encombrer
Dont il ne ly autre Greu aient reprover.
Si nel clamez quite, venez le desreyner, *78v*
Autrement en son vivant ne portrez dener.’
Quant Dayre ceo entent, n’[i] ot qe corucer;
A ses barons envoit par tuit conseiller.
A un prael dehors en l’ombre d’un oliver
Mult i ot grant presse a l’entrer d’un verger.
Ovec ly sunt entré al conseil tel miler;
N’ad cely qui n’ad chastel en danger.

66

Dayres est alé a conseil od sa baronie,
Dit lur la novele qe des soens ad oie

qui, les premiers, ont relaté la geste d'Alexandre[1].

65

Les fidèles messagers que Darius a envoyés
au farouche Philippe reviennent à Babylone
et disent devant tous : “ Sire roi justicier,
nous nous sommes rendus auprès de Philippe, votre vassal,
qui avait coutume de vous verser chaque année un tribut.
Cet homme de bien se laissait facilement diriger,
mais il a un fils, qui vient d'être adoubé chevalier,
qui se montre plein d'orgueil, semble vaillant et vif.
Lui ne consent pas à vous verser le tribut d'autrefois.
Il nous demande de vous prier, au nom de votre honneur,
de cesser dès maintenant d'exiger ce tribut.
Renoncez à lui infliger taxe ou sanction
qui le déshonoreraient, lui et les Grecs.
Si vous ne le libérez pas de toute obligation, venez le combattre,
sinon vous n'emporterez jamais, lui vivant, le moindre denier. ”
À ces mots, Darius est plein de colère.
Il convoque tous ses barons pour leur demander conseil.
Dans une prairie, en plein air, à l'ombre d'un olivier,
une foule immense se presse à l'entrée d'un verger :
avec le roi, un millier d'hommes y pénètrent pour le conseil,
dont le moindre est seigneur d'un château.

66

Darius réunit le conseil de ses barons
et leur révèle la teneur du message :

---

[1] Les laisses 63 et 64 donnent un premier exemple de prologue intérieur, au moment où, après l'épisode majeur de la prise de Tyr, le récit prend un nouveau départ. Thomas se réclame du modèle historiographique et évoque quelques-uns des principes de son écriture de l'histoire (ne jamais sacrifier la vérité, ne pas subordonner le contenu à la forme et se méfier des couleurs de la rhétorique). Insérant pour la première fois une liste de ses sources, il présente implicitement son récit comme une compilation. Les sources latines qu'il invoque ne sont pas fictives et il a réellement adapté en français de longs passages de la plupart d'entre elles (voir *supra*, l'introduction).

Cum Alisandre de Grece son treu ly vye.
Doze barons elisent de la chevalerie,
Toz les mielz parlanz del regné de Persie
E des mielz enseignez ou plus ot cortoisie.
De contez e d'onors ot chescun seignorie
E tot le chef chanu e la barbe florie;
E montent as mulez od mesnie escherie.
Le treszime i fu le prince de Sulie;
Pur le message dire toz les autres guie.
Vont quere Alisandre vers terre barbarie;
Dist lur est qu'il fust od grant ost banie.
Chescun porte en sa mein un[e] branche foillie,
Amor e ferme pees ou il vont[1] signifie;
E bref portent ovec eaux de la truerie,
Mes a lur returner ne porteront il mie.

67

Vont s'en ly message qui les mulez esperonent,
Les granz chemins ferrez[2] par tut abandonent.
Passent les realmes, les mers environent.
Ly mulet sont bon qe suz eaux randonent,
Retentissent ly fer e ly poitrail resonent.
Trovent Alisandre en Sirie, forment l'aresonent,
De par Dayre presenz e les brefs ly donent
E son fier mandement vers Alisandre esponent;
Manaces e damages vers ly entresonent. *79r*
Ore oiez cum le bref le roy ly esponent:

xlviii Des juaus qe Dayre envoia a Alisandre par gabois.

68

'**D**ayre, roy des roys e cosin Tervagant,

---

[1] vont il

[2] c. serrez

Alexandre de Grèce lui refuse le tribut qu'il lui doit.
Ils choisissent parmi les chevaliers douze barons,
les meilleurs orateurs du royaume de Perse,
les plus cultivés et les plus courtois.
Tous gouvernent des comtés et des terres,
ont la barbe et les cheveux blancs.
Ils montent sur des mulets et partent sans grande escorte.
Un treizième homme, le prince de Syrie, se joint à eux
et leur sert de guide pour qu'ils s'acquittent de leur message.
Partis vers les terres sauvages à la recherche d'Alexandre,
ils apprennent qu'il est avec son immense armée.
Ils tiennent tous à la main un rameau couvert de feuilles,
en signe d'amitié et de paix partout où ils passent,
et ils apportent une lettre au sujet du tribut ;
mais sur le chemin du retour ils ne porteront plus ces emblèmes de
[paix.

67

Les messagers partent en éperonnant les mulets
et les laissent galoper sur les grands chemins empierrés.
Ils traversent les royaumes, longent les mers.
Les vigoureux mulets les emportent à toute allure,
au son du cliquetis des fers et des poitrails.
Ils trouvent Alexandre en Syrie, lui parlent avec fermeté.
Ils lui transmettent les présents et la lettre de Darius,
puis lui exposent l'injonction redoutable qu'il lui adresse
et lui annoncent les menaces et les malheurs qui pèsent sur lui.
Écoutez comment ils lui présentent la lettre du roi.

xlviii Les joyaux que Darius envoya à Alexandre
pour se moquer de lui.

68

“ Darius, le roi des rois, cousin de Tervagant,

Parent Mercurie e Apolin le vaillant,
A Alisandre son home saluz cum a sergant.
Sachez qe jeo suy roys sur toz autres regnant;
Tuit cil de l'orient sunt a moy entendant;
E pur ceo dy e mand e bien te comant,
Retorne en ton pais, ne va un pié avant,
Mes va a tes parenz qui me sunt enclinant
E sunt tuit my home e a moy obeissant
E treu de lur regnes chescun an rendant.
Trois dons t'envoy icy, [e] par figure[1] mant
Iceo qe demostre chescun en son semblant:
Une resne i ad d'un ciglaton ferant,
E une pellote d'or fete a un enfant,
E deus aumeneres de vert drap escharmant.
Deus dragons i ad l[a]einz, de fin or aufriquant.
Le present est petit, ly sen en sunt mult grant,
Cum tu porras oir[2] par cest bref lisant.

69

'**P**ar les resnes de seie deis, Alisandre, entendre
Qe doctrine e discipline deis uncore aprendre,
E justiser ton quer k'en saver est tendre,
Qe ton corage puisses[3] de f[o]llour defendre,
Car jeo voy ton orgoil trop monter e estendre;

---

[1] i. par figurement
[2] oire
[3] puissez

descendant de Mercure et du noble Apolin[1],
adresse son salut à son vassal et serviteur Alexandre.
Sache que je règne sur tous les autres rois,
et que tous les peuples de l'Orient me sont soumis.
Pour cette raison je te donne l'ordre
de retourner dans ton pays et de ne pas faire un pas de plus :
rejoins tes parents qui s'inclinent devant moi,
me reconnaissent comme leur suzerain, m'obéissent
et me versent tous les ans un tribut sur leur royaume.
Voici trois cadeaux que je t'envoie, et voici
la signification symbolique de chacun d'entre eux.
Il s'agit de rênes fabriquées dans une riche soie grise,
d'une balle d'or destinée à un enfant
et de deux bourses en étoffe de couleur verte,
qui contiennent deux drachmes d'or fin d'Afrique[2].
Le présent est modeste, mais sa signification d'une grande richesse,
comme tu pourras t'en rendre compte par cette lettre[3].

69

Avec les rênes de soie, comprends, Alexandre,
que tu dois reprendre tes études et ton apprentissage,
et maîtriser ton cœur, qui manque de sagesse,
pour pouvoir éloigner la folie de tes pensées.
Car je vois ton orgueil s'élever avec excès ;

---

[1] Thomas de Kent prête ainsi implicitement au roi perse Darius une adhésion à l'Islam. *Tervagant* et *Apolin* forment en effet avec Mahomet, qui certes n'apparaît pas ici, la " trinité " diabolique que le Moyen Âge attribue aux Sarrasins (comme le montre par exemple la *Chanson de Roland* au vers 611). Voir M. Zink, " Apollin ", *Mélanges René Louis,* Saint-Père-sous-Vézelay, 1982, t. I, pp. 503-509.

[2] Le sens de " monnaie d'or " n'est pas attesté ailleurs, mais le contexte l'impose. I. Short rapproche ce *dragon* de *dragme,* " pièce de monnaie " (*Anglo-Norman Dictionary,* 196a).

[3] Chez le Pseudo-Callisthène, les envoyés de Darius apportent une lanière, une balle et une cassette remplie d'or (p. 37). Dans le roman d'Alexandre de Paris (Br. I, laisses 88-89 et 102-103), les dons dérisoires sont un frein, une balle, une baguette d'alisier et un écrin d'argent plein d'or.

Mes jeo le fray abatre e mult tost descendre.
Le treu qe me tols, ce quide mult cher vendre.
Par la pellote d'or voil ta enfance reprendre,
Car a jeuenes enfances deis uncore entendre.
Si cum un laroncel te voy terres purprendre
E rober e tolir e par feu citez esprendre,
E mesons e chastels torner en feu e en cendre. 79v
Tuit ce faz par suffreite; tu n'as qe cy despendre
A ton petit juvent qe est fletre[1] e esclendre.
Si tu ne faz mon treu plus hast[iv]ement rendre,
A mes serganz te fray lier, batre e prendre
E mener devant moy cum laron qe doit pendre.

70

Trop montez en orgoill[2], en folour e desroy.
Si tuit li hom du mond fuissent ovec toy,
N'averoit Perse pour, ne doute ne effroy.
Si grant ost e gent ay ore ovec moy
K'encontre ne poez ester[3], ceo en jure ma loy.
Plus i ad k'en mer gravele ou sablonoy.
Tant ay or e argent, quant jeo dire le doy,
Qe tote ta terre en puisse coverir, ceo croy;
E pur ceo te mande de ta folur recroy.
C'est le mandement qe par escrit t'envoy.'
Quant la gent Alisandre out oy le secroy
E le mandement Dayre, l'orgoillus roy,
E ses granz manaces, sa fierté, son buffoy,
Il n'i ot si hardi qe pour n'eust de soy;
E prient Alisandre qu'il en prenge conroy.
E ly roys en respont: 'Si fray iceo, par ma foy!
Ore m'en suffrez un poy, si en soiez tot[4] quoy.

---

1 ta petit juvente; fletrie

2 orgoille

3 estere

4 tote

mais j'aurai tôt fait de l'abattre.
Le tribut dont tu me prives, je te le ferai payer très cher.
Avec la balle d'or, je veux te reprocher tes enfantillages,
car tu dois encore t'occuper aux jeux des jeunes enfants.
Je te vois, tel un petit voleur, t'emparer de terres,
ravir, piller puis incendier des cités,
réduire en flammes et en cendres demeures et châteaux.
C'est la pauvreté qui te pousse : tu n'as encore rien à distribuer,
à cause de ton extrême jeunesse, de ta faiblesse et de ta fragilité.
Je t'envoie donc cet or pour le distribuer[1].
Si tu ne te hâtes pas davantage de me remettre mon tribut,
je te ferai capturer, ligoter et battre par mes hommes,
et mener devant moi comme un voleur qui mérite la pendaison.

70

Tu te gonfles d'orgueil, de folie et d'excès.
Même si tous les hommes du monde te soutenaient,
la Perse ne connaîtrait ni la peur ni l'inquiétude.
Mon armée et mon peuple sont d'une telle puissance
que tu ne peux résister, je le jure sur ma foi.
Mes hommes sont plus nombreux que les grains de sable de la mer.
J'ai tant d'or et d'argent – s'il faut que je le dise –
que je pourrais en recouvrir toutes tes terres.
Je t'ordonne donc de renoncer à ta folle entreprise.
Voilà l'ordre que je t'adresse par écrit. "
Quand les hommes d'Alexandre ont entendu les intentions
et l'ordre de Darius, le roi orgueilleux,
ses violentes menaces, ses propos vaniteux et arrogants,
même les plus hardis ont craint pour leur vie,
et supplient Alexandre d'y mettre bon ordre.
Le roi leur répond : " J'y compte bien, par ma foi !
Attendez maintenant et calmez-vous !

---

[1] Nous avons ajouté le vers de P : Pur tant t'envei cest or que arez a desprendre.

Jeo vous ay veu bon gent e hardi en tornoy.
Pur un bref sulement coardz vous en voy,
E grant pour en avez e ne sai pur quoy.
Plus vous voy amatez qe oysel en umbroy.

71

Home qe ad quer dotus sovent de nient s'esmaie.
Le vielz chien recreuz, quant est dedenz sa haie,
Les trespassanz[1] par dehors escrie e esbaie;
N'ose venir avant, doute resceivere plaie.
Dayre par sa manace de loinz nous assaie;
Mande qe m'en vois[e] e son treu li paie. *80r*
Ja Dieu ne doint qe au secle honur en aie
Si ainz n'ot novele horible e tuit laie
Qe jeo pur sa manace de guere me retraie!
Quant il ne volt de moy aver nul[e] manaie,
As bons branz ascerins li from tote sa paie.'

72

Espoanté est l'ost de[2] la fiere novele,
Le quer al plus hardy trembl[e] e chancele;
Mes cely les conforte qui toz les chaele.
Irrur ad en son quer, le sanc ly estencele;
A son conseil en vait od sa gent leele.
En greu devise un bref, de son anel l'enseele.
Les messages Dayre, quant fet l'ad, en apele
E lur baille le bref e les moz lur espele
Qu'il dirront au roy Dayre qui vers ly revele.
Les dragons lur done e mult de sa vessele.
Ly mul sunt amené, chescun monte sa sele,
Hurtent des esperons a pointe e [a] roele.
Hastent soy d'aler; la voie est longe e bele.

---

[1] trespaissanz

[2] lost Alisandre de

Je vous ai vus pleins de vaillance et d'audace au combat,
et rien qu'une lettre fait de vous des lâches,
sans que je comprenne les raisons de votre terreur.
Je vous vois plus abattus que des oiseaux dans l'obscurité !

71

L'homme au cœur craintif s'effraie pour un rien.
Le vieux chien épuisé, à l'abri derrière sa haie,
hurle et aboie après les passants,
mais il n'ose s'avancer, de peur de recevoir un coup.
Darius, en nous menaçant de loin, nous met à l'épreuve ;
il m'ordonne de me retirer et de lui payer son tribut.
Que Dieu ne m'accorde plus aucun honneur sur cette terre,
si Darius n'apprend pas une terrible nouvelle,
avant que je me retire devant ses menaces de guerre !
Puisqu'il refuse de m'accorder la moindre grâce,
nous lui réglerons nos dettes de nos bonnes lames d'acier ! "

72

Cette décision farouche épouvante l'armée,
les cœurs les plus hardis tremblent et défaillent.
Mais leur chef leur redonne du courage.
La colère fait bouillir son sang.
Il tient alors conseil avec ses hommes fidèles,
rédige une lettre en grec et la scelle avec son anneau.
Une fois la lettre terminée, il appelle les messagers de Darius
et la leur remet, tout en leur exposant les paroles
qu'ils devront adresser au roi Darius, son ennemi.
Il leur offre les drachmes d'or et de nombreuses pièces de son [argenterie.
On amène leurs mules, chacun se met en selle
et frappe sa monture avec la molette et les pointes des éperons.
Ils s'en vont en hâte ; la route est longue mais bonne.

xlix Coment les messages Daire returnerent od le mandement Alisandre.

73

Ly message s'en vont qui les brefs aporterent;
Passent les granz deserz, les regnés trespasserent,
Les forestz e les pleins e les guez traverserent,
Venent a Babiloine e Dayre i troverent;
De par Alisandre les escriz presenterent.
Il brisa le seel[1], donc les lettres bien perent;
Ore oiez les paroles qe escrites i erent:

74

'**A**u roy des autres roys, Dayre l'empereur,
A qui nostre dieu furent tuit ancessur,
Alisandre le roy saluz dit par amur.
Mult ay grant merveille e horible hidur
De si riche roy e d'ome de tel valur,
Qui tant force ad de gent e tiel vigur *80v*
Qe treu demande de moy cum povere robeur,
Od si feble gent qe meinent ci entur.
Grant merveil ay de ceo, mes uncore ay gregnur
Qe tu un tel laron deis aver a seignur
E servir a Alisandre, toy e ty contur,
Ty prince e ty baron e ty riche almazur.
De tant cum as plus or e argent e es forçur[2],
Tant est gregnur ly gayn[3] aprés nostre labur,
Car le plus conquerom e lerrom le menur.

75

'**D**e ton present te deusse loer al primur,
Car le sen en fu bon, mes jeo say meillur.
Par les resnes enteng doctrine e reddur

---

[1] seele
[2] e efforcur
[3] gayne

xlix Comment les messagers de Darius revinrent avec le message d'Alexandre.

73

Les messagers s'en vont avec la lettre,
traversent les déserts, franchissent les royaumes,
les forêts, les plaines et les gués,
jusqu'à Babylone, où ils trouvent Darius :
ils lui tendent la lettre d'Alexandre.
Le roi en brise le sceau, le texte apparaît.
Écoutez maintenant le discours tel qu'il est rédigé.

74

“ Au roi des autres rois, l'empereur Darius,
dont tous nos dieux sont les ancêtres,
le roi Alexandre adresse son salut amical.
Je suis à la fois stupéfait et épouvanté
de voir qu'un roi si puissant, qu'un homme d'une telle valeur.
qui dispose d'une telle armée et de telles forces,
exige un tribut de moi, misérable pillard,
accompagné d'une si faible troupe.
Mais je suis encore plus stupéfait
de voir que tu dois avoir pour maître un tel brigand
et servir Alexandre, toi ainsi que tes comtes,
tes princes, tes barons et tes puissants émirs[1].
Plus tu disposes d'or, d'argent et d'autres biens,
plus nos gains seront considérables après l'effort,
car nous conquerrons toutes tes richesses sans rien laisser !

75

J'aurais dû commencer par te remercier de ton présent
et de ton interprétation subtile ; mais j'en sais une meilleure.
Les rênes m'annoncent et me donnent l'assurance

---

[1] *Almazur* désigne un prince païen. Il a pour origine le surnom de Ibn Ami Amir, second calife abbasside, fondateur de Bagdad : "Al Mansur bi'llah" (Le Victorieux par Allah).

Qe jeo governer en doy tote ta[1] grant honur.
Par la pelote note qe ronde est tote entur,
Qe de tote la terre[2] doy estre governour.
Tot[3] le mond m'ert pelote e joie a ma tristur.
Perse me servira, Mede e Inde majur.
A l'or qe m'enveias suy droit expositur,
Car tot[4] l'autre averay aprés a force e a labur.
Ton voler i notas e jeo i not la verrur.'
Daire oy le bref, al quer ot grant irrur,
E dit a ses barons: 'Mar vit unc sa folur!
Il le compera cher avant le quarantime jur.'

76

Devant toz ses barons le clerk le bref lit;
Mult se merveillerent ly grant e ly petit.
Quant Daire l'entendy, d'ire e d'eschar rit,
E manace Alisandre e dit qe mar le vit.
Ses messages apele, ses brefs [lur] charge e dit
Qe outre le mont Taurin ly portent son escrit.
Dient a ses justices qe vilement est dedit,
Car le fiz Phelippon ad Daire en despit.
A cest comandement chescuns assentit[5]. *81r*
Ly messager s'e[n] vont qui sunt corurs eslit.

77

Bien ad ly messages en quinze jors coruz.
Quant passé ad les mons e toz les puis aguz,
As justices Dayre est al regné venuz.
Ly bref dient: 'Roy Daire a ses homes saluz.
Iceo jeo vos mand, seit a vous, barons, seuz:

---

1 tote ton

2 ta t.

3 Tote

4 tote

5 assentist

que je dois gouverner tout ton immense empire.
La balle, d'une parfaite rondeur, signifie pour moi
que je dois dominer la terre entière.
Tout l'univers sera une balle qui me réjouira dans ma tristesse.
La Perse me servira, comme la Médie et l'Inde majeure.
Quant à l'or que tu m'as envoyé, je lui donne pour sens
que j'aurai tout le reste de ton trésor par la force des armes.
Tu as lu dans ces objets ton désir, et moi la vérité. "
À l'écoute de cette lettre, Darius ressent une violente colère
et dit à ses barons : " Je lui ferai expier sa folie :
il la paiera cher avant quarante jours ! "

76

Devant tous les barons, le clerc a lu la lettre :
les grands et les petits sont frappés de stupeur.
À ces mots, Darius s'esclaffe de colère et de dérision ;
il menace Alexandre et le maudit.
Il convoque ses messagers, leur confie des lettres et leur ordonne
d'aller les porter au-delà du mont Taurus.
Qu'ils apprennent à ses lieutenants le défi qu'on lui lance :
le fils de Philippe le traite avec mépris.
Tous les messagers obéissent à cet ordre
et prennent la route : ce sont des coureurs hors pair.

77

Le messager a couru quinze jours.
Il franchit les montagnes, les sommets élevés,
et parvient auprès des lieutenants du royaume.
" Le roi Darius salue ses hommes ", dit la lettre.
" Seigneurs, apprenez mes ordres :

Un vallet, fiz Phelippon, est de son sen issuz;
Par sa grant deverie me tolt toz mes tr[e]uz
E hors de son regné est cum leres meuz.
Pur ceo vos comant qe pris seit e batuz,
De ses draps despoiellez e de purpre vestuz,
Poigné[1] sur les oreilles, le chef en croiz tonduz,
E menez a Macedoigne, a sa mere renduz.
Ses haspals, ses barons e ses dromonz vousuz,
Naiez seient en la mer[2] e toz ses privez druz.
Ses chevaiers armés fetes despoiller nuz
E bender toz de fer en fors liens menuz,
E en granz quirs de tors seient puis recosuz
E menez outre la mer[3] as Idlles as Perduz.
Issi voil qe mon coruz seit as barons renduz.'

78

Ly baron rescrivent: 'Dayre roy poestis,
Ceo vous mandom pur veir; si conseil n'en est pris,
Vous perdrez vos terres, vos barons, vos amis.
Le roy Alisandre ad son ost banis,
Roys, prince e dux, e ses barons marchis.
Les regnés d'environ ad par force conquis,
Les citez e les chastels sunt ja a li suzmis.
Au plein vet aprochant, sire, vostre pais,
Ses messages ad ja cy desqes a vous tramis.
Il meimes vendra; de pres sumes assis;
N'avom force d'ester contre tanz enemis.
Si vous ne nous aidez, tant nous estera pis. *81v*

---

[1] Roigne
[2] mere
[3] mere

un jeune homme, le fils de Philippe, a perdu la raison.
Dans sa folie, il me refuse tous les tributs qu'il me doit
et, tel un brigand, il est sorti de son royaume.
Je vous ordonne donc de le capturer et de le rouer de coups,
de le dépouiller de ses vêtements et de le vêtir de pourpre,
de le frapper sur les oreilles et de lui faire sur le crâne une tonsure en [forme de croix[1],
puis de le reconduire à Macédoine pour le rendre à sa mère.
Quant à ses mercenaires, ses barons, ses amis,
noyez-les dans la mer et coulez ses dromons arqués !
Dépouillez ses chevaliers de leurs armes et, quand ils seront nus,
ligotez-les avec de solides fils de fer bien serrés,
faites-les coudre dans de grandes peaux de taureaux,
et emportez-les au-delà de la mer, dans les Iles des Perdus[2] :
C'est ainsi que les barons grecs sentiront ma colère. "

78

Les barons lui répondent : " Darius, puissant roi,
sachez en vérité que si vous n'y prenez garde,
vous perdrez vos terres, vos vassaux, vos amis.
Le roi Alexandre a levé son armée,
en convoquant rois, princes, ducs et marquis.
Il a conquis par les armes les royaumes avoisinants
et a déjà soumis cités et châteaux.
Avec ses forces, sire, il se rapproche de votre pays ;
il vous a déjà envoyé ses messagers
et il arrive en personne ; nous sommes assiégés
et nous n'avons pas les moyens de résister à tant d'ennemis.
Secourez-nous, ou nous sommes perdus !

---

[1] La pourpre royale est ici utilisée par dérision. Quant à la tonsure en forme de croix, c'est l'un des attributs du fou : voir *supra*, v. 146.

[2] Il s'agit d'un espace énigmatique qui rappelle certains sites féeriques des romans. Sur les îles dans la littérature médiévale, voir F. Dubost, *Aspects fantastiques de la littérature narrative médiévale (XIIe-XIIIe siècles)*, Paris, Champion, 1991, vol. I, pp. 283-312.

Daire, dreiz empereres, pur ceo, nos est vis,
Malement nous estera si tost nen est occis
Ou enchacé del regné cum laron futifs.
Pur ceo covient mander tes chevalers de pris,
Toz ceaux d'Arabie, les Turcs e les Guis,
De Mede e de Crete, de Inde le[s] plus hardis,
Qe vos homes venent aider qe meynent chaitifs.'
Quant Daire oye les brefs, forment en ert pensis.

l Le mandement Dayre a Alisandre e coment Alisandre l'approcha

79

Dayre en ad bien oye qe Alisandre tret gent,
E qu'il guer[i]e a force e les terres purprent,
E qe ses justices doutent son hardement.
Remande a Alisandre un autre[1] mandement:
Mande ly qu'il face tost son comandement,
Vienge a ly si l'aourt, son pié baise bonement;
Ne ly est pas honte si en sa mercy se rent,
Car as dieus anciens est il prochain parent.
Par son bref ly mande e jure leaument
Perdura, s'il vient, tot[2] son maltalent.
Alisandre li mande qu'il ne vendra nient,
Mes au ferir des branz ert fet l'acordement;
Ja n'acordra a ly ne tendra parlement.
Oiant ses messages comande ferement
K'en la terre Dayre voist l'ost ignelement
E face tant de mal cum a tel guerre apent.

80

Le roy Alisandre fet ses gresles corner,
E ti[m]bres e tabors e busines soner,
E fet par tote l'ost as mareschals crier
K'en Arabi voisent cil qui deivent guier.

---

[1] une autre

[2] sulement tote

Darius, juste empereur, nous le savons,
nous sommes condamnés, s'il n'est vite mis à mort
ou chassé de notre royaume comme un brigand fugitif.
Vous devez convoquer vos valeureux chevaliers,
tous les Arabes, les Turcs et les Juifs,
les plus hardis de la Médie, de la Crète et de l'Inde,
pour qu'ils viennent secourir vos hommes qui sont dans le malheur. "
Cette lettre, une fois lue, plonge Darius dans le tourment.

l Le message de Darius à Alexandre et comment Alexandre rejoignit Darius.

79

Darius sait bien qu'Alexandre rassemble des troupes,
qu'il s'acharne à la guerre et s'empare des terres,
que ses propres lieutenants redoutent son audace.
Il adresse à Alexandre un autre message :
qu'il exécute ses ordres sans sourciller,
qu'il vienne l'adorer comme un dieu en lui baisant le pied de bonne [grâce ;
ce n'est pas un déshonneur pour lui de s'abandonner à son pouvoir,
car Darius est un parent proche des dieux antiques.
Dans sa lettre, il lui jure en toute loyauté
que s'il vient à lui, il oubliera sa colère.
Alexandre lui fait dire qu'il ne viendra jamais,
mais que la paix se fera au choc des épées ;
jamais il ne passera un accord ni n'engagera des pourparlers avec lui.
Devant les messagers, il ordonne d'un ton farouche
à ses troupes de vite gagner les terres de Darius
et d'y faire tout le mal qu'une telle guerre entraîne.

80

Le roi Alexandre fait résonner ses clairons,
tambourins et tambours, fait sonner ses trompettes ;
sur son ordre, les maréchaux, à travers toute l'armée,
invitent les guides à se mettre en route pour l'Arabie.

Destendent les pavillons, les somers font trosser,
Chargent les chevals e ly bon curser,
E as fors olifanz les bretaskes porter,
As granz dromedaires la vitaille mener; *82r*
E vont en Arabie lur grant orgoill[1] demostrer.
Les barons du pais ont fet lur murs fermer,
Efforcent lur chastels, les engins font lever
E la gent del regné contre ly assembler
E tenir lur citez e la terre garder
Qe Alisandre ne puisse [de] nule part[2] entrer;
Mes il n'ont la force de ly contreester.
N'en poent les esturs suffrir ne durer;
Guerpir covient s'onur qui ne velt acorder,
E tost perd sa cité qui ne la volt tenser.
Plus de sessante set en ad fet alumer,
E arder les mesons e les turs acraventer,
Les poveres occire, les riches enchaitiver.
Ly chevaler hardy e ly fier bacheler
Fuient en Babiloine al roy Dayre clamer,
Sa mercy requere e socur demander.
Ly roys en ad oye la verité conter,
E mande ses homes par terre e par mer;
Plus de .v.^{c} mile en ad fet ajuster.

li Coment Dayre se conseilla a sa gent.

81

Dehors Babiloine en l'ombre d'un pin,
Sur l'ewe de Tigre [en]coste un gardin
Ou gelofre crest, poyvere e comin,
Un vert prael i ot, un perin marbrin
E un paille gisant e un siege d'or fin.

---

1 orgoille

2 porte

Les Grecs défont les tentes, chargent les bêtes de somme,
les chevaux et les bons coursiers;
les solides éléphants portent les bretèches
et les grands dromadaires les vivres.
L'armée part vers l'Arabie faire preuve de son orgueil.
Les barons du pays renforcent leurs murailles,
fortifient leurs châteaux, dressent des machines de guerre
et réunissent contre Alexandre les hommes du royaume,
pour tenir les cités et les terres
et empêcher Alexandre d'y pénétrer.
Mais ils n'ont pas la force de s'opposer à lui,
ils sont incapables de résister aux combats.
Qui refuse l'accord doit renoncer à sa terre
et qui refuse de défendre sa cité a tôt fait de la perdre.
Alexandre a fait incendier plus de soixante-sept cités,
brûler les maisons, abattre les tours,
tuer les pauvres et capturer les riches.
Les hardis chevaliers, les jeunes guerriers farouches
s'enfuient à Babylone pour faire appel au roi Darius,
pour implorer sa grâce et demander secours.
En apprenant ces nouvelles,
Darius convoque ses hommes sur terre et sur mer
et lève une armée de plus de cinq mille soldats.

li Comment Darius réunit son conseil.

81

À l'extérieur de Babylone, à l'ombre d'un pin,
sur le bord du Tigre, près d'un jardin
où poussent la girofle, le poivre et le cumin,
se trouve une prairie verdoyante : des marches de marbre
sont recouvertes d'une étoffe de soie et surmontées d'un trône d'or [fin[1].

---

[1] Ces vers rappellent la présentation de l'émir Marsile dans la *Chanson de Roland* (l. 2, vv. 10-12).

La est Dayres assis e cent mil Sarazin –
Il n'i ad cely qui ne croit en Apolin –
Toz de Inde majur desqu'al mont Taurin
E d'Aufriqe la grant tote la gent Darin.
Ne remist Turc n'Escler, Caldeu ne Barbarin
Ne vienge a cest bosoing, si trop nen est frarin.
De Perse i sunt venuz Fraates e Salin,
Jonas d'Aschalune e ly quens Joachin, *82ᵛ*
Ly quens Antifilius e le duc Saturnin.
Devers Saba vint un prince maurin;
En la terre dont est nez ne crest blé ne vin;
Home ne parole greu, caldeu ne latin,
Ensement glatissent cum fussent mastin.
Il n'ad en tote l'ost nul si felon veisin;
Si ancessur furent del linage Cayin.
Daire avoit vestu un grant bliaut hermin,
Desur ses espaules un mantel sabelin.
Son chef dreçoit qu'il tenoit enclin.
Salomé en apele, un sien germein cosin,
Le duc de Padoue, Archelau le meschin,
E son frere le duc de Caldee, Cyrin.
Dist lur: 'Venez avant, vous, conte palatin,
A vint mil chevalers toz de vostre lin!
Chescun eit blanc haubert e helme ascerin,
Escu fort e espié e gonfanon purprin,
E bon cheval covert de drap osterin.
Trestut devant mon host vous mettez en chemin[1]
E si vous conduiez desqu'al chastel Balin
Contre le grant orgoill[2] del gent alisandrin.'

---

[1] meustrez el c.

[2] orgoille

C'est là que siège Darius, entouré de cent mille Sarrasins,
qui, tous, vénèrent le dieu Apolin.
Ils viennent de l'Inde majeure jusqu'au mont Taurus
et de l'immense Afrique et sont tous les vassaux de Darius.
Turcs, Slaves, Chaldéens et Berbères,
tous sont accourus dans l'urgence, sauf ceux qui n'en ont pas la force.
De Perse sont venus Fraate et Salin,
Jonas d'Ascalon et le comte Joachim,
le comte Antifilius et le duc Saturnin.
De Saba est venu un prince maure :
dans sa terre natale ne poussent ni blé ni vigne.
Les habitants ne parlent ni le grec, ni le chaldéen ni le latin,
mais ils aboient comme des chiens.
De tous les guerriers de l'armée, c'est le plus cruel :
ses ancêtres appartiennent au lignage de Caïn[1].
Darius a revêtu une ample tunique d'hermine
et jeté sur ses épaules un manteau de zibeline.
Il tient la tête baissée, puis la relève
pour appeler Salomé, l'un de ses cousins germains,
le duc de Padoue, le jeune Archelaus
et son frère le duc de Chaldée, Cyrus.
“ Approchez, leur dit-il, vous, comtes palatins,
avec vingt mille chevaliers, tous de votre lignage !
Prenez chacun un haubert étincelant, un heaume d'acier,
un écu solide, une lance et un gonfanon de pourpre,
et un cheval rapide recouvert d'une étoffe orientale.
Mettez-vous tous en route à l'avant-garde de l'armée
et marchez jusqu'au château Balin,
pour abattre l'arrogance de l'armée d'Alexandre ! ”

---

[1] Thomas de Kent semble ici s'inspirer de certains des clichés de la diabolisation des Orientaux qu'on trouve fréquemment dans les chansons de geste : la mention d'un lignage maléfique qui remonte très souvent à Caïn, l'animalisation des Sarrasins avec l'assimilation des langues orientales, incomprises, à des aboiements, le motif de la *terre ombrage*, stérile et diabolique (la *terre ombrage* de Chernuble de Muneigre dans la *Chanson de Roland*, l. 178).

82

Salomé ad oye le dit emperial.
Pris ad congé del roy, monte son cheval;
Fiert le des esperons qe furent de esmal
E vet en une lande; illuec prent un estal.
Sone un olifant, bondir en fet le val;
Par tote la grant ost l'entendent li real.
Adonc saillent tels dis mil vassal
Qe suffront ovec ly le bien e le mal.
Cornent ly guior, cornent ly mareschal,
Sonent cil frein a or, cil haubert, [cil] poitrail[1],
Relusent cil helme, cil safir, cil cristal,
E ly escu a or e la bucle d'archal, *83r*
Ly gonfanon overé, ly penon de cendal.
Ly grant chemin ferré sunt a toz communal.

83

Salomé vient avant qui tote l'ost conduit,
E Dayre vient aprés e ly autre trestuit.
Portent li olifant[2] lur blé, lur vin, lur fruit;
Des esclavotz des chevals tote la terre bruit.
Cil chevaler cortois, qui d'amur sunt enbuit,
Vont chantant lur soniz[3], meinent lur deduit,
Content e fabloient a tolir lur anuit;
E ly auquant dient, si Alisandre s'en fuit,
Donc ert mort ou pris e si home destruit.
Venuz sunt al gué dont briuant sunt ly conduit,
Tendent lur pavillons e sojoment la nuit.

84

Bien gayter se font tant cum il ont geu.
Le matin a l'aube sunt li tref destendu,

---

[1] h. e p.

[2] P. lur o.

[3] sonir m.

82

Salomé a entendu l'ordre de l'empereur ;
il prend congé du roi, enfourche son cheval,
le pique de ses éperons d'émail
et gagne une lande où il prend position.
Il sonne de son cor, toute la vallée résonne.
Dans toute l'immense armée, les hommes du roi l'entendent
et aussitôt dix mille vassaux se précipitent
pour partager avec lui joies et peines.
Les guides et les maréchaux sonnent du cor,
les freins d'or, les hauberts et les poitrails cliquettent,
les heaumes étincellent de tous leurs saphirs et leurs cristaux,
comme les écus d'or à la boucle de laiton,
les gonfanons ouvragés, les pennons de soie[1].
Tous empruntent la grande route empierrée.

83

Salomé marche en tête pour guider toute l'armée,
suivi par Darius et tous les autres.
Des éléphants leur transportent blé, vin et vivres ;
toute la terre résonne des coups de sabot des chevaux.
Les chevaliers courtois, tout pénétrés d'amour,
interprètent des chansons pour se distraire ;
ils racontent des histoires pour tromper leur chagrin.
Certains disent que si Alexandre prend la fuite,
il trouvera la mort ou sera fait prisonnier et que ses hommes périront.
Ils arrivent à un gué aux eaux tumultueuses,
dressent leurs tentes et y passent la nuit.

84

Ils font monter la garde pendant leur sommeil.
Le lendemain, dès l'aube, ils enlèvent les tentes,

---

[1] Le gonfanon, étendard ou banderole à deux ou trois queues, est réservé aux princes, comtes et barons. Le pennon est une flamme triangulaire ou une banderole fixée au bout de la lance du chevalier.

Chargé cist somer e cist olifant kernu.
Tel quatre mil i ot, a ceo qe ay entendu.
Chescun porte bretasche ou chastelet vousu,
Les kernels entaillé en som les arcs volu,
E doze homes i vont, chescun fervestu,
Les faus trenchanz as poinz e chescun son escu.
Sonent gresles par l'ost si se sunt tuit esmu;
Nuit e jur airent tant qu'as pleins sunt venu.
La poudre e le fomee de l'autre ost ont veu.
Salomé le niés le roy, qu'al front de l'ost fu,
Tost broche son cheval, purprent un pui[1] agu
E choisi lur estre e puis est descendu.
Vait poignant par les rengs un cheval tondu;
Mult estoit bels e gens e bien creu,
Le chef crespe e tuit bloy e cercelé menu,
Fier regard, piz quarré e les braz membru.
Il n'ad garnement ne seit a or batu,
E porte en sa mein espee a or molu. *83v*
Un pen[un]cel torkeis ot en sa lance pendu,
Tres par mi le grant ost est les lisces coru,
E dist al roy Daire en caldeu un salu:
'Sire roy,' fet il, quant il ot respondu,
'Le roy Alisandre n'est mie recreu.
Il chevache od sa gent a force e a vertu;
As granz pleins d'Arabie sunt si tref tendu.

---

[1] piu *ou* pin

chargent les bêtes de somme et les éléphants aux longs crins.
On compte bien quatre mille éléphants, d'après ce que j'ai entendu [dire.
Chacun porte une bretèche ou une tour de guerre voûtée
et munie de créneaux sculptés au sommet des arcades :
douze hommes armés pénètrent dans chaque tour,
tenant d'une main une faux acérée et de l'autre un écu[1].
Aux sonneries des trompettes, toute l'armée s'est mise en branle :
elle avance nuit et jour jusqu'à ce qu'elle arrive en terrain découvert
et aperçoive la poussière et la fumée de l'armée ennemie.
Salomé, le neveu du roi, qui avance en tête des troupes,
se hâte d'éperonner son cheval, pour gagner le sommet d'un pic
et observer la position des Grecs. Puis il redescend
et traverse les rangs en piquant des éperons son cheval à la crinière [tondue.
Il a vraiment belle allure, avec son corps élancé,
ses cheveux blonds frisés en toutes petites boucles,
son regard farouche, sa large poitrine et ses bras vigoureux.
Tout son équipement est en or battu
et il tient à la main une épée d'or moulu.
Un pennon turc est accroché à sa lance.
Il traverse l'immense armée le long des palissades
et salue en chaldéen le roi Darius :
“ Sire ”, dit-il, après que ce dernier lui a rendu son salut,
“ le roi Alexandre n'a pas renoncé à la lutte.
Il chevauche avec son armée, forte et puissante,
et a dressé ses tentes sur les vastes plaines d'Arabie.

---

[1] On sait que les éléphants des Perses puis des Indiens ont stupéfait et épouvanté les Grecs. L'un des dérivés du Pseudo-Callisthène, l'*Historia de preliis*, a attribué à Alexandre un astucieux stratagème pour éliminer ceux de Porrus : il lance sur eux des statues de laiton qu'il a fait remplir de charbons brûlants et les éléphants, pris de panique devant le feu, détalent (§ 80, éd. A. Hilka de la version J², dans *Der altfranzösische Prosa-Alexanderroman*, Halle, 1920, p. 151). Sur les fréquentes mentions, dans la littérature médiévale, d'éléphants de guerre portant sur leur dos une tour, voir l'article de D. Neave, “ Old French *chastel/tour* : Elephants'War-Tower ”, *Romania*, 88, 1967, pp. 253-258.

Nous ne quid[i]oms pas qu'il nous eust atendu,
Mes ne s'en volt partir sanz paier son treu;
Car branz esmoluz vous serront pur or rendu,
Mes il lur ert mult cher al paier vendu.
Al besser des espiés[1] avera meint cop feru
E meint escu fausé e percé e fendu,
Meint helme estroé, meint haubert descosu,
Meint homme occis en champ e mort e abatu.
D'un conseil, beaus uncles, me sui aperceu:
Fetes soner vos corns e seit par l'ost seu,
Si se adoberont cil qui uncore sunt nu.
Ordinez vos homes e toz vos con[e]u,
Comandez vostre enseigne, c'est Malagu;
Cil qui la guiera ert bien defendu.
Dis mils chevalers ay ové moy retenu,
E le roy Archelau e Cirrim vostre dru,
E dis mile ay baillé Aresche le chanu;
Par eaux ert le chapleiz a l'estroit maintenu.
Pur ceo ay dit conseil, gardez qu'il soit tenu.'

85

Archelaus le roy siet sur un afferant,
E dit: 'Empereres, le premer cop demant.
A vint mil bachelers irroy al front devant;
Tuit sunt de Capadoce e a moy entendant.
Si le roy Alisandre ne vous rent recreant,
Donc n'iert jamés dru a dame ne amant;
E vostre niés vos done conseil avenant. 84r
Fetes soner vos corns, si l'orront Persant
E Turc e Arabi e ly home aufriquant;
Vest[i]ront les haubers qu'al cors erent garant.
Qui qe vous die son bon, del mien vous dy tant.'
Daire ly respont: 'E jeo bien le grant.
Alez par tote l'ost, dites qe jeo le comant.

[1] espees

Nous ne pensions pas qu'il nous aurait attendus,
mais il n'a pas voulu partir sans payer son tribut.
Ce sont en effet des épées acérées que vous recevrez à la place de l'or,
mais il le paiera cher au moment des comptes.
Lorsque les guerriers abaisseront les lances, que de coups seront
[portés,
que d'écus abîmés, percés et fendus,
de heaumes troués et de hauberts démaillés,
que d'hommes abattus, morts sur le champ de bataille !
Cher oncle, j'ai un conseil à vous donner :
faites sonner les cors pour donner le signal
de s'équiper à ceux qui n'ont pas encore pris leurs armes.
Mettez vos hommes et tous vos amis en ordre de bataille ;
confiez votre étendard, Malagu, à l'un d'entre eux :
celui qui le portera sera bien défendu.
J'ai gardé auprès de moi dix mille chevaliers,
le roi Archelaus et votre ami Cyrus,
et j'en ai donné dix mille à Aresche aux cheveux blancs.
Grâce à eux les pertes seront limitées.
Je vous donne un conseil : veillez à l'observer ! "

85

Le roi Archelaus, monté sur un coursier,
dit : " Empereur, je sollicite le premier combat.
J'irai en première ligne avec vingt mille jeunes guerriers,
tous originaires de Cappadoce et sous mes ordres.
À moins que le roi Alexandre ne parvienne à triompher de vous,
plus jamais il ne connaîtra l'amour ou les faveurs d'une dame.
Votre neveu vous donne un conseil judicieux.
Faites sonner vos cors aux oreilles des Perses,
des Turcs, des Arabes et des Africains,
pour qu'ils revêtent les hauberts qui protégeront leur corps.
Quels que soient les avis, je vous ai dit le mien. "
Darius lui répond: " J'y consens volontiers.
Parcourez toute l'armée pour proclamer mon ordre !

De la mort Alisandre vos doing icy mon gant.'
Cil le prent, mes al jur ne ly tint covenant;
E prent congé del roy, par les rengs vet errant,
Les dux e les contes trestoz somonant.
Le roy Daire descent sur un drap escharmant;
Lacent ly ses chauces e vest un haubert luisant.
Lace un helme d'ascer qe mult fu bien seant;
Le cercel fu d'or, en som un dyamant;
Suz ciel n'ad arme k'en estur seit dotant.
Al senestre costé ceint un ascerin brant,
E pent son escu al col e son espee trenchant;
E monte un cheval, par l'ost vet brochant,
E trove ses genz qui vont lur conreis ordenant,
Escheles e batailles par les rengs arengant.
Chevache Archelaus son espié palmoiant,
E ly quens Salomee sone son olifant,
E ly autre guior vont les autres baudisant:
Plus de vint mile i ad encontre ly sonant.
Tuit rengé e serré passent le gué briuant,
E vont par les pleins, le larriz d'un pendant.

86

Le fluvie d'Estrage passent desuz un sauz;
Ainz qu'il furent passé, orent peine e travals;
De ceo ne put chaler, car puis lur fust noals.
Metent les olifanz devant as trenchanz fals,
E les flaeus de fer aprés e puis les mals.
Cist suffront les esturs e les durs assals,
E la nuit les freidures e de jur les chals. *84v*
Daire les suit de loinz od ses barons plus hals;
Chevals ont bien corant qui les meinent tot sals[1].

---

[1] tote sals

Pour tuer Alexandre je vous donne mon gant[1] ".
Archelaus s'en empare, mais ce jour-là, il devait manquer à son
[engagement.
Il prend congé du roi, parcourt les rangs de l'armée
et convoque l'ensemble des ducs et des comtes.
Le roi Darius descend de son trône sur une étoffe somptueuse.
Il se fait attacher ses chausses et revêt un haubert étincelant,
ajuste un heaume d'acier qui lui donne belle allure.
Le cercle d'or en est surmonté d'un diamant[2].
Au combat il ne redoute absolument aucune arme.
Au côté gauche il ceint une lame d'acier,
accroche à son cou son écu, prend son épée tranchante,
enfourche son cheval et l'éperonne pour traverser l'armée.
Il trouve ses hommes en train de disposer leurs compagnies,
de ranger leurs escadrons et leurs bataillons.
Archelaus avance à cheval en faisant tournoyer sa lance,
tandis que le comte Salomé sonne du cor
et que les guides encouragent l'armée.
Ils sont plus de vingt mille à sonner du cor en réponse.
Tous en rangs serrés, ils franchissent le gué aux eaux tumultueuses
et parcourent les plaines, la lande vallonnée.

86

Ils franchissent le fleuve Stranga sous un saule,
mais cette traversée leur coûte bien des efforts et des souffrances.
Peu importe, puisqu'ensuite leur sort sera encore pire.
En première ligne ils placent les éléphants avec les faux acérées,
puis les fléaux de fer et enfin les massues.
Ils endureront les combats et les attaques terribles,
les grands froids de la nuit et la chaleur du jour.
Darius les suit de loin avec ses plus grands barons,
sur leurs chevaux rapides et bondissants

---

[1] La remise du gant est un symbole de l'investiture du vassal par son suzerain.

[2] Sur le heaume, le cercle est une sorte de cordon aux couleurs du blason, ou une couronne héraldique.

Cist tendront la bataille e sustendront les chals.
Archelaus les suit, qui conduit les plus bals,
E dit en riant: 'Surement m'en hals.
Passé avom les guez, les destreiz e les gals.
Mult est Alisandre, ceo m'est avis, hernals[1]
Quant il en champ m'atent od ses menuz haspals.'

lii Cy comence la bataille entre Alisandre e Daire.

87

Ceo fu al moys de may quant la rose est florie,
Ly olivers est vers e l'olive foillie.
Chante la chalendre e ly roissinols crie,
Donc sunt en grant penser ceaux qui amur lie.
La gent le roy Daire est d'orgoill[2] esbaudie,
E vont a un conseil tot[3] cil de Persie,
Le prince de Baudas e cil de Sulie.
Sa femme e sa mere meine en sa compagnie
E ses filles ovec; des fiz ne say jeo mie.
Le jur fu beals e clers e l'or reflambie;
Renge[e] est la bataille e la gent establie.
Tuit le regné fremist de cest[e] ost banie.

liii Coment Alisandre conforta sa gent.

88

Alisandre est en un[e] praierie,
E sist sur un paille que vint de Taberie.
De vitaille e d'armes est la gent garnie;
Nul ne vit unqes gregnour chevalerie.

---

[1] hernals: *le scribe a interverti* her; *petu-être* = ernals

[2] orgoille

[3] tote

qui supporteront les affrontements et la chaleur.
Archelaus les suit, il dirige les plus impétueux
et leur dit en riant : " Je suis sûr du triomphe !
Nous avons franchi gués, défilés et forêts.
À mon avis, Alexandre est bien stupide
de m'attendre sur le champ de bataille avec ses misérables merce-
[naires ! "

lii C'est ici que débute le récit de la bataille entre Alexandre et Darius.

87

C'était au mois de mai, quand la rose fleurit
et que les oliviers se couvrent de feuilles vertes.
L'alouette et le rossignol entonnent leurs chants,
qui plongent les amants dans de profondes rêveries[1].
L'orgueil donne de l'ardeur aux hommes du roi Darius :
tous les Perses, le prince de Bagdad
et les Syriens se réunissent pour tenir conseil.
Darius amène avec lui son épouse, sa mère
et ses filles (j'ignore ce qu'il en est des fils).
C'est une belle et lumineuse journée et l'or étincelle.
Les troupes sont en rangs parfaitement disposés.
Le royaume tout entier tremble devant l'armée ainsi mise sur pied.

liii Comment Alexandre encouragea ses hommes.

88

Alexandre s'est installé dans une prairie
et assis sur un drap de soie de Tibériade.
Ses hommes sont bien pourvus en vivres et en armes.
Jamais on n'a vu une chevalerie plus imposante :

---

[1] On remarque l'utilisation du motif de la *reverdie* dans un contexte strictement guerrier, alors que la mention du renouveau des sentiments des amants à l'écoute des chants printaniers des oiseaux n'annonce aucune thématique amoureuse dans les laisses suivantes. Sur l'utilisation du motif de la *reverdie* dans les chansons de geste, voir J.-P. Martin, *Les Motifs dans la chanson de geste,* Lille, 1992, pp. 247-250.

Al primer front devant ad tel bachelerie
El monde n'ad ost a qui bataille escondie.
Alisandre ly roys ad la novele oye.
Antigonon apelle[1], un conte d'Aumarie,
Le roy Antonien, Agrippe e Julie,
Le duc Tiberion e Marc de Romenie,
Antioche l'Ostage e Gayron de Pavie
E Tholomeu qui ot sur trestoz la mestrie,
E des autres barons une grant partie. *85r*

89

Alisandre dit: 'Barons, qe me conseillez?
Daire od sa grant ost nous est aprochez.
Il ad tort envers moy, bien voil qe le sachez,
Car rentes e treus volt aver[2] de mes fez.
Reson ne me semble qe ly soit paiez,
Car de mes ancessors a force fu otriez,
E ceo qe est a force pris ou purchacez
N'est droit ne reson qe soit demandez.
Pur garder ma franchise assez sui laidengez
E par ses brefs forment sovent contraliez,
E si nen ay mester d'ester plus damagez.
En estrange terre sumes cum exillez;
N'avoms ou arester si nous sumes chacez.
Iceaux d'environ qui a nous sunt liez,
Qui avom tant laidengez e tant corucez,
S'il voient lur point, tost seront changez.
Ne decea ne dela n'ad nule amistez.
Toz prie communement, seignurs, qe m'aidez.
En estur a durer voz[3] forces assaiez!
A tuit vostre poer pur moy vos afforcez,
Car pur vostre franchise od moy vos guerr[i]ez;

---

[1] la pelle un

[2] avere

[3] voz *ajouté d'une autre main*

la première ligne est formée de jeunes guerriers si vaillants
qu'aucune armée au monde ne les ferait reculer.
Après avoir appris la nouvelle de l'arrivée de Darius,
Alexandre appelle Antigonus, un comte d'Almeria,
le roi Antonien, Agrippa et Julius,
le duc Tibère et Marc de Rome,
Antiochus l'Ostage et Gayron de Pavie,
Tholomé, dont l'autorité s'impose à tous,
ainsi qu'un grand nombre des autres barons.

89

Alexandre déclare : " Barons, que me conseillez-vous ?
Darius et sa grande armée sont tout près de nous.
C'est lui qui a tort, je veux que vous le sachiez,
car il veut prélever des tributs et des impôts sur mes terres.
Il ne me semble pas juste de les lui payer,
car mes ancêtres les ont acquittés par la force
et il n'est ni juste ni légitime de réclamer
ce qui est prélevé ou gagné par la force.
Pour préserver ma liberté, je subis de graves affronts
et ses lettres me couvrent d'insultes :
je refuse des outrages supplémentaires.
Dans cette terre étrangère, nous sommes comme en exil ;
nous n'avons aucun refuge si l'on nous pourchasse.
Les hommes des alentours sont nos alliés
mais nous les avons tant maltraités et offensés
qu'ils changeront sans tarder de camp, s'ils en ont l'opportunité :
ni de notre côté ni du leur n'existe la moindre amitié.
Je vous prie tous, seigneurs, de me venir en aide.
Mettez à l'épreuve votre résistance au combat !
Battez-vous pour moi de tout votre pouvoir,
car c'est pour votre liberté que vous combattez à mes côtés :

E pur ceo est reson qe vous la desreinez.
Unqes ne me amastes si a bosoing me faillez,
Car unqes a nul jur ne fu tant abosoignez.
Ore sonez vos corns, vos gresles eshaucez,
E vous adobez e vos escheles rengez!
Quant vendra au ferir si vos esbaudissez;
De lur grant multitude ne vous esmaiez.
N'entendez a gaigner ne les mors despoillez,
Mes as branz ascerins la presse esclarissez.
Aprés la bataille en serez bien soud[i]ez;
Chescun avera plus qe ne gaigner[i]ez.'
Tholomeu escrie: 'Roy, pur quei i targez?
Adobez vos corps, a esploit chevachez!
Daires est de bataille tot[1] apparillez.
Le treu qu'il demande, paiom des espiez[2]
E des branz ascerins e des darz agusez!'
De ceste novele sunt plusors baus e lez;
Ceo sunt ly bacheler pruz e envoisez,
E ly coard en sunt dolenz e irez.
Donc vestent les brunies e les haubers deugez,
Les escuz e les branz e les helmes vergez.

90

Ly tabur sunt batu e ly graile soné,
E tut cil de l'ost de bataille apresté.
Ly roys Alisandre ad son corps bien armé;
Ses coverturs furent d'un samit overé.
Sanz estrius[3] as arçons est monté;
Bucifal fu covert d'un fer[4] asceré;
Veant toz ceaux de la l'ad tut l'eslais mené.
Ses dux e ses contes ad a soy apellé.

---

[1] tote

[2] espeez

[3] estrurs

[4] fer'

il est donc juste que vous la défendiez.
Vous ne m'avez jamais aimé si vous me faites défaut dans ce besoin,
car jamais encore je n'ai connu pareille détresse.
Sonnez donc de vos cors, élevez vos trompettes,
armez-vous et rangez vos bataillons!
Au moment du combat, ayez du courage,
n'ayez pas peur du nombre des ennemis !
Ne cherchez pas le butin ni les dépouilles des morts,
mais, de vos épées d'acier, éclaircissez leurs rangs serrés !
Après la bataille, vous serez largement rétribués.
Chacun recevra bien plus que le butin espéré. "
Tholomé s'écrie : " Roi, qu'attendez-vous donc ?
Armez-vous, vite en selle et lancez vos chevaux !
Darius est fin prêt pour la bataille.
Le tribut qu'il réclame, payons-le de nos lances,
de nos épées d'acier, de nos dards acérés ! "
Beaucoup se réjouissent et s'enhardissent à ces mots
– ce sont les jeunes guerriers preux et enthousiastes –,
tandis que les lâches en sont chagrinés et angoissés.
Alors tous s'équipent de leur cuirasse et de leur fin haubert,
de leur écu, de leur épée et de leur heaume renforcé.

90

Après les roulements des tambours et les sonneries des trompettes,
tous les guerriers sont prêts pour le combat.
Le roi Alexandre s'est soigneusement armé.
Ses vêtements ont été confectionnés dans une étoffe de soie.
Il s'est mis en selle sans l'aide des étriers.
Une cuirasse d'acier protège Bucéphale.
Devant tous les assistants, Alexandre l'a lancé au grand galop,
avant d'appeler auprès de lui ses ducs et ses comtes.

'Vos savez bien,' fet il, 'c'est verité
Qe Daire demande treu de mon regné;
Pur ceo qe le dedis, m'ad pris en mortel hé[1].
Ses homes, ses barons ad contre moy mandé;
Tel ost ne fu mes cum il ad assemblé.
Pur ceo voil aler ore, si m'en est loé,
Sur estreiz cy devant ainz qu'il aient passé.
Si par aventure fussent desconreié,
Desrengez ou percez ou entr'els desevré[2],
Donc en pussom fere tote nostre volenté;
Ja ne vendroit a tens a sa riche cité.
Si nous son corps pernom, donc eimes estoré,
Car tut son grant tresor nous ert abandoné,
Ou jamés a mon temps n'ert quite clamé.
Si par alcun engin ne sunt desbareté,
Par force nes veincrom, sachez, a nostre haé.'
Icel conseil done le mielz de son barné.
Donc sonent lur gresles, lor ost est ordiné;
Cum les conreis irront ont aprés devisé.
Vers l'ost le roy Daire vont rengé e serré; *86r*
Alisandre est devant e si home alosé.
Vint mil des meillors sunt a ly ajusté
E toz les autres sunt as princes comandé.
Trove les olifanz e les chastels fermé,
Veit les homes dedenz garniz e adoubé.
Fors sunt a desconfire, sis ad portanz outré,
E la seconde eschele ovec de son gré;
Si vet ferir sur ceaux qe sunt asseuré,
Car as fors olifanz ne ont seurté.

---

[1] hee

[2] desevere

" Il est vrai ", leur dit-il, " et vous le savez bien,
que le roi Darius exige un tribut sur mon royaume,
et parce que je refuse, me voue une haine mortelle.
Il a rassemblé contre moi ses hommes et ses barons.
Jamais on n'a vu une armée aussi imposante.
Je veux donc dès maintenant, avec votre accord,
atteindre les défilés, avant qu'ils ne les aient franchis.
Si par hasard ils étaient dans le désordre,
dispersés, disloqués et éparpillés,
ils seraient alors à notre entière merci.
Jamais Darius ne rejoindrait à temps sa puissante cité.
Si nous le capturons, alors nous sommes tirés d'affaire,
car à moins de nous livrer tout son immense trésor,
il ne sera jamais relâché, moi vivant.
Si nous ne trouvons pas un stratagème pour en triompher,
nous ne les vaincrons jamais par la force, sachez-le ! "
Les plus grands barons s'accordent à cette décision.
Alors les trompettes sonnent, on met en rangs les troupes,
on fixe l'ordre de marche des bataillons.
Les Grecs se dirigent en rangs serrés vers l'armée du roi Darius.
Alexandre est en première ligne, avec ses hommes réputés :
vingt mille de ses meilleurs guerriers sont à ses côtés,
et tous les autres obéissent au commandement des princes.
Il découvre les éléphants et les tours fortifiées,
il voit à l'intérieur les guerriers bien armés.
Malgré leur résistance, il les a vaincus,
en même temps que la seconde compagnie, comme il le souhaitait.
Il attaque alors ceux qui s'imaginent en sécurité,
mais que les puissants éléphants ne protègent plus.

liiii Coment Alisandre vint a l'eschele Dayre et occist le roy de Thessaille.

91

Alisandre costeie le conreis e passe la bataille,
E as trois escheles en fist fere faille.
Ne lerra qe Daire a destresces ne assaille;
Si par [alcun] engin puit fere qu'il s'en aille,
Donc pense en son quer qu'il veincra la bataille,
Car illuec est lur vivere e lur vitaille,
Lur femes[1], lur enfanz, lur hernois, lur somaille.
Devant le primer front fu le roy de Thessaille;
Cheval avoit covert d'un vermail paille,
Del purficher s'anguisse e del frein le travaille.
Par sa noblesce ot deslacé sa ventaille;
Au roy Alisandre dit honte e contraille
E l'apella avoutre e sa gent garçonaille.
Reherça cum sa mere par un[e] devinaille
Envers l'enchantement viola sa esposaille.
Alisandre le fiert de l'esp[i]é qe bien taille,
Son fort escu a or ne ly vaut une maille:
Le double ly ad percé e haubert ly desmaille,
Tut le fer de l'espié[2] conduit par l'entraille;
Mort l'abat estendu sur la verte terraille.

92

A l'abesser des lances ot grant fereiz:
Ferent des espees e des brans forbiz
E fausent les escus e les haubers tresliz.
Mult par fu dur l'estur e grant le bateiz, *86v*
E la bataille fort e fier le chapleiz.

---

[1] femem̄es

[2] espeie

liiii Comment Alexandre affronta le bataillon de Darius et tua le roi de Thessalie.

91

Alexandre avance le long des troupes et traverse le champ de bataille,
causant la défaite de trois compagnies.
Rien ne l'empêchera de serrer Darius de près.
S'il parvient à l'éloigner par quelque stratagème,
il est persuadé qu'il gagnera la bataille,
car c'est ici même que se trouvent les vivres et toutes les provisions [des Perses,
leurs femmes, leurs enfants, leurs armes et leurs bagages.
En première ligne se dresse le roi de Thessalie :
son cheval recouvert d'un drap de soie rouge,
il s'évertue à l'éperonner et le harcèle en tirant sur le mors.
Par intrépidité, il a ouvert la ventaille de son heaume.
Il couvre le roi Alexandre d'insultes et de sarcasmes,
le traitant de bâtard et ses hommes de valetaille.
Il rappelle comment sa mère, par la magie,
viola pour l'enchanteur la foi conjugale[1].
Alexandre le frappe de sa lance acérée,
contre laquelle son solide écu en or ne peut rien :
il en troue le double revêtement, déchire les mailles du haubert,
lui enfonce dans les entrailles le fer entier de sa lance.
Il l'abat de toute sa longueur, mort, sur l'herbe.

92

Lorsqu'ils abaissent les lances, le choc est formidable:
ils frappent de leurs épieux, de leurs lames éclatantes,
ils mettent en pièces les écus et les hauberts aux mailles serrées.
L'affrontement est acharné, les coups pleuvent comme la grêle,
la bataille est féroce, le carnage terrible.

---

[1] Nous adoptons la variante *envers l'enchanteor*. Cette condamnation de l'origine illégitime d'Alexandre tranche avec le point de vue qu'a adopté Thomas de Kent dans son récit de la conception du héros et rappelle l'assimilation de la bâtardise à une tare qui informe tout le *Roman d'Alexandre* d'Alexandre de Paris.

Cil qui armes n'ad tost est escharniz.
Alisandre combat cum chevaler esliz;
A son trenchant espié[1] fiert un roy poestiz:
L'aubert ly desmaille e fiert par mi le piz,
Mort l'abat estendu al groin d'un cost[e]iz.
Ensement se contient en cel combateiz
Cum lou famillus entre angnels e brebiz.
Il occist e confond les chevalers hardiz;
Toz ceaux devant ly au play sunt desconfiz.

lv Coment Tholomeu occist Cirrim le cosin Dayre.

93

Tholomeu vint aprés sa bataille rengee,
E ad ovec soy gent mult bien prisee,
Vint mil par nombre de la plus envoisee.
De bataille fere est mult acoragee.
Tholomeu s'escrie, s'enseigne ad eshaucee,
E fiert le duc Cirrim en my de sa me[s]nee.
Desuz la bocle a or ad la targe brisee
E sa blanche bruine fause[e] e desmaillee
E par mi le quer l'alemele ad baignee.
Tote plein[e] sa hant[e] ad la seele voidee.
La bataille est dure quant ele est comencee:
Au besser des lances i ad meinte brisee,
Meint[2] haubert fausé e meinte targe fruissee
E meinte ventaille rompue e deciree
E meinte bone espee freinte e enochee,
Tant[e] bel[e] juvente[3] sanglante[e] e plaiee.
Des mors e des naffrez est la terre jonchee.
Alisandre ad bien fet a sa chevauchee:

---

[1] espee

[2] Meinte h.

[3] E tant bel juvencel

Celui qui n'a pas d'armes est bien en peine[1]!
Alexandre combat en chevalier d'élite.
De sa lance acérée, il frappe un roi puissant.
Il lui déchire les mailles de son haubert et l'atteint au milieu de la
[poitrine,
l'abat de toute sa longueur, mort, au sommet d'un coteau.
Durant ce combat, il se conduit
comme un loup affamé au milieu des agneaux et des brebis.
Il tue et massacre les chevaliers téméraires :
tous ceux qu'il rencontre sont défaits.

lv Comment Tholomé tua Cyrus, le cousin de Darius.

93

Tholomé vient à la suite de son bataillon bien rangé,
accompagné de guerriers renommés
au nombre de vingt mille, des plus enthousiastes :
ils désirent ardemment se lancer dans la bataille.
Tholomé pousse son cri de guerre, lève sa bannière,
frappe le duc Cyrus, au milieu de ses hommes :
il brise la boucle en or de son écu,
rompt les mailles de sa cuirasse étincelante
et lui enfonce sa lame dans le cœur ;
il l'abat de cheval, de toute la longueur de sa lance[2].
Les affrontements sont d'emblée acharnés :
que de lances se rompent, dès qu'elles sont abaissées !
que de hauberts déchirés, d'écus fracassés,
de ventailles complètement déchiquetées,
d'épées solides ébréchées ou brisées !
Combien de beaux jeunes hommes couverts de sang et mutilés !
La terre est jonchée de morts et de blessés.
Alexandre a accompli des exploits au cours de sa chevauchée :

---

[1] Traduction suggérée par E. Baumgartner.

[2] On a ici la première occurrence de la formule épique *pleine sa hanste*, que nous traduisons par « de toute la longueur de sa lance » : D. T. Mériz, « Encore une fois *pleine sa hanste* », *Romania*, XCIV, 1973, pp. 549-554.

L'eschele ou se feri est rompue et pecee[1],
Car ne poient suffrir le mal ne l[a] hachee,
Si s'en vont donc cum gent desconseille[e]. *87r*

94

Ly conrey sunt mult grant e dur[2] [sunt] li estur.
Roys Alisandre i fiert a force e a vigur
E ly prince e li duc e ly fier almazur.
Les conreis de Caldee ont torné a folur;
Ly vif s'en vont fuant a peine e a dolur
Droit a la banere Daire l'empereur,
E cil crient en haut: 'Roy, car nous socur!
Alisandre nous chace a honte e a dolur.
Sire, si n'en pensez, ja n'averom honur.'
Daire les voit fuir, honte ad e irrur.
Pur les soens socur[re] broche le missodur;
A plein curs le suent tel vint mil poign[e]ur
Toz prest de ferir pur socore les lur,
E ferent en la presse cum bon justeur.
Daire fiert un Greu par malveise irrur,
Suz la bocle a or ly freint l'escu a flur
E l'abat mort el champ; ly Greu en ont hidur,
Car en la bataille n'ot il nul meillur;
E pur sa mort venger i poignent mil le jur.
Toz ont espiés[3] trenchanz e armes de colur,
E mustrent sur Daire lur force e lur valur.
A ferir des espiés[4] l'ont mis en grant freur,
E cil de Cirie socorent lur seignour.
Au partir du chapleiz i remei[ne]nt plusur.

---

[1] et pecee *ajouté d'une autre main.*

[2] dure

[3] espees

[4] espees

la compagnie qu'il a attaquée a subi une véritable déroute,
car les hommes n'ont pas pu résister aux épreuves
et le désarroi les pousse à la fuite.

94

Les troupes sont imposantes et les affrontements redoutables.
Le roi Alexandre se bat avec force et vigueur,
comme les princes, les ducs et les farouches émirs.
Les troupes de Chaldée en ont perdu la tête :
les survivants s'enfuient, dans la détresse,
droit vers la bannière de l'empereur Darius,
en hurlant cet appel : " Roi, viens à notre secours !
Alexandre nous met en déroute, pour notre honte et notre malheur.
Sire, si vous n'y prenez garde, nous sommes déshonorés ! "
La vue de leur débâcle remplit Darius de honte et de colère.
Pour secourir les siens, il éperonne son précieux coursier[1].
Vingt mille guerriers le suivent à toute allure,
tout prêts à passer à l'attaque et secourir les leurs,
et, en bons combattants, ils frappent dans la mêlée.
Darius frappe un Grec avec fureur,
lui brise son écu orné de fleurs sur la boucle en or
et le renverse mort sur le champ de bataille : les Grecs sont horrifiés,
car ils n'avaient pas de meilleur guerrier dans le bataillon.
Pour venger sa mort, mille hommes piquent des deux,
tous munis de lances acérées et d'armes colorées,
et font sentir à Darius leur force et leur courage.
Les coups de leurs lances l'ont frappé d'épouvante.
Les Syriens portent secours à leur seigneur.
À l'issue du combat, ils restent en grand nombre à ses côtés.

---

[1] *Missodur* est une épithète de destrier ou un substantif et désigne un cheval de prix, de la valeur de mille sous.

95

Alisandre le roy sagement combaty
Car il lessa outrer ceaux qui furent garny,
E as d[e]roins conreis par force s'enbaty.
Un[e] eschele a cheval decoste estably
E vint mil d'autre part pres d'un larry
Qe a bosoing ferent sur la gent Dary.
Deus conreis ad percé e le tierz assailly;
Ly cop i sunt plener e tres haut ly cry.
Fuient ly coard e morent ly hardy.
Bien combatent li Greu si font ly Araby,
Cil de Macedoigne e Persant autresi *87v*
E ly Egipcien, ly Turc e[1] ly Caldy.
Salomé e ly soen arere sunt guenchy.
Dayre veit ses homes mult tres malbailly;
Broche le cheval, dolent e marry.
Un riche duc de Grece de plein en ad fery.
L'escu a or ly fraint e l'aubert ly party,
Puis brandist son espié e ly Gregois chay.
Dolur e marrement en ont [tuit] si amy.
Dis en ad occis e .v. abaty,
La presse vet rompant e forment les laydy.
Cil de Macedoigne sunt mult enpovery,
Assez plus d'un miler ont ses cops fuy
E en poy qu'il n'ont en fin le champ guerpy.
Persant e Medien i sunt mult esbaudy
Quant Tyberies lur surd a un escu burny[2].
Les galops vient avant sur son cheval flory,
Abesse son espié al penon mi party
E fiert sur Salomé qe l'escu ly fendy.
Le long de sa lance par terre l'estendy,
Mes nel toucha en char; l'aubert le gary.
E ne put remonter, del cop fu estordy.

---

[1] ly curt e

[2] escu outray

95

Le roi Alexandre se montra fin stratège,
car il laissa passer les guerriers bien équipés,
pour s'abattre violemment sur les derniers corps de troupes.
Il place près de lui une compagnie de cavaliers
et de l'autre côté, près d'une lande, vingt mille hommes,
chargés d'attaquer l'armée de Darius en cas d'urgence.
Il a dispersé deux corps de troupes, et en a attaqué un troisième :
les coups sont terribles et la clameur intense.
Les lâches prennent la fuite, les courageux périssent.
Les Grecs combattent avec vaillance, ainsi que les Arabes,
les Macédoniens et les Perses,
les Égyptiens, les Turcs et les Chaldéens.
Salomé et les siens ont battu en retraite.
Darius voit ses hommes en mauvaise posture :
il pique des deux, profondément affligé.
Il frappe violemment un puissant duc de Grèce,
brise son écu en or et met en pièces son haubert,
puis d'un coup de lance il le renverse à terre,
plongeant dans le deuil tous les amis du duc.
Il tue dix de ses ennemis et en renverse cinq.
En perçant la mêlée, il leur inflige un dur traitement.
Les Macédoniens en sont très affaiblis,
ils sont bien plus d'un millier à avoir fui ses coups
et peu s'en faut qu'ils n'aient tous déserté le champ de bataille.
L'ardeur des Perses et des Mèdes en est fortement stimulée,
quand Tibère fond sur eux, muni d'un écu étincelant.
Il s'avance au galop sur son cheval splendide,
abaisse sa lance, au pennon de deux couleurs,
et frappe Salomé si fort qu'il brise son écu
et le jette à terre, de toute la longueur de sa lance,
sans entamer sa chair, protégée par le haubert.
Mais Salomé, assommé par le coup, ne peut remonter à cheval ;

Cil de Capadoce sunt pur ly esbay;
N'i ad tant seur qui ne quide estre trahy.

96

A[l] remonter Salomé i ot meint brant trait
E meint escu fruissé e meint helme freit[1]
E meint bon[2] chevaler occis e deffeit.
D'un[e] part[3] e d'autre malement lur vait;
En doute est le chef perdre a qui mielz estait.
Fort est a deviner qui victorie en ait.
Ly vint mil chevaler issent de lur agait
E se mistrent encoste pres d'un gu[ar]ait,
E ferent les au dos de lur espiés[4] trait.
Il n'ad un qui cop [ne] done ou resçait.
Le chapleiz fu mult dur[5], le champ hydus e lait, *88r*
Chiet le cervel des chefs, le sanc des quers rait,
Henissent cil cheval, le pople crie e brait.
N'ad si hardy qe donc ne se esmait;
Mes ne sevent pur veir cum turneront li plait,
E pur ceo est bon qe chescun[6] s'en assait.

97

En guise romeine[7] firent ly so[r]venir.
Pur percer les conreis e pur fere partir,
Marc e Antioche comencent à ferir.
Tant i put hom veer espiés[8] forbiz brandir,
E as brans ascerins tant[e] asaie envair,

---

[1] freint
[2] bone
[3] parte
[4] espees
[5] dure
[6] b. qui c.
[7] romenie; ferent
[8] espees

les guerriers de Cappadoce craignent pour sa vie :
les plus confiants se croient perdus.

96

Pour remettre Salomé en selle, que d'épées dégainées,
d'écus fracassés, de heaumes brisés !
Que de vaillants chevaliers tués et défaits !
Les deux camps endurent de lourdes pertes.
Même ceux qui s'en tirent le mieux craignent pour leur vie.
Il est hasardeux de prédire qui va triompher.
Mais les vingt mille chevaliers grecs sortent de leur cachette,
s'approchent d'un guéret
et frappent dans le dos leurs ennemis de leur lance brandie.
Aucun ne reste sans donner ou recevoir des coups.
L'affrontement est acharné, le champ de bataille une vision d'horreur :
les cervelles sortent des crânes, le sang coule des cœurs,
les chevaux hennissent, la foule pousse des hurlements.
Même les plus hardis sont saisis d'effroi.
Mais dans l'incertitude sur l'issue des combats,
tous doivent s'évertuer à continuer l'offensive.

97

C'est à la manière des Romains que les Grecs mènent leur attaque [surprise.
Pour disperser les troupes et les mettre en déroute,
Marc et Antiochus assènent les premiers coups.
Quel spectacle de voir brandir tant de lances étincelantes,
tant d'épées acérées porter une pluie de coups,

E vermaill[1] sanc espandre e cervele boillir,
Tanz pieces de char voler atuit le quir,
Chevalers palmer e tanz hommes morir.
Mult furent grant ly cri[2] e pitus ly suspir.
Qui pres fu de luec grant dolur put oir
E veer les moranz e les chevals henir,
Tant gentil chevaler a la terre gesir.
Ly roys Alisandre vet les soens esbaudir,
Durement combatre, egrement assaillir,
Persant affeblir e devant ly flatir.
A son cop ne put homme pur nul[e] rien garir;
Caldeu ne Affriquant ne poent mes suffrir.
Ly duc e ly conte qui les durent maintenir
Guerpisent donc le champ e comencent a fuir.
Quant Daire veit l'estur as soens deguerpir[3],
Monte un ignel cheval pur son corps garantir.
Le remenaunt de l'host i lesse a covenir.

lvi Coment Daire s'en fuy de la bataille,
e come Alisandre le pursuy.

98

Daire pur fuir prist un ignel destrer,
En la fuite se mist devant toz le primer.
Alisandre comande sa gent d'enchacer;
Pur ateindre Daire fist mil ala[i]sser,
Car s'il [le] put prendre, mult quide espleiter. *88v*
Qui donc vei[s]t vassal les bons chevals brocher
E mener a estrif, poindre e anguiser
E les uns core avant, les autres estancher!
Envers Alisandre ne puit nuls espleiter.
Il enchace le roy Daire desqu'al nuiter,
Mes donc par oscurté s'en ala enbuscher,

---

[1] vermaille

[2] crie

[3] e en ferges de fer

le sang rouge couler, les cervelles jaillir,
tant de morceaux de chair projetés avec la peau,
tant de chevaliers s'évanouir ou mourir !
Terribles sont les cris, les soupirs pitoyables.
Les témoins peuvent entendre les grands cris de douleur
et les hennissements des chevaux, voir les agonisants
et tant de nobles chevaliers gisant sur le sol.
Le roi Alexandre encourage ses hommes,
combat avec fureur, attaque férocement,
affaiblit les Perses et les abat devant lui.
Nul homme ne peut résister à ses coups.
Les Chaldéens et les Africains ne peuvent en supporter davantage.
Les ducs et les comtes qui devaient les guider
abandonnent le champ de bataille et prennent la fuite.
Quand Darius voit ses hommes renoncer au combat,
il enfourche un cheval rapide, pour sauver sa propre vie.
Il laisse le reste de l'armée décider de son sort.

lvi Comment Darius fuit le champ de bataille et comment Alexandre le poursuivit.

98

Darius, pour fuir, s'empare d'un cheval rapide.
Il prend alors la tête des fuyards.
Alexandre ordonne à ses hommes de le poursuivre.
Pour l'arrêter, il lance au galop mille guerriers,
car s'il peut le capturer, sa victoire est totale.
Il fallait voir les guerriers éperonner leurs bons chevaux,
les lancer à fond de train en les excitant violemment,
les uns courir en tête, les autres s'écrouler !
Personne ne peut l'emporter sur Alexandre.
Il pourchasse le roi Darius jusqu'à la tombée de la nuit,
mais ce dernier profite de l'obscurité pour se cacher

E atant le perdy en un orbe senter.
Alisandre e ly soen ont lessé l'enchacer
E sunt venuz al champ pur les rengs encercher.
Prent la mere Daire, ses filles e sa moiller,
E des autres prisons meint cent e meint miler.
Ceaux a ses chastels e ses viles fet envoier
E metre en buies e en fer[1] enfirger.
Nel fet pur r[e]ançon, ja ne prendra dener,
Ainz se volt de Daire si faitement venger,
Les dux e les princes par ceo chastier.
Fort fu la bataille e dure al comencer.
A ceaux des olifanz voil ore repoirer
Qui soleient la gent cum feim de pré manger,
E virent qe Alisandre nes volt aprocher;
Ferir ne volt sur eaux ne as primers turnoier.
Adonc retornerent pur lur hommes aider.

99

Par Tholomeu fut acontré a l'estroit d'un rocher,
Antioche ovec ly e vint mil chevaler
Qe nes esparnient pas a lur lances besser.
Encoste le chemin furent ly bon[2] archer
Qui traient les quarrels, les darz trenchanz d'ascer,
E font ces olifanz verser e tresbucher
E les chastels chair e les turs pec[i]er;
Par force des assauz les ont fet desrenger.
Qui fuir i pot vif, mult i quida gaigner.
La nuit est survenue, les futifs vont mucer;
Avancement a ceaux fu as Gregeis destorber.
Ly roys Alisandre s'en ala herberger,
A vint mil des soens se fet eschargaiter; 89r
E les autres vont toz par les plein[e]s loger.
Ne porent pur la nuit les Persanz despoiller.

[1] e en ferges de fer
[2] bone

et Alexandre perd sa trace dans un sentier sombre.
Avec les siens, il abandonne la poursuite
et revient sur le champ de bataille pour inspecter les rangs.
Il s'empare de la mère de Darius, de ses filles et de son épouse,
ainsi que de centaines et de milliers de prisonniers,
qu'il fait conduire dans ses châteaux et ses cités,
enchaîner et mettre aux fers.
Il méprise les rançons – jamais il n'acceptera un denier –,
mais il veut ainsi se venger de Darius,
en infligeant ce châtiment aux ducs et aux princes.
La bataille a été terrible et d'emblée acharnée.
Revenons maintenant aux éléphants,
qui dévoraient les hommes comme le foin dans les prés.
Les guerriers qui les montaient voient qu'Alexandre refuse de [s'approcher d'eux
et de les attaquer, ainsi que les premiers bataillons :
ils font demi-tour pour porter secours à leur camp.

99

Ils ont rencontré Tholomé dans un défilé,
ainsi qu'Antiochus et vingt mille chevaliers,
qui abaissent leur lance et ne les épargnent pas.
Les habiles archers, le long du chemin,
lancent des traits d'arbalète et des dards d'acier acérés :
ils renversent et culbutent les éléphants,
abattent les châteaux et détruisent les tours.
La violence des attaques met les Perses en déroute.
Celui qui sauve sa vie s'estime bien heureux.
La nuit est tombée, les fuyards se cachent.
L'obscurité les aide, tandis qu'elle gêne les Grecs.
Le roi Alexandre se retire pour la nuit,
veillé par vingt mille de ses soldats,
pendant que les autres vont s'installer dans les plaines.
La nuit les empêche de dépouiller les Perses.

100

Quant l'aube de jur creve e chantent ly oisels,
L'alowe e la chalendre, malviz e estornels,
Donc montent cil de l'ost en lur chevals ignels
E vont renger le champ pur les genz reals
Qe Alisandre ad perdu, li bons roys e leals.
Del sanc qe curt des mors corent ly roisseals,
Des homes destrenchez les tas[1] e les monceals.
Alisandre i voit des soens itanz juvenceals
E fiz as princes, les nobles damoyseals,
E voit cure lur sanc e gesir lur boeals,
Donc les pleint e regrete cum seignur naturals.
Des lermes de ses oilz est teint ly manteals.
Toz les fet enterrer as champs e as praeals
En sarcuz de marbre e coverir des tombeals.
Les homes qu'il ad pris envoit as chasteals
E les fet metre en buies e en aneals.
De l'eschec qu'il ad conquis fet as soens aveals:
Done a eaux chevals, haubers e dons reals,
Tot l'or e l'argent e les riches vesseals,
Coupes e hanaps d'or e as esmals,
Les riches garnemenz e les bons cendeals.

101

Les princes e les barons fet Alisandre enterrer,
Departir l'avoir e largement doner;
E ceaux qu'il ad pris fet il enprisoner.
La mere al roy Daire e sa femme au vis cler
E ses deus filles fet il ovec ly mener;
Nuit e jur en sa curt servir les fet e honorer.
En mylu de Perse fet sa gent sojorner;

---

[1] les traz

100

Dès que l'aube point et que les oiseaux chantent,
les alouettes des champs et des bois, les grives et les étourneaux,
les soldats enfourchent leurs chevaux rapides
et parcourent le champ de bataille à la recherche des hommes de sang [royal
qu'Alexandre, le roi noble et loyal, a perdus.
Des ruisseaux de sang s'écoulent des cadavres
et des amas de corps déchiquetés.
Alexandre reconnaît parmi eux bien des jeunes guerriers,
des fils de princes, des jeunes gens nobles ;
il voit couler leur sang et leurs entrailles traîner à terre :
il les plaint et déplore leur mort ;
ses flots de larmes décolorent son manteau.
Il les fait tous ensevelir à travers champs et prairies,
dans des cercueils de marbre recouverts de monuments funéraires.
Quant aux prisonniers, il les expédie dans ses châteaux,
pour qu'ils y soient enchaînés solidement.
Le butin qu'il a gagné, il le livre à ses hommes :
il leur donne des chevaux, des hauberts, des présents dignes d'un roi,
tout l'or et l'argent, les riches pièces d'orfèvrerie,
les coupes et les hanaps en or et en émail,
les luxueuses parures et les précieuses étoffes de soie.

101

Alexandre fait ensevelir les princes et les barons,
il distribue avec largesse les richesses conquises
et fait mettre en prison ceux qu'il a capturés.
Quant à la mère du roi Darius, à son épouse au teint clair
et à ses deux filles, il les emmène avec lui
et les fait nuit et jour, à sa cour, entourer d'attentions et d'honneurs[1].
Au centre de la Perse, il accorde à son armée un temps de repos.

---

[1] Thomas de Kent n'accorde que peu d'importance à cet épisode majeur pour la renommée de largesse et de courtoisie dont jouit Alexandre au Moyen Âge. Alexandre de Paris le développe en revanche davantage (br. II, l. 143-145).

Ainz qe plus ait oy, ne volt avant aler.
Daire s'en est alé qui fet sa gent mander;
A ly sunt venuz, ne poent par el eschaper,
E des autres tant k'om ne put nombrer.
Font fere lur armes e lur batailles aprester, *89v*
Contre le roy Alisandre volent ost[e]er;
E sey venger de ly si le put trover.
Ore fet venir sa gent par terre e par mier,
Desk'en Ynde majur font les terres trembler;
E ly roys Alisandre en oy mult parler,
Cum Dayre le manace[1] a la teste couper.
Donc tramet messages Achamandre l'Escler,
Qui ses terres avoit suz ly a governer
E totes ses rentes e justices a garder.
Comande par son bref qu'il le vienge avancer
E toz ceaux qui sunt de l'aé qe armes puissent porter:
Ne ly faille a bosoing; ore en ad mester.
Quant il oy le bref, grant gent fet assembler;
En trestot Achaie ne remist bacheler,
Chevaler ne sergant, ne ly demein[e] pier,
Ne vienge a cest bosoing pur le roy conforter.

102

Achamandre le duc mult grant ost assembla
De totes les terres qu'il a justiser a.
Prist rentes e trues, a Dayre les envoia,
Mes ly roys Alisandre pas ne s'oblia.
Par totes ses terres messages envoia,
E par les citez de Libie e Achaie ala.

---

[1] manace

Il ne veut pas avancer sans de plus amples informations.
Darius est reparti, pour convoquer ses hommes.
Ils l'ont rejoint – ils n'avaient pas le choix –
et avec eux de nouvelles recrues, en nombre incalculable.
Les Perses veillent à la fabrication des armes et à la préparation des [troupes,
car ils veulent faire la guerre au roi Alexandre
et se venger de lui, s'ils peuvent le trouver[1].
Par voie de terre et de mer, Darius mobilise ses hommes,
qui font trembler la terre sous leurs pieds jusqu'en Inde majeure.
On rapporte longuement au roi Alexandre
comment Darius menace de le décapiter.
Darius envoie des messagers à Achamandre le Slave,
qui administre ses terres en son nom
et veille à la rentrée des revenus et au respect des lois.
Dans sa lettre, il lui ordonne de venir lui prêter main forte,
avec tous ceux qui sont en âge de porter les armes,
et de ne pas lui faire défaut dans cette urgence, car il en a bien besoin.
Dès qu'Achamandre a lu la lettre, il rassemble d'énormes troupes.
Dans toute l'Achaïe, il ne reste pas un seul jeune guerrier,
un chevalier ou un fantassin[2], pas un seul prince
qui ne vienne, dans cette urgence, porter secours au roi.

102

Le duc Achamandre a levé une immense armée
sur l'ensemble des terres qu'il est chargé d'administrer ;
il perçoit taxes et impôts, qu'il envoie à Darius.
Mais le roi Alexandre ne perd pas non plus son temps.
Dans l'ensemble de ses terres il envoie des messagers
et fait le tour des cités de Libye et d'Achaïe.

---

[1] Correction de *put* par la variante de P *poent*.

[2] Par opposition à *chevalier*, *sergent* désigne le combattant à pied. Mais on trouve aussi des sergents à cheval : ce sont " les cavaliers qu'une naissance trop obscure, une fortune trop précaire avaient empêchés de devenir chevaliers " (P. Contamine, *La Guerre au Moyen Âge*, Paris, 1980, p. 163).

Cinquante cent mile de genz assembla,
D'armes e de chevals trestoz les atorna;
Par force e par engin le mont Taurin passa,
E al somet del mont une hante leva.
Donc dit as soens, qe d'iluec l'ostera,
Seit privé ou estrange, il l'ocira,
Sa terre e son lignage trestuit destruiera.
Quant passé ad les monz, vers l'ost Daire s'en va,
E vient a Thebes ou grant pople trova;
Mult par fut orgoillus: les portes ly vea.
Ly roys Alisandre forment se corucea. *90r*
Tendre ses pavillons par les prez comanda;
En cest[e] manere la cité assegea.

103

Riche [cité] fu Thebe e ot esté tut dis;
Unc puis fors Rome ne fu nul[e] de tel pris.
La[e]inz orent mandé toz les barons marchis,
Les dux e les contes e les dames de pris.
Riches furent d'avoir e d'armes poestis;
Par trestot l'ost du mond ne quident estre pris.
Alisandre les ad dehors les murs assis;
S'il n'est par famine, jamés ne serront conquis.
Les turs en sunt fortes e les murs antis,
Tot est fet de liois[1] e de marbre bis.
Mil chevalers armez li ont la hors tramis,
Lances as fers trenchanz, escuz en lur vis.
De pailles sunt covert ly bon cheval bredis.
Tuit serré e rengé se sunt al champ mis.
Escrient en haut: 'Car t'en va, roys cheitis,
E meine tes haspals e tes genz mendis,
E te combat a nous, car el n'i as tu quis.
Pur quei vas tu robant nos terres e nos pais?
Tu as en la cité tel cent mil enemis;

---

[1] caillois (*d'une main différente*) e de m.

Il réunit cent cinquante mille hommes,
qu'il équipe tous d'armes et de chevaux.
Grâce à sa force et à son habileté, il franchit le mont Taurus
et, au sommet du mont, plante une lance.
Il proclame alors aux siens que celui qui l'arrachera,
ami intime ou étranger, il le tuera
et détruira ses terres et tout son lignage.
Après avoir franchi les montagnes, il se dirige vers l'armée de Darius
et arrive à Thèbes, où la population est nombreuse.
Le peuple orgueilleux lui interdit l'entrée de la ville.
Le roi Alexandre, violemment courroucé,
ordonne de dresser les tentes dans les prairies :
c'est ainsi qu'il mit le siège devant la cité.

103

Thèbes était depuis toujours une cité puissante.
Après elle, seule Rome a pu lui être comparée.
Les habitants avaient réuni dans son enceinte tous les marquis,
les ducs, les comtes et les nobles dames.
Ils regorgeaient de richesses et d'armes puissantes.
Ils croyaient pouvoir résister à toutes les armées du monde.
Alexandre a mis le siège devant les murailles.
Seule la famine permettrait de prendre la ville.
Ses tours sont très solides et ses murailles anciennes,
l'ensemble est en pierre blanche et en marbre gris.
Les Thébains envoient mille chevaliers en armes,
munis de lances aux fers acérés et d'écus placés contre leur visage.
Des étoffes de soie recouvrent leurs vigoureux chevaux.
Ils s'avancent en rangs serrés dans le champ
et s'écrient très fort: " Déguerpis, pauvre roi,
avec tes mercenaires et ta troupe de mendiants,
ou livre-nous combat, puisque tu ne désires pas autre chose[1] !
Pourquoi pilles-tu nos terres et notre pays ?
Tu as bien dans la cité cent mille ennemis

---

[1] Nous adoptons la variante de P, *ou tu*.

Icil qui meins te het te volt aver[1] occis.'
Quant l'ot Alisandre, par eschar geta un ris,
E lur dit en haut: 'D'un[e] rien vous garnis:
Si a force vous preng, ne eschapera un sul vis,
Pur or ne pur argent, ja n'ait tanz bons amis.'

104

Thebes ert bone cité, e bien garnie l'avoient;
Mil homes a cheval dehors issuz estoient.
Ventelent gonfanons des espiés qu'il palmoient,
Relusent cil escu e cil helme flamboient;
Le soleil rait e cil haubert blanchoient,
Les chevals sunt covers qui desuz eaux se desraient.
Par le plus orgoillus au roy cembel envoient; *90v*
Des espiés[2] vont ferir iceaux qui primes i voient.
La gent Alisandre des armes se conroient,
Contre ceux de Thebe dehors se tornoient.

105

En cel conroy avoient meint riche pen[un]cel,
Meint gonfanon a or e meint cheval ignel,
Meint helme flamb[ei]ant, a peres ly cercel,
Meint conte e meint baron e meint prince de chastel,
Meint berfroy drescé e meint grant mangonel.
D'Athenes i ert venuz un bel damoysel,
Fiz ert l'emperur e chevaler novel.
Cheval avoit corant, covert estoit bel,
Un escu a or burny od un vert lioncel
E vermeil gonfanon ataché d'un fresel,
Conissances trenchees a menu chisel.
Pur son pris eshaucer vint il a cest apel;
Devant toz les autres porte le cembel.
Broche le cheval, l'escu torne en cantel;

---

1 avere

2 espees

et celui qui te hait le moins ne souhaite que ta mort ! "
À ces mots, Alexandre jette un rire moqueur
et leur répond d'une voix forte: " Je vous préviens :
si je vous vainc par la force, aucun n'en sortira vivant,
malgré tout son or, son argent, tous ses amis fidèles ! "

104

Thèbes était une belle cité, ravitaillée d'abondance.
Mille cavaliers ont effectué une sortie.
Les gonfanons s'agitent au sommet des lances qui tournoient,
les écus étincellent et les heaumes rutilent,
les hauberts reluisent sous les rayons du soleil,
les chevaux caparaçonnés s'élancent avec fougue.
Les Thébains chargent le plus orgueilleux de lancer leur défi
et vont frapper de leurs lances les premiers qu'ils voient.
Les troupes d'Alexandre s'équipent de leurs armes
et affrontent les ennemis à l'extérieur de la ville.

105

Dans ce corps de troupes, que de riches pennons,
de gonfanons dorés et de chevaux rapides !
Que de heaumes rutilants au cercle de pierres précieuses,
que de comtes, de barons et de châtelains !
Que de tours mobiles dressées, que de grands mangonneaux !
D'Athènes était venu un jeune et beau guerrier :
le fils de l'empereur, tout nouveau chevalier.
Il avait un cheval rapide, au luxueux caparaçon,
un écu en or étincelant, orné d'un lionceau vert,
un gonfanon vermeil orné d'une frange
et d'armoiries découpées avec de fins ciseaux.
C'était par désir de gloire qu'il répondait à cet appel
et, aux yeux de tous, il lançait son défi.
Il éperonne son cheval, tourne son écu de côté

Pres du roy Alisandre fiert un juvencel,
De Macedoigne ert nez, fiz dan Nazanel.
Par my l'escu ly met son espié a neel;
De son haubert maillé fausent ly clavel,
Trenche ly [le] pomon e le mestre boel,
Puis brandist l'espee si l'abat a un moncel.
Guenchy le cheval tres par my le prael.
Theban sunt lez, e dolent ly real.

106

De porter ses armes avoit cist bele grace,
Mult piert gent de corps e cler[e] avoit la face;
E se vet errant hors des rengs de la place.
Un Greu lur ad occis e treis homes de Trace
E le quint ad naffré, le sist devant ly chace;
L'espié ly porte pres, de mort le manace.
Alisandre le veit si ad ire en gace;
En tote l'ost n'ad hom[e] qu'al quer tant hace. *91r*
Esloigne son espié, son escu enbrace,
Fiert le Thebien qe tut le double esquace.
Par my outre le corps l'alemele en glace.
Brandist si l'abat mort, ne say qe el en face.

107

Thebaen le voient, n'en ont deduit ne jeu,
Car il lur tint en l'estur mult tres bon leu;
Quatre cent chevalers out de son feu
Qui puis sa mort furent de lur servise eschu.
De ceste aventure sunt dolent e irascu.
Bien le fet Alisandre e Tholomeu son dru
E cil de Macedoigne, Egypcien e Greu,

et, tout près du roi Alexandre, frappe un jeune Grec,
originaire de Macédoine et fils du seigneur Nazanel.
À travers l'écu il enfonce sa lance niellée,
brise les anneaux de la cotte de mailles
et lui tranche le poumon et le gros intestin.
Il brandit ensuite son épée et l'abat sur une colline.
Puis il fait virer son cheval au milieu du pré.
Les Thébains sont ravis, les hommes du roi en deuil.

106

Ce jeune homme avait bonne grâce sous ses armes ;
il avait un corps magnifique et le teint clair.
Il sort alors des rangs où il se trouvait.
Il leur tue un Grec et trois hommes de Thrace,
en blesse un cinquième, pourchasse un sixième,
dont il approche sa lance, en le menaçant de mort.
Alexandre, à sa vue, est fou de rage[1].
De toute l'armée il ne hait personne autant que lui.
Il abaisse sa lance, empoigne son écu
et frappe son ennemi si fort qu'il brise la double épaisseur de son écu
et lui transperce le corps du fer de sa lance.
Avec un moulinet du bras, il l'abat, mort : que pouvait-il faire [d'autre[2] ?

107

Les Thébains, témoins de cette mort, en furent très courroucés,
car l'Athénien leur apportait au combat une aide décisive.
Il avait amené de ses terres quatre cents chevaliers
qui, après sa mort, furent déchargés de leur service.
Ce coup du sort remplit les Thébains de désespoir.
Alexandre accomplit des exploits avec son ami Tholomé,
les Macédoniens, les Égyptiens et les Grecs,

---

[1] *En gace* pose problème

[2] *brandir* intransitif s'applique à un cheval qui se cabre, d'où la traduction, suggérée par I. Short, " avec un moulinet du bras ". Cf. vv. 2607, 2982, 3534.

Antioche e Marc e le duc Emenidu:
Rompi meint gonfanon e meint orin estru,
E fausent cil haubert e cil escu caldeu.

108

Cil de Macedoigne par irrur i ferent.
Cil Thebayen grant dolur menerent
E nepurquant tres bien les envaerent.
Tresterent vers la cité quant s'en esmaierent.
Treis cenz chevalers en la place lesserent,
E li home Alisandre mult s'en eshaucerent
E mult pres de la cité estrait les menerent.
A l'entrer des lices forment les envaierent,
Entr'els e les portes par engin se mellerent.
Cil sunt pruz dedenz e sovent les trebucherent,
E as branz ascerins orible estur leverent.

109

Thebien, quant mielz ne poeint, en la cité fuirent.
Egypcien e Greu forment les envairent.
Par comandement Alisandre les [murs] assaillirent.
Cil sunt as kernels, qui bien se defendirent,
Lancerent granz espiés, des escuz se coverirent,
Tresterent quarels trenchanz e ewe espandirent;
Geterent feu ardant e forment les laydirent.

110

Desore volt ly roys en la cité entrer. *91v*
Toz les hommes de l'ost ad fet illuec armer,
E le mur aprocher e espes[1] environer.
Par la plenté d'assauz les vet tuz alasser,
Qe longes ne puissent suffrir n'endurer.
A force ad fet ses engins as portes mener;
Donc les fet assaillir e lancer e geter.

---

[1] espees

Antiochus, Marc et le duc Émenidus :
que de gonfanons et d'étriers d'or détruits !
que de hauberts et d'écus chaldéens brisés !

108

Les Macédoniens combattent avec fureur.
Les Thébains, malgré leur profonde douleur,
les attaquent avec beaucoup d'ardeur.
Ils regagnent la cité, gagnés par la peur,
en laissant sur le champ de bataille trois cents chevaliers.
Les hommes d'Alexandre, grandement stimulés,
les talonnent jusqu'aux abords de la cité.
À l'entrée des fortifications, ils les attaquent violemment
et se glissent par ruse entre les portes et eux.
Les assiégés les repoussent avec vaillance à plusieurs reprises
et déclenchent une terrible bataille de leurs épées d'acier.

109

Les Thébains, poussés par la nécessité, s'enfuient dans la cité,
pressés par les Égyptiens et les Grecs
qui, sur l'ordre d'Alexandre, assaillent les murailles.
Les habitants, depuis les créneaux, se défendent vaillamment :
ils lancent de grands épieux en se protégeant de leurs écus,
décochent des flèches acérées, déversent de l'eau,
projettent du feu grégeois et causent des pertes importantes.

110

Le roi est décidé à entrer dans la cité.
Il ordonne alors à tous ses hommes de s'armer
et d'encercler les murs, en rangs compacts.
Il va épuiser les assiégés par des assauts répétés,
pour affaiblir leur résistance.
Vite il a fait transporter ses machines contre les portes,
ordonne de déclencher l'attaque et d'accabler les Thébains sous les
[projectiles.

Assauz lur fet ytaus aprés liverer
K'en trois jurs n'i ot nul loisir de reposer.
Tant i put homes veer lancer e ruer,
Trere darz aguz e ewe chaude verser,
Tanz hommes mortz verser e trebuche[r]
E tant sanc espandre, tante char[1] entamer,
E tantes[2] beles dames lur amis regreter,
Compaignon pur autre pleindre e suspirer,
[E] tantes[3] palmes batre e tanz chevelz tirer!
Ly roys Alisandre ne volt unqes finer;
Assaut aprés autre fet nuit e jur rover,
Car treus ne repos ne lur volt point doner,
E cil ne se volent rendre ne tenser.
Nuit e jur se defendent li vaillant bacheler.
Le roy fut enginus; prent soy a purpenser
En quele manere il [i] purra entrer,
Car ne volt, s'il put, longement demorer;
E dit: 'Ore me siwez, compaignon e pier!'
E vont a lur atraiz, merin font amener.
Pur lancer ne pur trere ne volent returner
Decy la qe a force les lessent passer.

lvii Coment la cité de Thebes fu destruite.

111

Alisandre primes entre cum chevaler vaillant.
Devant ly tient l'escu, al destre poing le brant;
Cil qu'il consuit n'ad par arme garant
Ly citezein ly rendent un estur pesant; *92r*
Cil des kernels amont sunt a ly [en]tendant:
Lancent ly meint quarel e meint espié trenchant.
Les portes [s]ont brisees[4]; les Greus passent avant,

---

[1] e tant char

[2] tanz

[3] Tanz p.

[4] brissez

Il leur fait livrer des assauts si répétés
qu'en trois jours ils n'ont pas une minute de repos.
Quel spectacle de les voir projeter autant de traits,
lancer des dards pointus et verser de l'eau chaude !
Que d'ennemis ils renversent morts,
que de sang ils répandent, que de corps ils entaillent !
que de belles dames pleurent la mort de leurs amis !
que de guerriers se lamentent sur leurs compagnons !
que de mains tordues, de cheveux arrachés !
Le roi Alexandre ne veut jamais s'arrêter,
les assauts se succèdent sans arrêt, nuit et jour,
car il refuse d'accorder une trêve ou le moindre répit
et les Thébains refusent de se rendre et de verser un impôt.
Leurs jeunes preux se défendent nuit et jour.
Le roi est rusé : il se met à réfléchir
aux moyens de pénétrer dans la ville,
car il n'entend pas, si possible, s'attarder longtemps.
" Suivez-moi donc, dit-il, mes compagnons et mes pairs ! "
Ils se munissent du matériel nécessaire et font apporter du bois.
Malgré les traits qui volent, ils ne veulent pas se retirer
avant de forcer les Thébains à les laisser entrer.

lvii Comment la cité de Thèbes fut détruite.

111

Alexandre, en vaillant chevalier, entre le premier.
Il tient son écu devant lui et son épée dans la main droite.
Rien ne protège de ses coups celui qu'il poursuit.
Les habitants de la cité ripostent par un violent combat.
Ceux qui sont en haut, sur les créneaux, le visent de leurs traits
et lui lancent une pluie de carreaux d'arbalète et d'épieux acérés.
Les Grecs défoncent les portes et s'engouffrent dans la cité,

Des espiés, des gleives sunt durement ferant,
E ly roys Alisandre la presse rompant,
E cil de la cité vont desconfist fuiant,
E les autres les enchacent e les vont occiant.
Un riches hom de Thebes, qui des ars fu sachant
E savoit d'estives, de harpe e de chant,
Devant les pez le roy vint agenoillant
Od un cha[le]mel d'or baudement estivant.
Mult loe Alisandre e ly dit: 'Roy puissant,
Aiez merci de nous, sire, par ton comant,
Ne destruiez la cité ne leu si avenant.
Hercules i fu né e Amphion regnant.
Vostre meillur parent i furent tuit menant;
Ton parenté nous dust par droit estre garant.'
Le roy ne volt flechir son coruz tant ne quant;
As mesons e as paleis fet mettre feu flambant.
Ne remeint hom vif ne bordel en estant,
Ne cheval ne beste ne femme ne enfant.

frappant avec acharnement de leurs lances et de leurs épieux,
tandis que le roi Alexandre fend la foule ennemie.
Les Thébains, vaincus, partent à la débandade,
pourchassés et massacrés par les Grecs.
Un riche Thébain, qui avait appris les arts libéraux,
et savait jouer de la flûte, de la harpe, et chanter,
vient s'agenouiller aux pieds du roi,
en jouant une mélodie joyeuse avec une flûte d'or.
Il fait l'éloge d'Alexandre et lui dit :
" Puissant roi, ayez pitié de nous, sire,
veuillez épargner la cité et ce site merveilleux !
Hercule y est né, Amphion y a régné.
Vos plus illustres parents y ont tous vécu.
Vos ancêtres devraient légitimement nous sauver. "
Mais le roi reste absolument inflexible dans sa colère
et fait incendier les maisons et les palais.
Nul bâtiment n'est épargné, nul homme ne reste en vie,
ni femme ni enfant, ni cheval, ni le moindre animal[1].

---

[1] Selon l'histoire, Alexandre a effectivement détruit la ville de Thèbes. Thomas de Kent suit l'*Epitomè*, livre I, 46-47 (voir aussi le Pseudo-Callisthène, trad. G. Bounoure et B. Serret, livre I, 27, pp. 26-27 ; trad. A. Tallet-Bonvalot, pp. 81-88). On voit à nouveau ici que Thomas de Kent ne se soucie pas de célébrer Alexandre en lui prêtant une générosité exceptionnelle, alors que la largesse est l'une des vertus royales majeures aux yeux des hommes du Moyen Âge, alors aussi que quelques années plus tard Alexandre de Paris attribue à son héros la reconstruction de Thèbes et le don de la ville à un harpiste, figure emblématique à la fois du pauvre chevalier et du poète musicien (br. I, l. 125-128). Thomas de Kent montre au contraire, conformément à sa source, que le roi macédonien reste inflexible devant le musicien qui lui demande d'épargner la ville. Ce dernier, tout comme le harpiste d'Alexandre de Paris, évoque le personnage d'Amphion, fils de Zeus et d'Antiope, qui édifia Thèbes en jouant de la flûte et de la lyre. Au delà de la mention d'Amphion le musicien du *Roman de toute chevalerie* rappelle la légende selon laquelle Alexandre descendait d'Hercule par son père. Quand le *Roman de toute chevalerie* mentionne plus loin Hercule, c'est pour montrer combien Alexandre souhaite rivaliser avec lui et le dépasser (séquence des bornes d'Hercule, l. 319-322 ; épisode du voyage à l'île de Taprobane, vv. 5436-5439).

112

Ly home sunt destruit e la cité gastee,
E vont s'en plusors, nutantre par emblee
E vont aillors meindre en estrange contree
Come gent exillee e forment esgaree.
Un[e] ymage Apolin ont ovec eaux portee,
E pur la sue amur l'ont forment honoree.
Sacrifice ont fet e par art conjuree;
De Thebe ly demandent respons a celee,
E l'ymage lur ad oscurement mostree:
Dit qe par Herculem ert uncore restoree
E par Mercurie [re]fete e repople[e]. *92v*
Vet s'en Alisandre ové sa gent arme[e];
De meint estrange regné l'avoit assemble[e].
Ly uns servent pur fee, ly autre pur soude[e];
Unc si faite gent ne fu avant mene[e].
Pur vitaille quere vont petite jorne[e];
Sojornent la chaline e vont la matine[e].
Les citez d'environ dotent sa renomee[1];
De tant cum mielz vaut e de mielz s'est tensee.
Donc envoit ses messages a l[a] plus honoree
Qe donc estoit al mond; Athenes ert nomee.
Avoir i ot grant e gent mult alosee;
Unques a roy fors au soen n'ert encline[e].

lviii Coment Alisandre envoia ses messages a Athenes.

113

A la cité d'Athenes venent ly message,
Aportent brefs au roy e a tot son barnage
De par le roy Alisandre au fier corage.

[1] la r.

112

Les habitants sont massacrés et la cité dévastée.
Les survivants s'enfuient de nuit, à la dérobée,
et partent vivre ailleurs, dans un pays étranger,
en exilés frappés par le malheur.
Ils ont emporté avec eux une statue d'Apollon
et lui rendent de grands honneurs, par amour pour le dieu.
Ils ont offert un sacrifice et invoqué le dieu par magie.
Ils l'interrogent en secret sur l'avenir de Thèbes
et la statue leur donne une réponse obscure :
“ Hercule reconstruira Thèbes
et Mercure la restaurera et la repeuplera. ”
Alexandre repart avec son armée,
composée d'hommes venus de pays lointains,
qui le servent pour obtenir un fief ou une solde.
Jamais personne n'a conduit une telle armée.
À la recherche de vivres, ils font de petites étapes.
Ils se reposent pendant les chaleurs et marchent le matin.
Les cités avoisinantes prennent peur devant leur renommée.
Plus elles sont puissantes, plus elles se défendent.
Alexandre envoie alors des messagers dans la cité la plus réputée
du monde : son nom est Athènes.
Ses richesses sont grandes, ses habitants très célèbres.
Jamais encore elle ne s'est soumise à un roi étranger.

lviii Comment Alexandre envoya des messagers à Athènes.

113

Les messagers arrivent dans la cité d'Athènes
et transmettent au roi et à tous ses barons
la lettre du farouche roi Alexandre.

Oianz toz fust leu; oiez qe dit la rage:
'Seignurs, le roy Dayre me demande chevage
Pur ceo qe a force le prist de mon lignage.
Ne ly voil doner, car ceo me semble outrage[1]
Qe jeo, roys, deive estre en son servage.
Par pruesce e par sen e par mon vasselage
Ay de quinze regnés seurté e ostage.
Jeo me fy en vous toz qui pruz estes e sage.
Si vous creez mon conseil, n'averez nul damage,
Ainz frez le mielz a trestut vostre age.
Par totes les citez ay mis mon escuage;
De deners e d'armes e de genz faz taillage.
Ne vous puis deporter ne vostre grant parage[2].
Mil besanz voil aver chescun an de truage
E mil homes armez en ost tot[3] a un estage. *93ʳ*
Ne vous voil plus prier qe orgoill pierge ou rage.'
Atheniens entendent del bref le langage.
Le pople en grondille come gent sauvage,
Mes l'empereres par savoir les assuage.

114

Le bref Alisandre devant toz fu lit;

---

[1] ceo sembloit o.

[2] pareage

[3] tote a

On lit devant tous le message[1]. Écoutez sa fureur :
" Seigneurs, le roi Darius me demande un tribut,
car il l'a obtenu par force de mes ancêtres :
je refuse de le lui verser, car c'est pour moi un outrage
qu'il veuille faire de moi, un roi, son esclave.
Ma prouesse, ma sagesse et mon courage
m'ont valu garanties et gages de quinze royaumes.
J'ai confiance en vous tous, en votre vaillance et votre discernement.
Si vous suivez mes conseils, vous ne subirez aucun préjudice
et resterez prospères toute votre vie.
À toutes les cités j'impose de me servir :
je leur prélève un impôt en deniers, en armes et en hommes.
Je ne puis vous en exempter, ni vous ni les vôtres.
Je veux chaque année un tribut de mille besants
et mille hommes en armes pour une période de service.
J'arrête ici ma demande pour ne pas manifester d'orgueil ni de folie. "
Quand les Athéniens apprennent la teneur de la lettre,
le peuple gronde sauvagement.
Mais l'empereur a la sagesse de les calmer.

114

Après la lecture publique de la lettre d'Alexandre,

---

[1] Thomas de Kent suit ici le récit de l'*Epitomè* (livre II, 1-5), alors que pour le même épisode Alexandre de Paris choisit d'adapter une version de Quinte-Curce qui idéalise beaucoup moins Alexandre, car elle montre comment il affronte vainement son maître Aristote, qui sauve la ville grâce à la supériorité de son intelligence et de son habileté (br. I, l. 75-85). En présentant longuement le conseil des Athéniens comme une vraie délibération, alors que les autres scènes de conseil révèlent surtout l'autoritarisme d'Alexandre et des rois orientaux, Thomas de Kent tente peut-être de donner une image de la démocratie athénienne. Il fait intervenir un " empereur " dont il ne donne pas le nom et qui conseille la soumission à Alexandre, puis Salmadas, qui exhorte à la guerre, et Démosthène, qui veut à tout prix trouver un compromis et joue le rôle d'ambassadeur. Cette version issue du *Pseudo-Callisthène* et de ses dérivés latins transforme les données historiques. Elle intervertit les positions de Démosthène et de Démade, puisqu'on sait que le premier s'opposa à tout compromis avec les Macédoniens et que le second œuvra pour une solution de compromis. Quant à l'empereur, il est identifié à Eschine (v. 2501), partisan d'une alliance avec Alexandre.

Par devant les messages tantost fu desdit.
Trestoz a une foiz ly grant e ly petit
Dient a l'emperere qe le treu ly nyt.
Par lur messages envoient un escrit;
Lur corage ly mandent; ore oiez qu'il dit:

115

'Au roy Alisandre saluz e amistez.
Communement priom qe nos droiz nous lessez
Tenir en bien e en pees nos terres e nos feez.
A tort contre reson cest avoir chalengez,
Car unqes vos ancestres ne l'eurent, ce sachez.
Meinte fois en fu le roy Phelippe corucez
E desconfist en champ e laidement chacez.
Quant nous sumes sa mort, trestoz fumes lez,
Si serrom nous de vous, si auqes nous travaillez.
Grant tort avez de nous; pur quei nous defiez?
En servage e en vilté mettre nos coveitez,
Quant vous de nous treu par costome demandez.
Si de combatre a nous estes acoragez,
Nous vous mandom pur voir qe, quel ore qe veignez,
Ainz al champ nous averez tut prest e apparillez.'
Quant Alisandre l'ot, forment en fu irrez.
Par le conseil des soens tramet autres ditez,
E dit a[s] Atheniens: 'Seignurs barons vaillez,
Jeo vous mand e comand vers moy vous adrecez;
Dis de vos meillors mult tost m'envoiez.
Lur langes fray couper e trencher meins e pez, *93v*
Autrement mon coruz n'ert assuagez.
Lyoine, mis hom, ert de vos orgoills vengez,
Le bier qui tant fu pruz, vaillant e enseignez.
Sa lange trenchastes a cotels agusez,
Puis fu en une arbre vilement cloufichez.
Del fere ou del lesser ore vous conseillez,
E si vous nel festes, donc este[s] exillez,

on donne aux messagers une réponse négative.
Tous d'une seule voix, grands et petits,
refusent de verser un tribut à l'empereur Alexandre.
Ils lui envoient leurs messagers avec une lettre,
pour lui dire leur sentiment. Écoutez son contenu :

115

“ Au roi Alexandre, notre salut et nos amitiés.
Nous vous prions tous de respecter nos droits
et de nous laisser gouverner en paix nos terres et nos seigneuries.
C'est à tort et contre la raison que vous revendiquez ces biens,
car jamais vos ancêtres ne les ont possédés, sachez-le !
Bien souvent, le roi Philippe en nourrit de la colère,
fut vaincu en bataille et honteusement mis en déroute.
L'annonce de sa mort nous a remplis de joie,
comme le fera la vôtre, si vous nous persécutez.
Vous avez tous les torts envers nous. Pourquoi nous défier ?
C'est pour nous asservir et nous avilir
que vous voulez instituer un tribut coutumier.
Si vous envisagez de nous livrer combat,
soyez assuré que, à n'importe quel moment,
vous nous trouverez tout prêts sur le champ de bataille ! ”
Cette lettre plonge Alexandre dans une violente colère.
Suivant l'avis des siens, il envoie sa réponse
aux Athéniens en ces termes : “ Nobles et vaillants barons,
je vous donne l'ordre de me faire amende honorable
et de m'envoyer immédiatement dix de vos meilleurs guerriers.
Je leur ferai couper la langue, trancher les mains et les pieds :
c'est le seul moyen d'apaiser ma colère.
Je vengerai ainsi Lyoine, mon vassal, de vos outrages,
ce baron plein de prouesse, de vaillance et de sagesse.
Vous lui avez tranché la langue avec un couteau acéré,
avant de le crucifier ignominieusement sur un arbre.
Maintenant à vous de décider dans un sens ou dans l'autre !
Et si vous refusez, alors vous êtes perdus,

Car il fut[1] entre vous a grant tort laidengez.'

116

Athenes fu forte cité e d'armes bien garnie.
La comencea honur primes e cortoisie,
Doctrine e discipline e engin de clergie,
De auturs de gramaire e de philosophie,
Retorike, phisike, musike e geometrie;
De toz les set ars i ot la mestrie.
Mult i avoit le jur riche bachelerie,
Pruz homes e sages e de grant chevalerie.
Unc de roy fors de lur n'orent seignurie.
Le bref le roy fu lit oiant la baronie,
Qu'i[l] ly rendent treu, autrement les defie.
A un conseil en sunt alé quant la lettre est oie.
L'emperere se dresce ové la barbe florie,
E dit a tut le pople: 'Droitz est qe avant die.
Alisandre est fiers, si ad la chere hardie,
Enginor de guere, cointes, de grant veisdie.
Ly sens Aristotle bien en ly multiplie,
E sa doctrine i piert devers astronomie.
Il fet ceo qu'il volt; n'ad nul qe le contredie;
Trestoz ses enemis destruit e contralie.
Les terres d'environ a ly totes alie.
De plusors terres ad il ore gent banie;
Tote Grece conquist, Acaye e Romenie, *94r*
E Tarz e Cezille, Rome e Lombardie;
Treu prent de Borgoyne e de France la fie[2],
D'Al[e]mayne e Flandres, de ceaux de Normandie;
Conquis ad tote Egypte, e terre barbarie.
De nostre aver nous quert pur aver tenserie.
Si nous ne ly donom, mult ert grant folie;
N'amonte mie a mult ceo qu'il vous prie.

---

[1] fust

[2] F. ly fie

pour avoir si injustement supplicié Lyoine. »

116

Athènes était une cité puissante et bien défendue.
C'est là que naquirent l'honneur et la courtoisie,
les sciences, la méthode et les subtilités du savoir
des auteurs de grammaire et de philosophie,
de rhétorique, de physique, de musique et de géométrie.
On y maîtrisait parfaitement les sept arts libéraux.
Nombreux y étaient ce jour-là les riches jeunes nobles,
les hommes vaillants, sages et bons chevaliers.
Ils ne s'étaient jamais soumis à l'autorité d'un roi étranger.
La lettre du roi fut lue devant tous les barons,
avec l'ordre de lui verser un tribut sous peine de recevoir son défi.
Une fois la lettre lue, ils tinrent conseil.
L'empereur à la barbe blanche se leva
et dit au peuple réuni : « Il est juste que je parle le premier.
Alexandre est farouche et d'une grande audace,
c'est un remarquable stratège, habile et très rusé.
La sagesse d'Aristote porte ses fruits en lui
et il montre sa science en astronomie.
Il réalise toutes ses volontés ; personne ne lui résiste.
Il attaque et détruit tous ses ennemis.
Toutes les terres avoisinantes sont ses alliées.
Il a levé des troupes dans plusieurs contrées,
conquis la Grèce entière, l'Achaïe et la Romanie,
Tarse et la Sicile, Rome et la Lombardie.
Il reçoit un tribut de la Bourgogne et de la fidèle France,
de l'Allemagne et des Flandres, ainsi que des Normands ;
il a conquis toute l'Égypte et les terres sauvages.
Il réclame une part de nos richesses comme tribut.
Si nous la lui refusons, nous commettrons une grande folie.
La somme qu'il vous demande n'est pas très élevée :

S'amur [en] averom, sa force e sa aie.
Bien ait un sul besant qe mil esparnie.
Qe del soen ad honur, jeo dy qe bien l'emplie.
Mielz vaut qe par amur [en] eit[1] une partie,
E nous en aiom l'autre a seurté de vie,
Qe tote l'eit a force e nous en occie.
Icil fet qe sages qui par autre se chastie.
Membre vous de Thebe cum ele est malbaill[i]e,
Par malveis conseil de lur lecherie,
E Tyr en est destruite e Sydoyne honie.
Il desconfist en champ l'orgoil de Persie
E abaty roy Da[i]re e sa grant compaignie;
Prist sa mere, ses filles e s'amie,
E occist en l'estur la gent plus esbaudie,
Le roy de Capadoce e le duc de Sulie.
Si a cestuy donom treu, nel tieng a vileinie,
Hont[e] ne reprover ne nul[e] felonie.
S'il mil besanz en prent ore de avouerie,
Aprés cest an avant n'en prendra il mie.
Entretant put la terre estre autrement establie.'

117

Salmadas lieve sus, si fut bon pleid[e]ur,
E chevaler vaillant e riche almazur.
Oiant toz les barons dit a l'emper[e]ur:
'Emperere de Athenes, a poy d'ire ne plur; *94v*
Nostre pris voy abatre e chair nostre honur.
Vous frez, mien escient, d'ecoufle tart ostur,
Ou de busard[2] faucon, ou d'asne missodur,
E de chevaler coard tres hardy[3] combatur,
Quant bons chevalers fetes aver pour.
Pur quei metez nos corps en doute e en errur,

---

[1] eit *insertion d'une autre main.*

[2] de la b.

[3] tard hardy

elle nous vaudra son amitié, sa puissance et son aide.
On peut bien donner un besant pour en épargner mille.
C'est faire bon usage de ses richesses qu'en tirer de l'honneur.
Mieux vaut lui donner une partie de nos biens de bonne grâce,
et garder le reste avec la vie sauve,
que tout perdre et nous faire tuer.
C'est agir sagement que tirer une leçon de l'exemple d'autrui.
Souvenez-vous de l'anéantissement de Thèbes,
pour une décision funeste prise par perfidie,
de la destruction de Tyr et du déshonneur de Sidon !
Alexandre a abattu sur un champ de bataille l'orgueil des Perses
et vaincu le roi Darius et son immense armée.
Il a capturé sa mère, ses filles et son amante,
et tué au combat les guerriers les plus audacieux,
le roi de Cappadoce et le duc de Syrie.
Il n'y a nul déshonneur à lui verser un tribut,
nulle honte, nulle faute et nul crime.
S'il nous prend maintenant mille besants en gage de notre soumission,
l'année suivante, il ne prendra plus rien :
entre-temps, la configuration du monde peut changer. »

117

Salmadas se leva. C'était un bon orateur,
un chevalier courageux et un prince puissant.
Devant tous les barons, il répliqua à l'empereur :
« Empereur d'Athènes, les larmes me montent aux yeux.
Je vois notre renommée s'effondrer et notre honneur tomber.
Vous ferez, à mon avis, d'un milan paresseux un autour,
d'une buse un faucon, d'un âne un coursier,
d'un chevalier couard un guerrier audacieux,
puisque vous insufflez la peur à de bons chevaliers !
Pourquoi nous plongez-vous dans la crainte et le trouble,

Car unqes ne eumes sur nous seignour?
Combatom nous a ly a force e a baudur;
Ja sumes nous tel gent, al mond n'ad meillur.
Ore veez quel barons, quel juvente, quel flur!
Honte nous put estre si suffrom deshonur.
Toz jors avoms esté chevalers guerreur
E sur nos enemis par force conquerour.
Le fort roy de Perse getames nos d'estur;
Plus de vint mil des soens en occimes le jur.
Tote Lacedemoyne preimes par vigur,
La cité de Corinze, le chastel e la tur;
Plus de sessante mil preimes nos de[s] lur.
Serses, roy de Mede, venqui nostre valur;
Cist en ot tel ost, nul n'en ot gregnur.
Tant ot nefs e dromonz e sigles de colur
La mer en fu coverte cent lues en laur,
E la gent qu'il ot par terre fu assez gregnur;
Cist regne en fu covert[1] de long e de laur.
Nos les venquimes toz, bien savez la verrur.
Jeo vos vi le jur del bon brant fereur,
E en tote la grant ost ne vi tel justeur;
Ore nos metez toz en grant freur.
Chevalers, bachelers, al quer ay grant tristur!
Vos en devez aver e pité e irur
Quant les honors perdom qe orent nos ancessur,
E la cité d'Athenes chiet en tel dolur
Par vostre malveisté e feble governur.
Qui nos dust maintenir nos faut al primur.
Tanz roys avoms vencu par nostre labur, *95r*
Ore devom vers cesty prier d'aver s'amur
E doner tenserie cum fussom vavasur.
M'est avis qu'il quert orgoill[2] e folur

---

[1] coverte

[2] orgoille

alors que jamais nous n'avons été dominés par un maître ?
Livrons bataille avec force et ardeur !
Notre valeur est telle que nul ne nous surpasse.
Voyez donc : quels guerriers, quelle jeunesse, quelle élite !
Nous serons couverts de honte si nous acceptons le déshonneur.
Nous avons toujours été des chevaliers combatifs
et avons toujours vaincu nos ennemis par les armes.
Nous avons mis en déroute le puissant roi de Perse
et tué ce jour-là plus de vingt mille de ses hommes.
Nous avons pris de haute lutte Lacédémone,
la cité de Corinthe, son château et sa tour,
en faisant plus de soixante mille prisonniers.
Xerxès, roi de Médie, notre vaillance l'a vaincu,
alors qu'on n'avait jamais vu armée plus imposante.
Il venait avec tant de navires, tant de dromons aux voiles colorées
qu'ils recouvraient la mer sur une largeur de cent lieues ;
et ses troupes sur terre étaient aussi nombreuses.
Notre royaume en était couvert sur toute sa surface.
Nous les avons tous vaincus, vous le savez bien.
Je vous vis ce jour-là frapper de votre épée solide
et personne, dans toute l'armée, ne vous égalait.
Et maintenant vous nous remplissez tous de terreur !
Chevaliers, jeunes guerriers, j'éprouve une grande tristesse !
Quelles doivent être votre souffrance et votre colère
devant la perte des terres que possédaient nos ancêtres,
et la chute d'Athènes dans un si grand malheur,
par votre lâcheté et la faiblesse de votre chef !
Lui qui devrait nous protéger est le premier à nous abandonner.
Après avoir vaincu tant de rois par nos efforts,
nous devons implorer celui-ci pour gagner son amitié
et verser un tribut comme de pauvres vavasseurs.
Je crois qu'Alexandre n'est qu'orgueil et folie,

Quant dis de nos [meillors] velt pur[1] [un] soen peiur
Aviler e honir cum fussom traitur,
Pur le conte Lioyne un malveis baretur.'

118

Primes fu le pople par le roy affreez,
Mes par les diz cesty est puis asseurez.
Crient a une voiz: 'Roy, car vous combatez!
Aie e grant effors contre ly avez.'
Le roy se tint en pes, n'est point desreez[2].
Le pople fu pleners e riche ly senez.
Demostenes, un duc, est donc en pes levez,
Dit a tut le pople: 'Seignurs, escutez!
Iceste parole par reson demenez.
As plus sages barons de conseil en parlez,
Qe pur les diz au roy vostre honur ne perdez.
Si bon est a fere[3], contre toz le tenez,
E as dis Salamande[4] d'autre part esgardez.
Par son enticement tel orgoil n'enpernez
Qe nos feez en perdom ne nos granz heritez,
Ne ne seiom pris ne mort ne affolez.
Le roy nous loe bien qe vous i acordez;
Les mil besanz anveles volunters ly donez,
E si ceo ne fetes quant est avant alez,
La cité est destruite si ne la defendez.'
Salmandes dit iceo: 'Treu ne ly rendez!
Servage ert e honte, deshonur e viltez,
E pur quei e en quei est bien dit e provez.
La guere loe bien, si cum oy avez,
Donc est droit qe chescun die ceo que en loez.
Si tant avez d'effors, de chevalers armez, *95v*

---

[1] v. avez pour

[2] nest point haitez

[3] bonne est affere

[4] Salamande: *la seconde en interligne.*

quand il veut avilir et déshonorer, pour le pire des siens,
dix de nos meilleurs hommes, comme si nous étions des traîtres,
pour le comte Lyoine, un fieffé coquin ! "

118

Le peuple fut d'abord effrayé par le roi,
mais il reprit confiance aux paroles de Salmadas
et cria d'une seule voix: " Roi, engagez le combat !
Vous avez contre lui des ressources et des troupes importantes ! "
Le roi ne broncha pas et ne manifesta aucun trouble.
Le peuple était en nombre et le sénat puissant.
Alors Démosthène, un duc, se leva
et s'adressa au peuple : " Seigneurs, écoutez-moi !
Soyez raisonnables dans vos propos !
Délibérez avec les plus sages barons du conseil,
afin de ne pas compromettre votre honneur par la faute du roi.
S'il a raison, suivez-le envers et contre tous !
Considérez ensuite les paroles de Salmadas.
Ne vous laissez pas entraîner dans une folie
qui nous ferait perdre nos seigneuries et nos vastes domaines
et nous vaudrait la prison ou la mort.
Le roi nous conseille justement un accord avec Alexandre :
donnez-lui de bonne grâce les mille besants par an,
car si vous refusez de le faire alors qu'il approche,
la cité sera détruite, à moins que vous ne la défendiez !
Salmadas vous dit: 'Refusez le tribut !
Ce sera le servage et la honte, le déshonneur et l'infamie !'
Il en expose bien les raisons et les conséquences.
Il conseille donc justement la guerre, comme vous l'avez entendu.
Aussi faut-il que nous sachions ce que vous décidez[1].
Si vous avez assez de troupes et de chevaliers en armes

[1] Correction d'après la note de l'éditeur (*op. cit.*, vol. II, p. 94) : *Donc est droit que sachum iceo que vos loez.*

Qe combatre poez sanz trop estre grevez,
Ne destruit ne seiom n'en champ deshonorez,
Si mandez Alisandre totes vos volentez.'
Envers Salmades est le duc donc tornez,
E dit li: 'Sire quens, un poy m'entendez!
Bien avom entendu qe par reson parlez.
Nous venquimes le roy de Perse e ses barnez,
Corinthes e Margares e autres citez,
Serses de Mede e autres roys assez,
E par ceste reson combatre vous volez.
A moy semble reson qe ore nous mostrez
Ou sunt ly chevaler qe contre ly menrez.
Ou est le grant conseil par ont le veincrez,
Ou est le grant barnages ou tant vous fiez?
Ainz qe plus en facez, tuit ceo veer devez.
Beaus amis, tut est en autre siecle alez;
En tote la cité tel vint mil n'averez.
Cum donc i ot cent, as rues les querez.
Qui sa pes put aver, pur quei ert alassez[1]?
Car pur sul mil besanz l'averom toz nos eez.
Qui la guere coveite il est en fin de[s]vez.
Vous estes, seignurs, fols si de ceo le creez.'
Ceo respont Salmades: 'De [la] lange savez!
Itant cum par pleider defendre vous poez,
Ja lance ne escu en champ ne port[e]rez.
Vous estes vielz e froid; un de ces jors morrez.
Ne te chaut aprés ta mort qui soit avilez,
E d'autri burses les mil besanz grantez.
Les povres les dorront, ja un n'en dorrez;
E si unqes vous conuis, vostre part en averez.'

---

[1] alessez: *la première lettre presque effacée.*

pour pouvoir combattre sans trop essuyer de pertes
et sans encourir le déshonneur ou la mort dans la bataille,
faites savoir à Alexandre vos intentions ! "
Le duc se tourna alors vers Salmadas
et lui dit : " Seigneur comte, écoutez-moi bien !
Nous avons bien compris vos arguments :
nous avons vaincu le roi de Perse et ses barons,
Corinthe, Mégare et d'autres cités,
Xerxès de Médie et bien d'autres rois,
et c'est pour cette raison que vous voulez vous battre.
Il me semble légitime que maintenant vous nous montriez
où sont les chevaliers que vous mènerez contre lui.
Où est le grand renfort sur lequel vous comptez tant ?
Où sont tous les barons qui vous assureront la victoire ?
Avant de vous engager davantage, vous devez y penser.
Cher ami, tout cela appartient à une autre époque.
Dans la cité tout entière, vous ne trouverez pas vingt mille hommes.
Les cent mille qu'il y a eu jadis, cherchez-les maintenant dans les [rues!
Quand on peut vivre en paix, pourquoi se fatiguer?
Pour mille besants seulement, nous serons en paix toute notre vie.
Pour désirer la guerre, il faut être fou furieux.
Vous délirez, seigneurs, si vous lui prêtez foi ! "
Salmadas de répondre : " Vous êtes beau parleur !
Tant que vous pourrez vous défendre par les mots,
vous ne porterez ni lance ni écu sur un champ de bataille.
Vous êtes vieux et glacé ; votre mort approche.
Peu vous importe qui, après votre mort, sera rabaissé,
et vous promettez les mille besants sur les bourses des autres !
Les pauvres les donneront ; vous, vous n'en verserez jamais un seul,
et tel que je vous connais, vous en recevrez votre part ! "

119

Ainz qu'il fussent a un, i ot meint dur[1] estrif
E meint orgoillus dit e meint sermon vif. *96r*
La bataille volent ly fol e li jolif;
Le acord coveitent ly sage e li antif.
Eschinus l'emperere fu forment pensif;
Salmades e ly soen furent maltalentif
E a tuit lur poer a la guere ententif.
Au d[e]rein fut[2] ly viel del play plus poestif.

lix Coment Demostenes fist l'acord as Athen[i]e[n]s,
e presenta Alisandre une corone.

120

L'estrif fu grant, la noise e la tençon.
Nequident d'un conseil furent li baron,
E tramettent messages al fiz Phelippon.
Demostenes est un qui dirra la reson.
Issent hors d'Athenes e eirent de randon;
Passent le pais e la grant region,
Venent a Palatee, descendent al peron.
Les mulez vont resceivere esquier e garçon.
Donc trovent Alisandre en my son pavillon,
E juout as eschés a un duc griffon[3].
Ovec ly sunt la[e]inz tel mil compaignon;
Il n'avoit si povere n'ait hermin peliçon,
Ou bliaut de samit ou de bon ciclaton.
L'ainznez n'ad point de barbe entur le menton.
Dient gas e rient quant il ont achaison.
Ore put Demostenes[4] estre en suspecion
K'escharni soit encuy de son chanu grenon.

---

[1] dure
[2] furent
[3] grisson
[4] Domestenes

119

Avant de s'accorder, les Athéniens s'affrontent violemment,
se couvrent d'invectives arrogantes et acerbes.
Les fous et les insouciants veulent la bataille ;
les sages et les anciens souhaitent un compromis.
L'empereur Eschine nourrit de profondes craintes,
car Salmadas et les siens sont enclins au mal
et cherchent de toutes leurs forces à provoquer la guerre.
Finalement les anciens sortent vainqueurs de la querelle.

lix Comment Démosthène réconcilia les Athéniens et offrit une couronne à Alexandre.

120

Après une querelle violente et force éclats de voix,
les barons parviennent néanmoins à se mettre d'accord
et dépêchent des messagers au fils de Philippe.
L'un d'eux, Démosthène, prononcera le discours.
Ils quittent Athènes et avancent à vive allure.
Ils traversent leur pays et un vaste espace,
avant d'arriver à Palatée et de mettre pied à terre sur le montoir.
Écuyers et serviteurs viennent s'occuper de leurs mulets.
Les messagers découvrent Alexandre dans sa tente,
en train de jouer aux échecs avec un duc grec.
Mille de ses compagnons sont à ses côtés,
dont le plus pauvre porte une pelisse fourrée d'hermine,
une tunique de soie ou de brocart.
Le plus âgé n'a pas encore de barbe au menton.
Ils plaisantent et rient à tout propos.
Démosthène a toutes les raisons de craindre
des moqueries sur ses moustaches blanches !

121

Demostenes[1] avoit la teste bien chanue,
Les grenons contre mont e la barbe encr[e]ue,
Une branche en sa mein d'olive foillue.
Eshauce un poy sa voiz qe bien soit entendue,
E dit: 'La gent d'Athenes, sire, vous salu[e]
E par ceste corone a vous ore s'atrue.
Mil besanz vous envoient od une espee molue, *96v*
Une vermeille enseigne tote a or batue;
De quan k'en avez, n'ad si bien con[e]ue;
Plus bele ne plus riche ne fu unqes veue.
Promet vos amistés e encontre toz ayue,
Prie qe vostre grace ly seit, sire, rendue
E l'ire pardone[e] k'entre vous ad eue.'
Alisandre le roy forment s'en irascue,
Prent la corone d'or e a lur pez la rue,
E dit as messagers: 'Par moy n'ert resçue
Decy la qe ma ire lur soit cher rendue,
E lur orgoil chai[2], lur noblesce abatue,
E tote la cité destruite e confondue.
Mon messager ont honiz; tot[3] le sanc me mue;
E hautesce e honur pur ceo vous ert tolue.'

122

Ly roys est corucé, si ad lessé le jeu.
Devant toz se dresce li bons quens Tholomeu,
E vient as pez le roy e dit merci en greu.
'Quant de vous conussent la cité e le feu,
E de vostre servise n'erent mes escheu,
Memes l'emperere vous vendra a l'estreu.
Bien lur devez pardoner e estre soef e peu,
Car nous covient errer mult tost en autre leu,
A force sur ly roy Daire e Persant e Caldeu.'

---

[1] Domestenes

[2] chaie

[3] tote

121

Démosthène avait les cheveux entièrement blancs,
des moustaches hérissées et une très longue barbe ;
il tenait à la main une branche d'olivier avec ses feuilles.
Il élève un peu la voix pour qu'on l'entende bien
et déclare : " Sire, les Athéniens vous saluent
et vous versent leur tribut avec cette couronne.
Ils vous envoient mille besants, avec une épée acérée
et un étendard vermeil tout en or battu.
De toutes vos villes, Athènes est la plus célèbre ;
on n'a jamais vu plus belle ni plus puissante cité.
Elle vous promet son amitié et son aide contre tous vos ennemis ;
elle vous prie, sire, de lui accorder à nouveau votre bienveillance
et de mettre fin à votre ressentiment. "
Le roi Alexandre est pris d'un violent accès de colère,
saisit la couronne d'or et la jette à leurs pieds,
en leur rétorquant : " Je ne l'accepterai
que quand ils auront payé ma colère au prix fort,
quand leur orgueil sera abattu, leur noblesse mise à mort
et la cité tout entière détruite et rasée !
Ils ont supplicié mon messager : tout mon sang en bout !
C'est pourquoi vous perdrez dignité et honneur ! "

122

Dans sa colère, le roi a cessé de jouer.
Le preux comte Tholomé se lève devant tous,
se jette à ses pieds et lui demande en grec d'accorder son pardon :
" Puisqu'ils reconnaissent tenir de vous leur cité et leur terre,
qu'ils promettent de toujours vous servir
et que même l'empereur s'agenouillera devant vous,
il faut leur pardonner, avec douceur et clémence,
car nous avons à nous remettre très vite en route,
pour marcher sur le roi Darius, les Perses et les Chaldéens. "

123

Donc dit Demostenes[1] a la barbe m[e]ure:
'Unqes ne firent a vous cil d'Athenes laidure.
Si nul le volt dire, fetes lur ent mesure,
E nous en vostre curt vous from tote droiture.
Grantez nous vostre pes, roy de franche nature.
Cil vous serviront tant cum force lur dure.'
Par ceste corone ly poples se asseure;
Mult par est bon li ors e bele l'entaillure;
Preciouses peres i ad en la jointure, *97r*
Plus de cent mars d'argent vaut la plus oscure.
Mult par est bels ly branz e riche l'enheudure.
Tant ad Demostenes[2] mis entente e cure
E parle par reson sanz tote coverture
Qe Alisandre ad pardoné tote cele aventure;
E un bref lur tramet; oiez ent l'escripture:

124

'**A**lisandre le roy par bref mande salu
As barons d'Athenes. A vous est bien seu
Si mon barnage n'eust de vostre gent treu
Destruite fu[st] la cité e vous toz confondu.
En suffrance de pes resceive ore ceo treu,
Decy la qe de Perse soye revenu[3].
Idonc voil qe en ma court me soit droit tenu
Del conte Lioine qe [vous] m'avez tolu[4].'
Ly messager s'en vont; li tref sunt destendu,
Sonent li olifant, l'ost est esmeu;
Itant poples ne si beals ne fu unqes veu.
Relusent cil helme e li burni[5] escu,

---

[1] Domestenes
[2] Domestenes
[3] revenue
[4] tolue
[5] burné

123

Démosthène à la barbe blanche dit alors :
“ Les Athéniens ne vous ont jamais offensé.
Si nul ose le prétendre, rendez-leur en justice,
et nous, dans votre cour, nous vous donnerons toute assurance !
Accordez-nous la paix, noble roi !
Les Athéniens vous serviront de tout leur pouvoir. ”
La vue de la couronne donne confiance à l'armée :
l'or en est très fin et les ciselures splendides.
Des pierres précieuses qui y sont assemblées,
la moins éclatante vaut plus de cent marcs d'argent.
L'épée est magnifique, sa garde très luxueuse.
Démosthène s'est donné tant de peine
et exprimé avec tant de sagesse et de franchise
qu'Alexandre leur a pardonné toute leur conduite.
Il leur adresse alors une lettre ; écoutez son contenu :

124

“ Le roi Alexandre adresse par cette lettre son salut
aux barons d'Athènes. Vous avez bien compris
que si vos hommes n'avaient pas versé de tribut aux miens,
votre cité aurait été détruite et vous tous massacrés.
En attendant la paix, j'accepte ce tribut,
jusqu'à ce que je sois revenu de Perse.
Je veux qu'alors, dans ma cour, justice me soit faite
et que vous répondiez du meurtre du comte Lyoine. ”
Les messagers repartent; les Grecs défont les tentes,
sonnent des cors et l'armée se remet en marche.
Jamais on n'a vu des troupes si nombreuses et si belles.
Les heaumes et les écus brillent de tout leur éclat,

Flamboient li haubert e li gleive esmolu,
Et cil bon garnement qe sunt a or batu;
Relusent pen[un]cel e gonfanon fendu,
Henisent cil cheval e cil mulet kernu.
Passent pleines e forestes e les puis agu.
Voient Lacedemoyne qe grant cité fu;
Tramettent messages, mes ne sunt resceu.
Levé ont lur bretasches, lur penons[1] hors pendu,
E ferment les portes, les haubers[2] ont vestu.
Plus de dis mil sunt a cheval hors issu
E le roys Alisandre ont el champ atendu.
Par iceus doit ly sieges estre maintenu,
Car il cornerent sovent e menu.
Ly sergant ardeur sunt al pais coru, *97v*
Pernent ceo qu'il poent puis metent le feu.

lx Coment Alisandre prist la cité de Lacedemoyne.

125

Environ Lacedemoyne tot le pais ardoit;
Mult par estoit riche e sur la mer seoit.
Ly mur estoient fort, la mer entur coroit;
Bien trois cenz toreles entur le mur avoit;
Pur bosoing la meins fort bon chastel valoit.
De genz e de vitaille bien garni estoit.
Mult par fu le jur beals e le soleil lusoit,
Ventilent gonfanon e l'or reflamboit,
Ly tuns des olifanz le champ enbelisoit.
Alisandre let core a ceaux qui dehors voit,
E fiert un chevaler qui pur juster venoit:
Purfent le double de l'escu qu'il portoit
E fause l'aubert ou mielz tenir doit,
Brandist si l'abat mort [e] tuit froit.
Justent chevalers as rengs qe sunt estroit;

---

[1] pencels

[2] hab's

les hauberts et les lances acérées étincellent,
comme toutes les autres armes en or battu.
Gonfanons et pennons brillent de toutes leurs flammes.
Les chevaux hennissent, comme les mulets aux longs crins.
Les Grecs traversent plaines, forêts et montagnes escarpées.
Ils voient Lacédémone, une grande cité.
Ils dépêchent des messagers, qui ne sont pas reçus.
Les habitants ont élevé leurs bretèches, suspendu à l'extérieur leurs [pennons,
puis fermé leurs portes et revêtu leurs hauberts.
Plus de dix mille cavaliers ont fait une sortie
et attendu le roi Alexandre sur le champ de bataille.
Ils doivent soutenir le siège
et sonnent du cor à un rythme rapide.
Les fantassins incendiaires parcourent la contrée,
ils la pillent autant qu'ils peuvent, puis y mettent le feu.

lx Comment Alexandre prit la cité de Lacédémone.

125

Toute la région de Lacédémone était en flammes.
La ville était très riche et située sur la mer.
Les murailles étaient fortes, entourées par la mer,
et hérissées d'au moins trois cents tourelles,
dont la moins bien fortifiée valait un puissant château en cas d'attaque.
Elle était largement pourvue en troupes et en vivres.
Ce jour-là, le temps était magnifique et le soleil brillait,
les gonfanons flottaient au vent et l'or flamboyait ;
le son des cors rehaussait l'éclat de la bataille.
Alexandre s'élance contre ceux qu'il voit sortis de la ville
et frappe un chevalier qui venait l'affronter :
il fend le double revêtement de son écu,
déchire son haubert à l'endroit où il devait être le plus solide,
et, d'un moulinet du bras, l'abat, mort et déjà tout froid[1].
Les chevaliers s'affrontent en rangs serrés.

---

[1] Cf. v. 2184.

Meint i ot abatu dont le cler sanc raoit,
E meint bon chevaler la sue alme rendoit.
Cher ad achaté les dons qu'il pernoit.

126

Bien le fist Alisandre e cil qui od ly erent:
Ferent sur iceaux qu'al champ troverent,
Occistrent les e pristrent e forment naffrerent,
Grant partie des lur la dehors turnoierent.
Quant avant ne poeient, en lur cité entrerent,
E clostrent lur barres e lur listes fermerent,
E lur ponz torneiz as ch[a]enes leverent;
Guerpirent les chevals, as kernels monterent,
Lancerent les espiés e les caillos geterent.
Quant ceo virent ly Greu, as nefs al port alerent,
Plus de mil en pescerent e al fossé les porterent.
Alumer les voleient e le feu demanderent. *98r*
Cil dedenz l'ont veu, mult s'en esp[o]anterent;
Ly povere a une voiz au roy merci crierent,
Rendirent la cité e treu l'en donerent,
Livererent ly ostages e feautez jurerent.
Par le comand au roy ly Greu se desarmerent.
Assistrent establies, lur conreis ordinerent;
Font soner lur graisles e d'iluec s'en tornerent.
Eirent hors del regné, par Cezille passerent;
Mes ainz qu'il eussent passé, mult i demorerent.

lxi Coment le roy Dayre restora sa bataille.

127

Dayre le roy de Perse ot ire e marrement;
D'Alisandre s'en volt venger [mult] cruelment.

Nombreux sont ceux, abattus, dont coule le sang clair ;
nombreux sont les bons chevaliers qui agonisent :
ils ont payé très cher les richesses conquises.

126

Alexandre et ses hommes combattent avec vaillance :
ils affrontent ceux qu'ils croisent sur le champ de bataille,
les tuent, les capturent ou les blessent grièvement.
Les Lacédémoniens combattent en grand nombre à l'extérieur de la [ville.
Quand ils n'ont plus la force de continuer, ils se replient dans son [enceinte,
ferment les portes, consolident les barrières
et relèvent les ponts-levis avec des chaînes.
Abandonnant leurs chevaux, ils montent aux créneaux
pour projeter des épieux et des pierres.
Les voyant, les Grecs gagnent le port pour s'emparer des navires,
ils en fracassent plus d'un millier dont ils apportent les débris dans les [douves.
Ils veulent les enflammer et font chercher du feu.
À cette vue, les assiégés sont pris d'épouvante.
D'une seule voix, les pauvres implorent la grâce du roi,
lui rendent la cité et lui versent un tribut ;
ils lui remettent des otages et lui prêtent hommage.
Sur l'ordre du roi, les Grecs se désarment.
Ils installent une garnison et mettent en rangs leurs bataillons,
avant de sonner les trompettes et de partir.
Ils quittent ce royaume et traversent la Cilicie[1].
Avant de la quitter, ils s'y attardent longtemps.

lxi Comment le roi Darius remit sur pied son armée.

127

Darius, le roi de Perse, est plein de tourment.
Il veut se venger cruellement d'Alexandre.

---

[1] L'éditeur propose de corriger *Cezille* en *Cilice*, d'après le ms C.

Des lointeines terres ad mandé [mult] grant gent
De trestoz les regnés qe sunt vers orient.
Treis cenz milers[1] en ad sul de son tenement,
Estre ceaux qui servent pur or[2] e pur argent;
Soudeer a cheval sunt pres de quatre cent.
Dehors Babiloyne tenent un parlement;
De sa guere mener conseil as princes prent.
'Seignurs,' fet il, 'barons, mult puis estre dolent!
Le roys Alisandre me demeine vilement:
Mes homes meine pris e ma terre purprent,
Ma mere ad en prison e ma femme ensement –
Il n'en ad tant bele decy k'en occident.
Mes mult fet ses avels[3] ly roys cortoisement
Qe bien les fet vestir e servir bonement.
A mes autres prisons fet nuit e jur torment.
Moy desconfist en champ e chacea laidement;
Jamés nen ere hayté si n'aye vengement.
M'est avis, quanqu'il fet est enchantement;
Unqes a home ne vi[4] chair si a talent.
Mult par est fort e fier e ad grant hardement. *98ᵛ*
Par bon conseil guereie e eire sagement;
El mond n'ad son pier qui seit de son juvent,
Ne de son parage n'ot unqes tel, mien[5] escient.
Nul ne siet de son voler, tant overe cointement.
Simple est cum colu[m]bs, cruels cum serpent.
Bien comencer vaut poy sanz bon definement[6].
Conseillez moy, baron, qui estes[7] my parent!
Il s'en vient en Perse, si mon espie ne ment;

---

[1] mileres

[2] ore

[3] avels: *dans la marge:* avieux

[4] vie

[5] t. mein e.

[6] bone finement

[7] est'

De régions lointaines, il a fait venir des troupes considérables,
de tous les royaumes de l'Orient.
De ses terres seulement sont là trois cent mille hommes,
sans compter ceux qui le servent pour l'or et l'argent :
environ quatre cents chevaliers mercenaires.
Ils se réunissent en dehors de Babylone.
Darius demande conseil à ses princes pour mener sa campagne :
" Seigneurs barons, dit-il, j'ai bien lieu de gémir !
Le roi Alexandre me déshonore :
il capture mes hommes et s'empare de mes terres,
il garde en prison ma mère et aussi ma femme
– sa beauté n'a pas d'égale jusqu'en Occident.
Le roi satisfait leurs désirs avec courtoisie,
leur donne de riches parures et les entoure d'attentions.
Mais les autres prisonniers, il les torture nuit et jour.
Moi, il m'a vaincu au combat et pourchassé honteusement.
Jamais je ne retrouverai le bonheur, si je ne prends ma revanche.
Tout ce qu'il fait procède de la magie, je crois.
Jamais je n'ai vu un homme avoir autant de chance.
Il est plein de force et de fierté et sa prouesse est grande.
C'est un fin stratège qui agit habilement.
Dans le monde entier, personne d'aussi jeune ne l'égale,
personne dans sa famille non plus n'a montré une telle valeur.
Ses intentions restent une énigme, tant il agit avec subtilité.
Il allie la douceur de la colombe à la cruauté du serpent[1].
Mais un bon début ne sert à rien, sans une bonne fin.
Conseillez-moi, barons, vous qui êtes mes parents !
Il se dirige vers la Perse, si mon espion dit vrai.

---

[1] Cf. Matthieu, X, 16 : " Estote ergo prudentes sicut serpentes et simplices sicut columbae ! "

Ne say si jeo vois encontre ou si ci l'atent.
Ore me dites, seignurs, vostre entendement.'
Le frere au roy Dayre respont premerement:
'Par foy, sire roy, a Dieu mercy en rent
Qe Alisandre loez tant au comencement,
Qe primes soliez blamer si malement.
Enamé l'avez, mes c'est novelement.
Qui ad entre vous deus fet acordement,
Nous nel poom saver, fet est prive[e]ment.
Le treu de Grece ne querez vous nient;
Il en ad paié ceo qu'a li apent
Des espiés[1] ascerez e des branz ensement;
Mes cil qui le rescurent [en] remistrent sanglent.
Dehez ad son treu e tut son paiement,
Car trop met de vos homes en son testament!
Ore vous vient fere novel treu brevement
De son or qe aviez pris ancienement.
Mult est bon chevaler e hardy veraiement,
E vous, sire Dayre, deussez estre ensement;
S'il est pruz e leger e vous coard e lent.
Alisandre au bosoing tut premer descent,
Bien fiert en dur estur e en tornoiement;
As assauz adurez contre toz se defent, *99r*
Premer vient al champ e s'en vet dreinement.
Si home en sunt hardy par son enticement,
E li vostre par vous sunt coard e lent.'

128

Donc respont Salomé: 'Par foy, sire quens,
Tu as dit ton voloir, mes n'est mie sens.
Lu est de gaber e de lesser est tens.
Jeo vi le roy Daire suppris entre les deus rengs,
Si l'orent acoylly le[s] Macedoniens.
Ne fust le fort escu e l'aubert ascerens,

[1] espees a.

J'hésite entre marcher sur lui et l'attendre ici.
Seigneurs, donnez-moi donc maintenant votre avis ! "
C'est le frère de Darius qui répond le premier :
" Ma foi, sire, je rends grâce à Dieu
que vous commenciez par un tel éloge d'Alexandre,
plutôt que par vos habituelles condamnations !
Mais l'amitié que vous lui vouez n'est que récente.
L'auteur de votre réconciliation,
nous ne pouvons le connaître : elle s'est faite en privé.
Vous ne voulez plus du tribut de la Grèce,
car Alexandre en a déjà payé sa propre part,
avec ses épieux acérés et ses épées.
Mais ceux qui l'ont perçu en sont restés sanglants.
Maudits soient son tribut et tous ses versements :
il met trop de vos hommes dans son testament !
Il vient maintenant vous offrir sans tarder un nouveau tribut
sur l'or que vous lui avez pris dans le passé.
C'est un bon chevalier, son courage est extrême,
et vous, roi Darius, vous devriez lui ressembler :
il est vaillant et vif, et vous êtes lâche et mou !
En cas d'urgence, il se précipite le premier
et frappe vigoureusement dans les joutes et les combats.
Lors des violentes attaques, il se défend seul contre tous ;
il est le premier à arriver sur le champ de bataille et le dernier à le [quitter.
C'est son exemple qui donne à ses hommes de l'audace,
tandis que vous, vous rendez les vôtres lâches et mous ! "

128

Salomé lui répond alors : " Ma foi, seigneur comte,
tu as exprimé tes sentiments, qui ne sont guère sages.
Il est des moments pour la plaisanterie et d'autres pour la gravité.
J'ai vu le roi Darius attaqué au milieu de deux rangs,
assailli par les Macédoniens.
Sans son solide écu et son haubert d'acier,

Encontre lur espees n'eust eu nul defens.
Ne diray pas del roy tot ceo qe jeo pens,
Mes par droit doit conustre Greus e Suliens,
Car il l'abatirent veiant Arabiens
E pur li prendre ferirent mil Egypciens.
Cyrins le rescust od ses Capadociens,
La furent desconfist toz les Veniciens[1],
Durement les ferirent des espiés[2] tyriens.
Lequel qui nuist au roy mult li valeit le meins.
Mes ceo solent fere mastins e felons chiens;
Ceaux abaient il plus de qui ont plus de biens.
Tut le bien qe tu as, de roy Dayre le tiens,
E si li dis folie; m'est vis qe poy le criens.'

129

Archelaus se dresce, oiant toz dit en haut:
'Lessez ceste folie, le gabois rien ne vaut.
S'il dient lur voloir, sire roys, qe vous chaut?
Bien savom qe Alisandre enpernant est e baut;
Ne lerra pur manance qe ne vous travaut.
N'ad cy si hardy, si en estur l'assaut,
De ses cops n'en sente ainz qu'il s'en aut.
Comandez a vostre ost qu'al matin chevaut;
Tant cum le froit dure s'en voit par le[3] chaut. *99v*
Assez avez effors, nul[e] rien ne vous faut.'

130

De Mede ert venuz un duc Geroboans,
E dit: 'Entendez, sire roy soudans,
A saver nous tenons, si soit lessé li gas.
Fetes soner vos corns, gresles e olifans;
De vostre chevacher soit soné ly bans;

---

[1] Veinciens

[2] espees

[3] v. pur le

il n'aurait pu résister aux coups de leurs épées.
Je ne dirai pas tout ce que je pense du roi,
mais il connaît bien la valeur des Grecs et des Syriens,
car ils l'ont renversé à terre devant les Arabes
et mille Égyptiens ont combattu pour le capturer.
Cyrus l'a sauvé, avec ses hommes de Cappadoce.
C'est là qu'ils ont vaincu tous les Vénitiens,
en les frappant violemment de leurs lances tyriennes.
Celui qui a calomnié le roi est celui qui l'a aidé le moins.
C'est la conduite habituelle des mâtins et des chiens vicieux :
c'est contre leurs bienfaiteurs qu'ils aboient le plus fort.
Toutes tes richesses, tu les tiens du roi Darius,
et pourtant tu lui débites des folies : tu le redoutes bien peu ! "

129

Archelaus se lève et s'écrie devant tous :
" Arrêtez cette folie, les sarcasmes ne servent à rien !
S'ils disent leur sentiment, sire, que vous importe ?
Nous savons bien qu'Alexandre est plein d'audace et d'ardeur.
Nulle menace ne le fera renoncer à vous tourmenter.
Personne n'est ici assez hardi, s'il le rencontre au combat,
pour ne pas souffrir de ses coups avant de le quitter.
Commandez à votre armée de se mettre en route au matin !
Qu'elle chemine tant que la fraîcheur durera, pour éviter la chaleur !
Vous avez de nombreuses troupes, rien ne vous manque. "

130

Un duc nommé Jéroboam, arrivé de Médie,
dit alors : " Écoutez-moi, seigneur sultan !
Soyons raisonnables et cessons de plaisanter !
Faites sonner vos cors, vos clairons, vos trompettes,
pour rassembler tous vos cavaliers !

Si se destendront Caldeu e Persans,
Turc, Arabien, Medien e Affricans.
Eissom des destreiz si nous metons as champs,
Car le roys Alisandre demeine ses bobans,
E le Braz Seint Jorge ad passé as chalans.
Entré est en Arabie, decea le flom Jordans;
De vostre tenserie prent toz ses gregnur pans.
Mes ja n'istra sanz peine e sanz [a]hans.
Son estre ay bien enquis par mes drugemans;
En sa curt ont esté, passé ja un ans.'

131

Ordeinent escheles e divisent jornees.
Les somers sunt trossez, les mules ferrees,
Ly pavillon plié, les tentes destendees,
Les engardes prises, l[es] escheles ordinees;
Des olifanz a or sonent les menees,
Issent des praieries[1] les lances levees,
Desploient penuncels[2] e enseignes fresees.
Lusent cil helme a or e les bruines saffrees,
E cil escu burny e les targes dorrees.
Eirent le petit pas les puis e les valees;
Cil les guient devant qui sevent les contrees.
Eschuent les destreiz, les ewes ont passees;
Vont costeant le Tygre dont les rives sunt lees.
Sojornent toz les chauz, eyrent les vesprees;
Atendent de Alisandre le roy [les] renomees. *100r*
Font fere granz fossés e trenchees quarrees,
Levent [i] chastels, bretasches ont fermees[3].
Eschaugaitent la nuit escheles mielz armees;
Del feu qu'il font par l'ost levent grant fumees;
Les terres environt sunt totes effre[e]s.

---

[1] I. les p.

[2] penceles

[3] o. feraiees

Alors s'élanceront Chaldéens et Perses,
Turcs, Arabes, Mèdes et Africains.
Quittons les défilés pour gagner les plaines,
car le roi Alexandre, dans son arrogance,
a franchi le Bras Saint Georges[1] avec sa flotte.
Il est entré en Arabie, a franchi le Jourdain.
Il s'empare de la majeure partie de vos terres.
Mais il ne repartira pas sans de dures épreuves.
Je le connais bien par mes interprètes,
qui ont séjourné à sa cour, voilà un an. "

131

On range les compagnies, on prévoit la longueur des étapes.
Une fois les bêtes de somme chargées, les mules ferrées,
les pavillons repliés, les tentes enlevées,
les avant-gardes prêtes, les compagnies en rangs,
les trompes d'or sonnent le départ :
l'armée quitte les prairies en brandissant ses lances,
en déployant ses drapeaux et ses étendards ornés.
Que d'éclat jettent les heaumes d'or, les cuirasses damasquinées,
les écus brillants et les boucliers dorés !
Ils traversent lentement montagnes et vallées.
En tête avancent les guides, qui connaissent la région.
Ils évitent les défilés, franchissent les cours d'eau,
longent le Tigre aux larges rives.
Ils s'arrêtent aux heures de chaleur et voyagent le soir,
attendant des nouvelles d'Alexandre.
Ils creusent de grands fossés et de larges tranchées,
érigent des châteaux, fortifient des bretèches.
Les compagnies les mieux équipées montent la garde de nuit.
D'énormes fumées s'élèvent des feux allumés dans le campement.
Tous les alentours en sont saisis d'effroi.

---

[1] Il s'agit du détroit des Dardanelles.

132

La gent de Grece estoit de ost[e]er costomere;
Eirent par Silice[1] tot[e] la grant costere.
Antioche est devant en eschele premere,
E le roys Alisandre en cele tut derere.
Deus conreis a cheval gaytent la traversere,
E Tholomeu le duc porte la banere.
La poet home veer meinte beste cursere,
E meint cheval covert [de] colere e cropere,
Meint gonfanon fendu e meinte [en]seigne entere,
Meint haubert reluser e meinte genoillere.
Ly ardors vont avant qui guient la charrere;
Aloment les mesons e ardent la bruere.
Des paleis plus haut remeint sul la meisere.
Cen[t] lues environ choisist hom la fumere,
La noise des chevals, le cri e la pudrere.
Ceo dient el pais: 'Grant ost ad cy e fiere.
La gent le roy Dayre turneront ceaux en bere.'
Atant est l'ost venuz a un[e] grant rivere;
Le chanel en fu lez, l'ewe redde e plenere.

lxii Coment Alisandre se mist armé en l'ewe de Tygre.

133

Mult fu grant l'ost qu'il ot fet auner,
L'ewe briuante qe l'en ne l[a] put passer.
La chalur estoit grant e le jur mult cler;
E Alisandre estoit pruz e leger[2] bacheler,
E pense cum il puisse sa force esprover[3].
Apele ses barons, si s'en vet desporter[4]. *100v*
Voit l'ewe si briuant qe nul n['i] ose entrer;
Trestotes ses armes fet sempres demander.

---

1 p. Siliee

2 legere

3 esprovere

4 sen volt d.

132

Les Grecs forment une armée de guerriers endurcis.
Ils longent toute la grande côte de Cilicie,
Antiochus en tête, dans la première compagnie,
et Alexandre dans la dernière à l'arrière-garde.
Deux troupes de cavaliers surveillent les traversées
et le duc Tholomé porte la bannière.
Quel spectacle de voir tant de montures rapides,
de chevaux caparaçonnés,
de gonfanons à flammes et de grands étendards,
de hauberts et de genouillères étincelants !
Les incendiaires avancent en tête en dirigeant les chariots ;
ils mettent le feu aux maisons ainsi qu'à la lande.
Des palais plus élevés ne restent que des ruines.
Cent lieues aux alentours on perçoit la fumée,
la poussière, les cris et les hennissements des chevaux.
Les gens du pays disent : " Quelle grande et terrible armée !
Elle mettra à mort les hommes du roi Darius ! "
L'armée parvient alors à un grand fleuve,
dont le lit est large, les eaux rapides et abondantes.

lxii Comment Alexandre entra en armes dans les eaux du Tigre[1].

133

L'armée levée par Alexandre est énorme ;
les eaux sont si tumultueuses qu'elle ne peut les franchir.
La chaleur est terrible et le jour encore clair.
Alexandre, avec la vaillance et la vivacité de sa jeunesse,
cherche à mettre sa force à l'épreuve.
Il appelle ses barons et va se distraire.
Il voit l'eau si tumultueuse que nul n'y ose entrer.
Aussitôt il exige l'ensemble de son armement.

---

[1] Historiquement, c'est dans le fleuve Cydnos, en Cilicie, qu'Alexandre manqua de se noyer.

Home ly aporte e il se fet armer;
Touz entendent a ly; nul ne siet son penser.
Al fil de l'ewe sailly, si comence a noier.
L'ewe fu bien redde, corante vers la mer;
Quel talent qu'il eut, ly covient avaler
E tuit a force ovesqes le fil aler.
Ceo fu grant merveille qu'il poet endurer.
Le grant travaill[1] qu'il ot le fet mult alasser;
A moult grant peine poet li roys ariver.
Quant il vint al gravel si ly covint palmer.
Greu orent batels, tost font aprester,
E le trovent pres de mort; ne poet un mot[2] soner.
Portent le a son tref e le font reposer.
Assez i ot mires pur ly mediciner.
Cil qui plus s'entremist, Phelippe l'oy nomer;
Tant li dona beivere qu'il le fist sus lever.
Il ot un enemy qui au roy le volt meller,
Parmenion oy cel malveis apeller.
Au roy manda par bref qu'il s'en dust garder,
Car cil le volt occire e par boivere envenimer.
'Roy Daire l'ad fet en fin ta mort jurer;
Sa soer e demy son regne ly doit il doner;
E ceo sur ly voil en totes curs prover.
Par reson cest marché deit il cher achater.
Pernez autre mire si vous fetes saner.'
Quant Alisandre l'ot, le bref fet bien celer.
Decy la qu'il plus en sache, ne volt a cely parler.
Sages ne doit tuit crere ne tot desesperer.
Qui tote rien croit ou descroit ceo qu'il ot conter,
Le penser de son quer tard volt achever,

---

[1] travaille

[2] un möt s.

Dès qu'on le lui apporte, il s'en fait équiper.
Tous l'observent sans deviner ses intentions.
Il saute dans le courant et commence à nager.
L'eau court à vive allure vers la mer.
Malgré lui, il est contraint de descendre le fleuve
et de se laisser emporter par le courant.
Son endurance est vraiment prodigieuse.
Mais les durs efforts qu'il doit fournir l'épuisent.
À grand-peine il parvient à gagner la rive.
Dès qu'il est sur le sable, il tombe évanoui.
Les Grecs font vite appareiller leurs bateaux.
Ils le trouvent à l'agonie ; il ne peut dire un mot.
Ils l'emportent dans sa tente afin qu'il se repose.
De nombreux médecins sont là pour le soigner.
Le meilleur de tous se nommait Philippe, m'a-t-on dit.
Il lui donna une potion si efficace qu'il le remit sur pied.
Mais il avait un ennemi qui voulait le brouiller avec le roi.
Ce traître, j'ai entendu dire qu'on l'appelait Parménion[1].
Il écrivit au roi pour l'enjoindre de se méfier de Philippe,
qui voulait le tuer à l'aide d'un poison :
“ Le roi Darius lui a fait jurer de vous tuer;
il lui donnera sa sœur et la moitié de son royaume.
Je veux bien le prouver contre lui dans n'importe quelle cour.
La justice veut qu'il paie ce marché au prix fort.
Choisissez un autre médecin pour vous soigner ! ”
Alexandre lit la lettre, la cache soigneusement.
Il ne veut rien dire à Philippe avant d'en savoir davantage.
Le sage ne doit être ni trop crédule ni trop soupçonneux.
Qui croit tout ce qu'on lui dit ou se méfie de tout
ne parvient pas à mener à bien ses projets

---

[1] Parménion est, selon l'histoire, l'un des généraux de l'armée de Philippe puis d'Alexandre et c'est à la suite du complot contre Alexandre, auquel son fils Philotas participa, que le roi, dans sa colère, l'assassina injustement, peu de temps avant de se compromettre encore par le meurtre de Cleitos. Le *Pseudo-Callisthène* et ses dérivés latins justifient la conduite d'Alexandre en attribuant à Parménion une grave trahison et passent sous silence ses autres actes de tyran sanguinaire.

E si poet tost mesprendre en quant qe deit overer.
Alisandre le roy ne se volt trop haster. *101r*
Quant Phelippe ot fet le boivere destemprer
E le tendy au roy, donc fet le bref liverer
Al mire dont cil dist kel dust enpoisoner.
Par mult sotil engin le volt si tempter[1],
Car par le bref lire velt la fin[2] esprover.
Il ne veit le mire pur la mort rien doter,
Ne rouir ne palir ne sa colur muer.
Ceo fu, seignurs, merveille; bien se dust vergonder,
De l'apel de tel mort forment esp[o]anter.
Donc ly dist Alisandre: 'Me vels tu affoler?
Seur en soiez, ne t'en estuet trembler.
Al boivere qe tu tiens me os bien asseurer.
Ore le me don, amis, a pru me poet turner;
Pur mensonge ne voil nuli achaisoner.'
Aprés le boivere le vassal fist mander
Qui voleit le mire de sa mort acouper.

lxiii Coment Alisandre fist prendre Parmenion l'acusor son mire.

134

'Sire roy,' fet Phelippes, 'ore poez savoir
Qui cest bref vos tramist ne dit pas voir.
Si jeo de ceo mal fe[re] eusse le voloir,
Tel houre eusse en meins, bien eusse le pooir.
Ceo sachez, bel sire, suz ciel n'ad avoir
Dont jeo pur vos occire vousisse estre hoir.
Ne devez cel overe mettre en nonchaloir;
Veant toz vos barons me voil bien eslaoir
Encuy ou matin ou ainz demein le soir.
Tant est monté l'overe ne doit si remanoir,
Si vous prie, bel sire, droit me facez avoir.'

---

[1] si temprer

[2] le fin

et risque d'échouer dans ses entreprises.
Le roi Alexandre refuse d'agir dans la précipitation.
Quand Philippe, après avoir brassé sa potion,
la lui tend, il lui remet la lettre
dans laquelle Parménion l'accuse de vouloir l'empoisonner.
Il veut le mettre à l'épreuve par un stratagème ingénieux,
car en lui donnant à lire la lettre, il veut sonder ses intentions.
Il voit que le médecin ne craint pas la mort,
qu'il ne rougit, ne pâlit ni ne change de couleur.
Quel prodige, seigneurs ! Il aurait dû avoir honte
et être terrifié par une telle accusation.
Alexandre lui dit alors : “ Veux-tu me tuer ?
Sois tranquille, tu n'as aucune raison de trembler !
J'ai toute confiance dans la potion que tu tiens.
Donne-la-moi maintenant, mon ami, elle me fera du bien.
Je ne veux accuser personne à cause d'un mensonge. ”
Après avoir bu, Alexandre convoque l'homme
qui accusait le médecin de tentative de meurtre.

lxiii Comment Alexandre fit capturer Parménion parce qu'il avait accusé son médecin.

134

“ Sire, lui dit Philippe, vous voyez bien
que l'auteur de cette lettre vous a menti.
Si j'avais eu le dessein de commettre ce crime,
je disposais de tous les moyens pour réussir.
Sachez-le, cher seigneur, je ne voudrais hériter d'aucun bien au [monde,
s'il me fallait pour cela vous assassiner.
Vous ne devez pas négliger cette affaire.
Devant tous vos barons, j'entends bien jurer mon innocence,
ce matin même, ou avant demain soir.
L'affaire a pris une telle ampleur qu'elle ne doit pas en rester là.
Je vous supplie, cher seigneur, de me rendre justice ! ”

Alisandre respont: 'Ceo put l'em bien veoir
Qe ma mort ne vousis, ne pas ne l'espoir.
Ceo fu encusement cum l'en put apercevoir;
Il te quida honir e moy bien decevoir.
Contre leal servise ne doit haur valoir.
Qui velt autri dolur bien se deit doloir; *101v*
En le mal qu'il overe doit bien par droit chaoir[1].'
Idonc le fet venir avant par estovoir,
E pendre cum felon e puis en poudre ardoir.

135

Les ires le roy sunt del traitre vengees,
Ses dolurs e ses anguisses bien assuage[e]s;
E les ewes de Tygre bien apetizees.
Les ostz passent outre quant tant sunt estrecees.
Ordinent lur conreis, escheles ont rengees,
Donc se vont vers Perse les voies ascemees.
Feres sunt les batailles e les genz envoisees;
Conduient li prince[2] devant les chevachees.
Les genz au roy Dayre lur sunt tost enseignees.
Celes[3] de Grece en sunt et baudes e haytees;
De gresles e de corns sunt les voiz eshaucees;
E cil cheval covert de crouperes entaillees,
Chaucé ly esperon, chauces de fer lacees,
E vestu cil haubert od les mailles deugees,
Les armures desus a ciseaus pertusees.
Montent lur destrers, les mulez ont lessees,
Les hantes des gleives as feutres apuiees,
Les escuz descoverz e les lances levees,
Les gonfanons destors, enseignes desplaiees.
Chevauchent vers l'ost les voies preisees.

---

[1] chaloir

[2] le p.

[3] Ceaux

Alexandre répond: " On voit à l'évidence
que tu ne veux pas ma mort, et j'en suis persuadé.
C'était une calomnie, on a pu le constater.
Il a cru te déshonorer et réussir à me tromper.
La haine ne doit pas pouvoir nuire à un service loyal.
Qui veut du mal à autrui doit lui-même en souffrir.
La justice veut qu'il tombe dans les malheurs qu'il ourdit. "
Alexandre ordonne donc que Parménion soit amené sous la contrainte
et pendu comme un traître, puis que son corps soit réduit en cendres.

135

Le roi a déchargé sa colère sur le traître
et bien soulagé ses souffrances et ses tourments.
Le Tigre amorce ensuite une forte décrue.
Les guerriers le franchissent quand il est au plus bas.
Ils mettent en rangs leurs troupes, disposent leurs compagnies,
puis avancent vers la Perse en suivant de bonnes routes.
Les bataillons sont redoutables, les soldats pleins d'ardeur.
En tête, les princes dirigent les corps de cavaliers.
Les hommes du roi Darius leur sont vite signalés.
L'armée grecque en ressent une profonde allégresse :
les soldats sonnent plus fort des trompettes et des cors,
protègent les croupes des chevaux de harnais ciselés,
chaussent leurs éperons, lacent leurs jambières de fer
et revêtent leurs hauberts aux fines mailles,
leurs armes ciselées.
Ils laissent les mules et enfourchent les destriers[1] ;
les hampes des lances sont appuyées sur les feutres[2],
les écus en avant et les lances relevées,
les gonfanons au vent, les étendards déployés.
Ils chevauchent vers l'armée perse sur de bonnes routes

---

[1] Le destrier (que l'écuyer conduit de la main droite, *destre*, quand il n'est pas monté), est la monture de combat du chevalier. C'est un cheval de prix, robuste et fougueux.

[2] Le talon de la lance est appuyé sur un tapis de selle débordant l'arçon.

Pur veer les chemins sunt avant envoiees;
Noveles ont oy si se sunt repeirees.
Par le comandement Alisandre descendent les me[s]nees,
E merchent les fossez e i font trenchees,
E drescent chastels, bretaskes ont levees,
E font i barbecans e barres cloufichees,
Puis livererent as princes les places par perchees.
Tendent i pavillons e lur tentes frengees,
Les herberges le roy sunt tuit apparillees;
Environ sunt[1] les genz richement herbergees.
Qui volt chevaleries ou justes envoisees *102r*
Tost les put aver ou seches ou moillees,
Tant sunt les genz decea as autres aprochees.
Mes sanz travail ne poent estre purchacees,
Car les ewes de Tygre sunt mult aragees
E l'ewe fort a passer, les rives entaiees;
Mes Alisandre fet ponz fere[2] e larges chaucees.

136

De l'un ost a l'autre repeirent les espies
E content noveles de feres compaignies,
Des dux, des princes e des granz baronies;
E decea e dela sunt gent esbaudies.
Passent le Tygre, querent chevaleries.
Meint bel turnoiement ot illuec es praieries,
E les enchaz mult feres e dures envaies.
As uns avint bien, as autres folies,
Car par cembel porter e par granz aties
Comencent sovent les dures estoties
Par ont les plus hardy perdent sovent les vies.

---

[1] s. dedenz

[2] f. puis f.

et envoient en reconnaissance des éclaireurs,
qui reviennent dès qu'ils ont des informations.
Sur l'ordre d'Alexandre, les troupes mettent pied à terre,
délimitent des fossés et creusent des tranchées ;
elles érigent des châteaux et des bretèches,
confectionnent des barbacanes et clouent des barrières.
Puis elles répartissent l'espace entre les princes[1].
On dresse les pavillons et les tentes à franges,
on prépare les quartiers du roi.
Les guerriers s'installent autour, dans un luxueux campement.
Qui recherche des faits d'armes et des joutes animées
les trouvera sans tarder, de toutes sortes,
tant les Grecs sont proches de leurs ennemis.
Mais ils ne peuvent les rejoindre sans peine,
car les eaux du Tigre sont déchaînées
et périlleuses à franchir, et les rives boueuses.
Mais Alexandre fait construire des ponts et de larges chaussées.

136

Les espions circulent d'une armée à l'autre,
pour donner des nouvelles des terribles compagnies,
des ducs, des princes et des nombreux barons.
Des deux côtés les guerriers s'enhardissent,
ils franchissent le Tigre, en quête d'exploits.
Que de splendides joutes dans les prairies,
de poursuites terribles et d'attaques acharnées !
C'est un triomphe pour les uns, une folie pour les autres,
car des provocations et des paris démesurés
sont à l'origine de la plupart des imprudences
qui coûtent souvent la vie aux plus hardis.

---

[1] La *perchee* est une unité de mesure (note éd. Foster-Short).

137

Tholomeu ert mult fiers e hardy de corage.
Apele Marc de Rome e Sabin le sauvage,
Tavin e Tyberie e Antioche l'Ostage
E dis mil des autres, [tuz] barouns de parage.
Dist lur prive[e]ment: 'Cy ad dur servage!
Plus eimes en destreit qe oysel en cage.
N'avom toz cy esté bien pres d'un estage,
Unc nul de nous ne fist pruesce ne outrage.
Passom anuit le Tygre a gwé e a nage;
Vers Persanz esproverom nostre grant vasselage.
Ja sunt issu de l'ost – j'ay oy le message –
Salomé l'orgoillus e Antioche de Cartage,
Le roy Archelaus, li bels au fier visage,
Frere au roy Dayre e multz de son lignage,
La baudur de tut l'ost, la flur e le barnage.
Covient qe Alisandre ne sache ceste rage;
Il dort en son lit, ses pensers assuage.' *102v*
Atant sunt tuit monté e metent sey al veage.
Desuz l'ost ont passé le flum a un passage,
Entrent tut com laron e se mettent au boscage
E sunt enbuschez tresqu'al jur en l'ombrage.
Persant les encontrent costeant le rivage,
Des espiez[1] esmoluz lur rendent truage.
Les uns n'en partiront jamés sanz grant damage.
Tel se tendra a fol qui ore se tient pur sage.

138

Le duc Tholomeu est suz le bois enbuchez,
E sunt ové ly dis mil genz esprovez.
Les escuz ont as cols e les helmes lacez
E les gleives forbiz e les haubers deugez.
Atendent qe le jur seit bien esclarez,
Car donc ert lur barnage as Persanz assaiez.

---

[1] espeez

137

Tholomé est plein de fierté et d'audace.
Il appelle Marc de Rome et Sabin le Sauvage,
Tavin, Tibère, Antiochus l'Ostage
et dix mille autres barons, tous de noble naissance.
Il leur dit en confidence : “ Quel terrible esclavage !
Nous sommes plus prisonniers que l'oiseau dans sa cage.
Notre temps de service est presque écoulé,
sans qu'aucun de nous accomplisse prouesse ou exploit !
Traversons cette nuit le Tigre à gué et à la nage :
nous éprouverons notre bravoure contre les Perses.
D'après un messager, il y a déjà eu une sortie
de Salomé l'Orgueilleux et d'Antiochus de Carthage,
du roi Archelaus, beau guerrier à l'air farouche
et frère du roi Darius, et d'autres de ses parents,
et de la fine fleur, l'élite de l'armée entière.
Alexandre ne doit pas apprendre cet accès de folie ;
il dort dans son lit et apaise ses inquiétudes. ”
Ils enfourchent alors leurs montures et se mettent en route.
En aval du campement, ils traversent le fleuve à un gué,
s'avancent comme des voleurs, se glissent dans un bosquet
et restent cachés jusqu'à l'aube, sous l'ombre des arbres.
Les Perses les découvrent alors qu'ils longent la rive
et leur paient un tribut de leurs lances acérées.
Certains ne s'en tireront pas sans de graves blessures.
Tel qui se croyait sage comprendra sa folie.

138

Le duc Tholomé s'est caché sous les arbres,
entouré de dix mille guerriers expérimentés
avec leurs écus au cou, leurs heaumes attachés,
leurs lances étincelantes et leurs fins hauberts.
Ils attendent que le jour soit tout à fait levé
et éprouveront alors leur vaillance contre les Perses.

Salomé e Jonas sunt la nuit chevachez
E le duc Oxiatres qui tant ert envoisez,
Cil qui vers son frere s'est si desreinez,
Besas e Barionas de Nubie ly viez[1].
A vint mil compaignons ont eschargaitez;
Les granz chemins ferrez ont enquis e cerchez.
A l'aube parissant sunt vers l'ost repairez,
E Tholomeu les veit qui les ad escriez:
'Ne passerez avant sanz estre damagez!
Tant avez chalengé n'est droit k'en augez.
Le treu de Grece vous ert ançois paiez!'
E broche le cheval, del reng est esla[i]ssez
E fiert un Medien qui s'est desrengez.
Fendu a son escu, son haubert desmaillez,
Les arçons de la seele du vassal sunt voidez.
Persant sunt armé e bien apparillez;
Mult ferent durement al besser des espiez.
Ha, Dieux, tanz escuz i ot donc percez, *103r*
E haubers desmaillez e chevalers plaiez,
Des mors e des naffrez par terre trebuchez!
E decea e dela sunt forment laydengez;
Nepurquant ly Persant sunt [ly] plus damagez.

139

Bien i ferent Persant as lances abesser
E si firent ly Greu a l'estur comencer.
La put homme bien veer qe fu chevaler.
Salomé li quens dist: 'Cy n'ad point losenger,
Ne parler de pruesce ne tot jur tencer.
Ore poez, Oxiatres, les Greus assaier
S'il sievent en estur ferir ou tornoier,
Qui Dayre blamastes qui les loa l'autre hier,
Mes au partir n'en saverez quels sunt a priser.'
Antioche l'Ostage broche le destrer

[1] e de N. ly mieuz

Salomé et Jonas ont chevauché toute la nuit
avec le duc Oxiatre, plein d'une grande ardeur,
lui qui s'est tant opposé à son frère Darius,
Besas et le vieux Barionas de Nubie.
Ils ont fait le guet avec vingt mille compagnons,
sillonnant en tous sens les larges routes empierrées.
Ils regagnaient à l'aube leur campement
quand Tholomé les aperçoit et leur crie :
“ Vous n'irez pas plus loin sans dommage !
Vous nous avez lancé un tel défi que vous n'avez pas le droit de partir
avant de recevoir le tribut de la Grèce ! ”
Il pique des deux et s'élance loin des siens,
pour frapper un guerrier de Médie qui s'est, lui aussi, détaché des [rangs.
Il lui brise son écu, lui démaille son haubert,
lui fait vider les arçons.
Les Perses sont armés et bien équipés,
ils abaissent leurs lances et assènent de violents coups.
Ah ! Dieu, combien d'écus sont alors transpercés,
de hauberts démaillés, de chevaliers blessés,
que de morts et de blessés renversés à terre !
Même si les deux armées supportent de graves pertes,
ce sont néanmoins les Perses les plus affaiblis.

139

Les Perses frappent violemment en abaissant leurs lances,
ainsi que les Grecs, dès le début du combat.
Les bons chevaliers sont faciles à reconnaître.
Le comte Salomé dit : “ Finies les flatteries,
la prouesse en paroles, les querelles incessantes !
Maintenant, Oxiatre, vous pouvez mettre à l'épreuve les Grecs,
voir s'ils sont capables de combattre et de jouter,
vous qui avez condamné Darius lorsqu'il a fait leur éloge l'autre jour,
mais vous ne savez pas qui remportera le prix à la fin ! ”
Antiochus l'Ostage éperonne son destrier

E fiert de son espié[1] le riche soud[i]er
Qui d'Albanie fu venuz a Dayre pur gayner.
En tote la champayne n'avoit nul si fier,
Si pruz ne si vaillant ne si bon guerr[e]er.
Son escu fu si dur qu'il n'en poet percer,
Mes ly e son cheval fet a un mont trebucher.
A l'estur avoit tret meint brant d'ascer
E meint espié[2] fruissé e meint haubert doubler.
Palment cil baron e morent al graver;
De ceus de Perse i morent trois miler
Qe jamés a Dayre n'averont mester.
Tholomeu escrie pur eus contralier:
'Itels chamberleins doit Alisandre envoier
Qe le treu de Grece sevent si paier.
Tel mil voy entur moy palmer e seigner
Dont toz en morront pur le treu desreiner[3].
Quant de nos departiront, n'en porteront dener.' *103v*

140

Bien i ferent Greu cum chevaler vaillant.
Ly quens Tyberien sist sur un cheval ferant,
Broche le des esperons e fiert un Aufriquant.
L'escu ly ad fendu e la poitrine devant;
Le blanc haubert maillez ne fu al corps garant.
Tyberies fu fort e le corps [ot] pesant;
Brandist si l'abat mort de son cheval corant.
Le roy de Capadoce vint donc poigna[n]t,
Un baron fiert de Grece qui mult estoit vaillant.
L'escu ne l'haubert ne ly valut un gant;
Mort l'abat a terre qe la cervele espant.
La bataille fu forte e ly estur mult grant,
E Greu sunt hardy e tresbien combatant.

---

[1] son espee

[2] espee; meinte h.

[3] destreiner

et frappe de sa lance le puissant guerrier
qui était venu d'Albanie se mettre au service de Darius.
Sur tout le champ de bataille personne ne l'égalait
en audace, en courage et en valeur.
Antiochus échoue à fendre son écu, trop solide,
mais les renverse ensemble, lui et son cheval.
Que d'épées en acier dégainées au combat,
de lances et de hauberts à double épaisseur brisés !
Les barons s'évanouissent et meurent sur le sable.
Dans le camp perse, on compte trois mille morts,
qui ne serviront plus jamais Darius.
Tholomé, en guise de provocation, s'écrie :
“ Voilà les chambellans qu'Alexandre doit dépêcher :
ils savent bien payer le tribut de la Grèce !
Autour de moi je vois mille hommes s'évanouir et perdre leur sang :
tous vont mourir pour avoir prétendu à ce tribut.
Ils nous quitteront sans emporter un denier ! ”

140

Les Grecs se comportent en vaillants chevaliers.
Le comte Tibère monte un cheval gris ;
il l'excite des éperons et frappe un Africain.
Il lui transperce l'écu, lui ouvre la poitrine,
que son haubert brillant ne réussit pas à protéger.
Tibère est un homme puissant, au corps massif.
D'un moulinet du bras, il le renverse, mort, de son cheval rapide[1].
Le roi de Cappadoce pique alors des deux
et frappe un baron grec, de grande valeur.
L'écu comme le haubert lui sont inutiles.
Il le jette mort à terre, répandant sa cervelle.
La bataille est violente, les combats acharnés,
les Grecs montrent leur audace et leur valeur guerrière.

---

[1] Cf. v. 2184.

Brisent cil escu e cil espié trenchant,
E fausent cil haubert e cil helme[1] lusant.
Morent i chevaler, esquier e sergant.
Tholomeu e ly soen les vont mult laid[iss]ant,
E cil de Perse ne poent suffrir tant.
Quel talent qu'il aient, del champ s'en vont fuiant,
E cil de Grece les en meinent ferant,
Desqes al tref le roy leidement occiant.
Ly cry en est levez, e sunt armé Persant;
Toz cuident estre pris le matin en dormant.
Sonent cil graisle, cil corn, cil olifant,
E montent as chevals, lances vont demandant,
E aprés la banere espessement enherdant.
Quant Tholomeu les veit venir issi destendant,
Les soens adonc relie si s'en va batant,
E guenchist as destreiz sur ceus qui vont fuant.
Cil qu'il ad a guier d'armes se sunt aidant: *104r*
Medien e Araby venent esperonant,
Des espiés[2] esmoluz laydement menant.
Meint[3] gentil chevaler i remist mort gisant;
Ne finent de chacer desqu'al gué briuant.

141

La chace fu plener[e] e feble ly fuirs,
Et feble la defense, roiste ly assaillirs.
Neqedent mult lur vaut a destreiz li guenchirs;
Il le font volunters quant il ont laisirs.
Tholomeu entent bien qe dur est le ferirs
E la fuite huntouse e pesant ly suffrirs.
Honur est la mort e deshonur le partirs.

---

[1] cil espee

[2] espees

[3] Meinte

Les écus et les lances acérées sont brisés,
les hauberts et les heaumes brillants fracassés.
Les chevaliers meurent, comme les écuyers et les fantassins.
Tholomé et les siens les accablent de coups
que les Perses ne peuvent endurer :
ils sont contraints à s'enfuir du champ de bataille,
poursuivis par les Grecs, qui continuent à les frapper
et à les massacrer, jusqu'à la tente du roi.
L'alerte est donnée, les Perses prennent leurs armes ;
tous ont peur d'être surpris pendant leur sommeil.
Clairons, cors et trompettes retentissent,
les Perses montent à cheval, vont réclamer leurs lances
et se massent en grand nombre derrière la bannière.
En les voyant arriver à si vive allure,
Tholomé rassemble ses hommes, se hâte de partir
et s'échappe vers les défilés, pour rattraper les fuyards.
Les guerriers qu'il mène savent se servir de leurs armes.
Les Mèdes et les Arabes surgissent au galop
et les malmènent rudement de leurs lances acérées.
Bien des nobles chevaliers y laissent la vie.
La poursuite ne cesse qu'au gué tumultueux.

141

La poursuite est acharnée, la fuite difficile,
comme la défense, devant la violence de l'attaque.
Cependant la retraite dans les défilés leur est salutaire :
ils s'empressent de le faire dès qu'ils en ont l'occasion.
Tholomé se rend compte que le combat est terrible,
la fuite honteuse et l'épreuve redoutable.
L'honneur, c'est de mourir, le déshonneur de fuir.

142

Enchacent Persant e poignent Medien
E Turc e Arabie, Escler e Sirien,
Caldeu e Chanoil, Ebreu e Trecien[1],
De Perse, de Albanie e ly Elamien.
Ferent sur Tholomeu le duc egypcien.
Sovent trestornent ly Macedonien.
Tholomeu fu iré e fiert un Persien;
Suz la bocle ly fent l'escu solien,
Fause le blanc haubert si li trenche l'esplen.
[Tholomeu escrie: 'Avenuz m'en est bien!][2]
Ore de ces deus sunt vengé toz ly mien.'
Dalmade apele, le duc athenien,
Antioche l'Ostage[3] e Marc l'Ancien.
Dit lur: 'Alom nous ent, cy ne from mes bien.
Mult en faz qe fols qe le tornoy tant tien.
Mes n'os partir, le fluvie de Tygre crien.
Chescun fierge premers de l'espié[4] ancien,
En jeo vois ferir de celi[5] qe jeo tien.'

143

A cestes paroles Tholomeu est guenchi,
De son espié[6] trenchant fiert un Arabi. *104v*
Tut le double purfent de son escu burni,
Le blanc haubert maillé del cop se dementi;
Par mi[7] le corps le fiert, del cheval l'abati.
Chescun de ses compaignons le soen du[n]c feri;

---

[1] c. greu e grecien
[2] Provenance: *C*
[3] A. destage
[4] espee
[5] cele
[6] espee
[7] mie

142

Les Perses et les Mèdes pourchassent les Grecs,
avec les Turcs, les Arabes, les Slaves et les Syriens,
les Chaldéens et les Cananéens, les Hébreux et les Thraces,
les Albanais et les habitants de l'Élam.
Ils s'attaquent à Tholomé, le duc de l'Égypte.
Les Macédoniens se retournent souvent pour lutter.
Tholomé, dans sa fureur, frappe un Perse :
il brise son écu syrien au niveau de la boucle,
déchire son haubert brillant et lui tranche la rate.
Tholomé de hurler : " Victoire[1] !
Voici les miens vengés de ces deux hommes ! "
Il appelle Dalmade, duc d'Athènes,
Antiochus l'Ostage et Marc l'Ancien,
pour leur dire : " Partons, nous n'avons plus rien à faire ici !
Je suis bien fou de m'acharner ainsi au combat.
Mais je n'ose repartir, car je redoute le Tigre.
Frappez à qui mieux mieux de votre lance antique
et moi, je frapperai de celle que je brandis ! "

143

Sur ces mots, Tholomé s'est écarté
pour frapper un Arabe de son épieu tranchant.
Il transperce le double revêtement de son écu étincelant
et du même coup disloque son haubert brillant.
Il l'atteint dans sa chair et le renverse de cheval.
Chacun de ses compagnons s'en prend alors à un ennemi.

---

[1] Le vers 3026 est ajouté par l'éditeur, d'après C.

Persant e Syrien[1] les ont durement assailli
E grevement hasté e forment envai.
Greu nel porent suffrir; le champ lur ont guerpi.
Desqu'al gué de Tygre sunt guench[iss]ant fui;
La lur rendent estur cum bon vassal hardy.
Un Greu naffré al corps s'en est le jur parti,
En l'ost ad tuit conté cum il sunt malbailly.
Alisandre est monté quant ceo en ad oy;
Ovec luy sunt alé compaignon e amy.
Sonent li olifant si eshaucent li cri.
Egypciens s'adobent[2] quant il sunt garni,
Cil d'Achaie e de Grece e de Trace autresi.
Ly haubert[s] ont vestu e li escu saisi,
Assemblent sey dehors au pendant d'un larri.

lxiiii La seconde bataille contre Dayre, le roy de Perse.

144

Armé sunt cil del ost e monté a cheval.
Desuz le roy henist l'orgoillus Bucifal:
Mult est riche la seele, ly freyn e ly poytral;
Tuit est covert de fer e desus [de] cendal;
Au roys Alisandre est en fierté equal;
Mult ad suffert ové ly e peines e mal.
Sonent cil olifant e crient mareschal,
Passé ont le larriz, le mont e le val.
Vont socurre le duc cum hardy vassal.

145

Bels sunt ly garnement dont le roy est armez.
A quarante mil homes passe donc les guez; *105r*
Trove ses chevalers forment desbaretez,
Mors e confunduz e les vifs alassez.
Antioche l'Ostage est pres de mort naffrez.

---

[1] syrien: *forme altérée* de surien

[2] E. sadolent q.

Mais les Perses et les Syriens les ont violemment attaqués,
talonnés et combattus avec acharnement et fureur.
Ne pouvant résister, les Grecs leur abandonnent le champ de bataille.
Ils font demi-tour et fuient jusqu'au gué du Tigre.
Là, en guerriers vaillants, ils leur livrent combat.
Un Grec blessé au corps les a alors quittés,
pour aller informer l'armée des pertes subies.
Dès qu'il l'apprend, Alexandre enfourche sa monture ;
ses compagnons et ses amis partent avec lui.
Aux sonneries des cors, la clameur s'élève.
Les Égyptiens, alertés, revêtent leurs armes
avec ceux d'Achaïe, de Grèce et de Thrace.
Ils revêtent leurs hauberts, s'emparent de leurs écus,
puis se réunissent hors du camp, sur le flanc d'une colline.

lxiv La seconde bataille contre Darius, le roi de Perse.

144

Les Grecs, en armes, enfourchent leurs montures.
Sous le roi hennit le farouche Bucéphale :
sa selle, son mors et son poitrail sont d'une grande richesse ;
il est protégé par une armure de fer recouverte de soie ;
sa fierté égale celle du roi Alexandre.
Il a enduré avec lui tant de souffrances et de tourments !
Les cors retentissent et les maréchaux lancent leurs annonces.
Les Grecs ont traversé bois, montagnes et vallées,
pour aller secourir le duc, en hardis guerriers.

145

Le roi a revêtu des armes magnifiques.
Avec quarante mille hommes, il traverse le gué
et découvre ses chevaliers en complète déconfiture :
morts, massacrés, et les vivants à bout de forces.
Antiochus l'Ostage est sur le point d'expirer de ses blessures :

Le duc Oxeatre estoit sur ly arestez;
Ne fust la survenue, le chef ly eust coupez;
Par quatre foiz fust ja al champ pasmez.
Ly roys est survenuz e ses riches barnez,
E voit les Persanz d'armes bien conreez;
De l'espié vet ferir la u sunt plus serrez;
Fiert un duc d'armes bien alosez:
Faut ly sis bons escuz e ly haubert saffrez,
Pleine sa hante l'abat tut [mort] as prez.
Regarde vers les Greus e dit: 'Ore ferez!
Defendez vos honurs, vos feez[1], vos heritez,
Qe vostre franchise a cest jur ne perdez;
Le treu de Grece doit estre comparez.
Ore fetes si bien cum promis m'avez,
Car solum les travals les loers resceiverez.'

146

Mult fu grant ly rengs e les escheles beles.
A l'abesser des espiés envolent les asteles,
E fausent cil haubert e les targes noveles;
Al trenchant des espiés lur coupent les mameles;
Des verz helmes burniz volent les estenceles;
Cil cheval araby traient les boeles
E les resnes rompues e voides les seles.
Morent i chevalers e druz as damoiseles,
E d'une part e d'autre les juventes beles.

147

Ly roys Alisandre voit ses homes occire;
Al quer en ad vergoin, dolur, peine e ire.
Fiert de son espié un riche duc d'Assire: *105v*
L'escu e l'aubert li fet tuit desconfire,
Trenche ly [le] haubert e la char ly decire,
Plein[e] hanste l'abat, adonc ly empire,
Car le col ly peçoie; n'ad mester de mire.

---

[1] v. höes v.

le duc Oxeatre s'est acharné contre lui ;
sans l'arrivée des Grecs, il l'aurait décapité.
Par quatre fois, Antiochus a déjà perdu connaissance.
Le roi, surgissant avec ses puissants guerriers,
voit que les Perses sont armés jusqu'aux dents.
Il va frapper de sa lance au milieu de leurs rangs.
Il s'attaque à un duc réputé pour sa prouesse :
il lui rompt son solide écu et son haubert damasquiné
et, de toute la longueur de sa lance, le renverse, mort, sur le pré.
Il se tourne alors vers les Grecs et leur lance : " Maintenant à
[l'attaque!
Défendez vos terres, vos fiefs et vos héritages,
pour ne pas perdre aujourd'hui votre liberté !
Le tribut de la Grèce doit être acquitté.
Faites maintenant autant d'exploits que vous me l'avez promis,
car vos gains seront proportionnels à vos peines ! "

146

Les rangs n'en finissent pas et les compagnies ont belle allure.
Quand les lances s'entrechoquent, des éclats volent,
les hauberts et les boucliers neufs sont fracassés.
Les lances tranchantes fendent les poitrines.
Des étincelles jaillissent des heaumes verts brillants.
Les chevaux arabes traînent des entrailles,
avec leurs rênes rompues et les selles vides.
Meurent les chevaliers et les amants des nobles demoiselles
et, dans les deux camps, la fine fleur de la jeunesse.

147

Quand le roi Alexandre voit massacrer ses hommes,
son cœur s'emplit de honte, de souffrance et de rage.
Il frappe de sa lance un puissant duc d'Assyrie :
il réduit en miettes son écu et son haubert,
il lui transperce sa cotte et lui entaille la chair,
avant de l'abattre de toute la longueur de sa lance et d'aggraver son
[sort
en lui brisant le cou : tout soin est inutile.

lxv Coment Dayre promist guerdon pur Alisandre occire.

148

Ly estur fu mult fier e la bataille aduree;
D'un[e] part e d'autre est cruex la melle[e].
Alisandre i fiert ové sa gent arme[e],
E Dayre ovec cele qu'il ad amenee.
Tanz cops i ad feru de lance e d'espee,
Tant escu fendu, tante bruine fausee,
Tant[e] bele juvente i ot le jur naffre[e],
Tanz gentils chevalers gisent mort en la pree,
Tanz corps detrenchez, tant[e] teste coupee,
La terre d'environ [en] est ensanglantee.
Tanz chevals i ot mors, tante seele versee,
Qe jamés la perte n'ert restoree.
Alisandre e Dayre sunt tot deus nafre[e],
Egypte la large forment desconfortee.
D'une part e d'autre est mult desbaretee.
Dayre, roy de Perse, sone sa menee;
Bondissent ly monz, resonent ly valee.
Sa gent l'ad entendu, a ly s'est assemble[e].
'Oiez,' fet il, 'baron, parole bien membree!
Alisandre est venuz cy en ma contree.
S'il s'en ist a honur, Perse en ert avilee
E Mede malbaillie, Assirie robee.
Mult ad bons chevalers e gent bien alosee;
Rendu nous ont al champ felonesse jornee.
Qui Alisandre avera occis e matee, *106r*
La moité de mon regne li ert en fiu donee
E ma fille au gent corps oveques esposee.
Oianz toz mes barons en jur ma destinee,
Car aprés sa mort l[i] autre n'averont duree.

lxv Comment Darius promit une récompense pour la mort d'Alexandre.

148

Les combats sont féroces, la bataille terrible.
Pour les deux camps, la mêlée est cruelle.
Alexandre mène le combat avec son armée
et Darius avec celle qu'il a acheminée.
Que de coups de lance et d'épée sont assenés,
que d'écus transpercés, de cuirasses fracassées !
quelle belle jeunesse est blessée ce jour-là,
que de nobles chevaliers gisent morts sur l'herbe !
Que de corps déchiquetés, que de têtes coupées !
La terre tout autour est couverte de sang.
Que de chevaux sont tués, de guerriers abattus :
jamais leur perte ne sera réparée.
Alexandre et Darius sont tous deux blessés[1],
la vaste Égypte elle aussi est taillée en pièces.
Dans les deux camps, c'est un désastre.
Darius, le roi de Perse, sonne alors la charge,
les monts en retentissent, les vallées en résonnent.
Ses hommes l'ont entendu, ils l'ont tous rejoint.
" Barons, dit-il, écoutez une parole mémorable !
Alexandre a fait marche jusqu'ici, dans mes terres.
S'il en part dans la gloire, c'est la honte pour la Perse,
la ruine et le malheur pour la Médie et l'Assyrie.
Il a une foule de bons chevaliers et de guerriers réputés
qui nous ont infligé une journée terrible sur le champ de bataille.
Celui qui vaincra et tuera Alexandre[2]
recevra en fief la moitié de mon royaume
et épousera aussi ma fille au corps gracieux.
Devant tous mes barons, je le jure sur ma vie.
Après sa mort, les Grecs ne résisteront pas.

---

[1] L'éditeur invite à corriger le v. 3112 d'après *C* : *Perse en est destruite et Mede egaree.*

[2] L'éditeur invite également à corriger ce vers corrompu par la variante de C : *Ki Alexandre oscira Perse en avera aquitee.*

Babiloine seroit eshauce[e] e honoree,
Macedoigne destruite e Grece, desherite[e].'

149

De la promesse Dayre sunt Persant orgoillus;
Del covenant tenir sunt nepurquant dotus.
N'ad nul qui ne seit de sa mort desirus.
Dieu, bel sire Pere, Roy del ciel glorius,
Cum l'avoir de cest mond est a toz desirus!
Ne voy nul si lasche ne si pereçus
Qe quant entent son pru ne[1] seit vigerus,
Ne nul, tant seit hermite ne [hom] religius,
Qe de conquere avoir ne seit coveitus.
Bien deit quere aventure qui est bosoignus.
Un Persant i estoit, durement enginus,
E hardy chevaler e de force eurous;
Un Greu rue mort al champ tuit herbus,
Prist ent le bon haubert e [le] helme precius,
Le fort escu a or e un espié merveillus.

150

Adoba sey des armes le Greu qu'il occist.
D'une grant felonie[2] a purpenser se prist,
Pur la grant promesse un fort peril eslist:
Entre les Gregois a celees se mist;
Le roy vient aprochant, dreitement le choisist.
Oiez la traison qe le Persant i fist!
Ly roys Alisandre toz les soens esbaudist:
Beau prie chescun qe bien i combatist,
De lur droit conquere idonc lur sovenist, *106ᵛ*
Aprés lur victorie riches dons lur promist;
Puis broche le cheval, les Persanz requist.

---

[1] p. fier ne
[2] feloine

Babylone serait plus forte et honorée,
la Macédoine détruite et la Grèce dévastée. "

149

La promesse de Darius rend les Perses téméraires,
même s'ils craignent qu'il ne respecte pas son contrat.
Tous sans exception souhaitent la mort d'Alexandre.
Dieu, cher Seigneur et Père, glorieux Roi du ciel,
que les biens de ce monde suscitent de désir !
Je n'en vois aucun si lâche ou si paresseux
qu'il ne soit ragaillardi quand il cherche son profit,
aucun, même un ermite ou un homme d'Église,
qui ne soit avide de gagner des richesses.
L'indigent a certes raison de rechercher la fortune.
Il y avait un Perse très habile,
un hardi chevalier doué d'une grande force.
Il précipite un Grec, mort, sur l'herbe du champ de bataille,
s'empare de son bon haubert et de son heaume précieux,
de son solide écu en or et de sa lance merveilleuse.

150

Le Perse s'équipe des armes du Grec qu'il a tué
et se met à méditer un grand crime.
La fastueuse promesse de Darius lui fait rechercher le danger.
Il se mêle aux Grecs en secret,
s'approche du roi, qu'il repère sans peine.
Écoutez la trahison qu'il perpètre !
Le roi Alexandre encourageait tous les siens.
Il exhortait chacun à combattre vaillamment
et à ne pas oublier de conquérir son dû.
Il leur promettait de riches dons après la victoire.
Puis il pique des deux et attaque les Perses.

151

Ly estur furent grant; de ferir n'ont repos:
Ferent i des espiés e lancent gavelos;
Esgruine ly ascer e fruissent icil os,
Morent i ly hardy, ly vaillant e ly os;
Ly novel se peinent pur aver pri[s] e los.
Ly Persant fu vaillant entre les Argos[1],
Fiert le roys Alisandre par force en my le dos.
L'aubert fu mult fort, serré se tint [e] clos,
E li espié peçoie ensement cum ros.

152

Alisandre se regarde, au dos feru se sent,
E dit al Persien: 'Dampdieu te gravent,
Car par grant traison feru m'as laidement!
Confundu en seras e occis a torment.'
Le Persien respont: 'La traison en defent.
Qe feru ne vous aie, nier ne voil nient,
Car de vous occire le voloir oy veirement;
Gain en quidoye aver[2] od mon hardeme[n]t.
De mon trenchant espié vos feri durement;
Vous fussez mort del cop par le mien escient,
Ne fust aventure qe vers vos se pent.
Ore voy qe plus a vous qe a moy consent;
Qe plus me dust aider me nuist premerement.
Sachez, Alisandre, ne suy de vostre gent,
Ainz sui nee de Perse al chef vers orient.
Mult suy povere d'avoir, si sunt tuit mi parent;
Mes le roy Daire me fist hier serment
Qe sa fille dorroit od my son tenement
En citez, en chastels[3], en or e en argent
A ly qui de vous prist, Alisandre, vengement. *107r*

---

[1] l. agros

[2] avere

[3] chasteles

151

Les combats sont terribles, sans le moindre répit.
On frappe des lances, on fait voler les javelots.
L'acier vole en éclats et les os se fracassent,
les plus vaillants et les plus audacieux trouvent la mort.
Les nouveaux adoubés se démènent pour gagner la gloire.
Le Perse, lui, courageux au milieu des Grecs,
frappe violemment le roi Alexandre dans le dos.
Le haubert, d'une grande résistance, ne se rompt pas,
et la lance se brise comme un roseau.

152

Alexandre, se sentant frappé dans le dos, regarde autour de lui
et dit au Perse : " Que Dieu t'anéantisse !
tu m'as frappé en traître, honteusement.
Tu seras châtié et torturé à mort. "
Le Perse réplique : " Je ne suis pas un traître !
Je vous ai bien frappé, je ne le nie nullement.
J'avais bien la ferme intention de vous tuer ;
je croyais tirer profit de mon coup d'audace.
De ma lance acérée je vous ai frappé de toutes mes forces
et je pensais que le coup vous aurait été fatal,
si la chance ne penchait pas en votre faveur.
Je vois maintenant qu'elle vous favorise plus que moi.
Ce qui aurait dû servir mes intérêts se retourne contre moi.
Sachez, Alexandre, que je ne suis pas des vôtres,
mais natif de la Perse, des confins orientaux.
Je suis très pauvre, comme toute ma famille.
Or, le roi Darius a fait hier le serment
qu'il donnerait sa fille avec la moitié de ses biens
en cités, en châteaux, en or et en argent,
à celui qui le vengerait de vous, Alexandre.

Jeo me mis en aventure par cest enticement,
Mes avenuz m'en est mult tres malement.
Si fortune le vousist, fet eus[s]e richement:
Vous en fussez mort e j'en eusse le cassement.'

153

Alisandre prist le Persanz, as serganz le rent[1].
Cil le meinent as herberges mult ignelement,
Car il ne volt rien faire s'il n'est par jugement.
Donc broche Bucifal, ignel est plus qe vent,
E fiert un Persien qe tuit l'escu ly fent,
Tant cum hanste ly dure del cheval mort le destent.
Bien i ferent ly Greu e Persant ensement:
Trebuchent cil cheval, rompent ly garnement,
Morent ly chevalers par les rengs bien sovent,
Palment cil bacheler par le champ espessement;
Covert en sunt ly pré e ly gué tuit sanglent.
N'ad nul si hardi qe adonc ne s'espoent,
Ou de fier damage n'eit al quer marrement.
L'une part e l'autre est damage forment.

154

Ly renc erent grant e ly estur percé,
D'une part e d'autre i ad meint blescé;
De mors e de palmez sunt li champ jonché.
Dieu, tant fort escu i ot le jur fruissé,
Tant gonfanon rompu, tant gleive pec[i]é,
Tan[t] haubert descousu, estroé tant espié[2],
Tant chevals occis, tant helme detrenché!
Plorent i ly vif e morent ly naffré,
A mult grant anguisse depart lur amisté.
Donc fu la dolur grant e maiur la pité
Quant frere de l'autre a la mort prent congé.

---

[1] ly r.

[2] espee

C'est lui qui m'a poussé à risquer ma vie.
Mais le sort s'est retourné contre moi.
Si Fortune l'avait voulu, j'aurais réussi un coup d'éclat,
vous seriez mort et moi j'aurais gagné le fief ! ”

153

Alexandre fait le Perse prisonnier, le confie à ses serviteurs,
qui le conduisent en hâte au campement.
Il ne veut décider de son sort qu'à l'issue d'un jugement.
Il éperonne alors Bucéphale, plus rapide que le vent,
et frappe si fort un Perse qu'il lui fracasse l'écu
et que de toute la longueur de sa lance il le renverse mort de son [cheval.
Tant les Grecs que les Perses combattent avec vaillance :
les chevaux s'effondrent, les armes se brisent,
les rangées de chevaliers sont décimées,
les jeunes guerriers s'évanouissent sur le champ en grand nombre.
Les prés sont jonchés de leurs corps et les gués rouges de sang.
Les plus hardis sont épouvantés
ou affligés par de terribles pertes.
Les deux camps ont subi des pertes énormes.

154

Les rangs, bien qu'épais, sont percés par les assauts.
Dans les deux camps, les blessés sont nombreux.
Cadavres et corps sans connaissance jonchent le sol.
Dieu, que de solides écus fracassés ce jour-là,
que de gonfanons déchirés, de glaives brisés,
de hauberts démaillés, de lances rompues,
de chevaux tués, de heaumes mis en pièces !
Les vivants pleurent, les blessés meurent
et les amis se séparent dans d'extrêmes souffrances.
La douleur est grande, la pitié plus grande encore
quand la mort contraint deux frères à se dire adieu.

Le jur est aclinez, le soleil est abessé;
A la fui[e] s'en est Darius retorné. *107v*
Sa mere, sa femme, ses filles[1] derere i ad lessé.
Alisandre les prist, ové lui sunt herbergé.
Reposent soy la nuit, car mult sunt travaillé.
L'endemein Alisandre s'est vestu e chaucé;
Venent i si conte e si baron prisé,
Meinent le Persant qui deit estre jugé.
Le roy[2] Alisandre ad le play comencé,
E dit: 'Icist vassal m'ad forment corucé.
Jamés ne mangeray si ere de ly vengé!
En guise d'un des miens m'est en l'ost gaité,
Puis me feri al dos quant il en fu aisé,
E mort m'eust, si ne fust l'aubert maillé.
Par ceste traison m'eust pur poy enginé.
Ore me fetes agard, car mult m'ad laidengé.'
Veant toz ses barons s'est ly Persant drecé:
'Roys Alisandre, forment m'as enpleidé,
De traison e d'engin a grant tort chalengé.
La traison defend e le tort ay nié.
N'ad si hardy ne si baud [e] envoisé
Qe ne seit tut sullenz ainz qe seit desrené,
Si le play est par droit en owele curt mené.
Sire, de vous occire fumes nous toz prié,
E pur ceo m'en fu pres de vous enbusché
E de vous occire fu bien acoragé;
Si eusse jeo, roy, fet[3], ne brisast mon espié,
Car ne vous doy fey, leauté ne amisté,
Ne de mortel haur [ne] fu vers vous iré,
Mes la terre Dayre e l'onur ay coveité.
Si dites qe pur ceo dey estre perillé,
Detret ou en fu ars ou en fust cloufiché,
Jel dedy del prover; tenez mon gant plié.' *108r*

---

[1] f. sa filles

[2] Roys (s *ajouté*).

[3] j. toy f.

Le jour est tombé, le soleil s'est couché.
Darius est reparti en prenant la fuite
et en abandonnant sa mère, sa femme et ses filles[1].
Alexandre s'empare d'elles et les loge près de lui.
Les Grecs, épuisés, se reposent toute la nuit.
Le lendemain, une fois Alexandre habillé et chaussé,
viennent ses comtes et ses barons renommés
en amenant le Perse pour qu'il soit jugé.
Le roi Alexandre a engagé le procès
en ces termes : " Cet homme a encouru ma colère.
Je ne mangerai plus avant d'être vengé de lui !
Il s'est fait passer pour l'un des miens, et m'a guetté au milieu de [l'armée,
puis il m'a frappé dans le dos à la première occasion,
et sans ma cotte de mailles, il m'aurait tué.
J'ai failli être victime de cette trahison.
Rendez-moi donc justice de ce terrible affront ! "
Devant tous les barons, le Perse s'est levé :
" Roi Alexandre, tu as prononcé de graves accusations contre moi
et tu m'as taxé à tort de trahison et de perfidie.
Je rejette l'accusation de trahison et nie toute faute.
Même l'homme le plus hardi et le plus courageux
doit faire beaucoup d'efforts pour se défendre,
quand le procès est mené selon le droit, par une cour équitable.
Sire, Darius nous a tous suppliés de vous tuer.
C'est pourquoi je me suis caché à vos côtés,
avec la ferme intention de vous tuer.
J'aurais réussi, sire, si ma lance ne s'était brisée.
Je ne vous dois ni fidélité, ni loyauté, ni affection,
et nulle haine mortelle ne m'a non plus dressé contre vous.
Mais je convoitais les terres et la richesse de Darius.
Si vous prétendez que pour cela je mérite de mourir,
d'être écartelé, brûlé ou crucifié,
je nie qu'on puisse le prouver : voici mon gant plié. "

---

[1] Seul le manuscrit D mentionne ici la mère, la femme et les filles de Darius, qui ont déjà été capturées lors de la première défaite du roi perse (v. 2021).

155

Antioche l'Estage se dresce en estant,
E dist: 'Par icest seit jugé ly Persant:
S'il fust vostre enemy, ferir vous dust devant
Quant pur promesse a seignur se mist en tel semblant.
Feri vous ainz al dos cum felon soduiant;
Donc fist qe traitre; prest sui qe doins mon gant.
S'il en velt combatre, jeo l'en fray recreant.
Veant toz voil prover il doit morir pur tant,
Qu'il ne doit eschaper pur nul homme vivant.
La mort le roy comist[1], barons, a vostre oiant.'

156

Tholomeu ly respont e dit: 'Oiez, baron!
Le roys est resnable; face al Persant reson.
De ly defere ou occire ne querez achaison.
S'il velt, il put tresbien quant le tient en prison;
Jugement out demandé a ceaux de sa meson.
Aimt ly ou hace, ne dirom si veir non.
Tant leal chevaler voy cy environ;
Tant facent dont aprés n'aient retraicion!
Pur son regne aquiter se mist en bandon;
S'il le feri al dos, nel juge pas pur felon,
Car de son enemy deust prendre vengeison
En tot[e] manere sanz fere traison.
En dormant nel mourdrit, ne l'occist par poyson,
Car nule fey ne doit au fiz Phelippon,
Qui ly doit droit fere, s'il quist sa honeison,
Sa mort ou son damage ou sa confusion.
Si fet eust son pensé, del roy Dayre eust don,
E si eust aquité tote[2] lur region
Qe Alisandre velt metre a destruction;
E pur ceo n'enteng pas qu'il fist mesprision.

---

[1] comist / conust *?*

[2] tuit

155

C'est alors Antiochus l'Ostage qui se lève
et dit : " Qu'on juge le Perse selon cette logique !
S'il avait été votre ennemi, il aurait dû vous frapper de face
quand, pour bénéficier des promesses de son seigneur, il a pris un tel [masque.
Au contraire, il vous a frappé dans le dos en criminel perfide.
Il a agi en traître et je suis prêt à donner mon gant.
S'il veut se battre, je triompherai de lui.
Devant tous je veux prouver qu'il mérite la mort,
et que pour rien au monde il ne doit y échapper.
Il a voulu tuer le roi, barons, vous l'avez entendu ! "

156

Tholomé de répondre : " Écoutez-moi, barons !
Le roi est avisé ; qu'il rende justice au Perse !
Ne cherchez pas à justifier sa perte et sa mort !
S'il le souhaite, Alexandre peut bien l'exécuter puisqu'il l'a empri- [sonné.
Il a demandé un jugement à ses hommes.
Quels que soient ses sentiments envers le Perse, nous ne dirons que la [vérité.
Je vois tout autour de moi tant de loyaux chevaliers :
qu'ils ne fassent rien qui puisse ensuite leur valoir des reproches!
Le Perse s'est sacrifié pour libérer son pays.
Même s'il a frappé Alexandre dans le dos, je ne l'accuse pas de [félonie,
car c'était son devoir de se venger de son ennemi
par tous les moyens, et cela sans qu'il y ait trahison.
Il ne l'a pas assassiné pendant son sommeil, il ne l'a pas empoisonné.
Il n'a aucun devoir de fidélité envers le fils de Philippe,
qui doit lui rendre justice, même s'il a recherché sa honte,
s'il a voulu le tuer, le blesser ou le détruire.
S'il avait réalisé son projet, il aurait été récompensé par le roi Darius
et aurait libéré tout le pays
qu'Alexandre veut entièrement dévaster.
J'estime donc qu'il n'a commis aucune faute.

Bien le put pendre ou arder cum laron *108v*
E fere devorer a chiens[1] ou geter a lion
S'il ly vient a pleisir; mes pas ne l'agardom[2].'

157

Marc de Rome se lieve e sa reson enprent,
E dit: 'Tholomeu, oiez qe jeo entent.
Quant il le Greu occist e prist son garnement,
En tel semblant s'en vint tut a vostre gent.
Le roy feri au dos par tel enbuschement
M'est avis qe donc en fist tres malement.
Bien est droit qe ly roys en face son talent,
Car voloir de prince tient l'en pur jugement.'
Li autre crient tuit: 'Il fet bien si le pent!'
Quant Alisandre veit qe nul mes nel defent,
E qe tote la curt a pendre le consent,
Mult prise le Persant e loe son juvent,
Qe pur promesse Dayre enprist tel hardement.
De dras e de cheval l'atorne richement,
Dona li de son or e mult de son argent,
E ly dona condui [e] a Dayre le rent.

---

[1] chiennes

[2] m. nel pas a

Alexandre peut bien le pendre ou le brûler comme un voleur,
le donner en pâture aux chiens ou bien aux lions,
s'il le désire, mais pas par notre jugement ! "

157

Alors Marc de Rome se lève et prend la parole
en ces termes : " Tholomé, écoutez mon avis !
Il a tué le Grec et dérobé ses armes ;
il s'est joint à vos hommes sous ce masque.
Il a frappé le roi dans le dos grâce à une supercherie
dont j'estime qu'elle est bien vile.
Le roi a donc le droit de lui réserver le sort qu'il désire,
car la volonté d'un prince a valeur d'acte de justice. "
Tous les autres s'écrient : " Il ferait bien de le pendre ! "
Quand Alexandre voit que plus personne ne prend la défense du Perse
et que toute la cour le voue à la pendaison,
il célèbre alors son ardeur juvénile et le félicite
de s'être lancé dans un tel coup d'audace, en raison des promesses de [Darius.
Il lui donne de riches étoffes et un cheval de prix,
lui offre de l'or et une grande quantité d'argent,
avant de le faire escorter et remettre à Darius[1].

---

[1] Thomas de Kent n'invente ni cette tentative de meurtre du roi grec par un Perse qui aurait revêtu l'armement d'un Grec ni la clémence d'Alexandre, mais l'*Epitomè* rapporte les faits beaucoup plus brièvement. Thomas ajoute surtout la scène du jugement du guerrier perse, pour montrer qu'Alexandre n'hésite pas à faire l'apologie de la ruse et de la hardiesse, même quand ces dernières s'exercent à ses dépens. Dans les laisses suivantes, conformément à la version dérivée du *Pseudo-Callisthène*, il insiste d'ailleurs sur l'utilisation de la ruse par Alexandre durant les batailles contre les Perses (l. 158, le stratagème de l'intimidation des ennemis avec le nuage de poussière que soulèvent les branches accrochées aux montures de l'armée ; l. 170, la ruse de la fuite feinte, puis l. 159-168, le déguisement d'Alexandre et sa fameuse visite à la cour de Darius, redoublés lorsqu'Alexandre joue un tour similaire à Porrus, l. 307-312).

158

Ly roys Alisandre se prent a purpenser.
Persanz volt aprocher e le flum passer.
Devant l'ajornee fit tot[e] l'ost armer.
En un bois est alez, tot l'ad fet couper.
As cues des roncins fet les branches noer,
As muls, as palefrois e as bordons porter.
Quant totes ses escheles ad fet conreier,
Ses princes, ses barons ad fet as chevals monter;
Ses olifanz, ses corns, ses gresles fet soner,
E totes ses herberges e ses loges alumer,
Les branches e les rains as chemins trainer.
Le soleil ert levez e le jur fu cler;
Vint lues de laur[1] font le pudre lever. *109r*
Passé ont le Tygre tuit droit a l'ajurner.
Persant les ont veu tel orgoill[2] demener
Quident k'en bataille volent sur eaux aler;
Charger font les somers e les muls trosser,
Lur pavillons destendre e lur gent ordiner;
Traient sey arere, n'osent arester.
Met sey en un chastel qu'il ont fet fermer
Sur une rivere qe Estrage oy nomer.
La neif i est tut dis qe fet le gué engeler;
Tel plenté en i ad chars i poet l'em mener.
Le leu est bels e fort e aysé pur sojorner.
Dayre i est od tut son host e velt illuec reposer.
Alisandre ne ot d'enchascer for[t] mester.
Pres de l'host as Persant fet tuit ses trefs mander,
E lever bretaskes e tut entur fosser.

---

[1] laure

[2] orgoille

158

Le roi Alexandre se met à réfléchir.
Il entend franchir le fleuve et s'approcher des Perses.
Avant l'aube il ordonne à tous ses hommes de s'armer.
Il entre dans un bois, fait couper tous les arbres,
il ordonne d'attacher les branches aux queues des chevaux de somme,
et d'en charger des mules, des palefrois et des bardots.
Une fois qu'il a disposé toutes ses compagnies,
il fait monter en selle ses princes et ses barons.
Il fait sonner ses cors, ses clairons, ses trompettes,
incendier tout le campement et les abris,
puis traîner branches et feuillages sur les chemins.
Le soleil est levé, le temps est clair :
sur vingt lieues à la ronde ils soulèvent la poussière.
Ils franchissent le Tigre juste au point du jour.
Les Perses les ont vus montrer une telle arrogance
qu'ils croient au déclenchement d'une bataille.
Ils font charger les chevaux de somme et les mules,
déplier les tentes et mettre en ordre les troupes.
Puis ils font demi-tour, car ils n'osent pas rester.
Darius se replie dans un château que ses hommes ont fortifié,
sur un fleuve que j'ai entendu nommer Estrage.
Des neiges éternelles font geler le gué,
leur masse est telle qu'on peut faire passer des chariots.
Le site est beau, bien fortifié et d'un séjour agréable.
Darius s'y est retranché avec son armée et veut y prendre du repos.
Alexandre n'a plus aucun besoin de les pourchasser.
Il fait apporter toutes ses tentes près de l'armée perse,
dresser des bretèches et creuser des fossés tout autour.

lxvi Coment Alisandre se mist en la curt le roy Dayre.

159

Ly host sunt aproché, e grant sunt ly conroi;
Demeinent grant orgoil, fierté e nobloi,
Portent sovent cembel e tenent i tornoi.
Plus espees sunt ly tref qe forest en chesnoi.
Le roys Alisandre prent treis homes a soi;
Emenidus est ly uns; des autres prist la foi
Qu'il ne descoverunt a nuly son secroi;
E vont s'en a celee veer l'ost Dayre le roi.
Sur la rive del gué encoste un aunoi
Lur dist Alisandre: 'Remanez cy tuit troi
E gardez Bucifal; jeo mein sul mon palefroi.
Par en som ceste neif la terre passer doi.
Jeo vois veer Dayre e l'ost qui la voi.'

160

Dayre l'emperere est as prez hors issuz;
Fet enbrever ses genz e nombrer ses escuz, 109v
Saver[1] cumbien en ad e cumbien ad perduz.
Alisandre i est atant survenuz,
E dist Dayre: 'Alisandre vous mande saluz.
Einz en vostre regné vous vient rendre tr[eluz.
Deus foiz s'est a force contre vous combatuz;
Multz i ad des soens mors e des vos confonduz.
Ore vous mande par moy qu'il n'est pas recreuz.
Bataille vous mande par moy qui sui sis druz.
Metez moy le terme; de sa part[2] ert tenuz.
Soient ly escu pris e ly haubert vestuz,
E ly helme lacé, pris espiez esmoluz!
Cher vous er[t] le treu qe demandez venduz.'
De ceo dit ert Dayre forment irascuz,
E ly dit: 'D'un[e] rien me sui aperceuz:

---

[1] Savere
[2] parte

lxvi Comment Alexandre pénétra à la cour du roi Darius.

159

Les deux armées sont proches, les corps de troupes énormes.
Ils font montre d'orgueil et d'arrogance,
ne cessent de se provoquer et de se livrer combat.
Les tentes sont plus nombreuses que les chênes d'une forêt.
Alexandre choisit trois hommes pour l'accompagner,
dont Émenidus ; il les contraint à jurer
qu'ils ne révéleront son secret à personne.
Puis ils partent en cachette espionner l'armée du roi Darius.
Sur le bord du gué, près d'une aulnaie,
Alexandre leur ordonne : " Restez ici tous les trois
et veillez sur Bucéphale ; je ne prends que mon palefroi.
Je vais avancer en grimpant sur ce tas de neige
et aller espionner Darius et son armée, que je vois là-bas. "

160

L'empereur Darius a fait une sortie dans les prairies :
il fait recenser ses hommes et compter ceux qui portent un écu,
pour dénombrer les guerriers disponibles et les pertes.
C'est à ce moment-là qu'Alexandre surgit
et s'adresse à lui : " Alexandre vous envoie son salut.
Il vient dans votre royaume pour vous payer son tribut.
Deux fois déjà il vous a livré une violente bataille.
Les morts sont nombreux de son côté comme du vôtre.
Je suis son ami et vous dis de sa part
qu'il n'a pas renoncé et exige la bataille.
Fixez-en-moi la date : il la respectera.
Saisissez vos écus, revêtez vos hauberts,
attachez vos heaumes et prenez vos lances acérées !
Vous paierez cher le tribut que vous exigez ! "
Ces mots soulèvent Darius d'une violente colère.
Il lui dit alors : " J'ai tout compris :

Vous estes Alisandre; as dis l'ay entenduz.'
Alisandre respont: 'N'avez Alisandre veuz.
Plus blund ad les chevelz, cercelé plus menuz,
Mes n'est pas si espes ne si bien creuz.
Antigon ay a non; as plusors est seuz.
En meint divers pais sui jeo recon[e]uz,
Car meint fier mandement ay as princes renduz.'
Des chevals sunt donc andui descenduz.
Entrent el paleis par les marbrins aguz,
Car de quant qu'il dit est de Dayre creuz.

161

Dayre l'emperere est orgoillus e fiers,
E quide qe Alisandre seit un messagers.
Mostrer ly velt ses dux e toz ses chevalers,
S'onur e sa richesce, e deintez de mangers.
Levent al paleis e seent as doublers,
E vont al servise seneschal e despensers,
Damoseles e vallez e mestre botillers. *110r*
Portent esqueles d'argent e hanaps d'or mers,
Coupes e godez dont ly overes est chers.
Alisandre ert leger bacheler envoisers;
D'envoisure fere fu toz jors costomers.
Dunc velt acomplir encuy ses desirers.
Ore le defend Dieu de vilein encombrers!

162

Alisandre s'est mis en estrange aventure.
Pres de Dayre mangue, mes petit s'as[e]ure:
Si aperceu[1] est, il ly f[e]ront laidure;
Doner[2] ly estovera son cors pur sepulture.
Pense coment puisse fere alcun[e] envoisure
Dont hom parout aprés e mette en escripture.

---

[1] aperceue

[2] doner; sa poture

vous êtes Alexandre ; vos paroles me l'ont fait entendre. "
Alexandre répond : " Vous n'avez jamais vu Alexandre.
Il a les cheveux plus blonds et bien plus frisés,
mais il n'a pas ma taille ni ma carrure !
Je m'appelle Antigonus : plusieurs le savent.
On me connaît dans une foule de pays différents,
car j'ai délivré de farouches messages à leurs princes. "
Ils mettent tous deux pied à terre
et entrent dans la grande salle par un escalier de marbre abrupt :
Darius croit tout ce qu'Alexandre affirme.

161

L'empereur Darius, plein d'orgueil et de fierté,
prend Alexandre pour un messager.
Il veut lui montrer ses ducs et tous ses chevaliers,
son pouvoir et ses biens, comme les plats fins qu'il mange.
Ils se lavent les mains et s'assoient devant des nappes épaisses.
Ils sont servis par des sénéchaux et des maîtres d'hôtel,
de nobles jeunes gens et des échansons.
On apporte assiettes en argent, hanaps d'or fin,
coupes et verres à pied luxueusement travaillés.
Alexandre est un jeune homme espiègle et enjoué,
habitué à faire sans cesse des plaisanteries.
Il veut ce jour-là satisfaire son bon plaisir.
Que Dieu lui épargne les ennuis et la honte !

162

Alexandre s'est lancé dans une aventure singulière.
Il déjeune avec Darius, mais dans l'inquiétude :
si les Perses le démasquent, ils lui feront du mal
et il devra leur laisser la charge de sa sépulture.
Il réfléchit aux moyens de faire une plaisanterie
dont on gardera le souvenir dans les contes et les livres.

Veit un[e] coupe d'or a riche entaillure
Od peres preciouses e riche neelure.
Prist la coupe si la mucea desuz sa vesture.
Un[1] serf l'ad tost veu, de culverte nature;
Vet le dire a Dayre qui se coruce a l'houre.
Irur ad al quer e dolur a demesure.
Sa barbe en ad prise e sa teste en jure
Juger le fra a pendre ou a mort plus dure,
Qe l'em en parlera au siecle tut a cure.
Vient a Alisandre, sus lieve sa affeublure
E trove sa coupe desuz sa coverture.

163

Dayre le prent en gros, e ly dit par irur:
'Jeo te mis au deis a manger pur hautur.
Ma coupe m'as emble[e] si m'as fet deshonur.
Jugement suff[e]ras en ma curt huy ceo jur.
Uncore tu es seisy, ceo voient my contur.'
Alisandre respont: 'Parlez, roy, par amur.
Ne supportez coruz ne ire ne haur.
A vous vinc en message, de rien nen ay pour; *110v*
Le larcin defend e la honte al primur.
Vereiment le vessel me vint plain de licur;
Jeo beu trestut le vin pur la bone savur,
E la coupe mis puis desuz mon covertour.
Quidoye qe eussez tel costome cum nostre seignur,
E pur vostre richesce qe l'eussez meillur;
Mes certes, roy Dayre, me semblez peur.
Si od Alisandre mangue un home de valur,
Seit duc ou prince ou quens ou almazur,
Ou estrange messager, terrier ou vavasur,
Esgarde a sa table devant sey e entur;
S'il i veit vessel de overe ou de colur,
Prenge ceo qu'il volt, mes ne seit pas menur.

[1] Une s.

Il aperçoit une coupe en or richement ciselée,
incrustée de pierres précieuses et de riches émaux noirs.
Il s'en empare et la cache sous son vêtement.
Un ignoble serf a tout vu ;
il court prévenir Darius, qui aussitôt s'emporte.
Plein de fureur et de dépit,
il empoigne sa barbe et jure sur sa tête
qu'il fera condamner le coupable à la pendaison ou à une mort plus [cruelle encore,
dont on parlera dans le monde entier.
Il s'approche d'Alexandre, soulève son vêtement
et trouve sa coupe sous l'étoffe.

163

Darius, offensé, lui lance avec fureur :
“ Je t'ai convié à la table royale pour t'honorer.
En dérobant ma coupe tu m'as fait un affront.
Aujourd'hui même tu seras jugé à ma cour.
Tu détiens encore ma coupe, comme le voient mes comtes ! ”
Alexandre réplique : “ Roi, parlez avec bienveillance !
Mettez fin à votre colère et à votre haine !
Je suis protégé par ma qualité de messager.
Je me défends aussi bien du vol que de l'outrage.
Il est vrai qu'on m'a donné cette coupe remplie.
Je l'ai vidée, car le vin était délectable,
et ensuite je l'ai glissée sous mon vêtement.
Je croyais que vous aviez la même coutume que notre seigneur,
et même que vous faisiez mieux encore en raison de votre richesse.
Mais certes, roi Darius, vous valez moins qu'Alexandre.
Si un homme de bien mange à la table d'Alexandre,
qu'il soit duc, prince, comte ou émir,
un messager étranger, un grand ou un petit seigneur,
il peut regarder sur sa table, devant et autour de lui :
s'il y voit des coupes ciselées aux riches couleurs,
il peut prendre celle qu'il veut, mais pas la plus petite.

Tel coustome quidoie qe eussez, empereur,
Qui guiez les regnés desqu'en Inde majur.
De mon fet en repent, quant i notez folur.'

164

Dayre ot qe Alisandre parout come sage.
Vilté ly semble de fer[e] ly hontage.
Pees font en la sale, quant Dayre se assuage.
C'est a Alisandre peine e damage,
Car un baron Dayre qui fu tenu pur sage –
A Macedoyne fust ja venuz pur truage –
Esgarde Alisandre e le conust al visage.
A Dayre le vet dire amont en son estage.
Entent le roys Alisandre qui cointes ert e sage;
Joint pez se saut sus, car il dotast outrage.
E Dayre vet aprés od trestut son barnage.

lxvii Coment Alisandre occist le Persant, e s'en fui de la curt Dayre.

165

Alisandre s'en va; trop ad esté a[1] feste.
Dayre en ad dolur, pesance e moleste;
Au paleis ot tumulte, noise e tempeste.
Al peron ad trové un Persant de grant geste,
E tint un destrer; unc ne fu meillur beste. *11r*
Il saut as arçons, al Persant coupe la teste,
Hurte des esperons, vet le chemin agreste.
Huy mes nel prendront, si le cheval ne ceste.

166

Vet s'en Alisandre a esperon poignant,
Porte la coupe d'or, meine le cheval corant;
Enz al destre poing tint sanglant le brant.
Dayre ové sa gent le vet mult enchaçant.

---

[1] al f.

Je croyais que vous aviez la même coutume, empereur,
vous qui régnez partout jusqu'en Inde majeure.
Je regrette mon geste, si vous le condamnez. »

164

Darius entend les sages paroles d'Alexandre.
Il estime que l'offenser serait une bassesse.
La paix revient dans la salle dès qu'il retrouve son calme.
Alexandre affronte alors une dure épreuve,
car un baron de Darius, que l'on tenait pour sage
– il était déjà allé en Macédoine pour le tribut –
regarde Alexandre et reconnaît son visage.
Il monte sur l'estrade pour le dire à Darius.
Le roi Alexandre, sage et avisé, comprend tout :
d'un bond il se redresse, car il craint une attaque,
et Darius et tous ses barons se précipitent sur lui.

lxvii Comment Alexandre tua le Perse et s'enfuit de la cour de Darius.

165

Alexandre s'en va : il s'est bien amusé !
Darius est plein de douleur et de honte ;
dans la salle, c'est le vacarme et la confusion.
Sur le perron, Alexandre croise un Perse d'une grande noblesse
qui mène un destrier magnifique :
il bondit sur la selle et décapite le Perse,
pique des deux et s'élance sur le chemin dans la campagne.
Jamais on ne le rattrapera, à moins d'un faux pas du cheval.

166

Alexandre repart en piquant des éperons ;
il emporte la coupe d'or et mène le cheval rapide,
tout en tenant de sa main droite sa lame ensanglantée.
Darius s'acharne à le pourchasser avec ses hommes.

Quant est eschapé, dolur en ad mult grant;
Unques mes n'ot coruz qe li fu si pesant.
A la champaine dehors vet Alisandre fuiant.
Anuité li est, le temps vet oscorant;
Il s'en quida aler cum venuz ert devant.
Venuz est a l'Estrage dont l'ewe fu briuant.
Al fil de l'ewe saut od son afferant;
Sur le chef l'enclost l'ewe qe fu montant.
Ore ad Alisandre pour; unc mes n'ot tant.
Mes le cheval fu bon e fort e mult vaillant;
Des fonz de l'ewe surd l'emperere noant.

167

Alisandre ot pour, mes bon fu le cheval
Qe issinc surd del fluvie e porta le vassal.
D'autre part la rive, pres d'iluec en un val,
Trova un des soens qui garda Bucifal.
Joie en orent grant quant le virent sanz mal.

168

Grant joie en ad Alisandre e tuit si compaignon,
E vont s'en a lur ost feranz d'esperon.
Mult s'en joissent ly conte e ly baron
Qui quident qu'il fust retenuz en prison.
Conte lur s'aventure cum se mist en bandon,
Coment fust cerché e par quel encheson.
Ly sage le tenent pur fol e pur bricon.
Le matin fet Alisandre oster son pavillon *111v*
E tendre sur l'ewe e les autres environ.
En som le pomel d'or desus le dragon,
La fet ly roys lever son mestre gonfanon.
De vermail samit estoit, e en my un lion.
Dayre veit purprendre tote la region,
E dit a ses homes: 'Seignurs, qe from?
Trop nous vet enchaçant le fiz Phelippon.
Adobom nos corps s'en pernom vengeison.
Qui a ceo bosoing me faut, jugez ert a laron.'

Quand il le voit leur échapper, il est fou de douleur :
jamais pareil chagrin ne l'a accablé.
Alexandre s'enfuit à travers champs.
Bien que la nuit arrive et que tout s'obscurcisse,
il croit pouvoir prendre le même chemin qu'à l'aller.
Il arrive au bord des eaux tumultueuses de l'Estrage ;
il saute dans le courant avec son coursier.
Les eaux qui montent se referment sur sa tête :
Alexandre connaît alors la plus grande peur de sa vie.
Mais le cheval, robuste et vaillant,
fait, en nageant, remonter l'empereur du fond des eaux.

167

Alexandre a peur, mais son cheval robuste
réussit à ressortir du fleuve avec son cavalier.
De l'autre côté de la rive, tout près de là dans une vallée,
Alexandre trouve l'un des siens, qui gardait Bucéphale.
Ses hommes sont tout joyeux de le voir sain et sauf.

168

Alexandre et ses hommes, tout joyeux,
rejoignent leur armée en piquant des deux.
Comtes et barons se réjouissent fort :
ils croyaient qu'Alexandre était prisonnier.
Il leur conte son aventure : comment il a mis sa vie en jeu,
comment on l'a identifié, pour quelle raison.
Les sages le tiennent pour un fou et un inconscient.
Le lendemain matin, il ordonne qu'on plie sa tente
et qu'on la replante sur la rive, entourée des autres.
Au sommet du pommeau d'or, sous l'étendard,
le roi fait monter son plus grand gonfanon :
il est en soie rouge, avec au centre un lion.
Darius le voit envahir toute la région
et il dit à ses hommes : " Seigneurs, que faut-il faire ?
Le fils de Philippe s'acharne à nous pourchasser.
Armons-nous pour prendre une revanche sur lui !
Celui qui me fera défaut dans cette urgence sera condamné comme un [voleur ! "

lxviii Coment Dayre ordena sa tierce bataille encontre Alisandre

169

Des gresles e des corns est la noise haucee;
Adobent sey Persant cum gent bien prisee.
Ly roys les ad ordeinez e a droit rengee,
E fet dis escheles de sa fier[e] meisnee.
Dis mile chevalers ot en la chevachee.
Ore est l'un[e] ost a l'autre tant aprochee
Qe sanz [fere] bataille n'ert la guere lessee.

170

Mult est la noise grant e fiere la compaignie.
Plus de cent mil sunt cil qe Alisandre guie;
Trestote la terre d'environ esclarzie;
La pudre est leve[e] e la noise oie.
De l'un ost a l'autre est la voiz choisie.
Ly rois Alisandre veit iceaux de Persie;
Ses armes demande, a haute voiz escrie
Antioche d'Estage e Marc de Romenie,
Tholomeu le vaillant, Tyberie e Julie.
A dis conestables comande sa establie.
'Alez moy,' fet il, 'par cele praierie.
Defendez a ma gent e a ma baronie,
As dux, as princes e a ma chevalerie
E nous atendom la; avant n'irom[1] [nous] mie. *112r*
S'il volt passer le gué[2], n'i ait fet assaillie,
Mes chescun retraie donc sa chevalerie,
E fetes un semblant cum ceo fust coardie.
La gent au roy Dayre en ert mult esbaudie.
Il serront deceu par iceste veisdie,
Car quant verront qe l'ewe averom guerpie,
Dayre quidra qe nous aiom nostre fuite bastie.

---

[1] ne irom

[2] Sil ne past le g. nad fet

lxviii Comment Darius prépara sa troisième bataille contre Alexandre.

169

Le son des trompettes et des cors s'est levé.
Les Perses s'arment, en soldats expérimentés.
Le roi les a bien disposés en ordre de bataille
et a réparti en dix compagnies ses farouches guerriers.
Sa cavalerie est formée de dix mille hommes.
Les armées sont désormais si proches l'une de l'autre
que la guerre ne peut se terminer sans bataille.

170

La clameur est terrible et les troupes farouches.
Alexandre dirige plus de cent mille soldats.
L'éclat des armes éclaire tous les alentours,
la poussière s'élève, le vacarme est intense.
Chaque armée perçoit les bruits de ses adversaires.
Le roi Alexandre observe les guerriers de Perse ;
il demande ses armes et crie pour appeler
Antiochus l'Ostage et Marc de Rome,
Tholomé le vaillant, Tibère et Julius.
Il confie alors ses troupes à dix chefs :
" Déployez-vous, dit-il, dans ce pré !
Défendez tout mouvement à mes hommes, à mes barons,
aux ducs, aux princes et à mes chevaliers,
et attendons là, sans avancer !
Si Darius veut franchir le gué, ne l'attaquez pas !
Mais que chacun replie ses chevaliers
pour donner l'illusion d'agir par lâcheté !
L'armée du roi Darius s'enhardira beaucoup.
Elle se laissera abuser par une telle ruse,
car lorsqu'elle nous verra abandonner le fleuve,
Darius pensera que nous avons pris la fuite.

Sempres ert nostre gent de la sue envaie;
Donc i fere chescun de la lance forbie,
Rende lur dur estur chescun de sa partie,
Si les metom al gué par force de atie!
Si jamés Dayre cel host a ly se lie,
Donc grant jeo k'en sa curt me pend ou occie.'

171

La gent Alisandre est orgoilluse e fiere.
Alument lur loges, si en ist la fumere.
Traient vers la champaine en un[e] grant bruere,
E cil de Perse chois[iss]ent la pudrere.
Salomé vet devant qui porte la banere,
E mandoit a Dayre qe Gruis se traient arere.
Atant sunt cil de Perse lez la rivere
E vont toz les galops pres d'une costere.

172

Ore poignent Persanz pur les Greus retenir.
Quident par lur semblant qu'il volent fuir,
Mes nel mostrerent pas quant vint al ferir.
Unques ne veistes genz si egrement guenchir,
Ne issi demener ne si ferement assaillir!
Qui[1] donc fu pres d'iluec grant noise put oir,
Braire les chevalers e les chevals henir,
E fruissir les espiés e les helmes croissir,
Les bachelers chair e chevalers morir,
Des Greus e des Persanz tut plein les champs gesir, *112v*
Le sanc raier des corps e les cerveles buillir.
Grant pour en ot qui mielz le poet suffrir.

---

[1] Qe

Aussitôt ses soldats attaqueront les nôtres.
Que chacun frappe alors de sa lance brillante
et contribue à leur livrer un combat acharné !
Repoussons-les dans le gué de force!
Si jamais Darius se réjouit de ce combat[1],
il peut à son gré me pendre ou me tuer dans sa cour ! "

171

Les hommes d'Alexandre sont orgueilleux et fiers.
Ils incendient leurs abris ; la fumée se répand.
Ils se replient dans une vaste lande
et les Perses voient la poussière qu'ils soulèvent.
Salomé, qui avance en tête avec la bannière,
informe Darius que les Grecs battent en retraite.
Les Perses, alors, s'approchent du fleuve
et s'élancent au grand galop vers la rive.

172

Les Perses s'élancent pour arrêter les Grecs,
croyant, d'après les apparences, qu'ils veulent prendre la fuite.
Mais cette impression se dissipe au moment du combat.
Jamais on n'a vu des hommes se retourner aussi vivement
ni attaquer avec pareille violence !
Les témoins peuvent entendre le vacarme,
les cris des chevaliers, les hennissements des chevaux,
le fracas des lances et des heaumes.
On voit tomber les écuyers, mourir les chevaliers,
les champs se couvrir des corps des Grecs et des Perses,
le sang et les cervelles jaillir des cadavres :
même les plus endurcis sont saisis de peur.

---

[1] Traduction suggérée par E. Baumgartner, qui rapproche cet emploi de *se lier* de celui du v. 7393.

173

La bataille fu grant e ferement ferue.
Oxeatre chevache une beste kernue,
E porte une targe tut a or batue,
Une vermaille enseigne bele e con[e]ue.
Vet ferir le duc od la lance esmolue:
L'escu ly ad fausé e la broyne rompue,
Brandist e del cheval a terre le rue;
E plus de treze Gregois od cely lur tue,
E dit: 'Roys Alisandre ad corné[1] recr[e]ue.
Il ert huy confonduz e sa gent vencue.'
Tholomeu s'escrie: 'Grant perte ay jeo veue!'
E broche le cheval, des esperons l'argue.
Sur la targe le fiert qe tot l'ad fendue,
Par my outre le corps ly met la lance ague,
Pleine sa hanste l'abat sur l'erbe drue.
En son langage dit: 'Poy dotum ta venue.
Par tey n'avera roy Dayre ouan ayue.
Il ert huy vencuz e sa gent confondue.
Perse e tote Mede ly ert encuy tolue.
Qui qe la conquera, ta part [i] est perdue.'

174

Bien i fiert Tholomeu qui son espié[2] assaie,
Si font ly Egypcien, ly Greu e cil d'Acaie.
Persant se esp[o]antent e Dayre se esmaie.
Tel mil veit entur [lui]; n'ad nul qui n'ad plaie,
E qui ses boeaus ne port ou a ses pez[3] nes traie,
Car li roys Alisandre nul d'els ne manaie;
Le treu de Grece oriblement lur paie:
La terre en est hiduse, sanglante e mult laie.

---

[1] corone
[2] espee
[3] as ses pez

173

La bataille est terrible, les combats violents.
Oxeatre chevauche une monture à la longue crinière ;
il porte un bouclier tout en or battu
et un magnifique étendard vermeil orné de ses armes.
Il va frapper le duc de sa lance acérée,
si fort qu'il lui rompt son écu et sa cuirasse ;
d'un moulinet du bras, il l'abat de son cheval[1].
Avec le duc, c'est plus de treize Grecs qu'il leur tue.
Puis il dit : " Le roi Alexandre a sonné la retraite.
Il sera aujourd'hui écrasé et ses hommes vaincus ! "
Tholomé s'écrie : " Quelle perte cruelle ! "
Il excite son cheval à l'aide des éperons,
frappe si fort Oxeatre qu'il fend son bouclier
et lui perce le corps de sa lance pointue,
puis de toute la longueur de son arme l'abat sur l'herbe drue.
Il lui dit alors dans sa langue : " Nous n'avons pas peur de toi !
Tu n'apporteras plus aucune aide à Darius.
Aujourd'hui il sera vaincu et son armée détruite,
aujourd'hui il perdra la Perse et la Médie.
Quel que soit le vainqueur, tu as perdu ta part ! "

174

Tholomé frappe vaillamment pour éprouver sa lance,
comme les Égyptiens, les Grecs et les Achéens.
Les Perses sont épouvantés et Darius atterré.
Des mille hommes qui l'entourent, tous sont blessés,
tous portent leurs entrailles ou les traînent à leurs pieds,
car le roi Alexandre n'a pitié d'aucun d'eux.
Il leur paie dans l'horreur le tribut de la Grèce :
la terre sanglante et ravagée suscite l'épouvante.

---

[1] Cf. v. 2184.

175

Ly estur sunt en un terrant fort e adurez. *113r*
Alisandre i fiert cum chevaler membrez;
Bien chalenge ses dreiz, defent ses heritez.
Le treu de Grece i est bien aquitez.
Les champs gisent tut plein des mors e des naffrez;
D'une part e d'autre i ot mult des affolez.
Persant en ont pour, Dayre est esp[o]antez.
Dayre ne pot suffrir l'estur, fuiant s'en est turnez;
Tuit primer s'en fuit cum fust acostomez,
E Persant le suent e se metent as guez.
L'Estrages fu mult fort qe les ad agraventez.
Le plus i est neiez des chevalers armez.
Alisandre suist iceaux qui sunt eschapez.
K'en terre k'en ewe sunt tut desbaretez.
Envers Babiloyne est roys Daire alez,
E vint a un son chastel e l[a] einz est entrez.
Descent einz el paleis e puis se chiet pasmez.
Unques si grant doel ne fist roy de mere nez;
Regrete ses amis e pleint ses granz barnez.
Tel dolur ad al quer a poy n'est desvez.
Aprés sa grant dolur s'est Dayre purpense[z];
E prent a son conseil ses barons privez
Qe del roys Alisandre tendra ses regnez,
E tramet ly messages e brefs enseelez.
Ceo qe escrit i avoit vous dirom; ore escotez:

lxix Le mandement qe Dayre envoia a Alisandre.

176

'Al roys Alisandre, le fier emper[e]ur,
Dayre de Perse cum a lige seignur
Mande leal servise e saluz par amur.

175

Les combats se déroulent sur un terrain difficile et ingrat.
Alexandre se bat en chevalier vaillant ;
il revendique ses droits, défend son héritage.
Le tribut de la Grèce est bien acquitté.
Les champs sont jonchés de morts et de blessés.
Dans les deux camps, les pertes sont considérables.
Les Perses sont pris de peur, Darius épouvanté.
Ne pouvant plus soutenir le combat, il a pris la fuite.
À son habitude, il a fui le tout premier,
suivi par les Perses qui se lancent dans les gués.
L'Estrage est si violent qu'il les a submergés.
La plupart des chevaliers en armes se sont noyés.
Alexandre pourchasse ceux qui se sont sauvés,
si bien que tous, sur terre ou dans l'eau, sont en déroute.
Le roi Darius fait route vers Babylone
et pénètre dans l'enceinte de l'un de ses châteaux.
Il entre dans la grande salle puis s'effondre, évanoui.
Jamais aucun roi n'a montré une si vive affliction.
Il regrette ses amis et pleure tous ses barons.
Sa douleur est si forte que la folie le guette.
À la douleur succède ensuite la réflexion.
Il suit l'avis de ses barons les plus proches :
reconnaître le roi Alexandre comme son suzerain.
Il lui envoie des messagers avec une lettre scellée.
Je vais vous en révéler la teneur. Écoutez donc !

lxix Le message de Darius à Alexandre.

176

“ Au roi Alexandre, le fier empereur,
qu'il reconnaît comme son seigneur lige[1],
Darius de Perse adresse son soutien fidèle et son salut amical.

---

[1] "Dans le cas, très fréquent en France, dès le Xe siècle, d'une pluralité d'engagements vassaliques, l'hommage lige est celui qui prime sur les autres." (J. Le Goff, *La Civilisation de l'Occident médiéval*, Paris, Arthaud, 1964, p. 602).

Beau sire emperere, mult vous ert grant honur,
Si vous me deportez en ma grant dolur.
Bien voy k'encontre vos n'ay force ne valur. *113v*
Mort sunt tuit my parent, mi duc, mi almazur,
Mi prince e mi baron e mi riche contur.
Fortune m'ad toleite pruesce e vigur.
Rendez moy ma mere, mes filles, ma uxur.
Dorray vous Babiloyne e les citez d'entur,
Mes paleis, mes chastels[1] e ma demein[e] tur,
Asserie e Ninive e Pamphilie la gregnur,
E trestote la terre desk'en Inde majur,
E trestoz les tresors que orent my[2] ancessur.
En Perse n'en Mede ne remeindray un jur;
En exil m'en iray en terre de Labur,
Ou ly coupable vivent en tristur[3] e langur.
La sera ma vie en peine [e] en tristur.
E si me pardonez, roy, vostre grant haur;
De mefez qe fet ay me rend pecheur.
Mercy aiez de moy par vostre grant valur.
En moy, las, ne vengez vostre grant irur!'

177

Alisandre entent qu'il ly crie merci.
Grant ire ot al quer e pur ceo atendi.
Ne volt si tost respondre; ire ne ly suffri.
Reenvoit les messages e nient ne respondi.
De ceo en ert Dayre dolent e marri
E pur la priere se tient pur escharni,
Car mult est en son quer grevez e malbailli
Qui[4] requert en bosoing son mortel enemi.
Au roy de Inde majur manda saluz issi:

---

[1] chasteles
[2] erent my
[3] tristure e en
[4] E qui

Seigneur empereur, vous retirerez un grand honneur
à m'épargner, dans ma grande douleur.
Je vois bien que face à vous je n'ai ni force ni valeur.
Tous mes parents sont morts, mes ducs, mes émirs,
mes princes, mes barons et mes puissants comtes.
Fortune m'a enlevé prouesse et énergie.
Rendez-moi ma mère, mes filles et mon épouse :
je vous donnerai Babylone et les cités qui l'entourent,
mes palais, mes châteaux et mon donjon,
l'Assyrie, Ninive et l'immense Pamphylie,
avec toutes les terres jusqu'en Inde majeure
et tous les trésors qu'ont possédés mes ancêtres.
Je ne resterai pas un jour de plus en Perse ni en Médie,
je partirai en exil dans la terre de Labur,
où les coupables vivent dans la tristesse et la prostration.
Là-bas je passerai ma vie dans la peine et la tristesse.
Cessez donc, sire, de me haïr :
je me reconnais coupable et pécheur.
Ayez pitié de moi dans votre grand mérite !
Ne soulagez pas votre colère sur un malheureux ! »

177

Alexandre comprend qu'il implore sa grâce.
Le cœur plein de colère, il fait attendre sa réponse.
Il ne veut pas répondre si vite : la colère l'en empêche.
Il renvoie les messagers sans donner de réponse.
Darius, désespéré de ce silence,
croit que sa prière lui vaut le mépris,
car il connaît des peines et des tourments terribles,
celui qui est contraint d'implorer l'aide de son ennemi mortel.
Au roi d'Inde majeure il envoie son salut :

'Bon roy, sire Porre, a vous est bien oi
Coment Alisandre m'ad de guere acoilli,
Destruite ma terre, mes homes autresi.
Treis foiz m'ad en bataille desconfist e laidi.
En mon chastel m'en sui par bosoing fui. *114r*
N'ay, bel sire, veisin ne parent ne ami
K'a ceo grant bosoing me aid contre lui.
Pur ceo, sire roy, conseil demande e pri.
Jeo vous jure lealment e a toz les voz le di,
Perse tendray de vous e Mede autresi,
E a toz les homes qe vous menrez ci
Fray jeo grant honur e bien serront servi.
Cil a cheval averont cink mars d'Arabi
E cil a pié trois; bien le vous affi.
Les gayns e les purchaz dont serront saisi,
E quanqu'il despendront, ert de cest hors parti.

178

'Tut icest lur fray, soiez ent, roy, certeins,
E vostre home lige devendray de mes meins.
Jeo en jure le soleil e le ciel sovereins,
E les deus qui me sunt parent e cosin germeins.
Grant honur averez; vos dons n'erent pas vileins:
Bucifal vous dorray, le bon cheval, as meins,
As riches covertures e a toz[1] les loreins;
Plus de mil mars en valt sul la seele e le freins.
Sire, pensez de moy, pur Dieu le Roy hauteins.'

179

Tant cum ly message vont a Porre parler
Pur le bosoing Dayre e les lettres porter,
E qe Alisandre se deveroit purpenser
En quele manere Daire deit vers ly finer,
Grant pité ad de ly, qu'il estoit franc e bier.

---

[1] as toz

" Noble roi, seigneur Porrus, vous avez bien appris
comment Alexandre m'a déclaré la guerre,
a détruit mes terres et mes hommes.
Par trois fois il m'a livré bataille et mis en déroute.
Dans cette extrémité, j'ai dû fuir dans mon château.
Cher seigneur, je n'ai ni voisin, ni parent, ni ami
qui, dans cette détresse, puisse me venir en aide.
C'est pourquoi, sire, je vous supplie de me secourir.
Je vous jure loyalement et le proclame à tous vos hommes :
en Perse et en Médie je serai votre vassal
et tous les hommes que vous m'enverrez,
je les comblerai d'honneurs et de bienfaits.
Les cavaliers recevront cinq marcs d'Arabie
et les fantassins trois : je vous le garantis.
Le butin et les gains dont ils s'empareront
et toutes leurs dépenses ne sont pas inclus. "

178

" Je leur ferai ces dons, sire, soyez-en sûr,
je vous prêterai serment et deviendrai votre homme lige.
Je le jure sur le soleil et le ciel tout-puissants,
sur les dieux qui sont mes parents et mes cousins germains.
Votre honneur sera grand, mes dons ne seront pas méprisables :
je vous donnerai Bucéphale, le superbe cheval,
avec ses précieuses parures et tout son harnais ;
rien que la selle et le mors valent plus de mille marcs.
Sire, aidez-moi, au nom de Dieu le Roi céleste ! "

179

Pendant que les messagers, dans cette extrémité,
vont transmettre à Porrus la lettre de Darius,
et qu'Alexandre est en train de réfléchir
à la façon dont Darius le dédommagera,
il se prend de pitié pour lui, pour sa noblesse et son mérite.

Amur e bele merci i dust Dayre trover,
Quant deus traitres le vindrent encuser.
Dient li qe Dayre ad fet grant ost mander
De Inde, de Ethiope e d'Assire sur mer,
E k'a force le volt des regnés geter.
Bucifal l'orgoillus deit a Porre doner. *114v*
Alisandre l'entent; ses homes fet armer,
Establit ses escheles, [ses] genz fet ordiner.
La ou il siet Dayre les fet tut dreit aler;
Son agait i ad mis dehors pur enturner.
Ore est le roy Daire mort; par el ne poet eschaper.
Prodome se put bien defendre e tenser,
E de agait e de enemi son corps deliverer;
De traison des soens ne se put nul garder
Quant cil le traist qe le deveroit aider.

lxx Coment deus serganz tuerent Dayre le roy.

180

Contre son enemy se put prodome garir;
De traison des soens ne se put il garnir
Quant cil le traient kel durent maintenir.
Deus serfs ot Dayre qu'il avoit fet norir,
Besas e Barzanes poez lur nons oir.
Parlé ont ensemble de lur seignur trahir.
Alisandre quident par ceo a gré servir,
Si quident a honur e hautesce venir.
Dayre ne poet le sié a nul fo[e]r plus suffrir,
E vers Babiloyne s'en volt puis fuir.
Armez hors du chastel pernent toz a issir.
Par les chemins seurs fet ses hommes guenchir,
E ly Greu les chacent sis[1] venent assaillir.
Ly dui[2] serf s'en vont Dayre acoillir;
De deus espees ly vont laidement ferir

---

[1] sil

[2] Ly diu s.

Darius allait trouver en lui affection et clémence
quand deux traîtres se présentent pour l'accuser.
Ils disent à Alexandre que Darius a fait venir par la mer
une grande armée d'Inde, d'Éthiopie et d'Assyrie,
qu'il compte le repousser de ses terres par les armes
et doit donner à Porrus le fier Bucéphale.
Alexandre écoute, puis fait armer ses hommes,
forme ses compagnies, range ses troupes en ordre de bataille.
Il les conduit tout droit là où il sait trouver Darius
et place à l'extérieur des hommes en sentinelles.
Mais Darius est déjà mort, rien ne peut le sauver.
Un homme de bien peut se défendre
et se tirer des embuscades de ses ennemis,
mais nul ne peut se garder de la trahison des siens,
puisque le traître est celui qui devrait lui apporter son aide.

lxx Comment deux serviteurs tuèrent le roi Darius.

180

Un homme de bien peut résister à son ennemi,
mais non se garder de la trahison des siens,
puisque les traîtres sont ceux qui devraient le protéger.
Darius avait deux serfs qu'il avait fait éduquer,
Besas et Barzane : tel était leur nom.
Ils ont comploté la trahison de leur seigneur.
Ils croient ainsi servir Alexandre selon son gré.
Ils croient ainsi gagner en honneur et en gloire.
Darius ne peut plus continuer à endurer le siège
et décide de s'enfuir vers Babylone.
Les Perses en armes se mettent tous à sortir du château.
Darius leur ordonne d'emprunter les chemins sûrs,
tandis que les Grecs les poursuivent et les attaquent.
Les deux serfs s'en vont assaillir Darius ;
ils le frappent ignoblement de leurs deux lances[1],

---

[1] Le ms. C donne *espiez* et P *espeiez*, c'est-à-dire *épieux*, *lances*, conformément au vers 3697.

E del cheval l'abatent e le lessent gesir.
Enbuscher s'en vont, puis ne s'osent descoverir
Decy qe d'Alisandre sachent le pleisir.
Dayre qui remist [el champ] pres est del morir.

181

Alisandre s'en vient atant ala[i]ssez,
E trove Dayre ou gist einz al champ plaiez. *115r*
Del cheval ou seeit saut a terre joint pez,
E Dayre a son poer est contre ly drecez,
E ly tendy ses meins e s'est agenoillez;
En plorant ly dist: 'Bel[1] sire, de moy merci aiez!
Pri pur vostre franchise qe un don me do[ig]nez.
Terre ne sepulture a mon corps ne veez,
Tant de place soveaus ou gis[ir] me lessez,
Qe ne soie des lous ne de lions mangez,
Ne detret de tigres, ne de verms aragez.
A ma cheitive char mon orgoil ne vengez,
Ne l'en siet de noyals si avez esté irez.
Ma mere ne mes filles, roy, ne honissez.
Sur tote rien ma feme pri qe conseillez.
Pernez la [a] moiller e si sires soiez,
Donc ert ses honurs granz e ses pris eshaucez.
D'onur ne de mari n'ert ses los abessez,
E vous ne serez, sire, point desparagez,
Car plus franche ne quid qe jamés prengez.
Jeo sui naffrez a mort, sire, de deus espiez[2],
Si vous rent ma terre, mes honurs e mes fez.
Par ma moiller seront mes tresors enseignez.
Des plaies qe jeo ay suy forment angoissez,
Mes par vostre venue suy mult alegez.
De ceo qe moer entre vos meins en sui jeo mult lez.
Tut le mal qe jeo sent est par ceo obliez.'

---

[1] bele
[2] espeez

l'abattent de son cheval, puis l'abandonnent à terre.
Ils se cachent ensuite, car ils n'osent pas se montrer
avant de connaître le bon plaisir d'Alexandre.
Darius, gisant sur le sol, est à l'agonie.

181

C'est alors qu'Alexandre arrive à vive allure
et découvre Darius là où il gît, blessé.
Il saute à terre, les pieds joints, de sa monture :
Darius se redresse autant qu'il le peut vers lui
et lui tend les mains en s'agenouillant.
Il lui dit en pleurant : " Cher sire, pitié pour moi !
Au nom de votre noblesse, je vous supplie de m'accorder un don.
Ne privez pas ma dépouille d'une sépulture,
laissez-lui au moins assez d'espace pour qu'elle soit enterrée
sans être dévorée par les loups et les lions,
mise en pièces par les tigres ou déchiquetée par les sangliers !
Ne vous vengez pas de mon orgueil sur mon pauvre corps,
ne lui faites pas payer le poids de votre colère !
Sire, ne déshonorez pas ma mère ni mes filles !
Plus que tout, je vous prie de secourir ma femme.
Prenez-la pour épouse et soyez son mari :
son honneur sera grand, sa réputation accrue.
La gloire qui lui viendra de son mari ne sera pas diminuée
et vous, sire, vous ne vous abaisserez pas par une mésalliance,
car je ne crois pas que vous épousiez un jour une femme plus noble.
Je suis blessé à mort, sire, par ces deux lances :
je vous remets mes terres, mes domaines et mes fiefs.
Ma femme vous indiquera où sont mes trésors.
Mes blessures me font cruellement souffrir,
mais votre arrivée m'apporte un grand soulagement.
Je suis si heureux de mourir dans vos bras
que j'en oublie toutes les souffrances que j'endure. "

Atant moert roy Dayre la ou se gist cochez.
Alisandre en plure, le riche roy prisez:
Tort ses meins e desro[n]t ses chevelz deugez.
Si prince e si baron sunt tuit deshaitez;
Le doel estoit mult grant e greindre la pitez.
Guere ot esté entr'els e grant enemistez. *115v*

lxxi Coment Alisandre fist enbasmer e enterrer le roy Dayre.

182

A deus ciriziens fet Alisandre overir le corps.
Mult bien le fet laver dedenz e dehors;
Font arder la boele qe ne la manguent pors.
E cusent le en un paille e enbalment le cors,
E puis [l]'envolupe[nt] en quir de deus tors;
En bere le metent entre deus chevals sors.
Le roys Alisandre fet soner ses corns;
Meinent le en Assire ou sunt ses tresors.

183

Le roys Alisandre atut son grant barné
Vient en Assirie a la grant cité.
Mande les amis Dayre e tut son parenté,
E treu e ferme pes lur ad a toz doné.
En guise de Persien ont Dayre enterré;
Nul homme en sa mort ne fu plus honoré,
Ne nul corps ne fu unques mielz enbasmé.
En sarcu de fin or ont le corps posé.
Aprés la sepulture ad le roy parlé,
E dit a ses barons: 'Jeo en say bon gré
A cely qui cest regne m'ad issinc deliveré.

À ces mots le roi Darius meurt, là même où il gît.
Alexandre le pleure, le roi puissant et glorieux :
il se tord les mains et arrache ses fins cheveux.
Ses princes et ses barons sont tous accablés.
Le deuil est profond et plus encore la pitié,
bien que la guerre et une vive inimitié aient séparé les deux rois[1].

lxxi Comment Alexandre fit embaumer et enterrer le roi Darius.

182

Alexandre charge deux chirurgiens d'ouvrir le corps
et de laver avec soin l'intérieur et l'extérieur.
Ils font brûler les entrailles pour que les porcs ne les mangent pas,
embaument le corps, qu'ils cousent dans un tissu de soie,
et enveloppent du cuir de deux taureaux ;
ils le posent sur une litière portée par deux chevaux alezans.
Le roi Alexandre fait sonner les cors ;
on transporte Darius en Assyrie, où sont ses trésors.

183

Le roi Alexandre, avec tous ses guerriers,
arrive en Assyrie, dans la grande cité.
Il convoque les amis et tous les parents de Darius,
et à tous il accorde une trêve et garantit la paix.
On enterre Darius selon les coutumes perses.
Jamais personne n'a reçu de plus grands honneurs à sa mort
et jamais un corps n'a été mieux embaumé.
On place la dépouille dans un cercueil d'or fin.
Après l'enterrement, le roi s'est adressé
à ses barons : " Je remercie
celui qui m'a ainsi livré ce royaume.

---

[1] Alexandre de Paris exploite le récit de la mort de Darius comme un *exemplum* qui doit apprendre à Alexandre, comme aux auditeurs du XIIe siècle, qu'un roi a pour premier devoir la largesse envers ses chevaliers, car ces derniers sont le fondement de son pouvoir (br. III, l. 8-12). La mort de Darius lance un avertissement au héros et annonce implicitement la trahison d'Antipater et Divinuspater.

Cil qui Dayre ad occis en fin m'ad achaté
Pur ceo qe ne l'avoie prié ne rové.
Ma destine[e] en jur e le non al grant Dé,
Si jeo susse qu'il fut, jeo le froie a moy privé,
E seroit con[e]u a toz ceaux del regné.
Eshauceroie le, car[1] mult m'ad fet bonté!'

184

Besas e Barzanes, ly traitre prové,
Ont oy qe Alisandre ad le non Dé juré.
Veant tut le concil se sunt demostré,
E dient: 'Bel sire, nous avom aquité
Par la mort Dayre tut vostre herité. *116v*
Rendez nous le servise a vostre volenté
Sulum ceo qe avoms envers vous overé.
Nous sumes si nori e en sa terre né[2].
De novel avom vous plus qe ly enamé.'

185

Alisandre respont: 'Jeo sui bien purpensé.'
Deus de ses mareschals ad ly roys apelé:
'Fetes moy amener[3] deus roncins enseelé!'
Tresque le roy l'ad dit, tost sunt amené.
Pur le vou qu'il avoit devant sa gent voué
E pur son serement qu'il volt qe seit gardé
Sont ly dui traitre sur les roncins monté,
Cotes purprins au dos, de pesaz coroné,
Car a cel temps erent ly roys acostomé
Qe cil qu'il[4] eussent honur ou hautesce granté,
Montast le en son cheval, de purpre affublé;
Anel eust e estole e son chef d'or cerclé,

---

[1] le char m.

[2] nee

[3] amenere

[4] il en e.

L'assassin de Darius a gagné mes faveurs
en faisant ce que je ne lui ai jamais demandé.
Je jure sur ma vie et sur le nom du grand Dieu
que, si je le connaissais, je le prendrais pour ami
et qu'il deviendrait célèbre dans tout le royaume.
Je l'élèverais, car il m'a rendu un grand service ! "

184

Besas et Barzanes, les traîtres avérés,
ont entendu le serment d'Alexandre sur le nom de Dieu.
Devant tout le conseil ils se découvrent alors,
en disant : " Sire, en tuant Darius,
nous avons libéré tout votre héritage.
Récompensez-nous comme vous l'entendez,
suivant ce que nous avons réalisé pour vous.
Nous sommes des familiers de Darius, nés sur ses terres :
nous vous avons préféré à lui depuis peu. "

185

Alexandre de répondre : " Ma décision est prise. "
Il appelle deux de ses palefreniers :
" Amenez-moi donc deux chevaux de somme sellés ! "
Aussitôt dit, aussitôt fait.
Au nom du vœu qu'il a émis devant les siens
et au nom de son serment, qu'il veut respecter,
les deux traîtres ont enfourché les chevaux de somme,
tunique de pourpre au dos et la tête couronnée de tiges de pois.
À cette époque en effet, les rois avaient coutume
de monter sur leur monture et de vêtir de pourpre
celui auquel ils accordaient honneurs et gloire.
Il recevait un anneau, une robe de cérémonie et un diadème d'or,

Puis [fust] de totes genz come roy encliné.
Ly serf orent estoles de pesaz doublé,
E en lu d'anels pois en gros mellé.
De torchaz furent ceint en lu de baudré,
E ly roncin torché e des cues escorné.
De chef en autre ont le mur environé.
Des garçons des rues sunt escrié e hué,
De buse de vache les ont al vis rué.
Conustre les ad fet, de ceo dit verité.
Ore les face eshaucer, si ad tot[1] asomé.
En som le plus haut mont ad .ii. arbres levé;
La sus les ont pendu e forment encloé.
Ore ad Alisandre son serment sauvé;
Fet les ad conustre, e haut sunt encroé!

186

Quant Alisandre ad de ceaux fet la justise, *116v*
Des restors Dayre rent as soens lur servise.
Done lur richesce, terres e manantise;
Ass[e]ure les regnes, ferme pes i ad mise.
Les chastels, les citez, la terre ad tote assise,
E fet dux e contes de ceaux qu'il plus prise,
E as parenz Dayre monstre grant franchise;
Done lur richesces e aime sanz feintise.

lxxii Coment Alisandre vint a Jerusalem, e la cause del desport q'il fist a les Jewes.

187

Aprés ceo qu'Alisandre, lui trenoble roys,
Avoit descomfiz en batailles trois

---

[1] tote

puis tous se prosternaient devant lui comme devant un roi.
Les serfs reçoivent des robes fourrées de pois
et, en guise d'anneaux, de lourdes boucles de métal.
On les ceint d'un baudrier de paille,
leurs chevaux sont rossés et amputés de la queue.
Ils font alors un tour complet
sous les cris et les huées des vauriens des rues,
qui leur lancent de la bouse de vache au visage.
Alexandre les a rendus célèbres, c'est la vérité.
Il n'a plus qu'à les élever et il aura tenu toutes ses promesses.
Au sommet de la plus haute montagne, il a fait dresser deux potences.
Là, on les a pendus et solidement cloués.
Alexandre a maintenant respecté les termes de son serment :
il les a rendus célèbres et accrochés bien haut !

186

Une fois qu'Alexandre a châtié ces traîtres,
il rétribue le service des siens avec les trésors de Darius.
Il leur donne des richesses, des terres et d'autres biens.
Il apporte sécurité et paix aux royaumes.
Il distribue les châteaux, les villes et les terres
et fait ducs et comtes ceux qu'il estime le plus.
Quant aux parents de Darius, il les traite noblement :
il leur donne des richesses et son amitié sincère.

lxxii L'arrivée d'Alexandre à Jérusalem et la raison de sa bienveillance envers les Juifs[1].

187

Alexandre, le très noble roi,
après avoir anéanti en trois batailles

[1] Le premier témoin de la légende de la visite d'Alexandre à Jérusalem et de sa conversion au monothéisme juif est les *Antiquités judaïques* de Flavius Josèphe. Si Thomas cite cet historien juif du premier siècle et le titre de son livre au début de la laisse 188, il n'a cependant pas eu accès au texte grec, mais a dû connaître l'une des traductions latines de l'épisode (voir *supra*, l'introduction). Cet épisode (laisses 187-193) est présent dans le seul manuscrit D.

Dayre l'orgoillus e venquist son buffois,
Vers Jerusalem ordina ses jurnois.
Mareschals vont devant, vallez e harnois,
Les someres chargees e meint[1] *riche burgois.*
Princes, ducs, barons, of les healmes burnois,
Chevachent of luy, de guere tele foics;
La veisseez maint[e] targe e lance sapinois,
Meinte riche enseigne listee[2] *a orfrois.*
Lui roys en chevauchant en fait ses gabois.
Quant de sa venue la novele fut conois,
En Jerusalem les Jewes ont grant effrois.
Bien quident qe par lui serront mis en destrois,
Car de son mandement ne firent nul[s] esploits.

188

E*nsi come Josephus le nous ad countez*
En ses estories des Antiquitez,
A tiel temps le prince Jaddus fu nomez
De trestoz les Jewes dont avoms parlez
Dont Jerusalem fut enhabitez.
Il fasoit assembler trestoz les einez,
Evesqes de la loy mieutz endoctrinez, *117r*
Qe de la loy Moises savoient e les secrez.
Parlent e purvoient coment ert assuagez
La ire Alisandre dont trop sount manacez.
'Seignurs', fait li prince, 'mon consaill[3] *entendez!*
Chascons en voz prieres devotement priez
Dieux omnipotent qu'il preigne pitez
De nous q'en sa loy sumes conversez;
Qe de malice nous gart e des malvoitez
Qe lui roys Alisandre ad vers nous bracez.'
Trestoz ensi firent de bone volentez,

[1] meinte
[2] listez
[3] consaille

l'orgueilleux Darius et abattu son arrogance,
se met en route vers Jérusalem.
En tête avancent les serviteurs chargés des chevaux et des bagages,
les bêtes de somme et une foule de riches bourgeois.
Princes, ducs et barons, dont les heaumes étincellent,
chevauchent aux côtés d'Alexandre, comme déjà bien des fois en
[temps de guerre[1].
Que de boucliers on pouvait voir, que de lances de sapin,
que de riches étendards bordés d'orfroi !
Le roi plaisante durant la chevauchée.
Quand la nouvelle de son arrivée se propage,
la terreur saisit les Juifs de Jérusalem.
Ils sont persuadés qu'Alexandre va les accabler d'épreuves,
car ils ont refusé d'exécuter ses ordres.

188

Conformément au récit que Flavius Josèphe
développe dans ses histoires de l'Antiquité,
à cette époque, Jaddus était le nom du prince
de tous les Juifs qui habitaient Jérusalem
et que nous avons évoqués plus haut.
Il réunit tous les anciens,
les évêques les plus savants en théologie,
experts dans la loi de Moïse et ses secrets.
Ils réfléchirent ensemble aux moyens d'apaiser
la colère d'Alexandre, cette terrible menace.
“ Seigneurs, s'écrie le prince, écoutez mon avis !
Que chacun dans ses prières prie avec ferveur
Dieu tout puissant de nous prendre en pitié,
nous qui sommes restés fidèles à sa loi,
et de nous protéger de la malveillance et de la haine
que le roi Alexandre rumine contre nous ! ”
Ils s'exécutèrent alors de bonne grâce,

---

[1] Traduction suggérée par I. Short.

Et grant e petit; e puis aprés orrez
Le corage Alisandre coment est changez.

189

Lui prince des Jewes qe Jaddus out a noun
Le nuit prochein aprés chiet en dormisoun.
Une voice lui dit en [une] avisioun;
'Adournez la citee trestot environ,
Temples e mansions e murs e peron,
De riches draps d'or, de say e ciclatoun,
Et overecz les portes al fiz Philippon.
Alez encontre lui en processioun;
Trestouz, pier[1] *e fiz e mestre e garceoun,*
Receivecz lui e soens en devocion,
Car il ne vous fra nule rien[2] *si bien non.'*

190

L'endemain matin quant il s'esveilla,
Ceste avision coment il songea
En pleine synagoge overtement conta.
Chascon endroit soi de ce se conforta,
Et Dieux le tot puissant de cuer en mercia
De la bele grace qu'il les otria.

191

Quant le jour est venuz dont vous m'oiez parler,
Qe roys Alisandre, le riche emperere, *117v*
A Jerusalem devoit aprocher,
Le prince de prestres se fit revester
Et touz sez ministres qe servent a l'auter.
La citee richement fesoit atirer,

---

[1] piere
[2] riene

tous sans exception, et vous entendrez ensuite
comment le roi Alexandre changea d'avis.

189

Le prince des Juifs, qui se nommait Jaddus,
succomba au sommeil la nuit suivante.
Une voix lui adressa ces mots dans une vision :
“ Décorez la cité et tous ses alentours,
les temples, les maisons, les murailles, les perrons,
de riches étoffes tissées d'or et de soieries,
et ouvrez les portes au fils de Philippe.
Allez à sa rencontre en formant un cortège.
Tous, pères et fils, maîtres et serviteurs,
recevez-le, lui et ses hommes, avec dévouement,
car il ne vous fera que du bien. ”

190

Le lendemain matin, quand il se réveilla,
Jaddus rapporta sans rien cacher, dans la synagogue bondée,
la vision qu'il avait reçue.
Tous en furent réconfortés
et remercièrent de tout cœur Dieu tout-puissant
de la grâce qu'il leur accordait généreusement.

191

Lorsqu'arriva le jour dont je vous parle,
où le roi Alexandre, le puissant empereur,
devait arriver à Jérusalem,
le prince des prêtres revêtit ses habits de cérémonie,
suivi par tous les ministres du culte.
Il fit richement décorer la cité

E trestot le pople al temple assembler;
E la procession i fit ordeiner,
Les revestuz devant e les autres derer
Et dehors la vile le vont encontrer.

192

Quant lui rois Alisandre les ad regardez
Et vit tant de genz en albes revestez,
Evesqes of les estoles bissins a or frangez,
Le prince de prestres bien aparaillez,
En l'estole jacintine, la mitre al chief posez,
E en la plate d'or le non Dieu lettrez,
Tantost du destrer descendit a piez,
Si ad le non Dieu devotement adhourez.
Le prince e touz les autres le rois ont saluez;
Ly rois les resalue homblement assez.
D'Arabie e Sirie les princes preisez
Et ceaux de Phenice a mal faire aprestez
Quidoi[e]nt q'ils deussent destrure la citeez,
Et le prince de Jewes serroit tourmentez.
Trestoz a demesure se sont amerveillez
Et quident qe le rois i est enginez.
Un chevaler tantost, Parmenion nomez,
Dist al roys: 'Mi sire, coment est alez
Qe de ceste gentz estes afolez,
Ou par enchantement estes assotez?
En totes terres estes emperour clamez,
Cum roi plus puissant estes redotez.
Al prince des prestres or estes enclinez.' *118r*
'Amis', fait li rois, 'bien voil qe sachez,

et rassembler tous les habitants dans le temple.
Puis il s'occupa de mettre en ordre le cortège :
les religieux devant et les autres derrière.
Ils partirent à la rencontre d'Alexandre à l'extérieur de la ville.

192

Quand le roi Alexandre les aperçoit
et qu'il voit tant de religieux en aube,
les évêques et leur robe de byssus bordée d'or,
le prince des prêtres avec toutes ses parures
et sa robe couleur de rubis, la mitre en tête
avec le nom de Dieu écrit sur une plaque d'or[1],
il met aussitôt pied à terre
pour adorer le nom de Dieu avec dévotion.
Le prince et tous les Juifs saluent le roi,
qui leur rend leur salut avec une grande humilité.
Les princes renommés d'Arabie, de Syrie
et ceux de Phénicie, disposés à leur nuire,
s'imaginaient qu'ils allaient détruire la cité
et que le prince des Juifs serait supplicié.
Ils sont tous frappés d'une intense stupéfaction
et croient le roi victime d'une mystification.
Aussitôt un chevalier nommé Parménion
dit au roi : “ Sire, comment est-il possible
que ce peuple vous fasse perdre la raison,
ou est-ce un enchantement qui vous rend fou ?
Tout l'univers vous proclame empereur
et vous redoute comme le plus puissant des rois,
et vous vous inclinez devant le prince des prêtres ! ”
“ Mon ami, dit le roi, je veux que tu saches

---

[1] Cf. *Historia de preliis*, in *Der altfranzösische Prosa-Alexanderroman*, éd. A. Hilka, Halle, 1920, tome I, pp. 65-66 : “ Alexander itaque cum appropinquasset ad locum cernensque multitudinem populi vestibus albis indutam et sacerdotem cum bissinis stolis pontificemque sacerdotum iacinctinam et auream stolam indutum et super caput habentem cidarim et desuper laminam auream in que erat scriptum Dei nomen tetragrammaton statim precepit omnibus suis stare ... ”

Noun pas a cesti me sui humiliez,
Einz a Dieu qi prince de prestres est appellez
Fesoi la reverence e me sui abessez,
Car tant come jeo estoi en ma terre de Grece,
Jeo me purpensoi trop sovent fiez
Si jeo purroi Asie e les autres contrez
Conquere e tenir en servage e en fez;
Et lors une nuit quant fui reposez,
Un m'aparust vestuz come cesti [ke] veez;
Me comanda e dit: "Fiablement overez.
Le powoir de Perse te serra donez.
Ton hoste par moy i serra menez."
De cel[e] avision ore me sui remembrez.
Unques puis ne vie nul ensi atiffez
Fors soulement cesti dont vos demandez.
E pur ceo qu'il m'ad jesqes encea aidez
E tenu covenant e de rien faillez,
A l'aide de Dieux ai jeo Dayre outreiez,
Par qui jeo espoire fournir mes volentez
De toutes autres choses qe jeo ai enpensez.
A reverence de lui ceo fesoi de bon grez,
E noun pas pur sotie come vous ymaginez.'
Puis vers la citee s'en vont lez as leez;
Pur sacrifier al temple est amenez.
Solomc lur ordinance i ad sacrifiez.
Aprés le sacrifice le rois ad regardez
Le prince de[s] prestres de grantz douns assez.
Le livre Daniel out devant lui portez
Ou il trovent escrit qe par un en Grece neez
Le powoir de Perse serra a[cra]ventiez. 118v
Quant lui rois l'ad oie, s'en est reconfortez;
Il entent qe de lui fu ceo prophetez.

que je ne me suis pas humilié devant lui,
mais que c'est à Dieu, qu'on appelle le prince des prêtres,
que j'ai dédié ma révérence et ma soumission.
En effet, alors que j'étais dans mes terres de Grèce,
je me suis demandé bien souvent
si je pourrais conquérir et tenir sous mon joug
l'Asie et le reste du monde.
C'est alors qu'une nuit, pendant que je dormais,
m'apparut un homme habillé comme celui-ci,
qui prononça ces mots : " Agis en toute confiance !
Tu seras le maître de la Perse :
je m'emploierai à conduire là-bas ton armée. "
Je me suis rappelé aujourd'hui cette vision.
Jamais je n'ai revu un homme ainsi paré,
sauf celui dont tu me parles.
Et c'est parce que cet homme m'est venu en aide,
et qu'il a fidèlement tenu ses promesses,
qu'avec l'aide de Dieu j'ai vaincu Darius ;
et j'espère, grâce à lui, venir à mes fins
dans tous mes autres projets.
C'est de bon cœur que je lui manifestais ma dévotion
et non par folie, comme tu te l'imagines. "
Le prince et le roi se dirigent ensuite vers la cité, côte à côte.
Alexandre est conduit au temple pour un sacrifice
et il l'accomplit en respectant les rites.
Après ce sacrifice, le roi comble
le prince des prêtres de nombreux présents.
On apporte devant lui le *Livre de Daniel*,
où l'on trouve écrit que la puissance de la Perse
sera abattue par un homme natif de Grèce[1].
Dès qu'il l'apprend, le roi est rassuré ;
il comprend que cette prophétie le désigne.

---

[1] *Daniel*, 11, 4.

Le mestre des estories a ceo est acordez;
Qe ceo fut Alisandre bien l'ad recordez
En les visions de Daniel qe lisiez.

[193]

***L**'endemain lui rois le prince fait mander,*
Et dit: 'Sire, ore poetz qe vos plest demander.'
'Seignur', fait lui prince, 'nos vos voloms prier
Qe nous poessoms les lois de nos pieres user
Et qe ces .vii. aunz ne soioms tributer,
Et qe touz les Jewes, uncle, fitz e pier,
Poessent en Babiloigne en pees demorer.'
Lui rois les granta trestot lur voler.
Lors dist Alisandre de mult franc[1] *cuer:*
'Si nul de vous voet of moi chivalcher
Devers Inde majour en guerres travailler,
Voz lois ne voz customes ne devez chaunger,
Mes bien les poessetz user e joier
Et serrez mes amis e mi soudoier.'
Les Jewes respondirent qe trop voluntier
Volent ovesqes lui aler guerroier.
Puis aprés lui rois fasoit ordiner
Qe Jerusalem poesse demorer
En pees e quieté tot temps a durer.
Qe furent nafrez fesoit i saner,
Et les alassez fit il remounter;
Et lors devers Inde se fit remuer,
Et tentes e trefs i fasoit trosser.
Dieu lui doint sa grace de bien espleiter!

[Les deux manuscrits *D* et *C* sont défectueux à cet endroit; le passage manquant provient du manuscrit *P*.

[1] franche

Le maître des histoires[1] l'a d'ailleurs confirmé :
il a bien rappelé qu'Alexandre était le Grec
dont parlent les visions de Daniel que vous lisez.

193

Le lendemain, le roi convoque le prince des Juifs,
pour lui dire : " Seigneur, demandez-moi ce que vous voulez ! "
" Sire , rétorque le prince, voici notre prière :
que nous puissions conserver les lois de nos pères,
que nous soyons exemptés de tribut les sept ans qui viennent
et que tous les Juifs, de toutes les générations,
puissent vivre en paix à Babylone[2] ".
Le roi satisfait alors tous leurs désirs
et leur dit ensuite dans sa grande noblesse :
" Si certains d'entre vous veulent m'accompagner
et guerroyer en Inde majeure,
ils n'auront pas à changer leurs lois ni leurs coutumes ;
ils pourront continuer à en user,
ils seront mes amis, je paierai leurs services. "
Les Juifs lui répondent qu'ils partiront volontiers
guerroyer à ses côtés[3].
Le roi donne ensuite l'ordre
que Jérusalem puisse connaître
à tout jamais la paix et la tranquillité.
Il ordonne aussi que les blessés soient soignés
et fait donner un cheval aux plus affaiblis.
Puis il se met en route en direction de l'Inde,
après avoir fait charger tentes et pavillons.
Que Dieu lui donne la grâce de réussir!

---

[1] Il s'agit vraisemblablement de Flavius Josèphe, dont les " estories des Antiquitez " sont mentionnées au v. 3794.

[2] Selon l'éditeur, les Juifs de Jérusalem demandent la protection d'Alexandre pour leurs frères de Babylone.

[3] Flavius Josèphe mentionne l'enrôlement de soldats juifs dans l'armée d'Alexandre (note éd. Foster-Short, p. 99).

194

De Darie e d'Alisandre ai dit ceo que sent, *P 44*[d]
Si cum joe vus premis el comencement,
Sa enfance, sa jovente, son sen, son hardement,
Sa grant chevalerie, son eshalcement.
Il od trieu de Rome, de Akaie ensement,
Tote Egypte e Grece fut a sun talent,
E Turquie e Persie e Arabie gent;
E coment del rei Darie en prist le vengement
Ki lui querreit sa mort e son desheritement:
E tut içoe ai dist, quei i fu et coment.
La verité ai estrait, si l'estorie [ne] ment.
N'ai sez faiz acreu, çoe vus di verreiement,
Mes beles paroles i ai mis nequedent.
N'i ai acreu l'estoire ne jo n'i ost nient;
Pur plaisir as oianz est un atiffement;
Home ne deit lange translater autrement;
Qui d[ir]eit mot por mot, trop irreit leidement.
D'un bon livre en latin fis cest translatement.
A çoe qui l'em veit e siet, n'estoet desrainement,
Mais qui que s'en corust, joe di m'entendement;
Mi voleirs me constreinst od lur entichement.
Qui mun non demande, Thomas ai non de Kent,
E pur çoe me nom en cest enbrievement
Ne voil qu'a[u]tre ait blasme de çoe k'a moi apent. *P 45*[a]
Si clerc ou chevaler de rime me reprent,
Contre toz envios par cest mot me defent:
Cil qui plus seit de moi en meno[r] fait mesprent.
Ore porrez vers oir, par le mien escient,
Qui sunt a escoter a celi ki les entent,
Del rei d'Ynde major, de son fier mandement,
De son riche palais, de son herbergement,
De citez, de chastels e d'altre comandement,
De ses riches tresors dont le mains est d'argent,

194

Sur Darius et Alexandre, je vous ai dit ce que je sais,
comme je vous l'ai promis au commencement :
son enfance, sa jeunesse, sa sagesse, son courage,
ses grands exploits, son ascension.
Il a obtenu un tribut de Rome et de l'Achaïe ;
il a soumis l'Égypte tout entière et la Grèce,
les peuples de Turquie, de Perse et d'Arabie ;
il a réussi à se venger de Darius,
qui voulait le tuer et lui prendre ses terres :
je l'ai bien retracé, dans les moindres détails.
Ma traduction dit la vérité, à moins que le livre ne mente.
Je n'ai pas exagéré ses hauts faits, je vous l'assure,
même si j'ai orné le récit de beaux discours.
Aux faits historiques je n'ai rien ajouté ni retranché.
Les ornements donnent du plaisir aux auditeurs :
c'est la seule façon de traduire ;
celui qui traduirait mot à mot manquerait d'élégance.
C'est un livre de valeur, en latin, que j'ai traduit.
Quand on le connaît, aucune justification n'est nécessaire.
Même si certains s'en fâchent, je proclame mon avis.
Mon désir m'y oblige et eux aussi m'y poussent.
Si l'on demande mon nom, j'ai nom Thomas de Kent.
Je donne mon identité dans cet ouvrage,
car je refuse qu'un autre reçoive des reproches qui me reviennent.
Si un clerc ou un chevalier critique mes rimes,
voici la défense que j'oppose à tous les envieux :
un plus savant que moi se trompe pour un travail moins difficile[1] !
Vous allez maintenant entendre des vers qui, selon moi,
s'adressent à des auditeurs aptes à les comprendre.
Ils parlent du roi de l'Inde majeure, de son message arrogant,
de son riche palais, de ses appartements,
ses cités, ses châteaux et autres possessions,
de ses riches trésors, dont le moindre est d'argent,

---

[1] Cf. *supra*, v. 23.

E les merveilles de Inde que Alisandre aprent
Anceis qu'il as arbres tenist son parlement
Ki lui distrent sa mort e sun definement,
La traison e l'engin e l'enpoisonement
Dont li bon reis aprés fut irié e dolent;
Tut joe vus dirrai, se Deu le me consent.
Com il meisme l'escrit e mist en testament,
Sa mere l'enveia a son procein parent,
Al gent Aristothe qui l'aprist longuement,
Issi cum le livre nus dist premerement.

195

Çoe ke l'en troeve en escrit deit l'en avan[t] traire,
Solunc çoe ke trovum en l'estoire de l'almaire.
En romanz oi l'epistre d'Alisandre retraire
Qu'il tramist Aristotle son bon mestre gramaire,
Quant il fut en Ynde ou vist la bestiaire.
De Perse vers Mede priveement repaire
Alisandre aprés la mort le rei Daire.
S'il ad eu guerre, desore li surt maire,
Car messagers li surdent de son adversaire,
Porres uns reis d'Ynde major de mal aire,
Kar Perse lui volt, s'il poet, moveir contraire. *P 45b*
Chescuns des messagers chevalche un drom[ed]aire,

et des merveilles de l'Inde qu'Alexandre découvre
avant d'interroger les arbres
qui devaient lui annoncer sa mort inévitable,
la trahison, la ruse et l'empoisonnement,
plongeant le vaillant roi dans la colère et la douleur.
Je vous conterai tout, si Dieu me le permet.
Le récit qu'il rédigea et mit dans son testament,
sa mère l'adressa à son proche parent,
le noble Aristote, qui fut longtemps son maître,
comme le livre nous l'enseigne dès le début[1].

195

Ce que l'on trouve écrit, il faut le transmettre,
en respectant le livre de la bibliothèque.
C'est en français que j'ai entendu lire la lettre
qu'Alexandre envoya à Aristote, son cher maître très savant,
pendant son séjour en Inde, dont il observa la faune[2].
Alexandre, après la mort du roi Darius,
quitte la Perse et gagne en secret la Médie.
S'il a affronté des guerres, une plus terrible encore le menace :
voici que surgissent devant lui des messagers de son ennemi,
le cruel Porrus, roi de l'Inde majeure,
qui veut, s'il le peut, soulever la Perse contre lui.
Chacun des messagers chevauche un dromadaire

---

[1] À un moment charnière du récit, juste avant l'entrée d'Alexandre en Inde et ses guerres contre Porrus, Thomas de Kent rédige un nouveau prologue interne. Il le consacre à un résumé des faits relatés, une revendication de la vérité et un bilan sur ses méthodes de traduction, qui le conduit à signer son œuvre, puis à une annonce de la suite du récit.

[2] *L'Epistola Alexandri ad Aristotelem* était ainsi peut-être déjà colportée oralement dans une adaptation française. Le testament dont il est question à la fin de la laisse 194 semble se confondre avec cette lettre, dans laquelle Alexandre relate à son maître ses aventures et lui rend compte des merveilles de l'Inde. Voir la traduction de cette lettre dans le *Pseudo-Callisthène*, trad. G. Bounoure et B. Serret, appendice I, pp. 122-146.

E portent, com l'en solt, olives pur peis faire.
Entré est Alisandre einz la lande vaire.
Mult i ad bestes el pais; d'omes est solitaire.
Li soleil i rait cler[1], tote la terre esclaire;
L'odor des especes dolcement soef flaire.
Conoissent li messager le rei al fier viaire.

196

'Reis, entendez vers nus,' çoe dient li messager.
'Çoe te comand Porres, rei d'Ynde, le fier,
Ke nus hom ne se poet vers lui eshalcer,
De terre ne de honor ne d'avoir efforcier.
De ton grant orgoill se poet mult esmerveiller.
Darie tint tut de li si cum sun triewer;
Pur içoe te mande que ses dreis deis lesser,
E en Grece ta terre a ta gent repairer.
Se triew deignast prendre, tu li deussez doner,
Car tut ti ancessor ensement costomer
E rendissent triew de Grece cum terrier.
Icest te relaisse il, car n'ad nul mester.
Trop par ies riches hoem pur prendre altrui dener.
Si n'en deignes aler, il te fra enchacier,
E tez citez ardeir e tes terres preier,
Abatre tes chastels e les murs depecier,
E prendre tes home[s], ocire e detrencher,
Kar en Y[n]de major sunt .c. mil chevaler.
Des chevals e d'armes se font apparailler,
E tuit vienent la mort al rei Darie venger.
Fra tei a ses paroles solunc le fait jugier.'
Quant Alisandre l'ot, n'ot que corecer
Que deit as messagers la pais signefier.
El chief en ot pensé ferir le latimer.
Quant veit en sa main le raim d'oliver,
Refrena son talent, e dist: 'Bels ami cher,

---

[1] vist cler

et porte, selon la coutume, un rameau d'olivier en signe de paix.
Alexandre est entré dans la lande chatoyante,
qui regorge de bêtes et que les hommes ont désertée.
Le soleil y darde des rayons si intenses qu'ils l'illuminent toute.
Les épices répandent une odeur très suave.
Les messagers reconnaissent le roi à son visage farouche.

196

“ Roi, écoute-nous bien ! ”, lancent les messagers.
“ Porrus le fier, le roi de l'Inde, t'informe
que nul ne peut à ses dépens s'élever,
s'enrichir en terres, en domaines et en biens.
Ton grand orgueil a bien lieu de l'étonner.
Darius était son vassal et lui payait tribut.
Il t'ordonne donc d'abandonner ce qui lui revient
et de ramener ton armée chez toi, en Grèce.
S'il daignait lever tribut, tu devrais le lui verser
car tous tes ancêtres étaient déjà ses vassaux
et, comme tels, lui payaient tribut sur la Grèce.
Mais il t'en dispense, car il n'en a pas besoin.
Il est bien trop riche pour prendre les deniers des autres.
Si tu refuses de partir, il donnera l'ordre de te chasser,
de brûler tes cités, de piller tes terres,
d'abattre tes châteaux, de détruire leurs murailles,
de capturer tes hommes, de les tuer et de les mettre en pièces.
Il a en Inde majeure cent mille chevaliers,
qui préparent leurs chevaux et leurs armes
pour venir tous venger la mort du roi Darius.
Il te fera juger selon ta réaction à ses paroles. ”
À ces mots, Alexandre est furieux
de devoir respecter la paix à l'égard des messagers.
Il aurait bien voulu s'en prendre à l'interprète.
En voyant le rameau d'olivier dans sa main,
il refrène son désir et dit : “ Très cher ami,

Mult me quide Porres par manace assaier.
Ja n'en tornerai tant cum pois chevalcher,
Ou compaignon avoir ou un escu entier;
Ne lui estoet mie tant loing travailler;
A sa mestre cité vendrai a lui plaider.
Dreiture li frai par fer e par acer,
Car d'escu e de lance poet l'un fair[e] adrescer.
Si nul hom del siecle ne me volsist aider,
Si vendreie a lui tut sul sor mon destrer.
Si joe el champ nel truis, Deu poisse reneier
S'en son chastel par armes nel requer.' *P 45c*
Pois a trait a une part Tyberie le guier
E le duc Tholomeu, le bon gonfainoner,
Antioche l'Ostage e Marc le guerreier,
E Tholomeu d'Akaie, le vaillant soldeier,
E des altres ovec assez plus d'un miller.
D'icest fier comandement volt li rois conseiller
Çoe k'en Ynde major voldra mander.
Cist ne voldront l'onor Alisandre abaisser;
Mielz aiment en sanc d'ome lor penuncels haitier
Que chacer en forest ou d'oisseus riveer,
Ou podnei de dame ou meschine baisser.

197

Tut premerain parole Antioche l'Ostage,
E dit: 'Reis Alisandre, si ad fier message!
Mult est cist orgoillus, surquidé de corage,
Ki pur sa grant richesce desdeing vostre homage.
Il est en fin desvez, car trop ad dist grant ultrage.
Servise volt ja aveir de nostre lingnage,
Mais de vus desdeigne, çoe dist, avoir truage;
Idonkes fist il tort, vilté e hontage.
Quant il requert achaison de vus faire damage,
Nous quidom en pais tenir nostre heritage.
Chascun s'en alast a sun propre message
E laborer en terre e faire ewaiguage,
Que pris des chevalers fut chait en servage,

Porrus se figure m'éprouver par des menaces.
Mais jamais je ne partirai tant que je peux monter à cheval,
avoir un compagnon ou un écu en bon état !
Les souffrances d'un long voyage lui sont épargnées :
je viendrai dans sa capitale soutenir ma cause contre lui.
Je lui réglerai son dû par le fer et l'acier,
car par l'écu et la lance on peut se faire justice.
Même si personne au monde ne voulait m'aider,
je viendrais l'affronter tout seul, sur mon destrier.
Si je ne le trouve pas sur le champ de bataille, que je renie Dieu
si je ne vais pas l'attaquer dans son château ! "
Puis il a pris à l'écart Tibère le meneur d'hommes,
le duc Tholomé, le preux gonfalonnier,
Antiochus l'Ostage et Marc le bon guerrier,
Tholomé d'Achaïe, le vaillant serviteur,
avec bien plus d'un millier de ses hommes.
Le roi veut prendre leur avis sur la terrible injonction de Porrus
et la réponse à envoyer en Inde majeure.
Ses hommes ne voudront pas amoindrir sa puissance.
Ils préfèrent raviver leurs drapeaux du rouge du sang humain
plutôt que de chasser le gibier de forêt et d'eau
ou de rabaisser l'orgueil des dames et des demoiselles.

197

Le tout premier à s'exprimer est Antiochus l'Ostage.
Il dit : " Roi Alexandre, quel message arrogant !
Quel orgueil, quelle outrecuidance manifeste Porrus
quand, fort de sa grande richesse, il méprise votre hommage !
Il a vraiment perdu la raison pour vous insulter ainsi :
il exige maintenant la soumission de notre lignage,
mais il ne daigne pas, dit-il, vous prélever un tribut.
Il a commis une faute, une bassesse et un affront.
Il cherche une occasion pour vous porter préjudice,
alors que nous, nous ne cherchons qu'à gouverner en paix nos terres.
Chacun de nous allait regagner son domaine
cultiver la terre, aménager des voies navigables,
et l'honneur des chevaliers serait tombé bien bas,

Car pois la mort le rei Darie n'ai nul barnage.
Bone chevalerie mettra cist en parage.
Guerre vus trovera a trestut vostre eage.'

198

Çoe respont Tholomeu: 'Ici n'ad mes folie,
Ne gab n'enveisure ne nule lecherie;
Mes qui bon conseil siet, vienge avant e le die!
Porres d'Ynde major mande grant estoltie
Quant en Grece ou en Perse i claime seignorie.
Manace vus d'aveir e de manantie,
E par la grant plenté de gent a lui alie.'
Alisandre respont: 'Ne vos esmaiez mie!
Ne vos menbre de Darie, le soltain de Persie,
Qui Grece out destruite, Macedoine honie?
Il manaça mes menbres oiant ma baronie,
E tant me greva il qu'il em perdi sa vie.
La manace Porre est ore assez oie.
Prodome manacer n'est pas chevalerie.
Nus avom entendu que li reis nus defie
E pur moi confundre porchaça grant aie
De Mede e de Perse pur aveir tenserie. *P 45d*
Tiel conseil en pernum sanz estrif d'atie
Que ne seium honiz, ne Perse malbaillie.'

199

Tyberie de Rome est donc en piez levez,
E dist oiant trestuz: 'Reis, ore m'escotez!
De tresors e d'aveirs est mult li rois chasez.
Por çoe avera il les chevalers armez;
L'estors en furunt e les batailles endurez.
Voz avez voz effors donez, voz baronez,
E a voz estranges soldeers qui s'en sunt ja alez.
Li mains en est remist, le plus en est emportez.
Tresqe hom n'a aveir, d'amis est poevre assez.
Pernez voz messagers, voz brief trametez,
Tresqu'a la mer d'Espaingne tuz voz homes mandez,

car depuis la mort du roi Darius, j'ai perdu mon courage !
Porrus va permettre aux bons chevaliers de se mettre en valeur :
il vous fera la guerre toute votre vie ! "

198

Tholomé de répondre : " Arrêtons les folies,
les vantardises, les plaisanteries et les sottises !
Celui qui a un avis sensé, qu'il s'avance et le donne !
Porrus de l'Inde majeure profère une demande insensée,
quand il revendique la suzeraineté sur la Grèce ou la Perse.
Il vous menace avec ses richesses, ses domaines
et la masse colossale de ses hommes ! "
Alexandre lui dit : " N'ayez donc aucune crainte !
Avez-vous oublié Darius, le sultan de Perse,
qui avait anéanti la Grèce, détruit la Macédoine ?
Il m'a menacé de mort devant mes barons
et le mal qu'il m'a fait, il l'a payé de sa vie.
En voilà assez pour les menaces de Porrus.
Menacer un homme de bien est indigne d'un chevalier.
Nous avons bien compris que le roi nous défie
et qu'il a levé de grands renforts pour me détruire
et obtenir un tribut de la Médie et de la Perse.
Trouvons le moyen, sans nous quereller,
d'éviter la honte pour nous, et la ruine pour la Perse ! "

199

Tibère de Rome s'est alors levé
et dit à tous : " Roi, écoutez-moi donc !
Le roi de l'Inde croule sous les trésors et les biens.
Il aura des chevaliers bien équipés,
qui livreront combat avec acharnement.
Vous avez récompensé vos troupes, vos barons
et vos mercenaires étrangers, qui s'en sont déjà allés.
Il vous reste bien peu, presque tout est parti.
Dès qu'on manque d'argent, les amis se font rares.
Appelez vos messagers, envoyez des lettres,
convoquez tous vos hommes jusqu'à la mer d'Espagne,

Les contes, voz barons, voz chevalers feffez;
I voissent voz justices par trestuz voz regnez,
E taillent i les chastels, les temples, les citez!
Tote l'une moitié de lur avoir pernez;
Soldeez voz barons, voz vassaus alosez.
As veisins Porre d'Ynde tant donez,
Par vostre grant richesce issi les asorbez
Que vus d'Ynde major faciez vos volentez
E pois de la conqueste voz servises rendez.
De meisme la terre face hom les fossez.
De ceus qui l'avront deservi, ne lur seit fors prestez.'

200

Sallomé s'adresçat qui tant aime baudor,
E dit: 'Ja pur conseil n'i ert clamé losengor
Cil qui deit conseiller prince ou emper[e]or.
Itel conseil est bon pur efforcer le lur.
Cist conseil li donast dont aprés eit honur.
Cum plus avront aveir, tant en serunt forcior,
Car s'il ont nostre aveir e donc avereient cremor.
Mais si nostre rei volt conquere Ynde major,
Donc lo joe qu'il ait ses homes en amor.
Tant i prenge aveir que del prendre ait laissur,
Ke prodome gaine a peine e a dolor,
Ou trente anz et quarante a mal [e] a labor,

[Le manuscrit *D* reprend ici.]

E si son seignur li tolt tut ceo en un jur, *122r*
N'est mie merveille s'il ad al quer irur.
De gent qe meine en l'ost [ne] deit aver[1] haur;
S'il meine ses amis, plus sein tient estur;
S'il sunt ses enemis, donc put aver[2] pour.

---

1 avere

2 avere

vos comtes, vos barons, vos chevaliers fieffés !
Que vos lieutenants parcourent tous vos royaumes
et lèvent des impôts sur les châteaux, les temples et les cités !
Prenez la moitié de leurs richesses
pour payer vos barons, vos vassaux renommés !
Offrez tant d'argent aux voisins de Porrus l'Indien,
aveuglez-les si bien de vos immenses richesses
que vous soumettrez l'Inde majeure ;
puis payez les services sur le butin conquis
Que dans la terre même on creuse le fossé[1] !
Et que les récompenses ne soient que des prêts !

200

Salomé, enclin à la gaieté, se redresse
et dit : " Qu'il ne se fasse jamais taxer de flatterie,
celui qui doit conseiller un prince ou un empereur !
Le conseil utile est celui qui renforce le pouvoir du prince.
Le conseiller doit rechercher l'honneur de son maître.
Plus les Indiens seront riches, plus ils seront forts,
car s'ils ont nos richesses, ils craindront de les perdre.
Mais si notre roi veut conquérir l'Inde majeure,
alors je lui conseille de traiter ses hommes avec affection.
Qu'il prenne en Inde autant de richesses qu'il le peut,
car un homme de valeur gagne son bien dans les épreuves,
après trente ou quarante ans d'efforts et de peines,

et si son seigneur lui ravit tout en un jour,
rien d'étonnant si la colère soulève son cœur.
Le roi ne doit pas s'attirer la haine de ses soldats.
S'il mène des amis, il guerroie sans danger.
S'il mène des ennemis, sa peur est justifiée.

[1] Cf. Morawski, *Proverbes français*, Paris, Champion, 1925, 524 : " De meïsmes la terre fait on le fossé " ; Le Roux de Lincy, *Le Livre des proverbes français*, Paris, Paulin, 1842, rééd. Hachette, 1996. p. 226 : " De la terre on fait le fossé ".

Si crere me velt, jeo li diray verrur.
Remeine li avers e vienge li overur,
Li bacheler vayllant, li duc e li contur.
Ne vienge marchant, vilein ne laborur!
Ost en averez fiere – ne veistes unc maiur –
Car tuit vous sueront e serviront cum seignur.
En Perse se mettront en mortel errur.
Par vostre pruesce, par force e par vigur,
E par chevalerie de vostre grant valur,
Conquerez les Indiens e les regnés entur.
N'eimes pas marchant, d'estre achatur,
D'estancher par avoir felon ne traitur.

201

Mes endreit del mandement vous dy qe facez:
Ly message Porre seient apparillez;
Brefs ensealés a porter lur baillez.
Mandez qe par manace n'estes pas esmaiez.
S'il chalenge dreit en heritez ou en vos fez,
E vous en ses terres autiel dreit chalengez,
E veez qe par le bref forment le defiez.
De el ne say parler; vos memes l'enditez.'
Alisandre respont: 'Tresbien me conseillez.'
Puis sunt escrit li bref e as messages baillez.

202

Ly message s'en vont qui portent les escriz
E fieres paroles contre orgoillus diz.
Airent les granz jornees sur les muls arabiz;
Passent les montaynes, les vals e les lariz.
Trovent Porre le roy od ses ostz baniz.
Plus de cent mil i ad entre grantz e petiz. *122v*
Suz l'ombre d'un oliver, qe donc fu floriz,
Out deus faudestoels d'or e desus deus tapiz.

Si Alexandre veut m'écouter, je lui dirai la vérité.
Que restent les avares, que viennent les forgerons,
les jeunes guerriers vaillants, les ducs et les comtes,
mais pas de marchands, de vilains ni de paysans !
Vous aurez ainsi une armée fière et inégalée,
car tous vous suivront et vous serviront comme leur seigneur.
En Perse ils s'engageront dans des dangers mortels.
Grâce à votre prouesse, votre force et votre énergie,
grâce à votre vaillance et à vos exploits,
vous conquerrez l'Inde et les royaumes alentour.
Nous ne sommes pas des marchands, pour acheter
et neutraliser les félons et les traîtres avec des richesses !

201

Quant au message, voici ce que je vous conseille :
que les messagers de Porrus se préparent !
Chargez-les de transmettre une lettre scellée :
informez Porrus que les menaces ne vous font pas peur !
S'il revendique des droits sur votre héritage et vos domaines,
faites alors exactement de même pour ses terres
et rédigez votre lettre comme un ferme défi !
Je n'ai rien d'autre à dire : rédigez-la vous-même ! "
Alexandre répond : "Votre conseil est sage. "
La lettre est ensuite écrite et confiée aux messagers.

202

Les messagers repartent en emportant la lettre
et sa fière réponse à l'orgueilleux discours de Porrus.
Ils voyagent de longs jours sur leurs mules arabes
et traversent montagnes, landes et vallées.
Ils trouvent le roi Porrus et son armée,
qui compte plus de cent mille hommes, de toutes conditions.
À l'ombre d'un olivier tout en fleur,
sont installés deux fauteuils d'or couverts d'étoffes.

La sist l'empereres, si[1] sist l'emper[er] iz,
Ses dux e ses contes e quatre de ses fiz.
Venent li message, e mult se sunt esbaudiz.
Tieus en est ore liez qui tost en ert mariz!
Quant le bref est depecé, si est de toz oiz:

203

'**P**orre de Inde majur, ne te dey saluer,
Car ne deignas a moy nul[e] amisté mander.
Par manace d'orgoil me quidez amater,
Esmaier par [tes] brefs, par[2] diz espo[a]nter.
De Perse e de Mede me vels a tort geter;
Ainz t'en estovera peiner e travailler.
Quant Dayre tint de tey, bien le deussez tenser;
Desore par reison ne poez nul dreit clamer.
Qui feez cleime en terre, bien les doit aquiter.
Tu dis qe treu de moy ne deignez demander,
Ne k'en Grece n'ad rien qe te puisse avancer,
Tant as or e argent e tant es riche bier.
Tu puis legerement tes avers[3] refuser,
Car tu ne troves roy qui te voille doner,
Ne tu nel puis a force vers nuli conquester.
Pur les granz richesces qu'avom oy nomer,
Voil en Inde majur od mes ostz aler,
Car tu me conues en quanqes doy parler.
Tiel orgoil te fray, si je[4] vif, comparer.
Ja ne saveras cité ne tiel chastel fermer
Qe mes Macedoniens ne face a force entrer.
Qui paes ne volt aver[5] n'e[n] amur regner,

---

1 e si
2 b. e par
3 averes
4 si je *écrit d'abord* sue, *puis divisé en* si ie
5 avere

L'empereur et l'impératrice y ont pris place,
avec les ducs et les comtes et quatre de leurs fils.
L'arrivée des messagers les remplit de joie.
Mais ceux qui se réjouissent vont vite déchanter !
Une fois ouverte, la lettre est lue devant tous :

203

« Porrus d'Inde majeure, je n'ai pas à te saluer,
car tu n'as pas daigné m'adresser tes amitiés.
Tu crois m'abattre avec des menaces pleines d'orgueil,
m'impressionner avec ta lettre, me terrifier par ton discours.
Tu veux à tort m'expulser de Perse et de Médie.
Mais avant tu devras t'épuiser et souffrir.
Quand Darius était ton vassal, tu aurais dû le protéger.
Désormais tu n'as plus aucun droit sur son empire.
Celui qui proclame sa suzeraineté sur des terres doit les défendre.
Tu dis que tu ne daignes pas exiger de moi un tribut
et que la Grèce n'a rien dont tu puisses tirer profit,
si grandes sont tes richesses en or et en argent !
Tu peux sans peine renoncer à cet argent,
car tu ne trouveras aucun roi qui accepte de te le verser :
tu es incapable de le conquérir par la force.
Pour les grandes richesses dont tu nous as parlé,
je veux aller en Inde majeure avec mon armée,
et tu connais la valeur de mes paroles[1] ;
Ton orgueil, je te le ferai payer, si je reste en vie.
Jamais tu ne pourras fortifier une cité ou un château assez solidement
pour m'empêcher d'y faire entrer de force mes Macédoniens.
Celui qui ne veut pas vivre en paix ni régner avec bienveillance,

[1] Cette traduction n'est qu'une hypothèse, l'éditeur juge lui-même le vers 3979 incompréhensible.

E tant est orgoillus qu'il ne deigne aver[1] pier,
Tant est le mond grant, tost put hom trover
De autresi fier corage ou porra baretter. *123r*
Quant tu quers mon damage e mon desheriter,
Assez sui riches hom pur tey deffier.
Desore faz ceo qe tu puis; j'ay dit mon penser.'

204

De cest fier mandement est Porrus irascuz,
E jure sa corone qe mar fu unques veuz.
Sa terre ert gastee e il tuit confonduz,
Ou enchacé del regne ou vif recreuz.
Donc mande ses barons, ses amis e ses druz.
De Inde e de Ethiope sunt granz genz venuz,
E cil d'environ qui ly deivent treuz.
En poy de terme i ot cent mil [a] escuz,
As bons chevals e as blancs haubers vestuz,
Estre ceaux k'en bataille sunt sanz armes[2] venuz.
Venent i dromedayre e olifanz kernuz
Qe portent bretasches e chastels voutuz[3],
E les homes dedenz as granz faus esmoluz,
Des gleives, des[4] [es]piés, les ars turkeis tenduz,
E les arblasters e les quarrels aguz.
Tant est l'ost Porre des estranges acr[e]uz.

lxxv Coment Alisandre entra primes en Inde majur.

205

Ceo fu el moys de may, en la fin de l'issue,
Qe cist fier mandement les Mediens argue.
La gent de[s] longtains isles i est [tote] esm[e]ue,
E tote icele ovec qe a Porre s'atrue.

---

[1] avere

[2] armes, *forme altérée de* armee

[3] voutus

[4] gleives e des

qui montre un orgueil tel qu'il ne se reconnaît aucun pair,
rencontrera vite par le vaste monde
un homme aussi fier que lui, qu'il pourra affronter.
Puisque tu cherches à me ruiner et à me déposséder de mes terres,
je suis bien assez puissant pour te défier.
Fais désormais ce que tu peux : j'ai dit mes intentions ! »

204

Ce fier message soulève la colère de Porrus ;
il jure sur sa couronne qu'Alexandre le paiera cher :
sa terre sera dévastée et lui-même mis à mort
ou chassé du royaume et défait.
Alors il convoque ses barons, ses amis et ses proches.
D'immenses troupes sont arrivées d'Inde, d'Éthiopie
et des pays avoisinants qui lui doivent un tribut.
Très vite on compte cent mille hommes armés d'écus,
de chevaux vigoureux et de hauberts brillants,
sans compter ceux qui sont venus à la bataille sans armement.
Arrivent aussi dromadaires et éléphants aux longs crins,
qui transportent des bretèches et des châteaux voûtés
contenant des hommes armés de longues faux acérées,
de lances, d'épieux, d'arcs turcs bandés,
et des arbalétriers munis de leurs carreaux pointus.
Ces renforts étrangers décuplent l'armée de Porrus.

lxxv Comment Alexandre pénétra en Inde majeure.

205

Ce fut au mois de mai, tout à fait à la fin,
que ce fier défi aiguillonna les Mèdes.
Les peuples des îles lointaines se mettent en marche
avec tous ceux qui paient tribut à Porrus.

Ly roys Alisandre ses justices salue,
Mande lur qe de genz ly facent ayue.
L'acheson lur descrit qe li est avenue.
Il le font volenters quant l'ont entendue.
Envoient ly grant gent, conroie[e] e vestue;
Mult fu bele lur estre quant ensemble est venue.
Dreit vers Inde majur est donqes esm[e]ue.
Meint bon cheval i ot e meint mule kernue, *123ᵛ*
E meint fier gonfanon, meinte lance esmolue.
Unqes puis cel temps ne fut[1] tele gent veue,
Ne si fiere bataille, cum il avera, ferue.

206

Mult par sunt li ostz granz e le pople est fiers.
Eirent vers Faacen les granz chemins pleners.
Porre en est issuz, le orgoillus guerrers.
Bien ad en sa compaignie cent mil chevalers,
Olifanz e chastels plus de quatre milers
Qui portent les serganz e les arblasters,
Estre les dromedayres, le[s] chevals, les somers,
Qui portent la vitaille[2], les tresors, les deners
Dont Porrus retendra les riches soud[i]ers.
Entreveient l'ost cil qui sunt as primers,
Chois[iss]ent les penons e les gonfanoiers.
Donc veissez desraier ces bachelers legers[3],
E vestir ces haubers e ces[4] helmes cerclers,
Desplaier ces gomfanons e coverir ces destrers
De samit, des cendels e des draps plus chers,
E saisir les espiés e les escuz boclers!
Flamb[oy]oit l[y] or, reluseit ly ascers,

---

[1] fust

[2] la bataille l.

[3] legeres

[4] e ses h.

Le roi Alexandre adresse son salut à ses lieutenants
et leur demande de lui envoyer des troupes,
en leur expliquant le besoin qui le presse.
Ils s'empressent de lui obéir
et lui envoient une foule d'hommes en armes et équipés :
quel beau spectacle quand ils se rassemblèrent !
Ils se dirigent tout droit vers l'Inde majeure,
avec abondance de bons chevaux, de mules à la longue crinière,
de fiers gonfanons, de lances aiguisées.
On n'a jamais revu aussi belle armée,
aussi fière bataille que celle qui va se livrer.

206

Les armées sont immenses et les soldats sont fiers .
Ils marchent sur Faacen le long de la grand route.
Porrus sort de sa ville, le guerrier orgueilleux,
accompagné au moins de cent mille cavaliers,
de plus de quatre mille éléphants porteurs de châteaux
pour les fantassins et les arbalétriers,
sans compter les dromadaires, les chevaux, les bêtes de somme
qui portent les vivres, les trésors et l'argent
destiné à la solde des puissants guerriers engagés.
L'avant-garde des Grecs aperçoit l'armée ennemie,
découvre les pennons et les gonfanons.
Il fallait voir les jeunes guerriers agiles
sortir du rang pour s'armer de leur haubert et de leur heaume cerclé,
déployer les gonfanons, couvrir leurs destriers
des draps de soie et des taffetas les plus précieux[1],
saisir les épieux et les écus bombés !
L'or flamboyait, l'acier étincelait,

[1] Le samit est une étoffe de soie tissée à six fils, le cendal une étoffe de soie unie et légère, proche de notre taffetas.

Ventelent gomfanons, les[1] pen[un]cels entiers.
De l'orgoil as deus roys vendra grant encombrers!

207

Alisandre est armez estrait [en] sa armure[2].
Mult par est gent de corps: ample de forch[e]ure,
Longes jambes e dreites, les pez a mesure,
E le corps bien quarré, amont la ceinture,
Long col, basses espaules, crespe la chevelure,
L'un oil vair, l'autre noir, de fiere regardure.
Unc [ne] fu si fier hom de si petit[e] estature;
Entre ses amis de bele envoisure;
En plez e en jugemenz mult ama mesure;
Mult esteit sages des ars e apris en lettrure. *124r*
Ceint en ot le brant dont d'or esteit la heudure;
Son espié tient al poig e l'escu par l'enarmure;
De fin or fu listé, aprés i ot peinture:
Un lion en milu a greve[e] purtraiture;
La bocle de fin or, tuit[3] fors la neelure.
Ameint ly Bucifal qui esteit de tel nature
Plus mange char d'ome qe herbe de pasture!
Corn[e]s aveit al chef cum tor de custure.
Bucifal fu nomez par iceste aventure.
Unqes ne porta home ne vive creature
Fors sul Alisandre, qe le mist en danture.
En estur dotoient ses cops e sa morsure,
Si cum temoigne l'anciene escripture.
Cheval ne fu al siecle de la sue faiture,
Ne qe eust tel[s] membres, tel corps ne tel figure.
Nul ne poet escrire[4] ne purtraire en peinture
Ne beste fust al monde qui eust tel alure.

---

[1] e les p.

[2] a. e estraint saramure

[3] *d'abord* tuit, *puis* tint

[4] escriere

gonfanons et pennons volaient au vent.
L'orgueil des deux rois provoquera de lourdes pertes !

207

Alexandre a lacé étroitement ses armes.
Il est d'une grande beauté : une large carrure,
des jambes longues et droites, les pieds solides,
le corps bien découplé, le cou long,
mettant en valeur les épaules dégagées, les cheveux bouclés.
Un œil clair et l'autre noir lui donnent un air farouche.
Jamais homme de si petite taille n'eut si fière allure[1].
Plein d'enjouement pour ses amis,
il pratiquait la mesure dans les jugements qu'il rendait.
Fin lettré, il était savant dans les sept arts.
Il a ceint l'épée à la poignée d'or.
Il empoigne sa lance, passe son bras dans la courroie de l'écu
bordé d'or fin, qui porte ses armes peintes :
en son centre l'image gravée d'un lion ;
la boucle est toute d'or fin émaillé de noir.
On lui amène Bucéphale, qui par sa nature
préférait la chair humaine à l'herbe des prés !
Il avait au front des cornes de taureau :
ce prodige lui avait valu son nom de Bucéphale[2].
Il ne fut jamais monté par une autre créature
que le seul Alexandre, qui l'avait dompté.
Au combat on redoutait ses coups et ses morsures,
selon le témoignage des récits anciens.
Le monde n'a jamais connu pareil cheval,
avec cet aspect, ce corps, ces membres.
Impossible de le décrire ou de peindre son portrait ;
on ne trouverait nulle bête au monde avec pareille allure.

---

[1] La petite taille d'Alexandre (qui correspond à une réalité historique) est constamment mentionnée : voir par exemple Pseudo-Callisthène, trad. Bounoure-Serret, II 15, p. 62 ; III 4, p. 93 ; Alexandre de Paris, br. I, vv. 1473, 1515, br. III, vv. 4087, 4748.

[2] Cf. *supra*, vv. 463-471.

Tuit fu covert de fer desqu'a la jointure,
Qe lancer ne trere ne ly face leidure.
D'un vermail samit ert demy la coverture
E de un cendal l'autre; purprin ert la ceinture.
Bien perent les mailles par mi l'acisure;
A flurs sunt trenchees a large[1] overture.
Alisandre i monte, qui Dieu du ciel en jure[2]
Qu'i[l] des Indiens frad grant desconfiture
S'il vit en santé, e Bucifal li dure.

208

Alisandre li roys vet sa gent ordenant
E sa bataille e ses escheles rengant.
Ainz el primer conrey sunt trestut li Persant,
En l'autre Medien, Turc e Aufriquant;
En la tierce sunt cil de Assire la grant;
La quarte est de Achaie, un[3] pople combatant; *124v*
La quinte de Egypte, qui bien se sunt aidant.
Dis conreis establit qe bien sunt avenant.
Porrus l'orgoillus met ses chastels devant;
Einz al primer front sunt quatre[4] mil olifant.
La sus sunt li archer e ly hardy sergant[5]
E li arblaster e li autre traiant.
N'ad nul qui n'ait croc ou mace ou fauchant
Mult sunt fieres les genz, si se vont aprochant.
D'une part e d'autre li archer vont treant,
Gavelos, espiez, darz aguz lançant,
Des bretaskes amont les granz quarels ruant.
Porrus fu forz e granz, e point son auferant;
A vint mil armez vient sur Greus eslessant.

---

[1] larges
[2] ciel honoure
[3] une
[4] quartre
[5] e hardy ly s.

Une armure de fer le protégeait jusqu'aux jarrets
pour lui éviter les blessures des lances et des traits.
Le caparaçon était en partie de soie vermeille,
en partie de taffetas, ceint de pourpre.
Les mailles apparaissent dans les fentes du tissu,
de larges crevés en forme de fleurs.
Alexandre monte en selle, jurant sur le Dieu du ciel
qu'il infligera aux Indiens une terrible défaite
s'il vit assez longtemps, ainsi que Bucéphale.

208

Le roi Alexandre dispose son armée,
range les troupes en bataillons et en compagnies.
Le premier corps regroupe tous les Perses,
le deuxième les Mèdes, les Turcs, les Africains ;
le troisième les soldats de la vaste Assyrie ;
le quatrième regroupe les Achéens, un peuple belliqueux ;
le cinquième les Égyptiens, de valeureux guerriers.
Les dix corps d'armée sont judicieusement composés.
L'orgueilleux Porrus leur oppose ses éléphants porteurs de châteaux.
À l'avant-garde, quatre mille éléphants
qui portent les archers, les hardis fantassins,
les arbalétriers et les autres lanceurs de traits ;
tous brandissent un crochet, une masse d'armes ou une faux.
Les deux armées farouches se rapprochent l'une de l'autre.
Des deux côtés pleuvent les flèches des archers,
les javelots, les épieux, les traits acérés;
des bretèches[1] tombent les carreaux d'arbalète.
Porrus, grand et fort, éperonne son coursier
et s'élance sur les Grecs avec vingt mille cavaliers

---

[1] Bretèches : tours en bois transportées ici par les éléphants.

N'ad nul qui ne fierge d'espié ou de brant.
Les Greus e les Persiens vont ferement laidissant.
Trebuchent chevalers, les chevals vont fuiant;
Estraier vont par les rencs, lur raynes trainant.
La bataille est dure e l'estur pesant;
Indien furent hardy e ly Greu suffrant
E cointe de bataille e al bosoign[1] ferant.
Qui bien ne se defent, de mort nen ad garant!
Braient ly naffré e morent ly plaiant
E batent des talons e palment en morant.
Ly vermail sanc en curt, le cervel en espant.
Meint gentil chevaler i remeint mort gisant.

209

Trebuchent ly naffré, pasment, crient e braient;
Espandent les cerveles e les plaies lur raient;
Sustenent lour boals, e asquanz les traient.
Del sanc qe curt des mors, li vif s'entayent[2].
Indien sunt hardy, mes ly Greu ne s'e[s]maient.
Ly uns ferent de pres, lancent e les autres traient,
Des espiez esmoluz dur[s] cops paient; *125r*
Ne guenchisent decea ne dela se retraient,
Ne s'entreesparnient ne se esmanaient,
Mes a tut lur poer s'entreoccient e plaient.
Sanz mort d'un des roys ne quide qe pes aient.

210

D'une part e d'autre i ferent egrement
E lancent e traient mult irusement.
Alisandre veit les soens chair mult sovent,
Donc broche le cheval e fiert durement
Un roy[3] des larges isles qe tuit l'escu ly fent,

[1] besoigne
[2] v. sentaynent
[3] Une Roy

qui brandissent tous la lance ou l'épée.
Ils font des ravages chez les Grecs et les Perses :
leurs cavaliers jetés à terre, les chevaux s'enfuient
en désordre parmi les rangs, traînant leurs rênes.
La bataille est rude et l'affrontement féroce ;
les Indiens sont hardis et les Grecs endurants :
habiles combattants, ils frappent âprement dans le danger.
Seul qui se défend bien peut éviter la mort !
Les blessés crient et meurent,
battant le sol de leurs pieds dans leurs convulsions.
Le sang vermeil coule, les cervelles se répandent ;
bien des nobles chevaliers gisent morts sur le sol.

209

Les blessés tombent à terre dans les convulsions et les hurlements,
leur cervelle se répand, leurs plaies giclent de sang ;
ils tiennent leurs boyaux, certains les sortent de leur corps.
Le sang qui s'écoule des cadavres souille les vivants.
Les Indiens sont hardis mais les Grecs n'ont pas peur.
Les uns, à la lance, frappent de près, les autres envoient des traits,
les épieux acérés portent des coups terribles.
Pas question d'esquiver les coups ni de se retirer,
pas question d'épargner l'adversaire ou d'en avoir pitié :
de toutes leurs forces ils tuent, ils blessent ;
je crois qu'ils ne trouveront la paix qu'à la mort d'un des rois.

210

Des deux côtés les coups sont terribles,
les lances et les traits font des ravages.
Alexandre voit tomber ses hommes en grand nombre.
Il éperonne son cheval pour venir frapper violemment
un roi des grandes îles : il lui fend son écu,

Trenche le braz destre, l'aubert ly desment,
Par mi le cors[1] le feri si l'abat laidement.
Bucifal l'orgoillus fiert la indiene gent,
Granz cops des piés devant e des autres ensement;
Od les denz les abat e laidement les descent
E foule desuz sey, occist e acravent.
En poy de terme en ad mors assez plus de cent.
[L]e veit le roy Porrus si vient ignelement,
Abesse son espié qe des Greus est sanglent,
E fert Bucifal einz al flanc durement
Qe desuz Alisandre a terre mort le destent.
Dieu, quel doel ot le roy quant a terre se sent!
De nul[e] aventure ne fu unques si dolent.
Saillent ly Indien sur le roy sodeinement
A ravir Bucifal pur l'or e pur l'argent.
Alisandre saisist le brant e Bucifal defent,
Mustre lur sa force e son grant hardement.
N'ot si orgoillus qui donc ne s'espoent;
Fuient tuit de ly, dotent son maltalent.
Le roy vient a Bucifal, a la cue le prent[2],
Sil tret a l'estandard e as marchals le rent.
Pleint le e regrete cum bon hom[3] son parent.

211

La bataille est lesse[e] pur l'amur Bucifal. *125v*
Ne volt mes enchacer, n'a nul rendre estal,
Ne nul occire ne nul plus requere par mal,
Car vilté ly semblereit s'il eussent son cheval,
E pur ceo le defend del brant emperial;
Unc ne fu mieldre espee, fors sul Durendal.
Le cheval fu feru en la veine coral;
Par la cue le tret Alisandre tresqu'al tref real

---

[1] le gros le
[2] se prend
[3] bone homme

lui tranche le bras droit, met son haubert en pièces,
le frappe en plein corps et l'abat, pour sa honte.
Bucéphale l'orgueilleux attaque les Indiens,
leur assenant de violents coups des quatre fers.
De ses dents il les jette à terre brutalement,
pour les piétiner et les tuer en les écrasant.
Il a vite fait d'en éliminer plus de cent.
À ce spectacle, le roi Porrus accourt,
abaisse son épieu couvert du sang des Grecs,
atteint violemment Bucéphale en plein flanc
et l'abat, mort, à terre, sous Alexandre.
Dieu, quelle douleur éprouve le roi quand il se sent à terre !
Rien ne l'a jamais autant affligé.
Les Indiens s'élancent aussitôt sur le roi,
convoitant Bucéphale pour l'or et l'argent qui le couvrent.
Alexandre empoigne son épée pour défendre Bucéphale
et leur montre l'étendue de sa force et de son courage.
Le plus orgueilleux en est frappé d'épouvante :
tous s'écartent de lui, par peur de sa colère.
Le roi s'approche de Bucéphale et le tire par la queue
jusqu'à la tente qui porte son étendard, pour le remettre aux palefre-
[niers.
Il pleure sa perte comme un homme de bien pleurerait celle de son
[parent.

211

Alexandre renonce à la bataille pour l'amour de Bucéphale :
il ne veut plus s'élancer sur ses adversaires ni leur rendre leurs coups,
il ne veut plus les tuer ni les attaquer avec fureur.
Ce serait une honte pour lui qu'ils s'emparent de son cheval,
et il le défend de sa lame impériale :
on n'a jamais vu meilleure épée, hormis Durendal[1].
Le cheval avait été atteint en plein cœur ;
Alexandre le traîne par la queue jusqu'à la tente royale

[1] Durendal est l'épée de Roland.

Ou l'egle flamboie sur le pomel de cristal.
Tuit li ostil du tref sunt yvorine[1] ou roal.
Le cheval resceivent sergant e mareschal.
Defend lur qu'il ne ostent sele ne poitral,
Ne cropere de fer, ne samit ne cendal,
Ne tant qu'amonte un cloet d'archal.
A Porre done treus par son bon[2] seneschal,
Vint jors de respit[3], d'am[be] parz communal,
Pur les morz enterrer, dont plein gisent li val,
E saner les naffrez sulun le mescinal[4].
Porrus vet herberger e si hardy vassal,
E d'entr'eus repaire Tholomeu li loal.

lxxvi Coment Alisandre enseveli Bucifal e fonda une cité Bucifal Alisandre.

212

Vint jours orent terme, trewes e leisir
De saner [les] naffrez, des morz ensevelir;
Puis mangent en l'ost; bel se font servir.
La nuit eschaugaitent e ly plus vont dormir.
L'endemein quant voient l'aube esclarir,
Vont coillir lur amis qu'il trovent morz gesir;
Portent a lur herberges; les naffrez font garir,
Les mors enarder e les uns font fouir.
Donc fu la pleinte grande e pitus le suspir,
E ly doel si angoissus qe nul nel pot oir.
Ly roys Alisandre ses barouns fet venir,
E portent Bucifal en os e en quir, *126r*
Enselé [e] enfrené; d'une paille le fet coverir.
Alisandre le paraime tant qu'il nel put suffrir
Qe la char de ly dust sur terre porir,

---

[1] yvorire

[2] bone

[3] desrespit

[4] le *ajouté sur la ligne*; medicinal

surmontée d'un aigle étincelant sur un pommeau de cristal[1].
Tous les piquets sont d'ivoire d'éléphant ou de morse.
Serviteurs et palefreniers prennent soin du cheval :
Alexandre interdit de lui enlever sa selle, son plastron,
la croupière de fer, la soie et le taffetas,
pas même la plus pauvre parure.
Il envoie son bon sénéchal proposer une trêve à Porrus,
vingt jours de paix des deux côtés,
pour enterrer les morts dont les vallées regorgent
et soigner les blessés selon les règles de l'art.
Porrus va prendre du repos avec ses hardis vassaux,
après le départ du loyal Tholomé.

lxxvi Comment Alexandre enterra Bucéphale et fonda la cité d'Alexandrie de Bucéphale.

212

On avait vingt jours de trêve, de paix et de repos
pour soigner les blessés, pour enterrer les morts.
L'armée mange à sa faim, largement servie.
La nuit, presque tous dorment, sous la surveillance des sentinelles.
Le lendemain, dès le lever du jour,
les soldats vont recueillir les corps de leurs amis
qu'ils portent dans leurs tentes ; les blessés sont soignés,
les morts sont brûlés ou enterrés.
Alors s'élèvent une immense plainte, des soupirs pitoyables,
le deuil le plus cruel qu'on ait jamais entendu.
Le roi Alexandre demande à ses barons
d'apporter le cadavre de Bucéphale,
avec sa selle et son frein, et de le recouvrir d'un drap de soie.
Dans son amour pour lui, il ne peut supporter
de laisser son corps pourrir sur le sol

---

[1] Dans sa longue description de la tente d'Alexandre, Alexandre de Paris mentionne, au sommet de la tente, un aigle d'or et d'argent couvert de pierreries : cf br. I, vv. 1989-1999.

Ne il ne put endurer les os de ly puir.
Un feu fet alumer mult grant a son pleisir.
Ard donc le cheval; le pudre fet coillir.

213

Quant l'ont ensevely, Alisandre sa gent mande.
Entur cel sarcu, en my d'une lande,
Fonda une cité merveilluse e grande;
Bucifal Alisandre nomer la comande.
Ore est bone cité e riche de viande,
E est assise en Inde encoste Braimande;
Illuec ad meint saphir e meinte diamande.

214

Les ostz sunt aproche[e]z e pres ajustees.
Vint jors sunt les trewes entre eus termine[e]s,
De l'un ost e l'autre otrie[e]s e grantees
E des meillors barouns d'am[be] parz affiees.
Les mors sunt ars as rees, les pudres enterrees,
Fet les sacrefises, les almoynes donees.
Pur Bucifal furent enrichy les contrees.
La cité est comencee, les granz turs fondees,
E hauz paleis drecez e bretaskes fermees,
La povere gent de Grece de granz terres casees.

lxxvii Des levereres presentez au roy Alisandre.

215

En tant cum li treus dura[1] de Persiens,
De l'ost oy parler ly roys albaniens.
Son regné estoit riche, plentivus de biens.
Ly home sunt tuit blanc, e ont oeus glaciens:
Il voient [mieuz] de nuit qe de jur totes riens.

---

[1] dorra

et ses os se corrompre.
Il fait mettre le feu à un immense bûcher
où l'on brûle le cheval ; puis on recueille ses cendres.

213

Après les funérailles, Alexandre convoque ses hommes.
Tout autour du cercueil, au milieu d'une lande,
il fonda une cité d'une taille prodigieuse
à laquelle il donna le nom d'Alexandrie de Bucéphale[1].
Aujourd'hui encore c'est une riche cité bien approvisionnée,
située en Inde près du pays des Brahmanes ;
on y trouve saphirs et diamants en abondance.

214

Les armées sont toutes proches et se font face.
On a fixé une trêve de vingt jours,
acceptée de part et d'autre,
jurée par les meilleurs seigneurs des deux camps.
Les morts ont été brûlés sur des bûchers, les cendres enterrées,
on a fait les sacrifices, distribué les aumônes.
La mort de Bucéphale a enrichi le pays :
on a commencé à construire la cité, à élever les grandes tours,
à dresser les hauts palais, à fortifier les bretèches,
à pourvoir de grands fiefs les pauvres soldats de Grèce.

lxxvii Les lévriers offerts au roi Alexandre

215

Durant cette trêve entre les deux armées,
le roi d'Albanie entendit parler de l'armée grecque.
C'est un royaume riche de tous les biens,
dont les hommes sont tous blancs, avec des yeux brillants
qui leur permettent de mieux voir la nuit que le jour.

---

[1] Alexandre fonda en 326 la ville de Bucephala sur la rive occidentale de l'Hydaspe (et Nicaea sur la rive orientale), après sa victoire contre Porus et la mort de Bucéphale (Quinte-Curce, IX, 3, 23). Cf. Alexandre de Paris, br. III, vv. 4067-4078.

De son regne envoia Alisandre deus chiens[1] –
Bon[2] furent ly coler, la lesse e les liens –
Cink dars en un quivre d'or e .ii.c. Indiens. *126v*
Li corns sunt d'une beste qui unc ne vit cristiens:
Monoceros l'apellent Turc e[3] Affriens;
Qe vive seit prise ne suffre a nul[e] gens.
Cler sunt, de longur ont vint pez anciens.
Un arc ly envoia – estrange fu le meriens –
E deus faucons muees, blans Ethiopiens,
Une corone d'or; l'overe fu suliens.

216

Bien furent soudé qui le present porterent;
Ne furent menur ceus qu'amenerent.
N'oistes unc de tieus cum cist chien erent!
Granz furent e bien fez; oiez cum se esproverent:
Ly veneur le roy un jur au bois alerent,
En la forest un grant sengler troverent.
Lesserunt i les chiens, sur le porc les huerent.
Ne voillent cure; mult tost se returnerent.
A un urs les lesserent qe puis encontrerent.
Quant Alisandre ceo vit qe le porc refuserent,
Dit: 'Mult sunt malveis vers ceo qu'il perent.
Cist me sunt meffet qui tels me presenterent!
La beauté de mon corps par les chiens avilerent.

---

[1] cheens
[2] bone
[3] curt e

Le roi envoya à Alexandre deux chiens de son pays
(avec un collier, une laisse et un harnais précieux),
ainsi que cinq épieux de cuivre couvert d'or, deux cents Indiens
et les cornes d'une bête que les chrétiens n'ont jamais vue :
les Turcs et les Africains l'appellent monocéros
et elle ne se laisse pas capturer vivante.
Les cornes sont claires et ont vingt pieds de long.
Il y avait aussi un arc d'un bois étranger,
deux faucons mués, des Éthiopiens blancs
et une couronne d'or ciselée en Syrie.

216

Les porteurs des présents furent récompensés
de cadeaux qui valaient bien ceux qu'ils avaient apportés.
Quant aux chiens, vous n'avez jamais vu leurs pareils !
Ils étaient grands et bien découplés, mais écoutez comment ils se [conduisirent[1].
Les veneurs du roi allèrent un jour dans la forêt,
où ils trouvèrent les traces d'un grand sanglier.
Ils lancèrent en criant les chiens sur la bête,
mais les chiens n'en tinrent aucun compte et revinrent aussitôt sur [leurs pas.
Les veneurs les lancèrent ensuite sur un ours qu'ils avaient découvert.
Voyant que les chiens reculaient devant le sanglier,
Alexandre déclara : " Leur conduite est indigne de leur beauté !
Ceux qui me les ont offerts m'ont porté tort.
Ils se sont servi de ces chiens pour ridiculiser ma belle allure !

---

[1] Voir *infra*, vv. 5020-5033. Cf. Solin 15, 6-7 : " Apud hos populos (les Albanais) nati canes feris anteponuntur, frangunt tauros, leones premunt, detinent quicquid obiectum est. (...) Legimus petenti Indiam Alexandro a rege Albaniae duos missos, quorum alter sues sibi et ursos oblatos usque eo sprevit, ut offensus degeneri praeda, ignavo similis diu accubaret : quem per ignorantiam velut inertem Alexander extingui imperavit. Alter vero monitu eorum qui donum prosecuti fuerant leonem missum necavit; mox viso elephanto notabiliter exultans, beluam primum astu fatigavit, deinde cum summo spectantium horrore terrae adflixit. " Cf Isidore, *Etymologies* IX 2, 65; XIV 3, 34 ; Aethicus Ister, p. 165, 12.

La maveisté d'els en mon corps noterent.
Jeo en soie honiz, si cher nel comper[er]ent!
Le roy en ert destruit, e cil qui ly loerent.'
Neer le[s] comanda a ceus qui les garderent.
De la beauté des chiens plusors en l'ost parlerent,
Si nee[re]nt l'un, e l'autre celerent.
Pur sa bele façon[1] un baron l'en donerent.

217

Ore est le chien neez, e le roy ad marrement.
Tient sey enginez e escharni forment
Qe par le roy de Albanie est honiz laidement.
Ou il se vengera ou le barettra forment.

lxxviii La secunde bataille entre Alisandre e Porre. *127r*

218

Les trewes sunt passe[e]z e le terme finiz.
D'une part e d'autre sunt durement esmaiz.
Meint travail i ot fet, tenuz meint chapleiz,
Meint dur estur e meint combateiz,
Meint chevaler occis e meint vassal periz.
Sovent fu le roy Porrus as portes assailliz.
La somme e la verrur vous dirray des escriz.
Alisandre le roy fu chevaler hardiz.
Persien[2] combatent e ly Greu endurciz.
Un jur ont en bataille les Indie[n]s desconfiz.
Cesze mil chevalers en retenent saisiz,
Oit cenz curres reaus entre granz e petiz,
Chescun a quatre roes a faus trenchanz forbiz;
Quatre cenz olifanz as chastels voutiz
Prist le roy Alisandre; e Porrus est fuiz.
Li autre sunt occis e malement bailliz.

---

[1] faucon

[2] Par si en c.

Leur lâcheté retentit sur ma personne !
Que je sois déshonoré, si je ne le leur fais payer cher !
Le roi sera mis à mort avec ses conseillers. »
Les serviteurs reçurent l'ordre de noyer les chiens,
mais on parlait tant de leur beauté dans l'armée
qu'ils n'en noyèrent qu'un, et l'autre,
pour sa beauté, ils le cachèrent et le donnèrent à un baron.

217

Voilà le chien noyé et le roi courroucé.
Il s'estime trompé, tourné en dérision
et honteusement déshonoré par le roi d'Albanie.
Il compte bien se venger ou se moquer de lui au centuple.

lxxviii La seconde bataille entre Alexandre et Porrus.

218

La trêve est terminée, le délai écoulé.
Dans les deux camps règne l'épouvante.
Il y a eu tant de souffrances, tant de massacres,
tant d'affrontements, tant de combats terribles,
tant de chevaliers morts, de guerriers disparus !
Le roi Porrus a essuyé plusieurs assauts aux portes de sa ville.
Voici toute la vérité d'après mes sources écrites.
Le roi Alexandre, en chevalier hardi,
combat avec les Perses et les Grecs endurants.
Un jour, dans une bataille, ils ont écrasé les Indiens,
capturé seize mille chevaliers,
huit cents chars royaux de toutes tailles,
avec leurs quatre roues munies de faux tranchantes qui brillent.
Le roi Alexandre s'est emparé de quatre cents éléphants
avec leurs châteaux voûtés, et Porrus s'est enfui[1].
Le reste des Indiens est mort ou dans un triste état.

---

[1] Cf. *Epistola* p. 4 : " sedecim milia equitum, octingentae quadrigae, omnes falcatae; captisque elephantis quadringentis qui superpositas cum armatis iaculatoribus turres gestaverant ".

219

Fuy s'en est Porrus e perdu ad ses genz.
Cesze mil chevalers i ot pris e oit cenz
Des plus riches barons e des melliors parenz,
Quatre cent chastels e quanqu'il ot dedenz,
Archers e serganz, armes e garnemenz;
Puis vont vers la cité venger lur maltalenz.

lxxix Coment Alisandre prist Faacen la cité e del nobley.

220

A Faacen la riche cité venent Alexandrins,
E logent as vines, as prés e as gardins.
Gastent les blés entur, les poiveres, les comins,
E le fruit des olives, les dates, les reisins.
Lievent pereres, berfreis e autres engins,
Getent granz quarels e darz ascerins.
Tant i ont assailly les seirs e les matins
Qu'il ont pescé les murs e les chastels perins.
Pris ont la tur a force e les paleis marbrins; *127r*
Trovent i tresor grant e overe[s] sarazins.
Li fet en sunt si sutifs e li or si fins
Ne vous puit nul dire ne franceis ne latins.
A la somme voil trere e demostrer les fins.

221

Le paleis au roy Porre ert grant e reaus,
Le pavement marbrin trenché a cizeaus.
Empliz est ly chanz e soudee a claveaus,
Plein doy avoit d'espes, costeiz cum quaraus.
Tant de l'or[1] cum del marbre, par mult fu[2] beaus.
De fin or le sustene[nt] quatre cenz posteaus[3],
Gros furent e bien hauz e overé a aneaus.

---

[1] ore
[2] p. out fu
[3] poesteaus

219

Porrus a pris la fuite, il a perdu ses hommes :
seize mille chevaliers capturés, huit cents
de ses plus puissants barons, de ses plus proches parents ;
quatre cents châteaux avec, à l'intérieur,
archers et fantassins, armes et vêtements.
Les Grecs vont ensuite se venger sur la cité.

lxxix La prise de Faacen par Alexandre et les splendeurs de la cité.

220

Les hommes d'Alexandre investissent la riche cité de Faacen.
Ils s'installent dans les vignes, les prairies, les jardins.
Ils dévastent les champs de blé, de poivre, de cumin,
les récoltes d'olives, de dattes et de raisins.
Ils dressent des perrières, des tours et d'autres machines[1],
lancent de gros carreaux d'arbalète et des traits d'acier.
Après bien des jours d'assaut,
ils ont percé les remparts et les tours de pierre.
Ils se sont emparés du donjon et des palais de marbre,
où ils trouvent tous les trésors de l'art sarrasin :
l'or est si fin, le travail si habile
qu'on ne peut en rendre compte ni en français ni en latin.
Je m'en tiens à l'essentiel pour venir au terme de mon récit.

221

La grande salle du palais de Porrus était bien digne d'un roi
avec ses dalles de marbre soigneusement taillées.
Le plafond était entièrement recouvert
d'une voûte de carreaux cloués d'un doigt d'épaisseur,
mariant l'or et le marbre pour plus de beauté.
Il était soutenu par quatre cents piliers d'or fin,
larges et hauts, cerclés d'anneaux.

---

[1] Le *beffroi* est ici une tour mobile que l'on approchait du rempart lors de l'assaut d'une ville.

Envolsé erent ly pié en guise de chalemeaus.
Corbement de desus i mistrent les capetaus
E issent en foilles cum flurs d'arbreceaus.
Desur la vousure sistrent ly oiseaus,
De fin or gete[i]z, del grant as estorneaus.
Ly couple furent d'argent, d'or fin ly pomeaus;
Un egle en sist desur l'un e sur l'autre un lionceaus.

222

De ceo se merveille le roy utre mesure,
Esgarde les columpnes, l'overe e la coverture.
Entre la framente garde par aventure
Une vigne taille[e] qe surd de la vousure.
Tuit li cep[1] d'argent sunt e d'or est la seudure.
En yver e en esté est la grape meure.
Taillé sunt de cristal, une pere mult dure;
De vertes emeraudes fu la treillure,
La foille vouseisce, painte desuz l'enframeure.
Mult est sotille l'overe e riche l'entaillure,
Precïouses les peres, bone la neelure.
Plus qe l'or ne l'argent valt assez la faiture.

223

Les chambres furent grandes e noblement overees;
De marbre les meiseres desus erent voutees, *128r*
De triffure taillees de chef en chef celees,
D'un blanc argent burni, de fin or[2] estelees
E totes les meiseres d'environ dorre[e]s,
As peres precïouses espessement parees.
Ly lit furent tuit d'or, les cutes aornees,
De peres entaille[e]s environ colorees.
Quatre charbocle ardant sistrent as quatre anglees,

---

[1] tote le cep

[2] ore

Les pieds étaient arrondis en forme de chalumeau ;
le haut, surmonté de chapiteaux recourbés
dont le sommet s'épanouissait en feuilles et en fleurs,
tandis que sur la voûte trônaient des oiseaux
d'or fin moulé, de la taille des étourneaux.
Les chevrons étaient d'argent, les pommeaux d'or fin,
surmontés l'un d'un aigle, l'autre d'un lionceau.

222

Le roi ne cesse de s'émerveiller à ce spectacle :
il contemple les colonnes, l'ouvrage, le plafond.
Il aperçoit par hasard sous le toit
une vigne taillée qui surgit de la voûte[1].
Tous les ceps sont d'argent et les jointures d'or.
Les raisins sont mûrs été comme hiver,
taillés dans le cristal, une pierre très dure.
La treille est faite de vertes émeraudes,
les feuilles recourbées, peintes sur le plafond.
C'est une merveilleuse œuvre d'art finement sculptée,
avec des pierres précieuses et de belles incrustations d'émail noir.
Rien que le travail vaut plus que l'or et l'argent.

223

Les vastes chambres étaient noblement décorées :
les murs et la voûte de marbre qui les couvrait
étaient entièrement décorés de fines sculptures[2].
La voûte était étincelante d'argent, avec des étoiles d'or fin,
tandis que les murs tout autour étaient dorés
et incrustés de nombreuses pierres précieuses.
Tous les lits étaient en or, les couvertures serties
de pierres précieuses taillées aux vives couleurs.
Aux quatre angles brillaient quatre escarboucles

---

[1] Cf. *Epistola*, p. 4 et Alexandre de Paris, br. III, vv. 924-928.

[2] Sur la technique de sculpture désignée par *trifoire*, *triffure*, voir *supra*, v. 1033. *Celé* s'applique, selon I. Short, à un plafond sculpté.

Sur les quatre pomeaus des espondes getees.
Trestotes les overaynes erent compassees
De saffirs e d'esmeraudes rengees e ordinees.
Sotil[le] fut l'entaille des overes enlevees,
A bestes e a veignes e as flurs enversees.
Les huis furent d'yvoire e les barres dorre[e]s;
Plus blanc ert l'yvoyres qe neif sur gelees;
Bones les serures dont eles sunt fermees.
Mult les esgardent cil qui sunt d'autres contrees.
Merveille sey le roy e dit a celees:
'Quanques ay veu envers cest ne pris treis darees[1]!'

224

Encoste le paleis un bel teatre[2] aveit;
N'y ad mur ne degré qe [de] marbre ne soit.
Par grant engin fu fet; mes petit resembloit.
A cessante mil homes n'ert il pas estreit;
Si li meindres i parlast, le plus lontein l'or[r]eit[3].
De cyprés une voute par desus le covereit.
Li lambrins fu riches qe par desus giseit,
De preciouses peres e d'or reluseit.
D'arbres d'or, de veignes avironnez estoit.
Li bain erent decoste ou li roys se baignoit;
Nuit e jur l'ewe chaude par engin i sordoit.
Par treis ymages d'or d'un conduit sordoit;
Chescune des ymages un vessel d'or tenoit.
De diverse temprure l'ewe lur venoit[4]. *128v*
Solum ceo qe icil qui i baignoit voloit,
Font le baing aver ou chaud ou froit.
Un[e] autre ymage i avoit qe tote la bevoit
Issi k'om ne pot saver qe l'ewe devenoit.

---

[1] darres

[2] bel chambre

[3] loroit *forme altérée de* loreit

[4] venoit *forme altérée de* veneit

fixées aux pieds des lits sur quatre pommeaux.
Tout le bois du lit était incrusté
de saphirs et d'émeraudes disposés avec art.
C'était un merveilleux travail que les sculptures,
figurant des animaux, des vignes et des fleurs en tous sens.
Les portes étaient d'un ivoire
plus blanc que la neige sur la glace,
munies de barres dorées et de bonnes serrures.
Les étrangers au pays contemplent le spectacle.
Le roi, émerveillé, dit en lui-même :
“ Tout ce que j'ai vu ne vaut rien devant ces richesses ! ”

224

Tout près du palais s'étendait une belle salle
dont tous les murs et les escaliers étaient de marbre.
Elle était si habilement construite qu'elle semblait petite,
alors qu'elle pouvait contenir facilement soixante mille hommes,
dont n'importe lequel aurait été entendu du plus éloigné.
La voûte qui la recouvrait était de cyprès,
avec, à l'intérieur, de riches lambris
étincelants d'or et de pierres précieuses,
décorés sur leur pourtour d'arbres et de vignes d'or.
Tout près on trouvait les bains où le roi se baignait :
nuit et jour l'eau chaude jaillissait par le merveilleux artifice
d'un conduit qui aboutissait à trois statues d'or.
Chacune des trois statues tenait un vaisseau d'or
dans lequel l'eau était de température différente.
Selon les vœux du baigneur,
on préparait un bain chaud ou froid.
Une autre statue buvait toute l'eau,
dont on ne pouvait savoir ce qu'elle devenait.

225

Les portes sunt d'yvoyre, li postifs de roal;
D'arbres d'or est enclos li lambresche a esmal;
Ly cep d'argent, les foilles d'or, les grapes de cristal.
Riches est le verger: tuit est enclos d'archal,
De quivre geteiz, de laton, de metal.
L[a]einz cret ly poivere, gelofre e galengal,
Gingevere e balme, comin e cetual.
Ja ne troverez espice en livere medicinal,
Ne herbe ne gomme, qe bone seit ou mal,
Ne seit trové la[e]inz au temps autumpnal.
Ly verger ne ly baing ne sunt communal.
Mil liveres de besanz en rent le seneschal.
Covient qe le gardein seit sages e leal.

226

En la chambre ardoit lampes mil e sessante;
N'ad nule for[s] clere, bele e vaillante,
De beril ou de onicle, jaspe ou deamante.
Grant deis ad el paleis, meinte table dormante;
N'ad trestel ne pié qe ne seit de kamante.
Al porche[1] del paleis un[e] ymage ot estante,
De l'une mein verse l'ewe, de l'autre est cornante;
De fin or gete[i]z, bien fete e avenante.
En la terre curt l'ewe, puis par my la plante[2].

---

[1] Al proche d.

[2] my sa p.

225

Les portes étaient d'ivoire d'éléphant ou de morse,
les arbres tout autour des lambris étaient en or émaillé,
les ceps en argent, les feuilles en or, les raisins en cristal.
Le verger était tout aussi riche avec sa clôture de bronze,
de cuivre moulé, de laiton, de métal.
Là poussaient le poivre, le girofle, le galanga,
le gingembre et le baume, le cumin, la zédoaire.
Toutes les épices des livres de médecine,
les herbes, les gommes, bénéfiques ou nuisibles,
toutes se trouvaient là à la saison d'automne.
Le verger et les bains n'étaient pas ouverts à tous.
Ils rapportaient mille livres en besants au sénéchal.
Il convenait que le gardien fût sage et loyal.

226

Dans la chambre brûlaient mille soixante lampes,
toutes superbes, brillantes, de grande valeur,
en béryl, en onyx, en jaspe ou en diamant.
La grande salle contenait l'imposante table royale et plusieurs tables [fixes[1],
dont les tréteaux et les pieds étaient tous de diamant[2].
Devant le porche de la salle se dressait
une magnifique statue d'or fin moulé,
qui, d'une main versait de l'eau, et de l'autre sonnait du cor.
L'eau courait sur le sol et arrosait la vigne[3].

---

[1] Contrairement à la table habituelle (une planche posée sur des tréteaux pour le repas puis enlevée), il s'agit ici d'un meuble fixe.

[2] I. Short traduit la forme *kamante* par matière précieuse mais nous avons préféré corriger le texte selon le manuscrit P : *d'athamante*.

[3] I. Short renvoie à une définition de Bloch-Wartburg : "L'ancien français *plante* désigne une vigne récemment plantée et est un dér. du verbe planter".

227

A toz les mestres en la curt d'or furent li ustil,
As peres preciouses, d'argent le plus vil.
Ce sunt les granz chauderes ou l'en quist le panil,
Les cerres, les lentilles, feves, pois e mil,
Si en sunt ly crepe, ly pestel e ly gril.
Ly morter sunt de jaspe, de onicle, de beril, *129r*
Ou l'en bat le poivere, gyroffre e persil
E les autres espices qe cressent el curtil.
D'argent ou d'yvoyre sunt tuit al furnil[1].
En la despense trovent napes de chisil,
Treslice la costure[2] e retors chescun fil.
En la botelerie sunt tonels plus de mil
Qe tuit sunt plein de clarré, de vin ou de eisil.
De sechim sunt les duves, d'yvoyre ly dusil.
Ly cercle furent d'argent, e tonel e baril.
Vessel trovent d'or, a ovre mult sotil.
Donc dit Antioche: 'Mult est fols icil
Pur lesser tel richesce e aler en exil.
Einz[3] mangeroie orge e beveroie de l'uil
De l'entree de may a l'issue de averil,
Me mettroie[4] en aventure e mon corps en peril,
De percer les costez, le flanc e le nombril,
Qe ne guerpise cel honur e overe tant gentil!
Ad il autres tresors?' E l'em ly dit: 'Oil.
A Bactracen en Inde si en ad tel mil.'

---

[1] al des furnil

[2] Trestote la cisseure

[3] Ceinz m.

[4] mettray

227

Les serviteurs de la cour n'avaient que des ustensiles d'or,
de pierres précieuses ou, pour les moins beaux, d'argent.
Tels étaient les grands chaudrons où l'on cuit le millet,
les pois chiches, les lentilles, les fèves, les pois et le mil,
et aussi les poêles, les pilons et les grils.
Les mortiers étaient en jaspe, en onyx, en béryl :
on y broyait le poivre, le girofle, le persil
et les autres épices qui poussaient dans le potager.
Tous les plats du four étaient en argent ou en ivoire.
Dans la dépense les Grecs trouvent des nappes de toile fine[1]
aux coutures finement brodées de fils entrelacés.
Dans les celliers, plus de mille tonneaux
pleins de vins, de liqueurs, de vinaigre.
Leurs douves étaient en bois précieux[2], leurs cannelles en ivoire
et leurs cercles d'argent.
Ils trouvent de la vaisselle d'or d'un ouvrage raffiné.
“ Vraiment, dit Antiochus, il faut être bien fou
pour s'enfuir en laissant pareilles richesses.
J'aimerais mieux manger de l'orge et boire de l'huile
du début de mai à la fin d'avril,
affronter les dangers, mettre ma vie en péril,
risquer d'avoir tout le corps transpercé de coups
plutôt qu'abandonner cette terre et ces œuvres d'art !
A-t-il d'autres trésors ? – Oui, lui répond-on,
mille fois celui-là à Bactres en Inde. ”

---

[1] Le *chainsil* est une toile blanche et fine, de chanvre ou de lin, et peut aussi désigner une étoffe dans la composition de laquelle entre de la soie.

[2] *sechim* s'applique à une matière précieuse.

228

Mult sunt bon[1] ly ustil e riches les vesseles[2],
As preciouses peres coupes e esqueles[3],
Justes d'or e d'argent, les corns e les naceles,
Les napes, les corones, chandeleres e roeles.
Ly atur sunt mult bon[4], e [les] chambres mult beles.
Del grant tresor Porre ot Alisandre merveilles.

229

Alisandre od ses privez donc au tresor se veit;
Fet depecer les huis e trestut le horstreit.
Ceus qui l'ont deservi, assez doner lur feit;
Il n'i ad si petit qe sa part ne eit.
A tuit le plus povere richement esteit.
Li coveitus d'aver en eurent bien grant heit.
Tuit l'ad Alisandre parti; unc un petit ne leit. *129v*

230

Ly tresor sunt partiz e largement donez.
Mult par fu coveitus qui donc n'en ot assez!
Cil qui meins en ad, del porter est grevez;
Ainz qu'il vienge as deserz, en ert tuit encombrez.
Charger font les somers[5], les chevals sunt trossez,
E ly tabur oy e ly gresle sonez.
Ly roys en est issuz e trestuit ses barnez;
Les portes Caspias a travail est passez.
Quant en certein pais est ové ses ostz entrez,
Sure volt le roy Porre qui ja s'en est alez.
Trovent donc al pais richesces a plentez,
Des fruiz e des vines, des olives e des blez,

---

[1] bone
[2] l. vesselees
[3] e esquelees
[4] bone
[5] someres

228

Vaisselle et ustensiles rivalisaient de prix :
les coupes et les écuelles taillées dans des pierres précieuses,
les flacons d'or et d'argent, les huiliers, les nefs,
les nappes, les couronnes, les chandeliers et les bassins.
Les chambres étaient superbes, les décors somptueux.
Alexandre est émerveillé par les trésors de Porrus.

229

Alexandre se rend au trésor avec ses amis,
fait enfoncer les portes et sortir les richesses.
Tous ceux qui le méritent reçoivent une belle récompense :
le plus humble reçoit sa part,
le plus pauvre se retrouve riche.
Les plus cupides sont comblés de joie.
Alexandre distribue tout sans rien laisser.

230

Les trésors sont répartis et distribués avec largesse.
Il faut être bien cupide pour ne pas être comblé !
Même le moins bien servi peine à porter sa charge :
il aura bien du mal à atteindre les déserts.
On charge les bêtes de somme, on selle les chevaux,
les tambours retentissent et les trompettes sonnent.
Le roi quitte la ville avec tous ses hommes ;
il franchit à grand peine les Portes Caspiennes.
Une fois entré avec son armée en terrain sans obstacles,
il veut poursuivre le roi Porrus, qui s'est déjà enfui.
Les Grecs trouvent alors dans le pays des richesses à foison,
des fruits et des vignes, des olives et du blé,

E peres preciouses as granz chemins ferrez[1].
Alisandre regarde e loe les regnez,
Les fruiz de la terre e les arbres plantez.
'Tiel realme ne fut,' ceo dit a ses privez,
'Si riche ne si bon[2], ne ja tant honorez.
Ja ne m'en partiray ainz qe ere roy coronez
E de Inde superior emperere clamez.'

lxxx Des treis vileins qui encontrerent Alisandre,
e coment Alisandre entra en les desers de Inde.

231

Si cum Alisandre diseit ses volentez,
Si encontra il treis vileins barbez.
Chanuz eurent les chefs, un poy recercelez,
E longes les barbes tresques al my des baudrez.
'Sire roys,' dient il, 'de cest regne eimes nez.
De cest[e] estrange terre l'estre ne savez.
Tost poez mesaler si vous ne vous gardez,
Car la outre en cel val, en cel wast desertez,
Entre les bises roches qe getent les clartez,
Serpenz e granz dragons hidus i troverez,
Tigres e unicornes, [e] lions affamez, *130r*
E les ypotamos es roches[3] e as guez;
Muscez sunt as forestz e as bois desvez.
Ainz qe sachez mot, plus de mil i verrez;
Damageront vos genz, si vous ne vous gardez.'
Quant le roy ceo ot, un poy fu trespensez.
Dit a ses barons: 'Seignurs, qe me loez?'
Respont Tholomeu: 'Vos barons appellez!
A si grant affere a conseil en alez!'

---

[1] c. frerez

[2] bone

[3] ypotancos en haus roches

et des pierres précieuses sur les grandes routes empierrées.
Alexandre contemple le royaume avec admiration,
les fruits de la terre et les arbres plantés.
" On n'a jamais vu pareil royaume ! dit-il à ses amis,
une terre aussi riche, fertile et florissante.
Je ne la quitterai pas avant d'en être le roi
et de porter le titre d'empereur de l'Inde supérieure ! "

lxxx Comment Alexandre rencontra trois paysans et pénétra dans les déserts de l'Inde.

231

Alexandre évoquait ces projets
quand il rencontra trois paysans barbus,
aux cheveux blancs légèrement frisés,
dont la barbe tombait jusqu'au milieu du corps.
" Sire roi, dirent-ils, nous sommes natifs de ce royaume.
Vous ne connaissez rien de cette terre étrangère
et vous risquez des ennuis si vous n'y prenez garde.
Là-bas, dans ce vallon, dans ce vaste désert,
entre les roches bises qui lancent des reflets,
vous allez trouver des serpents, de grands dragons terribles,
des tigres, des licornes, des lions affamés,
et des hippopotames dans les rochers et les gués :
ils se cachent dans les forêts et les bois épais.
Vous en verrez plus de mille avant de dire un mot ;
vos hommes en souffriront, si vous n'y prenez garde. "
À ces mots, le roi médita quelque temps,
puis dit à ses barons : " Seigneurs, qu'en pensez-vous ?
– Appelez vos barons ! lui répond Tholomé.
Pour une si grande affaire, il faut prendre conseil ! "

232

Conseil en demande Alisandre a ses amis.
Dit lour: 'Seignurs, Porrus s'en est fuis
En Inde la d[e]rein[e], cum m'est avis,
As granz illes foreines e as deserz sotils.
S'il n'est ateint, donc n'iert jamés pris.
Pur ceo dussom haster aprés nos enemis
Qe decea les deserz les eusom conquis.
S'il se metent as isles, il les tendront tuyt dis.
Jamés nes conquerom pur tant qe eimes vifs.'
'Bel sire emperere,' dient cil du pais,
'Le chemin est dotus qu'avez entrepris.
Si vous alez avant, des bestes serrez occis,
De serpenz e de dragons devoré e malmis.'
Respont Alisandre: 'Une rien vous devis:
Jeo prendray de cest regne les homes, les nais,
Qui condueront mon ost les monz e les laris,
E par [les] granz deserz ou ly rocher sunt bis,
Car si Porre s'en vest, k'en ay donc conquis?'

233

'Bon roy,' dit Tholomeu, 'vous frez vostre poeir.
Cist sunt de cest pais e vous dient veir.
Vostre gent sunt chargez[1] d'armes e d'aveir.
Tant est le pople grant, nul n'en poet nombreir.
Mult i aiment viande al matin e al seir.
As bestes covient l'erbe e freche ewe avoir, *130v*
E as deserz n'ad gueres, al mien espoir,
Si nous estuet morir par dreit estovoir.
Quant bon[2] conseil ne put veintre vostre voloir[3],
Contre seif nous porront poy armes valoir.'

---

[1] s. hardiz d.

[2] bone

[3] Vers 4459-4462: *les rimes en* -oir *sont des altérations de* -eir.

232

Alexandre prend conseil auprès de ses amis.
“ Seigneurs , leur dit-il, Porrus a pris la fuite
en direction des confins de l'Inde, je crois,
des grandes îles lointaines et des déserts écartés.
À moins de le rejoindre avant, nous ne le prendrons jamais.
Il nous faut vite pourchasser nos ennemis
afin de les défaire avant les déserts.
S'ils gagnent les îles, ils les garderont toujours.
De toute notre vie nous ne pourrons les vaincre.
– Noble sire empereur, répondent les habitants du pays,
vous avez emprunté un chemin redoutable.
En allant plus avant, vous trouverez la mort,
dévoré, mutilé par les serpents et les dragons.
– Écoutez-moi bien ! leur répond Alexandre.
Je prendrai avec moi les natifs du pays
pour guider mon armée par les monts et les landes
et par les grands déserts aux roches grises.
Car si Porrus s'enfuit, qu'aurai-je donc conquis ? ”

233

“ Noble roi, dit Tholomé, vous ne pouvez pas tout faire !
Ces gens sont du pays, et ils vous disent vrai.
Vos soldats portent le poids des armes et du butin.
C'est une foule immense qu'on ne peut dénombrer.
Il leur faut leur repas le matin et le soir.
Les bêtes ont besoin d'herbe et d'eau fraîche :
les déserts n'en ont guère, j'en ai peur ;
nous ne pourrons pas échapper à la mort.
Si vous refusez d'écouter un bon conseil,
nos armes ne nous défendront pas de la soif ! ”

234

Puis dist Alisandre: ‘Oiez, my chevaler!
Par my les deserz voil mon chemin drescer
Pur veer les merveilles qu’ai oy priser,
E pur ateindre Porre qe[1] venqui l’autre hier,
Qui vet a Bactracen sa cité efforcer.
Si nous tant demorom qe la estoce loger,
Donc n’iert jamés pris, tant ne saverom lancer!’
Deus cenz e cinquante en ad doné loer,
Cil conduiront son ost e serront latimer,
Les chemins, les deserz ly deivent enseigner,
E atuyt lor poer son travail abesser,
Car en tuyt la forest n’a veie ne rocher
Qu’il ne sachent le chemin e le senter.

lxxxi Coment Alisandre passa les porte[s] de Caspe en Inde.

235

Ceo fu al moys d’aust, al jur primer,
Quant le soleil eschaufe le pudre e le graver.
Donc ad Alisandre sa gent fet arenger,
Dromedayres trosser e olifanz charger.
Portent or e argent, armes, fer e ascer,
Bon[2] vin e forment, chars salee[s] a manger.
Trossez en sunt del tresor serganz e esquier,
Li conte e li baron e ly noble soud[i]er.
Ly guior le roy furent mult pautoner;
S’il poient, il voudront tote l’ost enginer
As destreiz de[s] deserz, de chemin forveer,
Car contre le roy Porre ne li volent aider;
Mes s’il ne se gardent, il le comperont cher!
Il vont en la forest les branches depecer; *131r*
Font chapels e cotes des foilles de lorer.
Conduient tote l’ost par le chemin plener.

---

[1] qui
[2] bone

234

Alexandre dit encore : “ Écoutez, mes chevaliers !
Je veux suivre mon chemin à travers les déserts,
pour voir les merveilles que j'ai entendu vanter
et pour rejoindre Porrus que je viens de vaincre
et qui se dirige vers Bactres pour renforcer les défenses de sa cité.
Si, pour avoir tardé, nous devons l'assiéger,
jamais nous ne le prendrons, malgré tous nos efforts ! ”
Il engage deux cent cinquante hommes
pour guider son armée et lui servir d'interprètes,
pour lui indiquer les chemins, les déserts,
et tout faire pour lui faciliter l'épreuve ;
car dans toute la forêt il n'est voie ni rocher
qu'ils ne connaissent parfaitement.

lxxxi Comment Alexandre franchit les Portes Caspiennes pour entrer en Inde.

235

C'était le premier jour du mois d'août,
quand le soleil chauffe le sable et les pierres.
Alexandre fait mettre son armée en ordre de marche :
on charge les dromadaires et les éléphants
qui portent l'or et l'argent, les armes, le fer et l'acier,
les vins fins et le froment, la viande salée.
Tous sont chargés de trésors : fantassins et écuyers,
comtes, barons et nobles guerriers engagés.
Les guides du roi étaient des misérables ;
ils ne cherchaient qu'à perdre l'armée entière
dans les déserts périlleux, à l'écarter de son chemin :
c'est qu'ils ne voulaient pas soutenir Alexandre contre le roi Porrus.
Mais s'ils n'y prennent garde, ils le paieront cher !
Dans la forêt, ils dépouillent les branches de leurs feuilles
pour faire des couronnes et des tuniques de feuilles de laurier.
Ils guident toute l'armée sur la large route.

Granz sunt les escheles e le pople mult fier;
Encoste des conreis vont sergant e archer.
Aprés les Gruis se vont li gonfanoier;
Au rereban sunt li s[e]ur guerreier.

236

Si cum nous recontent li seint e li autur,
Jeromes e Solins e li autre plusur,
Les portes Caspias sunt en Inde majur,
Dreit desur la grant mer a l'entré del honur,
La ou Alisandre clost Gog le devorur
A son repeire de Inde la superiur.
Inde est close de mer e de monz tut entur,
Qe nul ne put entrer si n'est par labur.
Quarante oit regnés i ad tuyt de valur,
Estre les granz isles qui sunt sanz seignur,
Si cum avant orrez, si jeo vif, la verrur.

Grandes sont les compagnies, les soldats sont farouches :
fantassins et archers marchent près des provisions.
Après les Grecs viennent les gonfalonniers ;
à l'arrière-garde se tiennent les loyaux guerriers.

236

Comme nous l'expliquent l'Écriture sainte et les auteurs antiques,
saint Jérôme, Solin et bien d'autres,
les Portes Caspiennes sont en Inde majeure[1],
au bord de la grande mer, à l'entrée de la terre,
là où Alexandre enferma Gog le dévoreur d'hommes,
à son retour de l'Inde supérieure[2].
L'Inde est tout enclose de mers et de montagnes
qui en rendent l'accès très difficile.
Elle compte quarante-huit royaumes très riches,
outre les grandes îles sans seigneur :
vous en saurez bientôt la vérité, si je vis assez longtemps.

---

[1] Il s'agit de l'étroit et long défilé de Sirdara, à 60 kilomètres au sud-est de Téhéran, qui permettait le passage de Médie en Hyrcanie. D'après Pline, ce lieu fut considéré comme le point charnière des campagnes d'Alexandre. Alexandre aurait enfermé Gog et Magog derrière les Portes Caspiennes : R. Anderson, *Alexander and the Inclosed Nations*, Cambridge, Mass, 1932, p. 71.

[2] Gog et Magog sont des noms mystérieux qui apparaissent dans la Bible comme des auxiliaires de Satan (*Ezéchiel* 38, 2-3 et 39, 1-6 ; *Apocalypse* 20, 7 : " Les mille ans écoulés, Satan, relâché de sa prison, s'en ira séduire les nations de la terre, Gog et Magog, et les rassembler pour la guerre "). Flavius Josèphe (*Guerre des Juifs* VII 244-245) évoque le premier le mur légendaire construit par Alexandre pour arrêter les Scythes identifiés à Gog et Magog. Ce mur symbolise la coupure entre civilisation et barbarie. On a d'abord identifié Gog et Magog aux Scythes, puis aux Turcs, aux Tartares et aux Mongols.

Taillees furent les portes par mein d'enginur.
Cinquante mile pas ad l'entré de longour;
A peine put un chevaler aler de laur;
Plus de mil cutes ad en la longur.
Del rocher qe est dur curt une licur;
Ele est aspre cum sel, si ad ital colur,
Quant un poy ad geu contre la chalur,
Tel devient come glaz en substance e en savur.
Si par est escrillante homme ne put aler sur
En join e en aust quant tant sunt chaud li jur.
Illuques sunt li serpent e li dragon en amur.
Une terre ad encoste, Caspias la greignur;
Nul ne put la aler en esté pur l'ardur.
Alisandre le roy met terme a son retur
De aler sur cel pople quant vendra la freidur, *131v*
Car contre les serpenz n'ad en esté valur.

237

Passé est Alisandre les portes Caspias.
La glace lur dura oytante mil pas.
Quel talent qu'il aient, vont le petit pas.
Il n'ot unc cheval, tant fust ignel ou gras,
Ainz qu'il fust passé, ne fust soulent e las.
Qe portent les huges, les costes e les sacs,
Cil trebuchent a terre plus sovent en un tas.

Les portes ont été habilement taillées[1] :
l'entrée s'étend sur cinquante mille pas,
elle a plus de mille coudées de longueur,
mais elle est si étroite qu'un chevalier peut difficilement avancer.
De la roche dure coule un liquide
âpre comme le sel, de la même couleur.
Exposé quelque temps à la chaleur,
il prend l'aspect et le goût de la glace
et devient si glissant qu'il rend l'entrée impraticable
aux mois de juin et d'août, pendant les grandes chaleurs.
C'est là que s'accouplent les serpents et les dragons.
Près de là s'étend la grande terre de Caspias,
que la chaleur brûlante de l'été rend inaccessible.
Le roi Alexandre remet à son retour
la conquête de ce peuple, au moment de l'hiver,
car personne en été ne peut résister aux serpents.

237

Alexandre avait franchi les Portes Caspiennes.
La glace s'étendant sur quatre-vingt mille pas,
les Grecs devaient, bon gré mal gré, marcher au pas.
Tous les chevaux, même les plus vifs, même les plus gras,
étaient épuisés avant la fin du passage.
Sous le poids des coffres, des corbeilles et des sacs,
ils n'arrêtaient pas de trébucher et de tomber.

---

[1] On trouve la description du défilé dans Pline, *Histoire naturelle*, VI 40. Le texte de Thomas est directement inspiré de Solin, *Collectanea rerum memorabilium,* 47 : " Portae Caspiae panduntur itinere manu facto longo octo milibus passuum: nam latitudo vix est plaustro permeabilis. In his angustiis etiam illud asperum, quod praecisorum laterum saxa liquentibus inter se salis venis exundant humorem affluentissimum, qui constrictus vi caloris velut in aestivam glaciem corporatur: ita labes invia accessum negat. Praeterea octo et viginti milium passuum tractus omnis, quoquo inde pergitur humo arida, sine praesidio sitit. Tunc serpentes undique gentium convenae a verno statim die illuc confluunt. Ita periculi ac difficultatis concordia ad Caspios nisi hieme accessus negatur. " Cf *Epistola*, p. 6.

238

Ore aire Alisandre au plein vers les deserz,
Esgarde son charroy, toneals, huches e berz,
Qe portent la viande, vitaille e autres merz.
Del pople qu'il meine est le regné coverz.
Trove les granz rochers, les roistes monz aperz,
Pleneres les forestz, les chemins poy overz,
E doute les guiors, car il les siet culverz.
Donc n'est pas de sey en cel pais tuyt cerz.

lxxxii Coment Alisandre fist armer sa gent en desert.

239

Le pais est hidus e la terre salvage.
Donc s'aperceit Alisandre qu'il ad fet outrage
Quant ne creust le conseil de son noble barnage;
E veit qu'il ad enpris al desert tel veage,
S'il est agaitez, tost li vendra damage,
Car ne siet le pais [ne] n'entent le langage.
Mult est grant la charge e maire le sommage;
Li rocher sunt haut e estreit le passage.
Armer fet tote s'ost; il doute le boscage,
E les guiors devant, car ne siet lur corage.
Assaille[nt] les li lion e li sengler sauvage.
En un[e] lande venent, dont vert ert l'erbage.
Alisandre apele Antioche l'Ostage
E Tholomeu li pruz qui ot quer de parage,
E lur dit: 'N'i ot unc tel ost en nul[e] age.' *132ʳ*

240

'Barons,' dit Alisandre, 'tel ost ne fust unc veue,
Cum vers Inde majur ore est esmeue.
S'il trove vitaille dont pusse estre p[e]ue,
La superior Inde dotera sa venue.
Ore poez veer meint[e] lance esmolue,
Meint riche gonfanon e enseigne a or tissue,

238

Alexandre s'élance ensuite vers les déserts :
il regarde les charrettes, les tonneaux, les coffres, les corbeilles
qui transportent tous les vivres et les biens.
La foule qu'il conduit couvre tout le pays.
Il voit les hautes roches, les rudes montagnes dénudées,
les forêts épaisses, les chemins écartés ;
il redoute ses guides, car il les sait perfides.
Il ne se sent pas en sûreté dans ce pays.

lxxxii Comment Alexandre fit armer ses hommes dans le désert.

239

Le pays est hostile et la terre sauvage.
Alexandre comprend la présomption dont il a fait preuve
en refusant de suivre le conseil de ses nobles vassaux ;
ce voyage dans le désert risque,
s'il est pris au piège, de lui coûter cher,
car il ne connaît ni le pays ni la langue des habitants.
Les hommes et les bêtes sont lourdement chargés.
Les montagnes sont hautes et le passage étroit.
Il fait s'armer ses hommes ; il redoute la forêt,
les guides à l'avant-garde, dont il ignore les intentions.
Ils sont attaqués par les lions et les sangliers cruels.
Ils arrivent dans une lande à l'herbe verte.
Alexandre appelle Antiochus l'Ostage
et le preux Tholomé au noble cœur :
“ On n'a jamais vu pareille armée ! ”, leur dit-il.

240

“ Barons, dit Alexandre, on n'a jamais vu armée pareille
à celle qui marche aujourd'hui vers l'Inde majeure.
Si nous trouvons de quoi l'approvisionner,
l'Inde supérieure redoutera sa venue.
Voyez donc toutes ces lances acérées,
ces riches gonfanons, ces étendards brodés d'or,

Meint cheval arabi, meint[e][1] mule kernue,
Meint[e] targe bouclee, a fin or surbatue.
Si Porrus l'orgoillus ne lour done tr[e]ue,
Il ert mort ou pris e sa gent confondue.
La gent de Macedoigne qe od mei est issue
Qui hardement e ire e pruesce argue –
Tote cest[e] honur ay par la vostre ayue.
Si n'en fussez, barons, n'en eusse point eue;
Ainz me fust la corone de mon chef tollue!
Ja meinte terre par vous ai[2] encea vencue,
Meint pople conquis e la gent escombatue.
Si auques poez durer, la decerte ert rendue;
En Grece ert meri[e], la terre absolue,
Qui joie e juvente ad pur m'amur perdue.
Sa grace m'ad esté par long temps con[e]ue.
Graciousement, Grece, mon quer vous salue!
Si auques en poes vivere, ta honur ert acrue.'

241

Alisandre se rehaite de sa gent qu'il voit,
E mercie Grece par qui l'onor avoit.
Graciouse la nome qe graciouse estoit.
Honur e grant hautesce a sa gent promettoit
Qe pur la sue amur issi se combatoit.
Il aveient grant reson; ceo qu'il ot lur donoit.
S'il en fust lez, il en eust bon[3] droit.
Quant vit en tel ost, enleescer se doit;
Unques tel ne fu, ne quid qe jamés soit. *132v*
Mes il n'est pas venuz uncore a grant destroit,
N'a la chalur de Inde, ne al septentrion al froit.

---

[1] e meint m.

[2] ai *ajouté sur la ligne.*

[3] bone

tous ces chevaux arabes, ces mules à longue crinière,
ces boucliers bombés d'or fin battu !
Si Porrus l'orgueilleux refuse de verser tribut,
il trouvera la mort ou la prison pour le malheur de son peuple.
Hommes de Macédoine, qui marchez à ma suite,
mus par la hardiesse, la rage et la prouesse,
c'est votre appui qui m'a conquis toutes ces terres !
Sans vous, barons, je n'en aurais rien eu !
J'aurais même perdu ma couronne !
Mais grâce à vous j'ai déjà vaincu bien des peuples,
conquis bien des terres, les armes à la main.
Persévérez encore, vous serez récompensés
en Grèce même, la terre sacrée
qui, par amour pour moi, a sacrifié sa jeunesse et sa joie.
Elle m'a toujours comblé de ses faveurs.
Grâces te soient rendues, Grèce, de tout mon cœur !
Si tu peux patienter, ton honneur grandira ! »

241

Alexandre se réjouit du nombre de ses hommes
et remercie la Grèce, qui lui a valu cet honneur.
Il lui rend grâces comme elle le mérite.
Il promet honneurs et récompenses à ses hommes,
qui se battent pour l'amour de lui.
Ils ont bien raison : ce qu'il a, il le leur donne.
Et lui a toutes les raisons de se réjouir.
La vue de cette armée remplit d'allégresse ;
jamais on ne vit la pareille, jamais on ne la verra.
Mais il n'a pas encore subi de grandes épreuves :
ni la chaleur de l'Inde, ni les frimas du nord.

242

De la beauté des armes tote la terre esclaire;
Relust or e argent, des escuz le teint flaire.
Airent cil olifant, cheval e dromedaire,
Ventelent gonfanon, galopent sagitaire.
Grant chose ad enpris roys Alisandre a faire.
S'il n'est de par Dieu, a fin nel put traire,
Si cum l'ay trové par Solin en gramaire.
Denis e Magastes me trovent l'ensamplaire,
Qui alerent en Inde par meint lu solitaire
E virent les genz e tuit le bestiaire.
Des peres qu'il trov[er]ent descristrent le lapidaire,
E autres livres assez, qu'il mistrent en almaire.
Solum ceo qe jeo say, vous voil ore estraire.
En la fin d'orient, de Inde i ad deus paire,
Inde superior e Inde la maire,
Mes ensemble merchent, cum Solin est viaire[1].

lxxxiii L'estorie de Jerome e de Solin.

243

Solum [ceo] qe ceus dient qe[2] avant sont nomez,
Qui escristrent ceo qu'il virent en autoritez,
Jerome le dit e Solin li alosez,
Li bon[3] Magastenes e autres auturs assez,
Qui pur veer merveilles furent en Inde alez,
Car des diz de lur liveres est cesty translatez.
Si vous de ceo qe dis, seignurs, ne me creez,
Jerome sur Ethike e Solin reversez,
E Troge e Pompeie: ceo qe di troverez;
Si le tenez a mensonge, a ceus vos pernez!
De Mede en[4] avant, si cum oy avez,

---

[1] cum soleil e vaire

[2] qe *ajouté sur la ligne.*

[3] Tibon m.

[4] De moy en

242

De la beauté des armes la terre entière resplendit.
L'or et l'argent scintillent, la peinture des écus embaume.
Les éléphants s'avancent, avec les chevaux et les dromadaires,
les gonfanons volent au vent, les archers galopent.
C'est une grande entreprise que celle du roi Alexandre.
Il ne pourra la mener à bien qu'avec l'aide de Dieu,
comme le rapportent les écrits de Solin.
J'ai pour garants Denis et Mégasthène,
qui explorèrent les solitudes de l'Inde
et virent ses habitants et ses animaux.
Ils écrivirent un traité sur les pierres qu'ils trouvèrent
et bien d'autres livres, conservés dans les bibliothèques.
Je vais maintenant vous traduire ce que j'en sais.
Aux extrémités de l'Orient, l'Inde comprend deux régions,
l'Inde supérieure et l'Inde majeure,
qui ont une frontière commune, selon Solin.

lxxxiii Le livre de Jérôme et de Solin.

243

Je me conforme aux auteurs que je viens de nommer,
qui écrivirent dans leurs registres[1] ce qu'ils avaient vu :
Jérôme et l'illustre Solin,
le noble Mégasthène et bien d'autres auteurs
qui se rendirent en Inde pour voir ses merveilles.
Mon livre est une traduction de leurs écrits.
Si vous ne croyez pas mes dires, seigneurs,
reportez-vous à Jérôme, Ethicus et Solin,
à Trogue Pompée : vous y trouverez les mêmes descriptions.
Si vous les jugez mensongères, prenez-vous en à eux !
Au-delà de la Médie, comme vous le savez,

---

[1] Cf. *infra,* v. 7027.

Tresqu'en orient est indien regnez.
En la mer[1] d'Aufrique en gist un des lez, *133r*
E de la mer[2] galerne amont, ceo sachez.
Ly eirs i est seinz, hom i vit en santez.
N'i ad yver nul; deus foiz i est estez;
Deus foiz i coilt[3] l'en les fruiz, les vins e les blez.
Al regné ad vint mil qe chastels qe citez,
Estre les granz isles e les autres fermetez,
E nef mil poples de diverses genz nez.
Pur la tierce part del mond fu long temps contez.
Ne vous esmerveillez de ceo qe ci oiez;
Greindres sunt les merveilles qu'avant orrez.
Librius fut li primers k'en fut unques chasez[4].
De l'oure[5] qe Alisandre i ot ses ostz menez,
Sont sis mil e cink cenz e troys moys nomez.
Par les rois k'entrefurent, ceo saver poez,
Cent e cinquante e trois i ot des coronez.

lxxxiiii Des genz de grant age en Inde.

244

N'est mie merveille si li pople est granz;
En cel temps engendrerent li hom multz enfanz.
E si est un[6] pople qe n'est mie erranz;
Ja n'istra de son regne, si vivera bien cent anz.
Mult i ad riches isles e plusors rois mananz,

---

[1] mere
[2] mere
[3] i coüt
[4] sachez
[5] Dehoure
[6] une

s'étend vers l'Orient le royaume de l'Inde.
L'une de ses frontières touche la mer d'Afrique
et, notez-le, longe au nord la mer du nord-ouest.
L'air y est salubre et les habitants en bonne santé.
On ne connaît pas d'hiver mais deux étés :
deux fois par an, on récolte les fruits, le vin et le blé.
Le royaume compte vingt mille châteaux et cités,
outre les grandes îles et autres places fortes,
et neuf mille peuples d'origine différente.
On l'a longtemps considéré comme l'une des trois parties du monde.
Ne vous émerveillez pas de ce que je vous dis :
vous entendrez encore de plus grandes merveilles.
Liber fut le premier à en prendre possession.
Jusqu'à l'arrivée d'Alexandre et de son armée
s'écoulèrent six mille cinq cent trois mois.
Quant aux rois qui s'y succédèrent, apprenez que
cent cinquante-trois furent couronnés[1].

lxxxiv Le peuple très âgé de l'Inde[2].

244

Rien d'étonnant à trouver une population nombreuse :
les hommes, en ce temps-là, engendraient beaucoup d'enfants.
Et c'est un peuple qui n'est pas nomade,
qui ne sort pas de son royaume et vit jusqu'à cent ans.
Il y a beaucoup de riches îles, beaucoup de rois puissants,

---

[1] Cf. Solin, *Collectanea rerum memorabilium*, éd. Mommsen, Berlin, Nicolai, 1864 et 1895, 52, 1-5.

[2] Sur les représentations médiévales des peuples orientaux, voir J. Baltrusaitis, *Le Moyen Âge fantastique*, Paris, Flammarion, 1981 ; R. Bernheimer, *Wild Men in the Middle Ages : a Study in Art, Sentiment and Demonology*, Cambridge, 1952 ; J. B. Friedman, *The Monstrous Races in Medieval Art and Thought*, Cambridge and London, 1981 ; C. Kappler, *Monstres, démons et merveilles à la fin du Moyen Âge*, Paris, Payot, rééd. 1988 ; C. Lecouteux, *Les Monstres dans la littérature allemande du Moyen Âge*, Kümmerle Verlag, 1982 ; F. de Medeiros, *L'Occident et l'Afrique (XIIIe-XVe siècles), images et représentations*, Karthala, Paris, 1985 ; R. Wittkower, *L'Orient fabuleux*, Paris, Thames et Hudson, 1991.

Monstres e centaures e dragons e geanz,
Sireines qe deceivent les homes par lur chanz.
Indus i est un fluvies e Ganges le coranz;
De trois cenz pez de long i ad pessons noanz.
En cel fluvie ad un isle e pople combatanz.
Si li rois vet en ost qui les est guianz,
Cinquante quatre mile avera des combatanz,
Cinqua[nte] mil a pié od gavelos trenchanz,
Tuyt devers orient ou le regne est finanz.

lxxxv De Gangarides l'ille e de son pople.

245

La est Gangarides, un idle vaillanz. *133v*
Petit est le pople qe illuec est regnanz.
Li rois meine en ost mil chevalers vaillanz,
E set cenz olifanz e quatre mil serganz.
Icest pople n'est jamés sojornanz:
Ou il sunt en guerre ou en terre eiranz.
En ars e engins est lur quer cerchanz.
Plez e jugemenz sevent nul al mond tanz.
Veneur sunt de bois e de arc bien traianz:
Pernent les olifanz e les griffons volanz,
Les lions e les urs e les dragons ardanz.

lxxxvi De Polibatre e de son pople.

246

En Polibatre ad pople qe mult est conqueranz;
Trente mil [a] cheval[1] e vint mil olifanz,
E sis cenz mil a pié od darz amesuranz.
Itanz i ad idles, n'en os dire quanz,
E pople de mal aire[2], roys cruels[3] e tiranz.
Fort est a translater; suffreite ay de romanz;

---

[1] chevals

[2] de manere

[3] crueles

des monstres, des centaures, des dragons, des géants,
des sirènes qui perdent les hommes par leurs chants.
On y voit couler l'Indus et le Gange rapide,
où vivent des poissons longs de trois cents pieds[1].
Dans une île de ce fleuve on trouve un peuple de guerriers.
Quand le roi qui les dirige part à la guerre,
ils lui fournissent cinquante quatre mille combattants
et cinquante mille fantassins armés de javelots acérés :
ils vivent à l'extrémité orientale du royaume[2].

lxxxv L'île de Gangarides et son peuple.

245

On trouve là Gangarides, une île riche
à la population de petite taille.
Le roi mène à la guerre mille chevaliers vaillants,
sept cents éléphants et quatre mille fantassins.
Ces gens ne restent jamais sur place :
ils sont en guerre ou parcourent leurs terres.
Ils se passionnent pour les sciences et les techniques
et sont les plus savants en matière de justice.
Habiles archers, ils aiment chasser dans la forêt,
où ils prennent les éléphants et les griffons volants,
les lions, les ours et les dragons cracheurs de flammes[3].

lxxxvi Polibatre et ses habitants.

246

En Polibatre vit un peuple avide de conquêtes :
trente mille cavaliers et vingt mille éléphants,
six cent mille fantassins avec autant de javelots[4].
On trouve aussi des îles, je ne sais pas combien,
des peuples perfides, des rois cruels et des tyrans.
J'ai du mal à traduire : les mots me manquent en français,

---

[1] Solin 52, 41.

[2] Solin 52, 11.

[3] Solin, 52, 8.

[4] Solin, 52, 12.

Nepurquant tant diray qe bien fray vos granz.
De ceo qu'avez oy, tray auturs a garanz.
Alisandre li roys fu fiers e enpernanz
Quant veit qe tuit icist fussent a ses comanz.

lxxxvii Del mont Maleus, le plus haut del mond.

247

Un mont est outre ces monz; Maleus ad non.
Tant par est haut qe rien ne vient en som.
Sa umbre done au regné obscuracion.
Icil devers galerne, en yvernal seison,
Ne veient jamés soleil ne nule lumeison,
Ne cil en esté qui sunt vers austrion.
Ne piert qe quinze jors en l'an septentrion;
Ces sunt les esteilles qe nos Charle Wain nomon.
Char l'apellent Franceis; diray vos l'achaison:
Quatre sunt come roes e troys al temon. *134r*
En plusors lius avient ceo en la[1] region,
Si cum nos reconte un autur, dan Beton.
Cil qui meinent al fluvie qe nos Inde clamon,
Del soleil vers midi suffrent tel arson
Qe n'ont membre ne seit plus neir qe charbon.
Mes illuec est sanz roy chescune nascion.
Cist ne tenent de nul; n'ont seignur si Dieu non.

---

[1] al r.

mais j'en dirai assez pour vous satisfaire.
Tout ce que vous avez entendu s'appuie sur des autorités.
Le roi Alexandre est rempli de fierté et d'audace
de voir tous ces peuples se soumettre à lui.

lxxxvii Le mont Maleus, le plus haut du monde.

247

Au-delà de ces montagnes se dresse le mont Maleus,
si haut que rien ne pousse à son sommet.
Son ombre obscurcit le royaume.
Ceux qui vivent au nord ne voient jamais le soleil
pendant l'hiver, ni aucune lumière,
comme en été ceux qui vivent au sud[1].
Le septentrion n'y apparaît que quinze jours par an ;
ce sont les étoiles que nous nommons Charle's Wain .
Les Français disent le Chariot, je vais vous l'expliquer :
quatre forment les roues, et trois le timon[2].
On les voit beaucoup dans la région,
à ce que rapporte un auteur, maître Bède[3].
Ceux qui vivent près du fleuve que nous nommons l'Indus
souffrent tant des brûlures du soleil à l'heure de midi
que tout leur corps est plus noir que le charbon.
Aucun de ces peuples n'a de roi ;
ils refusent toute autorité, si ce n'est celle de Dieu.

---

[1] Pline, VI, 69 ; Solin, 52, 13.

[2] Le septentrion désigne les sept étoiles du Grand Chariot ou Grande Ourse, du latin *septem triones*, les sept bœufs de labour (en anglais Charles' Wain).

[3] Bède, *De temporum ratione* : " In Indiae gente oretum mons est Maleus nomine, juxta quem umbrae aestate in austrum, hieme ad septentriones iaciuntur; quindecim tantum noctibus ibi apparet septentrio " (note I. Short). Le texte de Solin, qui mentionne ici " Baeton ", contient une interpolation.

248

Dehors Inde ad un groin haut e merveillus;
Deus idles i ad l[a]enz de metals plentivus.
De peres preciouses en sunt ly champ perus.
Tant ont or e argent qe del dire sui dotus.
Ha, bels sire Dieu, Roy de ciel glorius,
Tanz frans homes en sunt al mond bosoignus!

lxxxviii Candea, ou femmes sulement regnent.

249

Candea une gent est a iceste voisine.
N'ad terre environ qe ne soit femmenine.
Unc ne urent roy; pur prince i ont royne
Par dreite election, si deit estre meschine.

lxxxix Des genz qe vivent de veneison e pesson.

250

Deus poples i ad decoste qe vivent de racine:
Li uns mange char e veneison sauvagine;
L'autre vit de pesson e hante la marine.
Il les manguent creu; soleil est lur quisine.

lxxxx De la gent porcine qe vit de glan.

251

Le tierz pople i est qe semble gent porcine.
Pomes de bois mangue e glan e faine.
Tote lur vest[e]ure est de hous e d'espine
E de foille d'arable e d'escorce chesnine[1].

[1] cheryne

248

Au-delà de l'Inde, près d'un promontoire d'une hauteur prodigieuse,
il y a deux îles riches en métaux[1].
Les champs sont couverts de pierres précieuses,
on ne saurait dénombrer la quantité d'or et d'argent.
Ha ! cher Seigneur Dieu, glorieux Roi du ciel,
dire que tant d'hommes de bien souffrent de la pauvreté !

lxxxviii Candea, où seules les femmes règnent.

249

Le peuple de Candea vit dans le voisinage.
C'est une terre entièrement peuplée de femmes.
Jamais elles n'ont eu de roi : elles élisent une reine.
Le pouvoir doit absolument revenir à une femme[2].

lxxxix Les hommes qui se nourrissent de gibier et de poisson.

250

Près de là deux peuples se nourrissent de racines ;
l'un est aussi carnivore et mange la chair des animaux sauvages ;
l'autre ne quitte pas les bords de l'eau et vit de poissons,
qu'il mange crus, séchés au soleil[3].

xc Le peuple porcin qui vit de glands.

251

Un autre peuple ressemble aux porcs :
il mange les pommes sauvages, les glands, les faînes,
et ne se vêt que de houx et de ronces,
de feuilles d'érable et d'écorce de chêne.

---

[1] Solin, 52, 17.

[2] Solin, 52, 15 ; cf. Pline VI 76.

[3] Solin, 52, 21.

lxxxxi De ceus qui tuent lur parenz en age.

252

Une autre gent i ad k'en amur est fine.
Quant veient lur parent qe a mort decline,
La teste ly coupent d'un[e] espee ascerine *134v*
E manguent l'entraille par dreite discipline.

lxxxxii De ceus qui morent en sauvagine.

253

Un autres i ad, quant sent mal orine,
N'ad cure de garir, ne volt quere medicine;
Priveement s'en vet muscer en la wastine,
Moert i sul e ne velt k'ome sache sa covine.

lxxxxiii De la gent moité chiens e moité hommes.

254

Un autres i ad qe l'em cleime chenine:
Abaient e sunt chiens en amont la poitrine.
Meins ont armees de[1] ungles e d'escorce l'eschine;
Hantent le boscage e mangent char caprine.

lxxxxiiii Des genz a un pié qui se coverent de tuit.

255

Grant pople i ad en Inde qe vivent de racine,
E un i ad plus noir qe poiz ne resine.
Un oil ad e un pié e une quisse equine;
De cel pié se covere encontre la chaline.

---

[1] Les m. ont arme de

xci Ceux qui tuent leurs parents âgés.

252

Un autre peuple fait preuve de sentiments délicats[1].
Quand ils voient un parent approcher de sa fin,
ils lui coupent la tête d'une épée d'acier
et dévorent ses entrailles, comme le veut leur règle[2].

xcii Ceux qui vont mourir dans la forêt.

253

Il y en a d'autres, quand leur urine a une odeur de mauvais augure,
qui ne cherchent ni remède ni guérison ;
ils vont se cacher discrètement dans un endroit désert
et meurent seuls, en se cachant des autres[3].

xciii Les êtres mi-chiens mi-hommes.

254

Un autre peuple est qualifié de canin :
ces hommes aboient et ressemblent à des chiens au-dessus de la
[poitrine.
Leurs mains sont griffues et leur dos couvert d'écorce ;
ils vivent dans les bois et se nourrissent de chèvres[4].

xciv Les hommes qui s'abritent sous leur unique pied.

255

Parmi les nombreux peuples indiens qui vivent de racines,
certains, plus noirs que poix ou résine,
n'ont qu'un œil, qu'un pied et une cuisse de cheval :
ils s'abritent sous ce pied de la chaleur[5].

---

[1] Solin, 52, 22 : " quod ibi non sceleris sed pietatis loco numerant. "

[2] " par dreite discipline " : cf. *infra*, v. 5927.

[3] Solin, 52, 23.

[4] Solin, 52, 27.

[5] Il s'agit des sciapodes : cf v. 5921. Solin (52, 29) les qualifie de *monocolos* (cf *infra*, v. 5693) en raison de leur œil unique.

lxxxxv Des genz qe vivent de l'odur d'un[e] pome.

256

Decoste ad un pople de noble doctrine:
Il meinent en forest e usent esclavine,
E vivent de l'odur d'un[e] pome gaudine[1],
E la porte ovec sey quant bien loinz chemine.

lxxxxvi Des genz qe noblement se vestent e pessent.

257

Ainz en Inde encea ou la terre fine,
De seie se vestent, de gris e d'ermine,
De fin or e d'argent e de colur purprine,
A preciouses peres, martres e sab[e]line.
Les chevelz ont bloy; desque terre traine.
Boivent vin e usent chars e gastels de farine.
Citez [ont] e chastels e meinte tur perine,
E tanz des autres biens la terre lur destine,
Cum a genz qui sunt criez par nature devine.

lxxxxvii Des genz qe saillent sur les olifanz. *135r*

258

Un[2] pople ad en Inde qe mult est fier e bauz.
Longe forch[e]ure ont e le corps mult hauz,
E corent si vistement nuz e deschauz
Qe as dos[3] as olifanz saillent a plein sauz.

lxxxxviii Des femmes qe enfantent a cinc anz.

259

Unes femmes i ad k'en cinc anz ont enfant.
Oit anz i vivent, e nuli vit avant.

---

[1] gardine

[2] Une

[3] Qe les d.

xcv Les hommes qui vivent de l'odeur d'une pomme.

256

Près de là vit un peuple aux mœurs nobles :
ils habitent la forêt, se vêtent de rudes étoffes[1]
et vivent de l'odeur d'une pomme sauvage,
qu'ils emportent avec eux dans leurs longs voyages.

xcvi Les hommes qui s'habillent avec élégance et se nourrissent de mets fins.

257

Plus loin en Inde, tout près des confins de la terre,
les gens se vêtent de soie, d'hermine et de petit-gris,
de tissus de pourpre brodés d'or et d'argent,
avec des pierres précieuses, des martres et de la zibeline.
Leurs cheveux blonds tombent jusqu'au sol[2].
Ils boivent du vin, mangent de la viande et des pâtisseries de froment.
Leurs cités, leurs châteaux aux tours de pierre
et tous leurs autres biens leur sont offerts par la terre,
comme s'ils étaient d'une nature divine.

xcvii Les hommes qui sautent sur les éléphants.

258

Un autre peuple de l'Inde est très fier et hardi.
D'une taille très élevée, bien découplés,
ils courent si vite, sans vêtement ni chaussures,
qu'ils sautent d'un bond sur le dos des éléphants[3].

xcviii Les femmes qui enfantent à l'âge de cinq ans.

259

Il y a des femmes qui ont un enfant à cinq ans ;
elles vivent huit ans, jamais plus[4].

---

[1] Solin, 52, 30.

[2] Solin, 52, 18.

[3] Solin, 52, 21.

[4] Solin, 52, 31.

lxxxxix Des gens astronomiens estanz sur un pié.

260

Un autre pople i ad orgoillus e grant,
Qe trestuit le jur desqu'al soleil cochant
Sont en rive de mer sur un pié estant,
E les secrez du ciel par les esteilles cerchant.

c De femmes qe [ne] enfantent fors une foiz.

261

Unes femmes i ad – ceo nos vont recontant –
Qe ne portent qe une foiz a trestuit lur vivant;
E quant nasquissent, chanu[e]z sunt e parlant;
A nul jour de lur vie ne changent lur semblant.

ci De genz chanuz en juvente e noirs en vieillesce.

262

Gent i ad qe vint anz revont rechanissant,
E quant sunt de trente, si revont nerci[ss]ant.
Tant vivent nul[e] gent qe[1] sunt si pen[iss]ant.

cii Des genz Arblasters od un oil entre les espaules.

263

Un autre pople i ad qe meint outre ceo mont:
Il n'ont col ne haterel ne oreilles ne front;
Entre les espaules sulement un oil unt;
E sunt enginors de meins e arblasters a mont[2].

---

[1] g. ne s.

[2] auront

xcix Les astronomes plantés sur un pied.

260

Un autre peuple, grand et orgueilleux,
passe toute la journée jusqu'au coucher du soleil
sur un pied, au bord de la mer,
à scruter les étoiles et les secrets du ciel[1].

c Les femmes qui n'enfantent qu'une fois.

261

Il y a des femmes, à ce qu'on nous rapporte,
qui n'enfantent qu'une fois dans toute leur existence ;
à la naissance, leurs enfants parlent, ont les cheveux blancs
et l'apparence physique qu'ils garderont toute leur vie[2].

ci Les hommes qui, jeunes, ont les cheveux blancs, et vieux, ont les cheveux noirs.

262

Un autre peuple a les cheveux blancs jusqu'à l'âge de vingt ans.
À trente ans, ils voient noircir leurs cheveux,
mais ils ne vivent pas plus longtemps, tant ils se tuent à la tâche[3].

cii Les arbalétriers qui ont un œil au milieu des épaules.

263

Un autre peuple vit au-delà de ces montagnes :
ils n'ont ni cou ni nuque ni oreilles ni front,
mais seulement un œil au milieu des épaules ;
ce sont de bons arbalétriers habiles de leurs mains[4].

---

[1] Solin, 52, 25, identifie ce peuple aux gymnosophistes.

[2] Solin, 52, 28.

[3] Solin, 52, 28, dit le contraire : " ultra aevi nostri terminos perennantem ", ils vivent plus vieux que nous.

[4] Solin, 52, 32 : il s'agit des Blemmyes.

264

Mult est Inde majur riche regné e beaus.
Bones citez i ad e idles mult reaus.
A Baudas est Porrus e ferme ses chasteaus,
Fet efforcer les mur[s] e bailles fet noveaus.
Adresce pereres, fet lever mang[o]neaus,
E fet pountz torneyz e barres e flaeaus. *135v*
Forgent li haubert feveres a marteaus,
Gleives e gavelos, darz trenchanz e quareaus,
Helme[s], chauces de fer, covertors a chevaus.
Mande ses barons les plus leaus e feaus,
Done armes e chevals a noble[s] damoiseaus
E as bons chevalers e as gentils juvenceaus.
Chevache Alisandre, li roys emperiaus.
De son ost sunt covert les monz e les vaus.
Flamboient gonfanon, ventelent penonceaus,
Relusent cil escu as orins lionceaus.
Ore trovent les deserz ou pierent les rocheaus,
Descoveront sey les bestes, urs e senglers feaus.
Ardante est la terre en lur aire [e] aveaus;
De l'ardur du soleil ne eurent point de gaus.

ciii De l'ewe aporte[e] a Alisandre e qu'il reversa.

265

Seif orent cil de l'ost; nul[e] ewe ne troverent.
Mult les destreint le chaut; plusurs se palmerent.
Pleignent soy forment, grant doel demenerent.
Les guiors Alisandre en lur conseil blamerent.
Ly bacheler hardy de l'ost se desevererent,
A l'oes Alisandre de l'ewe demanderent.
Quant n'ont trové, dolent se retornerent.

264

L'Inde majeure est un très riche et beau royaume
aux bonnes cités, aux îles vraiment dignes d'un roi.
Porrus est à Bagdad, où il consolide ses châteaux,
renforce les murailles, bâtit de nouvelles défenses.
Il fait dresser des perrières, élever des mangonneaux,
mettre des ponts-levis, des barres et des poutres aux portes.
Les forgerons[1] façonnent à coups de marteau des hauberts,
des lances, des javelots, des traits acérés, des carreaux d'arbalète,
des heaumes, des chausses de fer, des caparaçons pour les chevaux.
Alexandre convoque ses barons les plus fidèles et loyaux,
distribue armes et chevaux aux jeunes nobles,
aux bons chevaliers, aux écuyers bien nés.
Alexandre chevauche, le roi tout-puissant.
Son armée couvre montagnes et vallées.
Les gonfanons flamboient, les drapeaux volent au vent,
les écus brillent de tous leurs lions d'or.
Voici qu'ils entrent dans les déserts rocheux,
où ils vont découvrir des bêtes cruelles, ours et sangliers.
La terre est brûlante sous leurs pas ;
nul bois ne les abrite de l'ardeur du soleil.

ciii L'eau offerte à Alexandre, qui la refusa.

265

Les soldats sont assoiffés et ne trouvent pas d'eau.
Souffrant de la chaleur, bien des hommes s'évanouissent.
Tous se plaignent amèrement et se désespèrent.
Ils critiquent entre eux les guides d'Alexandre.
Les jeunes gens les plus hardis s'écartent de l'armée,
cherchant de l'eau pour Alexandre.
Ils reviennent bredouilles et affligés.

---

[1] Il faut corriger le texte d'après le manuscrit P : *li haberger e feveres a.*

266

Severins[1] ot a non un chevaler de Perse.
Galope son cheval e un lariz traverse.
Une crose pere trove gisant enverse;
Un poy d'ewe i avoit pudruse e perse.
Deslace son helme e la dedenz la verse;
E vient poignant a l'ost ou la seif est averse.

267

En la seif qu'il aveit, al roy le presente.
Alisandre de bon quer regarde sa juvente,
E ot par tuit l'ost qe chescun se demente
E gardent toz a l'ewe. Il siet bien lur entente. *136r*
Si la boit devant toz, la gent [en] ert plus lente.
Del helme qu'il tint a terre la cravente,
Puis dit as barons: '[A] tel marché tel vente.
Ja n'averay plus de vous en chemin n'en sente.'
E dit au chevaler: 'Vostre don[2] me atalente.
En fee vous doing grant richesces e rente.'
Severins les resceit par la branche d'une ente.

268

Alisandre ot reson, car il ly porta foy
E ly volt maiur bien qu'il ne volt a soy,
Car grant mester ot quant il le dona al roy.
Ly roys refist orgoil, baudur e nobloy
Quant en l'anguise qu'il ot la verse au paroy.
S'il la eut beue, il eussent maiur soy.
Mult sunt haut ly desert e chaud ly sabloney;
Eirent cil guior e suent le conrey.
Grant anguisse ont del chaud les bestes del charey.

---

[1] Severius
[2] done

266

Séverin était un chevalier de Perse[1].
Il traverse au galop une lande
et découvre une pierre creuse retournée,
qui contenait un peu d'eau sombre et poussiéreuse.
il retire son heaume pour la recueillir
et rejoint au galop l'armée oppressée par la soif.

267

Malgré sa soif, il offre l'eau au roi.
Alexandre regarde avec bienveillance le jeune guerrier
et entend les lamentations de tous ses soldats,
qui regardent l'eau : il les comprend bien.
S'il la boit devant eux, l'armée sera encore plus lente.
Il retourne le heaume, renverse l'eau sur le sol
et dit à ses barons : " À tel marché, telle vente[2] !
Je n'aurai rien de plus que vous ! "
Il dit au chevalier : " Ton geste me plaît !
Tu vas recevoir une riche récompense. "
Il lui donne un rameau en gage du futur fief [3].

268

La récompense est méritée : Séverin est loyal
et a fait passer Alexandre avant lui-même ;
il avait pourtant grand soif en donnant l'eau au roi.
Quant au roi, il agit avec noblesse, panache et courage,
en jetant l'eau malgré la soif qui le torturait.
S'il l'avait bue, ses soldats auraient eu encore plus soif.
Bien hauts sont les déserts et bien chaud le sable.
Les guides cheminent à la suite des troupes.
Les bêtes de somme souffrent durement de la chaleur.

---

[1] *Epistola*, pp. 8-9 : le soldat se nomme Zephyrus.

[2] Morawski, *op. cit.*, proverbe 160.

[3] Le rameau est ici le symbole de la concession du fief.

ciiii De l'ewe amere qe Alisandre defendi as chevalers.

Alisandre par aventure veit devant sey un rosey
Qe plus esteient haut qe forest de sapey.
L'ewe lur aparust par desuz un bussey.
Escrie soy le roy: 'Seur soiez qe l'ewe voy!'[1]

269

Apele mareschals e lur dit: 'Jeo ne sey
Quele ewe put estre cele qe la apercey.
Fetes tendre mes trefs qu'anuit i girey.
Ne suffrez k'om la guste decy la qe l'assoy.
Jeo dut qe [ele] face a mes bestes lay.
Malement nos meinent cil guior buffoy!'
Ly mareschal s'en vont e logent sur le lay,
[E] trenchent les ros[2] e defolent le glay.

270

Vont s'en les mareschals les trefs sur l'ewe tendre.
Les serganz vont loger e les places purprendre.
Venent conte e baron as pavillons descendre. *136v*
Le roy Alisandre lur fet l'ewe defendre,
Si qe beste nel guste ne home a ly entendre;
Desi k'en ait beu, le deivent toz atendre.

271

Alisandre fu sage e cointe e l'ew[e] mult dota.
Prist un poy[3] de triacle, en sa mein le porta.
Prist l'ewe du lay e primer en tasta;
Plus forte e plus amere d'aloigne la trova.
Donc ot le roy angoisse, a poy ne [se] pasma;
E voit en son quer qe malement li esta.
Si aventure nen est, unc ne eschapera!

---

[1] 4805-4808 *attaché à la laisse suivante.*

[2] roses *avec un* s *final sur la ligne; le mot a subi une altération.*

[3] une poy

civ L'eau amère qu'Alexandre interdit à ses chevaliers[1].

Alexandre découvre devant lui des roseaux
plus hauts qu'une forêt de sapins.
L'eau leur apparaît au pied d'un bosquet.
Le roi s'écrie : " Je vois l'eau, je vous le jure ! "

269

Appelant les maréchaux chargés du camp, il leur dit :
" Je ne sais rien de cette eau que j'aperçois là-bas.
Dressez le camp : nous dormirons ici.
Ne laissez personne goûter l'eau avant moi !
Je crains qu'elle ne fasse du mal aux bêtes.
Ces guides arrogants se moquent de nous ! "
Les maréchaux s'en vont dresser le camp au bord du lac.
Ils tranchent et écrasent les roseaux et les joncs.

270

Les maréchaux s'en vont monter les tentes au bord de l'eau.
Les serviteurs se mettent à préparer les logis.
Comtes et barons viennent s'installer dans les pavillons.
Le roi Alexandre interdit de boire l'eau
aux hommes comme aux bêtes :
tous doivent attendre qu'il en ait bu.

271.

Alexandre se méfiait de l'eau en homme sage et avisé.
Tenant à la main un remède tout prêt,
il puise un peu d'eau du lac et la goûte le premier :
il la trouve plus âcre et plus amère que l'absinthe.
Le roi manque alors s'évanouir de douleur :
il comprend que l'eau l'a empoisonné
et qu'il risque d'en mourir.

---

[1] *Epistola*, pp. 9-10.

Ses princes e ses dux, ses barons apella;
Dit lur qe sanz peril nul n'en beivera.
Si beste en boit, chaud pas tut en fin morra.
Cum plus la defende, l'ost maiur seif en a,
E plus la coveitent tant cum plus lur via.
Cil qui se tint, malveisement ly va,
E cil qui en but mult cher le compera.
Mult fu de grant suffrance qu'adonc ne s'anguissa!
En peine sunt la nuit, [mes] des qu'il ajourna,
Trefs destendre e charger ly roy lur comanda.

272

Alisandre le roy est mult tres angoissus,
E plus pur mues bestes qe pur sey dolerus.
Trestut l'ost de sey est adonc dotus.
N'est pas merveille; l'eire lur est custus,
E le chaud est mult grant, le chemin laborus.
Qui donc en eust fruit, bien en fust eurus.
Home i lechent foille[1] tant sunt de bevre desirus.
Pur les mues bestes est le roy curius;
Mil olifanz i ot bien fors e vigerus,
Tuit chargez de fin or e d'argent a estrus.

273

Par la seif qu'il ont, acressent lur travals.
Quatre cenz i avoit qui portent arcs e fals *137r*
E les homes armez as croks e as brans;
A ces od tote[2] la seif si greve mult ly chaus.

274

Uncore i ad mil qui traient les granz chars,
Qe portent les armes, viandes e bons chars.
Tant est chaud le soleil a poy ne sunt tuit ars.

---

[1] lechent foille h.

[2] or tote

Il appelle ses princes, ses ducs et ses barons,
leur dit le danger qu'ils courent à boire l'eau.
Les bêtes qui en boiront mourront toutes sur le champ.
Mais son interdiction redouble la soif de l'armée,
qui désire d'autant plus l'eau qu'elle lui est défendue.
Celui qui s'abstient est torturé de soif,
celui qui boit le paie très cher.
Il faut être bien endurant pour surmonter cette torture !
Après une nuit d'épreuves, dès le lever du jour,
le roi fait lever le camp et charger les montures.

272

L'angoisse oppresse le roi Alexandre,
qui se tourmente plus pour les bêtes que pour lui-même.
L'armée tout entière est dans la crainte.
Quoi d'étonnant ? La marche est difficile,
la chaleur terrible et le chemin pénible.
Quelle chance ce serait que d'avoir des fruits !
Les hommes lèchent des feuilles, tant leur soif est grande.
Le roi est préoccupé pour les bêtes :
mille éléphants puissants et vigoureux,
portant d'écrasantes charges d'or fin et d'argent.

273

La soif qu'ils ressentent décuple leurs tourments.
Quatre cents autres éléphants portent des arcs et des faux,
ainsi que des hommes armés de crocs et d'épées.
La chaleur et la soif les font grandement souffrir.

274

Mille autres éléphants tirent de grands chariots
où s'entassent les armes, les vivres et la bonne viande.
Ils manquent brûler sous la chaleur du soleil.

275

Somers avoit li roys, de mil muls soliens,
E de cink cenz chevals, fors assyriens,
E deus mil dromedayres e bugles indiens,
E deus mile boefs qe portent viande e autres biens,
Estre l'autre aumaille qe nomer ne puis riens,
Qe cil de l'ost manguent, pessent oysels e chiens.
A ses somers conduire vont .ii. mil Persiens;
Toz sunt bons chevalers, sages e anciens.
Fors ewe sulement ne lur faut nule riens.
A poy ne s'arestent en deserz aliens.

276

Mult par sunt grant ly ost qe od Alisandre vont.
Deus cenz sessante mil iceaux a pié sont,
E .ii. cenz e trente mile qui beles armes ont,
E les ignels chevals qe a destre trere font.
Mult ert la voie estreite e ly val parfont sont,
E le soleil ardant, haut e[1] roiste ly mont.
Il beussent volenters, mes il ne sievent dont.
Voient ros e estangs ou les ewes estont.
Le primer ne gustent, ne font i[l] del secont,
Tant par est perilluse qe sanz mort ne beiveront.

277

Ly roys ad grant anguisse de la gent qu'il meine
Qui suffrent tel anguisse, tel dolur e tel peine,
E veit par l'orine n'i ad beste seine.
Mil cent morront einz qe ewe ateine.
La rive del lay suent, e de l'errer se peine.
Tel seif, tel chaud out, a poy qe ne l'esteine.
En ceste chalur fet ly roy estrange overayne: *137r*
Armer fet ses barons e sa gent soverayne
Aprés ceo qe n'orent beu pres une semeine;
Si ne sevent pur quei, n'i ad cil qui ne se pleine.

---

[1] haute e

275

Quant aux bêtes de somme, le roi dispose de mille mules syriennes,
de cinq cents robustes chevaux assyriens,
de deux mille dromadaires et buffles indiens,
de deux mille bœufs porteurs de vivres et de butin,
sans compter le reste des animaux, que je ne nomme pas,
les bêtes de boucherie pour les hommes, les oiseaux et les chiens.
Deux mille Perses mènent les bêtes de somme :
tous de bons chevaliers, âgés et avisés.
Il n'y a que l'eau qui leur fait défaut.
Ils risquent de rester à jamais dans ces déserts hostiles.

276

Immense est l'armée qui suit Alexandre :
deux cent soixante mille fantassins
et deux cent trente mille cavaliers aux belles armes
et aux chevaux rapides qu'ils mènent à leur droite[1].
Le chemin est étroit, les vallées sont profondes
et le soleil ardent, les montagnes hautes et rudes.
Il ont besoin de boire, mais ne savent où aller.
Ils voient les eaux de marécages et d'étangs où poussent les roseaux,
mais ils n'osent goûter ni les unes ni les autres,
car ce serait risquer leur vie, tant elles sont malsaines.

277

Le roi ressent une vive angoisse en voyant son armée
dans une telle détresse et une telle souffrance.
Il voit à l'urine des bêtes qu'elles sont toutes malades
et que beaucoup mourront avant d'atteindre l'eau.
Les Grecs longent péniblement la rive du lac.
Ils pensent mourir de soif et de chaleur.
Par cette chaleur, le roi prend une étrange décision :
il ordonne à ses barons et à ses hommes d'élite de revêtir leurs armes,
alors qu'ils n'ont rien eu à boire depuis une semaine.
L'incompréhension provoque des plaintes unanimes.

---

[1] Il s'agit bien sûr de destriers.

cv Del chastel qe Alisandre trova sur le rocher.

278

Merveillent sey en l'ost qe Alisandre les fet armer.
Il poaint a grant peyne eaux memes porter.
Ne il ne trove ewe ne de nule[1] ot parler.
Le roy fu sage e cointe e sot en son penser
Qe li lions e li urs, les tigres e li sengler
Vendront a l'avespre[e] a cel[e] ewe abeiverer,
Ly dragon e li serpent beiverer e desporter;
E pur ceo fet ses homes toz armez aler
Qe les bestes nes puissent sodeinement affoler.
Tut amont la rivere commencent a errer
E trovent un chastel un poy avant l'avesprer.
Fermé fut del ros dont oistes conter,
E issuz estoient pur cel ost esgarder.
Puis entrent el chastel, les portes font fermer,
Traient sus le pont si se volent celer.
Ne dehors ne dedeinz nul ne se volt mostrer.
Alisandre les escrie, prent les a demander
Ou pount en la contre[e] douce ewe trover.
Ne li deignent respondre ne nule rien mander[2].
Descoverir ne se volent, itant ne put crier.
Donc comande le roy e lancer e geter;
Dit lur s'il ne s'en issent il les fra alomer,
Occire e detrere e les testes couper,
Lur chastels abatre e toz acraventer.
Ne ly deigne[n]t respondre; assez i put irer.
Donc fet ly roys .ii.c. chevalers atorner
De legeres armes e en l'ewe entrer.
Desques al chastel noanz deivent passer. *138r*
Unques ne veistes genz si bel e bien noeer!

---

[1] t. nul ne de nul

[2] mandere

cv Le château qu'Alexandre trouva sur l'île rocheuse[1].

278

Les soldats sont stupéfaits qu'Alexandre leur fasse revêtir leurs armes,
alors qu'ils ont bien du mal à se porter eux-mêmes,
qu'on ne trouve aucun point d'eau et que nul n'en connaît.
Mais le roi, sage et avisé, a deviné
que les lions et les ours, les tigres et les sangliers
viendront le soir s'abreuver à ce lac,
que les dragons et les serpents viendront s'y rafraîchir :
il ordonne donc à ses hommes d'avancer en armes,
pour les protéger des attaques soudaines des bêtes sauvages.
Ils entament ainsi la remontée de la rivière
et, juste avant le soir, ils découvrent un château
aux fortifications faites des roseaux dont je vous ai parlé.
Les habitants, sortis pour regarder l'armée,
regagnent le château dont ils ferment les portes,
remontent le pont puis se dissimulent.
Nul n'accepte de se montrer dehors ou dedans.
Alexandre les appelle et leur demande
où trouver de l'eau douce dans leur pays,
mais ils ne daignent pas lui répondre.
Il a beau crier, ils refusent de se montrer.
Le roi ordonne alors de les cribler de traits
et les menace, s'ils n'ouvrent pas les portes, de les brûler,
de les massacrer et de leur faire couper la tête,
de détruire leur château jusqu'à la dernière pierre.
Nul ne daigne répondre, malgré sa colère.
Le roi ordonne alors à deux cents chevaliers
d'entrer dans l'eau avec des armes légères :
ils parviendront au château à la nage.
Tous sont d'excellents nageurs.

[1] *Epistola*, pp. 12-13.

cvi Coment les ypotamus devorerent les chevalers Alisandre.

279

Ly chevalers passent le gué a nou cum vaillant.
La quarte part noerent, e un poy avant
Sodeinement lur avint un[e] aventure grant,
Hyduse e horible e a toz pesant.
Hors del rocher qe fu haut revindrent donc noant
Ypotami, un monstres greignur qe olifant
De corps e de membres e de plus fier semblant.
Les .ii. cenz chevalers vont viaz toz devorant;
Les armes qu'il avoient ne lur furent garant.
Donc sunt cil de l'ost dolent e plorant.
Plore ly roys e vet doel demenant;
Ne quide aver confort a trestut son vivant.

280

Ypotamus est beste, si cum dit Solins,
Henist cum cheval si ad croupe e crins;
Del dos e de la croupe, des quises est equins;
Curbe pié, curte cue, [e] si ad denz aprins.
Les nuiz mangue blé, fruiz[1] e les reisins;
En ewe est tote jur e si noe sovins.
Tant par est voisié[2] ja n'ert pris par engins:
Par ses fauses traces deceit toz ses voisins,
Car quel part qu'il voit, les piez torne a rechins.
En tel manere issirent de ces rosins
E deus cenz devorent des Alexandrins.

281

Angouisse ont cil de l'ost, e Alisandre est dolenz
Quant veit qe les bestes devorent si ses genz.
Il en ad ire al quer, dolur e marremenz.
De ses guiors ad pris la moité de troys cenz;

---

[1] friuz

[2] voisie *d'une autre main*

cvi Comment les hippopotames dévorèrent les chevaliers d'Alexandre.

279

Les chevaliers franchirent vaillamment le gué à la nage.
Ils étaient au quart du chemin et même un peu plus loin
quand soudain leur arriva un terrible malheur,
une aventure affreuse et effrayante.
On vit arriver de l'île escarpée, à la nage,
des hippopotames, des monstres plus gros que les éléphants
et plus épouvantables encore de taille et d'aspect.
Ils eurent tôt fait de dévorer les deux cents chevaliers,
qui ne pouvaient même pas se protéger de leurs armes.
L'armée atterrée fond alors en larmes.
Le roi est en pleurs et exprime son désespoir ;
rien ne pourra le réconforter de toute sa vie.

280

L'hippopotame, nous dit Solin,
hennit comme le cheval, dont il a la croupe et la crinière ;
le dos, la croupe, les cuisses sont ceux d'un cheval ;
mais il a des pattes arquées, une courte queue, et des dents de sanglier.
La nuit, il se nourrit de blé, de fruits et de raisins ;
le jour il vit dans l'eau, où il nage sur le dos.
C'est une bête rusée qu'on ne prend pas au piège.
Il laisse de fausses traces pour mieux tromper,
en marchant, où qu'il aille, les pattes retournées[1].
C'est ainsi que ces bêtes surgirent des roseaux
et dévorèrent deux cents hommes d'Alexandre.

281

L'armée est terrifiée, Alexandre accablé
à la vue des bêtes qui dévorent les leurs.
Fou furieux de douleur et de colère,
le roi fait saisir la moitié de ses trois cents guides,

---

[1] Solin, 32, 30.

Fet les geter en l'ewe a ces monstres l[a]enz
E ly ypotami les devorent as denz.
De la ou venuz erent, font lur repeiremenz. *138v*
Ly autre ypotamy les ount veuz senglenz;
Sevent qe de[1] char d'ome ont refet lur talenz;
Donc henissent entr'els e siblent cum serpenz
Pur anguisser lur aire e lur hardemenz.
De noer la[2] endreiz ne sunt tardifs ne lenz.
Entre eaux noent le lay envers e as denz.
Les chefs ont noirs devant plus qe n'est aremenz.
Alisandre escrie: 'Mult est gref cist tormenz!'
Ly uns pleignent lur amis, ly autre lur parenz.
Donc sonent les gresles ad voiz des instrumenz;
Pernent les chevals e vestent les garnemenz.
La dolur i est grant, maiur ly pluremenz.

cvii Coment les pecheurs demostrerent l'ewe duce a Alisandre.

282

Corné sunt ly gresle e soné li tabur,
E cil haubert vestu, monté ly missodur.
Alisandre lur dit: 'Qe vaut cest sojur,
E suffrir tel seif, tel peine e tel labur
Ou sunt itel mostre e tel devorur?
Car sul de l'esgarder put home aver[3] hydur.'
A icestes paroles se metent au retur,
Traversent les deserz, chevachent par irur.
E quant vint a l'unzime hore de cel jur,
Veient une nacele ou furent pech[e]ur.
Alisandre escrie e dit al governour:
'Douce ewe nous enseignez, amy, pur Dieu amur!
Del nostre te dorrom qe tant averas honur.'
Cil dit en son langage: 'Outre [cel] bois en l'ur,

[1] de *ajouté sur la ligne.*

[2] Devorer la

[3] avere

qui sont jetés à l'eau en pâture aux monstres :
les hippopotames les dévorent à belles dents
puis retournent là d'où ils étaient venus.
Les autres hippopotames, les voyant couverts de sang,
comprennent qu'ils se sont repus de chair humaine :
ils hennissent entre eux, sifflent comme des serpents
pour faire peur aux soldats et gêner leur marche.
Les bêtes nagent rapidement de leur côté
et traversent le lac sur le ventre et le dos.
Leur tête est plus noire que l'encre.
“ Quel terrible supplice ! ”, s'écrie Alexandre.
Les uns pleurent un ami, les autres un parent.
On entend retentir les cors et les trompettes.
Le soldats s'habillent, prennent leurs chevaux,
en continuant à pleurer de chagrin.

cvii Comment les pêcheurs indiquèrent l'eau douce à Alexandre[1].

282

On fait retentir les cors et les tambours.
On revêt les hauberts, on monte à cheval.
“ Pourquoi rester ici ? leur dit Alexandre,
à endurer la soif et toutes ces souffrances,
à se faire dévorer par ces monstres ?
Rien que leur vue provoque l'effroi. ”
À ces mots, ils rebroussent chemin,
traversant les déserts, chevauchant tristement.
À la onzième heure du jour,
ils voient une nacelle avec des pêcheurs.
Alexandre crie au pilote :
“ Ami, dis-nous où trouver de l'eau douce, pour l'amour de Dieu !
Nous t'offrirons de grandes richesses pour t'honorer ! ”
L'autre répond dans sa langue : “ À la lisière du bois, là-bas,

---

[1] *Epistola*, p. 14.

Illuec troverez ewe de bone savur.'
La les meinent dreit li autre guiour;
Ainz qu'il venissent, suffrent grant dolur.
Tote la nuit eirent en doute e en pour.
Saillent lur lions e urs au primur, *139r*
Tigres e leopardz de meinte colur.
N'ot si hardy qui de son corps n'eust cremur,
Qe ne fut de sa vie tote nuit en errur.
L'endemein entour none parfirent lur labur,
E troverent une ewe de si faite[1] duçur;
Unques puis qe furent neez ne beiverent de meillur.
Ore ont tel joie a l'ost; unc nen orent maiur;
E boivent les bestes, si en rient li seignur.
Quant sazié en furent de la bone licur,
Ly roys fet donc trencher le bois qe fut entur;
Mil pas aveit de lé e tant de longur.
L'ewe fu tote close, ceo dient li autur;
Pur mielz avenir al gué le fist a mendre labur.

cviii Coment Alisandre tendy ses pavillons entour l'ewe.

283

Donc fist le roy loger ses compaignons,
D'environ cel[e] ewe tendre lur pavillons.
Donc tendent les trefs as egles, e as lions,
De samit, de cendal, [e] de bons[2] ciglatons.
Drescer fist e loger e pendre gros penons[3];
Ficher lances en som, gleives e gonfanons.
Vint e deus lues dura li environs
De loges e de trefs as contes e as barons.
Alisandre doute les serpens e dragons,
Ou engins ou agaiz ou cruels traisons.
Feu comanda a fere par icest[e] achaisons;

---

[1] si faitement

[2] bone

[3] prendre g. pessons

vous trouverez de l'eau douce. »
Les guides les mènent tout droit vers l'eau
mais avant d'y arriver, ils affrontent encore bien des épreuves.
Toute la nuit ils cheminent pleins de crainte,
assaillis d'abord par des lions et des ours,
puis par des tigres et des léopards tachetés.
Même le plus hardi craint pour sa vie
et passe toute la nuit à trembler.
Mais le lendemain en milieu d'après-midi, leurs épreuves prennent fin.
Ils trouvent une eau parfaitement douce,
la meilleure qu'ils aient jamais bue.
L'armée n'a jamais connu pareille allégresse :
les bêtes boivent, les hommes rient.
Quand ils sont rassasiés du précieux liquide,
le roi fait abattre le bois qui entourait le lac :
l'eau s'étendait sur mille pas de long et de large
et était tout encerclée par la forêt, à ce que disent les textes ;
il voulait ainsi faciliter l'accès au gué.

cviii Comment Alexandre fit dresser le camp autour du lac[1].

283

Le roi fait dresser le camp pour ses compagnons :
les tentes et les pavillons entourent le lac,
ils sont en soie, en taffetas, en précieux brocard,
surmontés d'aigles, de lions ;
l'installation terminée, on y pend de grands pennons ;
on fiche à leur sommet les lances qui arborent les gonfanons.
Sur vingt-deux lieues s'étend l'ensemble
des abris et des tentes destinés aux comtes et aux barons.
Alexandre redoute les serpents et les dragons,
ainsi que les pièges, les embuscades et les trahisons.
Il ordonne donc d'allumer du feu,

---

[1] *Epistola*, pp. 15-16.

Cink cenz en font si granz cum mesons.
De chenes anciens pleine en est la sesons.
Puis occient les tors, les vaches, les motons,
Quissent e rostissent oisels[1] e veneisons.
Alisandre dit a sa gent: 'De manger est seisons.'
Soner fet les taburs, ses barons ad somons,
Donc mang[u]ent par l'ost; l'ewe est a bandons. *139v*
Estencelent cil feu, flamboient cil tisons,
Crest la flambe quant ist e vole ly charbons,
Ventelent enseignes, fremissent les penons.
Deus mil lampes d'or pendent par bastons,
Ardent devant le roy einz as[2] pavillons.
Chantent cil jugleur gestes[3] e chançons.

cix Coment les chevalers se combatirent as serpenz.

284

La lune fu levee la disme lumeisons.
Donc venent serpenz e granz escorpions,
Tigres e olifanz, urs a russes toisons;
Avalent vers l'ewe les wastes regions.
Donc furent ly cri grant e les lamentacions,
Les pleintes, les dolurs, marremenz e palmeisons.

cx Coment le leverer estrangla le lion.

285

Pour ont cil de l'ost e si sunt amay.
Error ont de lur vie cil qui sunt plus fi.
Parigals sont tuit, ly coard e hardy.
Quant le leverer d'Albanie dont avez oy,
Qe refusa le porc e l'ours deguerpy,
Eschapa de sa lesse: un lion assailly
E au primer assaut tut envers l'abaty,

---

[1] oiseles

[2] al p.

[3] gestes: *l's* final ajouté sur la ligne.

cinq cents foyers grands comme des maisons,
où brûlent de vieux chênes, dont le lieu est abondamment planté.
Puis les Grecs tuent les taureaux, les vaches, les moutons,
font cuire et rôtir le gibier à plume et à poil.
" Il est temps de manger ", dit Alexandre aux siens.
Il fait battre les tambours pour appeler ses barons.
Les soldats se restaurent ; ils boivent à satiété.
Les flammes étincellent, les tisons flamboient,
le feu s'élève, les flammèches volent.
Les étendards volent au vent, les pennons se balancent.
Deux mille lampes d'or pendent sur des piquets
et brûlent devant le roi jusque dans les tentes.
Les jongleurs déclament des chansons de geste.

cix Comment les chevaliers combattirent les serpents[1].

284

La lune brillait au dixième jour de son cycle
quand surgirent les serpents et les grands scorpions,
les tigres et les éléphants, les ours à la fourrure rousse.
Ils dévalent des déserts pour rejoindre l'eau :
on n'entend que des hurlements et des gémissements,
on ne voit que pleurs, désespoir et pâmoisons.

cx Comment le lévrier étrangla le lion.

285

L'armée est frappée d'épouvante.
Même les plus confiants craignent pour leur vie.
Les couards et les hardis partagent la même peur.
Mais le lévrier d'Albanie dont je vous ai parlé,
celui qui avait refusé de poursuivre le sanglier et l'ours,
s'enfuit alors de son abri pour attaquer un lion :
d'un bond il le renverse sur le dos,

---

[1] *Epistola*, pp. 18-22 : le récit de la lutte contre les monstres qui s'approchent successivement de l'étang suit de très près le texte latin.

[L'] estrangle desuz ly e viaz[1] s'en party.

cxi Coment le leverer estrangla l'olifant.

286

En mi l'ewe le leverer un olifant assailli.
Abaty l'envers si l'ocist autresi,
E ly autre lion se sunt atant fui.
Merveille sey le roy e forment s'enjoi.
Mult ly en pesa de l'autre qe si le perdi.
De cest primer assaut si est l'ost garni.

cxii Des dragons qui assaillent l'ost.

287

A ceo qu'il parolent de lur leverer issi,
Est lur un[es] serpenz volant le larri! *140r*
Tote la region resone de lur cri.
Doel en ad Alisandre, li soen en sunt marri;
Crient a une voiz: 'De nous aiez merci!'

288

De diverse colur furent cist serpent:
Veir, rous e techelé e noir cum arement.
Crestes orent al chef, eskerdé hidusement.
Crient e noisent e siblent oriblement;
Tot[2] le mont en fremist e li val ensement.
N'i ad si hardy qui donc ne s'espoent[3];
E pernent lur armes; li roys les soes[4] prent.
Serrent les frons de l'ost des escuz e de gent
E tenent les espees devant eaux serrement.
Occient les d'armes e li feu les [es]prent.
Iceste bataille lur dure longement,

---

[1] e vaiz s.

[2] Tote

[3] ne nesposent

[4] soens

l'étrangle et s'éloigne aussitôt[1].

cxi Comment le lévrier étrangla l'éléphant.

286

Le lévrier attaque un éléphant dans l'eau,
le renverse sur le dos et l'étrangle comme le lion.
Et les autres lions de s'enfuir aussitôt.
Le roi, émerveillé, se réjouit de cet exploit.
Il regrette beaucoup d'avoir perdu l'autre chien.
L'armée se remet ainsi de ce premier assaut.

cxii L'attaque des dragons.

287

Tandis qu'ils parlaient du lévrier,
voici que des serpents survolent la lande.
Tous les environs résonnent de leurs cris.
Alexandre et les siens sont atterrés
et crient d'une même voix : " Ayez pitié de nous ! "

288

Les serpents étaient de toutes les couleurs :
bigarrés, roux, tachetés, ou noirs comme l'encre.
Ils avaient sur la tête une horrible crête d'écailles,
criaient et poussaient d'affreux sifflements
qui faisaient trembler monts et vallées.
Les soldats les plus hardis sont épouvantés.
Ils prennent leurs armes, comme le roi lui-même.
Les hommes serrent les rangs, rapprochent leurs écus
et brandissent leurs épées en une haie compacte.
Ils abattent les serpents de leurs armes et les jettent dans les flammes.
Cette bataille dura longtemps,

---

[1] Voir *supra*, vv. 4200-4238.

Deus hores de la nuit, si le livere ne ment.
Quant le[s] petit serpent dont dis primerement
Eurent beu de l'ewe e refet lur talent,
Les dragons envaissent e assaillent egrement
E les enchacent de l'ewe par lur grant hardement.
Puis se mustrent en l'ost joius e bonement.
K'om ne face a eaux mal, li roys le defent,
E quide estre seur; a son repos entent.
Ly autre se esleescent qui furent ainz dolent.

cxiii Des serpenz as deus chefs.

289

Si cum li rois a repos esteit entendant,
Des montaynes vin[ren]t un[es] serpent tres grant.
Deus chefs orent ou treis e de corps furent grant;
Les chefs portent haut e s'en venent siblant.
Crestes orent en som, des piz erent rampant,
E les langes fellees e getoient feu ardant.
Qe la flambe ateignoit n'ot de mort garant.
Le roy se conbati e si home vaillant, *140v*
E toz les occirent ové le Dieu comant.
Vint chevalers i out mort a cel assaut pesant,
Nez de Macedoigne trente deus sergant.

290

Mult sunt cil de l'ost cel[e] nuit anguissez.
Donc dit Alisandre: 'Seignurs, ore oiez,
Qui estes de corage e d'armes prisez!
Pur rien qe avez veu unc ne vos esmaiez.
Seur poez estre e baud e bien haitez;
Nous ne sumes naffrez ne nul de nos blecez.
En cest[e] nuit ne quide qe mes peril aiez.
Mie nuit est passez, le jur est aprochez.'

deux heures cette nuit-là, si le livre dit vrai.
Quand les petits serpents dont j'ai déjà parlé
eurent étanché leur soif à leur gré,
ils attaquèrent sauvagement les dragons
pour les chasser hardiment de l'étang.
Puis ils revinrent vers l'armée, joyeux et sans intention de nuire.
Le roi interdit qu'on leur fît du mal
et, croyant être en sûreté, voulut se reposer.
Les soldats passèrent de la souffrance à l'allégresse.

cxiii Les serpents à deux têtes.

289

Le roi songeait à se reposer
quand vinrent des montagnes des serpents gigantesques.
Ils avaient un corps énorme et deux ou trois têtes
surmontées d'une crête, qu'ils dressaient en sifflant ;
ils avançaient en rampant.
De leur langue fourchue jaillissait un feu ardent
qui tuait celui qui en était atteint.
Le roi se battit aux côtés de ses vaillants soldats :
ils tuèrent tous les serpents, avec l'aide de Dieu.
Mais vingt chevaliers trouvèrent la mort dans la terrible bataille,
ainsi que trente-deux fantassins de Macédoine.

290

L'armée passa la nuit dans une profonde angoisse.
“ Écoutez-moi, seigneurs ! dit alors Alexandre,
vous qui êtes de vaillants guerriers de renom !
Ne vous effrayez pas de ce que vous avez vu !
Vous pouvez vous rassurer et vous réjouir :
nous ne comptons pas le moindre blessé.
Je crois que le danger est écarté pour la nuit.
Il est minuit passé, le jour approche. ”

cxiiii Des canceres a deus piez.

291

Cum Alisandre parlot e ert baud e leez,
Est lur donc un[s] mustres serrez e rengez!
Cancer est appellez; chascon a deus pez.
Assaillent ceaux de l'ost cum chiens aragez.
Ly Greu ferent des lances e de trenchanz espiez[1],
Des branz ascerins e des gleives[2] agusez;
Nes porront damager par nul foer, ceo sachez.
Donc i getent le feu, ars les ont e greslez,
E en l'ewe del lay a force dechacez.
Ore est li roys joius qui ainz fust irez,
Mes des armes porter est las e travaillez.
Puis dit a ceaux de l'ost: 'Un poy vous cochez!'
De timbres e de busines fu li cocher criez.

cxv De la bataille as blans lions.

292

Armez a son escu est Alisandre apuiez.
Atant est lur en l'ost un[s] blanc lion deugez!
A merveille furent grant e cresté e flochez.
N'ot si endormi ne fu tost esveillez.
Crient a une voiz: 'Ha, roy, car nous aidez!
Nous eimes tuz trahy e laidement enginez.' *141r*

293

Ly lion furent granz e l'ost assaillirent[3].
Cil furent hardiz e bien se defendirent.
Lancerent des darz e des espees i ferirent;
Tuit li plus en occistrent, e li autre s'en fuirent.

---

[1] espeez

[2] gleives: *le* s *ajouté sur la ligne.*

[3] assaillerent

cxiv Les crabes à deux pattes.

291

Alexandre prononçait ces paroles de réconfort
quand surgirent des monstres en rangs serrés :
on les nomme crabes ; ils possèdent deux pattes.
Ils assaillent l'armée comme des chiens enragés.
Les Grecs se défendent de leurs lances et de leurs épieux tranchants,
de leurs lames d'acier, de leurs glaives aigus,
mais ils ne parviendront jamais à les blesser, sachez-le.
Alors leur jetant du feu, ils les brûlent et les roussissent
puis les pourchassent âprement jusqu'à l'eau du lac.
La colère du roi fait alors place à la joie.
Mais il est épuisé sous le poids de ses armes.
Il dit à son armée : “ Couchez-vous donc un peu ! ”
Tambours et trompettes sonnent l'heure du coucher.

cxv La bataille contre les lions blancs.

292

Alexandre, en armes, était appuyé contre son écu
quand fondirent sur l'armée des lions blancs efflanqués
d'une taille prodigieuse, la crinière hirsute.
Les plus profondément endormis sont vite éveillés !
Tous s'écrient d'une seule voix : “ Roi, au secours !
Nous sommes tous trahis et perdus sans recours ! ”

293

Les grands lions assaillent l'armée,
qui se défend avec courage,
par des pluies de traits et des coups d'épée :
la plupart des lions meurent et les autres s'enfuient.

cxvi De la bataille as tygres.

294

Aprés ceste peine une autre i revirent:
Tygres hiduses de coste lur saillirent,
As denz e as ungles laidement les envairent.
Desques pres del jur egrement combatirent;
A force des espeez de l'ost les repartirent.

cxvii De la bataille as chausoriz.

295

Aprés les blans lions vindrent chausoriz:
Del grant as columbs, tote[s] noir[e]s as piz,
Dentees cum home e crestees a cerviz[1].
Horible est lur voleir e mult hidus lur criz.
Volent par cel ost qui fust tut estormiz.
Par icest[e] tormente furent mult alaiditz.

cxviii Del mustre qe est appellé dent tirant.

296

Un mustre orgoillus lur parut atant.
Mult fu hydus e laid, grant cum olifant;
Noir chef ot de cheval, e treis cornes[2] avant.
Ly Indien apellent cest mustre dent tirant.
Quant bien eurent de l'ewe pris lur avenant,
Iceaux del front vindrent envaissant;
N'aresturent pur arme ne pur nul feu ardant.
Mult se defendirent bien ly Greu e ly Persant,
Depescerent lur les corns e ferent meintenant.
En eaux ne put entrer espee ne ascerin brant.
Cinquante deus en occient e ly autre vont fuiant.
Vint e sis chevalers mort i lessent gisant.

---

[1] a creviz

[2] c. tertiz corps a.

cxvi La bataille contre les tigres.

294

Mais une autre épreuve les attendait :
des tigres effroyables les attaquent sur les flancs,
les harcèlent cruellement à coups de dents et de griffes.
Ils se défendirent durement jusqu'au lever du jour
et les éloignèrent de l'armée à la pointe de l'épée.

cxvii La bataille contre les chauves-souris.

295

Aux lions blancs succédèrent des chauves-souris
de la taille des colombes, mais toutes noires,
avec des dents d'homme et une crête sur le cou.
Leurs battements d'ailes et leurs cris sont effrayants.
Elles volent au-dessus de l'armée en proie à la panique
et très affaiblie par ce nouveau tourment.

cxviii Le monstre appelé Dentirant.

296

Alors surgit un monstre épouvantable,
d'une laideur effrayante, grand comme un éléphant ;
sa tête noire était celle d'un cheval, avec trois cornes.
Les Indiens le nomment Dentirant[1].
Quand ces monstres se furent bien désaltérés,
ils attaquèrent l'avant-garde,
sans se laisser arrêter ni par les armes ni par le feu.
Grecs et Perses se défendirent vaillamment
et leur brisèrent aussitôt les cornes à coups d'épée ;
mais nulle lame ne pouvait pénétrer dans leur corps.
Ils en tuèrent cinquante-deux, les autres s'enfuirent,
laissant à terre vingt-six chevaliers morts.

---

[1] *Epistola*, pp. 20-21. Il pourrait s'agir du rhinocéros. Voir toutes les occurrences citées par J. Zacher, *Pseudo-Callisthenes*, Halle, 1867, pp. 153-158. Mais R. Goossen voit dans ce nom une traduction d'un terme sanskrit qui désignerait un monstre indien, le " roi des serpents " : " L'odontotyrannos animal de l'Inde ", *Byzantion* 4, 1927-28, pp. 29-52.

cxix De granz soriz com gopils.

297

Puis survindrent soriz par la terre rampant; *141v*
Tels furent cum gopil de grandur e de semblant.
Entre les bestes par tote l'ost vont corant,
Les chevals e les homes par les membres mordant.
Moleste font e peine e damage mult grant.
De nul ne traient sanc qui de mort ait garant.

cxx Des sercees qui devorerent les soriz.

298

Tot[1] droit a l'ajorne[e] a l'aube parissant[2],
Este vos unes serces par desus l'ost volant!
Si grant cum vultur vont par l'ost bruiant;
A nul home de l'ost ne font ne tant ne quant,
Ainz vont par l'estang les pessons mangant,
Anguilles e perches, luz e samons pernant.

299

Quant furent saul des pessons qe mangerent,
Virent les granz soriz qe l'ost tant travaillerent.
A plein vont tuit serré, sur eaux s'e[s]lesserent;
Les Macedoigneis si faitement vengerent.

cxxi Coment Alisandre fist prendre les guiors.

300

Dure fu cele nuit la veille e la medlle[e],
Les pours[3] e les peines tresqu'a l'ajorne[e].
Le soleil est levanz e l'aube est escreve[e];
Alisandre fet prendre ceaux qui la voie ont guie[e][4],
Fruisser jambes e braz e geter e[n] la pre[e]

---

[1] Tote

[2] perissant

[3] poures

[4] qui lavoient guie

cxix Les souris grandes comme des renards.

297

Alors survinrent, avançant sur le sol, des souris
qui ressemblaient à des renards et avaient leur taille.
Elles couraient dans toute l'armée au milieu des bêtes,
mordant les chevaux et les hommes sur tous leurs membres,
causant de grandes souffrances et de lourdes pertes :
celui dont elles sucent le sang trouve immédiatement la mort.

cxx Les serces qui dévorèrent les souris.

298

Mais au petit matin, au lever du soleil,
voici que des serces survolent l'armée.
De la taille des vautours, elles fondent sur le camp[1] ;
elles ne touchent pas aux hommes
mais vont manger les poissons de l'étang,
pêchant anguilles et perches, brochets et saumons.

299

Une fois repues de poissons,
elles voient les grosses souris qui tourmentent l'armée ;
elles plongent sur elles en rangs serrés,
vengeant ainsi les Macédoniens.

cxxi Comment Alexandre fit saisir les guides[2].

300

Dure fut cette nuit de veille et de combats,
de peurs et d'épreuves, jusqu'au lever du jour.
Mais le soleil se lève, l'aube déchire le ciel.
Alexandre fait saisir les guides :
on leur brise les membres, on les jette dans le pré

---

[1] Dans l'*Epistola* (p. 21), il s'agit de nycticorax (*nocticoraces*), un genre de chouettes, qui sont également rapprochés des vautours et s'attaquent aux poissons de l'étang.

[2] *Epistola*, p. 22.

E liverer as serpenz come gent parjure[e][1].
Cil voleient de ly fere tel destine[e],
E pur ceo fu l'ost cel[e] voie mene[e].
As soens dit Alisandre: 'Bone gent honore[e],
Dure nuit avom tret[e] de hier seir l'avespre[e].
Ore est, merci Dieu, jur e bele matine[e].
L'anguisse du travail est ja tote passe[e].
Seez baud[e] e haitiee[2] e desore conforte[e];
N'esmaiez vous de rien, ne soiez adolee.
Meint champ avez vencu, meinte terre aquitee *142r*
E meint[e] dure gent de bataille gete[e].
Vous en avez suffert meinte dure colee,
Meint[e] plaie al corps de lance e d'espee.
Tote vostre juvente est entur moy usee.
Jeo sui roy coronez; Grece en est alosee;
Si jeo vif, ceste peine vous ert guer[e]donee:
Granz regnés e citez vous durray en soudee.
Si avom eu hachee, qe chaut? Ore est passee.
La voie par deserz est del tut encombre[e]
E des bestes sauvages en plusors lius troblee.
Retornom par decea la seure contree.
En Solerne devers Perse ad mult meillur entree.
Porrus est a Baudas, sa gent ad assemble[e].'
Donc sonent en l'ost la mote e la mene[e].
Guerpisent les deserz e vont lance levee
Vers Baudas ou Porrus ad sa gent aunee.

cxxii Coment Alisandre ferma chastel sur Baudas.

301

Alisandre guerpi les deserz ou li soen sunt occis,
E airent vers occident jornees plus de dis.
Illuec trove Indiens assemblé al pais,
Estranges gens e granz e les barons ma[r]chis.

---

[1] periure
[2] haitiz

pour les livrer aux serpents comme des traîtres :
c'est le sort qu'ils voulaient faire subir au roi ;
ils avaient dans ce but choisi cet itinéraire pour l'armée.
Alexandre dit aux siens : " Guerriers pleins d'honneur,
nous avons enduré une nuit cruelle.
Dieu merci, il fait jour, la matinée est belle,
L'angoisse et la souffrance sont bien passées.
Rassurez-vous et reprenez confiance !
Oubliez vos frayeurs et vos craintes !
Vous avez gagné bien des batailles, libéré bien des terres
et triomphé d'une multitude de rudes guerriers.
Vous avez reçu bien des coups de lance et d'épée,
dont vous portez les marques sur le corps.
Vous m'avez sacrifié toute votre jeunesse.
Je suis roi couronné, la Grèce y gagne en gloire :
si je vis, je récompenserai votre peine
en vous donnant de grands royaumes et des cités.
Si nous avons souffert, quelle importance ? C'est fini !
La route des déserts est trop périlleuse
et regorge de bêtes sauvages.
Retournons par ici vers des pays plus sûrs !
À Solerne, vers la Perse, l'accès est plus facile.
Porrus est à Bagdad, il rassemble ses hommes. "
L'armée résonne alors du signal du départ ;
elle abandonne les déserts pour marcher, lance levée,
vers Bagdad, où Porrus a réuni ses hommes.

cxxii Comment Alexandre consolida des places fortes sur la route de Bagdad[1].

301

Alexandre abandonne les déserts où les siens ont trouvé la mort
et fait plus de dix journées de marche vers l'ouest.
Il trouve les Indiens rassemblés dans le pays,
des peuples lointains, de grande taille, avec barons et marquis :

---

[1] *Epistola*, p. 23. Le texte latin mentionne la ville de Bactres.

Miler furent assemblee plus de sessante dis;
De combatre as Greus se sunt en bandon mis.
Donc volt Alisandre qe li escu soient pris,
E Tholomeu ly dit: ‘Bons rois poestis,
Tenom nostre chemin, lessom ces enemis,
Car si les vencom, n'i averom[1] los ne pris.
En aver qu'il aient n'ad gaine, çoe m'est avis.
Or avom e argent, pailles purprins e bis,
Olifanz e chameals e chevals arabis.
Vos ostz sunt mult chargé de ceo qu'il ont conquis.
Fetes vostre voleir, car le mien vous dis.’ *142v*

302

Del conseil qu'il ad dit li prince a un sont;
Eschuent cel[e] gent e vers Baudas s'en vont.
As destreiz[2] sunt grant les travails qu'il ont.
Les voies sunt pereuses e lab[o]rous li mont,
E feres les eweṣ, briuant li gué parfont,
Li passage malveis, usé e vielz li pont.
Li roys Alisandre les guie al premer front;
Phelippe son frere est al conrei secont.
En la marche de Perse vers occident amont
Ou larges sunt les pleines oel[3] champ err[er]ont.
Ainz al certein pays li guior arestont,
E merchent granz fossez e lur herberges font.
De Perse e de Mede la vitaille averont;
Sanz destorber en Inde par cy ent[e]ront.

303

A quatre jornees de Baudas s'aresturent,
Fermerent bons chasteaus del merin qu'il eurent.
Devers Perse encea sanz pour i furent.

---

[1] v. na averoum l.

[2] As destrers

[3] pleines e oel

ils étaient là plus de scixante-dix mille,
prêts à se battre contre les Grecs.
Alexandre voulait livrer bataille
mais Tholomé lui dit : " Puissant roi,
poursuivons notre route, laissons ces ennemis :
nous ne gagnerons aucune gloire à les vaincre
et leurs biens ne nous enrichiront pas, j'en suis sûr.
Nous avons déjà or, argent, soies pourpres et grises,
éléphants, chameaux et chevaux arabes.
Vos hommes sont accablés du poids de leur butin.
Faites votre volonté, je vous ai dit mon sentiment. "

302

Les princes décident de suivre ce conseil ;
ils évitent ces troupes et marchent vers Bagdad.
Les défilés sont très rudes à franchir,
les routes pierreuses, les montagnes éprouvantes,
les eaux rapides, les gués profonds et tumultueux,
les passages périlleux. les ponts vieux et usés.
Le roi Alexandre les dirige à l'avant-garde,
avec son frère Philippe dans le deuxième bataillon.
Ils remontent vers la frontière de la Perse à l'ouest,
dans les larges plaines et les vastes champs plats.
Les guides ne s'arrêtent qu'en terrain sûr
pour dresser un camp défendu par de grands fossés.
Ils disposeront des vivres de Perse et de Médie
et pénétreront de ce côté en Inde, sans encombre.

303

À quatre jours de Bagdad ils s'arrêtèrent
pour fortifier de bons châteaux avec le bois dont ils disposaient.
Ils ne craignaient rien dans cette région de Perse.

Vint jors demorerent qe unques ne se murent,
Ne damage ne firent, n'al regné corurent.
Mult par sunt grant li ost, vint e deus lues durent;
De l'un ost desqu'a l'autre vont cil qe s'entrec[on]urent.

cxxiii Coment la gent Alisandre e Porrus sovent justerent.

304

A Bactracen est Porrus l'orgoillus e li fiers,
Larges hom e cortois e hardy chevalers,
E grant a demesure e bacheler legers.
Assemble a ly ses fiz e soud[i]ers,
Dux, princes e contes, vavasors e terrers,
Serganz e bachelers, arblasters e archers;
Tant i ot ne say les cenz e les milers.
De Alisandre conustre out il grant desirers,
E s'il seust coment, mult le freit volunters.
De celer sa persone est Alisandre coustomers, *143r*
Car quant a curt venoit estrange[s] messagers,
Il ne parlassent ja fors par entreparlers.
De petit[e] estature estoit; ne mie menuers.
Herberger fet ses genz les nef jours enters.

305

Acorder s'en vousist volenters s'il peust[1],
E desire en son quer qu'il le recon[e]ust.
Donc comande Porrus tant cum l'ost jeust
Ou cum Alisandre a siege est[e]ust,
Le marché de Baudas a trestoz commun fust,
Achatast qui vousist e dreit marché eust.

306

Les premers vint jors furent tuit coy;
Aprés ceo i out meint orgoillus desroy,
Assauz e bons estors e cembel e tornoy,

---

[1] puist

Ils y demeurèrent vingt jours sans bouger,
sans parcourir le pays ni faire des violences.
Les deux immenses armées s'étendaient sur vingt-deux lieues ;
des soldats qui se connaissaient circulaient de l'une à l'autre.

cxxiii Les fréquentes escarmouches entre les armées d'Alexandre et de Porrus.

304

À Bactres se tient Porrus, le fier et l'orgueilleux ;
c'est un homme généreux, courtois, un hardi chevalier,
d'une taille étonnante et d'une grande agilité.
Il rassemble ses vassaux et les guerriers qu'il a engagés,
ducs, princes et comtes, vavasseurs et seigneurs,
fantassins et écuyers, arbalétriers et archers ;
on ne saurait dénombrer ces centaines et ces milliers d'hommes.
Porrus souhaite ardemment rencontrer Alexandre
mais ne sait comment réaliser son désir :
Alexandre a coutume de dissimuler sa personne aux regards ;
quand vient à la cour un messager étranger,
il ne peut parler au roi que par un intermédiaire.
Alexandre est de petite stature, mais il n'a rien d'un freluquet.
Il laisse se reposer ses hommes neuf jours entiers.

305

Porrus voudrait bien un accord avec Alexandre
et désire faire sa connaissance.
Il ordonne donc, tant que l'armée est au repos
et qu'Alexandre assiège la ville,
d'ouvrir à tous le marché de Bagdad
et de laisser chacun libre d'acheter à bon compte.

306

Les vingt premiers jours furent paisibles ;
mais ils furent suivis de violents affrontements,
d'assauts, de combats, d'embuscades et de joutes,

Hardement e pruesce e boban e nobloy,
Occis meint bon[1] cheval, gayné meint palfroy.
Bactracen est fort cité; n'ad pour de segoy,
Ne doute perere, engin ne berfroy.
Porrus enquer sovent de Alisandre le roy
A ceaux k'en la cité vont quere conrey,
E l'em dist a Alisandre en conseil son secroy.

cxxiiii Coment Alisandre se feint message a Porre.

307

Alisandre le roy ad sovent oy dire
Qe Porrus a conustre forment le desire
E qu'il ly abandone l'aver de son empire;
Achatent i les vins, le forment e la cire.
Cil qui ly recontent ly font sovent rire;
Ore ad de ly veer autretant desire.
Guerpy ses reaux draps e vesti les pire
K'em nel puisse conustre ne pur roy eslire,
E monte Alisandre en un mul de Assire.
Enprent un tel fet qe bien fet a descrire!

308

Monte Alisandre si vet en la cité; *143v*
Esgarde les paleis, les murs e la beauté.
Porrus esteit au peron e si baron privé,
Parole a ses princes, conseil ad demandé,
E Alisandre s'abat sur eaux de son gré,
As arçons de la seele un sac de quir trossé.
Sulle[n]z ert le mulet de ceo qu'il ad erré,
Sanglanz les costez e les cengles overé.
Ceo dient ly baron: 'Cist a son corps pené.
Alcun fier mandement ad de loinz aporté.'
Alisandre passe outre qu'il n'i est aresté;

---

[1] bone

d'actes de bravoure, d'orgueil et de noblesse :
bien des bons chevaux furent tués, d'autres conquis.
Bactres est une puissante cité qui ne craint pas le siège,
ne redoute ni perrière, ni catapulte ni tour d'approche.
Porrus s'enquiert souvent du roi Alexandre
auprès des acheteurs qui entrent dans la ville,
et l'on révèle au roi son désir secret.

cxxiv Comment Alexandre se fait passer pour un messager auprès de Porrus[1].

307

Le roi Alexandre a souvent entendu dire
combien Porrus désire le connaître,
au point de lui abandonner les richesses de son empire :
on lui achète le vin, le froment et la cire.
Alexandre rit souvent à ces récits
et en vient lui aussi à désirer voir Porrus.
Renonçant à ses vêtements royaux, il choisit les plus humbles,
afin de ne pas être reconnu pour un roi,
et enfourche une mule d'Assyrie :
cette aventure vaut bien qu'on la raconte !

308

Alexandre, sur sa monture, se dirige vers la cité ;
il admire la beauté des palais et des murailles.
Porrus se tenait près du perron avec ses familiers ;
il parle aux princes, leur demande conseil.
Spontanément, Alexandre se dirige droit sur eux,
un sac de cuir fixé aux arçons de sa selle.
Le mulet transpire après le chemin parcouru ;
ses flancs sont sanglants sous les sangles ouvragées.
Les barons déclarent : " Voici un homme épuisé
qui apporte de loin un message important. "
Alexandre poursuit son chemin sans s'arrêter

---

[1] *Epistola*, pp. 24-25.

Par le comande Porrus fut tost apellé.
Roy Porrus li ad dit, quant fust retorné:
'Dont viens e qui es tu?' 'Jeo sui de Grece né[1]
Chamberlein sui Phelippon, un duc alosé
Qui fu fiz Phelippon, le bon[2] roy coroné;
Ainzneez est Alisandre, aver dut le regné.
Cire vieng achater dont avom escharseté.
Il tendra demein feste de sa nativité.
Ne destorbez mon eire, car ça m'en sui hasté.'
Le roy Porrus li dit: 'Donc dy moy la verité,
Quels hom est Alisandre, cum grant e de quel é[3]?'
'Par foy, sire, frans est e larges e de grant bonté,
Mes petit est de corps e vielz e mult barbé.
Il ad, mien escient, plus de cent anz passé,
Si est freiz tant k'en mie esté
Ad il a son manger treis mantels affublé.'
Porrus se regarde e dit a son barné:
'Seignurs, pur quei l[i] ay mon regne abandoné,
Pur quei l'ay tant fui e son corps redoté?
Jamés ne serray lez si serrom ajusté
Corps contre corps la bataille couplé.'

309

'**B**eaus amis,' dit Porrus, 'quant il est de tel age, *144r*
Pur quei mein tel orgoil, tel fierté e tel rage
Qe touz les roys du siecle met en son servage,
Prent treu de lur chefs en non de culvertage?'
'Sire roy de Inde majur,' ceo li dit son barnage,
'K'en demandez a cestui qui poy siet de son corage?
Un[4] sergeant est de l'ost, si vient cy en message.
Unc ne fut si hardy qu'il le veit al visage.'

---

[1] nee
[2] bone
[3] quel ce
[4] Une s.

mais on le rappelle vite sur l'ordre de Porrus.
Le roi Porrus lui dit, à son retour :
“ D'où viens-tu ? Qui es-tu ? – Je suis Grec,
chambellan de Philippe, un noble duc,
lui-même fils de Philippe, le bon roi couronné.
C'est l'aîné d'Alexandre et il aurait dû avoir le royaume.
Je viens acheter de la cire : nous en manquons.
Il fêtera demain son anniversaire.
Ne me retardez pas, je suis pressé !
– Dis-moi la vérité ! lui dit le roi Porrus.
Quel homme est Alexandre ? de quelle taille ? de quel âge ?
– Ma foi, sire, il est noble, généreux et très brave,
mais petit et âgé, avec une longue barbe.
Il a, à mon avis, plus de cent ans,
et craint tant le froid qu'en plein cœur de l'été,
il porte trois manteaux pendant les repas. ”
Porrus réfléchit et dit à ses barons :
“ Seigneurs, pourquoi lui avoir livré mon royaume ?
pourquoi l'avoir fui et tant redouté ?
Je ne veux plus maintenant que l'affronter
corps à corps, en combat singulier. ”

309

“ Mon ami, dit Porrus, puisqu'il est si âgé,
pourquoi cet orgueil, cette fierté, cette rage
de vouloir asservir tous les rois du monde
et d'exiger d'eux un tribut en signe de soumission ?
– Sire roi d'Inde majeure, répondent ses barons,
à quoi bon interroger un homme qui le connaît mal ?
C'est un fantassin de l'armée qui vient en messager.
Il n'a jamais eu l'audace d'aller voir Alexandre en personne. ”

310

Le roy Porre li dit: ‘Puis tu parler al roy?’
Alisandre respont: ‘Oil, sire, par ma foy.’
‘Porte ly cest[1] bref ou escrit est mon secroy.
Un marc d’or te dorray e un bon[2] palefroy.’
Alisandre respont: ‘Par ceo covent l’otroy.
Il le verra ainzcui, de ceo vous jur ma loy.’
Hom li livere les dons, le bref ad vers soy.
Prent congé en la court; de[l] mul ne prent conroy.

311

Vet s’en Alisandre, le bref en sa mein porte.
La mule [i] ad lesse[e], ne siet seit[3] vive ou morte.
L’or dona au porter quant vint a la grant porte.
Puis regarde le bref, manance i trove forte
Cum Porrus l’envie e de bataille enorte[4].
Forment s’en rist Alisandre e son travail comforte.

312

Quant le bref ot lu, a son ost repeira.
Ceo qu’il ot trové as barons reconta.
Unques si grant orgoil vers nul ne trova.
Jeo ne say qe ceo fust, mes mult se merveilla.
Le contre escrit del bref a sa mere envoia
Pur le fier mandement dont le manancea.
Aprés ceo al tierz jur tote l’ost assembla;
Armer de bataille a trestoz comanda
Il memes prist les armes e tut primer s’arma,
E tote sa grant ost a Baudas envoia.

---

[1] ceste

[2] bone

[3] s. sil s.

[4] b. entorte

310

" Peux-tu parler au roi ? ", lui dit le roi Porrus.
Alexandre répond : " Oui, sire, sur ma foi.
– Porte-lui cette lettre où j'ai écrit un message secret.
Je te donnerai un marc d'or et un bon palefroi.
– J'accepte à ces conditions, répond Alexandre :
il la verra aujourd'hui même, je le jure sur ma foi. "
On lui remet les dons et il prend la lettre.
Il prend congé de la cour en laissant sa mule.

311

Alexandre s'en va, la lettre à la main.
Il abandonne la mule, qu'elle soit morte ou vive.
Arrivé à la grande porte, il donne l'or au portier
et puis ouvre la lettre, qu'il trouve pleine de menaces :
Porrus le défie et exige la bataille.
Alexandre en rit fort en se reposant de ses fatigues.

312

Quand il a lu la lettre, il rejoint son armée
et raconte aux barons son aventure.
Il n'a jamais trouvé si grand orgueil
et s'en émerveille à tel point
qu'il envoie à sa mère un double de la lettre
pour lui montrer l'arrogance des menaces qu'il a reçues.
Trois jours plus tard, il convoque l'armée
et ordonne à tous de se mettre en tenue de combat.
Lui-même revêt ses armes le premier
et lance toute son armée sur Bagdad.

cxxv Coment Alisandre e Porrus s'entrecombatirent. *144v*

313

Porrus en est garniz, la novele ad oie,
E ist hors de Baudas a sa gent banie;
D'une part e d'autre ad fier[e] compaignie.
Entré e encontré se sunt en la lande florie.
A l'abesser des lances fu grant l'envaie!
Meint escu i ot freint, e meinte targe burnie;
Maintenent la bataille come gent hardie,
Chescun a son poer i fet chevalerie;
Mes bataille champel ne dure longes mie,
Car quant est bien ferue, donc est tost finie.
La gent le roy Porrus se sent mult acuillie,
Qe occise qe prise la maiur partie.
L'autre guerpist l'estur, en Baudas est fuie.

cxxvi Coment Porrus se rendi a Alisandre.

314

Porrus vient a Alisandre, veiant toz mercy li crie,
E tent ly cum prison sa espee forbie.
Rent li la terre qu'il ad en baillie,
Ses tresors, ses avers[1], e sul itant li prie
Qe li ne ses parenz ne ses amis n'ocie.
Le roy Alisandre ad l'espee seisie;
A li e a toz les soens grante membre e vie.

315

Tant ad Alisandre demené la guere
Qe seisi s'est de Porrus e de tote sa terre.
Par covenant en doit tut son voler fere,
Mes nel mette en prison n'en anels n'enserre.

---

[1] averes

cxxv La bataille d'Alexandre et de Porrus[1].

313

Porrus se prépare ; il a appris la nouvelle
et sort de Bagdad avec toute son armée :
ce sont deux fières compagnies qui s'affrontent.
Elles se rencontrent dans la lande fleurie.
Sitôt les lances baissées, l'assaut est terrible.
Que d'écus et de boucliers étincelants brisés !
Les guerriers se battent avec courage,
s'efforçant de multiplier les exploits.
Mais une bataille en plaine ne dure pas longtemps :
une fois bien engagée, elle est bientôt finie.
Les hommes du roi Porrus se sentent écrasés,
la plupart sont tués ou prisonniers.
Le reste abandonne le combat et s'enfuit vers Bagdad.

cxxvi Comment Porrus se rendit à Alexandre.

314

Porrus vient crier merci à Alexandre devant tous
et lui tend son épée fourbie pour se livrer prisonnier.
Il lui remet la terre qu'il a en son pouvoir,
ses trésors, ses richesses, le priant seulement
de ne pas mettre à mort ses parents ni ses amis.
Le roi Alexandre prend possession de l'épée
et promet la vie sauve à Porrus et à tous les siens.

315

La guerre d'Alexandre s'est terminée
sur la prise de Porrus et de toutes ses terres.
L'accord stipule qu'il peut faire tout ce qu'il veut de Porrus,
hormis le mettre en prison et l'enchaîner.

---

[1] *Epistola*, p. 26.

cxxvii Coment Alisandre rendy a Porrus tote sa terre.

316

De Porre e de sa terre est Alisandre saisi,
Face ent sa volenté e devisé est ensi.
Cil fist qe gentil quant du tuit ly rendi;
Qu'il li bailla sa terre par tant sunt ami.
Le vaillant un dener unc Porre ne perdi.
Oez estrange fet de si fet enemi! *145r*
Quant vit qe Alisandre del soen rien ne tolli,
Ala a ses tresors e toz les overi
E au roy Alisandre les dona e parti.
De si grant aver ne fust unques oi,
Ne de si grant tresor cum il i departi.

317

Tot[1] le tresor qe Porrus au secle avoit,
Ceaux qe furent apert e ceaux k'om ne savoit,
Fet porter devant toz plus qe n'estovoit,
E chescun qui [i] fust prist ceo qu'il en voleit.

318

Ly roys sunt acordez, les regnés apaisez,
Le tresor departi; grant [sunt] les amistez.
N'ot si coveitus cel jur ne fust haitez.
Pur la plenté de l'or est le doel obliez.
Donc dit Alisandre: 'Porre, ore eimes en amistez.
Ton regné m'est mult loez e prisez.
Veer voil la terre; ore vous apparillez!
A la maiur merveille qe unques i sachez
Pri vos sur guer[e]don qe vous me conduiez,
K'a la fin d'orient sauvement me menez.'
E Porrus respont: 'Ceo vous ert otriez.
Ore vous atornez; l'eire ert comencez.'
Mult fu le roy Porre vaillant e enseignez.

---

[1] Tote

cxxvii Comment Alexandre rendit à Porrus toute sa terre.

316

Alexandre tient Porrus et sa terre en son pouvoir,
il a le droit d'en faire son bon plaisir.
Mais il agit avec noblesse en lui rendant tous ses biens ;
il lui remit sa terre pour sa seule amitié.
Porrus n'y perdit pas la valeur d'un denier.
Quelle étrange conduite à l'égard d'un ennemi !
Porrus, voyant qu'Alexandre ne lui prenait rien,
lui ouvrit tous ses trésors,
lui en fit don et les lui offrit.
On n'avait jamais vu richesses
ni trésors pareils à ceux qu'il offrit.

317

Tous les trésors que possédait Porrus,
ceux que l'on connaissait, ceux dont on ignorait l'existence,
il les leur fit apporter, dépassant ainsi ce qu'on attendait de lui,
et tous les assistants prirent ce qu'ils voulaient.

318

Les rois ont conclu un accord, les royaumes sont en paix ;
les trésors distribués entretiennent l'amitié.
Même le plus cupide fut comblé ce jour-là ;
le deuil s'efface devant l'abondance de l'or.
“ Porrus, dit Alexandre, nous sommes maintenant amis.
On m'a grandement vanté ton royaume.
Je veux le visiter : prépare-toi donc !
Au nom de ce que tu me dois, je te prie de me mener
à la plus grande merveille que tu connaisses
et de me guider en sûreté jusqu'au bout de l'Orient.
– Je vous l'accorde, répond Porrus.
Faites vos préparatifs : le voyage va commencer. ”
Le roi Porrus, très vaillant et très sage,

Tant ad chars e forment, e somers[1] charge[z],
Fin or e blanc argent, haubers e espiez[2],
A la fin del siecle sunt de l'aler bien aisez.

319

Pur veer les merveilles s'est li roys esm[e]uz.
Ly chareiz e ly somages est de Baudas issuz
Qe portent les vins e ly forment moluz
E la vessele d'or e les paieles tissuz.
Le barnage Alisandre est forment escr[e]uz.
Passent les valees e les puis aguz,
Les destreiz, les guez, les deserz cremuz; *145v*
Les droiz chemins sunt bien des guiors seuz.
Entresqu'al grant juise er[en]t la coneuz,
Tant i firent temples, ponz e arcs voluz.
Ne finerent unques si sunt parvenuz
As mercs qe Hercules eust sur la mer tenduz.
Merveillent sey ly roy quant les out veuz.
Cest pas voil overir qe mielz seit entenduz.

cxxviii Des ymages Hercules e son pier.

320a

Hercules fu tant fort qe pur dieu fu tenuz.
En eir, en terre, en mer[3] assaia ses vertuz.
Desques a la fin du siecle fust en son temps cremuz[4].

320b

Nul homme trova qe li contrefust.
Quant si loinz fu alé qe unques nul plus seust,
Son merc ficha illuec qe returné ne fust;
Si fu fete la bon[de]; deske tuit temps estust.

---

[1] someres

[2] espees

[3] mere

[4] 5380-5382: *attachés à la laisse suivante.*

charge les bêtes de somme de tant de viande et de blé,
d'or fin et d'argent clair, de hauberts et d'épieux
qu'ils peuvent marcher ainsi jusqu'au bout du monde.

319

Le roi s'est mis en route pour voir les merveilles.
De Bagdad sortent chariots et bêtes de somme
chargés de vin et de farine,
de vaisselle d'or et d'étoffes de soie.
La suite d'Alexandre est encore renforcée.
On franchit les vallées, les pics acérés,
les défilés, les gués, les déserts redoutables ;
les guides connaissent bien la route.
On se rappellera leur venue jusqu'au jour du Jugement,
tant ils laissent sur leur passage de temples, de ponts et d'arcades.
Ils ne s'arrêtent qu'une fois parvenus
aux bornes qu'Hercule avait dressées au bord de la mer.
Le roi s'émerveille à leur vue.
Je vais mieux vous expliquer ce passage du livre.

cxxviii Les statues d'Hercule et de son père[1].

320a

Hercule était si fort qu'on le tint pour un dieu.
Dans l'air, sur terre, sur mer, il éprouva sa valeur.
Le monde entier, de son temps, le craignait.

320b

Il ne trouva jamais d'adversaire à sa taille.
Quand il fut allé jusqu'aux limites du monde connu,
il apposa sa marque avant de revenir sur ses pas :
ainsi fut faite la borne, qui se dresse depuis ce jour[2].

---

[1] *Epistola*, p. 27.

[2] Les bornes d'Hercule désignent les limites orientales du monde, fixées par Hercule. Ces limites fixées, selon la tradition antique, par Hercule (et Dionysos) au monde oriental font écho aux bornes du monde occidental que sont les colonnes d'Hercule (nom donné par les Anciens à Gibraltar).

321

De fin or gete[i]z i ot fet deus granz tors,
Un ymage desur [l'un] contrefet de son corps
E l'autre a son pere; mult fu bon[1] li ors,
E mult riche l'entaille qe parust par dehors.
Sulement as peres i ot un riche tresors.

322

Le roy Alisandre regarde lur figure,
La grandur de l'ymage fet a desmesure.
Merveilla le roy de si fete figure:
Mult en prise l'engin, la vouse e l'entaillure,
L'or e les peres, le volt e l'estature.
Ne seit s'ele est geteisce ou a vousure,
Ou coment sunt overees ou dont seit la soudure.
Quant il a nul de ceaux son penser n'aseure,
Depecer les fet; mult trove overe dure.

323

Quant ot fet depecer les orines[2] ymages
Qe al non as deus dieux esturent as rivages,
Redrecer les fet puis a ses overors sages. *146r*
Sacrefises lur fist pur apaiser lur otrages.
Apele les princes, les dux, les barnages,
Demande del regné des estres, de[s] estages.
Donc ly distrent icil qui sorent les veages:
Vers le grant occian, as deserz, as boscages,
Ad rochers[3] et montaygnes e fieres ewages
Ou dragon e lion e serpenz funt manages;
Envers occident n'ad fors miers[4] sauvages.

---

[1] bone

[2] oriens

[3] E rocheres

[4] miere

321

Il fit élever deux grandes tours d'or coulé dans un moule,
avec sur l'une une statue de sa personne
et sur l'autre une statue de son père[1] ; elles sont d'or pur,
et les sculptures qui les recouvrent sont d'un riche travail :
rien que les pierres précieuses constituent un trésor.

322

Le roi Alexandre examine les portraits,
la taille démesurée des statues :
il s'émerveille devant un tel ouvrage ;
il en admire l'art, les arcades, les sculptures,
l'or et les pierres, la forme du visage et la taille du corps.
Il ne sait si les statues sont de métal ou de pierre,
comment on les a construites, où en est la soudure.
Ne pouvant trouver la réponse à ces questions,
il les fait réduire en pièces et les découvre d'une solidité redoutable.

323

Il fait réduire en pièces les statues d'or
qu'on avait dressées sur le rivage au nom des deux dieux,
mais il les fait ensuite redresser par ses habiles ouvriers
et apaise par des sacrifices l'outrage fait aux dieux.
Il appelle les princes, les ducs, les barons
pour s'informer de l'état du pays.
Alors ceux qui connaissent les lieux lui disent
que vers le grand Océan, dans les déserts et les forêts,
on trouve des rochers, des montagnes, et des eaux furieuses,
où vivent des dragons, des lions et des serpents,
et que vers l'ouest il n'y a que des mers sauvages.

---

[1] Comme le signalent G.V. Smithers (*Kyng Alisaunder*, pp. 130-131) et I. Short (note p. 104), il s'agit d'une confusion avec la forme *Liber pater*, dans laquelle *pater* n'est qu'un titre du dieu Liber. Les statues commémoratives dressées en Asie par Hercule et Liber sont évoquées par Pline (VI, 49).

cxxix Del veillard qui aresona Alisandre.

324

Ais lur donc un veillard! Mult fu grant ses ages;
Il atent lur parole qe mult savoit langages.
Cist mettra en errur encui plusors corages,
Car il ennotera plus loinz lur rivages.

325

Le veillard estoit grant, chanuz e floriz;
La barbe ly pent plein pié aval le piz;
E dit a Alisandre: 'Jeo sui de cy norriz.
Dirray vous de cest regne cum il est establiz
E des riches idles qui [i] sunt apentiz.
A quarante quatre realmes est il departiz,
Estre les foreins qe ne sunt pas petiz,
Qe pur vous ou pur Porre feroient rien enviz;
Pur terre qu'il teignent n'ert jamés roys serviz.

cxxx Des gens de l'idle de Trabrotane.

326

[**U**]n chef[1] de cest regné vet en la Ruge Mer.
Amont cy en cest suth ne put hom aler,
Ne cea vers occident ne put nul hom hanter,
Car la sunt ly dragon, li serpent, li sengler;
Mes cea vers orient poez terre trover
E idles [e] merveilles qe font a reconter.
Tabrotane oye cele[2] terre nomer;
Des citez i ad einz qe bien font a loer.
Ne suffrent roy entre eaux par herité regner. *146v*
Qe en est governanz ne put nul dampner,
Mes cil qe de rien forfet, si le jugeront si pier.
Liberus e Hercules i voleient aler,
Mes ne furent tel qu'il i ossassent entrer.

---

[1] **En** chef

[2] icel

cxxix Le vieillard qui s'adressa à Alexandre.

324

Voici que surgit un vieillard très âgé ;
il les comprenait car il parlait de nombreuses langues.
Il allait alors remplir de crainte bien des cœurs,
en leur indiquant de plus lointains rivages.

325

Le vieillard était grand et tout chenu ;
sa barbe tombait sur sa poitrine.
Il dit à Alexandre : " J'ai grandi dans ce pays.
Je vais vous décrire cette contrée
et les riches îles qui en dépendent.
Elle est divisée en quarante-quatre royaumes
(sans compter les territoires extérieurs, importants eux aussi) :
ces peuples interviendraient à contrecœur pour vous ou pour Porrus ;
pour les terres qu'ils détiennent, ils ne servent aucun roi. "

cxxx Les habitants de l'île de Taprobane.

326

" Une extrémité de cette contrée touche la mer Rouge.
Impossible de monter dans cette direction, au sud,
tout autant que de séjourner là-bas vers l'ouest,
à cause des dragons, des serpents, des sangliers.
Mais vers l'est vous pouvez trouver une terre,
des îles et des merveilles qui méritent d'être décrites.
On nomme cette terre Taprobane[1] :
ses cités sont bien dignes de louanges.
Leurs habitants ne laissent nul roi régner par héritage.
Leur gouverneur n'a le droit de condamner personne,
mais celui qui a commis un délit est jugé par ses pairs.
Liber et Hercule voulaient y aller
mais ils manquèrent d'audace pour y pénétrer. "

---

[1] Cette île fameuse de Taprobane représente Ceylan : M.T. Gambin, " L'île de Taprobane ", *Géographie du Monde au Moyen Âge et à la Renaissance*, éd. M. Pelletier, Paris, C.T.H.S., 1989, pp. 191-200. Cf. Solin, 53.

327

Cil ne porront venir; trop lur semblout ahan.
D'une part de cest idle est le grant occian.
Deus estez, deus yvers ont illuec en l'an,
Mes n'i ad delitable fors sulement un pan.

328

Apendant est cele idle a cele region.
La ne fust unc veu le septentrion.
Sul vint jors de la lune i pert la lumeison,
Depuis qe[1] ele est oytimes, mes ja autrement non.
Ly home de cel isle sunt de grant effacion;
Al mond n'ad si long; horible ont la façon.

cxxxi Des tresors gardez par dragons.

329

Cele gent gorgeie; hidus est lur son.
La gregnor partie vit sul de pesson.
Ly plusor s'entremetent de venacion:
Ne pernent cerf ne bise ne gopil ne tesson,
Fors tigre ou olifant, dromedaire ou lion.
La sunt li grant tresor qe gardent li dragon,
Les peres preciouses qu'ateignent ly griffon.
Sul quatre mois en l'an vont en navigacion;
Plus nel poent suffrir pur le vent d'aquilon.

cxxxii Del port qe l'en apele Ypirus ou Liberie ariva.

330

En vint jors i vendroit qui vent eust a saison,
Mes unc n'ot nul qe se mist de ceo a bandon
Fors Liberius de Rome par estrange achaison.
Treu ot assemblé de meint[e] region.
Vers Arabi venoit chargé un dromon;

[1] De plus qe

327

" Ils ne purent y parvenir, l'effort leur semblait trop grand.
Un côté de cette île est bordé par le grand Océan.
Deux étés et deux hivers se succèdent dans l'année
mais seule une partie de l'île est agréable. "

328

" L'île appartient à cette région.
On n'y a jamais vu le septentrion.
Le clair de lune n'y brille que vingt jours par mois,
à partir du huitième jour, et jamais plus tôt.
Les hommes de cette île sont de grande taille,
les plus grands du monde ; ils sont horribles à voir. "

cxxxi Les trésors gardés par des dragons.

329

" Ce peuple pousse des cris rauques horribles à entendre.
La plupart ne se nourrissent que de poisson.
Beaucoup pratiquent la chasse :
ils ne chassent ni cerf ni biche, ni renard ni blaireau,
mais les tigres et les éléphants, les dromadaires et les lions.
On trouve là de grands trésors gardés par des dragons,
des pierres précieuses en possession des griffons.
On ne peut naviguer que quatre mois par an,
pas davantage à cause du vent d'aquilon. "

cxxxii Le port appelé Ypirus, où Liberius débarqua.

330

" On pourrait y arriver en vingt jours avec un vent favorable,
mais nul ne tenta jamais l'aventure,
hormis Liberius de Rome, dans d'étranges circonstances[1].
Il avait accumulé les tributs de diverses régions
et naviguait vers l'Arabie sur un dromon bien chargé.

---

[1] Confusion avec *libertus* (un affranchi) dans le texte de Solin (53, 8).

La Ruge Mer[1] sigloyt ly e si compaignon.
Sodeinement les ravi un vent vers austrion *147r*
Qui les porta en l'idle dont vos faz mencion.
Vint cink jors corut la mer[2] de randon,
En un port ariva qe Ypirus ad non.
Sis moys fu en la terre pur veer la environ;
Par ici repeira puis de sa legacion,
Gentz od ly qe conterent aprés ceste reson.

cxxxiii Coment Alisandre ariva en Tabrotane.

331

Merveilles en distrent iceste estrange gent,
Des peres de la terre, de l'or e de l'argent,
Des honurs, des richesces qe a ceaux apent.
Engin o[n]t e force, pruesce e hardement.
A destre ont le soleil quant est vers orrient;
A senestre lur est quant se couche en occident.
La sunt li olifant, li lion e li serpent,
La sont les unicorns e mon[o]ceros ensement.'
Quant le roy Alisandre ceste merveille entent,
Quant qu'ad veu ou fet si ne prise donc nient
S'il ne veit la terre qe cist vielz li aprent.

332

De ceo qu'ad oy est Alisandre trespensez,
E dit en son corage qe mult est viltez
S'il ne passe le gué ou autre est passez
E ou Hercules n'osa qui tant fut alosez.
Atorner fet ses nefs e ses dromonz vousez,
Eschipé est dedenz atoz ses barnez;
Ly sigle sunt levé e bon est ly orrez.
Al vint quart jur est en l'idle arivez,
E vint par les gastines en cerchant les regnez.

---

[1] mere

[2] mere

Il faisait voile sur la mer Rouge avec ses compagnons,
quand un vent les emporta brusquement vers le sud
jusqu'à l'île dont je vous parle.
Vingt-cinq jours il parcourut la mer à vive allure,
avant de débarquer dans un port du nom d'Ypirus.
Il demeura six mois pour explorer le pays
puis au retour de sa mission, il passa par ici
avec des compagnons, qui racontèrent leur séjour comme je vous le [rapporte. "

cxxxiii Comment Alexandre arriva en Taprobane.

331

" Ces voyageurs lointains racontèrent des merveilles de cette terre,
sur les pierres précieuses, l'or et l'argent,
les domaines, les richesses de ses habitants,
qui ont force et habileté, prouesse et courage.
Le soleil est à leur droite quand il est à l'est,
et à leur gauche quand il se couche vers l'ouest.
On y trouve des éléphants, des lions et des serpents,
ainsi que des licornes et des monocéros. "
À l'évocation de ces merveilles,
le roi Alexandre renie toutes ses aventures passées
et rêve de voir la terre dont parle le vieillard.

332

Alexandre ne pense plus qu'à ce qu'il vient d'apprendre
et se dit en lui-même qu'il n'est qu'un lâche
s'il ne franchit pas le passage qu'un autre a franchi,
et devant lequel le si glorieux Hercule a reculé.
Il fait préparer ses navires et ses dromons arrondis,
puis il embarque avec tous ses hommes.
On déploie les voiles, le vent est favorable ;
vingt-trois jours plus tard, il débarque dans l'île,
dont il parcourt les forêts en explorant les terres.

De .vii. mil lius fu de long mesurez
E de .v. mile estadies[1] fu il, ceo dient, lez[2].
Deus yvers[3] i ont en l'an e si ont .ii. estez.
Trovent granz griffons, serpenz, dragons crestez,
Olifanz e lions e autres bestes assez, *147r*
E les homes toz blois, hauz e bien membrez.
S'il ne sunt occis, cent anz est lur aez.
Mes n'i ad point de pins; mult i ont fruit e blez.
Le blanc po[i]vere i crest qe longs est apelez.
Li home i sunt vestu e de or[4] conreiez,
A preciouses perres lur draps atornez.
Ly roys de la terre s'est a Alisandre acordez.
Mult furent ly don grant k'a Alisandre furent donez.
Quant vers[5] le roy del regne ot fet ses volentez,
A la mer[6] d'orient est Alisandre alez.
Donc dient si guior: 'Sire, avant nen irrez,
Car en cel mont amont qe flambe[i]er veez
La gisent ly dragon, li griffon affamez,
Ly serpent a trois chefs crestez e coronez.
Il gardent la les monz e les champs honorez
Ou les bones peres sunt e li lion coronez
E bones margarites; de teles mes n'orrez.'

cxxxiiii Des griffons qui gardent les tresors

333

'Eschales ad en l'idle; quant eles porter deivent,
Overent[7] sey al chalur e l'eir du ciel resceivent.
Puis se cloent ensemble e de l'eir conceivent,
E portent les pereres cum l'eir est qe eles beivent.'

---

[1] m. estaches f.
[2] laez
[3] yveres
[4] desore c.
[5] veer
[6] mere
[7] Overer

L'île mesure sept mille lieues de long
et cinq mille stades de large, à ce qu'on dit[1].
Il y a chaque année deux hivers et deux étés.
Les Grecs découvrent de grands griffons, des serpents, des dragons à
[crête,
des éléphants, des lions et bien d'autres bêtes,
et des hommes tout blonds, grands et bien découplés :
s'ils ne sont pas tués, ils vivent jusqu'à cent ans.
On n'y trouve pas de montagnes[2], mais beaucoup de fruits et de blé
et le poivre blanc qu'on appelle poivre long[3].
Les habitants sont vêtus et parés d'or,
leurs vêtements ornés de pierres précieuses.
Le roi du pays conclut un accord avec Alexandre
et le couvre de dons magnifiques.
Après avoir soumis le roi du pays,
Alexandre se dirige vers la mer d'Orient.
Ses guides lui déclarent : " Sire, n'allez pas plus loin :
en haut de cette montagne dont vous voyez sortir des flammes,
vivent des dragons, des griffons affamés,
des serpents à trois têtes crêtées et couronnées.
Ils gardent les montagnes et les champs révérés
où l'on trouve des pierres précieuses, des lions couronnés,
de précieuses perles dont vous ne verrez jamais la pareille. "

cxxxiv Les griffons qui gardent les trésors.

333

" Il y a dans l'île des coquillages qui, pour se reproduire,
s'ouvrent à la chaleur et reçoivent l'air du ciel ;
puis ils se referment au même moment, conçoivent à partir de l'air,
et portent les perles de la couleur de l'air qu'ils boivent "[4].

---

[1] Sur la taille du stade, voir W.W. Tarn, *Alexander the Great*, Cambridge, 1948, II, 171.

[2] P donne *puis*.

[3] Le poivre long désigne le poivron ou le piment.

[4] Solin, 53, 22.

334

'Conceivent e portent en autre mesure
Cum ceo fussent beste[s] de renable nature.
Gardent sey de hurter de cops e de bleçure;
Morent a l'enfanter sovent par aventure.
Preciouses perres devient lur port[e]ure,
E tele cum fust l'eir dont est lur engendrure:
Verte, purpre, vermaille, clere e oscure,
E de plusors[1] colors auquant[e] mole ou dure.
N'ad piere enz a l'idle qe ne soit fine e pure.

335

'Ly griffon sunt cruel e les bestes sunt feres, *148r*
E dragons e serpenz de diverses maneres
Qui gardent l'or amont e precIouses pereres.
Les aymanz i gissent as mers[2] e as riveres.
Ja nefs ne passeront, tant ne soient[3] leger[e]s,
Pur ceo qe fer i seit en front ne as costeres,
E vous portez haubers e vos espees cleres.

cxxxv De Paradis terestre ou est assis.

336

'Or i a e soie e meint autre bien.
Hom i put nefs mener ou n'iert fors merien.
Sanz armes vers les bestes ne espleiterez rien.
Mes outre le desert de Tabrotanien,
Tuit dreit vers orient en la mer d'occien,
La ne hante beste ne rien fors marin chien;
Puis n'ad terre nul[e] fors Paradis terrien
Ou Dieu forma Adam, nostre piere ancien,
Dont ly vif sunt venu, Chaldieu e paien.'

---

1 des multz c.

2 meres

3 soietn *forme altérée de* seient.

334

" Ils conçoivent et portent leur fruit
comme s'ils étaient des animaux doués de raison,
en prenant soin d'éviter les coups et les blessures.
Souvent il leur arrive de mourir en enfantant.
Leur fruit devient de précieuses perles,
dont la couleur est celle de l'air qui les a produites :
vertes, pourpres, vermeilles, claires ou sombres,
et pour certaines, de toutes les couleurs, qu'elles soient tendres ou [dures.
Il n'est perle de l'île qui ne soit des plus fines. "

335

" Les griffons sont cruels et les bêtes féroces :
des dragons et des serpents de toutes sortes,
qui gardent en haut des monts l'or et les pierres précieuses.
Le fond des mers et des rivières est pavé d'aimants,
qui empêchent de passer même les nefs les plus légères,
pour peu qu'elles contiennent du fer à la proue ou sur les flancs ;
et vous portez vos hauberts et vos épées brillantes[1] ! "

cxxxv Le site du paradis terrestre.

336

" Il y a de l'or, de la soie, et bien d'autres richesses.
Seules les nefs toutes de bois peuvent y accéder.
Mais sans armes contre les bêtes, vous n'arriverez à rien.
Puis au-delà du désert de Taprobane,
tout droit vers l'est, dans l'Océan,
ne vivent d'autres bêtes que les chiens de mer ;
il n'y a plus d'autre terre que le paradis terrestre,
où Dieu créa Adam. notre ancêtre,
père de tous les vivants, Chaldéens et païens. "

---

[1] Voir I. Short, " Wooden ships and loadstone rocks ", *Notes and Queries* 214, 1969, pp. 403-404.

cxxxvi Coment Alisandre receut truage de Paradis terrestre.

337

L'endemein lui roys des treefs est issuz,
E s'en va deduire leez un boys foilluz.
Auscons l'ensuirent de ses princes preuz.
En son cuer sovent s'en est esbatuz
Qe de Parais terrestre voloit avoir treuz.
E regard deleez luy si s'en est aparceuz
D'un veillard venant q'out barbe chanuz.
Deguisee garnement avoit il vestuz,
Des peals de chameles quointement tissuz,
Le peil reversee e si ert tuit veluz.
Il salua le roys e se mist[1] *a genuz.*
Ly roys curtoisement li rendit ses saluz.

338

Lui vielz homme parla al roys en genoillant.
'Levez,' dit lui roys, 'e parlez en estant.'
'Tu es roys Alisandre, eurouse e conquerant. 148v
A conquere tot le monde es tu desirant.
De Paradis terrestre or vas tu musant.
Qi en est seignur voees tu faire tenant.
Lui sires[2] *de la terre est riches e puissant,*
Et siet coment en guerre tu es travaillant.
Il ne voet suffrir qe veignez plus avant
Par devers sa terre qe n'es maintenant.
Treuage voes avoir de lui q'est si vaillant.
Pren ceo petite piere qe par moy il te maunt
E par tant a toi s'est humiliant.
La piere est petite mes lui vertuz est grant.'

---

[1] sist

[2] sires: s *final ajouté sur la ligne.*

cxxxvi Comment Alexandre reçut un tribut du paradis terrestre[1].

337

Le lendemain, le roi quitte son camp
et va se promener dans un bois touffu,
suivi par quelques-uns de ses vaillants princes.
Il ne cesse de retourner en son cœur
le souhait d'obtenir un tribut du paradis terrestre.
Regardant devant lui, il voit venir
un vieillard à la barbe chenue,
vêtu étrangement
d'une étoffe de poils de chamelle habilement tissés,
et retournés ; il était tout velu.
Il salue le roi en s'agenouillant devant lui
et le roi lui rend courtoisement son salut.

338

Le vieil homme s'adresse au roi à genoux.
“ Levez-vous, dit le roi, et parlez debout !
– Tu es le roi Alexandre, un conquérant comblé.
Tu aspires à conquérir le monde entier
et rêves maintenant du paradis terrestre,
dont tu veux soumettre le seigneur.
Le seigneur de cette terre est riche et puissant
mais il connaît ton ardeur au combat
et ne veut pas que tu viennes plus avant
sur ses terres.
Tu veux recevoir un tribut de ce grand prince :
prends cette petite pierre qu'il m'envoie te donner,
s'humiliant ainsi devant toi.
Cette pierre est petite mais sa vertu est grande. ”

---

[1] Voir *La Prise de Defur et le Voyage au Paradis terrestre*, éd L.P.G. Peckham et M.S. La Du, Princeton University Press, Elliott Monographs 35, 1935. Sur le paradis terrestre, voir J. Delumeau, *Une histoire du paradis, le jardin des délices*, Paris, Fayard, 1992 ; Ch. Deluz, “ Le paradis terrestre, image de l'Orient lointain dans quelques documents géographiques médiévaux ”, *Images et signes de l'Orient dans l'Occident médiéval, Senefiance* 11, 1982, pp. 145-161.

339

Alisandre lui roys tauntost prent la piere.
Ses clers, ses conseillers fesoit assembler.
Chescon desiroit la piere regarder,
Mes il n'i avoit nuls qe savoit le mister.
'Ha, Dieux!' dist lui roys, 'qi me set enseigner
Ceo qe ceste pier[e] voet signifier?'
'Sire,' dist lui vielz, 'sanz plus avant targer
La vertu de la piere jeo te doi moustrer.
La mettez en balance si la fetes peiser,
E mettes contrepoise or[1] *e argent cler,*
Ou quele autre chose qe savez assomer,
Al double ou treble solomc ton voler;
E trestot qe tu poes en la balance cocher
Ne purront la piere de la terre lever.
E si vous la voleiz en terre voluper
Si qe soit covert par devant e derer
E lors peisera owelement piere a pier,
E pendront les balances sanz rien avaler.'
Tauntost fist lui roys ceste chose assaier;
Tote ensi le trova sanz nul[e] rien failler.
'Certes', fait lui roys, 'mervelles te oi noter. *149r*
Ceo qe la chose amont me voillez enformer?'

340

'Seignur', dit lui vielz, 'or entent qe jeo di[e]!
Ceste rounde piere, petit[e] e polie,
Toy, roys Alisandre, pur voir signifie.
Car taunt come tu es vivant en pleine vie,
Trestouz les genz du monde par chivalerie,
Par powoir ne vigour ne se[2] *purront mie*
Owelement poiser a ta seignorie
Ne contreester ta voluntee hardie.

---

[1] ore

[2] ne ne p. *avec le premier* ne *sur la ligne.*

339

Le roi Alexandre saisit aussitôt la pierre.
Il réunit ses clercs, ses conseillers :
chacun désirait voir la pierre
mais nul n'en connaissait le secret.
“ Ah ! Dieu, dit le roi, qui saurait m'enseigner
la signification de cette pierre ?
– Sire, dit le vieillard, sans plus tarder
je vais te montrer la vertu de la pierre.
Place-la sur une balance pour la peser
et place en contrepoids de l'or et de l'argent brillant,
ou tout autre objet de ton choix,
deux ou trois fois plus lourd, à ton gré :
tout ce que tu mettras dans la balance
ne pourra soulever la pierre du sol.
Mais si tu l'enveloppes de terre
et l'en recouvres de tous les côtés,
les deux plateaux alors s'équilibreront
et la balance restera en équilibre. ”
Aussitôt le roi tente l'expérience
et voit que tout se passe exactement comme prévu.
“ Vraiment, dit le roi, tu dis des prodiges :
veux-tu m'expliquer le sens de cette aventure ? ”

340

“ Seigneur, dit le vieillard, écoute-moi bien :
cette petite pierre ronde et polie,
c'est toi, roi Alexandre, c'est toi qu'elle représente.
Tant que tu es en vie, en pleine santé,
les hommes du monde entier, par leur chevalerie,
leur prouesse et leur force,
ne pourront jamais égaler ton empire
ni résister à l'audace de tes désirs.

Mes quant tu serras mortz e en terre fowie,
Si ne vaudrez plus pur tote ta mestrie
Qe un autre homme mort e en terre ensevelie.
Membre toi, sire rois, quant ta vie est finie,
Ne te purront valoir Peerse ne Medie,
Ne quant qe vous avez conquis par espie[1]*,*
Ne trestot l'avoir q'avez en tresorie;
Ainz de tes plus privez er tu mis en oblie.
Ore overez sagement; le voir avez oie.'

341

Tauntost evanist e nient plus parla.
Le roys devint pensifs e mult se merveilla
De touz les resons qe lui veuz conta;
Et dit: 'Le grant Dieu qe tresor crea
Est sire de cele terre ou il Adam forma.
Cele terre n'est pas moy, ne jamés ne serra,
Mes cil q'en Macedoigne en songe me conseilla
E me promist conquerre trestot quant qe y a[2]*;*
Le powoir de Perse a moy baillera;
Fiablement mon host ileqes amenera
Pur qi amur les Jewes nul des miens greva,
Einz les desportai e assez honura;
Ordeine qe mielz est e ceo qe lui plerra,
De mort e de vie e quant qe m'avendra.' *149v*

342

Ly roys Alisandre s'entendit trop bien,
E dit a ses barons: 'Ci n'espleit[er]om rien.
Aloms en arere vers le gent indien,
E vers galerne l'encerchom vers les portes Caspien.'
Donc se vont baud e lié Greu e Persien,
Cil de Mede e Trace e ly Egypcien,
Romein e Araby e Macedognien.

---

[1] p. espee
[2] qe ly a

Mais quand tu seras mort et enterré,
tu ne vaudras pas plus, malgré toute ta puissance,
que n'importe quel autre homme mort et enseveli.
Songes-y, sire : quand ta vie prendra fin,
que te vaudront alors la Perse et la Médie,
et toutes les terres conquises à la pointe de la lance,
et toutes les richesses de ton trésor ?
Même tes plus proches amis t'oublieront.
Agis donc sagement : je t'ai dit la vérité. "

341

Sans dire un mot de plus, il s'évanouit aussitôt.
Le roi se mit à méditer, frappé de stupeur
par les paroles du vieillard.
" Le grand Dieu, dit-il, créateur des trésors,
est seigneur de cette terre où il créa Adam.
Cette terre n'est pas à moi, elle ne le sera jamais,
mais à celui qui, en Macédoine, m'apparut en songe
et me promit la conquête du monde.
Il me donnera l'empire de Perse
et y conduira mon armée en toute sécurité[1].
Pour l'amour de lui, aucun des miens n'a maltraité les Juifs :
au contraire je les ai épargnés et même traités avec honneur[2].
Qu'il ordonne pour le mieux et selon son désir
et ma mort, et ma vie, et tout ce qui m'attend ! "

342

Le roi Alexandre, avec beaucoup de sagesse,
dit à ses barons : " Nous n'arriverons à rien ici.
Retournons vers les Indiens,
rejoignons-les au nord-ouest, vers les Portes Caspiennes ! "
Grecs et Perses se réjouissent,
tout comme les Mèdes, les Thraces, les Égyptiens,
les Romains, les Arabes et les Macédoniens.

---

[1] I. Short (note p. 104) suggère que *fiablement* est une erreur pour *finablement*.

[2] Voir *supra*, vv. 3778-3921.

343

De Trabrobant les meinent vers Inde ly guiour,
Qe cel[1] idle est nomé terre superiour.
Amont vers orient n'ad regné ne honur
Ou l'em puisse hanter, tant est grant la chalur,
Fors Paradis terrestre qe clos est tot[2] entur,
Qe rien ne put entrer ne ne fist puis cel jur
Qe Adam nostre pere meffist al Creatur.
Son pain ala user en peine e en suur.
Le diluvie[3] Noé – ceo dient ly autur –
Ne poeit de[4] cel enclos ateind[r]e le hautur.
Vers septentrion tenent tut dreit lur tur;
Arivent al senestre de Inde la majur.
Ore ad sa gent leesce e joie e baudur.
Pensent aver passé l'anguisse e la tristur,
La peine e la mesaise e suffreite e pour,
Mes s'il volent servir e sivre tel seignur,
Ore a primes comence la peine e le labur,
L'anguisse e le damage, dont averont dolur.

cxxxvii Coment Alisandre conquist les Indiens.

344

Al regné de Inde sunt prince e roy plusur;
Assemblé eurent gent a force e a vigur
Des terres e des regnes e des idles entur.
Encontre la venue le fier empereur
Le regne en fu covert de long e de laur.
Helmes ont e haubers, escuz teint de colur, *150r*
E bons chevals coranz eurent li poign[e]ur.
Au rei Alisandre rendirent dur estur,
E firent tels damages qe unc n'en ot greignur.

---

[1] cele

[2] tote

[3] deluive

[4] Ne poeient de

343

De Taprobane les guides les mènent vers la partie de l'Inde
que l'on nomme l'Inde supérieure.
En amont vers l'est il n'y a ni terre ni royaume
habitables, à cause de la chaleur,
sinon le paradis terrestre, clos de toutes parts,
où nul n'est entré depuis le jour
du crime d'Adam notre père contre le Créateur :
il s'en alla gagner son pain à la sueur de son front.
Les eaux du déluge, au temps de Noé, ne purent,
selon les textes, atteindre la hauteur de ses murs.
Les Grecs vont droit leur chemin vers le nord
et arrivent sur la côte ouest de l'Inde majeure.
Pleins de joie et d'allégresse,
ils pensent en avoir fini avec l'angoisse et la tristesse,
la peine et les tourments, les privations et la peur.
Mais pour suivre et servir pareil seigneur,
ils ne sont qu'au début de leurs peines et de leurs épreuves,
de l'angoisse et des dangers qui les frapperont.

cxxxvii Comment Alexandre conquit les Indiens.

344

L'Inde comptait bien des princes et des rois,
qui s'empressèrent d'assembler leurs troupes
des terres, des royaumes et des îles alentour :
elles couvraient toute la surface du royaume
pour faire face à l'arrivée du fier empereur.
Les guerriers avaient des heaumes, des hauberts, des écus colorés
et de bons chevaux rapides.
Ils livrèrent un rude combat au roi Alexandre
et lui causèrent des pertes à l'ampleur inégalée :

La perdy de sa gent la juvente e la flur
E ceaux qu'il plus amoit par liance d'amur.

345

Mult i ot des soens occis e damagez.
Par une aventure furent laidement enginez:
Cil du pais avoient toz lur darz entuschez,
Lur lances, lur gleives, gavelos e esp[i]ez.
Li home Alisandre sunt a mort jugez,
Mes par son hardement nepurquant s'est vengez.
Le plus en est occis ou pris ou detrenchez;
En un lur citez ad les autres chacez.
Suy les ad od son ost, sis ad assegez.
Ly tref sunt tuit tendu e environ logez;
Aprés le grant travail s'est Alisandre cochez.

cxxxviii Coment l'angle demostra par avision une herbe.

346

Par une avision est Alisandre nunciez
Une herbe qu'il deust doner a ses blecez.
Il lur fist doner quant fu esveillez,
Si en garirent ly soen qui furent pres perillez.

347

Ly entuschez furent par cest[e] herbe gariz.
Alisandre le roy fu chevaler esliz;
Assailli la cité e la prist cum hardiz.
Toz les fist occire, destruit granz e petiz,
Puis eirent par le regne, les puis e les costeiz,
Les pleins e les deserz, les vals e les larriz.
Sovent i furent puis as destraiz envaiz

il perdit là la fleur de ses jeunes guerriers,
ceux qu'il aimait le plus et de tout son cœur.

345

Beaucoup de ses hommes furent tués et blessés.
Ils tombèrent victimes d'une ruse cruelle :
les Indiens avaient empoisonné leurs armes,
traits, lances, javelots et épieux.
Les hommes d'Alexandre sont frappés à mort,
mais sa bravoure les a vengés.
Il a tué, capturé, mis en pièces la plupart des Indiens,
pourchassé les autres dans une de leurs cités.
Il les a poursuivis avec son armée et les a assiégés.
Le camp est dressé et aménagé tout autour.
Après cette dure épreuve, Alexandre s'est couché.

cxxxviii Comment l'ange lui montra une herbe en songe.

346

Alexandre eut en songe la vision d'une herbe
qu'il devait donner à ses blessés.
Il la leur fit donner dès son réveil,
et même ceux qui étaient à l'agonie guérirent[1].

347

Les soldats empoisonnés guérirent par la vertu de cette herbe.
Le roi Alexandre, en vaillant chevalier,
assiégea la cité et la prit par son audace.
Il fit tuer tous les habitants, grands et petits.
Puis les Grecs envahirent le royaume, les montagnes et les coteaux,
les plaines et les déserts, les vallées et les landes.
Ils subirent bien des attaques dans les défilés,

---

[1] Comme le relève I. Short, l'ange mentionné dans la rubrique n'apparaît pas dans le texte, inspiré de Justin, *Abrégé des Histoires Philippiques de Trogue Pompée*, livre XII, 10 et d'Orose, *Histoires contre les païens*, livre III, 19, 11 (" herba per somnium sibi ostensa ").

E de divers pople[s] as mals pas assailliz,
E ses homes occis, travaillé e laidiz.
Mes qe chaut? Au d[e]rein furent il tuit desconfiz.
Cil qui les guerreient sunt tres malbailliz. *150v*

cxxxix Des bestes qui sunt apellé centaures.

348

Alisandre dit: 'Porre, jeo voil savoir
Les merveilles de Inde, conustre e voir
Des richesces, des bestes, e de tuit l'avoir,
Si fray, si jeo puis vivere, tot[1] vostre voloir.'

349

Mult esteit Alisandre pruz, hardy e os,
Qe tuit volt assaier pur aver pris e los.
Veu ad les mustres, tigres e faunos,
Les serpenz, les dragons eskerdez au dos,
Olifanz e lions e les centauros,
Dens tiranz e eales e les monoceros,
Les fors cocatrices e les ypotamos,
E les manticorals e les monoculos.
Meinte dure bataille ad fet contre Indos;
Li soen i ont lessé la char e les os.
Vers la senestre de Inde meine donc ses Argos[2].
Decy qu'il seit mort n'averont ja repos!
Entrent en un desert; de mores est enclos;
Ensement cum en forest i sunt tel li ros.
Assaillent les lion e li olifant gros.

---

[1] tote

[2] s. agros

bien des assauts de peuples sauvages dans les passages difficiles :
bien des hommes furent tués, torturés, mis à mal.
Mais qu'importe ? Tous les ennemis finalement
furent vaincus et écrasés.

cxxxix Les bêtes qu'on nomme centaures.

348

" Porrus, dit Alexandre, je veux connaître
et voir les merveilles de l'Inde :
les richesses, les bêtes, les trésors ;
puis, si je vis, je serai à tes ordres. "

349

Alexandre était plein de courage et d'audace ;
il voulait subir toutes les épreuves, pour y gagner la gloire.
Il a vu les monstres, les tigres, les faunes,
les serpents, les dragons au dos couvert d'écailles,
les éléphants, les lions et les centaures,
les dentirants[1], les éales[2] et les monocéros,
les cruels crocodiles et les hippopotames,
les manticores[3] et les monoculos[4].
Il a livré aux Indiens bien de rudes batailles
où ses hommes ont laissé la chair et les os.
Il mène ses Argiens vers l'ouest de l'Inde :
ils ne connaîtront le repos qu'à sa mort !
Ils entrent dans un désert entouré de marais
où pousse une forêt de roseaux.
Des lions et d'énormes éléphants les attaquent.

---

[1] Voir *supra*, v. 5115.

[2] Sur l'éale, animal sauvage d'Éthiopie mentionné par Pline (VIII, 73), voir F. Mc Culloch, " L'éale et la centicore ", *Mélanges R. Crozet*, Poitiers, 1966, pp. 1167-1172.

[3] Pline, VIII, 75 et 107, Solin, 52, 37.

[4] Solin, 52, 37.

cxl De la beste hiduse a deus testes.

350

Si cum Alisandre aloit aventures querant,
Eis lur une beste – unc ne virent si grant!
Hiduse fut e fiere; deus testes i ot devant,
L'une de cocatrice e l'autre de tel semblant.
Le dos ot endenté si cum sie e trenchant,
Corbes denz e longs, piez de olifant.
Deus chevalers occist qui mult furent vaillant.
Ferent i bacheler e lancent i sergant;
En ly ne put entrer espié ne asceré brant.
De fals e de fors mails le vont donc damagant.

351

Tant eirent les deserz, les pleins e les veages *151r*
Qe de Inde ont trové les foreins boscages.
Sur une grant rivere descendent les somages,
Tendent trefs e font loges, e pavillons as rivages.
Buemar oy nomer les guez e les passages.
Cinkante lues long dura les herbergages
E vint lues de laur as prez sur les herbages.
Cum Alisandre est assis e ses riches barnages,
Eis lur les traveters[1], herbergurs e messages!
Escrient: 'Ore as armes! Ore cressent nos damages:
Issuz sunt des forestz les olifanz savages;
Occient nos homes e font granz damages.
Fol herberger fet cy; malveis est cist estages!'

cxli Coment Alisandre conquist e occist les olifanz.

352

Alisandre, quant ceo oye, apele ses barnez.
Dit a ceaux des quisine[s]: 'Vos vifs porcs pernez;

---

[1] travercers

cxl L'horrible bête à deux têtes[1].

350

Alexandre allait en quête d'aventures
quand surgit devant eux la plus grande bête qu'ils eussent jamais vue.
Elle était horrible et féroce, avec deux têtes :
l'une de crocodile, l'autre aussi monstrueuse.
Elle avait le dos couvert de pointes tranchantes comme une scie,
de longues dents reccurbées, des pattes d'éléphant.
Elle tua deux chevaliers très vaillants.
Jeunes guerriers et fantassins la frappent et lui lancent des traits :
la lame la plus acérée ne peut l'atteindre.
Ils en viennent enfin à bout à coups de faux et de puissants maillets.

351

À force de parcourir les déserts, les plaines et les chemins,
ils ont trouvé les bois des confins de l'Inde.
Ils déchargent les bêtes de somme au bord d'un grand fleuve,
montent les tentes et les pavillons, dressent les abris sur le rivage.
Les gués et les passages portaient le nom du fleuve de Buemar, dit-on.
Le camp s'étendait sur cinquante lieues de long
et vingt de large, dans les prés herbeux.
Alexandre était assis avec ses puissants barons
quand surgirent devant eux les serviteurs chargés du voyage et des [tentes, et les messagers :
" Aux armes ! s'écrient-ils ; nous sommes menacés
par des éléphants sauvages sortis de la forêt !
Ils tuent nos hommes et font de gros dégâts :
c'est de la folie que de s'arrêter dans ce lieu périlleux ! "

cxli Comment Alexandre vainquit et tua les éléphants[2].

352

À ces mots, Alexandre appelle ses barons.
Il dit aux cuisiniers : " Prenez les porcs vivants,

---

[1] *Epistola*, p. 29.

[2] *Epistola*, p. 30.

Ou li olifant sont mult tost [les] amenez!'
A ceaux de Macedoigne dit: 'Tost as chevals montez;
Tuit serré e rengé, armé aprés alez.
Vos gresles e vos corns e vos tabors portez.
Vous qui estes a pié, un[1] sul ne vous movez;
Seez as pavillons, les herberges gardez.
Quant vous de la quisine as olifanz vendrez,
Les porcs de vos verges menuement batez;
Les gresles e les tabors a vos poers sonez.
E vous, barons, as armes des espeez i ferez,
Car tele desconfiture ja puis ne f[e]rez.'
Cum le roy l'avoit dit, tost fu si ordinez.
Soné sunt li tabur e li porc sunt tirez.
Del cri e de la noise sunt li olifant esp[o]antez,
E metent sey en fuite; vers les bois sunt tornez.
Poignent li chevaler e traient li archez.
Nef cenz e oytante ont mors e affolez, *151v*
Entrenché les garez e plaié les costez.
Porrus lur escrie: 'Asquanz nous gardez!
Tuit a vostre talent danter puis les poez.
Il sunt bon[2] a bataille puis qu'il sunt dantez.'
Son comand en font ly Greu; danté ont assez.

353

Repeirent puis en l'ost; li olifant sunt destruit.
En repos e en pes ont jeu cele nuit.
L'endemein par matin montent si [s'en] vont tuit,
Envers l'occident de Inde airent par grant deduit
Mult est cil hardy qui devant les conduit.

---

[1] une

[2] bone

amenez-les vite droit sur les éléphants ! »
Aux Macédoniens il dit : « Vite en selle !
Suivez les porcs, armés et groupés en rangs serrés,
et prenez vos clairons, vos cors et vos tambours !
Vous, les fantassins, ne bougez pas !
Restez dans les pavillons à garder le camp !
Vous, les cuisiniers, quand vous arriverez près des éléphants,
donnez à vos porcs de grands coups de bâton.
Sonnez du clairon, battez du tambour de toutes vos forces !
Et vous, barons, donnez des coups d'épée :
vous ne verrez jamais pareille déconfiture ! »
On obéit vite aux ordres du roi.
On bat des tambours, on pousse les porcs.
Les éléphants, épouvantés par le vacarme et la confusion,
s'enfuient pour regagner les bois.
Les chevaliers piquent des deux, les archers lancent leurs traits.
Ils ont massacré neuf cent quatre-vingts éléphants,
leur tranchant les jarrets, leur perçant les flancs.
Porrus leur crie : « Gardez-en quelques-uns !
Vous pourrez ensuite les dompter comme vous le voudrez !
Une fois domptés, ils sont utiles au combat ! »
Les Grecs suivent le conseil : ils en domptent plusieurs.

353

Ils regagnent le camp : les éléphants sont morts.
Ils reposent paisiblement cette nuit-là
et repartent de bon matin le lendemain,
faisant route joyeusement vers l'ouest de l'Inde ;
celui qui les guide est un homme hardi.

cxlii Des homes e des femmes qui vivent de pesson.

354

Ore eirent les deserz, les plein[e]s e les bos[1].
Trovent estangs e riveres qe d'arbres sunt [en]clos.
Veient homes e femmes qui mult sunt hauz e gros;
Veluz sunt cum bestes e cresté ont le dos.
Hantent l'ewe salee ovec les ypotamos;
Vivent de creu pesson, ces cleiment faunos.
Quant veient les chevals e armé les Argos,
Plongent sey e[n] l'ewe si se mucent al ros.

355

Mucent sey en l'ewe pur la pour des Grius.
E cil passent avant, trovent hidus les lius.
Les vals[2] veient coverz d'orgoillus Canalius.
As armes sunt venuz pur defendre les lius.
Tret i Alisandre e le duc Tholomeus,
E cil s'en vont fuiant; cum cheverel eirent eschus.

356

Eirent par les deserz ou mult ert grant li chaus.
Trovent forestz e bois e les arbres bien hals.
Sessante pas de long les palmers e[s] gaus,
Li figer, ly cipres, li pomer e li sauz.

cxliii Des longes angoilles de Ganges le fluvie.

357

Tant pas ont li arbre, ceo dient li autur,
Un sul pas contient cink peez de longur. *152r*
Donc eurent treis cenz pez li arbre de hautur,
E deus estadies dura l'ombres de laur
Des foilles e des branches qe furent entur.

---

[1] bois

[2] Les chevals

cxlii Les hommes et les femmes qui vivent de poisson.

354

Ils traversent les déserts, les plaines et les bois
et trouvent des étangs et des rivières bordés d'arbres.
Ils voient des hommes et des femmes très grands et très gros,
velus comme des bêtes, une crête sur le dos.
Ils vivent dans l'eau salée avec les hippopotames,
se nourrissent de poisson cru ; on les appelle faunes[1].
À la vue des chevaux et des Argiens en armes,
ils plongent dans l'eau et se cachent dans les roseaux.

355

Ils se cachent dans l'eau par peur des Grecs.
L'armée poursuit sa route et découvre des lieux effrayants.
Les vallées sont couvertes d'orgueilleux Cananéens,
venus en armes pour défendre les lieux.
Alexandre et le duc Tholomé les attaquent :
ils s'enfuient, craintifs comme des chevreuils.

356

Les Grecs traversent les déserts où la chaleur est brûlante.
Ils trouvent des forêts et des bois aux arbres élevés :
des palmiers de soixante pas de hauteur,
des figuiers, des cyprès, des pommiers et des saules.

cxliii Les longues anguilles du Gange.

357

Telle est la hauteur de ces arbres, disent les textes :
un pas équivaut à cinq pieds ;
les arbres avaient donc trois cents pieds de hauteur,
et l'ombre de leurs feuilles et de leurs branches
s'étendait sur une largeur de deux stades.

---

[1] *Epistola*, p. 32. Les faunes, qui sont d'ordinaire des génies champêtres, semblent ici désigner un peuple d'ichtyophages.

358

As fluvies de Ganges angoilles troverent:
Deus braz orent de costez, .iii.c. pez long erent.
Quant ly Greu lur olifanz a l'ewe enbevererent,
As braz les retindrent; a force les amenerent.

359

Cerché ont les regnés tresques al chef aquilon
E tresqu'en orient de la grant mer de Claustron.
Ore vont vers occident cerchant la region.
Sur une grant rivere sunt logé li baron;
En un mont sunt tendu tref e pavillon.
Assis sunt a manger, car bien orent saison,
Quant sodeinement lur surd une tempesteison,
Unes neires nues devers septentrion;
Avougly les regnés sur eaux [e] environ
Qe nul ne pot veer fors flambe de charbon.

cxliiii De la tempeste qe survint a Alisandre.

360

Devers l'occident lur surd tempeste sodeinement
De toneire e d'escleire e d'un orible vent
Qe descire les trefs, les tentes[1] ensement.
Depescent ces cordes, rompent cil garnement.
Le feu vole de l'eir qe les bestes esprent.
N'ad si hardy qe donc ne se espoent.
Donc dient li baron, le pople e la gent:
'C'est a mult bon[2] dreit qe nous aiom turment!
Nous errom contre Dieu e contre son talent.
Ses secrez encerchom, fesom malement;
E ceo volom enquerre par nostre hardement
Qe Dieux a mortel home ne granta nient.'
Quant roys Alisandre ceste parole entent:

[1] t. leu t.
[2] bone

358

Dans le Gange ils trouvèrent des anguilles :
longues de trois cents pieds, elles avaient deux bras sur les côtés[1].
Quand les Grecs remplirent d'eau leurs olifants pour boire,
ils les attrapèrent par les bras et les ramenèrent de force sur la rive.

359

Ils ont exploré les terres jusqu'à l'extrême nord
et jusqu'à l'est de la grande mer de Claustron.
Ils explorent maintenant les régions de l'ouest.
Les barons s'installent au bord d'un fleuve ;
tentes et pavillons sont montés en haut d'une colline.
Ils étaient assis au repas, c'était l'heure,
quand une tempête fondit soudain sur eux,
une noire nuée venue du nord ;
elle répandit la nuit tout autour d'eux
et l'on ne voyait plus rien d'autre que les flammes des feux de
[charbon.

cxliv La tempête qui fondit sur Alexandre[2].

360

De l'ouest fond soudain sur eux une tempête
avec des coups de tonnerre, des éclairs et un vent terrible
qui déchire les tentes, les pavillons,
arrache les cordes, met en pièces les vêtements.
Des flammes jaillissent de l'air et brûlent les bêtes.
Les plus courageux sont épouvantés.
Les barons, la foule, tous s'écrient alors :
“ Nous avons bien mérité ce tourment !
Nous avançons contre la volonté de Dieu.
Nous cherchons à grand tort à découvrir ses secrets ;
et nous voulons par notre bravoure
découvrir ce que Dieu n'a accordé à nul mortel ! ”
À ces mots, le roi Alexandre déclare :

---

[1] Solin, 52, 41.

[2] *Epistola*, p. 34.

'Seignurs barons', dit il, 'n'aiez marrement! *152v*
Decembre est en yver, ceo sachez veraiment.
L'orage est de saison, le temps le consent.
N'est pas de l'ire Dieu, ne soiez pas dolent,
Ainz eimes en un mont herbergé malement.
Ostez de cy les trefs tost e ignelement;
En cest val les fichez, si serrom surement.'
Sergant e mareschal font son comandement.
Chescun oste son tref e jus al val le tent.
A peine les ostent tant ventolt asprement.
Herbergé sunt li ost al val seurement,
Asseent al manger, pernent le liement.
En poy d'oure muee sunt li quatre element,
E fet un froit trenchant e nege[1] forment,
Une neif si liee cum toison de bident.
Mult ert grant merveille si ele nes acravent.

361

La noif fu hiduse, le freit grant qui les destreint.
Mult par est malbailliz qui a descovert l'atent.
Grisil chiet ovec qe les testes lur fent;
Li tref, li pavillon sunt covert[2] e teint.
Tot[3] ly feu de l'ost sunt por poy esteint.
Enpirent li haubert e li escu a or teint.
Donc prient Dampnedieu qe autre orré lur present;
Escrient e plorent, a genoilz prient meint.
Est lur donques un orages qe toz les autre[s] veint!
Une nue de ciel qe feu e flambe enpeint[4].
Escrie le pople: 'Ceo font fere ly seint!'
Ore ad Alisandre pour; oianz toz s'en pleint.

---

[1] e negee f.
[2] sunt overe
[3] Tote
[4] enpereint

" Seigneurs, n'ayez pas peur !
Nous sommes en décembre, en hiver, sachez-le,
la saison des orages : c'est le temps qui le veut,
pas la colère de Dieu ; ne soyez pas en peine !
Mais nous sommes bien mal logés sur cette colline.
Démontez vite les tentes
et remontez-les dans la vallée, où nous serons à l'abri ! "
Serviteurs et palefreniers lui obéissent.
Chacun démonte sa tente pour la remonter dans la vallée.
Le vent est si fort qu'ils peinent à l'ouvrage.
Une fois installés en sécurité dans la vallée,
ils se mettent à table et dînent joyeusement.
Mais bientôt ils subissent l'assaut des quatre éléments.
Il fait un froid glacial, la neige tombe dru,
épaisse comme la toison d'une brebis.
Ils auront de la chance s'ils ne sont pas étouffés !

361

La neige et le froid les font cruellement souffrir.
Il est bien à plaindre, celui qui est à découvert.
La grêle tombe en plus et fend les crânes ;
tentes et pavillons sont couverts de neige et décolorés.
Les feux de camp sont presque tous éteints,
les hauberts et les écus dorés endommagés.
Ils supplient alors Dieu de leur envoyer un autre temps :
ils crient, ils pleurent, beaucoup s'agenouillent pour prier.
Mais voici un orage pire que tous les autres !
un nuage apportant du ciel le feu et les flammes.
La foule s'écrie : " C'est la volonté des saints ! "
Même Alexandre a peur : il gémit devant tout le monde.

362

Hiduse e laide e horible fu la nue;
Unques puis icel[1] temps ne fu itel veue.
Chiet en feu e flambe, e fudre en est chaue;
Broille les pavillons e les bestes lur tue.
Li arbre en sunt chaeit, l'erbe est abatue,
La terre environ est ardante aparue. *153r*
Grant peine aprés autre lur est ore acreue.
Meinte defense i ot pur la fudre tendue.
Le chef Alisandre coverent d'une targe a or batue.
Alisandre escrie: 'Dieu du ciel, nostre aiue!
Moult par est icil fols qui tiel Roy irascue.
Bien deit home aver[2] pour quant sa ire est conue.'

363

Mult se pleint Alisandre, de vie en ad dotance.
Ses homes veit morir, pur ceo est en balance.
Il tint l'escu drescé, mes ne quert[3] nul[e] lance.
'Sire,' dit Tholomeu, 'n'aiez en quer pesance.
Ces perils[4], ces tormenz pernez toz en suffrance.
Cil est Dieux sovereins qui tieux darz nos lance.
Ore poez bien veer qe poy vaut surquidance,
Orgoil ou chevalerie contre la Dieu puissance,
Car mortele est chescune terriene substance.
Depriom Dampnedieu e sa chere semblance
Qu'il ait merci de nous e doint nos sa creance,
E des tormenz qe nous avom nous face demorance.'

---

[1] cele

[2] avere

[3] mene il ne

[4] perilis

362

C'était un nuage horrible à voir :
on n'a jamais vu son pareil depuis.
Il tombe sous forme de feu et de flammes, envoyant la foudre,
brûlant les pavillons et tuant les bêtes.
Les arbres tombent, l'herbe disparaît,
la terre alentour devient brûlante.
C'est misère sur misère qui s'accumule.
On cherche à se défendre de la foudre.
On couvre la tête d'Alexandre d'un bouclier d'or battu.
Alexandre s'écrie : " Dieu du ciel, au secours !
Il faut être bien fou pour courroucer ce Roi,
il a raison d'avoir peur, l'homme qui s'attire sa colère ! "

363

Alexandre gémit, il a peur pour sa vie.
Il voit mourir ses hommes et ne sait que faire.
Il lève son écu mais ne cherche aucune lance.
" Sire, dit Tholomé, ne soyez pas en peine !
Ces périls, ces tourments, sachez les endurer !
C'est un Dieu souverain qui nous lance ces traits.
Voyez donc maintenant la faiblesse de la vanité,
de l'orgueil ou de la chevalerie contre la puissance de Dieu !
Car toutes les créatures terrestres sont mortelles.
Prions le seigneur Dieu et Celui en qui il s'est incarné
d'avoir pitié de nous, de nous laisser croire en Lui,
et de nous délivrer de nos tourments ! "

364

Del feu e de la fudre cil de l'ost pour ourent,
E requistrent Dieu, toz en oreisons jurent.
Donc cesse la tempeste, e la gent se asseurent.
Par le comand Alisandre mangerent puis e burent.
Treis jurs i sojornerent qe unques ne se murent,
Car les noires[1] nues desur lur chefs esturent.
Cink cenz chevalers del torment occis furent;
Ly vifs les enterrerent al plus bel[2] qu'il surent.
Puis vont vers occident tant cum li desert durent;
Cil les guient devant qe les terres conurent.

cxlv Coment Alisandre sailly sul en la cité.

365

En mie une lande, desuz un bruiant gué,
Trovent ly guior une bele cité.
Ly mur furent clos entur, grant furent li fossé,
Ly pont sunt tret sus e li guichet fermé. *153v*
Mes homme ne femme n'ont dehors trové;
N'oient creature ne ne voient nul fé[3].
Venent a la porte, en haut ont appellé;
Merveille sey Alisandre quant nul [n']i ad parlé.
Descent de son cheval, sur le mur est monté
Tut sul sanz compaignon de ses armes conreé.
Le poples l'ad veu qe illuec fu assemblé;
Saillent a crocs de fer si l'ont a eaux[4] saché,
E l'ont dedenz les murs forment detiré.
Alisandre fu pruz e tret le brant asceré;
Defent sey vers trestoz cum vassal aduré.
Quel talent qe toz aient, le mur ad endossé[5].

---

[1] noires, *forme altérée de* neires

[2] bele

[3] nule fee

[4] ceaux

[5] m. en ad dosse

364

Les soldats, tremblant devant le feu et la foudre,
invoquèrent Dieu, le prièrent à genoux.
Alors la tempête s'arrêta et les hommes se rassurèrent.
Alexandre leur commanda de manger et de boire.
Ils restèrent là trois jours sans bouger
car les nuages noirs pesaient sur leur tête.
Cinq cents chevaliers avaient péri dans la tourmente ;
les vivants leur firent d'aussi belles funérailles que possible,
puis ils se dirigèrent vers l'ouest tout au long des déserts,
suivant les guides qui connaissaient le pays.

cxlv Comment Alexandre sauta seul dans la cité[1].

365

Au milieu d'une lande, en aval d'un gué aux eaux tumultueuses,
les guides découvrent une belle cité
bien close de murs et de grands fossés.
Les ponts sont levés et les portes fermées.
Ils ne trouvent ni homme ni femme dehors,
n'entendent personne et ne voient pas une âme.
Ils viennent à la porte, appellent à haute voix ;
Alexandre s'étonne de n'obtenir nulle réponse.
Il met pied à terre, monte sur le mur,
tout seul, en armes, sans compagnon.
Rassemblé dans la cité, le peuple le voit,
l'agrippe avec des crochets de fer pour l'attirer à lui
et l'entraîne violemment à l'intérieur des murs.
Courageusement, Alexandre dégaine sa lame d'acier
et se défend vaillamment, seul contre tous.
Malgré eux, il parvient à escalader le mur.

---

[1] Cet épisode est emprunté à Justin, *op. cit.*, livre XII, 9 et à Orose, *op. cit.*, III, 19, 7-10. On trouve un épisode similaire dans le *Fuerre de Gadres* : le saut d'Alexandre dans Tyr assiégée (Alexandre de Paris, *Le Roman d'Alexandre*, br. II, vv. 1965-2000).

Donc lancent e traient; quarels i ont geté:
Son escu li ont freint e son haubert fausé.
Il se tint cum pruz, occis en ad plenté:
Trenché lur ad les chefs, les pez, les poinz coupé;
Plus de cent en ad morz, qe naffré qe plaié.
Le duc de cele gent l'ad tant avisé
Fiert le par mi le cors d'un gavelok quarré.
Alisandre ot anguisse; del dard s'est deferré.
Coveri sey de l'escu, sis ad toz escrié.
Merveillent sey dehors de lur droit[1] avoué,
E a lur granz engins sunt desqu'al mur alé;
Endroit[2] ou le roy ert sunt donc aresté.
Fruissé l'ont e percé si sunt a force entré,
E trovent Alisandre si faitement alassé
Qe a peine pot combatre de droite febleté.

366

Endroit ou Alisandre estoit ont le mur percé,
E trovent lur seignur las e affebl[i]é.
Tenoit[3] le brant al poing, si ert angoissé;
Sis escuz ert fenduz, son haubert desmaillé,
Senglant ad tuit le corps e le brant enoché; *154*^{r}
E cil le socurent cum chevaler prisé.
Donc fausent cil escu e brisent cil espié,
Palment li naffré e morent li plaié.
Alisandre ot anguisse de ceo qu'il fu blecé[4],
E vet cely querant qe le dart ot lancé:
Si de li n'est vengé, jamés n'ert haité!
En mie de l'estur li ad le chef trenché.
Trestoz les ont occis; n'i eschapa[5] un pié;

---

[1] droit, *forme altérée de* dreit

[2] Endroit, *forme altérée de* Endreit

[3] Tenoit, *forme altérée de* Teneit

[4] blecee

[5] nest un eschape

Les autres le criblent de traits, de carreaux d'arbalète,
brisant son écu, faussant les mailles de son haubert.
Il se dresse bravement et multiplie les morts ;
il tranche les têtes, les pieds, les poings ;
morts et blessés dépassent la centaine.
Le seigneur de la ville le vise alors si soigneusement
qu'il l'atteint au milieu du corps d'un javelot au fer en losange.
Alexandre, malgré la souffrance, arrache le trait.
Il se couvre de son écu et les défie tous.
Ses hommes, dehors, s'émerveillent devant leur seigneur légitime
et vont droit au mur avec leurs énormes machines ;
s'arrêtant là où se dresse le roi,
ils entrent en force en brisant et en perçant les murs
et trouvent Alexandre si épuisé
qu'il tombe de faiblesse et peut à peine se battre.

366

Ils ont percé le mur pour rejoindre Alexandre
et trouvent leur seigneur épuisé et affaibli.
L'épée brandie, il endurait mille souffrances :
son écu était fendu, son haubert rompu,
son épée ébréchée et tout son corps saignait.
Ses hommes le secourent comme de bons chevaliers.
Alors les écus se fendent, les épieux se brisent,
les blessés s'évanouissent avant d'agoniser.
Alexandre souffre de ses blessures
et va à la recherche de celui qui lui a lancé ce trait :
il ne connaîtra plus la joie avant de s'être vengé !
Dans la mêlée, il lui a tranché la tête.
Les Grecs ont tué tous leurs ennemis : pas un seul n'a réchappé.

E arse ont la vile e le lu exillé.
Dehors as praieries se sunt la nuit logé;
Li naffré querent mires, repos li travaillé.
Tant qe le roys fu seins sunt illuec herbergé,
E puis se sunt monté; avant sunt chevaché.
Le plus de tuit le regne ont enquis e cerché.

cxlvi Des genz a une pié dont il se coveront.

367

Cerchent les idles, les regnés e les pans,
Desques en Ethiope ou est li occians.
Passent les Frassiens, Gaudiens e Cormorals,
E les Gangarides, les idles as Braimans
Ou ly roys Alisandre ad pein[e]s e ahans;
E cels qui n'ont qe un[1] pié corent as monz cum as vals,
E se coverent de cel pié en chaut e en haans.

368

En Briamont trova genz de estrange doctrine:
Ne mang[u]ent fors fruit ou herbes ou racine;
Ne usent char ne pesson, pain ne farine,
Ne rien fors ceo qe la terre de gré lur destine.
Envers le Creatur unt amur si fine
Qu'il se lessent arder par dreite decipline
Pur aver Paradis e la glorie devine.
Desputa Alisandre a Porre en gaudine
Saver mon la quele ley fust renable e fine,
Ou cele as Braimans ou la ley sarazine. *154v*
En avant vous dirray cum lur estrif define[2],

---

[1] une

[2] a. lur d.

Ils ont brûlé la ville et dévasté les lieux.
Ils s'installent la nuit dehors, dans les prairies ;
les blessés se font soigner et se reposent.
Ils séjournent sur place jusqu'à la guérison du roi,
puis ils remontent en selle, reprennent la route
et explorent la plus grande partie du royaume.

cxlvi Les hommes qui n'ont qu'un pied dont ils se couvrent la tête.

367

Ils explorent les îles, les royaumes et les terres
jusqu'en Éthiopie où se trouve l'Océan.
Ils visitent les Prasiens, les Gaudiens, les Cormorals,
les Gangarides, les îles des Brahmanes
où le roi Alexandre endure bien des souffrances.
Les hommes au pied unique courent par monts et par vaux,
se couvrant de leur pied pour s'abriter de la chaleur[1].

368

En Briamont ils trouvèrent des gens aux mœurs étranges :
ils ne mangent que des fruits, des herbes ou des racines ;
ni viande ni poisson, ni pain ni farine,
mais seulement ce que la terre leur offre d'elle-même.
Ils vouent au Créateur un amour si parfait
qu'ils se font brûler selon leur règle[2]
pour gagner le Paradis et la gloire divine.
Alexandre et Porrus disputèrent dans la forêt
pour savoir quelle religion était la plus digne et la plus pure,
celle des Brahmanes ou la religion sarrasine[3].
Je vous raconterai plus loin la fin de leur discussion,

---

[1] Sur les sciapodes, cf. *supra*, v. 4717.

[2] *Cf.* v. 4705.

[3] Sur Alexandre et les Brahmanes, voir *Collatio cum Dindimo*, éd. F. Pfister, " Briefwechsel zwischen Alexander und Dindimus ", in *Kleine Texte zum Alexanderroman*, Heidelberg, 1910, pp. 10-20, et C. Gaullier-Bougassas, " Alexandre et les Brahmanes dans les romans d'Alexandre français du XIIe au XVe siècle ", *Le Moyen Âge*, t. CVI, 2000, pp. 467-493.

Lur grant desputeison, lur estre, lur covine,
E coment ele comence e coment termine.
Le roy Alisandre eire par la marine,
Ne trove mes al mond ne roy ne royne
Ne face son comand, car chescun l'encline.

369

Par tote [Ynde] est alez cerchant la region,
De la grant mer d'Aufriqe desques septentrion;
Qe fust en orient ou sunt li grant dragon,
Ne trovent mes merveilles; donc dient li baron:
'De aler en nos regnes est ore seison,
Car tuit le mond est Alisandre a bandon;
De touz roys terriens ad il subjecion.
As treis fins del mond ad mis son pavillon,
Ses mercs e ses bondes de fin or esclavon,
Les temples e le[s] auters[1] de quivere e de laton.
Ore n'i ad [a] dire si sul occident non,
Ou meinent ly Yreis, Espaniol e Breton,
Qe la terre habitable[2] ne seit alé environ.'

cxlvii Del messager a un pié qui vint a Alisandre.

370

Si cum chescun dit la sue entencion,
Eis lur un paissant de mult estrange façon!
Un oil ot e un pié, velu plus qe heriçon;
N'ot col ne cerviz: al col ot son menton.
Cel oil avoit[3] vermail, quir plus neir qe charbon.
Il n'ot nul chevoilz; grant furent sis gernon.
Fierement parole vers le fiz Phelippon;
N'ot si hardy n'ot pour de son soun.

---

[1] auteres

[2] heritable

[3] averoit

leur long débat, leur conduite,
comment débuta et se termina la scène.
Le roi Alexandre vogue sur les mers,
sans trouver au monde roi ou reine
qui ne lui obéisse : tous s'inclinent devant lui.

369

Alexandre a exploré toutes les contrées de l'Inde,
de la grande mer d'Afrique jusqu'au nord ;
même en Orient, où vivent les grands dragons,
ils ne trouvent plus de merveilles ; et les barons de dire :
“ Il est temps maintenant de regagner nos terres,
car le monde entier est livré à Alexandre ;
tous les rois de la terre se sont soumis à lui.
Aux trois extrémités du monde il a dressé son pavillon,
ses marques, ses bornes d'or fin de Slavonie,
les temples, les autels de cuivre et de bronze.
Il ne reste plus désormais qu'en Occident,
où vivent les Irlandais, les Espagnols et les Bretons,
qu'il n'ait pas parcouru la terre habitable. ”

cxlvii Le messager à un pied qui vint à Alexandre.

370

Alors que tous ses hommes exprimaient leur avis,
voici venir un paysan à l'aspect monstrueux.
Plus velu qu'un hérisson, il n'avait qu'un œil et qu'un pied,
ni cou ni nuque ; le menton se confondait avec le cou.
Son œil était rouge, sa peau plus noire que le charbon.
Il n'avait pas de cheveux mais de grandes moustaches.
Il s'adresse si fièrement au fils de Philippe
qu'il remplit de frayeur même les plus hardis.

'Quanques avez,' dist il, 'fet[1], ne prise un boton
Quant n'avez veu l'orgoillus roy felon
Qe meint outre la mier[2], ça vers aquilon.
Jamés n'orrez parler de tele nacion! *155r*
Felonie i regne, envie e traison.
Vers humeine nature font persecucion.
Il ne hantent chastel ne vile ne meson;
As fossez, en caves meinent cum lion.
Plus vivent de char d'ome qe d'autre garison;
De chiens, de luus sauvages funt il lur veneison,
E serpenz e colubers lur semble bon[3] pesson,
Les crepaus e les raines e ly limaçon.
Si de lur cruelté ne prengez vengeison
E si ne facez de lur regne exil e destruccion,
Del los qe vous avez ne say donc l'achaison.

cxlviii De Gog e de Magog qui mangerent la gent.

371

'**D**e ceo qe jeo vous dy, n'aiez, Alisandre, errur.
Quant vous de Taragonce e des idles entur
De Gog e de Magog saverez la verrur,
Ne quid qe aiez home al quer n'en ait pour.
Quel semblant qe vous facez, vous en averez hydur.
Al regné dont vous dy mainent gent plusur:
Toz sunt de la ligne Nembroth le traitur
Qui en Babiloine fonda la haute tur
Quant de ciel volt abatre le haut Creatur.
Les terres sunt larges dont icist sunt seignur.
Ja n'orrez felonie qe seit envers la lur[4];
Ne nul[e] richesce n'ad al mond[e][5] maiur,
Si la volez aler, qe ne trovissez greignour.

---

[1] Q. ainz ad dit ou fet

[2] miere

[3] semple bon

[4] e labur

[5] nad ad m.

" Tous vos exploits, dit-il, je ne les prise guère,
car vous n'avez pas vu le roi félon et orgueilleux
qui vit au-delà de la mer, vers le nord.
Jamais vous n'entendrez parler d'un peuple pareil !
On y voit régner félonie, envie, trahison.
Ces êtres ne cessent d'attenter à la nature humaine.
Ils n'habitent pas des châteaux, des villes, des maisons,
mais des fossés et des grottes, comme les lions.
Leur nourriture principale est la chair humaine,
avec celle des chiens et des loups des forêts.
Ils mangent les serpents et les couleuvres en guise de poisson,
comme les crapauds, les grenouilles et les limaçons.
Si vous ne tirez vengeance de leur cruauté
et ne portez dans leur royaume la mort et la destruction,
je vous juge alors indigne de votre gloire. "

cxlviii Gog et Magog, les anthropophages.

371

" Ne vous trompez pas sur mes paroles, Alexandre !
Quand vous apprendrez la vérité sur Gog et Magog,
les peuples de Taragonce et des îles voisines[1],
je crois que tous vos hommes seront remplis d'effroi,
et vous-même, malgré vous, connaîtrez la frayeur.
Dans le royaume dont je vous parle vivent plusieurs peuples,
tous issus du lignage du traître Nemrod
qui, à Babylone, éleva la haute tour
pour abattre du Ciel le très Haut Créateur[2].
Ils sont maîtres de vastes terres.
Jamais on ne vous parlera d'une félonie pareille,
et si vous vous y rendez, vous trouverez des biens
qui dépassent les plus grandes richesses du monde. "

---

[1] Cette évocation horrifique de Gog et Magog est empruntée à Ethicus (pp. 119-123).

[2] Il s'agit de la tour de Babel.

cxlix Des genz qe toz jors vivent en la mere.

372

'Un pople i ad k'en la mer vit nuit e jur,
Tant cum suffrir en put pur yvernal freidur.
Il ne sunt march[e]ant n'en l'ewe pecheur,
Ainz sunt de humeine char tirant e robur.
Il [en] boivent[1] le sanc, des corps sunt devorur.

cl Des genz qe manguent taupes e soriz. *155v*

373

'Un autre i ad assez de cest[2] pople peiur.
Lur regnes est mult granz, mes n'i ad cotivour[3];
Tel yver i ad qe ja n'averat verdur.
Mes taupes e soriz manguent a savour.
Plus sunt velu qe chien; en lurs vis ont palur;
Al siecle n'ad beste de si laide colur.
La poez, sire roys, esprover ta baudur
E vostre hardement e vostre grant valur,
Car s'il turnent vers vous[4], tendront dur estur.

cli Des bons feveres e bons guerreors.

374

'Un autre pople i ad; des meins sunt enginur,
E de toz metals sunt il bon[5] forgeur.
Helmes ont e haubers, e sunt fier combatur,
Chevals bons e bels qe sunt bon coreur.
Cist ont prince par sey si le cleiment almazur.
Hardiz sunt en bataille e cruel guerreour.'
Ly Greu dient entre eaux: 'Deheit [ait] tel honur!
Ja ne prendra mes terme ly nostre grant labur

---

[1] boivent, *forme altérée de* beivent

[2] ceste

[3] contivour

[4] vous *ajouté sur la ligne.*

[5] bone

cxlix Le peuple qui ne vit que dans la mer.

372

“ Il est un peuple qui vit nuit et jour dans la mer,
tant qu'il peut en supporter le froid en hiver.
Ces gens ne sont ni marchands ni pêcheurs
mais bourreaux des humains,
dont ils boivent le sang et dévorent le corps. ”

cl Le peuple qui se nourrit de taupes et de souris.

373

“ Un autre peuple est encore pire :
ses terres sont immenses, mais il ne les cultive pas ;
l'hiver est si froid qu'aucune plante n'y pousse.
Ces gens se régalent de taupes et de souris.
Plus velus que des chiens, le visage blême,
ce sont les plus laides bêtes du monde.
Voilà où vous pouvez, sire, éprouver votre bravoure,
votre courage et votre grande valeur,
car ils vous opposeront une fière résistance. ”

cli Les bons forgerons et les bons guerriers.

374

“ Il est un autre peuple, habile de ses mains,
qui sait bien forger tous les métaux.
Ils ont des heaumes et des hauberts, sont de rudes combattants,
et leurs superbes chevaux sont rapides à la course.
Ils ont leur propre prince qu'ils nomment émir[1].
Hardis au combat, ce sont de cruels guerriers. ”
Les Grecs murmurent entre eux : “ Maudite terre !
jamais nos dures épreuves ne prendront fin

[1] Sur l'*almaçour*, voir *supra*, v. 1489.

Tant cum Alisandre trovera novel fableur.
Mult par est grant merveille,' dient de l'empereur,
'Qe ja a son vif n'avera pes ne sojur.'

clii Des Turcs qe manguent genz e chiens.

375

'Sire roy Alisandre, seiez [en] bien seurs,
Un idle ad al regné qe mult par est obscurs:
Unques blé qe homme semast ne fust certes meurs.
Un pople est la[e]inz qui est cruels e durs.
Chastels ont e citez e viles closes a murs.
Usent or e argent e sunt apellé Turs.
En manger e en boivere tieng ceaux a plus purs.

376

'Al mestre regne ad gent qui sunt[1] cruel e dure.
Maintenent lecherie de[2] chescune luxure,
E vivent de char vive e de meinte ordure, *156r*
De chiens, de morticine e d'autre poreture,
E de totes [les] choses qe sunt contre nature.
Il sunt hidus e noirs e de grant estature;
Gorge[ie]nt de lur voiz, roe est lur parl[e]ure.

cliii Des mustres qui cotivent Satorne.

377

'Cil sunt velu cum urs; vil[e] est lur vest[e]ure.
Le quir ont jaune e bleif[3] e poy de chevelure;
Lur denz hors des bouches, laide la regardure;
Les oilz vermals cum sanc; corbe amont la ceinture.
Ne tenent nule ley, ne n'aiment point dreiture;
Entre eaux nen ont amor[4]; a nul ne font mesure.

---

[1] g. mult c.

[2] l. e de

[3] bleive

[4] Neutre e nont a

tant qu'Alexandre rencontrera de nouveaux conteurs de sornettes !
Quel prodige ! disent-ils, que cet empereur
qui ne connaîtra jamais la paix ni le repos de son vivant ! "

clii Les Turcs qui mangent les hommes et les chiens.

375

" Sire Alexandre, soyez en tout à fait sûr,
il y a dans ce royaume une île bien obscure :
le blé qu'on y sèmerait ne mûrirait jamais.
Elle est habitée par des hommes cruels et durs
qui ont des châteaux, des cités et des villes fortifiées.
Ils usent d'or et d'argent et sont appelés Turcs.
Je les trouve plus purs dans leur nourriture et leur boisson. "

376

" Mais dans le plus grand royaume vit un peuple cruel et dur
qui se vautre dans la pire luxure :
il se nourrit de chair vivante et de toutes les ordures,
de chiens, de charognes et d'autres pourritures,
et de tout ce qui est contre nature.
Ces gens sont noirs et hideux à voir, de grande taille ;
ils parlent de la gorge et d'une voix rauque. "

cliii Les monstres qui adorent Saturne.

377

" D'autres sont velus comme des ours, misérablement vêtus.
Ils ont la peau jaune et blême, le cheveu rare,
des dents qui saillent de la bouche, le regard horrible,
les yeux rouges comme sang, une bosse sur le dos.
Ils ne respectent nulle loi et n'aiment pas la justice.
Ignorant entre eux l'amitié comme la mesure,

A toz ceaux qu'il poent font hontage e laidure;
Ne il ne cotivent Dieu, ne de feste n'ont cure,
Fors sul un jur en l'an, ceo font par envoisure,
A Saturne l'esteille font en haut cuture.
Une cité ont fet, grande est a demesure.
D'un morter merveillus est fete l'enclosture;
Ne doute feu n'engin: d'ewe est ele [en]s[e]ure.
Une tur est dedenz de mult noble faiture,
De quivre geteiz; estrange est la soudure.
Fonde[e] est en la mer[1], cent teises amont dure;
Les nefs siglent sovent par desuz la vousure.
Al non al dieu Saturne ad enz[2] une figure:
De fin or [est] overe[e], riche est la entaillure;
[E] Marcolon apelent iceste faiture;
C'est l'estaille Saturne par interpreture.
[Tres]tuit cil del regné sunt traitre e parjure.
Il n'i put[3] nul blé crestre, ne nul fruit n['i][4] m[e]ure;
En esté, en[5] yver ont toz jors la froidure[6].

cliiii Des genz qe nagent suz la mer.

378

'Mult est riche la terre dont [vous] m'oiez parler.
De nule part del mond ne put homme [enz] entrer *156v*
Fors par les portes Caspias qe fort sunt a passer.
Un idle ad dela ceaux, Meopan[7] l'oy nomer.
[En] avant de cel[8] pople ne pot l'en nul trover.

---

[1] la mere'

[2] ad dedenz

[3] Ne b. ne put

[4] nule f. ne m.

[5] En e. e en

[6] Dans la rubrique suivante *nagent* est une correction (à partir de *C*) de *mangent*.

[7] Meopante

[8] cele

ils font à tous autant de mal et de déshonneur qu'ils le peuvent ;
ils n'adorent pas Dieu et n'ont cure d'aucune fête,
sauf un jour par an, où ils célèbrent dans l'allégresse
le culte de l'astre de Saturne.
Ils ont édifié une cité grande à l'excès,
toute close de remparts d'un mortier prodigieux :
elle ne redoute ni le feu, ni l'eau, ni les machines de guerre.
Il s'y trouve une tour magnifiquement ouvragée,
de cuivre fondu, aux soudures extraordinaires.
Elle se dresse dans la mer à une hauteur de cent toises ;
les navires passent souvent sous ses arches.
Une statue y est érigée, au nom du dieu Saturne,
toute d'or fin, richement ciselée :
ces hommes l'appellent Marcolon,
du nom que l'on donne à l'astre de Saturne.
Tous les habitants du royaume sont traîtres et parjures.
Le blé ne peut pousser, les fruits ne peuvent mûrir :
hiver comme été, ils ne connaissent que le froid. "

cliv Le peuple qui vit sous la mer[1].

378

" La terre dont je vous parle est très riche.
Mais on ne peut y pénétrer de nul autre côté
que par les Portes Caspiennes, passage redoutable.
Au-delà des portes, on trouve une île nommée Meopan,
et plus loin on ne trouve plus aucun peuple.

---

[1] Aethicus, pp. 126-128.

[D']itel manere de gent n'oistes unc parler[1];
Lor engin ne lur art ne put nul hom penser.
Il ont estranges nefs pur les granz mers[2] hanter.
Ne vous puis lur façon descrire ne conter,
Mes quant volent si eirent pres des fonz de la mier,
Ausi cum en l'air mainent par jur cler.
Vont amont l'occian quant il volent rober.
S'il voient grant dromond ou eskarnard sigler,
Par desuz l'ewe courent si la font[3] affondrer.
Ne i poent pas longes pur le vent habiter;
Sul quatre mois de l'an i poent demorer.
Grant merveille vereit qui la vousist aler.'
Içο[4] dient li prince [e] ly duc e li pier:
'Diables nous fereit[5] la endreit ost mener.
[E] dont vient icist mostre? Il ne fet[6] qe gaber!
Ly roy est afolez quant le[7] volt escouter!
Toz jors quert achaison des travaus endurer[8].'

clv Des genz forgeors d'armes qui sunt apellez nains.

379

'**E**ntendez, Alisandre!' ceo [li] dit ly vileins.
'De quanque jeo vous dis poez estre certeins.
Del mond decea endreit est cist pople d[e]reins,
Mes encoste de l'occident est un pople foreins[9]
Qe mult sunt en sey enginus de meins:
Forgent fer e ascer e quivre e areins,

---

[1] Itel m. de g. ne veistes unc regner
[2] la mier
[3] si le f.
[4] Ceo
[5] fereient
[6] ne se f.
[7] q. il le
[8] de nous travailler
[9] fains

On ne vous a jamais parlé de pareilles gens :
on ne saurait imaginer leur ingéniosité et leurs techniques.
Ils ont, pour explorer les vastes mers, d'étranges navires
dont je ne saurais vous décrire l'allure,
mais quand ils le souhaitent, ils sillonnent les abysses
et y séjournent comme à l'air libre par jour clair.
Ils remontent à la surface quand ils sont en quête de rapines.
S'ils voient voguer un grand dromon ou un lourd navire,
ils plongent sous l'eau pour l'envoyer par le fond.
Le vent les empêche d'habiter longtemps leur île :
ils ne peuvent y rester que quatre mois par an.
Qui oserait s'y rendre verrait là de grands prodiges ! "
Princes, ducs et pairs répondent à ces mots :
" C'est le diable qui nous ferait mener là notre armée !
D'où vient ce monstre ? Il ne dit que des sornettes !
Le roi est bien fou de vouloir l'écouter !
Il ne cherche que l'occasion de nouvelles épreuves ! "

clv Les forgerons qui fabriquent des armes et sont appelés nains.

379

" Écoutez, Alexandre, dit encore le paysan,
vous pouvez être sûr de la vérité de mes paroles.
Ce peuple est le dernier de ce côté du monde,
mais vers l'ouest vit un peuple étranger
extrêmement habile de ses mains :
ils forgent le fer et l'acier, le cuivre et l'airain,

Font helmes e haubers, [e] chauces e loreins.
De long n'ont qe une coute, si sunt apellé neins.
Si ceaux ne conquerez, itant vous dy al meins[1],
Donc ne say jeo pur quei estes roys sovereins.
En vostre guere deussent cist estre primereins. *157r*

clvi Des Rifaires e de lur nobley.

380

'Ly poples de Rifaires est a [i]ceaux voisins[2].
Hardement ont en eaux, pruesces e engins.
Usent haubers e helmes e espiez[3] ascerins,
E ont riches chevals e riche[s] draps purprins,
Garnemenz, veirs e gris, hermins e sab[e]lins,
Chastels[4], riche[s] citez e bels paleis marbrins.
Vers nul empereur[5] [ne] volent estre enclins,
Mes toz jors guerroient vers autres Sarazins.
Tuit cil del mond[e] sunt vers eaux d'engin frarins.
Pernent citez a force[6] e forz chastels perins.
Suz ciel n'ad forteresce[7], mur ne fossé marins
A un engin qu'il ont tost ne seit [mis] sovins.
Il est fet de marien e de quirs de roncins,
De chamels endurciz e de [granz] quirs taurins.
Bestes ad en l'idle plein[e]s de mals venins[8];
Occient les lions, les lus e les mastins,
Homes e femmes les seirs e les matins,
Sulement par l'aleine qe ist de lur narins.
Verité vous dirray, barons alexandrins.

---

[1] c. ceo v.
[2] voisins *forme altérée de* veisins
[3] espeez
[4] Chasteles e r.
[5] n. Roy du mond
[6] fort c.
[7] ne forte m.
[8] m. voisins *forme altérée de* veisins

dont ils font des heaumes et des hauberts, des chausses et des brides.
Comme ils n'ont qu'une coudée de haut, on les appelle nains.
Il faut les conquérir, sinon, je vous le dis,
vous ne méritez pas votre titre de roi souverain.
Ils sont les premiers à qui vous devriez faire la guerre. "

clvi La noble vie des Rifaires[1].

380

" Le peuple des Rifaires est voisin de celui des nains.
Ce sont des gens hardis, pleins de prouesse et d'habileté.
Ils utilisent hauberts, heaumes et épieux d'acier ;
ils ont de beaux chevaux, de riches étoffes de pourpre,
des vêtements bordés de vair et de gris, d'hermine et de zibeline,
des châteaux, de riches cités et de beaux palais de marbre.
Ils ne veulent se soumettre à nul empereur
et sont sans cesse en guerre contre les autres Sarrasins.
Aucun peuple au monde ne peut rivaliser avec leur habileté.
Ils conquièrent par la force les cités et les solides châteaux de pierre.
Il n'est nulle forteresse, fossé ou rempart sur la mer
dont ils ne s'emparent très vite grâce à une machine,
faite de bois et de cuir de cheval,
de cuir de chameau durci et de cuir de taureau.
Dans l'île vivent des bêtes gorgées de venins mortels,
qui tuent les lions, les ours et les chiens,
les hommes et les femmes, à toute heure du jour,
rien que par le souffle qui sort de leurs narines.
C'est la pure vérité, barons d'Alexandre :

---

[1] Aethicus, pp. 130-132.

Si conquere volez le pople barbarins,
Devant cent ans n'avera [le] vostre travail fins,
Tant i ad monz e mers e tel est[1] li chemins.'

clvi Coment Alisandre meust son ost.

381

Parlé a le vileins devant la baronie.
Riche fu l'assemble[e], fiere la compaignie.
Donc parla Alisandre qui ot la char hardie,
E dit a ses barons: 'Novele[2] avoms oie;
N'oimes si fiere puis cele de Persie.
Qe vaut nostre pruesce ou ma chevalerie[3]
Ou le grant hardement, cest[e] ost [k']avom banie,
Si [nous] al mond lessom regner itel[4] folie 157v
E si grant crueltė, tel orgoil, tel envie?
La est tote l'ordure que est en ceste vie,
La racine de mal e tote trecherie.
Si nous ne destruiom iceste roberie,
Tote l'eire qe avom fete ne pris une alie!'
Grantent ceo ly baron e la chevalerie.

clvii Coment Alisandre entra en Taragonce.

382

D'aler en Terragonce sunt li guior somons.
Alisandre mande nefs, karnarz e dromonz.
As chevalers de l'ost[5] out fet fere livereisons;
Solum ceo qu'il sont lur fet doner les dons,
Or e argent, richesces, duchees[6] e regions.
Des poveres chevalers fet contes e barons.

---

[1] t. i est

[2] noveles

[3] ou nostre c.

[4] iceste

[5] ost *ajouté sur la ligne.*

[6] douchees

si vous voulez soumettre ces peuples barbares,
vous en avez pour plus de cent ans d'épreuves,
à franchir mers et montagnes, si long est le chemin ! "

clvi Comment Alexandre donna le signal du départ.

381

Le paysan a parlé devant les barons,
une noble assemblée, une fière compagnie.
Alexandre le hardi prit la parole à son tour
et dit à ses barons : " Nous avons appris des nouvelles,
les plus redoutables depuis la guerre de Perse.
Que valent notre prouesse et mes exploits,
et l'immense bravoure de cette armée,
si nous laissons subsister au monde cette folie,
cette terrible cruauté, cet orgueil et ce défi ?
C'est là que réside toute l'ordure du monde,
la racine du mal et de toutes les traîtrises.
Il nous faut détruire cette racaille,
ou bien tout notre voyage n'aura servi à rien ! "
Barons et chevaliers s'accordent à ces paroles.

clvii Comment Alexandre entra en Taragonce.

382

Les guides sont sommés d'aller vers Taragonce.
Alexandre rassemble vaisseaux, navires et dromons.
Il a rétribué les chevaliers de l'armée,
en distribuant les dons selon la valeur des hommes :
or et argent, richesses, duchés et domaines.
Des pauvres chevaliers il fait des comtes et des barons.

Atornent lur armes, font fere pavillons,
Haubers e helmes, espeez e blazons,
Peintent les flurs e les rampanz lions.
Solum ceo qe armes ont font lur devisions,
Taillent lur coverturs, encisent lur penons,
Detrenchent les cendals, samiz e ciglatons,
Les freins d'or e d'argent, les anels, les arçons,
Les poitrels[1], les estrius, bocles e esperons;
Corrois[2] ont de seie, armures, gonfanons.
N'oistes donc tel ost en gestes n'en chançons
Come ceste qe alad sur celes nascions
Pur destruire lur mal e lur grant traisons,
E les cruels tiranz, les orgoillus felons.

clviii Coment la royne de Siche vint a Alisandre.

383

A iceste bosoig[ne] mande Alisandre ses amis.
Venent i prince, conte e roys poestis,
Les dux e les barons, les chevalers marchis.
Vient od les autres la royne de Sichis.
En sa compaignie avoit dis mile dames de pris, 158r
Vestues de blanc hermine ou de veir ou de gris.
Chevals ont e armes, escuz vermails e bis,
D'argent e de colurs e de fin or assis.
Granz sunt de corsage, les quers ont hardis.
Fiers sunt en bataille envers lur enemis.
De tel corage sunt n'ont cure de marris.
Encontre toz tiranz defendent lur pais,
Mes roys Alisandre lur ot toleit cel pris.
La royne fu mult bien fete e bele par devis;
Tant Alisandre servi en cest ost, ceo m'est avis,
Le regné qe ot perdu ad vers li reconquis.
Chevalers furent en cel regné tut dis.

---

[1] poitrels, *forme altérée de* peitrels
[2] Corrois *forme altérée de* Correis

Tous préparent leurs armes, font faire des pavillons,
des épieux, des hauberts et des heaumes avec leur blason :
on peint les fleurs, les lions rampants.
Ils font reproduire leurs armoiries,
puis tailler les étoffes, découper les pennons,
couper les taffetas, les soieries, les brocards,
les brides d'or et d'argent, les anneaux, les arçons,
les plastrons, les étriers, les boucles et les éperons,
les ceintures de soie, les armures, les gonfanons.
Nulle chanson de geste ne vous a jamais évoqué une armée
semblable à celle qui marcha sur ces peuplades,
pour détruire la malice et la traîtrise
de ces cruels bourreaux, ces orgueilleux félons.

clviii Comment la reine de Scythie rendit visite à Alexandre.

383

Dans ce besoin, Alexandre convoque ses amis.
On voit venir les princes, les comtes, les rois puissants,
les ducs et les barons, les chevaliers et les marquis.
Parmi eux arrive la reine de Scythie,
accompagnée de dix mille nobles dames,
vêtues de blanche hermine ou de vair et de gris.
Elles ont chevaux et armes, écus vermeils et bis,
peints de vives couleurs, d'argent et d'or fin.
D'une taille élevée, elles ont le cœur fier
et sont féroces au combat contre leurs ennemis.
Elles ne soucient pas d'avoir des enfants.
Elles défendent leur pays de toutes les invasions,
mais le roi Alexandre leur a enlevé cette gloire.
La reine était bien faite et d'une grande beauté.
Elle a si bien servi Alexandre dans cette bataille, je crois,
qu'il lui a redonné le royaume qu'elle avait perdu.
Il y a toujours eu des chevaliers dans ce royaume.

De cele terre fu la royne Tharamis[1],
Cele qe combaty od Mediens e Persis,
La ou le roy Daire fu en l'estur occis.
De son sanc fist fere la cité de Thamis[2] –
Ne fu pas cely Daire dont avant vous dis,
Ainz fu un plus cruel e si fist assez pis;
Par l'engin qu'il trova fu aprés escharnis.
De ly ne de ses fez ne me sui entremis,
Ainz iray l'ordre avant qe pieça ay enpris –
E si en fu roine dame Semiramis
Qe de Babyloine fonda les murs auntis.
Iceste [con]trova les rouns chapeals flanchis
E les primeres amuces; de plusors l'ay enquis.
Reconté ay l'estorie en un livere qe fis;
La ou tretoy de Sire ses[3] greignurs fez descris.

clix De deus roynes de Amazonie.

384

De Amazonie vindrent deus roynes beles,
Mult bones chevaleres e beles damoiseles.
En lur compaignie vint mile des anceles.
Eles ont bons chevals e armes totes novel[e]s, 158v
Haubers menu maillé, helmes e roeles,
Gonfanons e espiés, trenchantes alemeles.
Lors armes sunt a flurs e plus a taveles.
De la destre part n'ont cressant mameles;
Hom les ard de fer quant sunt jovenes puceles
Qe blece[es] ne soient[4] d'esclices ne d'arblasteles,
Car plus est mortel cop cely desuz les esseles;
Au juster coverent l'autre de ascerees esqueles.
Chevachent beles mules a dorrees seeles.

---

[1] r. tramis

[2] de chamis

[3] sire les g.

[4] soient *forme altérée de* seient

De cette terre était originaire la reine Tharamis,
celle qui combattit les Mèdes et les Perses
dans la bataille où périt le roi Darius.
Elle mit son sang dans les fondations de la cité de Thamis :
ce n'était pas le Darius dont je vous ai déjà parlé,
mais un autre roi plus cruel et moins valeureux ;
il fut finalement pris à son propre piège.
Je n'ai pas l'intention d'en dire plus long sur lui
mais de poursuivre mon histoire.
Une autre reine de cette terre fut Sémiramis,
qui éleva les antiques murailles de Babylone.
C'est elle qui créa les coiffes recourbées
et les premiers capuchons : je l'ai trouvé dans plusieurs sources.
J'ai raconté son histoire dans un autre livre,
où j'ai rapporté ses exploits en Syrie.

clix Les deux reines d'Amazonie[1].

384

D'Amazonie vinrent deux reines gracieuses,
aussi bonnes cavalières que belles demoiselles.
Vingt mille femmes sont à leur service.
Elles ont de bons chevaux, des armes toutes neuves,
des hauberts aux mailles fines, des heaumes, des boucliers ronds,
des gonfanons et des épieux, des lames tranchantes.
Leurs armoiries représentent des fleurs et des rubans.
Elles ne laissent pas pousser leur sein au côté droit :
on le leur brûle au fer quand elles sont toutes jeunes,
pour éviter les blessures d'éclats de bois, de carreaux d'arbalètes,
car les coups à la poitrine risquent d'être mortels.
Au combat elles se couvrent l'autre sein d'une plaque d'acier.
Elles montent de belles mules à la selle dorée.

---

[1] Sur la représentation des Amazones dans les autres romans antiques, voir A. Petit, " Le traitement courtois du thème des Amazones ", *Le Moyen Âge*, 89, 1983, pp. 63-84.

La poudrere lieve en l'ost del train desuz celes;
Suz les muls des caillous levent les [es]tenceles.

385

En l'estur sunt fieres e justent de travers –
Ceo conte l'estorie solum qe faz les vers –
Car al pais dont eles sunt furent controvez les haubers
E les helmes cerclees e les chauces de fers,
Pur coverir les membres, les os e les nerfs.
Mult vienent bel en l'ost; donc dient li purvers:
'Cy freit bon[1] combatre en un bois a envers[2]!'
Venent de Capadoce Arabien e Pers
E tuit cil de l'orient de la ou mist ses mers,
E li roy qu'a ly sunt de novel ahers.
Trestut font son comand ensement cum serfs.

386

Mult i ot pople e fiere assemblee
Qe pur icest bosoing esteit illuec aunee.
Venuz sunt de tant cum sa puissance est lee.
De chevals e d'armes sunt la gent conree[e].
Cele qe par terre est ou le roy est alee,
E cele a pié est en la mier[3] eschipee.
Donc i put hom veer meinte verge levee,
Meint[e] ensigne de soie[4] diversement overee.
Plus de cinquante lues coverent la marree.
E ceaux qe vont par terre ont la mote sone[e], 159r
Movent sey del pais e eirent lur jorne[e];
De l'or e de l'argent flamboie la contre[e],
Coverte en est la terre en mont e en vale[e].
Iluec put hom veer meinte targe boclee

[1] bone

[2] bois a covers

[3] miere

[4] soie *forme altérée de* seie

Leur armée soulève la poussière sur sa route
et des étincelles jaillissent des cailloux sous les sabots des mules.

385

Elles se battent férocement et traversent les mêlées
– c'est ce que dit le livre dont je tire mes vers –,
car dans leur pays furent inventés les hauberts,
les heaumes cerclés de fer et les chausses d'acier,
pour protéger les membres, les articulations et les nerfs.
Elles ont si belle allure à leur arrivée dans le camp que les hommes
[luxurieux disent :
" Il ferait bon les affronter dans un bois sur le dos ! "
De Cappadoce viennent des Arabes et des Perses,
tous les peuples de l'Orient jusqu'aux bornes qu'Alexandre a établies,
et les rois qui se sont ralliés à lui récemment.
Tous exécutent ses ordres comme des esclaves.

386

Une foule immense et une fière compagnie
sont réunies en ces lieux à cette occasion.
Elles sont venues de tous les pays où s'étend le pouvoir d'Alexandre,
équipées d'armes et de chevaux.
Les cavaliers suivent le roi par la voie de terre,
tandis que les fantassins ont pris la mer.
On pouvait voir bien des voiles levées,
bien des étendards de soie aux motifs différents.
Les navires couvrent la mer sur plus de cinquante lieues.
Ceux qui passent par la terre ont fait sonner le signal du départ ;
ils se mettent en marche et entament leur voyage.
L'or et l'argent flamboient dans tout le pays,
couvrant montagnes et vallées.
On pouvait voir bien des boucliers bombés,

E meint bon[1] gonfanon e meint[e] enseigne fresee.
Ost de si fiere gent ne put estre celee.

clx Coment ceaux de Taragonce se defendirent.

387

Cil de Taragonce oient la renomee
E cil des autres idles tresk'en la Mer[2] Bectree.
Aprestent lur armes, lur aie est comande[e],
Font fere lur engins, lur citez ont ferme[e],
Fossees e trenchees la ou est l'entre[e].
Depecent les chaucees, la veie est estopee.
N'ont cure d'assembler car gent est desarme[e].

388

Engins i font fere de diverse maneres
As pleins devant les entrees e puis es cloieres[3],
Trenchees e calketraps e parfonde[s] quareres[4].
Coverent les de blestes e de blanches feugeres.
Depecent les caveaux, font issir les chaveres;
Eshaucent lur murs e lour torreaux de peres.
Font listes e barres, fossez e traverser[e]s.
Poy remainent [places] oueles ou enteres.
Traient sey as mores od[5] lur armes legeres,
As malpas del pais metent lur gent plus feres.
Chevachent cil de l'ost as escheles primeres;
Ventelent gonfanons, relusent targes cheres.
Ore conduit Antioche les mestres baneres.

---

[1] bone

[2] mere

[3] ecloteres

[4] p. quarerees

[5] as murs od

bien des bons gonfanons, des étendards brodés.
Une armée d'aussi fière allure ne passe pas inaperçue.

clx Comment le peuple de Taragonce se défendit.

387

Le peuple de Taragonce apprend la nouvelle,
comme ceux des autres îles jusqu'à la mer Gelée.
Ils préparent leurs armes, convoquent des renforts,
construisent des machines, fortifient leur cité,
par des fossés et des tranchées à l'entrée ;
ils détruisent les chaussées pour barrer le chemin.
Ils ne veulent pas l'affrontement car ils ont peu d'armes.

388

Ils construisent des machines de toutes sortes
pour les disposer devant les entrées puis dans les places fortifiées,
creusent des tranchées, des chausse-trappes et de profondes carrières,
qu'ils recouvrent de feuilles de blettes et de fougères blanches.
Ils démolissent les souterrains, puis font sortir les mineurs ;
ils relèvent leurs murs et leurs tours de pierre.
Ils font barrières, barricades, fossés et obstacles.
Bien peu de terrain reste plat et intact.
Ils vont dans les marais avec leurs armes légères,
postent leurs plus farouches guerriers dans les défilés.
L'armée grecque chevauche, rangée en bataillons ;
les gonfanons flottent au vent, les boucliers précieux étincellent.
Antiochus dirige les principaux corps d'armée.

389a

Groses i sunt les mers, li mont haut e plener,
Estreites les rueles[1] car grant sunt li rocher,
Ly butemay parfont e estreit li senter[2].

clxi Des destraiz de Margas e l'assaut.

Chevache Alisandre e si riche guerrer; 159v
As destreiz de Malpas sunt venu ly primer.
Tant i trovent felons ne put nul chevacher.
Cil des idles i sont plus qe vint miler.
E vont par ces mores li bacheler leger,
E li autre s'en vont par cele ewe nager.
Comencent a trere vers l'ost e lancer
Espiez e gavelos e trenchanz dars d'ascer,
E quarels e seetes, car bon[3] furent archer.
Adonc ont ly helme e ly haubert mester
E les chauces de fer e ly escu bocler.
Cil de l'ost ne se porrent gueres bien aider.
Traient nequedent a ceaux qui les[4] volunt grever
E qui pur les estraiz se pount appariller.
Donc i put hom veer meint vassal trebucher,
Morent espessement e sergant e esquier,
Cil cheval araby e cil corrant destrer,
Cil prince e cil conte e cil noble soud[i]er
E ceaux de Taragonce naffrer e plaier,
Chair hors des nefs e en la mer[5] naier.
Quant Alisandre i veit qu'il ne put espleiter,
Apele Antioche, son bon[6] gonfano[n]er;
Comande qu'il s'en voit sur le mont herberger,

---

[1] l. raueles c.

[2] 6232-6234 *finissent en* -eres (*rattachés à la laisse précédente*).

[3] bone

[4] qui se v.

[5] mer'

[6] bone

389a

Là-bas les mers sont vastes, les montagnes grandes et hautes,
les passages étroits à cause des rochers énormes,
les dépôts de bitume épais et les sentiers étroits[1].

clxi Les défilés de Margaz et l'assaut.

Alexandre chevauche avec ses puissants guerriers ;
ils arrivent les premiers aux défilés de Malpas.
Ils sont arrêtés net par une foule d'ennemis :
plus de vingt mille habitants des îles,
dont les jeunes guerriers agiles passent par les marais,
tandis que les autres viennent par la mer.
Ils se mettent à cribler l'armée de projectiles,
épieux, javelots, dards d'acier tranchant,
flèches et carreaux d'arbalètes : ce sont de bons archers.
Les Grecs ont bien besoin de leur heaume, leur haubert,
de leurs chausses d'acier et de leur écu à boucle.
Même s'ils ont bien du mal à leur résister,
ils ripostent aux traits de leurs ennemis,
qui exploitent les défilés étroits.
On voit alors s'effondrer bien des combattants,
mourir en masse fantassins et écuyers,
chevaux arabes et destriers rapides,
princes, comtes et nobles guerriers.
Les hommes de Taragonce succombent à leurs blessures,
tombent des navires et se noient.
Quand Alexandre comprend qu'il ne peut l'emporter,
il appelle Antiochus, son bon gonfalonnier,
et lui ordonne de dresser le camp sur la hauteur,

---

[1] Le terme de *butemay* désigne à la fois la naphte liquide, le pétrole, et une substance épaisse, l'asphalte : R.J. Forbes, *Studies in early Petroleum History*, Leiden, Brill, 1958, chap. 12.

Face ses compaignons descendre e loger.
Cil en sone un corn pur les soens ralier.

389b

De nule part du siecle ne put l'ost entrer[1];
Issi sunt enclos de butemay e de mer.
Cil sunt fier e hardi e leger bacheler;
Occire se lessent pur les autres naffrer.
Quant Alisandre vit qu'il ne put passer
Ne as destreiz par agueit nul[e] rien conquester,
Donc fet sa gent loger e tote desarmer,
E dit ja en sa vie ne se voudra torner 160r
Ci la qu'il poese son voleir achever.
Ore sunt cil de l'ost torné a sojorner,
E cil qui vont par mer ne finent de sigler
De si k'en l'idle ou le roy en quident trover.
Cil sunt fier e hardy; tolent lur le ariver;
Quel talent qu'il aient, estut arere torner.
De meint divers engin ad li roys a penser,
Ne siet en quele manere puist son ost mener
E ne volt a nul foer atant lesser ester,
Car de lur crualté volt le mond deliverer.

clxii Coment Alisandre se combaty en mer.

390

Donc comande ly roys fere bretasches e chastels
E fossez e trenchees e barres e flaels,
Puis les assalt sovent as nefs e as batels,
En ses granz dromonz ou sunt li mangonels,
Peres e engins qe getent les quarels.
Chescun jur les assaut d'engins tut novels.
Ne ly vaut nule rien, car il sunt fors haspels.
Nes put trover as pleins; as mores sunt ignels.

---

[1] 6260 et ff. dans la continuité de la laisse précédente.

d'enjoindre à ses compagnons de mettre pied à terre et de s'abriter.
Antiochus sonne du cor pour rallier ses hommes.

389b

Pas la moindre faille par où l'armée puisse s'infiltrer.
Elle est prise entre les dépôts de bitume et la mer.
Les ennemis sont farouches, hardis et rapides :
ils se laissent tuer pour atteindre les Grecs.
Quand Alexandre comprend qu'il ne peut passer
et que la ruse est vaine dans les défilés,
il ordonne à ses hommes de laisser leurs armes et de gagner le camp.
Jamais, affirme-t-il, il ne fera demi-tour
avant d'avoir imposé sa volonté.
L'armée grecque s'est donc mise au repos,
tandis que ceux qui vont par la mer naviguent
jusqu'à l'île, où ils croient trouver le roi.
Mais les défenseurs, hardis et farouches, les empêchent de débarquer
et les contraignent à faire voile arrière.
Le roi médite maint stratagème
mais ne trouve nul moyen de faire avancer son armée.
Pour rien au monde, pourtant, il ne veut renoncer
à délivrer le monde de la cruauté de ces ennemis.

clxii Le combat naval d'Alexandre.

390

Le roi ordonne alors de construire des bretèches et des tours,
des fossés, des tranchées, des barrières et des poutres.
Il attaque ensuite sans relâche tous leurs navires
de ses grands dromons armés de mangonneaux
et de machines à lancer des pierres et des carreaux.
Chaque jour il utilise des machines nouvelles
mais sans succès : ce sont des brutes redoutables.
Ils évitent les terrains plats, sont agiles dans les marais

Hantent entre les ros[1], desuz les arbrusels
E auquanz as cavernes, as roches, as moncels,
Les autres en ewe amont[2] lur dromonz bels
E vont de mier[3] en autre eschaçant les marinels.
Estormissent le regné, portent fiers cembels.
N'ont cure de vaches, de berbiz ne de aignels,
Ainz pernent chevalers e nobles damoisels,
Manguent ent les chars, les quirs e les boels,
E boivent [en] le sanc e suchent les cervels.

391

Alisandre est iré, e sovent les assaut
Od sa gent arme[e], mes rien ne li vaut.
Les miers sunt cruels e li rocher haut
E ly destreiz sunt grant; voie d'entrer lur faut. *160v*
Cil sunt fier e hardy, enpernant e baut,
E hantent[4] al rosey e se coverent al chaut.
Ne[s] put trover al plein, ja cele part nen aut.

clxiii Coment Alisandre enchacea Gog e Magog.

392

Sovent enchacea, sovent les assailli,
E occist des lur e des soens i perdi.
Tant les ad damagé, tant les ad cuilli
Qe l'idle ly ont bien proef guerpi.
Alisandre od ses ostz toz jors les sui.
Les terres e les idles e les bois lur toli.
En lur mestre regné sunt toz donc fui,
Ceo fu a Taragonce dont vous avez oy
Qe fu clos de mur e de mier autresi.
La sunt ly chevaler e ly vassal hardi.

---

[1] le roes d.

[2] auont l.

[3] miere

[4] Chantent

et s'abritent entre les roseaux, sous les arbustes
ou dans les cavernes, les rochers, les collines.
Quant à ceux qui naviguent sur leurs puissants dromons,
ils sillonnent les mers et pourchassent les marins grecs.
Ils ravagent le pays, suscitent de fières joutes.
Méprisant la viande de vache, de brebis ou d'agneau,
ils s'emparent des chevaliers et des jeunes nobles,
pour dévorer leur chair, leur peau et leurs entrailles,
boire leur sang et sucer leur cervelle.

391

Alexandre, furieux, multiplie les assauts
avec son armée, mais sans le moindre succès.
Les mers sont cruelles, les rochers élevés,
les défilés profonds : ils n'ont aucun accès.
Leurs ennemis sont farouches, hardis et confiants.
Ils se cachent dans les roseaux, où ils se protègent de la chaleur.
Où qu'il aille, le roi ne les trouve jamais en terrain plat.

clxiii Comment Alexandre pourchassa Gog et Magog.

392

À force de poursuites et à force d'assauts,
au prix de morts d'un côté comme de l'autre,
Alexandre leur a causé de tels préjudices
qu'ils lui ont pratiquement abandonné l'île.
Alexandre les traque sans relâche avec son armée.
Il leur ravit les terres, les îles et les forêts.
Tous alors de s'enfuir jusqu'à leur capitale,
la ville de Taragonce, dont je vous ai parlé,
protégée par la mer et par ses murailles.
Là se retirent chevaliers et hardis guerriers.

Ainz qu'il eit iceaux conquis, er[t] meint [an] acompli;
Les plus jovenes de l'ost er[en]t ançois flori.

393

A un butemay del regne ert fet icest murs;
Engin nel pot percer tant par ert il durs.
Ewe nel put user, par feu nen ert obscurs.
A eus ont acuilli les Riphains e les Turcs[1].
Haubers ont e escuz teint de inde e de azurs.

clxiiii Coment Alisandre assega Gog e Magog.

394

Al mielz qe Alisandre pot, les ad assegez.
Assaillir rien ne ly vaut: le mur n'ert ja percez,
Ne par feu n'ert ars, ne par ewe neez,
Ne de vint lues pres par nul n'ert aprochez.
Ja n'avera dart tret ne gavelok lancez
Ne perere levez ne berfrey drescez.
Alisandre en est dolent e coroucez.
Sovent veit ses homes naverez e blecez
E neez en la mier[2], occis e detrenchez.
Mult se purpense estreit cum il en ert vengez, *161r*
E dit a ses barons: 'Rien ne vous esmaiez!
Qe vaut qe nous avom tuit le mond cerchez
E a .ii. fins del mond bondes e mercs fichez
E tanz frans homes occis, pris e travaillez,
Princes, roys e dux e empereres prisez,
Tantes terres conquises, tanz chastels trebuchez,
E nous lessom regner iceaux escomengez
Par qui cist forein regne est tuit exillez,
Ly home devoré e le pople mangez?
De cest[e] ordure est trestuit le mond soillez,
Par ont il sunt destruit, honiz e abessez.

---

[1] e l. curcs

[2] la mire o.

Avant leur défaite, bien des années s'écouleront :
les plus jeunes soldats grecs auront les cheveux blancs.

393

Ces murailles étaient faites d'un bitume du pays,
si dur que nulle machine ne pouvait les percer.
L'eau ne pouvait l'éroder ni le feu le noircir.
Les gens de Taragonce appellent à leur aide les Riphains et les Turcs,
dont les hauberts et les écus sont d'indigo et d'azur.

clxiiii Comment Alexandre assiégea Gog et Magog.

394

Alexandre les assiège avec tous ses moyens,
mais sans succès : impossible de percer les murs,
des les brûler ou bien de les détruire par l'eau,
pas plus que d'en approcher à moins de vingt lieues.
Pas moyen de lancer traits et javelots,
d'élever des perrières, de dresser une tour.
Alexandre en conçoit désespoir et colère.
Sans cesse il voit ses hommes criblés de blessures,
noyés dans la mer, massacrés et mis en pièces.
Il cherche longuement comment se venger
et dit à ses barons : " N'ayez pas peur !
À quoi bon avoir exploré le monde entier
et fixé bornes et frontières à ses deux confins,
tué, capturé et tourmenté tant de nobles guerriers,
de princes, de rois, de ducs et d'empereurs renommés,
conquis tant de terres, abattu tant de châteaux,
si nous laissons la vie sauve à ces mécréants,
qui ravagent cette terre lointaine,
se nourrissent de chair humaine et dévorent le peuple ?
Cette ordure est une souillure pour le monde entier,
elle cause sa destruction, sa honte et sa déchéance,

Ly dyable d'enfer en sunt mult eshaucez.
De lur grant cruelté est le ciel esmaiez,
La lune e les esteilles e le soleil laidengez;
E si vous a cest[e] ire en itant les lessez,
Quant saveront qe serroms des regnés aloignez,
Il vendront as terres enbosoignez e irez,
Mangeront lur testes e lur meins e lur pez.
Al quer ay anguisse e dolur e pitez,
Car si ly bien decea est par eaux assaiez,
Toz les devoront cum leus aragez.
Ja tenent il char d'ome e le sanc a deintez;
E s'il issent de ces mers, le mond est exillez.
Huy, dame nature, le pople conseillez!
Ces enfernals mostres, si te plet, destruiez,
Qe par sue venue ne seit enpirez.
Soient cil endormy e nous esveillez.
Pry vous, seignurs barons, ore vous apparillez.
Tenez les mult estreit, sovent les assaillez,
E a vostre poer l'issue destorbez,
Car si vous par engin l[a]enz nes destrainez,
Tuit le mond en ert aprof contraliez *161v*
A ceo qu'il sunt des nefs e d'armes prisez.'

clxv Coment Alisandre vesqui suz les ewes.

395

A ceo qe Alisandre a cele gent entent
E qu'il ad le corage anguissus e dolent
Pur le siege qu'il ad tenu si longement,
Honte ad e vergoyne, dolur e marrement.
Veit [qe] engin qu'il face ne li vaut mes nient.
De meint divers penser se purpense sovent.
En l'anguisse qu'il ad membre ly de la gent
Qui ne doutent en mier[1] orage ne torment
E vont par desuz l'ewe quant lur vient a talent

[1] miere

et elle décuple la gloire des diables de l'enfer.
Leur terrible cruauté épouvante le ciel,
insulte la lune, le soleil et les étoiles.
Et si vous les laissez assouvir leur rage,
dès qu'ils nous sauront loin d'ici,
ils précipiteront leur fureur contre les autres terres,
dont ils mangeront les habitants de la tête aux pieds.
J'en ai le cœur plein d'angoisse, de douleur et de pitié,
car si on les laisse passer de ce côté,
ils dévoreront tout comme des loups enragés.
Ils sont friands de chair et de sang humains :
s'ils s'échappent de ces mers, le monde est perdu !
Aujourd'hui, dame Nature, venez en aide aux hommes !
Détruisez, par pitié, ces monstres infernaux,
pour les empêcher de venir désoler le monde !
Qu'ils dorment pendant que nous sommes éveillés !
Allons, seigneurs barons, aux armes, je vous en prie !
Il faut les harceler, les attaquer sans cesse,
et, de toutes vos forces, les empêcher de sortir de leurs murs,
car si vous ne l'emportez pas par la ruse,
le monde entier en souffrira ensuite,
tant ils sont vaillants sur terre comme sur mer ! »

clxv Comment Alexandre séjourna sous l'eau.

395

Alexandre ne songe qu'à ses ennemis,
il est plein d'angoisse et de douleur
de voir le siège se prolonger si longtemps,
pour sa plus grande honte et son plus grand chagrin.
Constatant qu'aucune machine de guerre n'est efficace,
il est préoccupé et médite longuement.
Dans son tourment, il se rappelle alors le peuple
qui ne redoute en mer ni orage ni tempête
et navigue sous les eaux quand il en a envie,

E sunt i un mois ou plus assez surement;
A un croket de fer se ancrent legerement.
Donc prent ses messages or fin e argent,
Promet lur ferme pes, amor e acordement,
Viengent a ly parler en l'ost priveement.
Quant oient le message e voient le present,
Parolent ensemble tot[1] communement.
Venent i des plus mestres amiablement.
Ly rois Alisandre de ses plus privez prent
Dehors l'ost en un champ e tient un parlement.
Ostages ont doné e juré serement
Qe le roy conduiront cea e la sauvement,
E verra lur estres e lur nefs ensement,
Qe ne doutent la mer[2] ne riens kes agravent,
Enseme[n]t vont suz l'ewe cum altres font al vent;
Cerchent les fonz de la mer[3] desques en orient
E la ou ly abismes ad [son] comencement.
Cel eire enprist le roy par son grant hardement.

clxvi Des nefs qe sunt apellees coliphas.

396

Cum dient les estoires qe j'ay reversees,
Les nefs dont jeo parole coliphas sunt nomees, *162r*
Mes ne vous say descrire cum furent compassees.
Neqedent vous diray dont furent overees:
Les fonz furent fet d'unes verges pelees,
Petites e tenantes, de butemay daubees;
Tenant est e serré, si cret en lur contrees;
Plus endurcist en mer qe terre par gelees.
E de un[e] escorce d'arbre furent envoutees
Qe de cel butemay esteient engluees
E d'un cercle de fer environ bendees.

---

[1] tote

[2] mere

[3] mere

durant un mois ou plus en toute sûreté,
en ancrant les navires à un crochet de fer.
Il envoie un messager chargé d'or et d'argent
leur promettre paix durable, amitié et alliance,
s'ils viennent lui parler en secret dans son camp.
À l'écoute du message, à la vue du présent,
les marins délibèrent tous ensemble ;
leurs notables arrivent ensuite en toute amitié.
Le roi Alexandre emmène ses amis les plus proches
tenir conseil avec eux, loin de l'armée, dans un champ.
Ils lui livrent des otages et lui prêtent le serment
de le guider partout en toute sécurité,
pour lui montrer leurs navires et leur mode de vie :
ils ne redoutent ni la mer ni les attaques,
et voguent sous l'eau aussi vite que d'autres volent ;
ils explorent les fonds sous-marins jusqu'en Orient,
là où commencent les profondeurs de l'abîme.
Dans sa hardiesse, le roi entreprend ce voyage.

clxvi Les navires qu'on appelle coliphas.

396

Selon les livres que j'ai consultés,
les navires dont je parle sont nommés coliphas.
Je ne saurais vous dire comment on les construit,
mais voici les matériaux employés :
le fond est fait de lattes de bois équarri,
petites et serrées, enduites de bitume.
Ce bitume, compact et solide, vient de leurs contrées ;
il durcit dans l'eau plus que la terre sous le gel.
Après avoir été enduites de bitume,
les planches sont enveloppées d'une écorce d'arbre
puis enserrées dans un cercle de fer.

Dedenz furent quiries e bien surstamees;
D'un[e] confection si furent soudees
Suz ciel n'i ad rien qui [i] trovast entrees.

397

Par engin orent fet une confection:
Lur fenestres furent decoste e environ;
Plus fu cler[e] de verre e plus dure de laton;
Tieux i ad qe dient ne fut si verre non;
Asquanz dient ceo fu esmal e de tele façon.
Ore en dient chescun la sue entencion,
Car jeo ne vous say dire nule autre reson,
E solum le livere seint Jerom le baron
Qui fist meinte sentence e meint divers sermon,
Qe par la lur veneit del soleil lueison,
E v[e]ient issi cler cum en une meson.

398

Ne vous say des fenestres nul[e] reson mostrer,
Mes tant dit[1] seint Jerome qu'il veient si cler,
Quant il revolent lur pertuz estoper,
N'estuet fors joindre[2] e petit enluer
De la confection qu'il ont fet destemprer;
Suz ciel n'i ad rien qu'aprés puisse entrer.
Cha[e]ines ont as nefs quant il volent ancrer,
E un croket petiz qu'i[l] font hors geter.
Ja lu ne verront ou il ne puissent arester. *162v*
Nule nef ne put plus ne cure ne sigler,
E ne dotent orage a l'issir ne al river.
E nule nef ne put encontre eles durer,
Car par desuz[3] les ewes les venent enfondrer;
E pur ceo les oy proiors de mer[4] nomer.

---

[1] dit *ajouté sur la ligne.*

[2] f. un oindre e

[3] C. de persuz

[4] mere

Les intervalles sont comblés de cuir et d'étain ;
un produit permet de les souder si parfaitement
qu'il est impossible d'y trouver la moindre fissure.

397

Ils confectionnent un autre produit ingénieux :
les hublots qu'ils fabriquent tout autour du navire
sont plus clairs que le verre et plus durs que le laiton ;
certains disent que ce n'est que du verre,
mais d'autres pensent qu'il s'agit d'émaux.
Que chacun en pense ce qu'il veut,
je ne peux rien ajouter de plus,
sinon que selon le livre du noble saint Jérôme,
l'auteur de bien des ouvrages et des traités,
c'est par là que leur vient la lumière du soleil
et qu'ils voient aussi clair que dans une maison.

398

Je ne peux rien vous expliquer sur ces fenêtres,
sinon que saint Jérôme affirme qu'ils voient si clair
que quand ils veulent boucher une voie d'eau,
ils n'ont qu'à rattacher les lattes et les sceller
avec ce produit qu'ils ont d'abord dilué :
rien au monde ne peut ensuite s'y introduire.
Quand ils veulent jeter l'ancre, ils ont des chaînes
et un petit crochet qu'ils jettent à l'extérieur.
Ils peuvent s'arrêter partout où ils le souhaitent.
Aucun navire ne peut égaler leur vitesse
et les tempêtes ne leur inspirent jamais de crainte.
Aucun navire ne peut leur résister
car ils avancent sous l'eau pour le faire sombrer :
voilà pourquoi on les appelle brigands des mers.

clxvii Coment Alisandre encercha la nature des pessons.

399

En une de ces nefs s'en volt Alisandre aler,
Entur cel pople un terme converser
Pur veer les mervelles qu'il i pot trover,
La devise de abisse e la fin de la mer.
Ne volt de tot[1] son ost fors treis privez mener,
E lessa Tholomeu pur les autres garder.

400

En une de ces nefs Alisandre entra.
Pur saver lur estre od eaux ala;
La fin de l'occian e del siecle encercha,
La devise de abise e de la mier[2] trova.
Quanqu'il en mer quist, tresbien veu l'a,
E as plus foreins idles autres turs fonda.
Les bondes Alisandre les noment cil de la;
Plusors i fist fere par ont il passa.
Les homes de l'idle en amur alia,
Atant de nefs cum il pot a ly amena
E de cele butemay totes lur nefs charga.
A joie e a leesce a son ost repaira.
A ceaux qu'il out amené tot[3] son estre mostra,
Car, s'il put, par eaux tel engin enquera
Dont ceaux de Taragonce de plus pres assaudra,
Car cist sunt engin[u]s; le roy les eprova.

401

Engins fist Alisandre fere pur cel pople assaillir.
De universe monde i fist son ost venir
E par mier e par terre quanqu'il pot banir.

---

[1] tote

[2] miere

[3] tote

clxvii Comment Alexandre observa les poissons[1].

399

Alexandre voulut embarquer dans l'un de ces navires,
afin de séjourner avec ce peuple
et de voir les merveilles qu'il pouvait découvrir,
les confins des abysses et l'extrémité de la mer.
Il ne voulut garder avec lui que trois proches,
et confia toute son armée à Tholomé.

400

Alexandre entra à bord d'un de ces navires
et accompagna les marins pour connaître leurs coutumes ;
il explora les limites de l'Océan et du monde,
les confins des abysses et de la mer.
Tout ce qu'il cherchait en mer, il le vit clairement
et construisit des tours dans les îles les plus lointaines,
que les habitants des lieux nomment les bornes d'Alexandre ;
il en bâtit beaucoup partout où il passa.
Il conclut une alliance amicale avec les hommes de l'île
et rapporta autant de navires qu'il le put,
tous chargés de bitume.
Il rejoignit l'armée, plein d'allégresse,
et expliqua sa situation aux marins qui l'avaient suivi :
il cherchait à obtenir d'eux un stratagème
pour mieux harceler les gens de Taragonce,
car il avait éprouvé leur habileté.

401

Alexandre fait construire des machines pour attaquer Taragonce.
Du monde entier il fait venir ses troupes
par voie de terre et de mer, tous ceux qu'il peut convoquer,

---

[1] Aethicus, pp. 129-130.

Tuit ceo ne ly valt rien; siege[1] ne put tenir: *163r*
Quant il volent, si poent entrer e issir
E rober les terres e en la mer ravir.
Vint e deus regnés ont entre eaux [a] maintenir,
E vont de l'un desqu'a l'autre guerreant[2] a leisir.
Nul ne lur put pur les miers lur issue tolir.
Sovent venent en l'ost pur la gent estormir,
Devorent les as denz, ma[n]guent char e quir.
Pur boivere[3] de son sanc se lessent bien morir.
Multz veit Alisandre des soens [sovent] perir
E neer en la mier, devorer e honir.
Ne siet qe puisse fere; mult les hiet a guerpir.
D'autre part li sieges est fort a suffrir,
Car il veit des soens sovent malbaillir.

clxviii Coment Alisandre aresona son ost.

402

Quant Alisandre veit qu'il ne put espleiter,
Ne pur mer ne pur mont nule part asseger,
Donc dit a ses barons: 'Hoy, franc chevaler!
Quel doel e quel damage, quel mortel encombrer
Qe cist felon parjure, cist cruel pautener
Deivent tanz frans homes occire e detrencher
E les quirs e les os, la char crue manger!
Boivent ent tuit le sanc, le[4] cervel suchent cler.
De totes felonies sunt il cruel e fier,
E de fere ordure, de toz mals costomer.
Ne say en quele manere me puisse conseiller.
Quant veintre ne les puis, jeo les voil enginer.
Si jeo m'en part de cy e les le guerroier,
Il vendront aprés nous par sigler e nager,

---

[1] siege: e *final ajouté sur la ligne.*

[2] guerront

[3] boivere, *forme altérée de* beivere

[4] la c.

mais en vain : il ne peut maintenir le siège ;
ses adversaires font des sorties comme bon leur semble
pour dévaster les terres et écumer les mers.
Leur autorité s'étend sur vingt-deux royaumes
et ils passent de l'un à l'autre pour semer la guerre.
On ne peut prévenir leurs sorties par la mer.
Ils viennent sans cesse dans le camp harceler les Grecs,
et dévorent à belles dents leur chair avec la peau,
risquant leur vie pour assouvir leur soif de sang humain.
Alexandre voit ses soldats mourir sans relâche,
noyés en mer, dévorés et déshonorés.
Il se sent impuissant mais refuse le départ,
même si le siège est insupportable
et provoque la perte d'un grand nombre de ses hommes.

clxviii Comment Alexandre harangua ses troupes.

402

Quand Alexandre comprend qu'il n'aboutit à rien,
que le siège échoue par la terre comme par la mer,
il dit à ses barons : “ Hélas, nobles chevaliers,
quel deuil et quelle misère, quelle mortelle douleur
de voir ces fieffés parjures, ces cruels brigands
massacrer tant de nobles soldats
pour découper leurs corps et manger leur chair crue !
Ils boivent tout leur sang et sucent leur cervelle.
Cruels et féroces, ils commettent tous les crimes,
se vautrent dans l'ordure et toutes les formes de mal.
Je suis à bout de ressources :
face à l'échec des armes, je veux leur tendre un piège.
Si je lève le camp et renonce au combat,
ils nous poursuivront à la voile comme à la rame,

Nos regnés destruire, s'il poent espleiter.
S'il a nos viandes se poent acointer,
As armes e as dras, al suef chevacher,
Tuit li home del mond ne lur frei[en]t puis lesser, *163v*
Ne nes por[r]ei[en]t puis de nos terres chacer.
Puis n'avereit li mond as bon[e]s genz mester,
Car nul ne se purreit contr'els aider.'

clxix Coment Alisandre sacrifia contre Gog e Magog.

403

Montez est Alisandre sur un corant destrer,
E prent des barons assez plus d'un miler.
Vet al mont Chelion, a Dieu volt sacrifier.
Illuec fet un autel en son non adrecer
E quanqu'il estuet tuit prest appariller.

404

Li auter est tuit prest e la[1] flambe esprise.
Meint tor i ot mort e meint[e] beste occise.
Alisandre se atorne en sa paiene guise,
Cum l'onor Dampnedieu fet donc le sacrifi[s]e,
E dit: 'O Roys de ciel qui tuit as en justise,
Qui des quatre elemenz formas la devise,
Home creas en terre qui plus bas est assise,
Amer te deit e creindre e servir par franchise
E come creature estre a ta comandise.
Ne vey al mond pople ne seit a ton servise,
Ne gent qu'a ton servise ne seit suzmise,
Fors ceste maudite qui meint en ceste bise.
Monté est en orgoil e en culvertise;
Ne vous aime ne vous crient ne doute ne ne prise.
Qe vaut qe tote terre ay cerché e conquise,
De l'un chef a l'autre par ma force esquise,
Si cy remeint l'orgoillus ové lur feintise

---

[1] ly f.

pour tâcher de détruire nos royaumes.
S'ils parviennent à découvrir notre nourriture,
nos armes, nos vêtements, nos chevaux bien dressés,
nul homme au monde ne pourra les en écarter,
pas plus qu'il ne pourra les chasser de nos terres.
Alors les gens de bien n'auront plus leur place en ce monde,
car nul ne pourra plus jamais leur résister. "

clxix Comment Alexandre fit un sacrifice contre Gog et Magog.

403

Alexandre enfourche un destrier rapide
et avec plus d'un millier de barons,
vient au mont Chelion offrir un sacrifice à Dieu.
Il y fait dresser un autel
et tout apprêter pour le sacrifice.

404

L'autel est fin prêt et les flammes s'élèvent.
On met à mort bien des taureaux et d'autres bêtes.
Alexandre se pare de vêtements du culte païen
et célèbre le sacrifice pour honorer le Seigneur Dieu,
en disant : " O Roi du ciel, maître de toutes choses,
Toi qui séparas les quatre éléments
et créas l'homme sur la terre, située tout en bas :
celui-ci doit t'aimer, te craindre, te servir loyalement
et, comme ta créature, être à tes ordres.
Tous les peuples du monde te servent,
toutes les races se plient à ton autorité,
sauf cette engeance maudite qui vit au nord,
toute gonflée d'orgueil et de vilenie,
et ne te voue ni amour, ni crainte, ni estime.
À quoi bon avoir exploré et conquis toute la terre,
mis mes forces à la parcourir d'un bout à l'autre,
si on laisse ici les orgueilleux et les traîtres

Par les quels tote la terre ert destruite e malmise?
Confond les, Sire, si te plet; destruy lur manantise,
Car aillors ay affere, qe longes cy ne gise.'

clxx Coment Dieu aprist Alisandre enclore Gog e Magog.

405

Granz furent les sacrifises, beles les oreisons,
E riches les almones, longes les juneisons *164r*
Qe roys Alisandre fet e ses compaignons.
Treis jors e treis[1] nuiz geust en affliccions,
E prie Dampnedieu par ses seintisme[s] nons
Qu'il ly donge conseil[2] encontre les felons
Qui tant font al siecle crualté e traisons.
E solum l'estorie des anciens barons,
De ciel li vint le sen e de Dieu li dons
E [le] conseil par ont veintra les glotons.
Apris ly fu del ciel la fier[e] vengeisons
Par ont Alisandre destruit les males nacions
E enclost e enserra vint e deus regions.

406

Aprés le sacrifise Alisandre s'en veit.
Mande ses homes, son ost assemble ad eit[3];
As portes Caspias toz ses engins atre[i]t.
De fer e de metal columpnes i feit:
N'i ad si petite plus de vint teises n'eit.
E par mer e par terre met son ost en agueit,
E mande as idlles ke vers eaux fra pleit.

---

[1] e treiz n.

[2] d. conseiel e.

[3] adreit

qui la détruiront et l'anéantiront ?
Ruine-les, Seigneur, détruis leur puissance,
car d'autres tâches m'appellent, je ne peux m'attarder ! »

clxx Comment Dieu dit à Alexandre d'enfermer Gog et Magog.

405

Le roi Alexandre et ses compagnons
célèbrent un grand sacrifice, avec de belles prières,
de riches aumônes et un long jeûne.
Trois jours et trois nuits le roi demeure dans l'affliction,
priant le Seigneur Dieu par son très Saint Nom
de lui venir en aide contre les félons
qui assouvissent dans ce monde leur cruauté et leur traîtrise.
Et selon le récit des grands auteurs anciens,
du ciel vinrent la réponse et le don de Dieu,
l'aide qui lui permettra de vaincre les misérables.
Le ciel révéla au roi la vengeance terrible
qui lui permit de détruire les races mauvaises,
et d'emprisonner vingt-deux peuples.

406

Alexandre s'éloigne après le sacrifice.
Il convoque ses hommes, rassemble vite son armée
et regroupe toutes ses machines aux Portes Caspiennes.
Il fait dresser des colonnes de fer et de métal
dont la plus petite dépasse vingt toises de hauteur.
Sur terre et sur mer, il place ses hommes en embuscade
et offre un accord aux habitants des îles.

407

Dampnedieu, bel[1] Pere, cum grant est ta puissance!
Encontre ton voleir ne vaut nule fesance.
A cely dones[2] conseil qui en toy ad creance.
Ly roys Alisandre ot en Dieu fiance;
Envers ses enemis li dona demostrance
E sen e engin de prendre la vengeance.
D'acorder sey a eaux orent fet purparlance;
Le roy les engina par sa grant savance.

clxxi Des columpnes qe Alisandre fist en la mer.

408

Al jur qu'il deurent de la guere acorder,
Avoit Alisandre tote s'ost fet mander,
As vals desuz les monz la moité arester;
Tote l'autre moité as mers fet entrer.
En l'agait del pople fet un vif porc porter. *164v*
Columpnes de metal ad fet atorner,
Pilers e postz de fer endurcir e quarrer
Trestoz de butemay qe ot fet aporter.
En la boche de sa gent fet de l'aveine verser,
Puis fichent les columpnes e les postz font serrer[3].
Par sen e par engin les enclost en la mer
Illuqes ou soloient e issir e entrer,
E pur ceste overaigne enclore e souder.
Un an e quatre meis li covient sojorner,
Meint estur e meint assaut suffrir e endurer.
Granz portes i fist fere e fortes barres cloer,

---

[1] bele

[2] donez

[3] cercher

407

Seigneur Dieu, doux Père, que Ta puissance est grande !
Contre Ta volonté nulle action n'a de poids.
Tu apportes Ton aide à qui croit en Toi.
Comme le roi Alexandre avait confiance en Dieu,
Dieu lui inspira l'intelligence et la ruse
qui lui permirent de se venger de ses ennemis.
Lors de pourparlers en vue d'un accord,
le roi usa de sa grande sagesse pour les tromper.

clxxi Les colonnes qu'Alexandre édifia dans la mer[1].

408

Le jour fixé pour conclure un accord,
Alexandre avait convoqué toute son armée
pour en placer une moitié dans les vallées au pied des montagnes,
et l'autre moitié sur mer.
Sous les yeux du peuple, il réclame un porc vivant[2].
Il a fait préparer des colonnes de métal,
équarrir puis durcir avec du bitume
qu'il a apporté piliers et poteaux de fer.
Il ordonne à ses hommes de tenir un chalumeau dans leur bouche[3].
Puis ils enfoncent les colonnes et fixent les poteaux.
Dans sa sagesse et sa ruse, il enferme Gog et Magog sur une île,
là où ils avaient coutume d'entrer et de sortir.
Et pour compléter l'ouvrage et le souder,
il lui faut rester un an et quatre mois,
subir bien des assauts et des combats.
Il fait fabriquer de grandes portes fermées par des barres robustes

---

[1] Aethicus, p. 140.

[2] Cf. Aethicus, p. 140, 9-10 : " *fecit cum eis placitum quasi ad pacem fœdera sociare ferentesque porcum in diis eorum.* " Ce porc doit être sacrifié aux dieux de Gog et Magog en signe de paix.

[3] Pour éclairer ce vers obscur, on peut émettre l'hypothèse suivante : *avena* désigne à la fois l'avoine et le tuyau de paille d'avoine, le chalumeau : les ouvriers pourraient ainsi travailler sous l'eau. Mais on ne trouve rien de tel dans le texte d'Aethicus.

De butemay les fist trestotes engluer.
Arme nes put percer ne ewe destemprer.
Par iceo grant engin les ad fet estoper,
Qe eaux ne lur ligné ne puissent mes passer.
Ceo dit seint Jerome et Etichus li bier,
Ainz le temps Antecrist ne purra nul aler,
Mes a son temps istront pur la gent devorer,
E front grant malveisté quant se purront engeter.
De si orible fez n'oistes onques parler
Cum il front des homes occire e affoler.

clxxii Des batailles Alisandre as portes Caspias.

409

Bien espleita ly roys od son grant ost
Quant [vint e] deus regions si faitement enclost
Dedenz un an e quatre mois qe ne [pout] plus tost.
Li morters est tenanz e grant e haut li post;
Tant cum le siecle dure ne quid qe nul ne l'ost[1].

410

Granz batailles suffri as portes Caspias,
Car haut furent li mont e malveis ly pas.
Enclos ad Taragonce e les Magogetas
E les Turcs e les naims, Chanalius[2] e Egetas,
E vint e deus poples en ces regnés plus bas.
Ainz le temps Antecrist n'istront il pas.
Merveillus fu Alisandre qe unques ne fu las. *165r*
Quant il ot ceaux encloe, vet sur Crisolidas,
Sur le pople griffain e sur ceaux de Bizas.
Ceo qe li autur dient nous reconte Thomas.

---

[1] nen ost

[2] Chanalins

et enduire le tout de bitume.
On ne peut ni les percer par des armes ni les attaquer par l'eau.
Par cette habile construction, il leur bloque le passage
et les empêche de sortir, eux et leurs descendants.
Saint Jérôme et le noble Aethicus l'attestent :
nul ne pourra passer avant le temps de l'Antéchrist ;
mais alors ils sortiront pour dévorer les peuples
et, leur liberté retrouvée, commettre les pires crimes.
Vous n'avez jamais entendu parler d'horreurs pareilles
à celles qu'ils commettront pour massacrer les hommes.

clxxii Les batailles d'Alexandre aux Portes Caspiennes.

409

Le roi et sa grande armée ont bien travaillé :
en un temps imbattable, un an et quatre mois,
ils ont emprisonné vingt-deux peuples.
Le mortier est solide, les poteaux hauts et larges ;
jusqu'à la fin du monde personne n'y touchera.

410

Il a enduré de grands assauts aux Portes Caspiennes,
car les montagnes sont hautes, les passages périlleux.
Il a encerclé les peuples de Taragonce et de Magog,
les Turcs et les nains, les Cananéens et ceux d'Egetas :
vingt-deux peuples dans ces royaumes situés tout en bas.
Ils ne sortiront pas avant le temps de l'Antéchrist.
Quel prodige que l'endurance sans fin d'Alexandre !
Après les avoir encerclés, il marche sur Crisolidas,
sur le peuple griffain[1] et sur ceux de Bizas[2].
C'est la parole des autorités que nous rapporte ici Thomas.

---

[1] *Griffain* est ici un nom propre désignant un peuple caractérisé par sa férocité, sens de l'adjectif *griffain*. *Grifaigne* aurait d'abord désigné la terre des griffons avant de signifier " sauvage, féroce, orgueilleux ", puis " grec " (U. Holmes, " Old French *grifaigne* and *grifon* », *Studies in Philology*, 43, 1946, pp. 586-594). Cf. trois autres emplois de ce terme dans le *Roman d'Alexandre* d'Alexandre de Paris : br. I, v. 949, III, vv. 679 et 1687.

[2] Sur Bizas, île d'Asie : Aethicus 111,11 et 134, 10.

clxxiii Coment Alisandre s'en ala des Griffeins.

411

Enclore volt les Griffeins qe illuec conversoit
Si cum a Caspias les Geteus avoit,
Car tuit icest pople de lour ligné estoit.
Il mist grant entente, mes fere nel po[o]it,
Car la mier[1] fu redde e les idlles estroit,
Ne il ne put suffrir pur l'ivernal froit.
Quant Alisandre ne pot fere ceo qu'il voloit,
E vit qe de ses homes sovent i perdoit,
Ala s'en de ces idlles e ses conseillers creoit.

cxxiiii Des quatre monz les plus haus du mond.

412

Encerché ad Alisandre les mers caspien[e]s,
E tote la Mort Mier e les ewes sychien[e]s,
Celes de Taraconce desques as albisienes,
Les ruges, les betees, les perses gentienes,
Les regnés, les deserz, les terres armenienes
Ou l'arche Noee gist, as ovres auncien[e]s.
Assaier volt li roys totes choses terrienes
Pur acrestre les rentes macedoignienes,
Les honors de Grece e les assirienes.
Veu ad les merveilles des terres indien[e]s
E les foreins[2] realmes e les mers aufrikienes,
E le mont Caricason e les genz prasienes,

---

[1] miere

[2] foreines

clxxiii Comment Alexandre quitta les Griffains.

411

Il voulait enfermer les Griffains, qui vivaient en ces lieux,
comme il avait fait à Caspias pour les Geteus,
car tous ces peuples étaient du même lignage.
Malgré tous ses efforts, il ne put y parvenir,
car la mer était forte, les îles d'accès difficile,
et le froid hivernal insupportable.
Voyant qu'il ne pouvait parvenir à ses fins
et qu'il perdait un grand nombre de ses hommes,
Alexandre quitta ces îles, sur l'avis de ses conseillers.

cxxiv Les quatre monts les plus hauts du monde.

412

Alexandre explora les mers Caspiennes,
ainsi que la mer Morte et les fleuves de Scythie,
ceux de Taragonce jusqu'à ceux d'Albatia[1],
les rouges, les gelés, les sombres eaux du pays des Geteus[2],
les royaumes, les déserts, les terres d'Arménie
où repose l'arche de Noé depuis les temps anciens.
Le roi voulut tout expérimenter sur terre
pour renforcer la puissance macédonienne,
étendre l'empire de la Grèce et de l'Assyrie.
Il a vu les merveilles des terres de l'Inde,
les royaumes lointains et les mers d'Afrique,
le mont Caricason et les peuples prasiens[3],

---

[1] Sur la carte de Haldingham, la légende est la suivante : " *Albatia insula est immensa ad quam triduo navigatur a litore Scytarum* " (K. Miller, *Die ältesten Weltkarten, op. cit.*, IV, p. 27). Thomas de Kent rapproche également les *ewes albisienes* des *sychienes* (à la rime, v. 6492).

[2] Peut-être peut-on rapprocher cet adjectif du peuple des Geteus, mentionné au v. 6583. P donne *gecienes*.

[3] Les peuples prasiens sont sans doute les Frassiens que mentionne le v. 5917. Dans le Pseudo-Callisthène, la ville des Prasiens, située dans la haute vallée du Gange et appelée tantôt Prasiakè, tantôt Fasiacè, est la capitale de Porrus (trad. Bounoure-Serret, p. 97, n. 15, p. 253). Thomas de Kent nomme cette cité Faascen.

Olimpum e Taurum e les pleines libien[e]s,
Le Nil e Eufraten e les mers gaudienes,
E totes les merveilles ethiopienes
Qe mult sunt poy seues entre les cristien[e]s.
Dirray vous merveilles solum gestes paienes:

413

Seignur, quatre mont sunt qe issi sunt nomé:
Olimpus e Attlante, Armenie [e][1] Caucasé.
Caucasus traverse tote Inde de lé, *165v*
Olimpus si est pres de la riche cité
Macedoigne ou li roys Alisandre fu né[2].
Tant sunt cist mont haut qe en yver n'en esté
Ne vente ne ne plust, ne ne chiet nul orré;
Par les philosophes fu jadis esprové.
Un auter[3] ad en son, a Jove dedié.
Quant il font sacrifice, i remeint cendré;
D'ewe nen est moillé, ne par le vent osté,
Mes tel cum le lessent en est l'autre an trové.

clxxv Des monz d'Armenie e l'arche Noee.

414

Entre Hircanie e le Caspien gué
Sont li mont d'Armenie ou gist l'arche Noé;
Iceo dist Jerome e Etichus l'alosé,
Qui pur le mond cercher ont lor temps usé,
Car un an e cink[4] mois ont illuec conversé;
Pur esgarder l'overaigne i fu tant aresté,
Mes sur le mont monter ne fu unqes osé.
Quant illuec deit plover e un poy ad venté,
Un son vient de ceo mont dont j'ay oy parlé:

---

[1] e *ajouté sur la ligne*

[2] nee

[3] Un autre ad

[4] cinke

l'Olympe et le Taurus, les plaines de la Libye,
le Nil, l'Euphrate, les mers du pays des Gaudiens[1]
et toutes les merveilles d'Éthiopie,
qui sont bien peu connues dans le monde chrétien.
Je vous rapporterai ces merveilles selon les auteurs païens.

413

Seigneurs, il existe quatre monts qui portent les noms suivants :
l'Olympe et l'Atlas, l'Arménie et le Caucase.
Le Caucase occupe toute la largeur de l'Inde[2] ;
l'Olympe est tout près de la puissante cité
de Macédoine, où naquit le roi Alexandre.
Ces monts sont si hauts qu'en hiver comme en été,
il n'y a ni vent ni pluie, ni orage :
les savants en ont jadis fait l'expérience.
Au sommet de l'Olympe, un autel est dédié à Jupiter.
Quand on y célèbre un sacrifice, les cendres y demeurent ;
elles ne sont ni mouillées par l'eau ni emportées par le vent :
on les retrouve telles quelles d'une année sur l'autre.

clxxv Les monts d'Arménie et l'arche de Noé.

414

Entre l'Hircanie et les Portes Caspiennes,
on trouve les monts d'Arménie, où repose l'arche de Noé :
c'est ce que disent Jérôme et le noble Aethicus,
qui ont usé leur vie à parcourir le monde.
Ils y ont demeuré un an et cinq mois,
qu'ils passèrent à contempler l'ouvrage.
Mais on n'a jamais osé escalader la montagne.
Quand il doit pleuvoir et qu'il y a un peu de vent,
descend de la montagne un son dont j'ai entendu parler :

---

[1] Les Gaudiens sont mentionnés au v. 5917.

[2] Rappelons que l'Inde désigne une bonne partie de l'Asie et non le seul continent indien, désigné comme l'Inde majeure.

De l'un chef a l'autre fremist le regné.
De tout le mond cercher s'est Alisandre mult pené,
Les diverses idlles e les deserz passé,
E assaé les parfonz e les longors mesuré.
N'ot merveille ou ost n'ad amené,
Ne roy trovee si fier ne soit[1] en sa poesté.
Mult ad en sa juvente conquis e erré,
Acreu son realme, enriché son barné.
Les deus parties del mond ad pres environé,
Cum vous avez oy, e pris e conquesté.
Al regné de Ethiopie ad il ost mené,
E veu tel[es] choses qe point nen ay conté.
Jeo n'en puis mes, seignurs, n'en doy estre blamé, *166r*
Car qui de la geste veut oir verité
En un vers ne poent[2] li fez estre assommé.
Aprés plusors vers ay cest translaté;
Overtement l'ay dit a qui l'ay presenté.
Jeo ne descrif nul fet dont n'ay autorité.
Pur pleisir as oianz l'ay un poy atiffé,
E feint unes paroles pur[3] delit e beauté.
Romanz est ennoius quant un poy n'est rimé;
Si malement est leu, de pis est escouté.
Si rien i ay mespris, si me soit pardoné
Pur ceo qe sui[4] jolifs e ne gueres lettré.
Al mielz qe soy e poy l'ay certes ordiné;
Sachez de controvere n'ay rien ajusté.
Si jeo rien i ay mis qe seit superfluité,
Amende le donc qui siet, ou del tut seit osté.
Quant Solin e Trege averez tot[5] reversé

---

[1] soit, *forme altérée de* seit

[2] put

[3] e pur d.

[4] sui *ajouté sur la ligne.*

[5] tote

le royaume en frémit d'un bout à l'autre.
Alexandre s'est appliqué à explorer le monde entier ;
il a franchi toutes les îles et les déserts,
éprouvé la profondeur des gouffres, mesuré leur longueur.
Aucune merveille n'a échappé son parcours ;
aucun roi, même le plus fier, n'a pu se soustraire à sa domination.
Il a passé sa jeunesse en conquêtes et en voyages,
à accroître son royaume, à enrichir ses hommes.
Il a presque fait le tour des deux parties du monde,
qu'il a conquises, comme vous l'avez appris.
Au royaume d'Éthiopie il a mené son armée
et vu des choses que je n'ai pas racontées.
Mais ce n'est pas ma faute, seigneurs, je ne mérite aucun blâme :
si l'on veut dire la vérité sur ses exploits,
on ne peut résumer ses hauts faits en une seule œuvre.
Mon livre est une traduction de plusieurs ouvrages ;
je l'ai dit clairement à celui à qui je l'ai présenté.
Je n'évoque nul fait dont je n'aie la preuve écrite.
Pour le plaisir des auditeurs, j'ai ajouté quelques ornements
et usé de la rhétorique pour lui donner charme et beauté.
Un texte en français est ennuyeux si on ne le met pas en vers :
s'il est mal lu, on l'écoute encore plus mal.
Si j'ai fait des erreurs, qu'elles me soient pardonnées :
car je suis étourdi et peu cultivé[1].
Sachez néanmoins que je l'ai composé de mon mieux
et que je n'ai rien ajouté de mensonger.
Si j'y ai mis quoi que ce soit de superflu,
qu'un plus savant le corrige ou même le supprime !
Quand vous aurez parcouru Solin et Trogue Pompée,

---

[1] Cf. *supra*, v. 4662.

E Ysidre, qe fu de langage estoré[1],
Jerome e Ethike[2], Orosye l'escrié,
E Dyonis de Inde, Magesten le barbé,
E l'epistre[3] Alisandre qu'il tramist par chereté
A mestre Aristotle qui l'out endoctriné,
E les autres liveres a cestui assemblé,
Donc saverez [vous] pur voir qe n'est pas contrové.
Au regné de Ethiopie ay ore mon vers torné;
Trop sunt riche ly fet a estre oblié.

clxxvi Coment Alisandre entra en Ethiopie.

415

Pur nient le dit, seignurs, bien savez la verrur,
Home ne put rien conquerre sanz travaill[4] e labur.
Al gaigner ad travaill[5] e al perdre dolur.
Coment put Alisandre conquere tant honur
Encontre itanz roys e tant empereur,
Tant dux e tant prince e tant riche almazur, *166v*
Qu'il ne suffrist batailles e suffrist meint estur?
Sa pruesce fu grant, si fet furent maiur
Qe jeo ne puis toz dire ses fiertez e sa baudur.
Si Thomas en dei[s]t tant cum font li autur,
De plusors fust tenu a large menteur!
Ses princes e ses dux le maintenent en baudur;
Vers li avoit son pople alié en amur;
Sustient les en richesce; unc n'en orent sojur.
En Ethiopie furent roys e regné plusour,
Gent de meintes maneres e de diverse colur:
Aquanz i sunt noir, autres blanc cum flur,

---

1 restore

2 e Ecille O.

3 espitre

4 travaille

5 travaille

Isidore, si doué pour le beau langage,
Jérôme et Aethicus, Orose le renommé,
Denis d'Inde, Mégasthène à la longue barbe,
et la lettre qu'Alexandre adressa par affection
à son maître Aristote, qui l'avait éduqué,
et les autres livres joints à ce dernier,
alors vous saurez en vérité que rien n'est mensonger.
C'est au royaume d'Éthiopie que je me consacre maintenant :
les exploits sont trop prodigieux pour tomber dans l'oubli.

clxxvi Comment Alexandre entra en Éthiopie.

415

Inutile de le dire, seigneurs, vous le savez bien :
on ne peut rien conquérir sans beaucoup de peine.
On peine pour acquérir et on souffre de perdre son gain.
Comment Alexandre aurait-il pu conquérir tant d'honneur,
en triomphant de tant de rois et d'empereurs,
tant de ducs, de princes et de puissants émirs[1],
sans endurer bien des batailles et des assauts ?
Grande était sa prouesse, éclatants ses exploits :
je ne saurais rendre justice à ses audaces et à son ardeur.
Si Thomas en disait autant que ses sources,
beaucoup le tiendraient pour un rude menteur !
La force d'Alexandre lui vient de ses princes et de ses ducs,
des liens d'amour qu'il a tissés avec son peuple :
il les comble de richesses, et eux ne connaissent jamais le repos.
En Éthiopie il y a bien des rois et bien des royaumes,
des gens de plusieurs races et de plusieurs couleurs :
certains noirs, certains blancs comme farine,

[1] Cf. *supra*, v. 1489.

Aquanz sunt coloré[1], aquant ont palur.
Alisandre le roy cercha le regne entur,
Conquist le pople a force e a vigur,
Ne contreestut cité, chastel ne forte tur.
Le roy e ly prince, li duc e ly contur,
Qe par un qe par el, le tenent a seignur.
Meinent le par la terre ly sage guiour
Pur veer les fluvies e taster lur savur,
Les richesces del regne e la noble valur.
Meinte merveille i vit dont al quer ot hydur;
Li soen en orent doute e plusor foiz pour.

clxxvii De la fontaine chaude de nuit e freide de jur.

416

Une fontaine surdoyt; duce est la licur.
De la sue nature sui jeo en errur:
Ele ad la nuit en sey une estrange chalur;
Le jur quant le soleil l'ateint ovec sa ardur,
Suz ciel n'ad creature vers ly ad freidur.
Al monde n'ad mortel home qui en beive de jur
Pur ce qe del soleil l'ateine la luur.

clxxviii Des Mastiens qui conussent lur meres.

417

En Ethiope ad gent de diverse nature, *167r*
De diverse lignee, de diverse parleure,
Car trestoz en sunt de diverse engendrure.
En un[e] de ses genz est comune luxure;
La feme sulement conust sa port[e]ure.
Home ne conust son pere ne [pere] s'engendrure[2];
Tuit sunt commun entr'els cum bestes en pasture.
Qui conustroit son piere en itel aventure?

---

[1] corole

[2] ne sa engendrure

certains colorés, certains pâles.
Le roi Alexandre explora tout le pays,
conquit le peuple par la force des armes.
Rien ne lui résista : ni cité, ni château, ni forteresse.
Les rois et les princes, les ducs et les comtes,
de tous les côtés, le tiennent pour leur seigneur.
Des guides habiles le mènent dans tout le pays
pour découvrir les fleuves et goûter leur eau,
pour voir les richesses du royaume et ses trésors.
Il vit bien des merveilles dont il fut effrayé ;
les siens connurent la peur et parfois l'épouvante.

clxxvii La source chaude la nuit et froide le jour.

416

Une source jaillit ; son eau est douce
mais sa nature me plonge dans l'étonnement :
la nuit, elle répand une chaleur surprenante ;
le jour, quand le soleil l'atteint de ses rayons,
rien au monde ne peut égaler sa froideur[1].
Nul mortel ne peut boire son eau de jour,
quand le soleil l'atteint de sa lumière.

clxxviii Les Mastiens qui couchent avec leur mère.

417

En Éthiopie on trouve des peuples très divers par leur nature,
leur race et leur langage,
car tous sont d'origine différente[2].
Les membres de l'un d'eux se livrent ensemble à la luxure.
Seule la femme connaît sa progéniture.
L'enfant ne connaît pas son père, le père ne connaît pas son fils[3] ;
ils se mélangent comme les bêtes dans les prés.
Comment connaître son père dans pareille situation ?

---

[1] Solin, 29, 1.

[2] En ancien français, l'adjectif *divers* a les sens de " différent, divers, étrange, terrifiant " : voir F. Dubost, *Aspects fantastiques de la littérature narrative médiévale*, *op. cit.*, I, pp. 68-70.

[3] Solin, 30, 2.

Car Mastiens[1] sunt cist nomé en escripture,
La plus vile gent du mond ou plus ad ordure;
Ne gent n'ad al siecle de si laide faiture,
Car il n'aiment reson ne vivent en mesur[e].

clxxix Des Serbotes od longe forchure.

418

Une autre gent i ad od longe forch[e]ure:
Doze peez de longur ont en lur estature.
Serbote sunt nomez icist pople par lettrure.

clxxx Des genz qui font d'un chien lur roy.

419

Une gent i ad al regne dont dire vous doy:
N'ont chamail n'olifant, boef ne palefroy.
D'un chien font lur seignur, coronent le a roy,
Eiment le e servent, doutent e portent foy,
Car ne poent suffrir seignur aver de soy.
Presambaris est nomez icist en lur loy.

clxxxi Des genz a quatre oilz, bons archer, Maritimos.

420

Gent i ad en Ethiope de mult fier[e] geste.
Mercurie cutivent, a Bache refont feste;
E solum les auturs, quatre oilz ont en la teste.
Icist sunt bon[2] archier e bien traient a best[e].
Maritimos les cleiment li nostre autur honest[e].

clxxxii Des Agriofagos qui vivent des lions e des panteres.

421

Decea en l'occident, en Ethiope amont,
Qui vivent[3] de lions un[e] grant gent i sunt,

---

[1] mastiens: s *final ajouté sur la ligne.*

[2] bone

[3] vivere

Les textes les nomment Mastiens :
c'est le peuple le plus vil et le plus ordurier du monde,
aucun autre n'a des mœurs aussi répugnantes,
car il ignore toute raison et toute mesure.

clxxix Les Serbotes à la haute stature.

418

Un autre peuple est de haute stature :
il mesure douze pieds de haut.
Les textes les nomment Serbotes[1].

clxxx Le peuple qui fait d'un chien son roi.

419

Il faut que je vous parle d'un peuple de ce royaume :
ils n'ont chameau ni éléphant, bœuf ni palefroi,
mais font d'un chien leur seigneur et le couronnent roi.
Ils l'aiment et le servent, le craignent et lui sont fidèles,
car ils ne pourraient avoir pour seigneur l'un d'entre eux.
Dans leur religion, ce chien porte le nom de Presambaris[2].

clxxxi Le peuple des Maritimes, bons archers à quatre yeux.

420

Il y a en Éthiopie un peuple à la conduite farouche.
Ils adorent Mercure, célèbrent aussi Bacchus
et selon les auteurs, ils ont quatre yeux sur la tête.
Ce sont de bons archers, habiles à la chasse.
Nos auteurs dignes de foi les appellent Maritimes[3].

clxxxii Les Agriophages qui se nourrissent de lions et de panthères.

421

Par là, vers l'ouest, dans les sommets de l'Éthiopie,
vit un grand peuple qui se nourrit de lions

---

[1] Solin, 30, 4.

[2] Chez Solin (30, 5), ce nom est celui du peuple.

[3] Solin, 30, 6.

E de char de pantere, car autre vivere n'ont.
Ja n'averont roy al regne qui n'oit un oil al front. *167v*
Agriofagos les nome cil qui le latin espont,
Mestre Thomas, romanzour parfont,
Le meillur qe l'em siet en trestut ceo mond.

clxxxiii De Arcabatistes od quatre pez.

422

Un autre pople i ad, as mors sunt veisin;
Il vont a quatre piez e toz ceaux sunt enclin.
Unques ne veient le ciel s'il ne gisent sovin,
Car Arcabatistes[1] les noment en latin.

clxxxiiii De Cinomolgrins come mastins.

423

Cinomolgrins i sunt, un fier pople cha[n]in;
Il sunt velu cum urs, abaient cum mastin.

clxxxv Des genz qui vivent d'olifant qui sunt Azachey.

424

Un autre i ad pople ignel e bien corant,
Jur e nuit sunt en bois e pernent olifant,
Si en pessent lur me[s]nees, eaux e lur enfant.
Ja [el] ne mangera, tant en soit[2] criant.
Azachey sunt dit solum le mien garant.

---

[1] Car tabatistes l.

[2] soit, *forme altérée de* seit.

et de chair de panthère, car c'est sa seule ressource.
Ils n'auront jamais pour roi qu'un homme doté d'un œil unique sur le [front[1].
Leur nom est Agriophages, selon le traducteur du texte latin,
maître Thomas, auteur de récits subtils en français,
le meilleur que l'on sache dans le monde entier.

clxxxiii Les Arcabatistes à quatre pieds.

422

Il est un autre peuple, qui ressemble aux porcs[2].
Ils marchent à quatre pattes, penchés en avant.
Ils ne voient le ciel que quand ils sont couchés sur le dos :
on les nomme *Arcabatistes* en latin.

clxxxiv Les Cinomolgrins qui ressemblent à des mâtins.

423

On trouve les Cinomolgrins, un peuple farouche, proche des chiens ;
ils sont velus comme des ours et aboient comme des mâtins[3].

clxxxv Les Azachey, qui vivent des éléphants.

424

Il est un autre peuple très rapide à la course,
qui passe ses jours et ses nuits en forêt à prendre les éléphants.
Ils en nourrissent leur maisonnée, leurs enfants comme eux-mêmes,
et refusent de manger autre chose, même affamés.
On les appelle Azachey, selon ma source[4].

---

[1] Solin, 30, 6 ; Isidore de Séville, *Etymologiae*, XI, 3, 18.

[2] Bien que la forme *mors* soit confirmée par P, il faut corriger ici en *pors*, comme le suggère I. Short, d'après le contexte et le texte de Solin : " *nec secus ac ferae* " (30, 8).

[3] Solin, 30, 8.

[4] Solin, 30, 4.

clxxxvi Coment les Macrobins se contenent.

425

Tot devers orient est le pople cortois[1];
Macroby sunt dit, si ont princes e roys.
Vestent sey richement e usent bons conrois;
Aiment droit, font justises e tenent bon[e]s lois;
Unt armes e chevals, chastels fors e palois.

clxxxvii Des mostres en Ethiope sanz nes.

426

Al d[e]rein de Ethiope, droit[2] en orient,
Ad mostres contrefez e mult orible gent.
La face ont tote plein[e], noir[e] cum arrement.
Il n'ont nies en lour vis, mes boche ont nequedent.

clxxxviii Des mostres sanz boche e sanz nies tot veluz.

427

Un autre pople i ad, velu hidusement,
Qe n'ont nies ne boche ne levere ne dent,
Fors un pertuz al menton ont tant sulement.
Se[3] viande en use, d'un chalemel le prent. *168ʳ*
Ne il n'ont langes, ne il ne sonent nient;
Par[4] signes de lur meins chescun autre entent.
Unques ne virent feu en lur regné vereiment;
Tesmoyne seint Jerome qui a ceo consent,
Car au roy Tholomeu ja ancienement
Fist l'em en Egypte de tel home present.
Quant vit feu devant li, dota estrangement;
Unques mes n'ont veu nuly ne si parent.

---

[1] p. corrois

[2] droit, *forme altérée de* dreit.

[3] Sa v.

[4] Per s.

clxxxvi Comment vivent les Macrobins.

425

À l'extrémité de l'Orient, vit un peuple courtois
qu'on appelle les Macrobins : ils ont des princes et des rois,
de riches vêtements et de luxueux équipages ;
ils aiment le droit, rendent la justice et respectent de bonnes lois ;
ils ont des armes et des chevaux, des châteaux forts et des palais[1].

clxxxvii Les monstres sans nez d'Éthiopie.

426

Au fond de l'Éthiopie, à l'extrémité orientale,
on trouve des monstres difformes, un peuple horrible.
Ils ont le visage complètement plat, noir comme l'encre,
pas de nez au milieu du visage mais tout de même une bouche.

clxxxviii Les monstres velus sans bouche et sans nez.

427

On trouve un autre peuple, affreusement velu,
qui n'a ni nez ni bouche, ni lèvres ni dents,
mais seulement un trou dans le menton.
Pour manger, ils se servent d'un chalumeau.
Ils n'ont pas non plus de langue et ne peuvent parler ;
ils se comprennent entre eux par des signes de mains[2].
Dans ce royaume, on n'a jamais vu le feu,
saint Jérôme en porte témoignage ;
car autrefois, en Égypte,
on offrit un de ces hommes au roi Tholomé.
À la vue du feu, il fut terrifié
car ni lui ni les siens n'avaient jamais rien vu de tel.

---

[1] Solin, 30, 9.

[2] Solin, 30, 12 et 13 ; Isidore, XI, 3, 16.

clxxxix De dese[r]z vers Arabie plein de mustres.

428

Entre iceo pople sunt ly antif desert,
Vers le regné d'Araby des bestes tut covert,
Illuec ou Meroen a la terre se ahert,
Dela cele contree ou ly vil sunt mult pert.
A ly qui estorie siet est ceo chose apert.
Avant illuec n'ad gent, n'a home rien ne sert.

clxxxx De Saba la cité dont Sibyle fu royne.

429

Seignors, ore escutez, e jeo diray avant!
En Ethiope sunt pople plusor regnant,
Et c'est, ceo nous dient, en Aufriqe la grant.
Deus Ethiopes sunt, ceo nous dient auquant;
Tuit dreit en orient l'un[1] des idlles s'espant.
Illuec est Saba, une cité vaillant;
Sibile en fu royne k'en alout querant:
Desqu'en Jerusalem le sage governant
Qe fist le temple Dieu par le soverein comant.
Del soen i presenta e dona a[l] temple tant
Toz jors eussent esté e riches e manant
Si Nabugodonosor ne fust, li tirant.
Ele desceut Salomon par beauté e par semblant;
Contre sa ley pecha pur li cum mescreant.
Ses sens ne ses engins ne ly furent garant.

[1] une

clxxxix Les déserts d'Arabie remplis de monstres.

428

Ce peuple vit dans les déserts antiques,
remplis de bêtes sauvages, près du royaume d'Arabie,
là où l'île de Méroé est reliée à la terre,
près d'un pays où les hommes sont vils et effrontés[1].
Celui qui connaît l'histoire le sait bien.
Au-delà on ne trouve plus d'hommes et nul ne peut y vivre.

cxc La cité de Saba dont Sibylle fut la reine.

429

Seigneurs, écoutez-moi, je continue mon récit !
En Éthiopie, on trouve de nombreux peuples
et c'est, à ce qu'on dit, dans la grande Afrique.
Il y a deux Éthiopies, à ce que disent certains.
L'une des îles s'étend complètement à l'est.
Là se dresse Saba, une noble cité ;
Sibylle, sa reine, fit route
jusqu'à Jérusalem, en quête du sage prince
qui avait bâti le temple de Dieu sur l'ordre divin[2].
Il prodigua au temple tant de ses richesses
que ce peuple aurait été à jamais riche et puissant,
sans Nabuchodonosor, le tyran.
La reine usa de sa beauté pour tromper Salomon ;
pour elle il pécha contre sa religion et se conduisit en mécréant.
Ni sa sagesse ni sa ruse ne le protégèrent.

---

[1] Pour ce vers obscur, I. Short propose de voir dans *pert* une forme de *apert*, au sens de " effronté ".

[2] La reine de Saba et la Sibylle sont souvent identifiées : voir *Kyng Alisaunder*, pp. 141-142 et H. Shields, " Philippe de Thaon auteur du *Livre de Sibylle* ? ", *Romania* 85, 1964, p. 460, cité par I. Short.

clxxxxi Des troys roys qui offrirent dons al fiz seint[e] Marie.

430

De Saba furent ly roys qui aloient Dieu querant, 168v
E vindrent en Bethelem une esteille suant,
Al temps le roy Herodes, cum nous trovom lisant,
E David le prophete le dit cent anz avant.
Trovent seinte Marie, firent present a l'enfant.

clxxxxii Del mont ke touz jours art.

431

L'un chef de Ethiope toche a l'occiant[1]
Tigres le fluvies curt tut droit errant,
E vers l'occident est un grant mont ardant.
Jamés ne est esteint, toz jors est[2] boillant.
Le plus de Ethiope sunt ly Garamant.

clxxxxiii Des bestes del regne qe sunt apellés dragons.

432

Ore oiez des bestes del regné la manere
Ou grant dragon i sunt qui hantent la bruere.
N'ont bouche dont mordent; le venim ont arere
Enz al chef de la cue; mult est la beste fiere.
Dragonee l'apellent; al mond n'ad si chere:
Si del vif nen est pris[e], n'ert trove[e] entere.

clxxxxiiii De la beste qe est apellee Zephus.

433

Un mostres ad al regne, Zephus est nomee.
Corn[e]s ad e gros chef, al menton est barbee.

---

[1] occident

[2] est *ajouté sur la ligne.*

cxci Les trois rois qui offrirent des dons au fils de sainte Marie.

430

C'est de Saba que vinrent les rois en quête de Dieu[1].
Ils arrivèrent à Bethléem en suivant une étoile,
au temps du roi Hérode, comme on peut le lire :
le prophète David l'avait annoncé cent ans plus tôt[2].
Trouvant sainte Marie, ils offrirent des présents à l'Enfant.

cxcii La montagne toujours en flammes.

431

L'une des extrémités de l'Éthiopie touche à l'Océan.
Les flots rapides du Tigre la traversent en droite ligne
et vers l'ouest, on trouve une haute montagne en flammes,
toujours en éruption, avec des jaillissements incessants[3].
Le principal peuple d'Éthiopie est celui des Garamants.

cxciii Les animaux du royaume qu'on appelle dragons.

432

Écoutez quelle sorte d'animaux vit dans ce royaume :
ce sont de grands dragons qui parcourent la lande.
Ils n'ont pas de bouche pour mordre mais leur venin est à l'arrière,
au bout de leur queue ; ce sont des bêtes très féroces.
On nomme dragonee ce venin, infiniment précieux.
Il faut capturer la bête vivante pour le recueillir intact.

cxciv L'animal qu'on appelle Zéphus.

433

Un monstre de ce royaume est nommé Zéphus :
il a des cornes, une grosse tête, de la barbe au menton ;

---

[1] Cf. *Isaïe* LX 6 : "Tous viendront de Saba, apportant l'or et l'encens" et *Psaume* 72, 10 : "Les rois de Saba et de Seba feront offrande."

[2] Cf. *Deuxième Livre de Samuel*, 1, 23, 5 : "Oui, ma maison est stable auprès de Dieu : il a fait avec moi une alliance éternelle."

[3] Solin, 30, 14.

Piez derere ad cum home e quisses e costee;
Si cum meins d'ome sunt devant formee.

clxxxxv De la beste qu'est apelle[e] rinoceros.

434

Un[e] autre beste i ad, rinoceros nome[e];
Del long a l'olifant, mes n'est pas si forme[e],
Ainz les occist sovent par ire e par medle[e].
Un[e] corn[e] ad al front trenchant cum espee.

clxxxxvi De la beste qu'est apellee monoceros.

435

Sachez pur voir, seignurs, qe un est rinoceros,
E une autre beste est apellee monoceros.
Li un hante[nt][1] les fossez, les cavernes e les bos,
Li autre[2] noent en ewe e hantent[3] en haut ros.

436

Monoceros est beste, ceo nous dit dan Solins; 169r
Il ad pez d'olifant, de corps est equins;
E vont cum lions, del chef est cervins.
Un[e] corn[e] ad al front, de la cue est porcins.
A totes bestes est cist mostres veisins.
Vif ne put estre pris; hom l'occist par engins.

437

Mult est cler[e] la corne[4] qu'il ad en mi[5] le front;
Ague[6] est e trenchant, quatre pez de long amont.
Encontre son coup ne dure nule arme del mond.
N'ad si fier[e] beste de quanqu'en terre sont.

---

[1] Lun hante
[2] Lautre n.
[3] chantent
[4] le corne
[5] en mie
[6] Aguz

ses membres inférieurs et ses flancs sont ceux d'un homme ;
à l'avant, il a des mains de forme humaine[1].

cxcv L'animal qu'on appelle rhinocéros.

434

Il y a un autre animal, nommé rhinocéros ;
il est de la longueur des éléphants, mais moins gros,
et pourtant il les tue souvent au cours de violents combats.
La corne qu'il porte au front est aussi tranchante qu'une épée.

cxcvi L'animal appelé monocéros.

435

Sachez en vérité, seigneurs, que le rhinocéros
est différent d'un autre animal appelé monocéros.
Le premier vit dans les fossés et les grottes des forêts,
l'autre nage dans l'eau et vit dans les hauts roseaux[2].

436

Sur le monocéros, voici ce que dit le maître Solin :
il a les pattes d'un éléphant, le corps d'un cheval,
la vitesse d'un lion, la tête d'un cerf,
la queue d'un sanglier et une corne sur le front.
Ce monstre tient de tous les animaux.
On ne peut le capturer vivant : il faut le tuer par la ruse[3].

437

La corne de son front est très brillante,
aiguë et tranchante, longue de quatre pieds ;
nulle arme ne peut lui faire échec.
C'est le plus féroce de tous les animaux qui vivent sur terre.

---

[1] Solin, 30, 20.
[2] Solin, 30, 21.
[3] Solin, 52, 39.

clxxxvii De la beste qe est apellee Catoplepa.

438

Un[e] autre beste i ad, mult de male nature.
Hidus[e] est e laide, de petit[e] estature;
Encontre sa veu ne dure nule creature,
Car tote rien occist de sul[1] sa regardure.
Catoplepa est dit la beste en lettr[e]ure.

clxxxviii De formies qe portent les peres preciouses.

439

En Ethiope i ad, ceo dient, unes formies
Del grant a leverer qe portent margeries.
Cil qui les volent prendre font grant estoties;
Mors sunt e confondu ainz qe soient ravies.

clxxxix Des genz qui vivent toz jors en ewe.

440

Ethiope e Athlante sont entr'els devisé[2]
Par un[3] fluvie orgoillus; Tigres est apellé.
C'est un braz del Nil, – cum en livere ay trové –
De autretiel nature, c'est la verité:
Il enseche en yver e deseche en esté;
E norist tel[es] bestes, ceo dist l'autorité.
Une menue gent meinent en cel regné;
Tote nue hantent l'ewe ovec lur parenté.
Hardi sunt a merveille e tant surquidé
Les cocatrices venkent par poesté;
Mainent en lur hostels e font lur volenté.
Quant il les ont bien destrait e cum chevals danté, *169v*
Chevachent sur lur dos en ewe e en gué.

---

[1] sule

[2] devisee

[3] une

clxcvii L'animal qu'on appelle catoblepas.

438

On trouve un autre animal, d'une nature redoutable.
Il est d'une laideur repoussante et de petite taille ;
nulle créature ne peut résister à sa vue,
car il tue tout de son seul regard.
Les textes l'appellent catoblepas[1].

cxcviii Les fourmis qui portent des pierres précieuses.

439

On trouve en Éthiopie, dit-on, des fourmis
de la taille d'un lévrier, qui portent des perles.
Il faut être bien sot pour vouloir les prendre
car le voleur est mort et anéanti avant d'avoir réalisé son larcin[2].

cxcix Le peuple qui vit toujours dans l'eau.

440

L'Éthiopie et l'Atlas sont séparés
par un fleuve impétueux, le Tigre.
C'est un bras du Nil – je l'ai trouvé dans un livre –
et de la même nature, c'est la vérité :
il s'assèche en hiver, recoule en été
et abrite, selon mes textes, les animaux dont je vais vous parler[3].
Un petit peuple habite ce royaume :
ces gens vivent nus, dans l'eau, en famille.
Ils sont si hardis et audacieux
qu'ils mettent les crocodiles en leur pouvoir :
ils les emmènent chez eux pour leur imposer leur volonté.
Quand ils les ont domptés comme des chevaux et les dominent [parfaitement,
ils montent sur leur dos dans l'eau du fleuve.

---

[1] Solin, 30, 22.

[2] Solin, 30, 23.

[3] Solin, 30, 1.

cc Des delfins e cocatriz qui portent la gent.

441

Pur ceo qe Alisandre del Nil avoit douté[1],
Ne savoit ou sordoit; unc ne li fu conté.
A ses homes ewages ad donc comandé
Voisent acercher tant qu'il aient asené.
Par son comandement i sunt donc icist alé.
Delfins e cocatrices ont ovec eaux mené
Qe les portent en l'ewe quant sunt alassé.
Assez ont travaillé e long temps ont noé[2];
Point ne troverent, si sunt retorné.
Ceo sunt estrange gent dont jeo en ay parlé:
Ja manger en yver n'ert par eaux gusté;
Il sunt nory en l'ewe e l[a]enz en sunt né[3].

cci Del cocatriz e de sa nature.

442

Cocatriz est beste, ceo dient li autur;
Quatre pez ad en ewe, en terre ad valur;
Mes n'ad point de lange; vint pez ad de longur.
En treble[4] ordre est denté; de son mors est hidur.
Ponent tels oefs cum owe, mes un poy sunt gregnur.
Ly masles e la femmale covent a lur tur,
E tant i seent amedeus a lur tur
Desqes esclos seient a tote[5] lur vigur.

ccii De la bataille entre les delfins e les cocatriz.

443

Delfins ad al Tigre qui mult sunt bon[6] nour.
Eskerdé ont le dos trenchant cum rasur.

---

[1] doutee
[2] noee
[3] nee
[4] trebel
[5] tote a
[6] bone

cc Les dauphins et les crocodiles qui portent des cavaliers.

441

Alexandre se posait ces questions sur le Nil
et ne savait où était sa source : personne ne pouvait le lui dire[1].
Il commande donc aux hommes qui vivent dans l'eau
d'aller chercher la réponse à sa question.
Ces derniers obéissent à son commandement
et prennent avec eux des dauphins et des crocodiles,
qui les portent dans l'eau quand ils sont fatigués de nager.
Malgré bien des efforts et un long voyage,
ils n'ont rien trouvé et ont fait demi-tour.
Ce sont d'étranges gens que ceux dont je vous parle :
pas question pour eux de manger en hiver.
Ils sont élevés dans l'eau, là même où ils sont nés[2].

cci Le crocodile et sa nature.

442

Le crocodile, disent les autorités, est un animal
doté de quatre pattes, vivant dans l'eau comme sur terre ;
il n'a pas de langue et mesure vingt pieds de long.
Sa triple rangée de dents cause des morsures horribles.
Il pond des œufs un peu plus gros que ceux des oies,
que le mâle et la femelle couvent tour à tour,
en s'asseyant sur eux
jusqu'à leur éclosion, à maturité[3].

ccii La bataille des dauphins et des crocodiles.

443

On trouve dans le Tigre des dauphins qui sont d'excellents nageurs.
Leur dos est hérissé de piquants tranchants comme des rasoirs.

---

[1] Sur la source du Nil : Solin, 30, 1.

[2] Solin, 32, 28.

[3] Solin, 32, 22-23.

Contre le cocatriz noent nuit e jur
Pur lur force esprover li quel en soit[1] meillur.
Ly delfin sunt cointe e felon enginur;
Arestent desuz l'ewe e cil passent desur;
Trenchent lur les ventres li cruel plung[e]ur.

444

Ly delfin les occient par iceste boydie. *170r*
La merveille del regne n'ert jamés oie.
Alisandre li roys ové sa chevalerie
Vet de chef en autre e la terre ad seisie.
Le pople del regné par amur tuit alie.
Mult est Ethiope d'or e d'argent garnie,
Des peres preciouses e de gent bien hardie.
Lez put estre Alisandre qui tuit ad en baillie.

cciii Del respons qe Alisandre oy al mont ardant.

445

Al regné de Ethiope ad un ardant mont,
Plusors feus i sont; un crevoiz i ad parfont.
Quant cil de la terre sacrifice i font
Enquerant aventures, une voiz respont.
Entra i Alisandre e les dieus somont
Qu'il li face[nt] respons. Vous dirray qe ce amont:

446

De diverse manere i fet sacrifier,
E puis dit en conseil: 'Toi, dieu, doi mercier,
Qe[2] jeo, Alisandre, qui tot doy justiser,
Les homes terriens e les regnes conseiller,
Car sur tot[3] le mond m'avez fet eshaucer,
Si cum vous estes dieux puissant e droiturer,

---

[1] soit, *forme altérée de* seit.

[2] Qu: *peut-être* Qui ?

[3] tote

Ils nagent nuit et jour à la rencontre des crocodiles,
pour éprouver leur force et voir qui l'emporte.
Les dauphins sont pleins de ruse et de perfidie :
ces cruels plongeurs s'immobilisent au fond de l'eau
et laissent les crocodiles passer sur eux pour leur trancher le ventre[1].

444

Les dauphins usent de ce stratagème pour tuer les crocodiles.
On ne peut raconter toutes les merveilles de ce royaume.
Le roi Alexandre, accompagné de ses chevaliers,
parcourt la terre d'un bout à l'autre et en prend possession.
Il noue une alliance amicale avec les peuples du royaume.
L'Éthiopie est très riche en or et en argent,
en pierres précieuses et en guerriers hardis.
Alexandre a tout lieu de se réjouir de cette conquête.

cciii La réponse qu'Alexandre entendit sur la montagne ardente.

445

Au royaume d'Éthiopie se trouve une montagne ardente,
brûlant de plusieurs feux, percée d'une grotte profonde.
Quand les gens du pays y célèbrent un sacrifice
pour connaître l'avenir, une voix leur répond.
Alexandre y pénètre et demande aux dieux
de lui répondre. Voici les paroles échangées.

446

Le roi célèbre un grand sacrifice
puis demande en secret : " Dieu, je te remercie
de me laisser, moi Alexandre, dominer le monde,
diriger les hommes et les royaumes de cette terre :
tu m'as élevé au-dessus du monde entier.
Dieu tout-puissant et justicier,

---

[1] Solin, 32, 26 ; Isidore, XII, 6, 19-20.

Dites moy si je doy en Grece repeirer
E veer ma miere e mon mestre qui ay cher,
E trover mes sorurs e mes amis baiser,
E eshaucer Macedoigne e ses lois adrecer,
E richer mes parenz, mes compaignons aider,
Qe de mes enemis me puis a droit venger.'
Une voiz ly dist: 'Roys, ne t'estuet iceo prier!
De tuit ceo ne te volent li dieu pas otrier.'
Tristes devint li roys, si se prist a esmaier.

cciiii Coment Alisandre e Porrus repeirerent en Inde.

447

Aprés le sacrifise ad oy le respons
Dont ad le quer dotus e est en suspecions. *170v*
Puis de la fosse ist e vint a ses barons.
Cela lur le respons, en quei sunt les questions.
Demande si mes merveille ad as regions
Qe facent a veer; donc l'ont ly guior somouns
Qu'il vienge al chef veer les arsons[1].
Une fosse i ad qe par totes seisons
Crie la nuit cum beste; orible est ly sons.
Noif[2] en ist e gele[e], feu [e] flambe e charbons.
Tuit temps en vient la neif od les ardanz tisons.
La endroit va li rois ové plusors compaignons.

448

Ly rois vient al fossé e merveilles ad veue,
Qe ové le feu ardant la neif est issue.
Estence[le] le feu e la neif est venue.
Pur la chalur del feu n'est la freidure descrue,
Ne la chalur del feu n'est pur la noif[3] chaue
Mes l'un[e] ovec l'autre tut temps est aparue.

---

1 arcons

2 Noif, *forme altérée de* Neif

3 noif, *forme altérée de* neif

dis-moi si je dois revenir en Grèce
et voir ma mère et mon maître qui m'est cher,
retrouver mes sœurs, embrasser mes amis,
faire la gloire de la Macédoine et corriger ses lois,
enrichir ma famille, aider mes compagnons :
j'ai bien le droit de me venger de mes ennemis. "
Mais une voix lui dit : " Roi, tu ne peux faire cette demande :
les dieux refusent d'accéder à ta prière. "
Le roi en est affligé et pris de frayeur.

cciv Le retour d'Alexandre et de Porrus en Inde.

447

Après le sacrifice et la réponse,
Alexandre a le cœur plein de crainte et d'inquiétude.
Il sort de la grotte et rejoint ses barons.
Il leur cache la question comme la réponse
et demande s'il y a encore dans ces régions
des merveilles dignes d'être vues ; les guides lui conseillent
d'aller au sommet de la montagne pour voir les flammes.
Il y a là une grotte qui, en toute saison,
crie la nuit comme une bête : le son en est horrible.
Il en sort de la neige, de la glace, du feu et des charbons enflammés.
La neige est toujours accompagnée de tisons brûlants.
Le roi s'y rend avec plusieurs compagnons.

448

Parvenu à la grotte, le roi voit des merveilles :
la neige sort avec le feu ardent ;
les étincelles de feu accompagnent la neige.
La chaleur du feu n'adoucit pas le froid
et les chutes de neige ne refroidissent pas le feu,
mais la neige et le feu sont toujours ensemble.

Le roy Alisandre en Ethiope ad tr[e]ue;
Ne remeint a veer nule merveille seue,
De mostre ne d'engin ne de beste mue.
Eshaucé est s'onur e sa gent acreue.

449

De long e de lee est le regné cerchez.
Del respons qu'ad oy est Alisandre esmaiez,
Mes veanz ses barons se fet baud e haitez.
Envers Inde majur est od son ost repeirez,
E Porrus le conduit, le riche roy prisez;
El servise Alisandre est forment travaillez.
A Antioche l'Ostage est li penons baillez
Par ont le pople fiers est conduit e guiez.

ccv Des messagers la royne Candace e de ses juels.

450

Vers la grant Faacen est le chemin drecez;
Pres del regné d'Albanie est Alisandre aprochez.
Messages ly surdent, vaillanz e enseignez, *171r*
De la bele Candace qe ly mande amistez;
En tramet drueries e dons envoisez,
Brefs bien enseelez e noblement enditez,
Car li roys ot devant a ly brefs envoiez.
De ly aler veer prest fu e apparillez,
Mes il doute agait; pur tant ad lessez.

451

Bele e blanche fu la royne Candace;
Ne fu plus bele femme de corps ne de face.
Sul de sa renome[e] trove vers ly tele grace
Qe tant la pareime qu'il ne siet qe face.
Mande a la dame cum s'amur l'enlace.
Si plus tost nel socurst, de vivere n'ad espace.

Le roi Alexandre a obtenu un tribut de l'Éthiopie ;
il ne lui reste plus à voir la moindre merveille,
ni monstre, ni invention ingénieuse, ni animal.
Son empire s'est accru, ses hommes sont plus nombreux.

449

Il a parcouru le royaume de long en large.
Il est effrayé de la réponse qu'il a entendue
mais, devant ses barons, il fait mine d'être gai.
L'armée est revenue vers l'Inde majeure,
guidée par Porrus, le noble et puissant roi,
qui met tous ses efforts à servir Alexandre.
Antiochus l'Ostage porte la bannière
qui guide la fière armée.

ccv Les messagers de la reine Candace et ses joyaux.

450

Le chemin se dirige vers la grande Faacen ;
Alexandre approche du royaume d'Albanie.
Des messagers surgissent, vaillants et bien appris,
envoyés par la belle Candace, qui lui offre son alliance
et lui adresse des présents et des gages d'amour,
avec une lettre bien scellée et noblement rédigée,
car le roi lui avait auparavant envoyé une lettre.
Il était tout prêt à aller lui rendre visite
mais craignait un piège : voilà pourquoi il avait attendu.

451

La reine Candace était belle et blanche,
son visage et son corps étaient les plus beaux du monde.
Rien que sa renommée charme tant Alexandre
qu'il l'aime passionnément, sans pouvoir résister.
Il fait dire à la dame la force de son amour :
qu'elle le secoure vite, ou il ne vivra pas longtemps !

452

Grant talent ot li roys de la dame veir.
Ele mande a ly e descrit son voleir,
Son or e sa richesce, sa force e son poeir,
Qe Alisandre avera si a pier la volt avoir.
N'ot si riche royne en tout le mond d'avoir,
De beauté, de corteisie, d'onur e de savoir.

ccvi Des messagers qe Candace envoia a Alisandre.

453

Cortoisement l'aresonent li estrange messager,
Si li baillent le bref, le seel[1] font briser:
Saluz e amisté envoit al roy premer,
A son emper[e]ur e a son ami[2] cher,
E puis dit en l'autre vers: 'Sire roy dreiturer,
Nul[e] rien ne coveit tant en mon desirer
Cum vous prendre a seignur e vous mey a moiller.
Sur toz homes vous aim e par amur requer
Qe pur avoir puisse l'amisté de vous aver.
Si me pernez a pier, tant vous voil enveier[3]:
D'or e d'emeraudes voil vos chamels charger,
De peres precious chargé serront li somer,
De besanz e de gemmes, sergant e esquier; *171v*
Vos bestes ne porront le vivre carier.
Beste n'ad del mond tant fort a purchacer,
Si prendre me volez, dont ne vous quid aider.
Blans Ethiopiens vous dorray un miler;
Hardi sunt e vaillant e mult bon[4] chevaler,
Juvenceles sanz barbe e deugé bacheler.
Ceuz averez en servage, car il sunt mi truer.
Al mond n'ad fors ceaux e jeo les ay a guier;

---

[1] seele
[2] amie
[3] voil honorer
[4] bone

452

Le roi éprouve un vif désir de voir la dame.
Elle lui fait savoir par ses messagers sa volonté,
l'étendue de ses richesses, sa force et son pouvoir,
tout ce qu'Alexandre possédera s'il la prend pour épouse.
Nulle reine au monde n'est si riche de biens,
de beauté, de courtoisie, d'honneur et de sagesse.

ccvi Les messagers que Candace envoya à Alexandre

453

Les messagers étrangers parlent au roi avec courtoisie ;
ils lui remettent la lettre, on fait briser le sceau.
La reine adresse d'abord au roi son salut et son amitié,
comme à son empereur et à son ami cher.
Elle lui dit dans un deuxième temps : " Sire, roi justicier,
il n'est rien au monde que je désire tant
que de vous prendre pour époux et de devenir votre épouse.
C'est vous que je préfère et par amour je vous demande
de m'accorder votre amour en échange de mes présents.
Si vous me prenez pour épouse, que ne vous donnerai-je !
Je ferai charger vos chameaux d'or et d'émeraudes ;
vos chevaux crouleront sous les pierres précieuses ;
vos serviteurs et vos écuyers sous les besants et les gemmes ;
quant aux vivres, les bêtes ne pourront en supporter le poids.
Tous les animaux les plus difficiles à chasser,
je vous aiderai à les capturer, si vous m'épousez.
Je vous donnerai un millier d'Éthiopiens blancs :
ce sont de bons chevaliers hardis et vaillants,
des jouvenceaux imberbes, des jeunes gens gracieux.
Vous les aurez pour esclaves, car ils me doivent tribut.
Il n'y en a pas d'autres au monde, et ils sont sous ma coupe.

Il sunt plus blanc qe neif e plus qe lion fier.
Une corone averez tot[1] de fin or esmer;
Les peres qu'il i ad ne put nul home priser.'
Ceo dit Antioche: 'La fet bon daunoier!
Car me lessez aler devant pur acointer;
Si par alcun engin i pusse espleiter,
Ou de l'un ou de l'el i quid auques gayner.'
Alisandre respont: 'Ore lessez l'envoiser,
Si paroiom cest bref qe vient de dauneier.'

454

La promesse fu bele e le bref avenanz,
Noble la druerie e riches les amanz.
Al tierz vers ot escrit: 'Alisandre puissanz,
Mil chevals vous dorray, toz chargez de besanz,
Dont porrez soudeier Medien e Persanz,
Quatre mil panteres e .v.c. olifanz,
.vi.c. renoceros e de pardos autres tanz,
Et .ii.c. unicorns e .iiii.or lions granz,
Et mil chiens d'Albanie, orgoillus e mordanz,
Bons sunt a lions prendre e en estur aidanz,
En bataille champele durement conqueranz;
Tant cum lur force dur[e] ne sunt recreanz.
Cink[2] mil blanc tors qui ont les corns lusanz;
Nul d'els n'ad qe un, mes long sunt e trenchanz;
Les ungles sunt entieres, e bien sunt combatanz. *172r*
E del fust de hebene .v.c. ceptres vaillanz.
Toz mes realmes met jeo a vos comanz.
Al bosoing en averez cent mil chevachanz.'
Le bref met en errur trestoz les oianz.

---

[1] tote
[2] Cinke

Ils sont plus blancs que neige et plus farouches que des lions.
Vous aurez aussi une couronne de l'or le plus pur,
ornée de pierres d'une valeur inestimable. "
" Voilà à qui il faut faire la cour ! s'écrie Antiochus.
Laissez-moi y aller et faire sa connaissance :
si je peux venir à mes fins par quelque stratagème,
je suis sûr de gagner quelque chose !
– Cessez de plaisanter ! répond Alexandre,
et finissons la lecture de cette lettre[1] ! "

454

Les promesses sont belles, la lettre fort plaisante,
noble l'union et riches les amants.
Voici la troisième partie de la lettre : " Puissant Alexandre,
je vous donnerai mille chevaux chargés de besants
pour payer vos troupes mèdes et persanes,
quatre mille panthères et cinq cents éléphants,
six cents rhinocéros et autant de léopards,
deux cents licornes, quatre grands lions
et mille chiens d'Albanie, féroces et carnassiers,
capables de capturer des lions et d'aider au combat ;
ils tiennent bien leur place sur le champ de bataille
et ne s'arrêtent qu'à la limite de leurs forces.
Je vous donnerai cinq mille taureaux blancs à la corne brillante :
ils n'en ont qu'une, mais elle est longue et tranchante ;
leurs sabots sont d'une pièce, et ils savent se battre.
Je vous donnerai cinq cents sceptres précieux de bois d'ébène.
Tous mes royaumes, je vous les livre :
ils pourront vous fournir cent mille cavaliers. "
La lettre plonge dans la surprise tous les auditeurs.

---

[1] La fin du vers est incompréhensible : I. Short suggère que le scribe a par erreur recopié le verbe *daunoier* du vers 6979.

ccvii Coment le peintur contrefet l'ymage Alisandre.

455

Toz furent esbaiz[1] quant oient l'escripture.
Candace tramist a la curt un mestre de peinture
Qe le roy Alisandre de s'amur s'as[e]ure,
Qu'il feit tel ymage d'autretel faiture
En beauté, en semblant, en gros e en estature
Cum Alisandre ert de memes la figure.
Cil enprist l'ensample en une purtraiture,
Porta la a sa dame quant en ot la mesure.
Ele ad ceo fet d'or de memes l'estature.
Mult sunt haité ly ost e eirent par envoisure.
Ly roys ad esl[e]u gent de sa nor[e]ture
Qui sievent le langage[2], del regné la parlure;
Il n'i ad cely n'ad la teste meure.
La royne vout mander e torné ad sa cure
A l'avoir qe ele ly offre tant cum sis volers dure.

ccviii Des .ii. vileins qe Alisandre araisona.

456

Entrez est Alisandre en un[e] lande oscure;
Deus granz vileins chanuz trove par aventure.
Les barbes orent longes, fiere la regardure.
Aprochent sey au roy, saluent le a dreiture.

457

Ly roys lur dit: 'Jeo vous voy chanuz e barbez,
Vielz estes e floriz; pieça qe fustes nez.
Vous avez mult oy; dites si vous savez
Nul[e] estrange merveille en ices regnez
Qe facent a mettre en mes autoritez.'
Dont respont li un qui sages fu e senez:
'Ne say qui vous estes qe merveille de moy querez, 172v

---

[1] esbaiez

[2] l. e d.

ccvii Comment le peintre exécute le portrait d'Alexandre.

455

Ils sont tous stupéfaits à la lecture de la lettre.
Afin de s'assurer de son amour pour le roi Alexandre,
Candace avait envoyé à la cour un peintre renommé,
en le chargeant de faire un portrait du roi grandeur nature,
qui reproduise la beauté de chacun de ses traits
avec une précision scrupuleuse.
Le peintre réalisa une image fidèle
et l'apporta à sa dame le plus tôt possible.
Elle fit réaliser une statue de même dimension en or.
L'armée chemine, pleine de joie et d'allégresse.
Le roi a choisi parmi les siens
des hommes qui connaissent le langage du pays :
tous sans exception sont d'âge mûr et sages.
Il veut parler à la reine et songe aux trésors
qu'elle lui offre jusqu'à combler ses vœux.

ccviii Les deux paysans à qui parla Alexandre.

456

Alexandre pénètre dans une sombre lande ;
le hasard lui fait rencontrer deux grands paysans chenus
à la barbe longue, au regard farouche,
qui s'approchent de lui et le saluent selon les règles.

457

Le roi leur dit : “ Vous avez la barbe blanche,
vous êtes vieux et chenus, votre enfance est lointaine.
Vous avez entendu beaucoup de choses : dites-moi
si vous connaissez en ce royaume quelque merveille étrange
digne d'être conservée dans mes archives. ”
L'un prend la parole, il est plein de sagesse :
“ J'ignore qui vous êtes, vous qui m'interrogez sur les merveilles,

Mes d'une vous dirray si aler i volez.
En dis jors a cheval bien aler i poez,
Mes trop i a destraiz a cel[1] gent qe menez.
Escharsetez i ad de l'ewe e de bestes plentez.
Pur lur grant crualté nepurquant sul ne irez.
Bien vous i conduiront quatre mil armez;
Sulement a tanz homes s[e]urement irez.
Des bestes vous gardront; vitaille aient assez.'
Alisandre lur respont: 'Jeo fray vos volentez,
Si me dites qe c'est [e] si c'est veritez
De ceste merveille qe vos promis m'avez.'

ccix Coment les vileins descristrent les arbres.

458

Ly vielz respont al roy: 'Qui qe soiez, oiez!
Si vous en orient la ou diom alez,
Del soleil e de la lun[e] deus arbres i verrez.
Indien parleront e greu si vous i parlez.
Ja si faite aventure ne lur demand[e]rez
Qe veirs ne vous dient de ceo qe vous dotez.
L'une en est femmele, li autre masle nomez;
Sacrez sunt as planetes del temps d'antiquitez.'
Ly roys quide qu'il mentent, un poy est vergondez,
Si lur dit par coruz: 'Veillard, vos i mentez!
Cestes controveures, si jeo vif, comparez.
Mi baron, tel[2] eschar cum oez venger devez!
Jeo, Alisandre, qui sui sur toz roys coronez
E del chef de l'occident empereres clamez,
Quant ore sui par tels escharniz e gabez.

---

[1] cele

[2] quel e.

mais je vous en révélerai une, si vous voulez y aller.
Vous pouvez y être en dix jours de chevauchée,
mais le chemin est trop rude pour toute cette armée.
L'eau y est rare et les fauves en grand nombre.
Vu leur grande cruauté, ne voyagez pas seul ;
faites-vous accompagner de quatre mille hommes en armes :
il vous faudra bien autant pour votre sécurité.
Ils vous protégeront des fauves : prenez-leur beaucoup de vivres !
– Je suivrai vos conseils, répond Alexandre,
mais dites-moi ce qu'il en est exactement
de cette merveille que vous me promettez. »

ccix Comment les paysans décrivirent les arbres[1].

458

Le vieillard répond au roi : « Qui que vous soyez, écoutez !
Si vous allez vers l'est en suivant nos conseils,
vous verrez les deux arbres du Soleil et de la Lune.
Ils parleront en indien et en grec, si vous leur parlez.
Vous pourrez tout leur demander de l'avenir :
ils vous diront la vérité sur tout ce que vous craignez.
L'un des arbres est femelle et l'autre mâle,
ils sont consacrés aux deux planètes depuis la plus haute antiquité. »
Croyant qu'ils mentent, le roi se sent offensé
et dit avec colère : « Vieillard, vous mentez !
Vous allez payer cher ces inventions, ma foi !
Barons, vous devez me venger de cet outrage !
Moi, Alexandre, qui domine tous les rois couronnés
et suis proclamé empereur depuis l'extrémité de l'Occident,
me voici outragé et raillé par ces gens ! »

---

[1] L'épisode des arbres du Soleil et de la Lune sort tout droit de l'*Epistola*, pp. 38-51 ; cf. Alexandre de Paris, br. III, l. 207-216.

ccx Coment Alisandre comanda a batre les vileins.

459

'**O**u estes, mareschaus? Vistement les pernez.
Des poinz e des bastonz durement les batez!
Sakez par les chevelz e lur barbes tirez.
Chastiez lur folie, me[s] pas ne les tuez.
Come deivent roy gaber si lur enseignez.' *173r*
Quant ceo oient li viel, mult sunt esp[o]antez;
Tendent lur meins au roy e dient: 'Ore entendez.
Aiez merci de nous pur vos granz amistez,
Pur amur cely dieu par qui estes formez.
Lessez vos desirs devant ices barnez.
Qe nous diom mensonge ne[1] voet nostre aez;
Menrom vous a ces arbres, roys, si vous comandez,
Qe sunt a la lune e al soleil sacrez.
Diront vous aventures de quanque demandez.
Si nous rien vous mentom, donc nous decolez.'
E ly rois lur respont: 'Iceo vous seit grantez.'
De cest eire enprendre s'est Alisandre purpensez;
De son meillur conseil ly fu donc loez
Qe ly eires ne fust pur nuly trestornez.

ccxi Coment Alisandre eira vers les arbres.

460

Apreste soy Alisandre par le los de ses druz.
Des barons indiens .ii.c. ad esl[e]uz;
N'ad cely ne seit floriz e chanuz,
E sevent les destreiz, les pleins, le[s] puz aguz;
Par ces ert le chemin desqu'as arbres tenuz.
Comande tote l'ost as barons plus creuz,
As dux, as justices, as princes coneuz,
Voissent a Phaacen, e la soit atenduz
Ové le roy Porre qui real cité ceo fuz.
Sul quatre mil chevalers ad od ly retenuz,

---

[1] ne *ajouté sur la ligne.*

ccx Comment Alexandre ordonna de battre les paysans.

459

" Où sont mes palefreniers ? Vite, prenez ces hommes,
bourrez-les de coups de poing et de bâton !
Arrachez-leur les cheveux et la barbe !
Punissez-les de leur folie, mais sans les tuer,
et montrez-leur ce qui arrive quand on se moque d'un roi ! "
À ces mots, les vieillards sont épouvantés
et supplient le roi de leurs mains tendues :
" Écoutez-nous, ayez pitié, pour l'amour de nous,
pour l'amour du dieu qui vous a créé !
Renoncez à cette vengeance devant votre armée !
Notre âge nous interdit de dire des mensonges.
Nous vous mènerons, sire, si vous le commandez,
aux arbres consacrés au Soleil et à la Lune.
Ils répondront à toutes vos questions sur l'avenir.
Si nous mentons, alors faites-nous couper la tête !
– Je vous l'accorde ! ", répond le roi.
Alexandre se demande s'il doit entreprendre ce voyage ;
ses plus fidèles conseillers l'engagent alors
à n'y renoncer pour rien au monde.

ccxi Comment Alexandre fit route vers les arbres.

460

Alexandre suit le conseil de ses amis et se prépare.
Il choisit deux cents nobles Indiens ;
tous sans exception ont les cheveux blancs
et connaissent les défilés, les plaines, les hautes montagnes ;
ce sont eux qui le guideront jusqu'aux arbres.
Il confie toute l'armée aux barons les plus loyaux,
aux ducs, aux lieutenants, aux princes renommés :
qu'ils se rendent à Faacen et qu'ils l'y attendent
avec le roi Porrus, à qui appartient cette cité royale.
Il ne garde avec lui que quatre mille chevaliers,

As chevals e as helmes, as haubers e escuz.
Tuit droit vers les arbres est li roy esmeuz.
Mult sunt grant les merveilles k'en l'eire ad veuz;
Les serpenz, les dragons e les lions floceuz.
Aprochent del regné, trovent homes barbuz,
Femmeles e masles par tuit le corps veluz[1],
Des peaus des panteres e des tigres vestuz;
N'avoient autres draps, e ly plus erent nuz. *173v*
Tant ad ly roys eirez qu'al regne est parvenuz.

De la beauté ou les arbres furent.

461

Mult fu le regné beaus, riches e plentifs
D'encens e de balme, d'olive e de vins,
De dates e de gelofre, de poivere[2] e d'anis.
Des espices precious es ert tot[3] le regne assis;
N[e] ot autre vivere la gent del pais:
Ne usent char ne pain, ne sausse ne aisils.
Voient le leu sacré, a pié se sunt donc mis.
Flairent i les[4] espices cum ceo fust Paradis.
Ais lur a l'encontre li ercevesqes Longis!
Horibles ert e gros, de longur out piez dis;
Noir ert plus qe charbon, eskardé ot le vis.
Grant boche e longes denz dehors parurent sis;
Mult fu lait[5] e hidus; bien semblot enemis.

De l'arcevesqe qui garda les arbres.

462

Dis piez avoit de lonc e l'oraille fendue;
Une pere preciouse i avoit pendue.

---

[1] veleuz

[2] poivere, *forme altérée de* peivere

[3] tote

[4] les : *le* s *ajouté sur la ligne.*

[5] laide

avec leur monture, leur heaume, leur haubert et leur écu.
Le roi se dirige droit vers les arbres.
Il rencontre bien des merveilles sur son chemin :
des serpents, des dragons et des lions à la lourde crinière.
Aux abords du royaume, ils trouvent des hommes à la longue barbe,
des êtres tout velus, les femmes comme les hommes,
couverts de peaux de panthères et de tigres,
sans autre vêtement, quand ils ne sont pas nus.
Au terme d'un long voyage, le roi atteint le royaume.

La beauté du site des arbres.

461

Le royaume était très beau et riche ; il regorgeait
d'encens et de baume, d'olives et de vin,
de dattes et de clous de girofle, de poivre et d'anis,
de toutes les épices précieuses.
Les gens du pays ne vivent de rien d'autre :
ils ne mangent ni viande ni pain, ni sauce ni vinaigre.
Voyant le lieu sacré, les Grecs mirent pied à terre.
L'odeur des épices évoquait le paradis.
À leur rencontre s'avança l'archevêque Longis.
Il était horrible, énorme, haut de dix pieds,
plus noir que le charbon, le visage couvert de gale,
et sa grande bouche laissait sortir six longues dents.
D'une laideur repoussante, il avait tout d'un démon.

L'archevêque qui gardait les arbres.

462

Il avait dix pieds de haut et, à son oreille fendue,
il avait accroché une pierre précieuse.

Un[e] pel de lion blanche avoit il vestue,
E un[e] de tigre ert a cel[e] cosue.
Encline vers le roy e mult bel[1] le salue;
Puis[2] coveri son chef de cele pel[3] velue.
L'achaison ly demande aprés de sa venue,
E ly roys Alisandre li ad donc con[e]ue.

463

'Sire,' fet[4] Alisandre, 'bien le devez savoir,
L'achaison de mon eire, mon talent, mon voloir,
Car les arbres sacrez voil, si vous plet, voir,
Si jeo puis, sire evesqe, de vous congé avoir.'

Coment Alisandre s'aparilla vers les arbres.

464

Ly ercevesqe respont: 'De moy congé aiez.
Si vous les seinz arbres a veer coveitez,
Fetes vous donc confés de trestoz vos pechez; *174r*
Ostez vos reals draps, si vous deschaucez,
Si ostez vos anels e toz vos ors lessez.
Suffrez qe le soleil seit une foiz cochez;
Jeo vous i conduray quant si bel me priez.'
Ly roys atent l'orre si s'est apparillez.
A .iii.c. compaignons de chevalers prisez
I est venu ly roys si cum ert anuitez,
Car l'arbre du soleil donc est araisonez;
De parler, de respondre est a l'hore aisez[5].

---

[1] bele

[2] Puis: *le* s *ajouté sur la ligne.*

[3] pele

[4] S. refet A.

[5] assez

Il était vêtu d'une peau de lion blanc
cousue à une peau de tigre.
S'inclinant devant le roi, il le salue aimablement,
puis recouvre sa tête de son vêtement de fourrure.
Il lui demande alors la raison de sa visite
et le roi Alexandre la lui révèle.

463

" Seigneur, dit Alexandre, il est juste que vous connaissiez
la raison de mon voyage et le but que je poursuis :
je désire voir les arbres sacrés,
si je puis avoir votre consentement, seigneur évêque. "

Comment Alexandre s'avança vers les arbres.

464

L'archevêque répond : " J'y consens.
Si vous désirez voir les arbres saints,
confessez-vous d'abord de tous vos péchés ;
enlevez ces vêtements royaux, déchaussez-vous,
débarrassez-vous de vos bijoux et de tout votre or.
Attendez le coucher du soleil :
je vous y conduirai, pour répondre à votre aimable prière. "
Le roi attend l'heure et se prépare.
Accompagné de trois cents chevaliers de renom,
le roi s'avance, dès la nuit venue,
pour s'adresser à l'arbre du Soleil :
c'est le moment des questions et des réponses.

De la cloisture entur les arbres seintez.

465

Mult par est bels li bois e riche la defens.
Flairist i ly balmes, la mirre e ly [en]sens,
Car les cher[e]s espi[c]es i cressent tot[1] temps.
Enclos est tot[2] entur par engins e par sens.

Coment l'ercevesqe mena Alisandre as arbres.

466

Ly prestres les conduit e le tient par les doiz,
E vient al seint lu des arbres ben[e]oiz.
Cenz pez erent de haut, mult erent bels e droiz;
Grisil e pluvie ne chiet par nule foiz,
Tonoire ne escleire, ne trop chaud ne trop froiz,
Ne bestes sauvages n'i aprochent nule foiz,
Si cum li prestres dit qui garda les secroiz.

Coment Alisandre aora l'arbre du soleil.

467

Ly prestres dit au roy: 'Ore soiez cointe e sage.
C'est le soleil sacré en sa ymage.
Ne voet sacrifise dont nuls eit[3] damage,
De ensens ne de beste damache ne sauvage,
De cri ne de oreison fors sul de pur[4] corage.
Pensez vostre voleir d'aventure e de age,
Ou de vous ou de autre ou de vostre barnage,
De amy ou de enemy ou de vostre lignage.
Tost en averez respons par mult apert langage.' *174*^{v}

---

[1] tote

[2] tote

[3] nous eit

[4] pouerr

La clôture qui entourait les arbres saints.

465

Le bois est superbe et l'enclos magnifique.
Il y fleurit le baume, la myrrhe et l'encens ;
les épices précieuses y poussent en permanence.
Le site est parfaitement clos par d'habiles artifices.

Comment l'archevêque guida Alexandre jusqu'aux arbres.

466

Le prêtre les guide en tenant le roi par la main
et le mène au sanctuaire des arbres bénits.
Ils ont cent pieds de haut, et se dressent, magnifiques ;
jamais la grêle ou la pluie ne les frappent,
ni le tonnerre ni l'éclair, ni la chaleur intense ou les grands froids ;
jamais les bêtes sauvages ne s'en approchent,
comme l'explique le prêtre qui détient leurs secrets.

Comment Alexandre adora l'arbre du Soleil.

467

Le prêtre dit au roi : " Soyez habile et sage !
Voici l'image du Soleil sacré.
Il ne veut aucun sacrifice qui puisse causer du mal :
ni l'encens, ni les bêtes domestiques et sauvages,
ni les cris ni les prières à voix haute, et il ne répond qu'à la seule
[pensée.
Formulez dans votre cœur vos vœux sur l'avenir et la destinée,
que ce soit pour vous, vos barons ou quelqu'un d'autre,
un ami, un ennemi ou bien un parent :
vous aurez vite une réponse dans un langage très clair. "

ccxviii Coment la clarté du soleil descendy sur l'arbre.

468

Ly roy fu enginus e dota sa veisdie
K'il eussent as arbres muscé par felonie
Home ou autre rien qe l'espons lur die.
Mult l'ont bien encerché, mes ne trovent mie.
Ly roys s'aparaille ovec sa compaignie;
Genoille sey a l'arbre, baise la e la prie
Qe de ceo qe pense sa dotance ly die.
A cestes paroles ly evesqes s'escrie:
'Gardez amont l'arbre, franche chevalerie!
Roys, vostre priere est al ciel bien oie.'
Donc se drescea ly roys e sa grant baronie.
Vient amont l'arbre une raie de ciel flambie.
De la clarté del ray le seint leu esclarsie.
Donc s'agenoillent tuit e le roy s'omeli[e].

ccxix Coment Alisandre forma sa peticion.

469

Ly evesqe lur escrie: 'Seignurs, ore escotez!
Nul de vous ne parot, ne nul mot ne sonez,
Ne vous vostre voleir par voiz ne demandez,
Mes par homble corage solement le pensez.
Ja si oscur nen ert qe vous tost nel saverez.'
Quant l'ot Alisandre, ly pruz e li senez,
Agenoille a l'arbre e pense ses volentez:
Si le mond conquera de long e de lez,
Si puis doit repeirer en Grece ses regnez,
Si sa miere verra e ses granz parentez,
Macedoigne la riche cité ou il estoit nez,
Par qui il est al mond eshaucez e honorez.

ccxviii Comment la clarté du soleil descendit sur l'arbre.

468

Le roi, rusé, redoutait un piège
et craignait qu'on n'eût caché derrière les arbres, par traîtrise,
un homme ou une créature chargé de lui répondre.
Il fait donc fouiller les lieux, mais sans rien trouver,
et puis il se prépare avec ses compagnons :
il s'agenouille devant l'arbre, l'embrasse et le supplie
de lui dire ce qu'il a lieu de craindre.
À ces mots, l'évêque s'écrie :
“ Regardez le haut de l'arbre, nobles chevaliers !
Roi, le ciel a bien entendu votre prière ! ”
Alors le roi et ses grands barons se redressent.
Au sommet de l'arbre jaillit du ciel un rayon flamboyant,
qui fait resplendir le sanctuaire de sa clarté.
Tous tombent à genoux, le roi fait ses dévotions.

ccxix Comment Alexandre exprima sa demande.

469

L'évêque leur crie : “ Écoutez-moi, seigneurs !
Que nul de vous ne parle, que nul ne dise un mot !
N'exprimez pas votre vœu à voix haute,
mais humblement, dans le secret de votre cœur !
Même la question la plus obscure sera tôt résolue. ”
À ces mots, Alexandre, le sage et le preux,
s'agenouille devant l'arbre et pense à ce qu'il veut savoir :
s'il conquerra le monde sur toute son étendue,
s'il doit ensuite regagner son royaume de Grèce,
s'il reverra sa mère et tous ses parents,
la riche cité de Macédoine où il est né,
tout ce qui lui a valu la gloire et l'honneur en ce monde.

ccxx Coment l'arbre devina la mort Alisandre.
Hic incipiunt lamentac[i]ones et tristicie.

470

L'arbre respont: 'Alisandre, ore oiez!'
En indiene parole e dit: 'Roy vous serrez...

[Trois folios de *D* manquent ici. Le texte suit la leçon de *C*:]

Veinterez vos enemis, tuz regnes conquerrez, *C 31*[a]
Mes ja a Macedoine vif ne revendrez,
N'a Grece dont vus estes emperere clamez,
Ne vus vostre mere ne vos sorrurs ne verrez,
Kar par vos destinees vus est çoe destinez
De devant cel[e] ure ke fustes engendrez.'
Quant li reis çoe out, mut est esp[o]antez
E en son curage de grant dolur trubblez.
Pesa lui en son quer ke tant i out menez
Ices respons oir des seinz arbres sacrez.
Donc plorent li prince e li baron sont pasmez.

Coment la gent Alisandre furent en plurs.

471

Li reis Alisandre est mut adolez.
Tant i out lessé lermes e cheveus tirez,
Tante paume batue e tant dras decirez,
Itant franc chivalers anguissez e grevez!
Alisandre suspire e dit: 'Barons, ne plorez!
Tut me covient suffrir quant issinc est comandez.
Communement vus pri ke cest consail celez;
A homme nel diez ne jammés n'en parlez.
Granz honurs vus dorrai e richesces asez,
E frai en vos voleirs e quant ke [vus] volez.
Si nul de vus le dit, cher ert comparez.'
Ke par un ke par el est aseurez
K'il nel dirront jammés en trestut lur eez.

ccxx Comment l'arbre prédit la mort d'Alexandre.
Ici commencent les pleurs et les lamentations.

470

L'arbre répond en indien : " Écoutez, Alexandre !
Vous serez roi[1]...

Vous vaincrez vos ennemis, conquerrez tous les royaumes,
mais jamais vous ne reviendrez vivant dans la ville de Macédoine,
ni en Grèce, dont vous êtes proclamé empereur.
Vous ne reverrez ni votre mère ni vos sœurs,
car tel est le destin qui vous a été fixé
avant même l'heure où vous fûtes engendré. "
Le roi, à ces mots, est rempli d'épouvante
et bouleversé par une immense douleur.
Il regrette d'avoir emmené tant de témoins
pour entendre la réponse des arbres sacrés.
Les princes pleurent et les barons tombent évanouis.

Comment les hommes d'Alexandre se répandirent en pleurs.

471

Le roi Alexandre est plein de chagrin.
Que de larmes versées, de cheveux arrachés,
de mains qui se tordent, de vêtements déchirés !
Que de nobles chevaliers plongés dans l'angoisse !
Alexandre leur dit en soupirant : " Barons, ne pleurez pas !
Il me faut accepter le décret du destin.
Je vous prie tous de garder le secret :
n'en parlez jamais à quiconque !
Je vous comblerai de vastes terres et de richesses,
j'accomplirai tous vos désirs.
Mais si nul le révèle, il le paiera cher ! "
Tous sans exception lui jurent
que de toute leur vie ils n'en diront pas un mot.

[1] Trois folios de D étant ici manquants, la lacune est comblée par le manuscrit C.

Coment Alisandre coveri sa dolur.

472

De l'arbre au solail est Alisandre turnez.
Al bois a une part s'est un poi reposez.
Mut ad grant dolur, anguisse e deshait.
Pur ses barons s'aforce, semblant de joie fait.
La pesance k'il ad pres del quer esteit.
Parole baudement come dolur nen ait.
Ne vout lesser ke l'arbre de la lune n'asait.
Tuz fors treis chivalers ses barons iloec lait,
Entur mie nuit donc a l'arbre vait.
Iloec ne dute rien ne il n'i crent aguait.
Tresk'al pié de l'arbre a genuillons se trait.

Coment Alisandre vint a l'arbre de la lune.

473

Venuz est a l'arbre od ses treis drujuns;
Diconas, Philotas, Perdicas ert lur nuns.
Entur mie nuit se mist a genuilluns.
La lune leve donc; a l'arbre enquist le respuns.
'Quant murrai?' dist li reis. 'En queles regiuns?'
Donc parla li arbres en griu a banduns:
'Tu morras en l'autre an par mut grant traisuns,
Dedenz Babiloine veant tuz tes baruns.
Ver[s] ceus ki t'osciront n'as nule suspeciuns.'
Idonc plure li reis ovoec ses compaignuns.

Coment l'arbre respondi a Alisandre.

474

'A çoe,' dist l'arbre, 'joe ne sui pas si os *C 31*[c]
K'a ceste foiz vus seit icest consail esclos.
Vers moi serreit iree Lachesis e Atropos,
Ensement lur soer ke nomee est Clotos;
Çoe sont iceles treis ke les morteus ont clos.
Le novime meis l'autre an si vendra tun repos
Dedenz Babiloine entre tuz vos Argos.
Envenimé serrez; asez vus ai desclos.

Comment Alexandre cacha sa douleur.

472

Alexandre a quitté l'arbre du Soleil.
Dans le bois, à l'écart, il a pris un peu de repos.
Il est rempli d'angoisse et de souffrance,
mais, pour ses barons, il s'efforce de faire bonne figure.
Si accablé de peine soit son cœur,
il parle gaiement comme s'il ne souffrait pas.
Il ne veut pas renoncer à interroger l'arbre de la Lune.
Il ne garde avec lui que trois chevaliers
quand, vers minuit, il se dirige vers l'arbre.
Sans craindre alors le moindre piège,
il s'agenouille au pied de l'arbre.

Comment Alexandre se rendit auprès de l'arbre de la Lune.

473

Il arrive devant l'arbre avec ses trois amis,
Diconas, Philotas et Perdicas.
À l'heure de minuit il se met à genoux.
La lune alors se lève ; il interroge l'arbre.
" Quand mourrai-je ? dit le roi, et dans quel pays ? "
Alors l'arbre lui adressa la parole en grec, sans détour :
" Tu mourras l'an prochain par une vile trahison,
à Babylone, devant tous tes hommes.
Tu ne soupçonnes pas ceux qui doivent te tuer. "
Le roi se met à pleurer avec ses compagnons.

Comment l'arbre répondit à Alexandre.

474

" Je n'ai pas l'audace, dit l'arbre
de tout te révéler aujourd'hui.
Je m'attirerais la colère de Lachésis et Atropos
et aussi de leur sœur Clotho,
qui décident toutes trois de la fin des mortels.
L'an prochain, au neuvième mois, sonnera l'heure de ta mort
à Babylone, au milieu de tous les Grecs.
Tu seras empoisonné : j'en ai assez révélé.

Le mond averez premer a vostre oes tut enclos.
Vostre mere n'avera sepulture a ses os;
Lous mangeront son ventre e devorunt son dos.
Vos sorrurs serront riches e averont pris e los[1].
Ne me demandez plus; alez hors de nos bos!'

Coment le prestre menad Alisandre.

475

Li prestres ad oi ke l'arbre les congeie.
Prent le rei par le poin, hors del bois le guie,
Conforte le par diz; homblement le mercie.
Flairent les especes e li solail flambie;
Suz ciel nen ad douceur ke n'i sente une fie.
Tant par est dolerus ne set ke face ou die.
Atuz ses compaignons se met pus a la voie.

Coment Alisandre conforta sa gent.

476

Li reis dit a sa gent: 'Il vus est ben seuz *C 31^d*
Joe sui par tut le mond dutez e cremuz,
E pur ma grant pussance sui joe pur deu creuz
E nient pur homme mortel en terre tenuz.
S'il sevent le consail ke ore est avenuz,
Viaz ert le mond vers moi commeuz
E çoe k'avum conquis poet tost estre perduz.
Pur çoe comand a tuz k'il soit ben teuz.
Ne dites a nullui içoe k'avez veuz.
Ne sai si çoe est veirs, mes tost serreit creuz.
Si Deu veut, ben poet estre ke soie deceuz
Par engin de l'eveske pur tolir mes vertuz.
Mut par est fous ki creit les diz de cesty fuz[2].
Si çoe n'est par engin, sachez k'il sont muz.
Alum a Faacen ou joe sui atenduz

---

1 pris ase e los *mais* ase *est exponctué.*

2 feus

Tu soumettras d'abord le monde entier à ton pouvoir.
Ta mère n'aura aucune sépulture,
les loups dévoreront ses entrailles et ses os.
Mais tes sœurs seront riches et honorées.
Ne m'en demande pas plus et sors de notre bois ! "

Comment le prêtre emmena Alexandre.

475

Le prêtre a entendu l'arbre les congédier.
Il prend le roi par la main et le guide hors du bois
en le réconfortant : Alexandre le remercie humblement.
Les épices embaument et le soleil resplendit ;
on respire en ces lieux toute la douceur du monde.
Mais il est si malheureux qu'il ne sait plus que faire ou dire.
Avec ses compagnons il se remet en route.

Comment Alexandre réconforta ses hommes.

476

Le roi dit à ses hommes : " Vous savez tous
combien je suis redouté en ce monde :
mon immense puissance fait croire à tous
que je suis un dieu et non un simple mortel.
Si l'on apprend le secret qui vient de m'être révélé,
le monde aura tôt fait de se retourner contre moi
et nous risquons de vite perdre nos conquêtes.
Voilà pourquoi je vous recommande de garder le secret.
Ne dites à personne ce que vous avez vu.
Je ne sais si c'est vrai, mais on aurait vite fait de le croire.
Si Dieu le veut, ce pourrait bien être une tromperie,
une ruse de l'évêque pour me priver de ma force.
Il faut être bien fou pour croire les paroles de ces arbres.
Seul un artifice a pu les douer de parole.
Allons à Faacen où je suis attendu

De Porre e d'Antioche e de mes autres druz.'
A icestes paroles sont del bois issuz,
E montent as chevaus e pernent les escuz;
Tut al front del conrai mettent les vieuz chanuz
Kes guient par les munz e par les rochers aguz.

Coment Alisandre defendi sa gent.

477

Mut fut li reis cointes e de grant vesdie:
Veant tuz fet semblant ke l'arbre soit me[n]tie,
E dit a ses barons ke çoe est tricherie.
'Seignors, Porres li reis ad de moi grant envie.
Jammés ne m'amera, quai ke face ou die.
Ses tresors ai donez e sa richesce partie.
Si em li dit la novele ke entre nus est oie,
Mut s'enleescera del terme de ma vie.
Il le dirra avant a sa grant baronie.
A plusurs ert seu k'ele nus ad baie[1],
Si ert mon los chaet e ma deité perie.
Ke morteus hom soie nul Yndien ne quie.'
Par fei e par serment del consail les alie. *C 32[a]*

Coment Alisandre repeira a Faacen.

478

Vet s'en Alisandre les puz e les costeiz,
Les munz e les valeies, les puiz e les larriz.
Vers la grant Faascen est l'eire establiz
Decoste le Jordan, çoe dient les escriz.
La troverent serpenz, draguns granz e petiz
Ke hantent as rochers, as vaus e as plessiz,
E portent esmeraudes amunt en lur cerviz.

---

[1] haie

par Porrus, Antiochus et mes autres amis ! ”
Sur ces mots, ils sortent du bois,
remontent à cheval et prennent leurs boucliers.
Ils placent à l'avant-garde les deux vieillards,
qui les guident à travers les montagnes et les rochers élevés.

Comment Alexandre interdit à ses hommes de parler.

477

Le roi était plein de sagesse et de ruse.
Il prétend devant tous que l'arbre a menti
et dit à ses barons que tout cela est tromperie.
“ Seigneurs, le roi Porrus me porte une grande envie.
Il ne sera jamais mon ami, malgré tout ce qu'il dit ou fait.
J'ai distribué ses trésors et ses richesses.
S'il apprend la nouvelle que nous avons entendue,
il se réjouira vivement à l'idée de ma mort.
Il l'annoncera à toute son armée.
Beaucoup connaîtront notre peur devant les arbres ;
je perdrai ma gloire et ma réputation d'immortalité.
Nul Indien ne doit me prendre pour un simple mortel. ”
Sous le sceau du serment, il leur fait jurer le secret.

Comment Alexandre s'en revint à Faacen.

478

Alexandre s'en va par les rocs, les collines,
les monts et les vallées, les pics et les landes ;
il se dirige tout droit vers la grande Faacen,
en suivant les rives du Jourdain, à ce que disent les textes[1].
Ils trouvent des serpents, des dragons de toutes tailles,
qui hantent les rochers, les vallées et les haies
et portent une émeraude au sommet de la tête.

---

[1] Le texte de l'*Epistola* (p. 53) donne, selon les manuscrits : *in vallem Diardinis, Iordanis, Iordanem*, formes dans lequelles on pourrait voir une corruption médiévale du nom de la rivière *Iomanes*, affluent du Gange : *Alexander's Letter to Aristotle about India*, trad. L. L. Gunderson, Meisenheim, Hain, 1980, p. 120.

Manjuent le blanc peivere; n'unt altre pastiz.
Iloec tenent lur vis, lur eires e lur liz.
La fut li consail pris e le parlement basteiz
Par unt il quideient ke Alisandre fust honiz,
Kar par les guiors fut Porrus ben garniz
Ke ja ne verra Grece e pur çoe est marriz.
Quant Porrus içoe sout, mut fut esjoiz,
De quer e de talent durement esbaudiz,
E enprent tel consail dont il est maubailliz,
Kar pur ceste seurté est d'Alisandre partiz.

De la bataille as dragons.

479

Grant furent li destreit par ont li Grius entrerent.
Descoverent le Nil e li rocher i perent.
Fier furent li dragun k'en Jordec troverent. *C 32b*
Devant çoe k'il venissent, entrecombatu se erent,
E les unes serpenz les autres afolerent.
Pristrent les esmeraudes li Griu, si les emporterent;
Lur muls e lur chevaus de eus enchargerent.
Aprof la grant Jordec les deserz traverserent;
As estreiz perillus grant peine encontrerent,
Kar par mi la vermine set jurs entrues[1] passerent.

Des genz tut nuz ke sont apelé Seseres.

480

Grant furent li detreit del desert ke tant dure.
Meinte mesaise ont e meinte mesaventure[2],
E peines e anguisses de chaud e de freidure.
Li rocher sont mut haut e la voie oscure,
E le chemin estreit e la voie mut dure.
A quel paine ke seit, veient terre aseure.
Seseres sont nomez cele gent en lettrure.

---

1 entreus

2 mesavaenture

Ils mangent du poivre blanc, c'est leur seule nourriture.
C'est là que les Grecs cheminent, tiennent conseil et font étape.
C'est là que fut décidé et organisé le complot
qui devait permettre aux Indiens de déshonorer Alexandre :
en effet les guides ne manquèrent pas d'avertir Porrus
qu'Alexandre ne reverrait jamais la Grèce et s'en désolait.
Apprenant la nouvelle, Porrus est tout heureux,
il se réjouit du plus profond de son cœur
et prend une décision qui lui sera fatale :
sur cette assurance, il a rompu avec Alexandre.

La bataille contre les dragons.

479

Les Grecs pénètrent dans de grands défilés.
Ils découvrent le Nil, entouré de rochers,
et dans le pays du Jourdain, des dragons féroces :
avant leur arrivée, ils s'étaient affrontés
et les uns avaient détruit les autres.
Les Grecs s'emparent des émeraudes
et en chargent leurs mules et leurs chevaux.
Après l'immense pays du Jourdain, ils traversent les déserts,
subissant mainte souffrance dans les périlleux défilés
où, pendant sept jours, ils doivent passer au milieu des serpents.

Les Seseres qui vivent nus.

480

Il y a de durs passages dans l'étendue du désert.
Les Grecs subissent bien des misères et des tourments,
les épreuves et les souffrances du chaud et du froid.
Les rochers sont très élevés, la voie obscure,
le chemin étroit et le voyage terrible.
Mais au bout de leurs peines, ils trouvent une terre sûre.
Les livres nomment ce peuple les Seseres[1].

---

[1] Solin, 50, 2-4; *Epistola*, p. 58.

Jammés n'orrez parler de gent de lur nature.
Il aiment leauté, reison funt e dreiture;
Nul n'i est avoutre, faimenti ne parjure,
Ne ivere ne homicide, nul n'i vit en luxure,
En tort ne en errance; lai tenent e mesure.
De pain e des herbes vivent e de ewe pure;
Ne malle ne femele n'i use vesteure;
Plus bel lur semble nu ke aver cuverture.
Il ne font vileinie ne senz nature ordure;
En lur asemblee n'ad delit ne nule enveisure.
Naturelment le font en entente d'engendrure;
For quant cel tens le dune, autrement n'ont cure.

481

Cil sont de bone vie e mut aiment valur.
En lur terre receivent le fier empereur.
Tant com estre i vout, li firent grant honur;
Solum çoe kil purent, onc nen out maiur.
Tres par mi lur regne le meinent par amur.
As portes Caspias li ont trové guior, *C 32c*
Par le plus droit chemin e par le meillor,
Solum çoe ke dient li livere e li auctor.

Des bons overurs des dras de seie.

482

Seres sont en la fin de Ynde la majur,
Prof[1] del grant occean seent tut dreit en l'eur.
Overent dras de seie de diverse colur.
L'escorse[2] d'un arbre moillent d'une licur,
E pus la carpissent com cointe enginneur.
Seie en font mervillose, çoe dient li plusur.
Ne sevent blé gainner ne ne sont cotivur,
Mes des dras de seie sont il bon labutur.

[1] Pref

[2] escorses

Jamais vous n'entendrez parler de pareilles gens.
Ils aiment la loyauté, agissent selon la raison et la justice,
ignorent l'adultère, le mensonge, le parjure,
l'ivresse et l'homicide, tout comme la luxure,
l'injustice et le crime ; ils observent la loi et la mesure.
Ils vivent de pain, d'herbe et d'eau pure ;
ni homme ni femme ne porte de vêtements :
ils se sentent mieux nus que couverts.
Ils ne commettent le péché de chair que pour obéir à la nature :
l'union charnelle ne leur apporte pas le moindre plaisir.
Ils s'y prêtent naturellement, dans le souci de se reproduire,
et ne s'en soucient qu'au moment de la procréation.

481

Ils mènent une vie vertueuse et aiment les gens de bien.
Ils reçoivent sur leur terre le fier empereur
et durant tout son séjour, le couvrent d'honneurs,
autant qu'ils le peuvent, les plus grands qu'il ait jamais reçus.
En signe d'amitié, ils lui font traverser leur royaume.
Aux Portes Caspiennes, ils lui trouvent un guide
pour le mener par le chemin le plus direct et le plus sûr,
à ce que disent les livres et les auteurs.

Les habiles ouvriers de la soie.

482

Les Seres vivent à l'extrémité de l'Inde majeure,
près du grand Océan, juste sur sa rive[1].
Ils fabriquent des étoffes de soie de toutes les couleurs.
Ils mouillent l'écorce d'un arbre avec un liquide,
puis ils la peignent en habiles ouvriers.
Ils en font une soie merveilleuse, à ce que l'on dit.
Ils ne savent pas faire pousser le blé ni cultiver la terre,
mais sont d'excellents artisans de la soie.

---

[1] Ce peuple, identifié plus tard aux Chinois, fabrique un merveilleux tissu (apparemment le coton, plus tard la soie) : Pline, *Histoire naturelle*, VI, 54 et 88 ; *Epistola*, éd. Boer, pp. 6-7 : “ *remotos ab abditos Seres* ”.

N'achatent rien d'autrui, n'il ne vendent le lur,
E de lur marché vivent com dreit gainnur,
E ja rien n'achatent ne il n'en sont vendur.
Mes quant li marchanz de la terre de Labur
Lessent en lur rivage fer e ascer ou flur,
Idonc se desturnent, aillurs[1] pernent sojur.
Seres pernent la merz e si remettent la valur.
De tel[2] marchandise sont il changeur.

Del poeple ke est apelé Seres e de lur dreiture.

483

[S]eres tant sont simple a estranges ne volent parler,
N'aprocer lur veue ne sur eus esgarder, *C 32*^{d}
Ne rien par covenant vendre ne achater.
Mes quant li marchant i lessent lur merz ester,
Il la vont manier e veer e taster.
Merz contre merz mettent e cele font porter.
Ki la flur i lesse, peivere i poet trover
E seie e encens, peres e basme cler.
Ja nen ert enginné ki la purrad aler,
Quant pur si riche merz poet blé molu doner.
Nequedent grant veisdie ad en lur baratter.

[*D* reprend ici:]

Cist font ardoir le poivre qe nel deivent semer, *175*^{r}
Cist moudre le forment qe ne puisse fruit geter,
Car puis nen estovereit ne cea ne la mener.
En latin ay oy les genz Seres nomer,
Car plusors mers covient, ainz k'en i soit, sigler,
K'entre les deserz meinent en la grant mer.
Par les portes Caspias i repoet l'em entrer.
Alisandre ne vit gent qe tant poeit loer,

---

[1] d. as lurs p.

[2] Del t.

Ils n'achètent rien aux autres peuples, ne vendent pas leurs produits,
mais ils vivent de leurs biens comme de vrais commerçants,
même s'ils n'achètent et ne vendent rien.
Mais quand les marchands de la terre de Labur
laissent sur leur rivage du fer, de l'acier ou de la farine,
puis s'éloignent et se retirent ailleurs,
les Seres prennent les produits et laissent des biens de même valeur.
Ils font ainsi des échanges de marchandises.

Le peuple des Seres et son honnêteté.

483

Les Seres sont si timides qu'ils refusent de parler aux étrangers,
de se laisser voir ou de les regarder,
de négocier pour leur vendre ou leur acheter quoi que ce soit.
Mais quand les marchands leur laissent leurs produits,
ils viennent les voir, les examiner et les toucher,
puis ils leur substituent des produits de la même valeur, avant de les [emporter.
Qui laisse de la farine peut trouver du poivre,
de la soie, de l'encens, des pierres précieuses ou du baume clair.
Ils ne volent jamais ceux qui viennent jusqu'à eux,
et qui peuvent leur donner de la farine contre leurs riches produits.
Ils sont très habiles dans cette pratique du troc.

Les Seres font griller le poivre afin d'empêcher leurs clients de le [semer,
et ces derniers écrasent le blé, pour qu'il ne puisse germer,
car sinon ce serait la fin des échanges.
J'ai entendu qu'en latin on appelle ce peuple les Seres :
il faut, avant de les atteindre, franchir plusieurs mers
qui, entre les déserts, mènent à la grande mer.
On peut aussi y pénétrer par les Portes Caspiennes.
Ce serait le peuple le plus remarquable qu'Alexandre ait jamais vu,

Si vestir se vousissent e plus bel atorner.
Il le suerent tot[1] a lur terre passer.

ccxxxiii Coment les Seres guierent Alisandre.

484

Vet s'en Alisandre qe dolent est e las.
Passé ad les deserz e les plus fors pas.
Les Seres le guient as portes Caspias
Ou trovent un rocher ou errent[2] sul le pas.
La trovent les serpenz qui les piz[3] portent bas,
Monoceros as eles e les manticoras,
Les lions orgoillus, dragons gros e gras.

485

Al val suz Caspias trovent meinte grant beste,
Serpenz e dragons d'orgoillus geste;
Escherdé ont le dos, trenchant cors e[n] la teste;
Siblent e crient haut ensement cum tempeste.
Asaillent Alisandre e ly font grant moleste,
Occient ses barons e meint prince honeste.
Ne valt trenchant espié plus qe escherde ou areste.

ccxxxiiii Des porcs sauvages e autres mostres.

486

Trovent fiers senglers e granz salvages porcs,
Chameles, unicornes, e d'un[e] corn les tors,
Les poignantes serpenz, dragons a hydus mors,
E les autres bestes atoz trenchanz corns.
Les escuz lur percent, haubers e les cors,
Les quers e les pomons en getent a plus[4] fors.
Ne lur valt fauz trenchant, ascer ne li ors. *175v*

---

[1] tote
[2] eierent
[3] pez
[4] getent as plus

s'ils acceptaient de porter des vêtements et de soigner leur apparence. Ils l'escortèrent durant toute la traversée de leur terre.

ccxxxiii Comment les Seres escortèrent Alexandre.

484

Alexandre repart, il est affligé et las.
Il franchit les déserts, les défilés les plus rudes.
Les Seres le guident jusqu'aux Portes Caspiennes,
dont les rochers n'autorisent qu'une marche au pas.
Ils y trouvent des serpents qui rampent sur le ventre,
des monocéros ailés et des manticores,
des lions féroces, des dragons énormes et gras.

485

La vallée dominée par Caspias est infestée de fauves,
de serpents, de dragons terriblement féroces :
ils ont le dos hérissé d'écailles, des cornes acérées sur la tête ;
leurs cris et leurs sifflements font un bruit de tempête.
Ils attaquent Alexandre et lui causent de grandes pertes ;
ils tuent ses barons et plusieurs nobles princes.
L'épieu le plus pointu ne les blesse pas plus qu'un éclat de bois ou [une arête.

ccxxxiv Les porcs sauvages et autres monstres.

486

Ils trouvent des sangliers farouches, d'énormes porcs sauvages,
des chamelles, des licornes, des taureaux à une corne,
des serpents qui les piquent, des dragons à la morsure mortelle,
et d'autres bêtes aux cornes acérées,
qui percent leurs écus, leurs hauberts et leurs corps,
arrachent à beaucoup d'hommes le cœur et les poumons.
La faux la plus tranchante, en acier ou en or, ne sert à rien.

ccxxxv Coment les bestes occistrent la gent Alisandre.

487

Fier[e]s sunt les bestes qu'il trovent el veage,
Horiblement cornues, crueles de corage,
A treble ordre de denz e granz de corsage.
Vers la gent Alisandre font bataille a rage,
Occient ses homes, devorent son barnage.
Meint prince i ot mort e [meint] duc de parage.
En quant qu'ad erré ne li vint tant damage
Come fist a ceste foiz sur le rocher salvage:
Trente e un miler i lessa de[s] soens en gage,
V.c. e cinquante a ces en l'erbage.
Ly autre eschapent a peine en un boscage,
Firent i granz fossez e mistrent un estage.
A Faacen ad tramis adonc un message,
E mande Tholomeu e Antioche l'Ostage
Qe tost i surviengent atot[1] son barnage.

ccxxxvi Coment Alisandre ferma un chastel.

488

Ore agrege la dolur e descret le conforz
Del respons qu'il ad oy de ses hommes morz,
Tramet pur son barnage qu'il doute les porz.
Les rochers i sount[2] grantz, les chemins mult torz.
Un[3] chastel i ferme, les murs en fist forz,
E porte ses faucons pur ruer as porz.
Vit le pais mult bel, les veignes e les orz,
Riche de vitaille e aisé de desporz.

---

[1] atote

[2] sount grantz *ajoutée de seconde main après grattage.*

[3] Une

ccxxxv Comment les bêtes décimèrent l'armée d'Alexandre.

487

Féroces sont les bêtes qu'ils trouvent sur leur chemin,
armées d'horribles cornes, de trois rangées de crocs,
terriblement cruelles, d'une taille monstrueuse.
Elles s'acharnent sur l'armée d'Alexandre,
lui tuent ses hommes, dévorent ses barons.
Bien des princes trouvent la mort, bien des nobles ducs.
C'est la pire perte de toute l'expédition
que cet affrontement sur ce rocher sauvage :
il dut laisser en gage trente et un mille des siens,
et cinq cent cinquante dans la vallée.
Les autres s'échappèrent à grand-peine en fuyant dans la forêt,
où ils construisirent un abri entouré de grands fossés.
Alexandre envoie alors un messager à Faacen,
pour appeler Tholomé et Antiochus l'Ostage :
qu'ils viennent vite avec tous ses barons !

ccxxxvi Comment Alexandre fit bâtir une forteresse.

488

La souffrance s'amplifie, le courage diminue
à la nouvelle de la mort de tous ces hommes ;
Alexandre convoque ses barons car il redoute les passages.
Les rochers sont élevés, les chemins escarpés.
Il fait élever un château fort aux murailles épaisses,
où l'on transporte des engins pour bombarder les fauves.
Il voit les vignes, les vergers, le pays fertile
avec des vivres en abondance et tout le nécessaire.

ccxxxvii Coment Alisandre manda son ost.

489

La terre fu riche e aise[e] la contre[e],
Plentivouse de vines, de fruit e de ble[e].
Une aise[e] place ad li roys mesure[e],
Merché ad les fossez e la cité fonde[e].
Enclos [l]'ad de fort mur tant long cum lee,
R[e]onde a compas, aisee e compassee; *176r*
A setante .v. lues fu la rondesce esmee.
Del nom Alisandre Alisandre[1] est nomee;
De mur e de tureles est bien environee.
En la grant Faacen est la novele contee
Cum la gent Alisandre est en haste mandee
E ou sunt desconfiz e sa gent affolee,
Quele en est perie e la quele sauvee.
Mult fu grant la dolur qe fu renovelee.

ccxxxviii Coment l'ost Alisandre se mist vers lui.

490

A un jur par matin quant l'aube fu crevee,
Ad le duc Antioche son enseigne fermee.
D'un olifant a or ad soné la motee.
La gent en ad somonse qu'a ly est comande[e];
Montent en la cité, vont s'en a l'ajornee.

ccxxxix Coment Alisandre vint contre son ost.

491

Ceste novele Greu e Persant argue,
E montent as chevals; n['i] ad resne tenue
De ci la qe la gent seit trestote venue.
Alisandre vet a l'encontre, baise les e salue.
Mes Porrus l'orgoillus pur ceo ne se remue,
E dit lur en oiant: 'Une rien seit seue,
Qe mielz de la gent Alisandre est perdue.

---

[1] Alix Alix

ccxxxvii Comment Alexandre appela son armée.

489

La terre était riche et la contrée plantureuse,
offrant à foison vignes, fruits et blé.
Le roi fait mesurer une large surface,
délimite les fossés et les fondations de la cité,
puis l'enclôt de murailles solides, longues et larges.
Elle forme un large cercle régulier, bien tracé,
s'étendant sur soixante-cinq lieues de circonférence.
Nommée Alexandrie, du nom d'Alexandre,
elle est bien protégée par ses murs et ses tours.
Dans la grande Faacen parvient la nouvelle
que l'armée d'Alexandre est convoquée en hâte :
on indique le lieu de la défaite et du massacre,
qui sont les morts, qui sont les survivants ;
la douleur ne fait que s'intensifier.

ccxxxviii Comment l'armée d'Alexandre le rejoignit.

490

Dès le lever du jour, de bon matin,
le duc Antiochus fixe son étendard sur sa lance.
De son olifant d'or, il sonne le signal du départ.
Il rassemble les hommes qui sont sous ses ordres ;
tous montent en selle et s'éloignent au lever du jour.

ccxxxix Comment Alexandre vint au devant de son armée.

491

La nouvelle éperonne les Grecs et les Perses :
ils sautent en selle et galopent à bride abattue
jusqu'à ce qu'ils aient tous rejoint leur roi.
Alexandre vient à leur rencontre, les salue et les embrasse.
Mais Porrus l'orgueilleux ne se déplace pas
et déclare en public : " Sachez bien
qu'Alexandre a perdu les meilleurs de ses hommes

Cele q'est eschape[e] honi[e] est e vencue.
Dit me fu en conseil une reson creue;
Ja Alisandre ne verra Grece l'absolue,
Car en Inde majur deit corner[1] recr[e]ue.
Ne say par quele raison autres genz atrue.
N'ad force plus qe autre qe oy ay ou veue.
Veraiement il ad gent conreie[e] e vestue.
Fust ele desarme[e], vers nostre fust menue,
Mes par ceste bataille est forment descr[e]ue.
Pres de quarante mil en gist sur l'erbe drue. *176v*
Par ces n'avera jamés a son bosoing aiue.'

ccxl Coment roy Porrus aresona ses conseillers.

492

Porrus l'orgoillus dit: 'Seignurs, franc chevaler!
Le respons Alisandre ay bien fet espier.
Veirs est k'en Grece ne deit mes repairer;
En Inde majur deit son orgoil trebucher.
Le respons des arbres fet son quer esmaier.
Le mielz de ses homes ad perdu al primer:
Au desert en gist mort pres de quarante miler.
Icil qui sunt remés sunt a veincre leger;
Bon fust a desconfire qui l'osast comencer.
C'est ore la verité, si me volez aider.
Jeo voil Alisandre de but guerreier
La honte qu'il m'ad fet[e], si ceo puis, venger.
Il m'ad forment laydi; ore me voil corucer,
E ma chevalerie a la sue assaier!'
Par deus de ses barons le fet donc deffier.
Le roy Alisandre se alot esbanoier;
Ové ses faucons hauteins venoit de riv[i]er.
Esgarde la cité qu'il fet adrecer;
Veit mettre les quareles e joindre le morter,
Compasser les torreles e le marbre tailler,

[1] corner: *peut-être* torner?

et que les survivants sont défaits et vaincus.
On m'a dit en secret une chose certaine :
jamais Alexandre ne reverra la terre sacrée de Grèce,
car, en Inde majeure, il devra avouer sa défaite.
Je ne sais de quel droit il impose des tributs aux autres :
à ma connaissance, il n'est pas plus puissant qu'un autre.
Il a certes rassemblé et équipé une armée,
qui nous serait de toute façon inférieure, même si nous n'avions pas
[d'armes.
Mais cette bataille l'a vraiment décimée.
Près de quarante mille hommes gisent sur l'herbe verte,
qui plus jamais ne pourront lui apporter d'aide. "

ccxl Le discours de Porrus à ses conseillers.

492

" Seigneurs, nobles chevaliers, dit Porrus l'orgueilleux,
j'ai fait surprendre l'oracle rendu à Alexandre.
La vérité est qu'il ne doit jamais retourner en Grèce ;
c'est en Inde majeure que son orgueil doit le faire chuter.
L'oracle des arbres remplit son cœur d'effroi.
Il a déjà perdu les meilleurs de ses hommes :
près de quarante mille gisent morts dans le désert.
Il est facile de vaincre les survivants ;
il suffit d'oser pour le mettre facilement en déroute.
C'est la vérité : vous n'avez qu'à me soutenir.
Je veux déclarer sur-le-champ la guerre à Alexandre
et venger, si je peux, la honte qu'il m'a faite.
Il m'a déshonoré : je veux donner libre cours à ma colère
et mesurer ma prouesse à la sienne ! "
Il envoie alors deux de ses barons défier
le roi Alexandre, qui se distrayait dans la forêt
et revenait de la chasse aux oiseaux de rivière avec ses faucons altiers.
Il regardait naître la cité qu'il faisait construire :
l'entassement des pierres, leur jointure au mortier,
la construction des tours et la taille du marbre,

Envoucer les arches e les viz enginer.
Al perron del paleis venent ly messager.
As chevals resceivere venent tost li esquier.

ccxli Coment les messagers Porre defierent Alisandre.

493

Atendent ly message qu'il seit al paleis venuz,
Puis montent les degrez par les pilers aguz.
Trovent Alisandre seant e plusors de ses druz.
Le roy ve[i]t les contes, encontre eaux est coruz.
De grant parage[1] erent; les chiefs orent chanuz.
Ceo dient li message: 'Ore te seit, roys, seuz, *177r*
Messager ne deit veer ne oir mal dont en ad bien euz.'
Alisandre surist e dit: 'Mar en ert teuz!
Trop estes frans hommes e privez e conuz
Pur oir vileinie; mes bien serrez batuz.'
Dient li: 'Le roy Porre est vers vous irascuz.
Ne vous volt amisté, ne vous mande saluz,
Car sa terre avez prise, ses chastels abatuz,
Departy ses tresors, ses avers[2] despenduz,
E occis ses homes, ses princes confonduz,
E prises ses rentes e toleiz[3] ses treuz,
E doné ses realmes, e il en est descruz.
Vos meserrez vers ly; bien s'est aparceuz.
Pur vous, Alisandre, defier, eimes cea esmeuz.
Ne volt a traitre ne a felon estre tenuz.
Si serrement vous fist, ore vous soit renduz.
Nel deit tenir, ceo dit, quant vous estes trescoruz
E vers ly mespris e a mal tenuz.
Ore vous defyt od ses gages renduz.'

---

[1] perage

[2] averes

[3] taleites

l'élévation des arches et celle des escaliers.
Les messagers mettent pied à terre devant la grande salle ;
les écuyers viennent vite se charger de leurs chevaux.

ccxli Comment les messagers de Porrus défièrent Alexandre.

493

Les messagers attendent l'arrivée d'Alexandre dans la salle,
puis ils gravissent les marches entre les piliers élancés.
Ils trouvent Alexandre assis au milieu de ses amis.
À la vue des comtes, le roi accourt à leur rencontre.
C'étaient de très nobles seigneurs à la tête chenue.
“ Sachez bien, roi, disent les messagers,
qu'un messager qui a bien rempli sa mission ne doit pas subir le [moindre mal ! ”
Alexandre sourit et dit : “ Rassurez-vous !
Vous êtes de trop noble naissance et trop illustres
pour entendre le moindre reproche; mais vous serez bien battus !
– Le roi Porrus, reprennent-ils, est en colère contre vous.
Il vous retire son amitié et refuse de vous saluer,
car vous avez pris sa terre, rasé ses châteaux,
distribué ses trésors, dépensé ses richesses ;
vous avez tué ses hommes, anéanti ses princes,
pris les rentes et les tributs qui lui revenaient,
donné ses royaumes : il s'en trouve diminué.
Vous lui faites tort, il s'en rend bien compte.
C'est pour vous défier, Alexandre, que nous sommes venus.
Porrus ne veut pas passer pour un traître ni un félon.
L'hommage qu'il vous a fait, il le reprend.
Il n'a pas lieu de le tenir, dit-il, puisque vous êtes dans votre tort
et agissez indignement envers lui.
Il vous défie donc et vous rend les gages qu'il a reçus de vous. ”

ccxlii Coment Alisandre resceut le defiement Porre.

494

Alisandre respont: 'A tort sui mescreuz;
Mes jeo cleim tuit quite; si pernom les escuz,
Esprovom nos valurs, assaiom nos vertuz.
Je voie[1] qu'il se fie en sorz e en arguz.
Pur ceo qe de mes homes ay partye perduz,
Si quide par tant qe soie recreuz.
Il ad enpris tel plait qe cher ert venduz;
Ou jeo ere recreant ou il en fin vencuz.
S'il ore feist reson e bien fust porveuz:
Hom n'averoit mort ne haubert rompuz,
Ne helme depecé ne percé ne fenduz.
Mes jeo en soie occis ou il en soit vencuz!'
Congé pernent ly mes; lur dit est entenduz *177r*
E le defiement leaument resceuz.
Eissent hors du paleis; les degrez ont descenduz,
E montent as arçons qui sunt a or batuz.

ccxliii Coment Alisandre conseilla sa gent sur le defiement.

495

Merveille soy Alisandre de cel defiement;
Mande ses barons, conseil a eaux prent.
Apreste son eire tost e mult ignelement;
Trespasse les pors e les destreiz ensement.
Vers Faacen s'en vet, la ou Porrus l'atent.
Ly message rendent a Porre le mandement.
'Alisandre vous mande e dit apertement
Qe la defiance receit il mult bonement.
Bataille vous mande de vous deus sulement;
Ne volt qe des ore murge pur ly sa gent.
Si cum vous deus volez aver le chaseme[n]t,
Si en aiez les colees, les pein[e]s e le turment.

---

[1] Je voil q.

ccxlii Comment Alexandre reçut le défi de Porrus.

494

" Vous m'accusez à tort, répondit Alexandre.
Mais je le déclare quitte : prenons donc nos écus,
éprouvons notre valeur, mesurons notre bravoure !
Je vois bien qu'il se fie aux oracles, aux artifices.
J'ai perdu une partie de mes hommes
et il m'imagine déjà défait !
Son projet va lui coûter cher !
J'avouerai ma défaite ou il sera vaincu.
S'il reconnaissait sa faute, il pourrait s'en sortir ;
il n'y aurait ni mort d'homme, ni haubert rompu,
ni heaume mis en pièces, percé ou fendu.
Mais il faut que je meure ou qu'il soit vaincu ! "
Les messagers prennent congé ; leur mission est accomplie,
ils ont loyalement reçu le défi d'Alexandre.
Ils quittent la salle, descendent les marches
et se mettent en selle sur les arçons d'or battu.

ccxliii Comment Alexandre prit conseil de ses hommes après le défi de Porrus.

495

Alexandre, stupéfait de ce défi,
convoque ses barons pour prendre conseil d'eux.
Aussitôt il prépare son départ en toute hâte,
il franchit les passages et les défilés
pour aller vers Faacen, où l'attend Porrus.
Quant aux messagers de Porrus, ils lui rendent compte de leur mission:
" Alexandre vous fait dire officiellement
qu'il accepte votre défi sans acrimonie
et vous propose un combat singulier.
Il ne veut plus laisser ses hommes mourir pour lui.
Puisque vous vous disputez tous deux les terres,
c'est à vous deux d'endurer les coups et les souffrances.

Si l'osciez en[1] champ, ses terres vous consent;
Autel ert de vous, si vous vient a talent.
Ostages en dura e jura serement.'
Ceo dient ly baron qui fuient en present:
'Ly roys Alisandre parole leaument.'

ccxliiii Coment Porrus dota la bataille singulere.

496

Porrus en fu pensif, en pes sist longement.
Regarda ses barons, dit lur ireement:
'Mes homes ad occis e desconfist leidement.
Mult estes ore hastif de fere jugement.
Car me lessez parler a qui le fes apent.
Jeo ne doute sa force ne son hardement;
Plus grant suy e plus fort, ceo sachez veraiment.
Il naffra mes homes e me fist senglent.
A mon voil en prendray de toz le vengement,
Occire home pur homme e parent pur parent, *178r*
Si seroit le damage vengé ouelement.
Remandroit en Inde nostre or[2] e nostre argent
Qe Persant e ly Greu enportent autrement.
Autrement nel fray, si Dieu me consent,
Mes bataille commune seit au comencement;
E qui veincre porra le los eit en present,
E qui defaudra haange ait e turment.'

ccxlv Coment la bataille fu grant entre les deus roys.

497

Ceo dient li message: 'Porre de Inde majur,
Alisandre vous mande; droit est d'emper[elur.
Qui volt aver realme ou terre ou honur,
Si eit donc la peine, le travail, le labur;
De ceo avient le los, ceo dient ly ancessur.

---

[1] Si loutrez en

[2] ore

Si vous le tuez au combat, il vous abandonne ses terres,
et réciproquement, si vous en êtes d'accord.
Il fournira des otages et a prêté serment. "
Tous les barons présents disent alors :
" Le roi Alexandre parle loyalement. "

ccxliv Comment Porrus recula devant le combat singulier.

496

Porrus, préoccupé, réfléchit longuement.
Il dit avec colère en regardant ses barons :
" Il a tué mes hommes et les a défaits honteusement.
Vous êtes bien pressés de rendre un jugement.
Laissez-moi donc parler : tout dépend de moi !
Je ne crains ni sa force ni sa vaillance ;
je suis plus grand et plus fort, sachez-le bien !
Il a blessé mes hommes et m'a laissé sanglant.
Je veux, moi, me venger de tous,
tuer homme pour homme et parent pour parent :
ainsi la perte serait réparée équitablement.
Nous garderions en Inde notre or et notre argent
que, sinon, les Grecs et les Perses emporteront.
Je refuse – que Dieu m'aide ! – toute autre solution
qu'une bataille des deux armées :
que le vainqueur reçoive la louange,
et le vaincu la haine et le tourment ! "

ccxlv La grande bataille entre les deux rois.

497

" Porrus d'Inde majeure, disent les messagers,
telle est la volonté d'Alexandre, par son droit d'empereur :
qui veut un royaume, une terre ou un domaine
doit endurer la peine, l'épreuve et le tourment ;
de là vient le renom, comme disent nos ancêtres.

Quant corps vet contre corps, si veit hom le meillur.
Contre ly vus acist un[e] houre del jur;
Assaierez sa force e il vostre valur.
Ne volt qe vos hommes murgent plus en estur;
Tant en est mort par ly k'al quer ad tristur.
Qui le[1] feu ne chalenge, pur quei averoit dolur?
Sa gent vousist estre volenters a retur;
Ne rovent vostre feu; il aiment mielz le lur.
Vous deus le desreignez ly quels en ert seignur.
Cely receiveroit tot[2] q'en avera la vigur.'
Porrus en est pensif si change sa colur,
Puis dit a ses barons ferement par irur:
'Si pur deus remeint, si saiom traitur.
Pur un tiel home veintre ay jeo assez grandur.
Cink[3] coutes ay de long e il trois de hautur.
Quant ly plet, soit veu qui en avera baudur!'

ccxlvi Coment Alisandre purprist la praierie.

498

Merveille soy Porrus qe Alisandre l'atie,
Car grant est e plener e la char [ad] hardie. *178v*
En la grandur de ly e en sa force se fie,
E ly roys Alisandre en sa chevalerie
E en ceo qu'il siet bien qu'il ne morra mie,
Sulum ceo qu'il ad oy; par tant plus se lye.
Iceste bataille est estrangement partie.
Ly roy Alisandre ovec sa baronie
Vient devant Faacen en un[e] praierie,
Antioche l'Ostage qui le front de l'ost guie
E li roi Alisandre ové sa compaignie.

---

[1] Qe le

[2] tote

[3] Cinke

C'est au corps à corps qu'on peut voir le meilleur.
Il vous a fixé un jour et une heure pour vous mesurer à lui :
vous éprouverez sa force et lui votre valeur.
Il refuse que vos hommes meurent encore au combat :
tant sont déjà morts sous ses coups qu'il en est affligé.
Pourquoi faire souffrir celui qui ne dispute pas la terre ?
Ses hommes ne demandent qu'à prendre le chemin du retour.
Ils ne veulent pas de votre terre : ils aiment mieux les leurs !
Battez-vous tous les deux pour décider qui en sera le maître !
Celui qui la gagnera par la force la recevra ! "
Porrus reste pensif et change de couleur,
puis dit à ses barons avec fureur :
" S'il suffit d'être deux, acceptons la proposition !
J'ai une taille suffisante pour vaincre pareil homme !
J'ai cinq coudées de haut, et lui trois seulement !
Puisque c'est ce qu'il souhaite, on verra qui sortira vainqueur ! "

ccxlvi Comment Alexandre occupa la prairie.

498

Porrus s'étonne du défi d'Alexandre,
vu sa grande taille, sa robustesse et sa vaillance.
Il fait confiance à sa taille élancée et à sa force ;
mais Alexandre se fie en sa prouesse
et en l'oracle, qui lui donne la certitude
qu'il ne mourra pas dans ce combat, ce qui renforce son ardeur.
Cette bataille est une étrange affaire.
Le roi Alexandre, suivi de ses barons,
arrive devant Faacen dans une prairie.
Antiochus l'Ostage mène l'avant-garde,
suivi du roi Alexandre et de sa compagnie.

ccxlvii Coment Alisandre s'aparaille a la bataille.

499

Descendu sunt ly prince, ly conte e ly baron,
Le real tref fichié, tendu si pavillon.
Manguent e beivent e cochent a seson.
La nuit eschaugaitent vint mile compaignon.
N'ad cely n'eit haubert e teint[1] blazon
E vert helme lacé e cheval tendre a esperon.
Bien le firent la nuit; ne lur vint si bien non.
L'endemain par matin Alisandre, le fiz Phelippon,
Se mist en bataille vers Porre a baundon,
E cil encontre ly; bien savez l'enchaison.
Icil qui veintra [en] avera le renon.

ccxlviii De la bataille entre les deus roys.

500

Lur armes, lur chevals, ne say a quei devis!
Bien furent ascemez cum roys poestis.
Serement ont jurez e bons ostages pris
Des homes Alisandre e de ceaux del pais.
Cil qe vencu serra a l'autre en ert suzmis.
Entre eaux se defient cum mortels enemis.
Abessent les espiés e brochent les brandis,
De plein curs s'entreferent sur les lions bis,
E estroent ly blazon ou li or est assis.
Mes ly vassal se sunt donc a pié mis. *179r*
En doute est es esgardanz a qui estra le pis.

ccxlix Coment Alisandre occist le roy Porre.

501

Ambedeus sunt a pié; les branz d'ascer ont trait,
E drescent lur escuz; l'un sur l'autre vait.
Eskermissent vers les chefs e getent cops a dreit.
Bien combat Alisandre, e Porrus autel en fait;

---

[1] e tient b.

ccxlvii Comment Alexandre se prépare pour la bataille.

499

Princes, comtes et barons mettent pied à terre.
On dresse la tente royale et les autres pavillons.
Tous mangent, boivent et se couchent en temps voulu.
La nuit, vingt mille compagnons montent la garde.
Tous portent un haubert, un bouclier à leurs couleurs,
un heaume vert lacé ; tous montent un cheval sensible à l'éperon.
Ils firent bonne garde et n'eurent aucun dommage.
Le lendemain matin, Alexandre, fils de Philippe,
et Porrus se livrèrent bataille avec acharnement :
vous connaissez la cause de la rencontre.
Au vainqueur est réservée toute la gloire.

ccxlviii La bataille entre les deux rois.

500

Leurs armes, leurs chevaux, je ne sais les décrire !
C'était bien l'appareil de deux puissants rois.
Ils ont prêté serment et pris de bons otages
parmi les hommes d'Alexandre et ceux du pays.
Le vaincu sera soumis à l'autre.
Ils se défient comme des ennemis mortels,
abaissent leur lance et éperonnent leurs montures rapides ;
en pleine course, ils échangent des coups sur les lions de leurs écus [gris
et trouent les boucliers peints en or.
Les deux guerriers mettent alors pied à terre.
Les spectateurs ne peuvent savoir qui aura le dessous.

ccxlix Comment Alexandre tua le roi Porrus.

501

Une fois à terre, tous deux dégainent leur épée d'acier,
relèvent leur écu et marchent l'un sur l'autre.
Ils se frappent sur la tête, maîtrisent bien leurs coups.
Alexandre se bat bien, et Porrus tout autant.

Mult est en grant dotance qui la victorie en ait.
Durement s'entreferent; entr'els sunt en [a]gait
De sey bien coverir e d'autre fere lait,
Car ne sievent uncore a qui mielz en estait.
N'i ad maille rompue ne helme uncor frait.

502

Bon[e]s sunt les armes e li vassal sunt fier;
Alisandre estoit petit, Porrus grant e plener.
Fierent des espees cum bon chevaler;
Peçoient le double e l'escu bocler,
Tenent sey ly helme e [ly] haubert d'ascer.
Ly uns est ententif de l'autre damager,
Mes ne vient lur lius, tant se sachent gaiter.
Porrus li orgoillus out Indiens noiser,
Estriver entre eaux e hautement parler.
La endroit esgarda, entendy a grondiler,
Saver qe ceo put estre dont il les ot tencer.
Alisandre ly roys le fiert en un oiller,
Par delez l'eschine li met le branc d'ascer,
Enpeint le durement, jus le fet trebucher.
Saillent ly Indien cum pour le roy aider.
Quant les veit Alisandre, si lur prent a crier[1]:
'Suffrez, suffrez, seignurs! Trop est tard le venger.
Donc ne fu ceo covenant a l'estur comencer
Qe cil qui ventroit autre ot toz a justiser,
E les regnés amedeus e les genz a conseiller,
Qe mes ne morust vassal ne chevaler, *179v*
Esquier ne sergant, bacheler ne archer?
Tenez moy ent covenant, jeo le comande e requer.
Si vous ne volez, prest suy de guerreier;
Tant vous en avendra cum fist au prime[r].'
Donc dient ly baron, ly prince e ly terre[r]:
'En la guerre Alisandre ne poom rien gayner.
Alom le requere cum seignor droiture[r].'

---

[1] escrier

L'incertitude est totale sur le futur vainqueur.
Ils échangent des coups terribles, toujours à l'affût,
pour bien se protéger et porter un mauvais coup,
car ils ne savent pas encore qui a l'avantage.
Heaumes et hauberts sont encore intacts.

502

Les armes sont solides, les guerriers courageux.
Alexandre était de petite taille, Porrus grand et robuste.
Ils frappent de leur épée comme de bons chevaliers,
percent la double épaisseur de l'écu bombé.
Les heaumes et les hauberts d'acier tiennent bon.
Chacun cherche à atteindre l'autre
mais n'en trouve pas l'occasion, malgré ses efforts.
Porrus l'orgueilleux entend la clameur des Indiens,
qui se querellent et poussent de grands cris.
Il regarde de leur côté, écoute les grondements,
pour connaître l'origine de leur différend.
Le roi Alexandre l'atteint dans l'œillère du heaume
et lui enfonce sa lame d'acier jusqu'à l'échine :
le coup est si fort que Porrus tombe à terre.
Les Indiens bondissent au secours de leur roi,
mais Alexandre, dès qu'il les voit, leur crie :
“ Paix ! paix ! seigneurs ! Il est trop tard pour le venger.
N'avons-nous pas convenu, au début du combat,
que le vainqueur commanderait les deux armées,
les deux royaumes et leurs habitants,
pour éviter la moindre mort à l'avenir : vassal ou chevalier,
écuyer ou fantassin, jeune guerrier ou archer ?
Tenez votre parole, je vous l'ordonne, je vous le demande !
Sinon, je suis prêt à reprendre la guerre,
et vous subirez le même sort que la première fois. ”
Les barons, les princes, tous les seigneurs d'Inde déclarent :
“ Nous n'avons rien à gagner à une guerre contre Alexandre.
Demandons-lui d'être notre seigneur légitime ! ”

ccl Coment les Indiens firent homage a Alisandre.

503

A un sunt del conseil ly baron del regné[1];
De Alisandre resceivere ont entr'els granté.
Vont donc encontre ly, meinent le en la cité;
Illuec l'ont resceu e hautement coroné.
Mult fu riche la feste qu'il tint del barné.
Li tresors del regné li sunt abandoné,
E cil ad largement as chevalers doné.
Tuit ly home indien ly ont fet feauté
E juré ser[e]menz e ostages doné.
Ore est emperere sur trestoz clamé,
Si ad Europe e Asie en lige poesté.

504

De Asie e Europe ad il la seignorie,
E d'Aufriqe la grant une bele partie.
Mort est Porrus le roy qui Inde ot en baillie;
Ses terres e ses honurs done a sa baronie,
Les feez e les contez as chevalers ausi.
Depart toz ses tresors, done sa manantie,
I siet il ses justises e i fet establie;
Puis ist de Faacen ové sa gent banie
A la bele Alisandre[2] qe siet devers Caspie.
Ses leys vot renoveler[3] ainz qe voit en Persie,
Eshaucer s'onur, qe qe seit de sa vie.

ccli Del fiz la royne Candace coment vint quere aie.

505

Malement en tret geste qui le mielz en oblie! *180r*
Ançois qe Alisandre eust s'overaigne finie,
Vint Candeules al curt, li roys de Ca[n]deulie.

---

[1] regnee

[2] Alix

[3] renoveler'

ccl L'hommage des Indiens à Alexandre.

503

Les barons du royaume sont unanimes :
ils conviennent entre eux de prendre Alexandre pour seigneur.
Ils viennent à sa rencontre, le mènent dans la cité,
où ils le prennent pour seigneur et le couronnent roi.
Les barons font une riche fête en son honneur,
lui livrent tous les trésors du royaume,
qu'il distribue avec largesse aux chevaliers.
Tous les hommes de l'Inde lui ont prêté hommage,
sous la foi du serment, et livré des otages.
Le voilà proclamé empereur du monde entier,
l'Europe et l'Asie sont en son pouvoir.

504

Il est maître de l'Asie, de l'Europe
et d'une bonne partie de la grande Afrique.
Porrus est mort, lui qui régnait sur l'Inde.
Alexandre distribue les terres et les domaines à ses barons,
les fiefs et les comtés à ses chevaliers.
Il répartit tous les trésors, prodigue ses richesses,
met en place ses lieutenants, installe des troupes.
Puis il quitte Faacen avec son armée.
Avant son retour en Perse, il veut à tout prix regagner
la belle Alexandrie fondée du côté de Caspias,
pour y établir des lois et rehausser sa gloire.

ccli Comment le fils de la reine Candace vint demander de l'aide.

505

C'est un mauvais conteur que celui qui oublie le meilleur de son [histoire !
Avant même qu'Alexandre n'eût achevé sa tâche,
Candeule vint à la cour, le roi de Candeulie,

Fiz est dame Candace qe d'amor si le lie,
Cele qe Alisandre manda la druerie,
Uns novels chevalers ové bele compaignie.
A Alisandre vint demander conseil e aie
De une sue femme qe ly est ravie
Par le cruel felon qui prince est de Brie.
Quant le roy Alisandre ad la novele oie,
Si fet un[e] cointise e un[el grant veisdie.

cclii Coment Tholomeu porta le message Candeule.

506

Alisandre le roy d'un us ert acostomer:
Ja ne venist a curt roy ne prince tant fier,
Ou duc ou almazur ou estrange messager,
Qe ja i parlast fors par entreparler.
Quant oist lur voleir[1] e sot lur desirer,
Si son preu i veist, parlast i volenter.
Candeules vient a curt sa parole justiser,
E dit son message cum sage chevaler.
Cil vont a Tholomeu, qui fu donc premer
Aprés le roy en la curt, e mestre conseiller.
A Alisandre en vient, dit ly: 'Roys dreiturer,
Cea dehors al paleis, ceo me dit le porter,
Est le roy Candeules, le novel guerreier.
Fiz est dame Candace, un bacheler leger.
Dit qe de nostre aie li est ore mester.'
Alisandre respont: 'Oiez, bels amis cher!
Gardez qe ça[e]inz n'entre sergant n'esquier.
Jeo voil parler a vous decea en cest verger.

---

[1] voleire

fils de dame Candace, qui le chérit tendrement,
la dame qui avait offert son amour à Alexandre.
C'était un nouveau chevalier, avec une riche suite,
qui venait demander à Alexandre aide et conseil,
car son épouse avait été enlevée
par un cruel félon, prince de Brie.
À cette nouvelle, le roi Alexandre
imagine une ruse et un stratagème subtil.

cclii Comment Tholomé apporta le message de Candeule.

506

Le roi Alexandre avait pour coutume,
quand venait à sa cour le roi ou le prince le plus fier,
un duc, un émir, un messager étranger,
de ne leur parler que par l'intermédiaire d'un des siens.
Après avoir appris leur désir et leur demande,
il leur parlait en personne, si c'était son intérêt.
Candeule vient à la cour défendre sa cause
et dire son message avec sagesse.
On informe Tholomé, qui était le premier
à la cour après le roi, et son principal conseiller.
Celui-ci vient dire à Alexandre : “ Roi justicier,
là dehors, dans la salle, me dit le portier,
attend le roi Candeule, un nouveau chevalier,
fils de dame Candace, un jeune guerrier fougueux.
Il dit qu'il a besoin de notre aide.
– Écoutez, mon cher ami ! répond Alexandre.
Veillez à ne laisser entrer ni serviteur ni écuyer !
Je veux vous parler là, dans ce verger. ”

ccliii Coment Alisandre se deguisa.

507

'Tholomeu,' fet Alisandre, 'ices draps vestez;
Des garnemenz reals bien vous conroiez. *180v*
En real see aprés donc vous seez.
Jeo vesteroy les voz; Antigonon m'apellez.
Fetes venir le roy, son voler oiez.
De ceo qu'il vous dira a moy conseill[1] pernez.'
E le duc fet ensi cum donc li fu loez,
E siet al real sié; Candeule en est mandez.
E vient al tabernacle, veit les riches senez,
Tholomeu seer desur toz les barnez;
Veit les reaus ators, les garnemenz dorrez.
Devant ly a la terre chiet desaffublez,
E ly crie mercy; a genoilz est levez,
E dit: 'Roys Alisandre, emperere honorez,
Qui estes verrois[2] hom e toz roys governez,
Les tiranz orgoillus e les felons venquez,
Abessez les cruels e les tristes maintenez,
E les to[r]z adrecez, les dolenz confortez,
Issi cum c'est veirs, sire roy honorez,
En moy soient huy mostrez vos tres grantz bontez.'

ccliiii Coment Alisandre se fist apeller Antigonon

508

Tholomeu respont: 'Dites viaz qe querez.
Si fere le poom, sachez qe l'averez.'
E Candeules respont: 'Sire, merci e grez!
Dementres qe suy en oreisons alez,
Jeo fu de ma moiller a grant tort robez.
Ly roys de Hebrie l'ad, qui Iscanus est nomez.
A force l'ad ravi[e], sire, pur ses beautez.'
E Tholomeu respont: 'Dites k'en volez.'

---

[1] conseille

[2] verrois: *le* s *ajouté sur la ligne.*

ccliii Le déguisement d'Alexandre.

507

" Tholomé, dit Alexandre, prenez cette tenue,
parez-vous de mes vêtements de roi,
et prenez place sur le trône !
Je prendrai vos vêtements et vous m'appellerez Antigonus.
Faites venir le roi, écoutez sa demande,
puis sollicitez mon conseil ! "
Le duc obéit à ces ordres
et s'assied sur le trône royal ; on introduit Candeule,
qui entre dans la tente, voit la noble assemblée
et Tholomé, qui trône au-dessus des barons
dans ses atours royaux, ses vêtements dorés.
Il se prosterne devant lui, tête découverte,
et implore sa pitié; il se redresse sur les genoux et dit :
" Roi Alexandre, empereur honoré,
vous êtes un homme loyal et dominez tous les rois,
vous triomphez des tyrans orgueilleux et des félons,
vous punissez les cruels et secourez les malheureux,
vous redressez les torts, réconfortez les affligés :
au nom de tout cela, noble roi honoré,
faites preuve envers moi de toute votre générosité ! "

ccliv Comment Alexandre se fit appeler Antigonus.

508

Tholomé lui répond : " Dites vite ce qui vous amène !
Si je peux vous aider, sachez que je le ferai !
– Merci à vous, sire ! répond Candeule.
Pendant que j'étais allé prier,
mon épouse a été enlevée honteusement
par le roi de Hebrie, qui se nomme Iscanus.
Il l'a ravie de force, sire, à cause de sa beauté.
– Et que voulez-vous ? répond Tholomé.

E Candeules dit: 'Sire, de vos genz me prestez.'
E Tholomeu demande: 'En quantz avez assez?'
'Sire,' fet Candeules, 'en quatre mil armez.'
Tholomeu se purpense, esgarde ses barnez;
E voit Alisandre e dit: 'Antigonon, ore oiez! *181r*
'De iceste requeste dites vos volentez.'

cclv Coment Alisandre ala en la compaignie Candeule.

509

Alisandre le roy s'est en pez levez,
E dit: 'Puis qu'il est de si loinz travaillez
E tant se fie en vos e en vos amistez,
Pur ceo le loe bien qe vous ly aydez.
De ceo qu'il vous requert, pur rien ne li faillez,
E tel gent li prestez dont honur aiez.'
E Tholomeu respont: 'Donc vous aparillez!
Oveqe ly en alez, mes homes conduiez.
Ne say ore, baron, qui mielz en soit[1] aisez,
Car chevaler estes vaillant e bien prisez,
Hardiz e combatant e bien acoragez.'
Alisandre respont: 'Quant vous m'envoiez,
Jeo iray volenters; mercié en soiez.'
Quatre mil chevalers ly sunt donc baillez,
Si s'en vont la endroit leez e envoisez.
Itant en ont errez qe le roy ont aprochez,
Et veient la cité ou il fu enbuchez.
Idonc dit Candeules qui mult par fu irez:
'Bons compaignons Antigonon, de ceo k'en loez?'
Alisandre respont: 'Degastom toz ses fiez,
Si ardom la cité; li roys seit exillez!
Si plus tost ne vous rent ceo qe chalengez,
Donc seit le fu mis e le mur assegez.'
Et cil de la cité en sont mult esmaiez.

---

[1] soit, *forme altérée de* seit.

– Sire, que vous me prêtiez des hommes.
– Combien en voulez-vous ? demande Tholomé.
– Sire, dit Candeule, quatre mille hommes armés. »
Tholomé réfléchit, regarde ses barons.
En se tournant vers Alexandre, il déclare : « Antigonus, écoutez !
Dites-moi ce que vous pensez de cette requête ! »

cclv Comment Alexandre s'en alla en compagnie de Candeule.

509

Le roi Alexandre s'est levé
et déclare : « Il fait l'effort de venir de si loin
et a tant confiance en votre amitié
qu'il faut lui venir en aide, à mon avis.
Donnez-lui tout ce qu'il vous demande
et prêtez-lui des hommes qui vous feront honneur !
– Préparez-vous donc ! répond Tholomé.
Allez avec lui à la tête de mes hommes.
Je ne vois pas, baron, qui ferait mieux l'affaire
qu'un chevalier comme vous, vaillant et renommé,
hardi, combatif et plein de courage !
– Puisque tel est votre ordre, répond Alexandre,
j'irai volontiers et vous remercie de ce choix. »
Quatre mille chevaliers lui sont donc confiés
et tous prennent le départ dans l'allégresse.
Ils font route jusqu'à la ville du roi Iscanus
et voient la cité où il s'est réfugié.
Candeule déclare alors avec fureur :
« Antigonus, cher compagnon, quel est votre avis ?
– Dévastons toutes ses terres ! répond Alexandre,
brûlons la cité et mettons le roi à mort !
S'il ne vous rend pas immédiatement votre épouse,
qu'on mette le feu et qu'on assiège la ville ! »
Les habitants de la cité sont remplis d'effroi.

cclvi Coment Alisandre conquist la femme Candeule.

510

Ly citein voient qu'il sont assis;
Lur vignes voient arder, destruire lur pais,
E sievent l'achaison des mortels enemis.
Dient qe c'est reson cum lur est a vis.
Communement s'en vont al paleis antis, *181v*
Abatent en le mur qe fu de marbre bis.
Destruit ont les columpnes, le pavement malmis,
E pernent la dame, le tirant ont occis.
Rendent la a son seignor e par tant sunt amis.
Repeirent arere, fet ont ceo qe ont quis,
E venent a Tholomeu decy qu'a quinz[e] dis.
Trovent i grant barnage et gent mult poestis.
E ly roys Candeules s'est a genulz mis,
Puis dit: 'Roys Alisandre, par vous ay los e pris.
Ceo qe tole[it] me fu par les vos ay conquis.
Mostré avez en moy qe tels estes cum dis,
Confort a dolerus e socurs a chaitis.
A vous e a vostre curt ren ge grez e mercis.'

cclvii Coment Candeule conduist Alisandre a sa mere.

511

Bonement l'en mercie e congé volt aver.
Dist Tholomeu: 'Jeo vousisse vostre mere veer,
Son regné e ses realmes, sa baudor, son poer;
Acointer moy a li e oir son saver.'
Candeules respont: 'De ceo bien espoir[1]
Qe veer vous desire e si say bien de voir
Ore est bien saison, si avez le voloir.
Troveray vous conduit tuit a ton espoir.
Iceste acointance ne deit mes remane[i]r,
Car ma mere est bele si ad meint riche aveir.
Si mon frere vous hiet, Alisandre, qe vous deit chaleir?
S'i[l] ad la fille Porre, pur ceo n'ert pas son heir.'

---

[1] espoir: *à l'instar de toutes les rimes de cette laisse, le* o *est une forme altérée du* e.

cclvi Comment Alexandre délivra la femme de Candeule

510

Les habitants de la cité, voyant mettre le siège,
brûler leurs vignes, détruire leur pays,
et connaissant le motif de leurs ennemis mortels,
disent que les assiégeants ont le droit pour eux.
Tous ensemble, ils marchent sur l'antique donjon,
dont ils abattent les murs de marbre bis.
Ils détruisent les colonnes, descellent les pavés,
tuent le tyran et s'emparent de la dame,
qu'ils rendent à son époux : la paix est conclue.
Les Grecs reviennent sur leurs pas, leur mission accomplie,
et rejoignent Tholomé en quinze jours.
Ils trouvent une grande assemblée de puissants seigneurs.
Le roi Candeule se met à genoux et dit :
“ Roi Alexandre, vous m'avez rendu mon honneur !
Celle qu'on m'avait enlevée, je l'ai reconquise grâce à vous.
Votre conduite à mon égard est conforme à votre réputation :
vous réconfortez les malheureux et secourez les affligés.
À vous et à votre cour j'en rends grâces ! ”

cclvii Comment Candeule conduisit Alexandre à sa mère.

511

Candeule multiplie les remerciements et veut prendre congé.
Tholomé lui dit : “ Je voudrais voir votre mère,
son royaume et ses terres, sa richesse et sa puissance,
faire sa connaissance et écouter ses propos avisés.
– Je sais bien qu'elle désire vous voir,
répond Candeule, j'en suis absolument sûr.
En voici l'occasion, si vous le voulez bien.
Je vous fournirai le sauf-conduit le plus sûr.
Il ne faut pas différer plus longtemps cette rencontre,
car ma mère est belle et immensément riche.
Si mon frère vous hait, Alexandre, quelle importance ?
Il a pour femme la fille de Porrus, mais pas son héritage. ”

cclviii Coment Alisandre torna son non cum messager.

512

Tholomeu ly dist: 'A ceste foiz ne irray.
Par privez messagers ainz m'i acointeray.
Mon voler e mon estre trestuit ly mand[e]ray,
E puis iray aprés, tel chose oir porray.'
E Candeules respont: 'Les messages i menray *182r*
E desqes a la royne conduit lur[1] troveray.
Qe est ceo qui ira?' 'Amis, jeo te diray:
Antigonon ly bels qui tant esprové ay.'
Candeules li respont: 'Bon[2] gré vous en say.
Si jeo vif, son servise e son travail ly rendray.'
Donc dist Alisandra: 'Volenters le fray.
De vostre message fere pas ne m'en esmay.'
Lest ses compaigno[n]s e monte al cheval bay.
Eirent le beau chemin e eschuent le tay.

cdix De ceo qe amant est avougle en sey.

513

Merveille est d'amur; nul ne garde reson,
Mesure ne honur quant vient a la seson.
N'ad si sage al mond, se le tient en son laçon,
Quel[3] talent qu'il eit, nel face estre bricon.
De quei put home a femme fere compareison?
Plus est simple quant volt[4] qe agnel ne colom,
Plus cointe qe serpent, ardante cum dragon,
Vosie[5] cum gopil, cruele cum lion,
Plein[e] d'engin cum diable, mult ad le quer felon.
Ja nul n'en deit parler s'ele fet traison
Ou deceit son vassal ou mesme son baron,

---

[1] ly t.

[2] bone

[3] Quele

[4] q. ele v.

[5] Vosie, *forme altérée de* Vesie

cclviii Comment Alexandre déguisa son identité pour se faire messager.

512

Tholomé lui dit : " Je n'irai pas encore cette fois-ci,
mais je vais lui envoyer mes proches en ambassade,
pour lui faire savoir toutes mes volontés.
J'irai moi-même plus tard, quand ils m'auront rendu compte.
– J'accompagnerai les messagers, répond Candeule,
et leur fournirai un sauf-conduit pour aller jusqu'à la reine.
Qui fera le voyage ? – Je vais te le dire, mon ami :
C'est le bel Antigonus, dont je connais bien la vaillance.
– Je vous en sais gré, répond Candeule.
Aussi longtemps que je vivrai, je lui revaudrai son service et sa peine.
– J'irai volontiers, intervient Alexandre.
Je ne demande qu'à porter votre message ! "
Il laisse ses compagnons pour monter sur son cheval bai.
Ils empruntent la plus belle route pour éviter la boue.

cclix L'aveuglement des amants.

513

Quel prodige que l'amour ! Il fait perdre la raison,
la mesure et l'honneur, quand il se fait entendre.
Le plus sage du monde, s'il est pris dans ses lacets,
ne peut s'empêcher, malgré sa volonté, de se conduire en sot.
Comment l'homme peut-il se mesurer à la femme ?
Elle est, à son gré, plus douce que l'agneau ou la colombe,
plus astucieuse que le serpent, brûlante comme le dragon,
subtile comme le renard, cruelle comme le lion,
aussi rusée que le diable, le cœur plein de félonie.
Inutile de s'étonner si elle trahit
ou trompe son vassal ou même son époux,

Chevaler ou valet, damoisel ou clergon.
De nature lur vient, de Eve ont le don
Pur qui Adam perdy tote sa descrecion,
Le delit e la joie, la Dieu promission,
Qe ja [ne] fust perdue ne fust le son sermon.
Humanité en ot enfernal mansion,
Mes par femme eumes, merci Dieu, r[e]ançon,
Quant Dieu de la Verge prist incarnacion,
Si ot humanité d'enfern salvacion.
Neqedent qui en femme met sa entencion,
Sovent deit en son quer estre en suspecion. *182v*
E donc ne fu Joseph ly bels mis en la prison
Par la femme a l'eunuche, le sergant Pharaon,
E donc ne fu deceu ly pruz, ly fors Sampson,
E David exillez, mort son fiz Absolon,
E qui fu plus vaillanz del sage Salomon
Qui sa loi reniad? Feme fu l'achaison.
Troie en fu destruite par fer e par arson,
E Grece malbaillie e meint[e] autre region.
Alisandre se mist pur iceste a bandon
Entre ceaux qui ne li volent del tuit si mal non,
E qui sunt en purchaz de sa confondeson.

chevalier ou page, jeune noble ou clerc.
La nature le veut, c'est l'héritage d'Ève,
qui fit perdre à Adam son jugement,
sa joie et ses délices, le don promis par Dieu,
qui n'aurait jamais été perdu sans son discours.
L'humanité, par sa faute, a été vouée à l'enfer.
Mais c'est une femme qui, par la grâce de Dieu, nous a valu le rachat,
quand Dieu s'incarna dans la Vierge,
pour sauver l'humanité de l'enfer.
Pourtant qui se fie à une femme
ne doit jamais renoncer au soupçon.
Le gracieux Joseph ne fut-il pas mis en prison
à cause de la femme de l'eunuque, du serviteur de Pharaon[1] ?
Le preux, le robuste Samson ne fut-il pas aussi trompé,
David mené à sa perte, son fils Absalon tué,
et le vaillant, le sage Salomon
poussé à renier sa foi ? Tous par la faute d'une femme[2].
Troie, pour cette raison, fut détruite par le fer et les flammes,
et la Grèce amoindrie, comme bien d'autres régions[3].
Alexandre, pour Candace, en vint à se livrer
à ceux qui ne lui voulaient que du mal
et ne cherchaient qu'à le tuer.

---

[1] Joseph, fils de Jacob, fut vendu comme esclave au commandant de la garde du Pharaon, Putiphar. Refusant de céder aux avances de la femme de Putiphar, il fut accusé par celle-ci d'avoir tenté de la séduire : *Genèse*, 39.

[2] Samson fut trompé par Dalila (*Juges*, 16) ; David fut mené au crime par son amour pour Bethsabée (2 *Samuel*, 11-12) ; Absalon, fils de David, fit tuer son frère Ammon pour venger le viol de sa sœur Tamar (2 *Samuel*, 13) ; Salomon, fils de David et de Bethsabée, sombra dans le polythéisme sous l'influence de ses épouses (1 *Rois*, 11, 1-8). Sur le discours misogyne des clercs médiévaux, voir la synthèse de J. Dalarun, " Regards de clercs ", *Histoire des femmes en Occident*, dir. G. Duby et M. Perrot, Paris, Plon, 1990, t. I, pp. 31-54.

[3] L'enlèvement d'Hélène, femme de Ménélas, par Pâris, est à l'origine de la guerre de Troie.

cclx Coment Alisandre salue la royne Candace.

514

Alisandre en la cité descent al peron,
E trove la royne dedenz son pavillon.
Mult fu gent de corps, bele ot la façon.
En son chef ot un cercle d'or a overe frison,
D'un samit estoit covert son hermin peliçon,
Un mantel envoisé d'un vert ciglaton;
E se fist vieler e harper un nouvel son
Coment danz Eneas ama dame Didon,
E coment s'en ala par mer[1] od son dromon,
Cum ele s'en pleint sus as estres en son,
E cum au d[e]roin se art en sa meson.
Pensive en est Candace del torn de l[a] chançon.
Es vous donc son fiz! Candeules ot non,
E tient par le poing destre son noble compaignon.
La royne se drece contre eaux tote en son,
E les salue tote a droit randon.

cclxi Coment Candeules aresona sa mere.

515

Candeules dist: 'Alisandre, mere, vous salue,
Cum sa bone amie e sa cher[e] drue,
E mult par coveite qu'il vous eust veue,
Car pur la vostre amur m'ad ma femme rendue. *183r*
Occis est le tirant e sa tur abatue.
Antigonon vous envoit qui fu en cel[e] aiue,
Le meillur chevaler de Grece l'absolue.
La volenté Alisandre par ly vous ert seue;
Gardez qe sa parole seit oye[2] e cr[e]ue.
Messager est le roy a qui le mond atrue.'

---

[1] mere

[2] p. sert o.

cclx Comment Alexandre salue la reine Candace.

514

Dans la cité, Alexandre met pied à terre sur le montoir
et trouve la reine sous sa tente.
Elle était pleine de grâce et de beauté.
Sur la tête, elle portait un diadème d'or ouvragé en Frise ;
son vêtement de soie était doublé d'hermine
et couvert d'un manteau de brocart d'un vert vif.
Elle écoutait, accompagnée à la harpe et à la vielle, une chanson [nouvelle
sur les amours du seigneur Énée et de dame Didon :
le départ d'Énée sur la mer dans son dromon,
les plaintes de Didon en haut de sa demeure,
et finalement sa mort sur un bûcher, chez elle[1].
Candace écoute, pensive, le cours de la chanson,
quand voici venir son fils Candeule,
qui tient par la main droite son noble compagnon.
La reine se lève pour les accueillir
et les saluer aussitôt.

cclxi Le discours de Candeule à sa mère.

515

" Ma mère, dit Candeule, Alexandre salue en vous
son amie la plus chère et la femme qu'il aime.
Il aurait infiniment désiré vous voir,
car, pour l'amour de vous, il m'a rendu ma femme,
il a tué le tyran, renversé son château.
Il vous envoie Antigonus, qui m'a secouru :
c'est le meilleur chevalier de la terre sacrée de Grèce.
Il vous fera savoir la volonté d'Alexandre.
Vous pouvez vous fier à ses paroles :
c'est le messager du roi à qui le monde entier rend tribut. "

---

[1] Allusion à l'*Enéide* de Virgile et à sa " mise en roman " au XIIe siècle, *Le Roman d'Enéas*.

cclxii Coment Candace mostra a Alisandre ses tresors.

516

Le roy Alisandre ert pruz e enseignez,
La royne curtoise, e il mult affaitez.
Acointez est a ly e ele a li recointez.
Deduent e parolent car mult sunt envoisez.
Alisandre se covere cum home veisez,
E ele ly fet mostrer ses avers plus prisez,
Son or e son argent e ses pailles taillez,
E les tresors riches qe ele ad estuez,
E peres preciouses, dras de soie deugez.
Tant i vit grant richesces qe tuit est ennoiez.
Donc dit Alisandre: 'Royne, ceo sachez,
En Grece ay jeo veu[1] lus assez plus aisez,
Ausi bel tresor e ausi beau deintez.'
E la royne dit: 'Oil, ausi cum vous quidez.
Aperceivant vous vey e forment enseignez.
Vous estes Alisandre; le non por quei changez?
Si fetes qe vileins quant vous le reneez.'
Alisandre ly dist: 'Mal le conissez.
Si vous l'aviez veu, ja nel deissez!
Envers le corps de ly le mien ne pre[is]issez.'
E la dame respont: 'Ne vous chaut; ore lessez.
Si jeo ay mespris, pri qe le me pardo[ig]nez,
E par acordement voil qe me baissez.'
Alisandre respont: 'Grant mercy en aiez!'
Entré sunt al paleis a tant amistez.

cclxiii Coment Candace mostra a Alisandre sa ymage. *183v*

517

Candace estoit cointe, envoisee[2] e sage;
Ne volt plus parler pur doute del barnage.
Mult li fet grant honur qe l'en doit a message.

---

[1] veue

[2] envoisez

cclxii Comment Candace montra à Alexandre ses trésors.

516

Le roi Alexandre est preux, plein de sagesse ;
la reine est courtoise et lui d'une politesse accomplie.
Ils font tous deux connaissance,
conversent et se divertissent gaiement.
Alexandre se dissimule avec prudence
et la reine lui montre ses biens les plus précieux,
son or et son argent, ses étoffes brodées,
les riches trésors qu'elle conserve à l'abri,
et les pierres précieuses, les soieries les plus fines.
La vue de ces immenses richesses assombrit Alexandre.
“ Sachez, reine, dit-il, soyez-en assurée,
qu'en Grèce j'ai vu des lieux plus beaux encore,
d'aussi riches trésors, autant d'objets précieux.
– Oui, lui répond la reine, puisque vous le dites.
Je vois que vous êtes habile et plein de sagesse.
Vous n'êtes autre qu'Alexandre : pourquoi changer de nom ?
C'est le fait d'un vilain que de renier son nom !
– Vous connaissez mal le roi, répond Alexandre.
Si vous l'aviez vu, vous ne parleriez pas ainsi !
Vous ne feriez aucun cas de moi en le voyant.
– Peu importe ! répond la dame, laissons cela.
Si j'ai commis une faute, veuillez me la pardonner,
et donnez-moi un baiser en signe de réconciliation !
– Grâces vous en soient rendues ! ”, répond Alexandre.
Ils entrent dans la salle en bonne amitié.

cclxiii Comment Candace montra à Alexandre un portrait de lui.

517

Candace est rusée, habile et sage ;
elle cesse de parler par crainte de ses barons.
Elle rend à Alexandre les honneurs dus à un messager

Aprés manger le meine en privé manage,
E dit: 'Alisandre, veez cy vostre ymage
Qe jeo fis contrefere en l'indien rivage.
Quant mon corps offry, mon regne, en mariage,
E vous le refusastes, moy feistes hontage.
Ore poez bien veer, sire roy de parage,
Candace est plus cointe qe Alisandre de corage.'
Vergoyne ot e dolur e teint le visage;
Poise ly donc al quer qu'il enprist le veage,
Car s'il i est seuz, le chef lerra en gage
Pur la mort le roy qui illuec ot grant parage.
La royne s'aperçoit; dit li: 'Fet m'avez outrage.
N'en aiez,' dit ele, 'vergoyne, car tuit temps est usage
Qe femme deceit homme; mes n'[i] averez damage.'

cclxiiii La desputeison entre Alisandre e Candace.

518

Alisandre respont: 'Jeo ne dout ne ne crien,
Mes de tant me poise qe m'espee ne tien,
Car si trovasse home qe fere me vousist rien,
Ainz qe morisisse, me vengeroye bien.'
Candace ly respont: 'Roys egypcien,
Moy refus[as]tes vous ainz al regne indien.
Ore vous tieng en prison; de vous fray cum del mien.'

519

'N'aiez,' ceo dit, 'vergoyne, sire roys sovereins,
Si par aventure estes chai en mes meins.
N'estes le plus vaillanz, premers ne d[e]reins,
Qe femme ad enginé; de ceo soiez certeins.
Mult fu sage Adam, ly peres premereins,
E si le deceut par parole la duce femme Eveins.
Sampson qui fu si fort qui destruit les Gazeins,
Occit ses enemis e tua ses gardeins,
Enporta les portes veant les citezeins, *184r*
Les gules as lions destreint il de ses meins,
S'amie le deceut qe unqes puis ne fu seins.

puis, après le repas, l'emmène à l'écart.
" Alexandre, dit-elle, voici votre portrait,
que j'ai fait exécuter sur les rivages indiens.
Je vous ai offert ma personne, mon royaume et ma main,
et vous les avez refusés : c'était me faire honte.
Vous pouvez voir, maintenant, noble roi,
que Candace est plus rusée qu'Alexandre ! "
Alexandre, plein de honte et de chagrin, change de couleur ;
il regrette alors d'avoir fait ce voyage
car, si on le reconnaît, il y laissera sa tête,
pour payer la mort de Porrus, qui a ici des parents.
La reine le comprend : " Vous m'avez outragée, dit-elle,
mais pourquoi avoir honte ? On a vu de tout temps
la femme tromper l'homme ; je ne vous ferai aucun mal. "

cclxiv Le dialogue d'Alexandre et de Candace.

518

Alexandre répond : " Je n'ai aucune crainte ;
je ne regrette que l'absence de mon épée,
car si un homme voulait me faire du mal,
je saurais bien me venger de lui avant de mourir !
– Roi d'Égypte, réplique Candace,
vous m'avez repoussée en Inde.
Vous êtes maintenant mon prisonnier et vous m'appartenez. "

519

" N'ayez pas honte, dit-elle, noble et puissant roi,
d'être, par un tour du destin, tombé entre mes mains :
vous n'êtes ni le premier ni le dernier des hommes de valeur
qu'une femme ait trompés, vous pouvez en être sûr !
Adam, notre père, était plein de sagesse,
mais Ève sa femme le trompa par de douces paroles.
Samson était si fort qu'il détruisit Gaza,
massacra ses ennemis, tua ses gardiens,
fit tomber les portes devant les habitants de la cité,
et vainquit de ses mains les gueules des lions.
Mais son amie le trompa et causa sa perte.

Uncore est ly mond de lur engin tut pleins.
Si deceu vous ay, de ceo ne valez meins.'

520

Alisandre respont: 'Si jeo iceo seus[s]e
Ou de rien dotasse, m'espee od mei eusse.
Si nul me assaillist, defendre me peusse.
Sanz grant perte de vous ja mort ici ne feusse,
Mes jeo ne quiday pas qe doter m'en deusse.
Droit fust qe sanz m'espee nuly[1] ne creusse,
Car reson ne fust pas qe sanz ly me morusse.'

521

'Ne vous dotez, amis,' ceo ad dit la royne,
'Nen aiez pas vergoyne de iceste traine
Ou si chaé estes en mein femenine.
Quant tuit li sens del[2] mond a lur sens decline,
Sachez bien, ert celé de vous la covine.
Ja n'[i] averez garde; ma foy doins en plevine.
Mon fiz avez aidé a venger sa royne
E occis le tirant qui fist la ravine.
Del guer[e]don aver est ore le termine.

cclxv Coment Alisandre purjust la royne Candace.

522

'Alisandre, tant cum estes desuz ma discipline,
Aloms ore juer suz cele cortine.
Ja nuls nel savera fors vous e ma meschine.'
Candace fu bele, blanche cum flur d'espine,
Estroit estoit lacee en un[e] purprine,
Un ma[n]tel a son col, foré de hermine;
D'un samit ert covert, urlé de sabline.
E vont desur le lit parler d'amur fine;

---

[1] espee que n.

[2] li soens d.

Le monde est plein d'exemples de la ruse des femmes.
Si je vous ai trompé, vous n'en valez pas moins ! "

520

Alexandre répond : " Si j'avais su cela,
si j'avais eu le moindre soupçon, j'aurais gardé mon épée,
pour me défendre contre les assaillants,
et vous aurais causé de grandes pertes avant de mourir.
Mais je ne voyais aucune raison de crainte.
Je n'aurais dû me fier à personne et garder mon épée :
je n'aurais pas ainsi à mourir privé d'arme. "

521

" Ne craignez rien, mon ami, dit la reine,
n'ayez pas honte d'être tombé dans ce piège
et aux mains d'une femme,
puisque toute la sagesse du monde doit s'incliner devant la leur !
Je garderai votre secret, sachez-le bien !
Vous n'avez rien à craindre, je vous en donne ma parole.
Vous avez aidé mon fils à venger sa reine
et tué le tyran qui l'avait enlevée :
c'est le moment de vous rendre votre bienfait ! "

cclxv Comment Alexandre s'unit à la reine Candace.

522

" Alexandre, puisque vous êtes en mon pouvoir,
allons donc nous ébattre sous ces étoffes !
Nul ne le saura que vous et ma servante ! "
Candace était belle, blanche comme fleur d'aubépine,
étroitement serrée dans sa tunique de pourpre
recouverte d'un manteau de soie
bordé de zibeline et fourré d'hermine.
Ils vont sur le lit parler courtoisement d'amour

Recordent la lesçon qu'afiert a tel doctrine.
Quant a lur voleir ont fete la medecine,
Montent les degrez de la sale marbrine.

cclxvi Coment Caregarus le fiz Candace volt occire Alisandre e venger la mort Porre.

523

Candace li dist: 'Diray vous un secroy. *184v*
Alisandre vous serrez priveement od moy,
As autres Antigonon, ly messages le roy.
Bel semblant vos froy; nul ne savera pur quoy.'
'Dame,' dist Alisandre, 'de ma part l'otroy.'
A manger le fet donc ass[e]er aprés soy.
Del fiz dame Candace le jovene vous diroy,
Qe tant ama Porre, car si fiz ert en loy.
Il vint a sa mere e dit: 'Dame, par foy,
Cist vostre message qe pres vous seer voy
Est mesmes Alisandre, solum ceo qe jeo croy.

524

'Ceo est Alisandre de qui vous voil dire,
Car il occist Porre, e le voil occire,
Si l'averoy vengé e desemflé ma ire.'
Candace respont: 'Fiz, ceo ne devez dire.
Home de tel estature e de si povere matire
Coment purroit conquere tel regne e tel empire
Come Alisandre ad l'empire de Assire?

525

'Ceo n'est pas Alisandre,' ceo dit l'emper[e]riz,
Car l'empereres n'est pas si petiz.
Il est grant e pleners, orgoillus e hardiz,
Mes cist est Antigonon, un chevaler esliz.
Les mandemenz le roy ad desqes a moy forniz,
Pur ceo est en ma curt honorez e serviz.'
'E jeo le voil occire,' ceo respont le fiz.
'Vengé en ert Porrus, pur qui mort suy marriz.

et dire les mots qu'appellent ses commandements.
Quand ils ont apaisé leur désir,
ils gravissent les marches de la salle de marbre.

cclxvi Comment Caregarus, fils de Candace, voulut tuer Alexandre pour venger la mort de Porrus.

523

“ Je vais vous dire un secret, dit Candace.
Vous serez Alexandre pour moi, dans le privé,
et pour les autres Antigonus, le messager du roi.
Je vous ferai bon accueil, nul ne saura pourquoi.
– Dame, dit Alexandre, c'est une chose convenue. ”
La reine le fait asseoir à table à ses côtés.
Je vais vous parler maintenant du jeune fils de dame Candace :
il chérissait Porrus, qui était son beau-père.
Il s'approche de sa mère et lui dit : “ Dame, je vous le jure,
ce messager assis à vos côtés
n'est autre qu'Alexandre, j'en suis sûr ! ”

524

“ C'est Alexandre, je vous l'assure,
et je veux le tuer comme il a tué Porrus :
ainsi je me vengerai et apaiserai ma peine !
– Mon fils, lui dit Candace, ne parlez pas ainsi !
Comment un homme de si petite taille, de si pauvre mine,
pourrait-il conquérir un empire semblable
à celui d'Alexandre, maître de l'Assyrie ? ”

525

“ Ce n'est pas Alexandre, lui dit l'impératrice,
car l'empereur n'est pas si petit ;
il est grand et robuste, orgueilleux et hardi.
Ce n'est qu'Antigonus, un chevalier d'élite,
qui m'a transmis le message du roi,
et qui mérite donc les honneurs de ma cour.
– Et moi je veux le tuer ! répond son fils.
Je vengerai Porrus, dont la mort m'afflige.

Plus haité en seroy si cist est malbailliz.'
E la mere respont: 'Donc serroy jeo honiz
Si vous le messager aviez assailliz
Ou s'il en ma pes fust ou mort ou periz,
Car ne doit mal aver, ceo dit, hom en respiz.'
Carogarus respont: 'Ne me chaud de lur diz,
Mes qe ly mien voloir soit de ly acompliz.'

cclxvii Coment dame Candace defendy Alisandre. *185r*

526

'**B**eau fiz,' dit la royne, 'qui cesty meff[e]roit,
Mis amis ne my fiz jamés ne seroit.
Si ateindre vous put, il vous occeroit.
Ton frere ly dona conduit e pur ceo ad il droit.
Il conquist sa femme; pur ly fu en destroit.
Jeo comand k'en ma curt bien en pes soit,
Car qe ly feist mal[1] mon honur enfrendroit,
E moy averoit honie e ton frere cor[u]ceroit,
E la mort ay roy Porre pur ceo venge[e] ne seroit.'
La royne se coruce, le fiz s'en aparceoit;
E lesse la folie, de l'assaut fere se retroit.
Grant pour ad Alisandre qui ceo out e voit,
Car sanz armes i fu e poy de gent avoit;
Mes ne fist unc semblant, car de grant quer estoit.
Ne s'esmaiast pur rien, mes ançois i morroit.

cclxviii Coment Candace conforta Alisandre.

627

Donc dit la dame qe de rien ne s'effroie:
'Sachez, Alisandre, de quer vous desiroie,
[E verraie amie e drue vous serroie][2],
Si jeo dame del mond par vous estre purroie.
Mult par fusse lie[e] si l'espoir en avoie.
Quant qe ay al mond en vostre honur metroie.'

---

[1] froit mal

[2] *Etabli d'après CP*

La mort de celui-là me réconfortera!
– Je serais déshonorée, répond sa mère,
si vous attaquiez ce messager,
ou si on le tuait sous ma protection,
car on ne doit pas s'attaquer à un homme muni d'un sauf-conduit.
– Peu me chaut la rumeur, déclare Carogarus,
pourvu que je fasse ce que je veux de lui ! "

cclxvii Comment dame Candace prit la défense d'Alexandre.

526

" Cher fils, dit la reine, celui qui fera du mal à cet homme
ne sera plus jamais mon ami ni mon fils !
Il te tuera, s'il te touche !
Ton frère lui a donné un sauf-conduit, et c'est justice :
il lui a rendu sa femme et a souffert pour lui.
J'ordonne qu'à ma cour il soit laissé en paix,
car ce serait attaquer mon honneur que lui faire du mal,
me couvrir de honte et offenser ton frère ;
et la mort du roi Porrus n'en serait pas mieux vengée ! "
La reine est en colère, son fils s'en aperçoit,
renonce à sa folie et laisse là ses attaques.
Témoin de la scène, Alexandre est terrifié,
car il est désarmé et dispose de peu d'hommes ;
il ne le montre pas, il est trop courageux,
et préférerait mourir qu'avouer sa peur.

cclxviii Comment Candace réconforta Alexandre.

527

La dame dit alors sans se laisser émouvoir :
" Sachez, Alexandre, que je vous aime depuis longtemps
et que je serais pour vous la plus loyale des amies,
si vous faisiez de moi la maîtresse du monde.
Cette idée me remplirait de joie
et je mettrais en votre pouvoir tout ce que je possède au monde. "

Alisandre se tut, si vousist estre en voie,
E voit qe la dame vers ly d'amur foloie
E doute qe le fiz sa folur n'aparçoie.
Les jurs est messages, les nuiz cum roy daunoie.

cclxix Coment Candace honora Alisandre al departir.

528

Tant cum Alisandre en la curt demora,
La dame le servi e forment ho[nu]ra[1].
Le jur cum messager, la nuit cum roy l'ama.
Come a roy, cum a dru, cum a prince ly dona
Ses dons e ses avers e mult s'aforça.
Devant toz ses barons mult bel le soud[i]a
Cum messager au roy le jur qu'il s'en torna. *185v*
Prist congé de toz, vers Inde s'en ala.
Tant tint son chemin qe ses barons trova
E le bon[2] Tholomeu qe a curt l'envoia.
Assist i ses justises e ses loys comanda.
Les destreiz, les durs pors seurement[3] passa,
E issist de Inde majur e en Perse entra.
Par le regné de Assire vers Babiloine s'en va
Pur les tresors Dayre dont noveles oy a.

cclxx De Babiloine la grant e de la tur Babel.

529

Solum ceo qe trovom as plus anciens diz,
Moyses e Josephus le dient en lur escriz,
Qe aprés le deluvie avoit Noé troys fiz.
De eaux trois fu li mondes en trois departiz,
E les noms des parties aprés le lur sortiz.
Assez avez, seignors, les noms de eaux oiz.

---

[1] *Dans la marge, insertion de* honura

[2] bone

[3] suerement

Alexandre se tait : il voudrait être loin ;
il voit que la dame est folle d'amour pour lui
et redoute que le fils ne s'en aperçoive.
Le jour il est messager, la nuit il a les plaisirs d'un roi.

cclxix Comment Candace honora Alexandre à son départ.

528

Durant tout le séjour d'Alexandre à la cour,
la dame le couvrit d'honneurs et lui montra son affection,
le jour comme messager, la nuit comme roi.
Les dons qu'elle lui prodigue sont destinés
au roi, au prince, à l'ami.
Devant tous ses barons, elle le récompensa richement
comme s'il était le messager du roi, le jour de son retour.
Il prit congé de tous, regagna l'Inde
et fit si bonne route qu'il retrouva ses barons
et Tholomé le brave, qui l'avait envoyé à la cour de Candace.
Il mit en place ses lieutenants, établit des lois,
franchit en toute sûreté les passages, les défilés étroits,
et quitta l'Inde majeure pour entrer en Perse.
Il traversa le royaume d'Assyrie pour gagner Babylone
et les trésors de Darius, dont on lui a parlé.

cclxx Babylone la grande et la tour de Babel.

529

Selon ce que nous trouvons dans les livres les plus anciens
– Moïse et Flavius Josèphe le disent dans leurs écrits –,
Noé, après le déluge, avait trois fils.
Ils se partagèrent le monde en trois parties,
qu'ils nommèrent d'après leur propre nom[1].
Vous savez bien leurs noms, seigneurs.

---

[1] Ce sont l'Europe (le pays de Japhet), l'Asie (le pays de Sem) et l'Afrique (le pays de Cham).

Danz Nembroz aprés fut enginus et sotilz,
En tote felonie apris e noriz.
Dota qe li mondes dust estre periz
Ou par ewe naez[1] ou par feu malbailliz.
En Assire la grant ad un bel lu choisiz
E fet i double[s] tours k'encontre soit garniz.
De tel manere fu ly morter endur[c]iz
Par feu n'ert il ars ne par ewe honiz.
Pur le voleir qu'il ot fu il mult escharniz,
Son lignage[2] affolé e il memes assotiz,
Devis par les terres e forment amatiz.

cclxxi Coment Babiloine est assis entre deus ewes.

530

Quant Semiramis ot conquis Inde majur
E tote Ethiope puis la mort son seignur,
Sur quinze realmes regna par grant baudur.
Babiloine parfist, la riche e la gregnur,
La ou comence[e] l'ot Nembroz le traitur.
Entre Eufraten e Tigre, – ceo dient li plusur – *187r*
Ces sunt deus riches ewes de noble savur.
Mult la compassa[3] bien, de mur la clost entur.
De cinquante cutes fu le mur de laur,
E .ii. cenz pez de haut; estrange fu la longur;
Sessante mil pas fu r[e]onz solum la tur.
Cent portes d'arein i ot en la primur
Qe ne creiment assaut ne de feu nul ardur.
De quatre mil pas fu haut[e] la grant tur
E de marbre entaillé de diverse colur;
Tele citee ne fu mes fete a nul jur.
Comanda qe illuec fust le chef de son honur;
Mist i noveles lois, ses genz tint en amur,
Fesoit i ses comanz en lu d'emper[e]ur.

---

1 naez: *peut-être* neez?

2 langage, *avec un* i *au-dessus du* a

3 m. le c.

Après eux vint le seigneur Nemrod, subtil et rusé,
qui connaissait toutes les formes de félonie.
Craignant la fin du monde,
sous les eaux d'un déluge ou sous les flammes,
il choisit dans la grande Assyrie un site agréable,
où il fit construire une tour immense pour se protéger.
Le mortier y était d'une telle dureté
que ni le feu ni l'eau ne pouvaient le détruire.
Mais ce projet n'aboutit qu'à le ridiculiser,
à le rendre fou et à détruire son lignage,
dispersé par le monde et frappé de déchéance.

cclxxi Le site de Babylone, entre deux fleuves.

530

Quand Sémiramis eut conquis l'Inde majeure
et toute l'Éthiopie, après la mort de son époux,
elle régna en paix sur quinze royaumes.
Elle acheva la construction de la riche et grande Babylone,
abandonnée par Nemrod le traître,
entre l'Euphrate et le Tigre, selon la plupart des auteurs,
deux grands fleuves aux eaux pures.
Elle édifia une cité parfaite, l'entoura de murailles
qui avaient cinquante coudées d'épaisseur,
deux cents pieds de haut et une longueur prodigieuse :
soixante mille pas de circonférence.
La première enceinte comptait cent portes d'airain
qui ne craignaient ni l'assaut ni le feu.
Le donjon, d'une hauteur de quatre mille pas,
était fait de marbre sculpté multicolore ;
jamais pareille cité ne fut élevée.
Sémiramis en fit la capitale de son royaume ;
elle établit de nouvelles lois, gouverna son peuple avec bonté :
elle y exerçait son autorité comme un empereur.

cclxxii Coment Alisandre vint a Babiloine.

531

Mult fu riche cité Babiloine la grant;
Ly fluvies Eufrates vet par my corant.
Cent portes i avoit de cleer[1] metal lusant.
Mult fu le chastel e le lu avenant.
La vint Alisandre, le riche roy puissant,
Pur le tresor Dayre dont ad oy tant.

532

A Babiloine vient atuit son fier barnage;
De universe monde i furent ly message
E portent ly tresors e donent ly truage.
Il dotent sa fierté e dotent son corage,
Qe si ceo ne feissent, il lur f[e]roit damage.
Par universe monde en fet novel taillage
E prent les granz tresors, asiet i escuage;
Tuit i viengent d'un an od owele estage,
Car en Aufriqe irront al cressant de l'erbage.
Conquere volt les regnes desqes a la mer sauvage.

cclxxiii Coment Alisandre fu garni de sa mort par sa mere.

533

En Babiloine fu Alisandre li fiers;
Par universe monde tramist ses messagers, *187v*
Pur hommes, pur tresors, pur armes, pur deners,
Mande princes e roys e dux e chevalers.
Aler volt en Aufriqe tot[2] as blez primers
Confondre toz iceaux qui ne li sunt truers.
Sa mere ly manda par privez messagers
Quel respons ot oy par les dieux droiturers
Qe par Antipatrem avra grant encombrers,
E qu'il s'en garda de ly. Alisandre dit: 'Volenters.'
Antipater estoit de Grece justisers,

---

[1] cleer, *altération probable de* cher

[2] tote

cclxxii L'arrivée d'Alexandre à Babylone.

531

C'est une très riche cité que la grande Babylone ;
elle est traversée par l'Euphrate
et possède cent portes de métal clair et brillant.
Le site et le château sont de la même beauté.
C'est là qu'arriva Alexandre, le riche et puissant roi,
en quête du trésor de Darius, dont on lui parle tant.

532

Il vient à Babylone avec ses fiers barons ;
il y trouve des messagers du monde entier,
qui lui apportent des trésors en guise de tributs.
Les autres princes redoutent son cœur farouche
et craignent, s'ils ne se soumettent pas, de le payer cher.
Dans le monde entier, il établit de nouveaux impôts,
s'empare des grands trésors, fixe une obligation de service :
tous doivent venir pour la même durée d'un an,
car ils iront en Afrique quand l'herbe reverdira.
Alexandre veut conquérir les royaumes jusqu'à la mer sauvage.

cclxxiii Comment Alexandre fut averti de sa mort par sa mère.

533

Alexandre le fier se trouve à Babylone ;
par le monde entier il envoie ses messagers
pour demander des hommes, des trésors, des armes, de l'argent.
Il convoque princes et rois, ducs et chevaliers.
Il veut aller en Afrique quand le blé poussera,
pour anéantir ceux qui ne lui versent pas tribut.
Sa mère lui fit savoir, par des messagers fidèles,
qu'elle avait appris, par un oracle des dieux justiciers,
qu'Antipater lui causerait un grand dommage
et qu'il devait s'en garder. " Volontiers ! " répondit Alexandre.
Antipater était gouverneur de Grèce :

Un fel, un orgoillus, un juger[e]s parlers,
E enginers e de mal fere costumers.
Ly roys tramist pur ly ové ses autres justisers,
E fist autre justise un de ses conseillers.

cclxxiiii Coment Antipater apparila la poison.

534

Le duc Antipater voit qu'il est deposez,
Autre mis en son lu e il a curt mandez.
Il doute mult le roy, ne siet ses volentez
E creit bien qu'il soit par plusors encusez;
Il ot fet le purquei, ceo resiet il assez.
Atorne son cire, vers la curt est alez,
De meinte felonie s'est ly quens purpensez.
Ainz qu'il venist a curt, detempra uns herbez;
Le venim fu mult fort, ly vins eleborez.
Tramist le a curt par un de ses privez.
Le roy sist al manger ové toz ses barnez,
Atendent les princes qui de loinz sunt mandez.
De par le duc ly fu ly venims presentez.
Il dit al boteler: 'Amis, ore m'en donez,
Si dites au conte de ses presenz bon[1] grez.'
Ly mes prent congé, del paleis est tornez,
E cil verse le vin en un vessel dorrez.
Ly roys ne siet li mals qe ovec sunt medlez. *188r*

[Est ici omis l'extrait du *Roman d'Alexandre* d'Alexandre de Paris que *D* reprend ici. Seul *C* offre un récit plus court de la mort d'Alexandre, qui correspond sans doute au texte de Thomas de Kent :]

Coment Alisandre al manger but la poison. *C 38d*

535

Alisandre prent la cupe si en beit bonement. *C 39a*
Com grant doel d'un tel hom quant sa mort i prent!
Li beiveres fut ague, e si chet trenchantment;

[1] bone

un félon, un orgueilleux, un juge à la langue fourbe,
un perfide qui ne faisait que le mal.
Le roi le convoqua avec ses autres gouverneurs
et mit à sa place un de ses conseillers.

cclxxiv Comment Antipater prépara le poison.

534

Le duc Antipater voit qu'il est révoqué,
qu'il est convoqué à la cour et qu'un autre le remplace.
Il redoute le roi, dont il ignore les intentions,
et est persuadé de faire l'objet de plusieurs accusations :
ces accusations sont justifiées, il le sait bien.
Il se prépare et se met en route vers la cour,
méditant mainte perfidie.
Avant son arrivée, il prépara un breuvage :
un poison puissant, dans un vin d'ellébore,
qu'il fit porter à la cour par un de ses fidèles.
Le roi était assis à table avec tous ses barons,
tandis qu'attendaient les princes convoqués des lointaines contrées.
Le poison lui fut remis de la part du duc.
Il dit à l'échanson : " Donne-moi de ce vin, mon ami,
et dis au comte que je reçois son présent avec plaisir ! "
Le messager prend congé et quitte la salle,
tandis qu'on verse le vin dans un vaisseau doré.
Le roi ne sait pas quel poison contient le vin.

Comment Alexandre but le poison à son repas.

535

Alexandre prend la coupe et boit tranquillement.
Quel malheur qu'un tel homme boive ainsi sa mort !
Le poison est si foudroyant qu'il agit comme un coup de poignard,

Tut li ret le ventrail, a poi k'il ne fent.
Li reis gette la cupe e dist oiant sa gent:
'Tut icil ki m'aiment poent estre dolent,
Ensurketut ma mere [e] mi autre parent,
Kar çoe ke ai beu est ma mort verement.
Ne pus longes vivere, les anguisses en sent.
Antipater m'ad mort par son felon present.
Gardez ke nul n'en beive; a tuz le defent.
Oscis m'ad come traitre e tut felonessement.
Ne quid ke mes moerge reis par tel entuschement
Dont tel mal vienge, aprof men escient;
La dolur en est grant e fort le vengement.
Li munde le sentira desk'al chef de l'occident.'

Coment Alisandre se lessa morir.

536

A cestes paroles est del paleis eissuz,
E treske a son lit est a paine venuz;
Pus mande ses parenz, ses amis e ses druz,
Ses ducs e ses barons e ses princes creuz.
Les terres, les reaumes lur ad en sus renduz
De tantes com aveit servises e les treuz;
Ses tresors, ses aveirs furent tost despenduz,
E fist ben son devis por tant com ad geuz.

[Un nouvel extrait d'Alexandre de Paris que *D* reprend est ici omis.]

cclxxxxi La compleint Alisandre. *194v*

537

'Seignurs,' fet Alisandre, 'lessez le suspir.
Ne profist a nul home qe ses chevelz detir
Ou ke se[s] palmes bate ou se[s] draps decir,
Car ceo est necessaire e ne poet faillir
Qe quant qe vit el siecle en covient morir.
Ore i ad meint home qui nule rien desir
Fors qe longe vie en eise [e] a pleisir
E bones destinez, pleisantes a loisir,

lui déchirant les entrailles comme si elles étaient fendues.
Le roi jette la coupe et dit aux siens :
" Tous ceux qui m'aiment peuvent bien pleurer,
surtout ma mère et mes autres parents,
car c'est ma mort que j'ai bue, sans aucun doute !
Je ne vivrai plus longtemps, je sens les tourments de la mort.
Antipater m'a tué avec son don félon.
Que personne ne boive, je vous le défends à tous.
Il m'a tué en traître, comme un félon.
Jamais la mort d'un roi, ainsi empoisonné,
ne causera tant de mal, j'en suis persuadé.
La douleur est grande, la vengeance sera terrible :
le monde la sentira jusqu'aux extrémités de l'Occident. "

Comment Alexandre s'abandonna à la mort.

536

Sur ces mots il quitte la salle
et gagne son lit à grand-peine.
Il convoque ses parents, ses amis et ses proches,
ses ducs, ses barons et ses princes puissants.
Les terres, les royaumes, il les leur a livrés
en paiement de leurs services et de leurs tributs ;
il distribue vite ses trésors, ses richesses ;
il répartit tout équitablement, allongé dans son lit.

ccxci La plainte d'Alexandre.

537

" Seigneurs, dit Alexandre, laissez-là vos soupirs !
À quoi bon s'arracher les cheveux,
battre ses paumes ou déchirer ses vêtements ?
C'est une nécessité à laquelle on ne peut échapper :
tout ce qui vit dans ce monde doit mourir.
Il y a bien des hommes qui ne demandent rien d'autre
qu'une longue vie heureuse et fortunée,
un destin favorable, une existence comblée.

E quant plus s'en travaille e mieutz quide joir,
Amere mort le prent e le fet departir,
Car fortune le desceait par son resortir.

538

'Et ore si jeo doi mes jorneez conter, 195r
Fors qe poy des anz jeo n'i poes noter,
Et si mes victoires comence a noumbrer
Qe fortune me vot de grace destiner,
Longement ay vesqui, ceo puis jeo tesmoigner.
Ore suy jeo suspris de felon encombrer;
Le d[e]roin ne poes estre, nen suy le primer
Des roys qe sunt mortz par enpoisoner
Ou par traison de lur privé conseiller.
Philippon le bon[1] *roys qe estoit mi pier*
Plus seurement vesquit en bataille fier
Qe ne fist a l'ostel od Olimpie ma mier,
Car quant fust en bataille monté son destrier,
Si fust il trop preuz e noble chevaler,
Et quant a l'osteil se voloit reposer,
Ses privez demein[es] le firent tuer.
Ensi des autres roys qe voet remembrer
Et de ceste vie lur issues recorder,
Plosours occis des soens en porra trover,
Qe unqes en bataille oistes reconter
Qe lur enemis firent detrencher.
Ore un de mes privez, le faus Antipater,
Par mortel entouche me fait ane[a]nter.
Seignurs, ore ne vaut plorer ne suspirer,
Car nostre compaignie covient deseverer.
Autre ne poet estre; la mort me prent al quer.'

---

[1] bone

Mais au comble de leurs efforts, quand ils croient le mieux jouir de la [vie,
la mort amère les saisit et les fait quitter ce monde,
car la fortune les trompe par ses retournements. »

538

« Si je dois maintenant faire le compte de mes jours,
je n'ai que peu d'années à remémorer ;
mais si je commence à dénombrer les victoires
que la fortune a bien voulu m'attribuer,
ma vie a été longue, je peux le garantir.
Me voici pris au piège d'un félon :
je ne suis ni le premier ni le dernier
des rois qui sont morts empoisonnés
ou trahis par leur plus proche conseiller.
Le bon roi Philippe, mon père,
était plus en sûreté dans les batailles féroces
que dans sa demeure, avec ma mère Olympias,
car à la guerre, sur son destrier,
il se conduisait en preux et noble chevalier.
Mais quand il voulut se reposer chez lui,
ses amis les plus intimes le firent tuer[1].
Si l'on veut évoquer les autres rois
et rappeler les circonstances de leur mort,
on en trouvera beaucoup qui furent tués par leurs proches,
eux dont on racontait les exploits à la guerre,
où ils massacraient leurs ennemis.
Et voici qu'un de mes amis, le fourbe Antipater,
provoque ma mort par un poison mortel.
Seigneurs, rien ne sert de pleurer ni de soupirer :
il nous faut nous séparer.
Il ne peut en être autrement, la mort me prend au cœur. »

---

[1] Voir *supra*, vv. 980-1011 : Philippe a été assassiné par Pausanias avec la complicité d'Olympias.

cclxxxxii Coment Alisandre se lessa morir.

539

Veanz toz ses barons fet li roys son devis,
E donne ses tresors, realmes e pais
A ses bons compaignons e a ses chers amis.
Chescun ot sa part[1] solum ceo qe ot pris.
Morust donc Alisandre, li grant e poestis.
Puis qe fu chevaler ne fu qe doze anz vis, *195v*
E vint en ot devant qu'il ot ses adoubs pris.
En trestuit trente deus sunt doze e deus foiz dis.

[Un nouvel extrait de la version d'Alexandre de Paris, repris par *D*, est ici omis.]

cclxxxxiii Coment les poples sortirent pur le corps Alisandre.

540

Au roy ensevelir eurent tençons e estris,
Car cil de Macedoine ont pur le corps tramis,
E cil de Perse volent k'en lur terre soit mis.
Babilonien dient: 'Ainz erent mil occis,
Cent chastels abatuz e mil paleis malmis.'

541

Mult i ot grant estrif pur le corps enfuir,
Car li Babilonien le volent ensevelir.
Cil de Macedoine ne volent ceo suffrir,
E Persien se aforcent cum le puissent tolir.
Quant del corps ensevelir ne lur poet convenir,
Si se mistrent en ceo qu'il dussent sortir,
E le voloir as dieux volent entre eaux oir,
Si se sunt en oreisons mis par lur commun pleisir.

[1] parte

ccxcii Comment Alexandre s'abandonna à la mort.

539

Devant tous ses barons, le roi distribue ses biens,
il donne ses trésors, ses royaumes, ses domaines
à ses bons compagnons et à ses chers amis.
Chacun reçut sa part selon ses mérites.
Ainsi mourut le grand et puissant Alexandre,
qui ne vécut que douze ans, une fois fait chevalier,
et qui en avait vingt au moment de son adoubement.
Dans trente-deux on trouve douze et deux fois dix.

ccxciii Comment on s'en remit au sort pour l'enterrement d'Alexandre.

540

Querelles et débats s'élèvent pour les funérailles,
car les Macédoniens ont demandé le corps,
tandis que les Perses veulent l'enterrer chez eux.
Les Babyloniens disent : " Plutôt tuer mille hommes,
abattre cent châteaux, détruire mille palais ! "

541

Il y eut force disputes pour l'enterrement,
car les Babyloniens voulaient l'ensevelir chez eux,
les Macédoniens s'y refusaient
et les Perses s'efforçaient de s'emparer du corps.
Voyant qu'ils ne pouvaient se mettre d'accord,
ils décidèrent de s'en remettre au sort
et d'écouter ensemble la volonté des dieux :
tous se mirent en prières d'un commun accord.

cclxxxxiiii Coment les dieux ordinerent la sepulture Alisandre.

542

Une voiz donc lur dit qe pas n'estrivassent,
Mes le voloir a Dieu fere tost lessassent:
Le corps Alisandre en Egypte portassent,
A la cité qu'il fist honorablement l'enterrassent. 196r

543

Quant seurent le respons, unques puis n'estriverent,
Mes droit en Egypte a feste l'enporterent,
En la grant Alisandre a honur l'enterrerent
En sarcu de fin or, mes primes l'enbaumerent.
Dolent furent ly soen, plorent e guaymenterent.

cclxxxxv Coment les philosophes parlerent du roy Alisandre.

544

Ensi cum nos trovons en vieulz autoritez
Des liveres Piers Aumpher qe fu sotils assez,
La tombe Alisandre fu bien entaillez,
Trestote de fin or, richement esmerretz;
Et en les Quarsus fu la tombe posez
En Alisandre en Egypte, cum devant est notez,
Pur ceo qe ne duit estre a nul temps obliez,
Mes qe tote gentz qe par la sunt passez
Puissint remembrer du roy renomez,
Le meillur guerreur qe fu de mere neez,
Et qe unques en bataille hostes ad guiez.
A icele tombe ja sunt assemblez
De divers regnés philosophes prisez,
Sages e sotils e mieutz endoctrinez.
En compleignant blament les dures destinez
Q'a si noble roy furent ordinez,
Et lors parla primes qe fust de touz ainez:
'Hier roys Alisandre d'or en fist tresors;

ccxciv Comment les dieux décidèrent de la sépulture d'Alexandre.

542

Une voix leur dit alors de cesser leurs querelles
et de vite exécuter la volonté de Dieu :
ils devaient porter le corps d'Alexandre en Égypte
et l'enterrer avec tous les honneurs, dans la cité qu'il avait fondée.

543

À l'annonce de l'oracle, les querelles cessèrent ;
on fit une procession pour transporter le corps tout droit en Égypte
et l'enterrer avec tous les honneurs, dans la grande Alexandrie.
On embauma le corps avant de le déposer dans un cercueil d'or fin.
Ses proches étaient en deuil, pleuraient et gémissaient.

ccxcv Comment les philosophes parlèrent du roi Alexandre.

544

Comme nous le trouvons chez les auteurs anciens,
dans les livres de Pierre Alphonse, un philosophe subtil,
la tombe d'Alexandre fut soigneusement sculptée
dans l'or fin le plus pur,
et placée dans les Quarsus,
à Alexandrie d'Égypte, comme je l'ai déjà dit,
afin que jamais il ne tombe dans l'oubli
et que tous ceux qui passent par là
puissent se rappeler le roi glorieux,
le meilleur guerrier né d'une femme
qui ait jamais mené des armées au combat.
Devant la tombe s'étaient rassemblés
de divers royaumes les philosophes les plus réputés,
les plus sages, les plus subtils et les plus savants[1].
Dans leur plainte ils blâmèrent la dure destinée
imposée à un si noble roi.
L'aîné de tous parla le premier :
“ Hier le roi Alexandre recueillait l'or pour son trésor ;

---

[1] Thomas de Kent suit de près, dans les vv. 7995-8016, un extrait de la *Disciplina clericalis* de Pierre Alphonse (Exemplum XXXIII), cité par I. Short (II, p. 114).

Huy en fait tresor de ly li riches ors.
Hier li roys Alisandre fist ses comandemenz;
Huy li comandent sis poples e ses gentz.
Hier de par Alisandre fust terre desolé;
Et huy de la terre est il craventé.
Amis e enemis hier avoit cis poestifs;
Huy ad il touz oweles, amis e enemis.
Hier ad roys Alisandre grant host amené; *196v*
De son host au sarcu huy est il convoié.
Hier fust il redoutez quant il fust irascuz;
Huy est Alisandre de nul homme cremuz.
Hier fust tot le monde a ly trop petit;
Huy une petite cave assez[1] *le suffit.*
Hier furent trop petiz se[s] paleis voutés;
Le summet de sa sale gist huy sur son nees.
Ore est acompliz qe fu pronosticez
Par la petite pierre qe li fu mandez
De Paradis terrestre, cum devant est contez.
Qe touz les autres ditz de philosophes senez
Qe lors furent present, .xxxii. nombrez,
Voirroit reconter qe chescun ad parlez
Du roys Alisandre e de ses poestez;
Ferroit trop grant liver[e], certes ce sachez.

ccxxxxvi Del doel desur la tombe Alisandre.

545

Sur la tombe Alisandre grant doel ly soen menerent:
Batirent lur palmes, lur chevelz detirerent,
Lur riche garnemenz d'anguisse decirerent.
Aprés l'ensevelir ly duc se desevrerent,
En lur propres terres e en lur citez alerent
E les chevalers par les regnés manderent.
Icil qui po[ei]ent e puis s'en assemblerent,
Efforcerent lur murs e lur citez fremerent,
E garnirent lur turs; de guerre s'atornerent.

---

[1] p. Caave a.

aujourd'hui c'est l'or de son tombeau qui fait de lui un trésor
Hier le roi Alexandre donnait ses ordres ;
aujourd'hui son peuple et ses hommes lui donnent des ordres.
Hier c'est Alexandre qui ravageait la terre ;
aujourd'hui c'est la terre qui écrase Alexandre.
Hier il avait des amis et des ennemis puissants ;
aujourd'hui tous sont égaux pour lui, amis comme ennemis.
Hier le roi Alexandre menait une grande armée ;
aujourd'hui son armée accompagne son cercueil.
Hier on redoutait sa colère ;
aujourd'hui plus personne ne craint Alexandre.
Hier le monde entier était trop petit pour lui ;
aujourd'hui une petite fosse lui suffit.
Hier sa salle voûtée était trop petite ;
aujourd'hui le toit de la salle pèse sur son nez. »
Voilà accomplie la prophétie
de la petite pierre qu'il reçut au paradis terrestre,
comme il a été conté plus haut.
Si l'on voulait rapporter les paroles
des autres sages philosophes
qui étaient là, au nombre de trente-deux,
sur le roi Alexandre et sa puissance,
le livre serait trop long, soyez-en sûrs !

ccxcvi Le deuil mené sur la tombe d'Alexandre.

545

Sur la tombe d'Alexandre, ses amis menèrent grand deuil :
ils battirent leurs paumes, s'arrachèrent les cheveux,
déchirèrent dans leur douleur leurs riches vêtements.
Après les funérailles, les ducs se séparèrent,
regagnèrent leurs propres terres et leurs cités
et convoquèrent les chevaliers de leur royaume.
Par la suite, les plus puissants se rassemblèrent,
fortifièrent leurs murailles et leurs cités,
protégèrent leurs tours et se firent la guerre.

Communement par tuit le mond se mellerent;
Ly povere e ly chetif cest estrif compar[er]ent,
E la mort Alisandre mult cher achaterent;
E icil des regnés qui plus la desirerent,
Primes se repentirent pur le mal qu'il troverent:
En servage chairent en peur qe nen erent.

546

Grant merveille est de gent k'encontre reson tirent.
Changent en corages e en lur quer desirent *197r*
Noveautez e changes dont sey memes enpirent.
Tant cum Alisandre vesqui, li baron l'enhairent,
Destraistrent par paroles e plousors mals bastirent,
E felonessement par poison le trairent
Cum sist a son manger; granz mals as regnés firent.
Cil qui a conseil furent unques n'en joirent;
En tel aventure e en tel peine chaire[n]t
Dont il e tuit lur heir puis en repentirent.
Plus de quinze realmes tel doel en suffrirent;
Exillé en furent; la sue mort mal virent.
La gent en fu destruite e des terres fuirent.
Povere e cheitif lur herité guerpirent
Pur la mort Alisandre qu'il a tort mordrirent.

Ils s'affrontèrent de par le monde.
Les pauvres et les faibles firent les frais de ces querelles
et payèrent très cher la mort d'Alexandre.
Et ceux qui la désiraient le plus
s'en repentirent aussitôt, devant les malheurs qu'ils connurent :
ils tombèrent dans un esclavage pire que le précédent.

546

Quel prodige que ces gens qui agissent contre la raison,
qui changent de sentiments et désirent en leur cœur
des nouveautés et des changements dont ils font eux-mêmes les frais!
Du vivant d'Alexandre, les barons le haïssaient,
disaient du mal de lui, fomentaient des complots,
avant de l'empoisonner traîtreusement
à son repas : ce fut un grand malheur pour les royaumes.
Les responsables n'en tirèrent aucun avantage ;
ils subirent des peines et des châtiments tels
qu'ils s'en repentirent, comme tous leurs descendants.
Plus de quinze royaumes eurent à en souffrir
et furent détruits : ils payèrent cher sa mort.
Le peuple fut massacré et prit la fuite.
Les pauvres et les faibles perdirent leur héritage,
par la mort d'Alexandre, injustement tué.

VARIANTES

Variantes de *P*: 1 Mult par est iceste s. dolenz e p. – 2 icels – 3 p. nus delivra le – 4 est eiet m. – 7 nul *omis* – 8 ni ait itant m. – 10 Al j. que – tant avera t. – 14 est *om.* – 16 D. si poent – 18 b. vers c. – 20 custus – 22 Si nuls dels me – 23 Lume m. sovent en outre mal – 25 Si a la fiee; homes *om.* – 26 oir un v. – 27 darie; *un vers supplémentaire*: Qi Babiloine prist e sis uncles Cyrrus – 28 Alixandre conquist itanz isles hidus – 30 b. en m; *un vers supplémentaire*: Cum lestorie dirrat fort fu et vigrous – 32 Li sage homme a[n]cien m. – 33 cum *om.* – 35 Lune partie e. Asye Affrike la s. – 37 s. ad el c. – 38-9 *om.* – 40 E de m. – 42 De aoust e de septembre decembre od la fonde – 44 d. quareme od – 45 len responde – 46 Diceste chose e. furent – 48 Qi le curs – 49 quarte; f. a b. – 51 Dunc se combateit cist par estellacion – 52 Qe v. g. se par a. non – 53 Salcons reis se presist – 54 Lores salast c. segur en – 55 presist ou en pocion – 57 Et en semblant de ceus par machinacion – 58 semblat – 61 Ja tant ne venissent en chalam nen dromun – 62 Qe *om.*; t. touz en d. – 64 XXX reis – 65 ly *om.* – 66 p. mult grant t. – 67 Out a. – 68 Q. il sout p. l. e. la l. c. – 70 Une c. ne chaldeu – 71 Cil le fist d. m. en un b.; *un vers supplémentaire*: Ses ymages moilla & destempra sa puison – 72 F. lores e d. – 74 r. tote la c. – 75 ni entent nule d. – 76 De la g. – 77 T. sunt p. – 78 sil i a. – 79 del aler – 80 out tut p. si sen fut a larron – 81 chaitiveison – 82 d. sesteit – 84 par espleit – 85 en v. – 86 En mult divers pensers est sis quors en destreit – 87 *Un vers supplémentaire*: Salcons homme li demande que respondre purreit – 88 sen est porpense – 89 Al art dastronomie que il p. s. – 91 des esteilles – 94 en ost ou m. a d. – 95 La *om.*; g. le regnee – 96 Pas de grande capitale; mi *om.*; en lentrant – 97 Cum cil b.; *deux vers supplémentaires*: E chantent cil oisel k'liver ont passe / Tote rien sesioist fors cil desnature – 98 Grant f. – 99 orent m. les t.s. – 100 conte – 101 Qe *om.* – 102 Cel d. el qaveir los de honestete – 103 porpensa que s. c. est – 104 Ja dans cent mile iur poet bien estre [.]. – 105 Escria m. chevalers – 108 M. ert b.; *un vers supplémentaire*: Curteise aveit leschine tendre est par le coste –

110 li *om.*; bien piere; *un vers supplémentaire*: Saphirs e esmeragdes a compas ordene – 111 C. fu; vermail memire – 112 Sus cele i out – 113 Li estre f. dor p. culpine – 114 E sonez p. d. m.; de *om.* – 115 e. e veille – 116 E l. r. – 117 munte s. li altre – 119 Q. cornur maistre – 121 Estendu – 122 ont *om.* – 123 Nen i ad; nait – 124 Agenulez a la t. trestuz – 125 len sivient tut d. – 126 De tanz maneres – 127 *om.* – 128 e ces v. h. – 129 el champ melle – 130 bourde – 131 *om.* – 132 i *om.* – 133 reverse – 134 ount le iur c.; *un vers supplémentaire*: Li bobanz fust pur els mult greignur demene – 135 La *om.*; *pas de grande capitale* – 137 B. peil out – 138 out sur s. – 139 tartiz le bras – 140 B. char c. n. le s. i ot m.; *un vers supplémentaire*: En un poupre blialt fut sis corps fresele – 142 t. en e. respensee – 148 de respondre – 149 sil d. qe a m. lui ert t. – 151 La dame – 153 E volt que sil siet de li rien quil seit cele – 154 Ne volt avant querre si ne seit en prive – 155 desve home ad t. a un ver a. – 156 el mul bien atorne – 157 E si sen vint el p. q. assez out j. – 158 la dame – 161 De devant; en un s. – 166 P. savez vous sul del art ke h. ke unc fu vis – 167 chascune del pais – 168 tuz geuz tuz r.; *un vers supplémentaire*: Ne de sort ne de charme nen est mi quers eschis – 169 avons e l. – 171 Jee nen ai; ce me garis – 172 d. joe ai plus apris – 173 me dit – 174 A quei mesguardas tu tut en iur el v. – 175 fet il; est unke de p. – 176 dit *om*; d. joe ainz – 177 jeo *om.*; de cest a. – 178 un s. – 179 sui ca t. – 180 v. dei dire – 181 V. me conseillerez solung – 185 el c. a ovre bon e. – 186 en m. – 187 e m. forment sen r. – 188 Il lesgardast el v. – 189 ele *om.* – 190 *3 vers supplémentaires*: En unes tables dor une lecon li lit / Les curs as .vii. planetes li at mostre e dit / De quel colur eles sunt li prof escrit – 192 c. es tables li e. – 193 Chascune – 197 de ceo m. – 198 d. le sot m. par sesmerveilla – 199 fait la dame e de m. – 200 Ja me fait lem saveir – 201 deit g. – 202 le conseil e. – 203 es s. que t. – 204 largement – 209 dame de v. naistra – 212 la terre – 213 onc – 214 lengendera – 215 E p. icest veir dist a vus menvei a – 216 e a vus – 218 La dame entent ses diz mult li en pesa – 221 la *om.*; coment coe – 222 *om.* – 226 en apres les jucs par s. s. si medla – 227 E puis de virgine cire une y. molla – 229 quot fait cele y. – 231 fet *om.* – 235 enz en la c. – 237 Apres li – 240 La d. suspira – 241 Car *om.* – 245 apres le seon – 247 si la – 250 Tut p. le los le; li *om.* – 251 h. idunc li – 253 c. mundast c. – 254 Si *om.*; *un vers supplémentaire*:

Sanz noise e sanz freur en son lit le meist – 256 E que mot ne sonat – 258 semblant; part i f. – 259 De virgine c. iointe e p. dedenz – 260 Puis le l.; pur t. semblant requist – 261 f. tele c. – 262 Trescual l. – 263 d. le veit multon – 268 Laveit devant veu – 269 la dist; p. mult b. – 271 e *om.* – 273 il *om.* – 275 quele neust – 277 De q. ci – 278 subduction – 281 v. a m. plus r. – 285 Kar icest qui s. d. – 286 mise dunc me deit aleger – 287 *om.* – 291 voudreiz aveir ioe li sai nuncier – 292 D. a mei le matin si lauras – 293 v. averat m. – 296 issir se li lui volt enveier – 297-8 *om.* – 301 s. trop a. – 302 me fet c. – 303 iceste p. – 304 Mar en a. ia p. kar ne – 305 La s. de v. par le peire e. s. – 310 Pois sil ad esutille; *un vers supplémentaire*: Ses devins e ses sages mandast devant iour – 311 en *om.* – 312 vint e vint ovec soisur – 315 D. son umblil pris ion de v. c. – 317 onques – 318 i fut od sa lusur – 319 Le leons le feri dun suen espie en lur – 320 la u ieo e. en issi fait e. – 321 m. en ai – 322 V. e. qavez veu d.; *un vers supplémentaire*: La reine est enceinte nen aiez pas dolur – 323 Grius est quil e. – 324 La mei del l. signefie lenur – 325 a. en la p. – 326 onc em ne vit m.; *un vers supplémentaire*: Tant loinz cum lem purra aler pur chalur – 328 Cee notez le s. ou lespie gist sur – 330 guerreiat – 332 Repaira a M. dreit al c. – 333 e. sin ad g. – 334 en cel l. – 336 cui e. lemfant – 337 quil li fait – 338 cum home d. – 345 Quinzes teises fut bien la c. t. – 346 narilles; *un vers supplémentaire*: Semblant fait dabatre les murs qui sunt estant – 348 Si hardi – 350 O. lentent – 351 Sun chief mist en ses curs e ses piez en son devant; *un vers supplémentaire*: La reine le maine tut entur en estant – 352 E *om.*; Amos le d. quele amat tant – 353 c. e corent i seriant – 355 ni out n. – 356 E pur la – 357 si fait t. – 358 entendant – 359 *Un vers supplémentaire*: Ore est Phelippe cert dont einz esteit doutant – 360 Avint puis quil fu en une region – 361 Et mult i aveit bestes e o. a grant foison – 362 faisant; trestut a bandon – 364 si depecast sin eissi un d. – 365 par *om.*; petitet si rampat – 366 Le test d. ert eissu – 367 Il ni poeit e. ne desuz nen sum – 368 Ne contre le soleil t. – 369 p. itel a. – 370 hom *om.* – 371 li de la stellacion – 372 *om.* – 373 Priet li quil li die de cee sentencion – 374 conionccion – 375 m. chere r. – 376 e. lavision – 377 Que rendra tut le m. en – 379 C. que li dragons morust de fors sa m. – 382 J. e petiz c. – 384 Li ventres a la dame a son terme est pris – 385 N. la lune p. – 388 fuistis – 390 t. ore sin aurez – 392 e *om.*;

ele regrette cris – 393 ma *om.*; ore est mult pis – 394 ert cocher demis – 395 Lautre meite est home de la chere del vis – 396 kar des ainz v. g. – 397 *om.* – 398 se rastient s. c. anceis v. d. – 399 E les a. venent; *un vers supplémentaire*: Sa nature le volt e il fut volentis – 400 G. dolur; pres *om.* – 401 fu dolent e fierement pensis – 402 Regarda as – 404 Lessez – 405 Gouvernera grant terre – 406 contre – 409 Al nastre – 412 F. escliz – 413 le ior – 417 dit e sa mere iure – 418 de cele creature – 419 p. e la f. – 420 v. & dure – 421 il en ferunt – 422 trestuz a demesure – 423 r. ke tuit en seit seure – 424 tuit *om.*; parti – 426 le; *un vers supplémentaire*: Desi la que mais lunt a grieve portreiture – 427 doucement – 429 m. le comandet quil i d. o. – 430 Ke li uns li a. – 432 E le tierz chevalcher a iuer e e. – 433 c. saillir – 434 E poindre et ateindre e traire e f. – 435 E li vii li a. les vii arz a r. – 436 Cum apposer d. e argument faillir – 437 m. set de herbes por g. – 438 E *om.*; p. en court e a t. p. – 439 par aaimer – 440 *un vers supplémentaire*. E quant li uns le lesse latre le veit saisir – 441 Destre oisdif ou y. – 442 poet m. ou b. – 443 Que ore voldra bons vers oimes les poet oir – 444 De veire e. coe oez b. g. – 445 Alixandre est de ce quil se volt e. – 449 avoit e crep g. oil e v. – 450 E come l. aveit neir loil s. – 452 B. saveit de c. eschermer de p. – 453 De chiens e de forez o. ieter e p. – 455 b. reis A. il fu s. tuz – 456 Icil – 457 el mund sanz – 458 si qua un i.; qe *om.* – 459 P. al rei – 461 Nul ni out si – 465 sele a p. – 466 H. volleit manger p. – 467 Lom li dona icels qui el reigne font m. – 470 Une corroune ot el f. – 471 E t.; e iube b. – 472 Fors li rois A. ni m. – 474 ferment – 475 g. mais pecchie criminal – 476 creille – 477 Desur lur dun fosse en t. – 479 E *om.*; il laprent – 480 l. conoistre meinte esteille – 481 Dengins e des s. – 482 Q. assez sout del a. li vallet sapareille – 484 El f. – 485 li dona amont par son – 486 L. c. ries jusqual os et les c. – 487 Dehet tel clerioun q. s. m. esveille – 489 ly *om.* tut le mond seus d. – 491 E ne s. d. q. tei deveit o. – 492 Des a. devinoes – 494 poet ces – 495 qastronomie – 496 lastronomie e b. – 498 De icest dit ad li m. grant deol e i. – 500 trop *om.* – 501 fiz *om.*; A. diseit – 502 li ad conte ordre cum il son fiz esteit – 503 Lassembler – 504 en *om.*; petie – 506 E *om.* – 508 & ele m. sesmerveilla de ceo quil li conteit – 509 f. meintenant al m. quele saveit – 510 A cel ior; en mult suspecions – 511 Qui en apres – 512 A Dieu f. sacrefice de corps – 513 De fin or – 514 E p. sest – 515 E si f. – 516 qad a Dieu fust questions – 518 montera – 519 s. estrier – 520 Cil a. le roialme que tint P. – 521 Dunc aveit A. – 522 E *om.*; h. desuz la – 523 fut – 524 E est venu c. sil v. – 525 ly *om.*; Tholomeus – 527 A. mult faist ovrir bas – 528 E des quil le vit tut ioint piez s. s. – 529 fait le m. – 530 Cil alat dire au rei qui gardast el r. – 531 D. s. que ceo est cil dunt li dist dan Phebus – 532 Salue le come rei cum seignur cume dus – 533 Q. lemfes A. par out .xv. ans enters – 534 Bel bacheler e. pruz hardiz e legiers – 535 E m. p. a. – 539 Trestut; qanque i f. m. – 540 t. & q. – 542 *om.* – 544 Tholomeu qui puis fu sis mestre conseillers – 545 P. tint lespee qui fu reis dreiturers – 548 bones armes e bien c. d. – (549-550 *intervertir*) – 549 Sufferent – 550 C. sivrent lenfant – 551 M. par fut; e li r. m. – 552 n. furent – 553 f. aporter chargie dor – 554 A. les done par mules par destres – 555 As bachelers n. – 556 Mareschaus a ceus e a ces d. – 557 A ces j. e as fols platoners – 558 Ni out n. ken v. – 560 d. ses d. – 561 E *om.* – 562 Ore a.; e chars e c. – 563 Fait c. ses c. o. bateillers; *un vers supplémentaire*: Kar en ost en volt aler venger ses desirers – 564 A. si ad mult b. o. – 565 L. s. en haut e v. al dreit p. – 566 Rent pois d. n. e logent en lerbage – 567 D. les murs de liu – 568 E A. – 572 A. e vit ia s. l. – 574 Sil salua a. p. mult g. c. – 575 D. t. salt Alixandre emfes de jolif eage – 576 A. se tut g. lieis le b. – 577 E N. – 579 e de altre treuage – 580 tu sais me done tost t. g. – 581-5 *om.* – 587 *om.* – 588 A tei me c. si naurai ton homage – 589 del chief de la cite ostage (*ou* orcage?) – 590 m. escopa le v. – 592 se taist; de cel h. – 594 le riveue d. c. avera colage – 595 Respaira A. a sa – 597 e. quant vient a la – 598 reposerent – 599 *om.* – 600 i *om.* – 601 E la g. A. fut mult tost – 603 e. est d. od la – 604 e. ovec sa – 605 L. l. aloinees est od lautre a. – 606 des fers fut mlt grant la – 607 j. ot enz el c. – 608 E poinz e piez trenchez t. t. colpee – 609 fut grant – 610 ensanglantee – 612 e podnee – 614 Il le f. od lespee ou le seigne est fermee – 615 la boc dor – 617 lance ius ruee – 618 Sacha le b. dascier une len ad donee – 620 lalme sen est alee – 621 A. li d. – 622 En pee la v.; me *om.* – 623 e *om.* – 625 esgrate – 626 E unt t. la t. e. degastee – 627 del regne *om.*; en unt – 628 si *om.*; vienent – 629 Et e. en la; esteit – 630 ad gree – 631 icele; ale *om.* – 633 Esteit sa m. – 635 r. de C. – 636 E por icel – 638 m. conseil od els ad pris – 639 El regne assirien; ses *om.* – 640 esteit – 641 E f. es. – 642 ot a n.; mest avis –

643 T. li ont li m. e d. – 644 dame tut ceo quil i ont quis – 645 De n.; ont le t. assis – 646 E. la r. el l. ou li fut mis – 647 Ceo fut a M. des dunc a – 649 Qui vers ces b. – 651 plus *om.* – 652 Kar par vileinir; veiser – 653 Car *om.*; li hom se fet h. – 656 com veit foleier – 658 O. nen d. – 660 Nen vei nule qui puisse a trestuz fei porter – 661 Nen quidez ke home sen deive par altrui c. – 662 sa f. – 663 a. quanque i ad m. – 665 Ore i vienent; b. e c. – 666 marches – 667 E vesconte e provoz vavasur e t. – 669 sen veneit – 671 s. oisseur e herberger – 672 E ly *om.* – 675 De dulces f. de basme de foils de lorier; *un vers supplémentaire*: De flurs de cynamome e de flurs dolive – 676 font iuncher – 677 E a oes les m. – 678 Ore en vienent si home a cent e a m. – 680 f. sa femme congeier – 681 mult *om.* – 683 Einz el p. – 686 S. une mule; tresbien amblant e g. – 687 Apres li chevalier li prince de Candas – 689 sivent – 690 Pur les mulez dAlfrike trestu en roilsoras – 692 Les t. et t. Coe d. O. – 694 Ohi las – 695 Ohi es morte d. e di ne me p. – 697 mes hontages qe – 699 ne menchacast p. – 704 S. seust o. som nel eust t. – 705 E d. Allas c.; ore ai p. – 707 dachaison; creue – 708 en v. su chaeue – 709 si nest p. vostra a. – 711 r. al batue rendue – 712 E a defors munt amenee a vivre en une m.; *un vers supplémentaire*: Solaine en ma dolur issi come beste mue – 713-4 *om.* – 717 chevestre – 718 E li p. as pierres; tessue – 719 g. assiriene fut – 720 en veisse – 722 De e. dor souvent sun mul a. – 723 qe *om.*; ad venue – 724 Mult par i; q. par i fut venue – 727 v. bele d. – 728 Il la p. par la redne; c *om.* – 730 Desuz un propre; fust *om.* – 732 li bacheler desur dras – 733 m. el p. as tables – 735 i seneschal e seriant h. – 736 espensers (= e spensers?) – 738 clare e de p. de vin despendables – 741 T. i est s. vains chaitif d. – 742 turneiant – 743 *om.* – 745 b. e fut ore de nune – 746 r. passe est a – 749 rundone – 750 p. bundir qui fremist e r.; *un vers supplémentaire*: Monte suz les grez si qe nul naraisone – 753 ly *om.* – 754 Li reis len ad mene del p. quil adone – 755 P. le p. – 756 b. e bien fet e h. – 759 a ceo – 760 bone g. – 761 a sa f. – 763 Il li ont aporte leve il ad – 764 Phelippun si siest pois a cotez – 765 v. pimenz e c. – 766 Apres sa r. – 767 c. le rei ert e de lui – 768 L. ert n. – 769 trop fu e. – 770 sis diz a. – 771 P. lenfant c. a ces moz a. – 772 sert tut a lur v. – 773 Il avera de luer e bons dras e bon g. – 774 c. le emfes emflez – 775 T. un hanap dor tut pleins de vin h. – 776 F. len de suz – 777 Ambedui; ly *om.* – 778

E. q. ceo siet Phelippun a p. nen est d. – 780 m. est versez – 781 s. est e. – 782 Li vallez i est od plus de .v. cent armez – 783 unt escus qui mult estoit amez – 785 En la c. (*c'est aussi la leçon de D*). – 788 Ni en est qui la requerre qui ne – 789 Al ieter del p. – 790 Botent – 791 C. qe p. li sauce – 792 en *om.*; t. est montez – 793 montee e sen vait – 794 la druerie qe la li – 796 i *om.* – 797 r. gist en sa c. par mult grant e. – 798 tens sis fiz le vait veier – 799 E ad dit a sun pere; d. moy v. – 800 ne tei c. – 802 cel voldreie s. – 804 si *om.* – 807 m. ca enz quele i venge seir – 808 E belement v. – 811 P. lui r. ore fai t. – 813 le veit v. c. lui esteit – 816 Kar il est trop malveisse; en tuyt *om.* – 818 q. liu s. – 819 l. enfrait – 821 D. Cleopatras b. ia un t esplait – 822 Le mielz de son aveir en la c. nous lait – 823 E le – 824 D. monterent les c. si chevauchent a hait – 825 Meinent le a Phelippe; unt fait – 826 e. faite la pue qui q. d. en ait – 827 Diceo qe; del r. – 831 Ne quil lui ne r. – 832 Ceo p. l. f. – 834 d. fiesses e d. – 836 D. li l. – 838 Quil puisse c. iceo – 839 E li r. le c. le vallet e. i. – 841 sil sune – 842 conneu – 844 S. osbert e son helme e sun espeie esmolu – 846 Desqual p. en v. ou li tres tunt t. – 847 e. des degrez d. – 849 v. se mist – 850 m. en s. – 853 N. dorreie a – 854 s. sus es a. si qe estrui nest t. – 855 p. bien v. – 856 Treis feiz le – 857 Itant cum – 858 naveit recreu – 859 li quil eust retenu – 860 E tuit *om.*; l. le tint u sen est detenu – 861 q. cel c. – 862 Atholomeu – 863 Ja ni ert mais liez si serra c. – 864 Unke veie le – 865 veient treu mult cher lur est r. – 866 est – 867 E sis regnes estruit e si mur a. – 869 E tant espie pecie e tant escu f. – 871 p. sest li – 872 c. qe grams est e iriez – 873 .x. millers furent as b. osbers saffrez – 874 E bien .xv. mil de geldes a p. – 875 eirent; e les prez – 876 c. vindrent ou furent enveiez – 877 E leverent perries – 879 s. contre eus bien a. – 880 e *om.*; s. s. environez; *deux vers supplémentaires*: De fossez de paliz tut entur enforciez / Renovelent les forz murs e abatent les vielz – 881 home preissez – 882 A. le A. iames ne serrat liez – 883 m. brusiez – 884 de defors sest logez – 887 Destreit sont par famine si sunt defors a. – 888 fut f. esmaiez – 889 v. en b.; assaignez – 890 v. il m. qestre si p. – 891 Il unt prises les a.– 892 E a icels de defors si se s. a. – 893 al alasser – 894 i furent d. – 896 E tant chevaler m. t. borgeis d. – 899 de batuz e plus i ad de b. – 900 Des m. e des nafrez fut tut le – 901 sunt mult nafre – 902 Veit li reis A. – 903 s. sun c. e s. ad raliez –

905 esleissez – 906 Lescu li ad fendu e losberc desmaillez – 907 E prent – 908 s. reversee – 909 E la; e les murs depeciez – 912 b. si sen s. espleitez – 913 E dit a; *un vers supplémentaire*: Cum li reis est occis e les murs despoillez – 914 E la c. de e li regnes e. – 915 *om.* – 916 A icestes paroles qe A. li d.– 917 Veit e. P. gent – 918 Darie (*comme toujours dans P*); a. escrit – 919 qe li emfes v. si fut oi e l.; *un vers supplémentaire*: Somunent Phelippun qe de sun treu saquist – 920 P. le vadlet a. – 922 c. dor el chief de mult bon – 925 ad dit ceo qe aveit en lescrit – 926 e t. mult grant espit – 927 Que hum li deit treu r. seit g. – 928 D. D. nous ait – 929 *om.* – 932 qe iamais nel vous prist – 934 Phelippe e faitement lur rit – 935 M. il ne q. p. quil treu l. – 937 des *om.* – 938 D. del ciel c. – 941 O. volt de nus de c. – 942 c. et il m. – 943 E cense e t. – 948 nus claint – 949 Que li G. ne doint s. – 950 ieo ensurketut ne home de mon lisgnage – 951 A nul home estrange na prince salvage – 952 ne d. sur lui unc aveir servage – 955 h. il arrunt anceis lur chief en g. – 956 ait t. ne chevage – 957 o. tresbien de tel eage – 958 e. tel hontage – 960 Biau frere A. – 962 tu ers; tut tun p. – 963 Nous avum; v. sovent g. – 965 Darie le rei alfage – 967 Tanz i.e. leissez; *un vers supplémentaire*: A tant vont as chevals mettent sei el veage – 968 m. rei Darie – 969 T. par mi G. par T. par Sydoine – 970 Dunc fu reis poestis li bons reis Appollonie – 972 v. en Babilonie – 973 messager dan Darie sen vont h. – 974 remaint ensemble od sa g. – 975 vait ki son t. – 976 le sollt lem al p. a cesteinement – 978 A. sen vait – 979 E guerreia – 980 P. uns riches quens h. de bons j. – 981 e grant r. – 982 El palais e. – 983 Il aime – 984 son *om.*; trestut p. – 986 dame i c. – 987 m. del rei e ert son c. – 989 por le aise – 990 v. trop venge – 991 T. ad entre ces dous a. – 992 Li quens par son conseill i vient priveement – 993 Qant il; ert e vers orient – 994 Phelippe sil p. – 995 vait enz el p.; en *om.* – 996 i *om.*; t. el p. – 998 il sout que se est il si – 1000 E celi q. lad m. od sa mere est en – 1004 E il l. – 1005 Le vallet le s. e a Phelippe – 1007 Trestut le; t. le cors lui porfent – 1009 tun escient; *un vers supplémentaire*: Ore vei ieo ben que devant tun naissement – 1011 *om.* – 1012 Delivrent les paleis – 1013 E Phelippe est morz par icele aventure – 1014 C. lalme a Dieu; tote *om.* – 1015 Solonc real c. mult r. s. – 1016 De basme lont enoint e dune altre o. – 1017 Que ia cors venait nen avera p. – 1018 E p. sont covree de real v. – 1019 d.el c. – 1020

o.ben d. – 1021 E dune – 1022 E ioinnent les; de mult r.– 1023 e fait tut a – 1024 i ont fait si diseit la – 1026 a. nen f. – 1029 y. e suz semblant a – 1030 or tresiete a la sue e. – 1031 o. surrien e a griewe peinture – 1032 o. mis des pierres en lentaillure – 1033 A trifoire sutil a grieve neillure – 1034 La c. ad el c. – 1035 sa main un; p. lenhel-dure – 1036 En l. – 1037 maure – 1038 E fu q. p. le p. – 1039 c. le b. – 1040 M. e Tyre – 1041 f. par traison o. – 1042 E A.; donc *om.* – 1043 desqen A. – 1044 Quil volt a lui t. venge a son empire – 1045 Kar il est de G. reis s. – 1046 E sil i at nul home kil voille contredire – 1047 Si s. fors del pais; g. en Syre – 1048 q. len portent – 1050 D. giu partir poent quel quil v. – 1051 e tuit c. – 1052 Sevent que A. ad mande son barnee – 1053 i ad n. si hardi a li ne – 1054 Tut altresi seignors c. – 1055 p. ad ia une – 1057 e font a lui f. – 1058 Li conte li b. e li d. a. – 1059 ad il dunc d. – 1061 D. osbercs e des helmes quil i ad – 1063 Ni ad dunc si povre qui ne f. enbreve – 1064 n. bien e. – 1065 ad acru s. – 1066 trestuz; *deux vers supplémentaires*: E de .x. e .vij. cens de cheviliers arme / Quil ad par proesce de Grece conqueste – 1067 f. ensemble e il furent n. – 1068 cenz arme – 1071 Phelippe ont ovec eus porte – 1072 E vindrent al r. iloec sunt e. – 1074 Suz el r. de trarte est li reis a. – 1076 p. e les chastels m. – 1077 Ni ad; e felte; *deux vers supplémentaires*: Quant il out le realme trestut si ordene / Establi ses iustices tut a sa volente – 1078 A. son ost – 1079 Tut dreit en Sezile out sun barnage ale – 1080 sunt arriwe – 1081 ferement – 1083 Dunc passerent les t. e vont en – 1084 Tramet ses messagers p. – 1086 Il aveit mult fier – 1087 E li s.; se asseure m. – 1088 Il en tienent concile entre lur b. – 1089 Mande lur quil latendrunt de suz sa baillie – 1090 Par dan M.; q. fut de Achaie – 1092 dor icil de Hongrie – 1093 A peires p. – 1094 Qui couvent a p. – 1095 li present en – 1100 El realme de; c. dreit sa – 1101 t. avirone o. – 1103 En chastels en citez ne t. quil d. – 1104 e fist i sestablie – 1105 De tels barons i ad ia ne li f. boisdie – 1107 Tut le regne de ca p.; alie – 1108 Grant g. ad a; terre coillie – 1110 out ne faite assaillie – 1111 e la b. – 1112 Q. il ont la nouvele Alixandre oie – 1113 acoil-lie – 1115 Liez s.; ne li guenchirent m. – 1117 Quant asseur fut de la genz el realme d. – 1118 E fist t. bois – 1119 quil il a.; *un vers supplémentaire*: Par une grant tormente qui totes les fruissa – 1121 Tropolin en lestorie antif le n. – 1122 A la n.; corona – 1123 c. trestuz i m. – 1124 f. bel s. – 1126 m. es c. e il el s. – 1127 e. en la – 1128 *om.* – 1129 En mi leu del m. – 1130 giteiz icil q. – 1132 s. iceo l. – 1133-35 *om.* – 1136 Sur les gens de Perse – 1137 sur eus sa gent a. – 1138 Q. ceo sout vostre r. – 1139 itels – 1140 a. el r. ne guarda – 1141 Mais a sa deliverance par une veie sen va – 1145 Q. coe ot A. des oilz del chief plora – 1146 Qe a.; i. le r. – 1148 Itant lur p. e itant lur d. – 1150 A. icele y. – 1152 E de d. – 1153 Quil s.; d. de ceo l. – 1154 E li esvesque Phelippun – 1156 o. nen ot c. a tort le blasme – 1159 c. as b. – 1160 c. les n. e ses genz esch[i]pa – 1161 Entra en Egypte tut (*espace blanc*) s. – 1162 v. el r.; c. i f. – 1163 Enz el d.; o. li o. – 1165 Des ferissables homes ot armes lur l. – 1166 Alixandre; l. ces c. – 1167 n. si cil q. – 1168 A. icoe p. – 1169 P. les t.; e *om.*; p. les grant olz b. – 1171 Reis nen ose contrester; *un vers supplémentaire*: Vers la grant mer vait le regne assaillir – 1173 que il deit v. – 1174 pur le r. guarir – 1175 Le bon r. A. ne v. – 1176 quil la v.; lui tenir – 1177 ne se deive tant enguillir – 1178 Anceis v. – 1179 qui brun e. – 1180 E le plus de s. o. morir e p. – 1181 qempris ad par furnir – 1182 M. aprendre a e. – 1183 E facez sei bainner e – 1185 I[l] se pens cum il se peust ses homes m. – 1186 Quil ore voit a Darie t. – 1188 ne volleit a li p. – 1190-1 *om.* – 1192 E l.; *un folio blanc dans P* – 1319 e Darie e l. *C* – 1321 sont estreit a men e. *C* – 1323 a. ka v. *C* – 1324 v. oir ou *C*; Qui g. v. *P* – 1325 quele f. volt t. purveie al *P* – 1326 t. savoir ke *C*; itel s. que *P* – 1327 E t.; se puissent d. *P* – 1329 q. il oit estoire a lasche tocher *P* – 1330 r. idonc *P* – 1332 E ren nen d. *C*; E ne dire quil puisse rien qui ni ait mestier *P* – 1333 Hom feint sovent es faiz belte *P* – 1334 ki matire f. *C*; C. qui matire f. c. a p. *P* – 1335 Ne d. *CP* – 1336 f. assiez p. *P* – 1337 c. ben t. *C*; Ceo me deivent li *P* – 1338 a Troie e Pompeie *P* – 1339 l. Entiche e S. reverser *P* – 1341 auctors qui t. quier *P* – 1342 Ki *C*; d. al premer *P* – 1343 Babilonie *C*; li gentil m. *P* – 1344 Darie *CP* (*cette forme habituelle dans CP ne sera plus mentionnée désormais*); Phelippe *P* – 1346 Phelippe *P* – 1347 Ke nus sout *C*; n. dait c.; s. treu p. *P* – 1348 se lessast v. *C* – 1349 M. il ad *CP*; un nouvel fiz de novel c. *P* – 1350 pruz est e l. *P* – 1351 ne nus volt e. *P* – 1352 ke Ws deussom *C* – 1353 l. le t. a chalenger *P* – 1354 c. ne en tel *C*; En costone nel metez nen *P* – 1355 il ou altre Gregeis aie r. *P* – 1356 Si vus n. *P* – 1357 nen porterez d. *C*; – A. a a. v. nen porterez un d. *P* – 1358 icoe e. ni ad q. *P*; ni *C* – 1359 s. privez b. veit donc c. *P* – 1360 En un p. la force; dun lorier *P* – 1361 M. par i; del v. *P* – 1362 c. dui m. *P* – 1363 ki neit c. *C*; Il ni ad un sul del c. nait d. *P* – 1364 au consail *C*; Al conseil est alee ove sa baro[n]ie *P* – 1365 E d.; q. de eus ad *P* – 1366 C. li vadlet de G. le t. li devie *P* – 1367 de cele compaignie *P* – 1369 *manque dans P* – 1370 De duchez e de contes ad c. *P* – 1372 od meiune eschevie *C*; m. es m. a maisnie ascharie *P* – 1373 i *manque dans P* – 1374 trestuz *P* – 1376 l. sire ke il est od *C*; l. quel fuit od sa g. *P* – 1377 b. florie *P* – 1378 ou quil vount *P* – 1379 E par brief comandent doner tenserie *P* – 1380 nen p. *C*; M. quant il revendrunt nel enporterunt m. *P* – 1381 messager q. l. muls e. *P* – 1382 f. les rednes a. *P* – 1383 avironent *C*; E p. l. mers e les realmes avironent *P* – 1386 Surie e f. *C*; T. le rei en syre fierement le a. *P* – 1387 De part D. presentent e brief ensement d. *P* – 1388 Qui s. *P* – 1389 e dangers v. l. en resonent *C* – 1389-1390 *manque dans P* – 1391 D. li r. *CP* – 1392 E p. a M. *P* – 1393 salue *P* – 1394 Sache *C*; t. al trespoant *P* – 1396 coe te d.; e si c. *P* – 1397 Que torne en sun p. *P* – 1399 s. mi h. t. e *CP* – 1400 regne *P* – 1401 i. e figuremant *P* – 1402 Et un sen d.; c. en un s. *P* – 1403 Unes rennes i; feriant *C*; Une resnes *P* – 1404 E une p. den ben f. *C*; *manque dans P* – 1405 d. aumoneres de v. d. eschiruant *C*; asmoneres dun d. escharimant *P* – 1406 Des d. *C*; leinz *manque dans P*; or esplendeiant *P* – 1407 Li p. sunt p. mes li s. i est g. *P* – 1410 Qe *manque dans P* – 1411 ke en savoer *C*; qui en saveir *P* – 1411-2 *intervertis dans P* – 1412 pussez *C*; poisses de la f. *P* – 1413 monte *P* – 1414 *manque dans P* – 1415 tous requid mut *C*; me deives te quid m. *P* – 1417 a giu enfantil *C*; en gieu enfantil *P* – 1418 un *manque dans P*; l. dever t. *P* – 1419 E t. e robir c. p. f. c. *P* – 1420 f. e rendre *C*; f. en c. *P* – 1421 Tu cest f. *C*; cy *manque dans C*; nas que prendre *P*; *un vers supplémentaire dans P*: Pur tant tenvei cest or que arez a desprendre – 1422 ta petite qe *C*; ta p. gente que freille est e tendre *P*; fletrie *C* – 1423 tu *manque dans P* – 1424 l. e b. *CP* – 1425 que hom d. *P* – 1427 t. cil del m. f. ensemble od t.*P* – 1428 Naverai pur coe p.; d. ne desrei *P*; *un vers supplémentaire dans CP* – Ne la gent ke i ai honte de ton noblai *C* Ne la gent que ioe ai crieme de tun noblei *P* – 1429 ore *absent dans*

C; g. e itel ost ai ioe ensemble o[r]dine *P* – 1430 Contre ne poet estre *CP*; de coe *P* – 1431 g. ou poudre en s. *C*; P. qen mer ni ad g. ne puldre en *P* – 1432 ieo *absent dans P* – 1433 Qe *absent dans CP*; en pois c. si cum ioe c. *P* – 1434 p. icoe demand ta f. retrei *P* – 1435 Coe est *C*; E coe est; p. descrit *P* – 1437 le fier m. *P* – 1438 f. son noblei *P* – 1439 qe *manque dans C*; Ni ad un sul si h. que neust p. de *P* – 1441 r. lur r. si f.ieo p. *CP* – 1442 me soffrez; si seez tut q. *C*; men *manque dans P*, en *manque dans P* – 1443 bone *C*; Ja vus vi ioe bone e h. en conrei *P* – 1444 Ws vei e mai *C*; Ore sul pur un mandement acoardez vus vei *P* – 1445 p. aveir e si ne *P* – 1446 vei doutanz q. aloues souz rei *P* – 1447 Hom *CP* – 1448 *absent dans P* – 1449 abaie *C* – 1450 d. a recevre *P* – 1451 D. pur sa *C* – 1452 voise e mon *C*; voise e que mun *P* – 1453 Ja damne D. *P* – 1454 Si enceis *CP* – 1456 manee *C* – 1457 As bruns b. *P* – 1458 lost Alisandre de *CP* – 1459 h. i t. *C* – 1464 en *manque dans C*; ad i a. *P* – 1465 un b. *C*; les briefs *P* – 1466 ly *illisible dans C à cause d'une tache* – 1467 E ij d. dor e *P* – 1469 p. e a r. *C*; p. e arcele *P* – 1470 del aler *C* – 1469-1470 *intervertis dans P* – 1473 f. l. p. les ruistes g. *C*; f. e p. e roistez galz p. *P* – 1476 le sel *C*; le seel *P* – 1479 A cui li nostre sire f. *P* – 1482 e de hom de *C*; doine (= dome) *P* – 1483 Que tel f. ad de g. e en sei tel *P* – 1484 povere *C* – 1485 Ou de si *C*; *manque dans P* – 1486 ay *manque dans C* – 1488 tu e ti *CP* – 1490 es efforcur *C*; es foreeur *P* – 1491 greindres; de n. l. *C*; granz; de n. long l. *P* – 1492 p. en c. apres icest m. *C*; apres icest m. *P* – 1493 p. ten d. *C* – 1494 fut mut b. *CP* – 1496 en *absent dans CP*; ta g. h. *CP* (*sans doute aussi dans D avant l'altération en* tô) – 1497 not ke *C* – 1501 Al ior que menveias trois dreit e. *P* – 1507 t. les b. *C* – 1508 sesmer u aillent *C*; sesveillent *P* – 1509 de ire *CP*; de eschar *C* – 1512 Qe *absent dans C* – 1515 chescun lui ad dit *C*; *absent dans P* – 1521 I. ke *CP* – 1523-4 *absent dans P* – 1527 Poinne *C*; Ruigne *P* – 1529 larrons e *CP* – 1531 S. messagers a. *P* – 1532 *absent dans P* – 1535 as larrons venduz *C*; a barons v. *P* – 1545 m. i v. de prof *C*; ainz que quarante dis *P* – 1546 Avom *P* – 1549 n. irra sil t. *P* – 1553 Cr. e de Ynde *C*; M. e de Grece e Ierosolimis – 1554 Venez venger vos hommes *CP*; kil m. *C*; qui len meine *P* – 1556 crest g. *C*; creit g. *P* – 1557 E kil gerreie a *CP*; *un vers supplémentaire dans CP*: Par meimes le mandement (salu *P*) kil fist premerement – 1561 baist b. *C* – 1563 il prescien p. *C*; as ij anciens *P* – 1565 Pardurra lui sil vient *C*; Quil pardorrat a lui sil volt trestut s. *P* – 1568 En plaiderai a *P* – 1569 fermement *C* – 1575 Ke en *C* – 1577 chameus; e les curres curser *C*; chameil; e curres conreer *P* – 1579 A g. dromedaries *C*; E as dromedaries *P* – 1585 A. ni pusse nule part *C*; A nen puisse de n. part *P* – 1587 Ne p. *CP*; ne endurer *C*; nendurer *P* – 1588 qui ni volt *P* – 1589 sa terre que *P* – 1591 t. engraventer *C*; turcs agraventer *P* – 1592 L. povers ocire e les r. chaitiver *P* – 1594 E vient en *C* – 1600 T. de ce c. *C*; T. en c. *P* – 1601 Ou girofres c. e peivere *C*; Ou li girifre c. le peivre *P* – 1602 o. e un *CP* – 1605 ne creie en *CP* – 1607 E Aufrike; g. auin *C*; Des Alfrike; e la cite Tarin *P* – 1609 frain *P* – 1610 De Parthe *C*; De part *P*; Sabin *CP* – 1611 J. de Saloine e *P* – 1614 est ne crest *C*; est ne crut ne b. *P* – 1615 ni p. *CP* – 1616 come f. *C*; Car e *P* – 1618 *un vers supplémentaire dans CP*: Li soleil fut levez e feseit beau matin (e faiseit bel m. *P*) – 1621 c. redrescoit ke un poi t. *C*; c. dresce en haut car un p. est e. *P* – 1622 un soen *C* – 1623 de Capadocie *C*; de Capadoce *P* – 1624 Tyrin *P* – 1625 palain *P* – 1627 e bon brant a. *P* – 1628 E. e f. *CP* – 1629 E beau chival *C* – 1630 Ws mettrez en c. *C*; vus mettez el c. *P* – 1631 si nus *CP* – 1632 orguil *C*; *manque dans P* – 1634 rei e m. *CP* – 1635 F. des *C*; Le f. des *P* – 1636 p. son e. *CP* – 1640 Qui sufferunt od *P* – 1642 f. dor *C*; cil peitral *CP* – 1644 darcal *CP* – 1645 ovre *P* – 1647 S. vet a.;tut lost *C*; vait; tuit lost *P* – 1649 *Un vers supplémentaire dans P*: Luissent li garnement e li orin estruit – 1650 D. escalops d. *C*; D. fraites d. *P* – 1651 ch. turceis ki *C*; ch. tu[r]keis ki *P* – 1652 soniz *C*; sonez *P* – 1656 li duit *CP* – 1658 Ben gardent *C*; Eschalgueiter se *P* – 1667 pleines *C* – 1668 La podrere e le fum ont del *C*; Le puldre le fum ont del *P* – 1670 un pu a *C*; prent un espee a. *P* – 1671 E c. tuit l. *P* – 1672 Vient p. *C*; Poignant vient p. *P* – 1673 bel chevaler *P* – 1674 b. recercele m. *CP* – 1675 e le br. *C*; e le cors bien *P* – 1676 Il nen ad *CP* – 1677 espeie *C*; espie esmolu *P* – 1678 penoncel *C*; penuncel *P* – 1679 e. tut es lais c. *P* – 1681 q. li o. *C* – 1684 pleines *C* – 1685 quidiom *C*; quidom *P* – 1687 nus *CP* – 1689 espeies *C*; espiez *P* – 1691 desculu *C* – 1697 coe est amalagu *P* – 1698 Cels qui gouvernera *P* – 1699 ai od m. *CP* – 1700 e Cyrin v. *C*; e Cheini v. *P* – 1703 d. le c. *CP* – 1713

Vestiront *C*; Vestirent *P*; – *onze vers supplémentaires dans P* (fol. 33b) – 1714 bon ioe vus en di itant *P* – 1715 r. tut si le vus comant *P* – 1716 e dites *C*; e d. que ioe le grant *P* – 1721 eskarmant *C*; escharimant *P* – 1724 Li c. en fu *C* – 1726 un acere b. *C* – 1730 r. avenant *C*; arainant *P* – 1734 ad apres lui sivant *P* – 1736 plaines *C*; E vunt sen ultre les le d. *P* – 1739 fu *C*; fust *manque dans P* – 1743 *Un vers supplémentaire dans CP*: E les bretesches amont sor les escheles fauz – 1744 et 1747 *sont intervertis dans CP* – 1745 tut saufs *C*; m. les salz *P* – 1746 tenderont *C*; sustenderont *P* – 1747 *absent dans P*; Darie les siut de loin od les barons plus bauz *C* – 1748 d. tut en *C*; d. dunc en *P* – 1750 ernauz *C*; arvalz *P* – 1755 ceus ke a. *C*; cil qui a. *P* – 1760 ovoec de f. *C*; E treis de ses filles car fiz naveit il mie *P* – 1762 *deux vers supplémentaires dans P*: Archelau devant sa eschiele guie / E Salome apres sa comestablie – 1763 Tut li regnes *C*; Trestut li rencs *P* – 1764 *Pas de changement de laisse dans CP*; E Alisandres *C*; E Alisandre *P* – 1765 E iut s. *C*; E giseit s. *P*; Tabarie *CP* – 1766 c. sa g. *C*; darmes sa gent ert bien g. *P* – 1767 *absent dans P*; *deux vers supplémentaires dans P*: Uns messagers lur vint qui ne lur ceile mie / Ici vient dan Darie od tel chevalerie.

1778 *Après ce vers, C s'arrête, puis reprend au vers 1922; variantes de P* – 1780 Ke r.; m. fiez – 1781 Ne me s. raison quil i s. – 1782 a. fut a tort o. – 1783 a tort ou p. – 1784 Nen e.; r. coe est sovent jugez – 1786 b. s.f. c. – 1787 destre – 1788 E en t. e. somes; *un vers supplémentaire*: Mais combatum a force come homes preisez – 1789 n. eimes c. – 1790 Cil ci d. – 1791 Quant avum la medlee tant sovent coreciez – 1792 E il reveient l.; serrunt haitiez – 1793 la nen tenc n. – 1794 q. vous maidez – 1795 En lestur adure voz f. – 1797 mei guerreiez – 1799 sal b. – 1800 unc en; tant *om.* – 1801 O. en s. – 1802 Si v. en a. voz chieles arengez – 1805 al g.; ne *om.* – 1806 a. les rencs eschariez – 1807 b. bien serrez s. – 1808 C. de vus avera p. q. ni g. – 1809 e. bon rei trop vous en t. – 1810 A. vostre c. – 1811 de combatre trestut a. – 1812 p. as espiez – 1815 b. li p. li enseignez – 1816 e corruciez – 1817 D. vestirent; l. osbercs dulgiez – 1818 Saisent l. e. lacent heaumes v. – 1820 de combatre a. – 1821 E li – 1822 dun vert s. ovre – 1823 S. estrius sanz a. e. cheval m. – 1824 fer bien a.

– 1825 cels del champ lad – 1826 S. c. e s. d. a sei ad a. – 1827 il que coe est v. – 1828 D. volt aveir t. – 1829 q. lui desoit mad – 1831 Itel – 1832 c. men v. a. ore sil men – 1833 A destreiz la d.; quil seient p. – 1834 Sil p.; f. encontre – 1835 Destrengie ou partie; dessevre – 1836 en porrum nus f. – 1842 nus v. en trestut vostre ee – 1843 Iceste – 1844 D. sonerent; lur gent ont ordene – 1846 Envers lost dan D. – 1852 d. car trop les veit serre; *un vers supplémentaire*: Nes voit pas receivre mais en coste est ultree – 1853 e. escheve de se gre – 1855 C. es forz o. od Darie seurte – 1856 Alis. *om.*; C. les c. p. les lur aille – 1857 Issi qas t. e. fist idunc f. – 1858 Ne larrat q. dan D. as dereins nasaille – 1861 C. en cel conrei ert lur vie e – 1863 D. el premer f. ert le – 1864 a. corant e ert c. dun p. – 1865 D. pur ficher largue e – 1866 n. aveit d. la v. – 1867 Al bon r. – 1868 Si apele avultre – 1869 Retrait – 1870 E lenchanteor v. sespusaille – 1871 espie – 1873 li perce e losberc li – 1874 del espie le c. – 1875 Sil abat e. en la – 1877 Fierent d. fors espiez es osbercs mesl – 1878 l. osbercs treslerz – 1879 e fort le combateiz – 1880 forte – 1881 escharneiz – 1883 rei leve ... *masqué par l'illustration*; *un vers supplémentaire*: De suz la boche li fraint lescu faitiz – 1884 Son osberc d. – 1885 Que m. – 1886 se contienent en – 1887 C. li lus fameillus e. Fuc de Berbiz – 1888 c. gentiz – 1889 E devant lui en meine les coarz desconfiz – 1891 ad en sa compaignie une g. b. preissee – 1892 .xx. m. sunt p. – 1893 E de b. f. mult furent a. – 1894 Dan T. sescrie e sa seigne ad dresce – 1895 d. Tyrim en mi sa meisnee – 1896 ad sa t. bruissee – 1897 E ad sa – 1898 le cors le met la lemele āguisee – 1899 s. muade – 1900 d. tresquele – 1901 Al abaisser les l. meinte i ot despeciee – 1902 E m. osberc e m. – 1905 s. e blesce – 1906 e des plaiez – 1908 ou fiert ad – 1909 ne porent s.; ne la aschee – 1910 d. fuiant e. – 1911 s. medle e dur sunt li – 1912 Fier rei A. a; a baldour – 1913 li fort Almacour – 1914 Caldeu – 1915 il sen; e en pour – 1916 Tut d. – 1917 h. bon rei – 1918 n. sache a – 1920 f. grant h. ad e tristur – 1921 Pur ioindre al primer point le misodur.

1922 *C recommence ici*: le siwent teus vint mil poigneur *C* – 1930 espies *C*; lespie *P* – 1932 Al f. *CP* – 1933 de Syrie *C*; de Syre *P* – 1934 i remaingnent p. – 1937 as dereins c. *CP* – 1938 Une e. *CP* – 1943 E vient sen li *P* – 1948 E vienent dunc les homes forment mal bailli *P* – 1950 Gr. p. as laz feri *C*; Gr. a p. es leis feri *P* – 1951 le hauberc li parti *C*; losberc lui [*espace blanc*] *P* – 1953 unt tut si *P* – 1954 cinc lur a. *C*; .X. lur ad o. e. v. lur a. *P* – 1956 enpouri *C*; forment apouri *P* – 1957 m. sunt a cels cops *P* – 1958 A poi *P* – 1959 M. en sunt m. esbal *P* – 1961 Les les sen venent a. *P* – 1963 S. qui *P* – 1964 sa hanste p. *C*; la longur de sa hanste *P* – 1965 tochast mie en *P* – 1966 porreit *P* – 1967 Capadocie *C* – 1968 ad si hardi ne *P* – 1969 Almonter *P* – 1971 destroit *P* – 1974 a deviser le quel victorie *P* – 1976 de coste *CP* – 1979 Li caple *C*; c. sunt mult d. li c. *P* – 1980 d. cors *P* – 1982 Il ni ad un sul si *P* – 1983 c. truvereint li *P* – 1985 En quise romaine ferent *C*; romaine firent cels sorvenir *P* – 1988 espiez *C*; espiz *P* – 1989 tanz assals e. *P* – 1990 vermail *C*; E *manque dans* *P* – 1991 Tantes peces de *CP* – 1992 pasmer *CP* – 1994 fust; peust o. *CP*; diloeques *C* – 1998 e grefment a. *C*; E egrement c. e durement a. *P* – 1999 lui fuir *P* – 2000 hom *C*; nule r. *CP* – 2001 C. n Eufrasien *P* – 2002 qui se deussent *P* – 2006 Sa mere e sa femme (*P* fame) *CP*; e laisse al convenir *P* – 2007 Pur aler asseur p. *P* – 2008 tut devant el premer *P* – 2009 a enchalcer *P* – 2010 D. fut *C*; D. en fait *P* – 2011 q. esplanter *C*; m. i q. gainner *P* – 2012 d. veist vassaus *C*; d. vait vassaus *P* – 2013 E poindre a estrif mener e *P* – 2015 pout *C*; poet *P* – 2016 D. tresques al anutier *C*; D. tresqal nuitier *P* – 2018 E par tant le *CP*; enz en un or setier *P* – 2021 Il p. sa mere e sa fille *P* – 2023 Quil fait a *P* – 2024 en bues e ferm enfirger *C*; les en boies e en firges firger *P* – 2025 navrat un d. *P* – 2028 Corte *C*; Forte; e dur lencombrer *P* – 2029 o. volt o. *P* – 2030 Ke soleent les genz *C*; Qui soleient la *P* – 2031 nes voleit assaillir *P* – 2032 ne primes torneier *P*; *un vers supplémentaire dans P*: Entz (?) ala ocirre les derains e detrencher – 2034 Par manque dans *CP*; encontre a destreiz dun verger *P* – 2040 l. curres pescer *C*; c. e tures pecier – 2041 f. trencher *P* – 2043 f. se v. *C*; li soutil v. *P* – 2044 a eus fut as Grius fut d. *C*; A. lur fut e as Grieus encombrer *P* – 2047 l. plaines l. *C*; 1. places l. *P* – 2049 ior leve e len oit les o. *P* – 2050 e lesturneaus *C*; Laoue de la calande *P* – 2052 r. les champs e les gent reaus *C*; le champ e ses homes leaus *P*; *un vers supplémentaire dans P*: E pernent ces escuz lances e penuncels – 2053 p. li bons e li beaus *P* – 2054 les granz ruisseus *P* – 2055 *manque dans P* – 2056 tanz *C*; tant *P* – 2057 filz a ses p. *C*; E les f.

as *P* – 2058 e gisir l. *C*; e giser ses b. *P*; *un vers supplémentaire dans P*: En som la croiz del chief lur boilt li cler cervels – 2059 l. plevit e r. come s. leaus *C*; se plaint e r. c. chevalers leus *P* – 2060 ces oes en t. *P* – 2061 es c. e es p. *P* – 2062 De sarcu de m. fet coverir les tumbleaus *C*; E de s. de m. couvrir les tumbels *P* – 2064 Faire les mettre en boies en firges en anels *P* – 2066 E done lur osbercs e chevals isgnels *P* – 2067 E tuit lor *P* – 2068 h. a or *C*; h. od pierres preciels *P* – 2069 g. destrenchez a ciseus *P* – 2070 Des p. *C*; p. l. b. fait li reis e. *P* – 2071 E departir *P* – 2072 p. en champ feit *P* – 2073 La femme rei D. sa fille od le v. *P* – 2074 il *manque dans C*; Sa mere e les altres fait il *P* – 2075 c. sur trestoz h. *P* – 2077 p. lait ne *P* – 2079 s. fuiz qui porent eschaper *P* – 2080 itant nes poes pas anumbrer *P* – 2081 l. eire a. *P*; *un vers supplémentaire dans P*: Mult virent que A. desirent a encontrer – 2082 osteer *C*; A. se voelent osteier *P* – 2083 poent *P* – 2084 O. funt lur genz p. *P* – 2085 Treskes en *C* – 2086 en ad oi p. *P* – 2088 tramit ses m. Chamandre *P* – 2090 s. verites e *C*; s. regnez sa iustice *P* – 2091 C. li par b. que ost deit auner *P* – 2092 Tiels qui seient dee de lur armes p. *P* – 2093 o. li vienge aider *C*; o. li vienge monstrer – 2096 li demeine per *CP* – 2098 Eschandre *P* – 2100 treus *CP* – 2101 sen o. *C*; se o. *P* – 2102 P. trestutes s. t. brefs e messagers manda *P* – 2104 Cent cinquante vint m. *C*; Cent cinquante m. homes e .xx. mil i amena *P* – 2107 El groin d. *P*; hanste *C*; banste *P* – 2108 dist a soens ki diloec la hostera *C*; lestora *P* – 2109 il le oscira *C*; il le exillera *P* – 2111 v. le rei Darie va *P* – 2112 a Athenes ou *C* – 2113 M. fu li rois afolez qui porte lur v. *P* – 2114 ferement *C* – 2118 rule *CP* – 2122 Pur *CP* – 2123 defors *CP* – 2124 Si nest *CP* – 2125 hautes *C*; haltes *P* – 2126 liois e *C*; lios e *P* – 2128 e. devant lur piz *P* – 2129 c. braidis *P* – 2130 s. el c. *P* – 2131 E. li en *P* – 2132 haspeus *C*; haspolz e t. homes m. *P* – 2133 Ou tu *P* – 2136 aver *C*; aveir *P* – 2138 E donc l. *C*; E puis dist en oiance *P* – 2139 ne i garra un v. *P* – 2141 est forte c. *P* – 2143 d. espiz ke paumeient *C*; d. espeiez que palmeient *P* – 2145 *manque dans P*; e li h. *C* – 2146 suz e. *CP* – 2148 D. espeis v. *C* – 2149 Les homes A. *P* – 2151 aveit *CP* – 2154 m. sire de *P* – 2155 berefrai *C*; berefrei *P*; m. bon *CP* – 2156 i esteit venu *P* – 2157 F. fut al e. *P* – 2158 c. qui c. *P* – 2159 a un v. leuncel *CP* – 2161 cizel *C*; cisel *P* – 2162 p. esforcer

v. *C*; p. estorer v. *P* – 2163 D. trestuz l. *P* – 2164 Il b.; tint en chancel *P* – 2165 feri *P* – 2166 Mazanel *C*; n. f. Natnel *P* – 2168 s. osberc m. e f. *P* – 2170 b. son espie *C*; b. son espee *P* – 2172 Thebain *C*; li rael; Thebanien *P* – 2173 De bien p. *P* – 2174 M. par et *CP*; bel de c. *P* – 2175 v. deraant hors *C*; – E vait sen destraiant fors d. r. en l. *P* – 2176 Deus Grius l. *C*; ii Grieus l. ad o. e ii h. *P* – 2177 E le ciste de Navarre le secime de Tace *P* – 2178 lur p.; de la m. lur m. *P* – 2179 i. e g. *C*; A. les v. qui doel creit a achace *P* – 2181 e. e s. *CP* – 2182 F. lathenien ke *C*; E f. le de tiel air que *P* – 2183 la lemele Iui passe *P* – 2184 *absent dans P* – 2185 Cil de Thebes le *P* – 2186 Car iceste damoisel lur teneit b. leu *P* – 2187 c. i aveit de *CP*; de son sevise escu *P* – 2189 De ceste nouvele; e pieu *P* – 2190 e si le fet Th *C*; si le fait Th. *P* – 2192 li dux Thimotheu *P* – 2193 o. estrur *C*; o. estrieu *P* – 2194 *Un vers supplémentaire dans P*: E heaume peitevin e targe chanaleu – 2196 E li Thebanien dolur grant i suffrirent *P* – 2197 E itanz cum il furent nequident ben le firent *P* – 2198 Trestrent *C*; Traistrent; c. desqe lur perte iuirent *P* – 2199 Trestrent les portes e le turnai l. *C*; E fermerent lur p. e lur turnei guerpirent *P*; *un vers supplémentaire dans P*: Car .iij. cenz chevalers par lur turnei perdirent – 2200 m. fort sen esbaudirent *P* – 2201 p. vers la *C*; Maintindrent lur assauz pres de lur dos se tindrent *P* – 2202 Mais al; envairent *P* – 2203 e. sabatirent *P* – 2204 d. qui s. lur guenchirent *P* – 2205 e rendirent *P* – 2206 Thebain; ne purent en *C*; Quant ne poent avant en *P* – 2207 f. sen esioirent *P* – 2208 Par le comant al rei as murs l. *P* – 2210 espeis *C* – 2211 Trestrent q. *C*; t. eve chalde c. *P* – 2213 Mes ore *C*; A force v. *P* – 2216 p. de sauz l. *C* – 2217 *absent dans P*; l. nel pussent *C*; *C s'arrête après ce vers et reprend au vers* 2357; variantes de *P*: 2218 as murs fait amener – 2219 D. fait il a. l. 2220-2222 *om.* – 2223 agusez eve c. – 2224 h. verriez pasme e – 2226 Les bels chevaler l. – 2228 E tantes – 2230 Un assalt pur a.; trover – 2231 Qui t.; v. unc d. – 2232 E icil ne – 2233 d. cum hardi chevaler – 2235 il i p. – 2237 sivez legier bacheler – 2238 Lur atrait unt fait mairien aporter – 2240 les i leissent entrer – 2241 Le premer i est entre c. – 2242 el d. – 2243 qui est conseuz darme nad g. – 2244 Li citein li; e mult p. – 2246 *Un vers supplémentaire*: E maint pel aguse e maint gros mesurant – 2247 brusees e Grieu – 2248 e. de gavelos vunt d. –

2249 Tresqe A. la grant p. – 2251 e. si sen meinent o. – 2252 fu savant – 2253 Qui s. des e. – 2255 A un chalenieles dor haltement e. – 2260 manant – 2261 Li parentez – 2263 Es m. es p. fist m. f. ardant – 2264 Ni remant – 2265 Neis c. – 2267 Li plusur sen fuient nuitantre p. – 2268 E sen v. – 2273 d. uns r. aduree – 2275 Dist lui p. H. i ert estoree – 2276 p. dan Mercurien refaite e poplee – 2277 Ore sen vait A. ovec – 2278 r. quil a. – 2279-2280 *suivent* 2281 – 2280 Unkes; fu mais assemble – 2282 la chalur eirent la – 2284 v. cest anceis tensee – 2285 D. tramit ses m. a la p. – 2286 el m. – 2288 [N]e unc a rei fors abat ne fui e. – 2289 A. en vienent – 2292 fut leu o. – 2293 d. truage – 2295 Mais ne – 2296 Que si riche reis d. – 2299 p. est e – 2300 vos *om.*; c. tu naurez n. – 2301 A. en serrez meillor en t. – 2303 e donmes fait t. – 2304 Ne vus plus de porte ne v. – 2306 o. par estage – 2307 Ne voi tant p. – 2308 e. de ceste b. – 2309 en esgrom doille si come – 2310 M. li reis A. p. s. le suage – 2311 A. sunt oiant tuit l. – 2312 m. fut il sempres d. – 2314 Devant lemperor out le trieu en despit – 2315 e. altre e. – 2316 quil ont d. – 2317 Al fort r. – 2318 C. nus – 2320 r. est aveirs – 2321 C. vre ancessor n. – 2324 Q. savium sa m. nus en fumus tuit liez – 2325 salques – 2326 nus ledengez – 2327 En servise en – 2328 v. de nul treu mettre nus volez – 2331 El c. nus troverez tuit pres a. – 2334 Die as A. – 2336 m. hommes m. – 2337 trencher lur cols lur mains lur piez – 2338 A. mi c. niert ia a. – 2339-2341 *om.* – 2342 P. serrunt en un – 2343 nous en c. – 2344 estez – 2345 C. ioe sui e – 2347 c. primes h. – 2349 Dauctors e de – 2350 R. e m. p. g. – 2351 totes; le meistrie – 2352 i out icel iour – 2353 E p. – 2355 o. sa b. – 2356 Que le rendirent t.

2357 *C reprend*; ale *absent dans CP* – 2359 p. avant car dreiz est qui le d. *P* – 2360 la char h. *CP* – 2361 Enginnus de *P* – 2362 Le grant sens *P* – 2363 pert de veir a. *P* – 2364 n. kil c. *C*; Il fait quant quil volt ne vei n. quil desdie *P* – 2365 d. e met en sa baillie *P* – 2367 ore *absent dans CP*; E de p. parz ad il si grant b. *P* – 2368 Romanie *CP* – 2369 E Trace *CP*; e Sesille R. *C*; e Lumbardie R. e Ytalie *P* – 2370 F. lesioie *C*; B. de F. la losie *P* – 2371 DAlemaus e de Flemencz e de *C*; DAlemans e de Flemans de *P* – 2372 e la t. de b. *P* – 2374 ioe crei ceo ert f. *CP* – 2375 kil nus p. *C*; icoe quil nus p. *P* – 2377 a. Ie sien b. qui les milles e. *P* – 2379 a. en a. *C*; a. ait *P* – 2380 lautre e s. *C*;

latre en s. *P* – 2381 *absent dans P* – 2382 Celui f.; qui daltre se garnie *P* – 2383 Ne vus m. *P* – 2384 P. le m. *CP*; l. grant l. *P* – 2386 tut lorguil *C*; tuit lorgoill *P* – 2387 Chacat en r. *P* – 2388 E p. *C*; Idunc p. sa m. sa f. *P* – 2389 En estor ocist la *P* – 2391 Sa cestui; t. ni entenc v. *P* – 2394 Devant un an entier ne p. *P* – 2395 En tant purra la t. a. *P* – 2396 Salmades; s. ki f. *C*; Baldamas; s. qui fu *P* – 2398 b. die al *P* – 2401 f. si com ioe crei mult tart descufle hostur *P* – 2402 Ne b. bon f. *P*; milsodur *CP* – 2403 E *absent dans P*; c. tart h. *C* – 2404 Q. as b. *C*; Q. a b. *P* – 2405 P. meteus n. *C* – 2406 onc nen umes *C*; Ki sur n. neumes unke s. *P* – 2408 al monde nad *C* – 2410 p. il e. *P* – 2414 s. i o. *C*; s. o. nus le *P* – 2415 Tute Lacedemonie p. *C*; T. la Macedoine primes *P* – 2416 Corinthe *C*; Chorinthe *P*; *un vers supplémentaire dans CP*: Le pople denviron e les terres entur *C*; Les terres denviron les poeples deintur *P* – 2417 empreimes nus des l. *P* – 2418 Sertes le r. *P* – 2419 nul naveit g. *C*; Icist aveit tiel o. ni aveit unke g. *P* – 2421 liues de laiur *P* – 2422 f. dasez g. *C*; g. qe out; fut encore forceur *P* – 2423 en *absent dans P*; de lee e de lungur *P* – 2424 Trestuz le venquimes b. *P* – 2425 Ws i vi *C*; vos *absent dans P* – 2427 E o. *C*; m. pur nient en *P* – 2428 q. unt g. irur *P* – 2429 a petie e tristour *P* – 2430 nostre a. *C*; vostre a. *P* – 2432 m. par fieble *P* – 2433 f. en la p. *P* – 2434 p. sul n. *CP* – 2435 cestui p. aver sa a. *C*; Des ore *P* – 2437 kil requirt e o. *C*; q. e o. *P* – 2438 d. del noz v. aver *C*; Q. .x. de noz meillors v. pur un son peiur *P* – 2440 Leonie *C*; Loine *P* – 2441 effreez *C*; Premerain f.; r. efforciez *P* – 2443 O reis car c. *P* – 2444 g. efforz encontre *CP* – 2447 un quens e. *C*; un cuens e. *P* – 2448 s. ore e. *C*; s. ore me e. *P* – 2450 As plus s. a c. *P* – 2451 E p. *P* – 2452 E sil est bien a; tuz la tenez *P* – 2453 d. Baldamas *P* – 2455 Qui noz fieus *P* – 2456 ne serum p. *P* – 2457 r. Ws l. *C* – 2458 annueus *C*; annuels *P* – 2459 Joe quid si coe ne faites oiant tut est mostrez *P* – 2460 Que la *P* – 2461 Salmades d. i. si triu ne *C*; Baldamas dist i. si t. li *P* – 2462 e huntage d. *P* – 2463 q. b. est demostrez *P* – 2464 c. ore le loez *P* – 2465 ke sachum coe *C*; E d.; que sachum iceo q. vous lorrez *P* – 2466 a. effors de *C*; aviez de force de *P* – 2467 c. pussez s. *C*; c. peussez s. *P* – 2470 E. dan Baldamas sest d. li d. dreciez *P* – 2474 e Martagaras e mult a. *P* – 2475 E Cerces e M. – 2477 s. mesure quore me m.; *un vers supplémentaire dans P*: A quel gent a quel force vus combatez – 2478 merrez *CP* – 2480 *absent dans P* – 2482 a. il est ore tut altre sicle a. *P* – 2483 ne troverez *C*; ne trouverez *P* – 2484 c. ausruiez le *C*; c. mile as vielz le demandez *P* – 2485 q. il fuist laissez *P* – 2486 laverum a t. *P* – 2488 f. qui de *P* – 2489 r. Baldamas de *P* – 2490 v. porrez *P* – 2491 *absent dans P* – 2492 viels estraiz un *P* – 2493 Ne ten; s. envilez *C*; Ne vous chielt puis la m. *P* – 2494 *absent dans P* – 2495 Li povre l. *P* – 2498 s. oisdif *P* – 2499 b. couveitent *P* – 2500 li viel e *P* – 2501 Enclin e. li e. e *P* – 2502 Baldamas *P* – 2505 Li e. furent g. *C*; f. mult g. *P* – 2506 de c. sunt a un li *P* – 2510 P. tut le *P* – 2511 V. el palais *P* – 2514 d. griffon *C*; a un sun dru Gryphun *P* – 2515 s. la einz t. *P* – 2516 Il ni ad si povere *C* – 2518 de *absent dans C*; Li plus granz ni li ainz nez nad barbe al m. *P* – 2519 il *absent dans CP* – 2520 en grant s. *P* – 2521 Dels ne seit gabbe de *P* – 2524 U. barbe ot en; dune o. *P*; dun o. *C* – 2526 d. sa g. dAthenes bel s. *P* – 2529 U. merveille enceint' trestut a *P* – 2530 ni ad si conue *CP* – 2532 e *absent dans P* – 2533 Enquiert q. *P* – 2538 s. mult c. *P* – 2539 o. chaet l. *C*; chaeit l. force a *P* – 2541 tut le s. me remue *C*; tut li sancs me r. *P* – 2546 fiu *C*; fieu *P* – 2547 s. ni erent iamais escu *P* – 2549 e. avere e piu *C*; deviez par dreit estre soel e pieu *P* – 2550 Ka nus *C*; C. vus devez e. *P* – 2551 A forcent le r. *C*; Ka force chevalchent par san e *P* – 2552 b. menure *P* – 2553 ne furent as voz *C*; ne fiert a vus *P* – 2554 le voleit f. *P* – 2556 G. lur v. *P* – 2557 E il v. *CP* – 2559 e bone lentaillure *C*; c. clers li o. *P* – 2561 dargent en v. *P* – 2563 m. sentente e sa c. *P* – 2565 Q. li reis lur p. *P* – 2566 tramet *et* ent *absent dans P* – 2568 v. seit b. *P* – 2569 b. eusse de vostre orgoill creu *P* – 2570 fust *C*; fut la terre *P* – 2571 p. receif o. *CP* – 2572 P. men s. *P* – 2573 c. i seit le d. *P* – 2576 li ost sont esmeu *CP* – 2577 *Le premier* ne *manque dans CP* – 2578 li burni e *C*; li tant del e. *P* – 2581 Ventelent penuncel *C*; Venteient penuncel; g. pendu *P* – 2582 e li m. *C* – 2583 le poiplus agu *P* – 2584 qui mult cite grant fu *P* – 2585 m. ni s. *CP* – 2586 lor penons h. *C*; li penun fors *P* – 2588 de .xx.m. s. *P* – 2590 d. estre le siege bien defendu *P* – 2591 il corneront e *C*; il corneierent *P* – 2592 s. li ardur s. el paleis *P* – 2593 p. i m. *CP* – 2594 E. de Lacedemonie *C*; E. la cite t. *P* – 2595 Sele e mult r.; m. esteit *P* – 2596 f. ewe e. *C*; e. mult e leve e. *P* – 2597 Itiels t. *P* – 2598 forte

CP; f. un c. *P* – 2599 Donmes e v. *P* – 2602 Li doens d. *P* – 2605 Tut li p. *P* – 2606 t. se deveit *CP* – 2607 m. et t. *P*; *un vers supplémentaire dans CP*: Tholomeu revient ki ben i fereit *C*; T. i vint que tres bien i f. *P* – 2608 J. cil de c. *P* – 2611 ke i p.; a. le ior l. *P* – 2614 f. les n. *C*; f. les p. *P* – 2615 G. perte d. l. la defors *C*; G. perte orent le ior qui defors *P* – 2616 ne purent en *C* – 2617 lices *CP* – 2619 c. e les k. *C* – 2620 e. e gavelos g. *P* – 2622 p. el fosse geterent *P* – 2629 A. as tablies l. *P* – 2630 E f. *P* – 2631 p. Cilice p. *C*; E. fors d. r. p. Sizile p. *P* – 2632 ke passe le ussent mut *C*; passe lorent m. *P* – 2633 Li fort suldein de *P*; le *absent dans C* – 2635 m. mut g. *C* – 2638 qui lensivent p. *P* – 2640 B. tient un grant p. *C* – 2641 as premers p. *P* – 2643 Li fors r. *P* – 2645 f. au cors gent *CP* – 2646 quen orient *P* – 2647 M. dicoe fait li reis sevals c. *P* – 2648 s. corteisement *C*; f. servir e garder franchement *P* – 2649 Mais as p. *P* – 2651 si nen a. *C*; si naverai v. *P* – 2652 a. que q. *P* – 2653 Onc a hom ne vi c. *C*; Unkes ne vi homme c. *P* – 2657 onc tel a men *C*; unke tel e. *P* – 2659 columbs c. come *C*; columb plus cruel que s. *P* – 2662 se mespie ne *P* – 2663 voise acontre ou *C* – 2664 s. le v. *CP* – 2666 f. riche soldains *P* – 2667 Qui cestui l. *P* – 2670 f. cest a. *C* – 2674 d. bons b. *C* – 2675 c. kil receurent en r. *C*; c. kis receverunt r. *P* – 2676 D. ait s. *CP* – 2678 O. nus v. *C* – 2679 avez p. *CP*; Del treu q. *P* – 2681 s. reis D. *P* – 2682 Cil e. *P* – 2683 p. se destent *C*; Quant il vient al b.; p. se defent *P* – 2686 v. derainement *C*; c. part sen desraiement *P* – 2687 en *absent dans C* – 2688 s.bem (?) coard sovent *C*; s. coard bien sovent *P* – 2691 Il est lieu de; l. entens *P* – 2692 deus *absent dans CP*; e. les soens *P* – 2695 l. espeis mist en n. *C* – 2696 de tei t. *P* – 2697 d. deis c.; e les S. *P* – 2698 C. ia vus batirent v. *P* – 2699 P. vus p. *P* – 2700 Cirien te r. *P* – 2701 d. li Veneciens *C*; li Venedociens *P* – 2702 d. espies ciriens *P* – 2703 ki neust au; le mens *C*; Li quel que te voist mult ten abat li miens *P* – 2705 q. lur funt maiors b. *P* – 2706 as del r. *CP* – 2707 E sicum li diz hunte poi met avis le c. *P* – 2708 sadresce e oiant t. d. h. *P* – 2709 f. u g. *C* – 2713 N. ici si h. si estor est lasalt *P* – 2714 c. ne se s. *P* – 2715 a *absent dans P* – 2716 d. e voist par *C*; d. e suiort par *P* – 2718 Cel meiz esteit v. uns quens Joroborans *P* – 2719 dit ore mentendez *P* – 2720 Au s.; li gaus *C* – 2722 s. tost s. *C*; s. tost seu li *P* – 2723 Il le destendrunt *C*; Si se deffenderunt *P* – 2724 T. tuit A. *P* – 2725 E eissum *P* – 2730 nen istera s. *CP* – 2731 p. quatre d. *P* – 2732 *absent dans P* – 2733 O. donc e. *C*; Ore o. les e. devisent les i. *P* – 2734 m. chargees *P* – 2735 p. sunt pleie l. bestes civelees *P* – 2736 E les gardez p. e e. *P* – 2737 l. granz m. *P* – 2738 l. les prueries *C* – 2741 *absent dans P* – 2744 l. deserz l. *P* – 2748 f. trencheis e barrees *P* – 2754 grant *absent dans CP*; Silice tute la costeiere *C*; Sezile trestote la costeere *P* – 2755 en leschele p. *CP* – 2758 la grant b. *P*; *deux vers supplémentaires dans CP*: E[n] trestut cest mond nout plus bele ne plus chere / Li garnement sont bel ke gettent grant lumere *C*; En tote lost naveit plus bele ne plus chere / Li garnement sunt bel e gettent grant lumere *P* – 2759 La pust um *C*; Dunc i peust hom *P* – 2760 c. de colier de c. *P* – 2765 p. halcurs i r. *P* – 2768 d. al p. *CP* – 2769 D. turnent cist *P* – 2771 fust liez le *P* – 2772 M. part sunt li o. g. q. *P* – 2773 bruante ke hom ne la pout *C*; L. rade e b. quil ni porrent p. *P* – 2774 li iors fut m. *P* – 2775 e. leger e fort b. *C*; A. est mult l. f. e bel b. *P* – 2776 sa valur e. *P* – 2778 n. nen o. *C*; nus ni o. *P* – 2779 f. li reis d. *P* – 2780 E lem les lui a. *P* – 2781 n. nen set C; l. ne sevent s. *P* – 2784 quil ait lui covient *P* – 2785 f. od le *C*; Ore li estoit a force - contre le *P* – 2786 kil le p. *C*; quil le p. *P* – 2789 graver si comence a noer *P* – 2790 tut fet a. *C*; apres fet a. *P* (*semble être à l'origine* fet *dans D*) – 2793 m. entur lui mesciner *P* – 2794 s. feel l. *P* – 2795 Itant li d. a beivre *P* – 2797 P. icelui en oi ioe nomer *P* – 2800 Daries lui ad *C*; D. li ad f. vostre m. juger *P* – 2801 r. len voldrat d. *P* – 2802 Encontre lui le v. *P* – 2803 m. deust il *CP*; c. comparer *P* – 2804 Ore p. *P* – 2805 A. out le *P* – 2806 a nul p. *C*; v. un mot soner *P* – 2808 r. mescreit ou creit quanquil oit *P* – 2809 coer verra tant a. *P* – 2812 les beivres d. *C*; feel out les beivres *P* – 2813 E les tendi *C*; Entendi les au; b. mostrer *P* – 2815 v. li reis tempter *P* – 2816 volt en sa fin espover *P* – 2817 E il; m. dient d. *P* – 2821 A. ne me v. a. *P* – 2822 Sun corage leussez tut vus e. *P* – 2823 De beivere ke. men oi ben *C* – 2824 me done a; me pusse t. *C*; me donez a. p. poisse il t. *P* – 2825 v. ore a. *P* – 2826 But le e fut gari le *C*; Quant sen sent bien gari le *P* – 2828 Bel sire fet feel o. *P* – 2829 t. il ne dist mie v. *P* – 2830 dicest faire eusse al quoer v. *P* – 2831 T. overe avai en *C*; T. oure loi en *P* – 2832 s. el mond ni ad cel a. *P* – 2835 b. eslaer *C*; v.

aleier *P* – 2836 E. le m. *P* – 2837 m. lure ne *C*; e. ia m. lovre ne deit r. *P* – 2838 d. men faciez aver *C*; v. en pri b; d. men faciez aver *P* – 2840 ne ioe p. *C*; v. ioe nen ai lespeir *P* – 2843 C. real s. *P* – 2844 ben sen d. *C* – 2845 d. par raison c. *P* – 2848 Des i.; s. des t. *C*; Les granz ires del rei s. del rei v. *P* – 2850 b. apetitees *C*; eves del flun sunt mult apetitees *P* – 2853 D. sen v. *C*; – E dunc eirent v. P. e les veilles essuees *P* – 2854 e granz e e. *P* – 2857 g. esbaude sunt *P* – 2858 Des g. e des c. *CP* – 2861 c. osberc a ces heaumes d. *P* – 2862 c. entaillees *P*; *un vers supplémentaire dans P*: Estrainent les chevals par les laz deflanchees – 2863 M. en lur *CP* – 2867 v. plus aisees *P*; *trois vers supplémentaires dans CP*: Mes mut furent ennuez e a destreiz travillees / De sai e de chalur soffrirent granz haschees / Porprenent les angardes li iuvenceaus preisees (*C*) – 2870 le comant al rei d. *P* – 2872 d. i c. e b. roilliees *P* – 2874 P. liverent as *C*; P. livrerent as *P* – 2876 h. al rei sunt tost a. *P* – 2877 r. herbigees; s. de gent r. *P* – 2878 v. chevaliers ou *P* – 2879 Ore les poet tost a. *C*; Ore les poet aveir *P* – 2880 *absent dans P* – 2881 e. veir p. *P* – 2882 s. forment enragees *P* – 2883 Li gue f.; r. ensaiees *P* – 2886 n. des f. *C*; E si content novels des f. *P* – 2887 Des d. e d. *C* – 2888 *Un vers supplémentaire dans CP*: E issent sen a celees les bacheleries *C*; Issent sen a celee od les bacheleries *P* – 2889 E p.; t. quere c. *CP* – 2893 p. fieres aacies *P* – 2894 C. mult s. *P* – 2895 perdant es champs lur v. *P* – 2898 Taum e T. *C*; Gaudin de T. *P* – 2900-2901 *absent dans P* – 2901 ke oiselet en *C* – 2902 ci estre ben prof d. *C* – 2903 n. ni f. *C* – 2904 ou a g. ou a n. *P* – 2907 Antonie de; e *absent dans P* – 2909 Li freres al soltain e *P* – 2910 *absent dans P* – 2911 E c. *P* – 2912 p. ad sauvage *C*; s. membres a. *P* – 2913 e *absent dans P* – 2914 le fluvie a *C* – 2915 t. a l. *CP* – 2916 Si se s. *P* – 2917 E. p. c. *P* – 2918 D. espiez *CP* – 2922 s. od lui *C*; E s. ia ove li *P* – 2926 *Un vers supplémentaire dans P*: Sil est bon ou malveis saverunt a lur espiez – 2929 f. si ert issi d. *P* – 2930 e Danubie li meuz *C*; e danubles li vielz *P* – 2931 o. la nuit e. *P* – 2933 apparissant *CP* – 2934 v. kis ad *CP*; ad tost e. *C* – 2935 Nen p. *C* – 2936 a chevalche nest pas d. *P* – 2937 einz *CP*; des gregeis nus est e. chalengez *P*; *trois vers supplémentaires dans CP*: Ja Darie nel avera si ore nest draisnez / Coe ke ci querez est droit ken aiez / Ci le recevez baron de nos parz ert paez (*C*) – 2939 sesteit d. *P* – 2941 sele a de lui ia v. *P* – 2942 s. tut a *P* – 2943 d. a abesser les e. *C*; d. de lur trenchant e. *P* – 2944 t. bon e. i furent d. *P* – 2947 s. mult f. damagez *P* – 2948 s. li p. lendengez *P* – 2949 P. a l. *C*; B. i ferirent li p. *P* – 2950 ly *absent dans C* – 2951 bien *absent dans CP*; Illoec poet *P* – 2952 ne vaut p. *C*; ne valt l. *P* – 2954 O. poet o. *CP* – 2955 f. ne t. *P* – 2956 D. en b. *CP* – 2957 saverez les queus font apreiser *C* – 2958 b. dunc le *P* – 2959 s. espie *CP* – 2960 v. p. darie aider *P* – 2961 naverat un si *P* – 2962 *Un vers supplémentaire dans P*: Cum icil parent que li reis out si cher – 2963 *Un vers supplémentaire dans P*: E son espie si fort quil ne poet briser – 2964 f. en un tas tumbler *P* – 2965 e. i a. *C*; m. bon b. *P* – 2968 c. divers persie remeinent t. *P* – 2969 naverunt en ost m. *P* – 2970 E t. sescrie *P* – 2973 m. e pasmer *C*; v. en turnei espasmer e. *P* – 2974 t. dereinner *C*; Que tut erent venu le t. desraisner *P* – 2975 p. un d. *P* – 2976 i *absent dans P* – 2977 Tyberie si est en un *P* – 2979 E. en la pene d. *P* – 2980 ne li fu *P* – 2981 f. mult f. e li colp mult p. *P* – 2983 donkes *CP* – 2984 F. un b. de G. as rencs veneit gustant *CP* (*C*) – 2985 valeit *C*; valt *P* – 2987 b. est f. e li e. g. *C*; b. i est dure e li e. pesant *P* – 2988 h. vassaument c. *C*; h. vassalment c. *P* – 2989 Brusent *C*; Broisierent *P*; *un vers supplémentaire dans P*: E en apres les heaumes ont mester li bon brant – 2993 nes p. *C*; E quant icil de p. *P* – 3001 En a. *C*; E en a. *P* – 3002 v. si d. *P* – 3003 s. de corn r. *C*; s. dun corn r. *P* – 3004 v. siwant *C*; sunt fuiant *P* – 3005 ben aidant *C*; bien a. *P* – 3006 e li grieu v. *P* – 3007 l. les m. *C*; les vont mult laidissant *P* – 3008 Meint *C* – 3009 denchaucer treskei al g. bruant *C*; E en finent denchaucer tresqal eue bruiant *P* – 3011 Endeble la *C*; E deble la *P* – 3012 v. as d. *CP* – 3013 Il les f.; il en unt *P* – 3014 li suffirs *P* – 3015 E dotouse la *P* – 3017 El li p. *CP* – 3018 e. e assirien *C*; e. e surien *P* – 3019 C. Grui e Cretien *C*; e calaveu ebreu e trecien *P* – 3020 De Parthe *CP* – 3022 S. le t. *C*; S. destornent grieu e macedonien *P* – 3024 lui freint l. *C*; lui fraint tut l. surrien *P* – 3025 *trois vers supplémentaires dans CP*: Veant tuz abat pus le Capadocien / Dolur ont li Persien e li Arabien / Tholomeu escrie avenuz men est ben (*C*) – 3027 Solement de *P* – 3028 Baldamus en a. *P* – 3030 ci nen f. nus mes ben *C*; Alum nus ent seignurs ci ne frum nus rien *P* – 3031 Kar ioe faz mult q. *P* – 3032 nen os *C*; ne men os p. le eue de *P* –

3033 d. espeie a. *C*; d. espie tirien *P* – 3034 Car ioe men v. f. del espie qui est mien *P* – 3035 Ki ces p. *C*; p. li quens e. *P* – 3037 d. de sun espie purfendi *P* – 3038 b. osberc de son dos lui d. *P* – 3039 mi ultre le *P* – 3040 s. donc i f. *C*; s. idunc f. *P* – 3041 surien l. o. dunc a. *P* – 3042 E griement enchaucie durement c. *P* – 3043 lur *absent dans P* – 3044 Treske al *C*; Tresqal eue de *P*; guenchissant *CP* – 3045 r. un c. c. v. *P* – 3046 el c. lor est de ior p. *P* – 3047 il est m. *P* – 3048 en *manque dans P* – 3049 s. monte c. *P* – 3051 sadubent q. *CP* – 3052 e de Grece *manque dans P* – 3053 sunt v. *CP* – 3054 defors *CP* – 3055 e montent es chevals *P* – 3058 d. de c. *P* – 3060 s. od lui *CP* – 3062 Passent le *P* – 3063 cume h. *C*; cum bons hardiz vassals *P* – 3064 *Un vers supplémentaire dans CP*: Les armures riches dont il est acernez (il sunt adobez *P*) – 3066 T. les c. *P* – 3069 E li d. O. ert s. *P* – 3071 f. se fu ia einz el c. navrez *P* – 3073 E veit i l. *P* – 3074 la ou il s. *CP* – 3075 *Une large initiale dans C*; un yndien d. *P* – 3077 sa hanste *C*; hante mort labat enmi les p. *P* – 3081 Li bons trieus; e. aquitez *P* – 3082 c. vus p. *P* – 3083 l. receverez *CP* – 3084 M. furent g. *P* – 3085 Abaissent les espiez si e. *P* – 3091 e dus e d. *P* – 3093 Li fort rei A. *P* – 3095 E f.; de syre *P* – 3096 *absent dans P* – 3098 Pleine *CP* – 3099 Que le; lui despece puis nout m. *P* – 3100 m. dur la b. enduree *P* – 3101 e crue la *C*; dautre dure la *P* – 3102 f. od sa *C*; f. ovec sa *P* – 3103 ke il i ad menee *C*; D. a la sue q. *P* – 3104 f. e de *P* – 3105 E t. e. f. e t. *P* – 3106 E t. *P* – 3108 E t. c. d. e t. *CP* – 3110 T. chevaler i *P* – 3111 Dunt i.; nert par e1s r. *P* – 3112 Perse en est destruite e Mede esgaree *CP* (*C*) – 3114 part *manque dans P* – 3115 Li fort soltain de P. en s. *P* – 3116 Sun dist en tut le mund r. *P* – 3117 lad atendu e a *C* – 3120 Sil seist a *P* – 3121 m. e a. *P* – 3122 E m. *P* – 3124 Ki A. oscira Perse en avera aquitee *C*; Qui le rei ocirra Persse aura quitee *P* – 3125 en feu d. *C*; E la m. del r. *P* – 3127 Oi tant t. *P* – 3128 m. li autre nen averont *C*; m. navreient tuit li altre d. *P* – 3129 B. en s. haucee e *C*; B. en s. heitie e *P* – 3130 G. desertee *CP* – 3131 p. al rei s. *P* – 3133 Ni ad *CP* – 3134 Ohi diex de ciel sire pere g. *P* – 3135 Cume l. *C* – 3136 perecus *CP*; Joe ne vei nul si sage ne nul si *P* – 3137 ne sei idunke vigrus *P* – 3138 t. seint h. ne hom religius *C*; t. seint home ne tant r. *P* – 3139 Q. del a.; s. mult c. *P* – 3140 a. cil q. *P* – 3141 e. mult d. *C*; i aveit qui mult fu e.

P – 3142 e fort e vigrus *P* – 3143 m. enmi le c. *P* – 3144 e le h. *C*; e sun h. *P* – 3146 a. al g. *C*; a. del g. *P* – 3148 pramesse au rei un *C*; *manque dans P* – 3149 E. la gent de grece a *CP* – 3150 r. vait a. d. se c. *P* – 3152 E li *P* – 3153 B. pria c. *C*; Bel preia a chascun *P* – 3154 E dunc de *P* – 3155 A. la v. *C*; En a. *P* – 3156 Pul b.; c. e l. *C* – 3158 e *manque dans C*; d. espees e *P* – 3160 *manque dans P* – 3161 a. pris e *C*; Chascuns se peine p. *P* – 3162 l. argos *C*; l. forz argos *P*; *un vers supplémentaire dans CP*: E teneit en sa main un espe red e gros (*C*) – 3164 *absent dans P*; t. e c. *C* – 3166 Li reis se regarda *P* – 3167 E *absent dans P*; dampne deu *CP* – 3170 en *absent dans P* – 31 2 C. ioe de v. o. verreement oi talent *P* – 3173 eur (*sans majuscule*) q. *P* – 3175 p. mon e. *C*; c. al m. *P* – 3176 ke devers Ws *C*; laventure qui devers v. *P* – 3177 v. kele Ws ait plus ka mai ne c. *C*; qa vus ainc e plus qa *P* – 3178 me nout p. *P* – 3180 s. niez de *C*; c. devers o. *P* – 3182 li riches D. *C*; li soltains me f. un serement *P* – 3185 Ws preist A. *C*; v. fort rei preist le v. *P* – 3186 Mis men a *P* – 3187 Mais mes a.; e certes malveisement *P* – 3188 Saventure le *P* – 3189 le kasement *C*; le chacement *P* – 3190 Li reis le saissi dunc a ses s. *P* – 3191 Quil le; h. tost i. *P* – 3192 il *absent dans C* – 3194 *Un vers supplémentaire dans P*: Li osberc est falsez car lespie fu trenchant – 3195 c. lance li *C*; c. cheval li *P* – 3197 c. kaval r. *C*; T. chevaler r. *P* – 3198 M. i c. *C*; M. i barons p. *P* – 3199 Pasment c. *CP* – 3200 *absent dans P* – 3202 Ou del f. *C*; E dicel f. *P* – 3203 E dune p. e daltre sunt d. *P* – 3204 Li estur furent grant par force sunt p. *P* – 3205 daltre navre e b. *P* – 3206 Des m. e des pasmez s. *C*; de navrez sunt arpent *P* – 3207 E deus t. *P* – 3209 T. osberc descusu fu estroe e percie *P* – 3210 E t. home o. e tant cheval d. *P* – 3211 E p.; en - moerent li plaie *P* – 3212 Kar a g. a. de par l. *P* – 3213 d. fort e *C*; d. forte e *P* – 3215 e. declinez li *C*; Le ior turne en declin li *P* – 3216 *absent dans CP* – 3217 Las sunt li chivaler le turnai ont l. *CP* (*C*) – 3218 E a lur herberges sont li rei returne *CP* (*C*) – 3219 sunt *absent dans P*; *un vers supplémentaire dans CP*: Al eschawaie vont cil ki plus en sont aise *C*; Al ost eschalgueiter vunt tut li plus hatie *P* – 3221 E v. e c. *P* – 3222 M. i le *P* – 3225 si ert de *C*; si ni ert de *P* – 3226 en lestur g. *CP* – 3228 le blanc hauberc *CP*; h. safre *P* – 3229 mout p. *C*; mot p. *P* – 3230 f. esgard c. *P* – 3231 t. les b. *CP* – 3232

R. dist il A. *C*; E dit dunc reis de grece f. *P* – 3233 De grant t. dengin adort c. *P* – 3235 Ni ad tant h. ne si haut c. *C*; Il ni ad ci t. h. t. bald nenveisie *P* – 3237 en cel c. *P* – 3238 *Un vers supplémentaire dans CP*: E iure est de Darie e par fai fie (afiez *P*); *deux vers supplémentaires dans P*: Que del regne del perse aura lune meitie / Cil qui vus occira en fie e en herite – 3239 E en p. *P* – 3240 fui *C* – 3241 ioe reis f. *C*; ioe f. *P* – 3242 dui f. *CP*; f. homoge ne fealte *P* – 3244 e lavoir *CP* – 3245 e perille *C*; e. travaillie *P* – 3249 Par i. fait jug a mort le *P* – 3251 pr. al rei se *P* – 3252 ainz] enz *CP*; ci cors c. *P* – 3253 Idunc fist il q. t. de coe d. *P* – 3254 iel f. *C* – 3257 r. comust? *C*; r. conquist *P* – 3258 ly *absent dans P* – 3259 c. mult r. *P* – 3260 ly *absent dans P*; ne querge a. *C*; nel querge a. *P* – 3262 I. en demande *CP* – 3265 n. destruccion *P* – 3269 En trestute m. *P* – 3271 Icist ne deit fiance al *P* – 3272 Quel dreit deit f. *P* – 3275 Si eust dunc a. *P* – 3276 Qui nostre rei volt m. en confundeisun *P* – 3280 n. esgardom *P* – 3282 E d. a t. *P* – 3283 o. pur s. *P* – 3284 se ioint a *P* – 3286 d. le f. *CP* – 3288 C. le v. a p. *P* – 3289 escrient *CP*; il fra b. *P* – 3290 *Initiale peinte dans C*; A. loit que *P* – 3291 a prendre le *P* – 3293 p. au rei c. *P* – 3294 chavaus *C*; chevals *P* – 3295 s. blanc a. *P* – 3296 dona *absent dans P*; c. e au D. *C*; al rei D. *P* – 3297 Li bons r. A. se comence a *P* – 3298 le fluvie p. *C*; le flun volt p. *P* – 3299 f. tute l. *C*; D. al ainz i. *P* – 3302 as ponus p. *P* – 3303 Devant tuz les e. *P* – 3304 p. e s. *C*; Ses barons e ses homes en lur c. *P* – 3305 c. e s. *C*; Ses grailles e ses c. e ses tabors s. *P* – 3306 e *absent dans P* – 3307 au c. traigner *C*; el c. *P* – 3308 li iurs ert mut c. *C*; li ior fu mult c. *P* – 3309 f. la p. *P* – 3310 E ount p. le t. t. d. al ainz i. *P* – 3311 orguil *C*; orgoil *P* – 3312 Dunc quide ia b. voille s. *P* – 3313 e tuz l. *C* – 3314 e *absent dans P* – 3315 a. ni o. *CP* – 3316 Darie out un *P* – 3317 *absent dans P*; f. lewe e. *C* – 3319 p. em m. *C* – 3320 est *absent dans C*; e bons e fort p. *P* – 3321 i. demorer *CP*; i est *et* e *absent dans P* – 3322 *Même leçon dans C*; A. ne volt denchaucer finer *P* – 3323 s. t. tenter *P* – 3324 e. fosseer *C* – 3325 s. bien a. *P* – 3326 o. e f. *C* – 3327 e *absent dans P* – 3328 f. de c. *C*; f. de thesnei *P* – 3331 descoveront; segrai *C*; descoverunt; segrei *P* – 3333 c. d. un *CP* – 3334 ci Ws trai *C*; ci tut trei *P* – 3335 g. bien *P*; sul *absent dans P* – 3336 la Trace p. *C*; n. les traces p. *P* – 3337 d. v. en sun c. *P* – 3338

p. fors i. *C*; a ses olz eissuz *P* – 3340 e quels en *P* – 3342 E dit lui A. *P* – 3343 En cest v. *C*; En ceste v. *P* – 3345 des vos *absent dans P* – 3346 m. ke n. *C*; quil *absent dans P* – 3347 v. rendra coe conseillent ses dux *P* – 3348 sa part *CP*; Ore mei metes le *P* – 3350 l. li e. *P* – 3351 e. de t. *P* – 3352 De cest d. *CP* – 3353 une rien *CP* – 3355 E A. lui r. *C*; E A. r. naviez lui rei v. *P* – 3356 P. ad bloi le chevolz *P* – 3357 e. un poi est mieuz creuz *C*; si cresp un poi est mescreuz *P* – 3358 n. a p. *C*; n. un des privez duz *P* – 3359 En mult d. p. fu ioe reis connuz *P* – 3361 s. li rei a. *P* – 3362 Et e. *P* – 3363 C. qant q ad dist a darie est bien venuz *P* – 3365 s. verrai m. *P* – 3366 d. ses barons c. *P* – 3368 Lavee unt el p. aseent sei a d. *P* – 3369 v. a cel s. *CP* – 3370 Damaiseaus *C*; Damoisels *P* – 3371 Vessele p. d. *P* – 3372 li overes *C*; e bones nefs d. li ovre sunt chers *P* – 3373 e enveisez *C*; – A. fut vezie e b. legers *P* – 3374 custumez *C*; t. dis c. *P* – 3375-3436 *non compris dans P*; *variantes de C*: – 3379 aparceuz – 3380 sa pouture – 3381 f. aucune e. – 3383 V. une cope – 3385 P. la si – 3392 l. la afubleure – 3397 sofferas; h. cest i – 3398 U. en es – 3403 Verement – 3409 un hom de – 3413 i *om.*; vessele de overe – 3414 p. la m. – 3416 r. tresques en – 3418 com message – 3419 Voute li – 3420 Grant pais; s. e Darie – 3421 Coe est – 3426 Roys *om.* – 3427 dotoit utul[a]ge; *la rubrique se trouve dans P mais précède le vers 3437* – 3434 s. sus as – 3436 si li chaval ne – 3437 *P reprend*; sen li reis A. *P* – 3439 Al poing destre tient le b. dacier sanglant *P*; *un vers supplémentaire dans CP*: As degrez del palais en oscist le Persant (*C*) – 3440 D. od sa *C*; E d. ovec sa g. len suient manetant *P* – 3441 Q. ore lui eschape *P* – 3443 La c. defors *P*; d. sen v. *CP* – 3444 Lui esteit li t. *P* – 3445 v. fut d. *P* – 3446 lewe est bruant *C*; d. li gue sunt corant *P* – 3447 S. auferant *C*; od tut s. auferant *P* – 3448 fut ia m. *C*; quest m. *P* – 3449 m. nen o. *C*; mout si grant *P* – 3450 fust mult f. e v. *P* – 3451 s. sil enporte n. *CP* – 3452 A. en o. *C*; Li reis en o.; m. fort fu *P* – 3453 Ki resurst del flum *P* – 3455 Trove un *C*; Trove ad eumede *P* – 3456 g. li bacheler q. *P* – 3457 en *absent dans C*; e si ont si *P* – 3458 o. les lais a e. *P* – 3459 sen esioirent li *P* – 3460 Q. quidoient *CP* – 3461 lur *absent dans P* – 3462 f. encerce e *C*; f. escrie e *P* – 3464 f. li reis o. *P* – 3465 s. le gue l. *P* – 3466 dor de d. *C*; dor ot leve le dragon *P* – 3467 r. mettre s. *P* – 3468 Dun v. samist en mi lieu un *P* – 3469 D. vet p. *C*; D. vit p. *P* – 3470 q. ferom *C*; nus que ferum *P* – 3471 *absent dans C* – 3472 si en pernom v. *C*; si pernum v. *P* – 3473 a cest b. *CP* – 3474 haucee] eshaucee *C*; eshalcie *P* – 3476 r. darie l. *P*; a droit *absent dans P* – 3477 f. i d. *P* – 3478 E d. *P* – 3479 tant] itant *C*; aitant *P* – 3480 S. fere b. *C*; Que s. faire *P* – 3481 e *absent dans P* – 3482 de X mile; q. darie g. *P* – 3483 la grant t. environ chargie *P* – 3484 Le p. e. leve *C*; La puldre en ert levee *P* – 3485 o. en lautre en est la fum c. *P* – 3486 E li *P* – 3487 v. i e. *C*; Des a. *P* – 3488 A. lostage e *CP* – 3490 A ses X c. c. sestablie *P* – 3491 moy] ment; par iceste p. *P* – 3492 a mes genz *P* – 3493 E as *P*; ma bachelerie *CP* – 3494 n. latendom *C*; E si latendum ci *P*; nirrom nus m. *CP* – 3495 Sil past le gue *C*; ni ait fait a. *CP*; Sil volt passer le *P* – 3496 Chascon voil que r. sa gent conestablie *P* – 3497 Fait li semblant li reis cum *P* – 3500 averō g. *C*; Car treque il v.; averom g. *P* – 3501 D. quidera ke *C*; Quiderunt que *P* – 3502 S. en e.; la lur e. *P* – 3503 Dunke fierge c. a sa l. *P* – 3505 Sis remerrum arere p. f. de aie *P* – 3506-3507 *manque dans P* – 3507 me pende ou *C* – 3508 La grant g. *P* – 3509 Esloinent les l. *P* – 3510 v. le champaigne *P* – 3511 E icil de Perse choisissent la *C*; Cil de persie choississent la lumere *P* – 3512 qui la p. *P* – 3513 E mandent a *C*; E mande al rei d. qui le grieu crient arere *P* – 3514 p. passa la *P* – 3515 g. apres u. *P* – 3516 p. li P. *C* – 3517 quil sen v. *P* – 3518 m. mie q. *P* – 3519 genz *manque dans P*; e. ferir *P* – 3520 ne issi a. *C*; ne issi acoillir *P* – 3521 fu] fust *C*; put] pust *C*; peust *P* – 3522 c. hinir *C* – 3523 E defroisser les heaumes escuz cruissir *C* – 3524 e les c. *C* – 3525 tuz pleins l. *C*; plain le c. morir *P* – 3526 *manque dans P* – 3530 t. trestut a *P* – 3531 U. bele enseigne e merveille c. *P* – 3532 E v. f. un d. *P* – 3533 Ki ia lescu *P* – 3534 a la t. *P* – 3535 E puis apres treis greus ove celui l. *P* – 3538 jeo *manque dans CP* – 3542 sur] en *P* 3543 En sum lange li dist *P* – 3544 navera *CP* – 3545 Il est oi desconfist e *P* – 3546 Car p. e m. lui ert encore oi t. *P* – 3547 Car qui onkes la conquerge vostre part iert p. *P* – 3548 ke son espie a. *C*; qui son espeie asaie *P* – 3549 Par itant sespoenterent e d. sen e. *P* – 3551 ni ad nul ki neit p. *C*; nen ad nul qui nait p. *P* – 3552 E s. b. nenporte ou a s. *P* – 3553 A. un sul dels nen m. *P* – 3554 Qui le *P* – 3555 en *manque dans P*; s. mut e l. *P* – 3556 e. fu granz e forz e *P* – 3557 i *manque dans C* – 3559 Que le *P* – 3560 e de n. *C*; Le c. giseit t. *P* – 3561 des *manque dans P*; E dune *P* – 3563 Dayre *manque dans P*; e. alez *P* – 3564 Tuit primer] Trestut premer *C*; Trestuit premer *P* – 3565 p. lui ensiuent ki se m. es g. *P* – 3566 Listrages f. *C*; Li estur f. *P*; qe les] kis *CP* – 3568 s. sein e. *P* – 3569 sunt *manque dans P* – 3570 d. turnez *P* – 3571 e *manque dans P* – 3572 Dedenz el paleis treis foiz sest p. *P* – 3573 Onc si g. d. nen f. *C*; Unk si fait doe[l] ne fu de rei kunque fu n. *P* – 3574 e si p. sis barnez *P* – 3575 p. nen e. *CP* – 3576 A. la g. *CP* – 3577 p. un c. de s. *P* – 3578 A. retendra ces citez *P* – 3579 E *manque dans P* – 3580 Ws dirrai o. *C*; a. dirrai o. *P* – 3581 le] au *C*; al *P* – 3582 Li bons soltains de *P* – 3583 e salue p. *C*; M. feeil s. *P* – 3584 vos *manque dans P* – 3586 Car bien vei contre v. *P* – 3587 s. mi duc turc parent almazur *P* – 3588 p. mi b. *P* – 3589 toleit e *CP* – 3590 f. e ma C; Ore me rendez ma m. ma fille ma sorrur *P* – 3591 c. entur *P* – 3593 Niniven *CP*; e *manque dans P* (*les deux fois*) – 3594 E tute lat. tresque en *C*; E trestute ma t. *P* – 3595 ke urent mi *C*; qe orent mi *P* – 3597 i. ultre terre labor *P* – 3598 *manque dans P*; en angur *C* – 3599 p. e en *CP*; La serrai ma *C*; En serai ma *P* – 3600 g. irrur *C*; E *manque dans P*; p. fort reis ceste vostre h. *P* – 3601 De mes fez; me renc ioe p. *C*; Des mals fez q. ioe fiz me reng ioe p. *P* – 3602 m. pur v. grant honur *P* – 3603 v. ancien i. *P* – 3605 ire] irur *C*; iror *P* – 3607 Enveie arere l. *P* – 3608 en *manque dans CP*; e. reis d. *P* – 3609 t. a e. *CP* – 3611 E ki *C*; Ki r. *P* – 3612 mande *C*; mand *P* – 3613 Al b. *P* – 3614 C. reis A. *P* – 3615 t. e m. *C*; D. mad ma; h. malbailli *P* – 3617 b. afui *C*; b. affui; en *manque dans P* – 3618 v. p. *P* – 3619 grant *manque dans P*; me ait c. *C*; mait encontre l. *P* – 3620 E p. *CP*; c. Ws demand e. *C*; r. socurs vus mand e *P* – 3621 Ws iur l. *C*; E si un iur l. e a tuz vus afi *P* – 3622 P. tendreie de *P* – 3623 Ws merrez ici *C*; E a trestuz; q. verriez ci *P* – 3624 jeo *manque dans P* – 3625 averont *C*; averunt *P* – 3626 p. averont t. *C*; p. averunt t. lealment lor di *P* – 3627 d. il s. *P* – 3628 despenderont *C*; despenderunt a cels e. *P*; fors parti *CP* – 3629 T. coe l. en f. rei sin seiez c. *P* – 3630 E le *C*; l. revendrai de *P* – 3631 en iur le *CP* – 3632 sunt c. *P* – 3633 averez *C*; Mult g. h auriez si vos socurez noz veisins *P* – 3634 c. a mes m. *P* – 3635 as riches l. *P* – 3636 en *manque dans P* – 3637 m. vaillez e seez seins *C*; m. vaillez si seez seins *P* – *Les vers 3635-3637 sont ici répétés dans C* – 3638 En t. *CP* – 3639 P. la bosoigne D. *C*; les l. li p. *P* – 3640 devereit *C*; q. li reis A. se deive *P* – 3642 lui kar il *C*; pitie est de lui car est grant e *P* – 3643 i dust li reis rois t. *P* – 3644 Q. dui t. *C*; Q. si dui t. li v. *P* – 3645 E d. *P*; grant *manque dans P* – 3646 e *manque dans P* – 3647 v. de sa terre g. *P* – 3651 *Un vers supplémentaire dans CP*: De un chastel a un autre deveit le iur aler (errer *P*) – 3652 enturner] encontrer *CP* – 3653 le *absent dans CP*; m.ne poet mes e. *P* – 3654 p. mut ben *C*; e i purpenser *P* – 3655 e *absent dans P*; deliverer *CP* – 3657 devereit *C*; dust *P* – 3658 *appartient à la laisse précédente dans P*; prodom garder *P* – 3659-3660 absent dans *P* – 3661 serfs en out d. *C*; sers aveit rei d. *P* – 3662 Bezaze e bezanas p. les nouns (*fin du vers*) *P* – 3663 e. pur l. *P* – 3665 Si en quiderent a *P* – 3666 siege *P* – 3667 Einz envers b. sen voleit dunk f. *P* – 3668 c. pernent t. *C*; Arive fors de c. pur sa vie garir *P* – 3670 le grieus les en c. sis v. *P* – 3671 s. sen v. *C*; E li dui serf unt veu lur seignur a. *P* – 3672 espiez *C*; espeiez *P* – 3673 *absent dans P* – 3675 sachent] resacent *P* – 3676 D. remist el champ ou gist prest de m. *P* – 3678 enz el c. mort p. *P* – 3679 t. junz piez *C* – 3680 E *absent dans P*; lui levez *P* – 3685 ou gisir me *P* – 3686 s. de lous *C*; s. de chiens *P* – 3687 de urs a. *C*; Ne de tygres detrait ne de chiens enragez *P* – 3688 En ma; c. vostre o. *P* – 3690 f. bon r. *P* – 3691 r. vus pri ma f. q. *P* – 3693 granz *absent dans P* – 3694 sis pris a. *P* – 3695 Ws nen s. *C*; Ne vus en serriez sire pas d. *P* – 3696 q. vus i. *P* – 3697 sire *absent dans P* – 3698 e *absent dans C* – 3699 m. en s. *P* – 3700 sui *absent dans P* – 3701 Mes *absent dans P*; Pur v. v. en s. *P* – 3702 m. heitiez *P* – 3703 T. les mals q.; s. sunt p. *P* – 3704 se *absent dans P* – 3706 Tort] Toert *CP*; E t. *P* – 3707 b. en s. *P* – 3708 mult *absent dans P*; e maire li pitiez *P* – 3709 G.tut dis e. *P*; *un vers supplémentaire dans P*: En la mort fu lacord la paie clamistez – 3711 dehors] defors *P* – 3712 manguent] mangucent *C*; mangereint *P* – 3713 p. qui fut brode a or *P* – 3714 E pus si lestrainnent as quirs de *C*; Apres si lestrainent en *P* – 3716 s. tuz s. *C*; Li bons r.; f. dunke s. les c. *P* – 3717 s. tuz s. *C*; len a a.; s. les t. *P* – 3718 Li bons r. *P* – 3719 Venent en; la mestre c. *P* – 3721 Trieues e; a *absent dans P* – 3722 g. persiene ont le rei atorne *P* – 3723 f. onc p. *C*; h. enz sa; fut si h. *P* – 3724 n. en meillor dras ne ensi e. *P* – 3725 c. puis p. *P* –

3726 r. halt p. *P* – 3727 en *absent dans CP*; b. seignors i. *C*; s. homes seignors i. *P* – 3728 issi aquite *CP* – 3729 d. mad o. *C*; ad mis a mort en *P* – 3732 ki coe fust le f. *C*; f. il serreit mon privee *P* – 3734 le kar m. *C*; Essalcer le fereie kar m. *P* – 3736 q. li reis ad *P* – 3737 le concille se s. donc d. *C*; le conseille se s. dunke mostre *P* – 3738 d. lui b. *C*; E li d.; n. lavum a. *P* – 3739 tute *CP* – 3741 E solum ceo qavum reis vers v. estre – 3742 fumes *C*; sumus *P* – 3743 lui ame *P* – 3744 *Pas d'initiale peinte dans CP* – 3746 amener *C*; mener *P* – 3747 t. i s. *CP* – 3748 le dit quil aveient oant sa *P* – 3749 quil seient g. *P* – 3752 a icel t. *P* – 3753 Qe *absent dans P*; quil] qui *P* – 3754 M. en sunt c. de porpre afole *P* – 3755 e *absent dans P*; estole en s. *P* – 3756 P. fut de tote gent *P* – 3757 Iceus eurent e. *P* – 3758 pez de bus repare *P* – 3760 c. escurcie *C*; r. erent des coe escorce *P* – 3761 chies; avirone *P* – 3762 f. deroche e *P* – 3763 E des polmuns de *P*; les *absent dans P* – 3764 de *absent dans P* – 3766 ad] ont *CP*; o. les a. *P* – 3767 e ferement c. *P* – 3768 scirmnent salue *P* – 3769 ad bien conoistre *P* – 3771 D. granz t. as *P* – 3772 l. ad r. *P* – 3774 ad *absent dans P* – 3775 quil mielz p. *P* – 3776 As p. lu rei m. *P* – 3777 Il lur done r. aime les s. *P* – *Variantes de P*: – 3922 si sires li toldra icoe a un – 3923 Nen e. – 3924 g. quil meint – 3925 Sil meint s. a. – segur en e. – 3926 E sil li sunt e. – 3927 volt dirrai en la v. – 3928 e *om.*; v. li guerreur – 3929 e *om.* – 3930 *Un vers supplémentaire*: Ne li riche terrier ne bon guuaingneur – 3931 O. averez bel nout onkes meillur – 3932 v. serviront come a lur s. – 3933 En peine se m. en travaille en irrur – 3934 f. ensement p. – 3935 p. travalerie de – 3936 l. citez e. – 3937 Naimes par m. pur achater ostur – 3938 Dasorber p. – 3939 Mes *om.*; v. dirrai q ferez – 3940 porrus seront rapailliez – 3941 E b. – 3942 pas *om.* – 3943 c. voz dreiz ou h. ou fiez – 3944 t cel d. – 3945 Gardez q. f. en brief la d.; *trois vers supplémentaires*: Que sil tost ne vous rent ses t'res e ses citez / Vus le frez de la terre estre vilement chasez / Ou li meisme prendre ou estre en feu bruillez – 3946 Del el ne sai q. dire v.; *un vers supplémentaire*: Car vus estes lettre e a coe enseignez – 3948 messages; *un vers supplémentaire*: Mult richement les ad li rois pois enveiez – 3949 Li messagers s. – 3950 E les f. – 3951 Eirent l. – 3952 E p. – 3953 Li yndien i sunt e li amor auiz – 3956 O. un f. e desur un t. – 3957 La siet l. si fait l. – 3958 E s.; s. princes quatre contes s. – 3959 Veient ses messagers m. – 3960 q. tut en iert – 3961 Tresqe le b. lu rei erent oiant tuz liz – 3963 a. mustrer – 3964 me quidas a. – 3965 Esmaiez par tes diz par brefs espoenter – 3967 Anceis testovera t. e p. – 3968 de rei idunc le dous t. – 3969 Desoremais p. – 3970 Q. claime feu en; les] le – 3971 E diz q. ne deignas trieu de m. d. – 3972 g. nen ad; tei puisse aiuner – 3973 Tant i as; tant i es – 3974 Legierement porras noz avoirs r. – 3975 troeves nul q. – 3976 tu ne par force desur nus c. – 3977 les tresgranz richeises qavom oi loer – 3978 od] a – 3979 tu reis mi enveies en – 3980 Ton o.; si vif ioe c. – 3981 ne] ni; ne c. del f. – 3982 mes *om.*; ne] ni – 3983 ne] ni; ne] nen; amur] honur – 3985 Si par est li monz granz t. i poet lem t. – 3987 d. pur m. – 3988 t. desbaretter – 3989 D. fai quanque poz ioe tai d. – 3991 j. ent sa – 3992 t. en est g. e il iert c. – 3993 Ou chaciez de ses regnees ou tut mad r. – 3994 e *om.* – 3995 E dynde e dethiope i s. – 3996 E tuit c. – 3997 En si p. doure i out bien .C. mil a e. – 3998 c. coranz as bons h. – 3999 sens armes si pruz – 4001 Qui porterent b. e c. volsuz – 4004 l. granz a. – 4005 Ditant est li ost porres destranges a.; *un vers supplémentaire*: Que coe est grant merveille dunt il serrunt peuz – 4006 de ioin en; d. eissue – 4007 Quant c.; l. yndiens a. – 4008 g. des veisins ydles i sunt tut acorue – 4009 avec ki p. – 4011 M. q. de gent li f. grant a. – 4012 descrit] escrit – 4013 le front v. qui bien l. – 4014 g. cointe e bien v. – 4015 estre] ost – 4016 est] sest – 4020 *om.* – 4023 Porres sen e. – 4024 B. ot en sa c. .ij. .c. mil – 4026 l. arbelasters; *un vers supplémentaire*: E cels a falz trenchanz e ces vaillanz archers – 4027 les chameilz bateillers – 4029 D. onc li r.; r. soldees – 4030 E. sei les oz cels qui – 4031 Choississent l. – 4033 v. les osbercs lacer heaumes c. – 4034 ces *om.*; e coverir ses d. – 4035 De cendals de samiz dautres dras mult c. – 4037 Flambeie li or – 4038 g. les penuncels e. – 4040 arme estrait en sa meslire (*pour* meslure?) – 4041 a. la f. – 4042 p. vols en – 4043 q. en a. – 4044 L le c.; e. e c. ch. – 4045 n. fere la r. – 4046 Uncke ne fu; si poi (*espace*) stature – 4047 a. pes aime e mesure – 4048 j. volt raison e mesure – 4049 M. est s.; e apres en – 4050 C. en ot le; dor est lenheldure – 4051 e *om.* – 4052 fin *om.*; a lentaillure – 4053-4054 *om.* – 4055 ly *om.*; q. est de – 4056 h. en p. – 4057 de culture – 4060 s. reis A. qui m. – 4061 e mult redoutent son cop e – 4062 c. le testemonie l. – 4063 fut unc secle – 4064 e. tels m.

– 4065 p. onkes descrire ne portraiter en – 4066 b. not el mund – 4067 f. tresqen la; *un vers supplémentaire*: De desuz les argoz est amont le pasture – 4068 Q. ia l. – 4070 l. prurpre ert lentaillure – 4071 B. i p.; m. tresparmi lencisure – 4072 f. tut detrenchez a large o. – 4073 m. e deu – 4074 grant *om.* – 4075 b. endure – 4077 E ses fieres batailles escheles enrengant – 4078 En la premere eschele furent tut li – 4079 l. li m. e t. – 4080 la terce furent cil dalfrike la – 4081 dakaie un poeple – 4082 q. sunt darmes a.– 4083 qui mult s.– 4084 devant] avant – 4085 premer chef s. – 4086 Laenz s.; ly h. s. – 4087 *om.* – 4088 Ni ad; ou mail ou falz trenchant (*une meilleure leçon que* fauchant) – 4089 M. par s. fier li oz si sen v. – 4090 a. ia t. – 4091 e da[r]z a. ietant– 4093 f. mult defforz e p. – 4094 A trente m.; vint les assaillant – 4095-4096 *om.* – 4097 *Grande initiale* – 4098 Estraite par les places l. – 4099 e li grieu sunt soffrant – 4100 *om.* – 4102 m. ni ad g. – 4103 B. i li n. e pasment i li moriant – 4104 t. moerent en suspirant – 4105 c. e li c. e. – 4106 Tant g. c. remist el champ g. – 4107-4109 *om.* – 4110 m. entaient li combatant – 4111-4117 *om.* – 4118 fierent premerement – 4119 e si t. m. airusement – 4120 c. forment – 4121 f. airusement – 4122 r. deueusilles q. – 4123 *om.* – 4124 le fiert si – 4126 e *om.* – 4127 e des chevals d. – 4128-4129 *dans P* – 4130 E *et* si *om.*; le li r. – 4131 E beisse s. – 4132 Si feri – 4134 q. il a pie se – 4135 fut il si – 4137 Pur deffendre b. – 4138 Li rois serche le b. e le cheval d. – 4139 E m. – 4140-4141 *om.* – 4142 v. al cheval par la coe le p. – 4144 Mult le plaint e regrette plus ke franc s. – 4145 p. le doel del cheval – 4146 m. chalcer ne r. a nul e. – 4147 Ne mes homes o. ne requerre p. – 4148 Ke v. li resemble sil portent bucifal – 4149 le deffendi d.; *un vers supplémentaire*: Le helte de fin or lentretor dun esmal – 4154 fut meillor e. ne mes q. d. – 4151 v. organal – 4152 P. tue len t. tresqenz el t. – 4153 le punt de crestal – 4154 Tut li engin del trel sunt dyvoire e desmal – 4155 Le bon c. receivent esquier e – 4156 quil nen o. ne s. – 4158 Neis a tant lamonte un soul clou darcal – 4160 i. est le respit dambedeus comunal – 4162 le mescinal – 4164 De triewes repairerent li messager leal – 4165 i. ont ore t. – 4167 lost e beau se – 4169 v. esclarzir – 4173 p. grant e – 4174 n. ne pout o. – 4177 f. coverir – 4178 nel] ne – 4180 le os – 4188 bramande – 4190 L. olz s. – 4193 dambes pars a. – 4198 bretesches – 4200 d. des p. – 4203 h. i s.; o. euz g. – 4204

Il vient mieuz par n. – 4205 d. a A. .ij. chiens – 4207 Cinz d. e un quiveir d. – 4209 Monocero l. – 4213 f. muers b. – 4214 dor levere fut – 4215 B. fure s. – 4216 ken a. – 4219 v. au rei – 4221 L. c. – 4222 Ne voleient c. – 4223 un vers l. – 4229 n. comprerent – 4230 e. destrait e – 4235 r. est en m. – 4238 le barattera c. – 4240 d. envaiz (*de même* envaiz *dans D avant l'altération*) – 4241 M. turnei i – 4242 M. adurestur – 4243 e m. chevaler p. – 4244 le *om.*; a p. – 4247 griu endureiz – 4248 les] le – 4250 c. reant e. – 4252 c. vousis – 4253 p. sen est f. – 4257 b. de ses m. – 4263 l. peiveres e l. – 4264 d. e l. – 4266 G. i g. – 4268 pesce] perce – 4269 o. les turs a – 4270 e oevres s. – 4271 si sotil e – 4274 p. ert g. – 4276 li champz e – 4278 m. parut mut – 4280 e *om.*; e overe a – 4283 Risseient en – 4284 E d. – 4286 Li coples fut – 4287 e. sist en lun – 4288 sesmerveille li r. – 4289 lovere e – 4290 la frameure g. – 4291 v. traille que – 4292 la soudure – 4293 la *om.* – 4294 Traille s. de crestal u. – 4295 la traillure – 4296 v. pent d. – 4297 s. lovere e – 4300 f. granz e – 4301 l. meiseies d. – 4304 l. meisseres d. – 4305 A p. – 4306 f. tut d. les cuchez a. – 4310 l. overaignes e. – 4311 saphirs desmaragdes r. – 4312 d. oeveres e. – 4313 b. a v. – 4314 L. us f. – 4316 s. fermees – 4319 Quant ke ai – 4320 beal teatre a. – 4322 g. engine f. – 4323 A ceissante m.; ni e. – 4326 Si l. – 4328 de vignees a. – 4331 dune c. – 4332 Chescun d. – 4333 d. entemprure l.; l. verseit – 4334 i baigner v. – 4335 *om.* – 4338 li postiz de – 4339 li lambrius a – 4340 de crestal – 4341 v. e tut e. – 4342 *om.* – 4343 La dedenz creit li peivres e gingibre real – 4344 E gyrofre e le basme c. – 4345 t. espece en livre – 4346 Neis h. nule qui b. s. amal – 4347 s. leinz t. en t. – 4349 M. livres de – 4350 C. al gadiner quil s. – 4351 c. ardent l. plus de m. – 4352 Cele qui meins est riche bone e – 4353 De bericle e de dovicle ou de dyamante; *un vers supplémentaire*: Une piere i est enz qui tut tens est ardante – 4354 d. i ad – 4355 Ni ad; s. dathamante – 4356 El porche d.; p. out une ymage e. – 4357 e. corante – 4359 t. entre lewe en dreit desuz la – 4360 As mestiers de la; f. dor li – 4361 p. e d. – 4362-4369 *om.* – 4372 derbe e de vin e de – 4374 c. sunt dargent de tuz fors li b. – 4375 a overe m. – 4378 Einz mangerie o. e beverie d. – 4379 al eissue de averil – 4380 Me mettroie en – 4382 e cite t. – 4384 A bractacen en – 4386 c. platers sauceres e. – 4388 L. lampes e l.; c. e ch. – 4389 e les meisons m. – 4390 A. veiles – 4391 sen vet

– 4392 l. us; t. hors le tret – 4393 A c.; lont servi lors doner les fet – 4395 A trestut le plus poveres – 4396 Ni ad si c. davoir ke nen urent g. – 4397 lad li reis p.; p. nen l. – 4398 e largement d. – 4399 d. ni out – 4400 Icil q. – 4401 v. al d. – 4402 l. chameilz – 4404 :. a t. – 4405 p. capias a – 4406 Q. el; e. a ces oez e. – 4407 Siwre v. li reis p. – 4409 De *à la place de* des *chaque fois* – 4410-4412 *om.* – 4413 s. regnez – 4414 ne itant h. – 4415 ne men p. si nert r. – 4416 e. ou reis c. – 4417 Ci cum li reis diseit totes s. – 4419 C. erent les barbes un – 4420 E bien longues les cheveus tresqal miz del b. – 4422 ceste e.; le pais ne – 4423 m. el pais desertez – 4425 g. teus c. – 4426 h. leanz verrez – 4427 u. e leonz a. – 4429 s. es roches e bois e es fossez – 4430 Aincez q. sacez m.; i troverez – 4431 Demangeront v.; v. ne returnez – 4432 Q. li reis coe oi un poi est t. – 4433 E d. – 4434 T. lui r. v.; apelez – 4336 en demanda A. – 4437 E lur d.; sen vet futifs – 4438 la darcine – 4439 y. foreins e – 4440 Sil nen e. – 4443 se mettront as – 4444 ne conqueroms; emes v. – 4448 e de maumis – 4451 conduront – 4458 i covient v. – 4463 C. sei n. – 4467 v. avant h. – 4469 la estoee l – 4470 t. ni saverunt l. – 4471 e *om.*; ad donc d. – 4474 t. abregger – 4475 en tut la – 4476 s. les c. – 4485 m. cruel e p. – 4487 d. des deserz – 4489 le comparront c. – 4491 f. des l. – 4495 l. grius eirent li – 4496 li seur g. – 4499 p. capias s. – 4500 al entres d. – 4503 e des m. – 4504 n. nen put e. – 4505 Q. e ut r. i ad tut de – 4509 Utante mil p. ad lentrer de – 4510 un chars a. – 4511 c. i ad en longur – 4512 un l. – 4513 a. come sel e si ad tel c. – 4514 g. encontre la – 4515 c. glace en; e en *om.* – 4516 e. escristallance hom ne – 4519 ad coste c. – 4521 s. retorn – 4523 en ceste v. – 4524-4530 *om.* – 4531 au palm ver l. – 4532 c. timeaus h. e brez – 4535 m. aperez – 4537 Pleners l.; p. overez – 4537 E tote ses g. – 4538 tut c. – 4540 Donke saparceit A. – 4541 ne curt le – 4545 g. le chare e – 4547 f. tut son o. – 4549 Li assaillent les leuns – 4550 en un l. – 4554 B. coe dist li reis t. – 4556 Sil t. – 4557 y. doterad sa – 4562 d. triewe – 4565 Ke h. – 4566 Tut c.; p. v. – 4567 Si ne f.; *MS O commence ici* – 4568 de la teste t. *O* – 4569 Joe ai m. t. par vous *P*; Je ai a m. t. a vus combatue *O* – 4570 E m. *P*; Mainte terre conquise e mainte gent vencue *O* – 4571 a. puis endurer *P*; a. en puis d. *O* – 4572 A grece rent mercis la *O* – 4573 Que; pur mei p. *O* – 4574 Se grece mad e. por *O* – 4575 g. mis coers *P*; Graciouse le ment mi quers la s. *O* –

4576 en pus vivre *P*; Si je auques puisse vivre sonor iert a. *O* – 4577 En leesce est li reis de *O* – 4578 Il en m. *O* – 4579 n. car g. *P* – 4581 i. sen c. *O* – 4582 r. car q. *P*; grant *manque dans O*; r. que quant que o. *O* – 4583 en fut liez il en out bon d. *P*; Si Alisandre fu liez seignurs ce fu d. *O* – 4584 v. un t. o. eslescer se deveit *P*; Q. il veeit tel o. esleecer se deit *O* – 4585 ne ne q. *P* – 4586 *manque dans O*; encore al g. *P* – 4587 nal septentrion au freit *P* – 4589 a. de haubercs le *P*; R. lor e largent e li t. *O* – 4590 li oliphant chamail e *P*; li olifanz chamels e *O* – 4591 V. li gomfainon *P* – 4592 Grante c. *P*; e li r. *O* – 4593 f. ne poet t. *P*; nest par Dampnedeu a fin ne porreit t. *O* – 4594 la t. en S. le g. *O* – 4595 la samplaire *P*; Denis Magastanas mi t. *O* – 4596 m. liu s. *OP*; a par Inde en m. *O* – 4597 tut le grant b. *P*; les granz serpenz e la b. *O* – 4598 ke i troverent d. *P* – 4599 E *manque dans O*; mostrent al *O* – 4600 vus voi le veir retraire *O* – 4601-4604 *manque dans O* – 4601 deus *manque dans P* – 4605 c. qui] v. e est a. *O* – 4606 s. lalosee *P*; S. lalosez *O* – 4607 Tibon m. *P*; Li bon *o* – 4609 Car des bons diz de livres est cist estretez *O* – 4610 q. die s. *O* – 4611 Jeronime serchez e *O* – 4612 E troge pompeie; di i t. *P*; E en troie pompie ce *O* – 4613 t. pur m.; pernez *P*; Sil t. por m. a ce que vus tenez *O* – 4614 De moi en avint si *P*; Des mede en amond dont vus oi *O* – 4615 Treskes en *P*; Tresqen yndien est yndien *O* – 4616 E en *OP*; en g. un des liez *P*; ou g. un deliez *O* – 4617 E des la mer del north a. *P* – 4618 Li air i est mult sainz li mount est mult ensentez *O* – 4619 Ni ad nul ivers *P*; Onques ni ad yvern; i ad e. *O* – 4620 i *manque dans O*; hom les flur l. *O* – 4621 El regn ad cent m. *O* – 4622 e altres *P* – 4623 de d. gente n. *O* – 4624 Li t. p. du secle fu *O* – 4625 de ce q. *O* – 4626 ken avant *P*; – Greignurs s.; que vus avant *O* – 4627 Liberus f.; ki en fut onc cassez *P*; Liber ad nun cel qui prime fu chacez *O* – 4628 Del ore *P*; de oure *O* – 4629 c. c. anz e t. m. nombrez *P*; c. c. anz e t. m. passez *O* – 4630 f. ce saver *O* – 4631 c. treis *P*; cinquante r. i out des discorune *O* – 4632 Cest mie *P*; mie de m. si li puples est grant *O* – 4633 c. eure e. *O* – 4634 m. grant *O* – 4635 e si vit b. *P*; r. e vit ben *O* – 4636 r. ules e *P*; ylles plusors *O*; *O se termine ici*; *variantes de P*: – 4639 un fluvius a ganges le – 4641 c. fluive ad une – 4642 o. ke les – 4643 mil avera d. – 4644 Cinquante m. – 4645 li regnes e. – 4650 Cestui p.; nest *om.* – 4651 t.

erranz – 4653 P. ne iugemenz ne siet gent al – 4654 b. treihanz – 4660 ad isles – 4661 de mauz reis – 4666 Q. vout ke – 4669 dona au r. grant o. – 4670 d. le north en yvernail s. – 4671 Ne vient onc s.; n. luneison – 4674 l. set e.; n. char n. – 4676 com r.; al chemon – 4677 c. en la r. – 4684 Lefors – 4687 d. sont d. – 4688 reis del c. – 4691 Ni ad – 4692 rei for p. – 4694 i *om.*; de ravine – 4695 u. mague c.; v. de savagine – 4697 s. en est q. – 4701 e. chemine – 4704 dune espeie a. – 4705 la entille p. dreit d. – 4706 m. ou ruine – 4708 privement – 4709 e si ne – 4712 descordele eschine – 4713 b. vivent de – 4714 i *om.* – 4715 ou reisine – 4716 o. i ad; e un q. – 4718 D. i ad; de mut n. – 4722 ca la ou – 4723 v. e de g. e de blanc ch'mine – 4725 martre e sabiline – 4726 b. e d. en t. – 4728 Citez o. – 4730 a gent ke s. – 4732 Longues forchures en o. e les corz m.; *un vers supplémentaire*: Il vont par les forez par landez e par gauz – 4734 Ke as (as) d. – 4735 cinc *om.* – 4736 v. ne nul ne vient a. – 4738 i. treskes au – 4739 en ruine de – 4744 l. vivre ne – 4746 neirissant – 4747 nule g. que s. – 4748 o. cel m. – 4751 e arbalesters a. – 4758 li haberger e feveres a – 4760 f. e covertures – 4762 c. as n. – 4766 F. li g. – 4768 O. crevent l.; ou perent l. – 4769 Descoverent sai; b. vers e leonceaus – 4770 A. en la – 4771 nen urent; gas – 4773 se pasmerent – 4774 Pleinstrent s. – 4776 se desevererent – 4779 Severus – 4780 un lari t. – 4781 U. croise p. – 4782 e tute p. – 4783 sa verse – 4785 la sai kil – 4787 p. tute lost – 4789 toz *om.* – 4791 b. a t. – 4792 naverai – 4793 don matalente – 4794 En fiu ws; g. honuz r. – 4795 Severus le r.; dun e. – 4798 m. en out – 4799 o. e b. – 4800 la vers au perrei – 4801 la eust b. – 4803 e siwent le – 4807 un busfei – 4808 ce *om.* – 4810 la vei – 4811 i girrai – 4813 dout kele – 4816 E t. le ros e – 4817 m. les t. – 4824 P. un poi de tyriac – 4826 la *om.* – 4829 nest unc nen espera – 4830 ducs e s. – 4836 c. la compara – 4838 n. mes treskil – 4841 p. les m. – 4844 g. les chemins l. – 4845 Ke d. en out; b. fut e. – 4846 Lecchent loille t. – 4855 *Un vers supplémentaire*: Dont li reis Alix. nest vers null eschars – 4857 Nomers aveit – 4858 cens chameaus forz a. – 4861 ne *manque dans P* – 4863 A ces s. – 4864 c. e sages a. – 4866 ne sont e. – 4871 v. sunt par fond – 4872 e *om.* – 4875 premer nen g.; f. il d. – 4876 e. periluse ke – 4878 soffrent; d. e p. – 4880 M. sen m.; ateigne – 4881 l. siut e – 4882 nel esteinne – 4884 soveraigne – 4885 A coe ke ni urent b. prof out une semaigne – 4886 se plaine – 4887 les *om.* – 4888 Il poient a; p. sei meismes p. – 4889 n. nout p. – 4891 leons e li – 4892 V. en la; a beverer – 4893 s. baigner e – 4895 b. ne p. – 4900 e. au c. – 4902 Ne defors ne dedeinz; se veust m. – 4904 Ou pout en la contree – 4906 Descoverir ne; i. nes pout c. – 4908 frad alumer – 4911 i pout juper – 4913 De legeres a. – 4914 Treske au c. deivent tut noanz p. – 4915 g. arme si belement noer – 4916 p. lewe a – 4918 a. une a. – 4920 d. ros ke – 4922 plus *om.* – 4923 v. veauz d. – 4926 v. grant d. – 4929 ad tup e – 4931 p. torte cowe – 4932 l. feruiz e – 4934 e. vez e lez ia – 4936 il voist; a reclins – 4939 A. grant o. – 4941 queor e d. – 4943 m. leinz – 4946 l. ou veu – 4947 Sovent ke – 4949 l. hardement – 4952 ke net a. – 4955 g. des voiz d. – 4959 v. e m. li mul soudur – 4960 v. iceste s. – 4962 e tel d. – 4963 s. des esgarder poet en aver – 4965 se mettunt au – 4966 de meisme c. – 4967 une aucele ou f. pescheur – 4970 t. ke averas h. – 4972 e. dreit de – 4974 v. soffrirent g. – 4975 d. e en – 4976 leons e vers au premur – 4978 c. nen e. – 4982 ne beurent m. – 4983 onke neurent greignur – 4984 E beurent l. – 4985 Q. sacie en – 4989 m. venir – 4991 De *om.* – 4992 D. i t. – 4993 s. e de c. e de. – 4994 Drecier fustz e logger – 4996 liwes granz d. – 4997 Des logges e des t. – 4998 dote s. e les d. – 4999 ou altres t. – 5001 grant come fussent m. – 5002 Des cheignes ancienes p. – 5004 oiseaus – 5006 f. ses tubes les b. – 5007 D. manguent p. – 5009 li carbons – 5011 dor i p. – 5012 e. as p. – 5016 o. vers a – 5017 l. vastes r. – 5020 s. amari – 5022 Pref [*blanc*] ne s. tut en un e c. – 5023 Q. li beaus chiens d. – 5026 au premer a. – 5027 E le e. – 5028 Ainz en; le leverer – 5029 Labati e. – 5030 s. aitant f. – 5031 f. sesioi – 5032 le *om.* – 5033 lost guari – 5035 l. unes s. – 5039 f. icist s. – 5041 chief escher h. – 5042 E c. – 5043 Tut li regnes en f. e le v. – 5044 q. adonc ne s. – 5046 l. fronz d. – 5047 l. espiez d. – 5048 l. des a. – 5050 si liveres ne – 5051 Q. li p.; premerement – 5054 *om.* – 5055 se *om.* – 5056 a ceus m. – 5060 un tresg. serpant – 5061 de *om.* – 5062 portoient h.; si blanc – 5064 e getowent f. – 5067 o. od le – 5070 s. icil d.; cele n. – 5071 s. barons oez – 5076 m. perilz a. – 5079 Lur est idonc uns monstrez – 5080 C. sont a. – 5084 Ne p. – 5085 e greislez – 5087 q. enceis fut – 5088 *Deux vers supplémentaires*: En lagueit a vint mil chevalers armez / De chevaus e des armes bien apparillez – 5090 De tubes e – 5091 e. sest A. apuez – 5092 uns blancs leon – 5093 A mervail furent – 5094 Ni out – 5095 v. a reis – 5096 Nus emes tuz atrai e – 5099 dars des espeies – 5100 e *om.* – 5101 ceste p. – 5103 d. e as – 5104 Tresqe p. – 5105 d. espiez; l. departirent – 5106 v. les chauves soriz – 5107 as columbes tutes n. – 5108 au cerviz – 5110 ke fut t. – 5111 Par iceste t.; m. enleidiz – 5113 leiz e granz – 5114 c. e treis corns a. – 5116 Q. beu e.; e. e p. – 5117 A ceus d. – 5119 se deffendent b. – 5121 e. espeie ne – 5123 c. i lessent m. g. – 5124 s. pur la – 5126 p. trestut lost en v. – 5128 mult *om.* – 5130 d. al i.; aparisant – 5131 Est vus uns fer sees – 5132 le gue b. – 5133 font tant – 5134 p. cel estant – 5135 pernant – 5136 s. de p. – 5137 tant *om.* – 5138 p. voil tute s.; se lesserent – 5139 L. Macedoniens – 5141 L. pours les peins – 5144 Fruissir j. – 5145 E liverer – 5146 tele destinee – 5147 cele veie – 5148 b. genz honuree – 5149 deser s. – 5150 e. jur m. deu e – 5152 e deshore c. – 5153 r. nen seiez – 5155 meinte d. – 5156 a. soffrit m. – 5166 En soWest d. – 5168 la motee la manee – 5172 eirent al soWest j. – 5174 b. marthis – 5175 de *om.* – 5178 E *om.* – 5180 ni avirom l. – 5181 ad gaain c. – 5185 Ws devis – 5187 EschiWent cele g. – 5193 P. sis freres est al reis c. – 5194 v. le West a. – 5195 les pleins del c. – 5198 v. averont – 5199 ci enteront – 5200 E q.; saresturnerent – 5202 p. de ca seur s. – 5203 j. i d. – 5204 d. ni f.; r. ne cure urent – 5205 d. liwes d. – 5209 a desmure e – 5210 s. fiez e – 5213 cent ne l. – 5218 A lui p. – 5222 le conneust – 5223 lost i geust – 5231 m. bon c.: *un vers supplémentaire*: Meinte glaive despescez e meinte espie defrenai – 5232 forte c. si na p. – 5233 p. nengin – 5236 lem le dist a – 5241 r. le f. – 5243 G. les r. – 5248 E. le p. le m. – 5253 Suillenz e. – 5254 s. overe – 5257 A. pas o. ke ni ert a. – 5258 le comandement porre fut apale – 5261 Chamberlent sui phelipe un – 5262 f. phelipon le – 5263 Einz est dalisandre aver deust le – 5269 est l. – 5272 est refreidiz – 5274 se regarge e – 5275 q. li ai – 5276 f. en s. – 5278 C. encontre c. en b. – 5280 q. meine t. – 5287 d. poez tu – 5288 ma *om.* – 5291 p. icest c. – 5292 v. en cui – 5296 La mul i ad l. ne set seit – 5298 b. manace i – 5301 le *om.* – 5306 P. fier; manaca – 5307 t. sost – 5308 A. com de – 5309 Il meismes p. – 5311 n. en ad – 5313 fiere c. – 5314 E. a contree – 5325 sa espeie f. – 5326 R. a lui – 5327 ses aveirs e; itant le p. – 5329 lespeie s. – 5333 v. tut f. – 5341 A. de s. – 5344 oncke oi – 5352 fut e h. – 5354 o. emes en – 5355 e preisez – 5356

v. aparaillez – 5363 e somers c. – 5364 e espiez – 5366 reis esmuez – 5367 *om.* – 5369 l. paillez tisseuz – 5370 f. escreuz – 5371 v. les pleins e l. – 5372 d. e les gWes l. – 5377 h. out s. – 5383 lui contre estust; *un vers supplémentaire*: Saver vout ou la fin de cest monde fust – 5384 alee com onc nul plus fust – 5385 ke remue nen fut – 5388 desur lun c. – 5390-5391 *om.* – 5392 Li reis Alisandre agarda l. – 5396 *suit* 5392 – 5397 e. geteite (*ou* geteice?) ou creuse ou leuerue; *un vers supplémentaire*: Ou sele est masseisce ou a vouseure – 5398 overees – 5399 de ses s. – 5400 D. tut l.; m. i troeve oevre d. – 5401 l. orines y. – 5402 as deus ij e. – 5403 s. overors s. – 5405 les [*blanc*] e b. – 5406 des estages – 5408 V. la g. o. a d. – 5409 rochers e m. e feres e. – 5412 Aj donc lur vint un – 5412 g. sis age – 5413 Il entent l.; p. car m. – 5415 Kar ennoitera p. – 5416 granz eschanu e – 5423 p. freien r. – 5424 kil tiengnent niert – 5426 Un chef de cel r. – 5428 s. e li – 5429 Mesa v. – 5431 Tabortane oi cele t. – 5432 Dis c. – 5434 Qui en – 5435 f. li juggeront – 5436 Liberus e herculus – 5440 d. yverns o. – 5443 fut oncke v. – 5444 la luneison – 5445 utemes – 5446 g. estacion – 5447 si longues h. – 5448 h. en e. – 5451 Ne pernent – 5452 t. o. – 5454 pr. k'agardent li g. – 5458 M. ni out n.; se meist de coe en b. – 5459 For liberi de – 5462 m. siglout li e soen c. – 5464 en sele d. – 5469 E gent od lui qui – 5470 d. icele e. – 5476 o. le leon – 5477 l. fieres u. e monoceros – 5478 cest m. – 5479 doncke n. – 5483 p. leWe ou – 5484 nosa ke t. – 5488 v. e q. – 5489 l. gastins en – 5490 m. liWes f. – 5492 D. iverns i – 5493 T. i g. – 5497 de puis m. – 5499 de seie c. – 5505 a. nirrez – 5511 E bons m.; m. nen o. – 5515 p. teles peres – 5520 p. deveient lur – 5521 c. fut l. – 5523 de plusurs c. – 5524 Ni ad – 5527 g. lur a. – 5528 L. amanz i g. as mers e as rivers – 5529 ni p.; ni seient legeres – 5530 f. ou as – 5531 v. espeies cheres – 5532 ad en seie – 5533 ni eit f. – 5534 S. armez v. – 5535 de ca probauien – 5537 for marinthen – 5538 Pus; for parais t. – 5540 li giu s. – 5541-5620 *om.*, *mais quatre vers supplémentaires seulement dans P*: Alisandre respont cil regne nest pas mien / Ainz est au rei de glorie le deu celestien / Ke ioe tienc pur seignur e dont e aime e crem / Pur ki amur ont pais li jerosolimien – 5623 v. le north e. – 5624 sen v.; e lie *om.* – 5625 E c. – 5627 De taprobant l. – 5631 F. parais t. ke tut est clos e. – 5632 e. ne fist pus c. – 5636 Ne purent pas de cest e. – 5642 sil voel s.; siure – 5643 p. de lur l. –

5644 Li deulz e li d.; d. en averont d. – 5645 Le r. – 5646 A. vient g. – 5649 de lee e – 5650 teink a c. – 5655 amout par leute d. – 5657 un a. – 5659 e espiez – 5662 o. e p. – 5663 l. cite ad – 5664 SiWi l. – 5669 Un h.; a ces b. – 5669 Il la l.; fut aveillez – 5670 prof perillez – 5671 Qui e. – 5675 r. le puiz e le c. – 5678 de diverses – 5681 l. guerreerent e malement b. – 5683 c. le veir – 5684 r. de b. – 5685 p. vivre tut v. – 5699 s. creu li – 5701 A. alout a. – 5702 b. oncke ne – 5703 t. out d. – 5704 de tel *om.* – 5705 e. come s. – 5706 longes e p. – 5710 f. maille v.; d. demaillant – 5712 l. foreines b. – 5716 C. liWes loinz d. – 5717 v. liWes de le as – 5719 l. traveters herbigurs e – 5722 O. vos h.; f. genz d. – 5728 a. pres a. – 5732 q. al o. – 5734 l. corns a – 5735 d. espiez i – 5736 p. nen ferez – 5739 oliphanz espoentez – 5740 v. le b. – 5741 li armez – 5742 Noef cente e utante – 5743 E trenche – 5744 as granz nus – 5747 c. fut li – 5748 li phant s. – 5749 e en repos un geu – 5751 E le West de – 5753 Orent l. – 5750 lewe pur la pour as grius – 5763 chevals – 5764 d. lur l. 5766 c. cheveroil e. – 5767 Virent p. – 5769 de *om.* – 5771 pas *om.* – 5772 c. cinz p. – 5776 g. granz a. – 5777 *se termine après* coste – 5778 e. enbevererent – 5780 Ascerche; tresqal c. – 5785 t. e t. – 5786 surt un t. – 5788 Auubli l.; eus e e. – 5789 f. flamble e c. – 5790 D. le West l. – 5792 Ke desire l. – 5793 D. les c. – 5795 Ni ad; qui adonc ne – 5797 Coe e.; nus avom t. – 5798 e. encontre d. – 5799 r. e fesum – 5801 Ke deus a – 5804 coe savez vereement – 5806 i. as deus ne seez de rien d. – 5807 Einz emes un – 5811 j. aval le – 5812 l. en o. – 5814 a manger e le p. – 5815 p. de hure mue s. tut li – 5816 e negge f. – 5817 n. li lee come – 5818 sele nes – 5822 s. covert esteint – 5823 *om.* – 5825 D. priont d.; a. ore l. – 5826 E crient e – 5829 E crie – 5832 Onc puis icel tens – 5833 f. enflamble e – 5834 lur *om.* – 5836 t. tut e. – 5839 covrerent a or – 5842 hom aver p. – 5843 M. sen p. – 5845 Il tient l.; nule l. – 5846 nen a. – 5847 C. perlz c. t. tuz pernez en – 5851 mortel est chescum home de terrien s. – 5853 *C reprend* – 5854 f. deliverance *CP* – 5856 tuz e en o. *P* – 5861 E c. *CP* – 5862 v. ses enterrent *P*; p. bel kil *C* – 5865 En mi de u. *CP* – 5867 De mur fut close e. *CP* – 5869 M. hom ne *P* – 5870 nul fe *C*; nule fie *P* – 5875 Li p. *CP* – 5876 a eus s. *CP* – 5883 preuz e oscit grant p. *P* – 5884 l. poinz e les piez c. *CP* – 5889 Covere *C*; Coevere; e.si ad *P* – 5895 c. pur d. *P* – 5896 esta ont il le *C*; esta ont *P* – 5898 e. agenuille

C; al ponz son hauberc desmaillee *P* – 5899 f. si ert agenuile *P* – 5901 preise *CP* – 5903 Pasment i li *CP* – 5906 niert h. *C* – 5907 En mi d. *CP* – 5913 a. ont chevauche *CP* – 5914 *Trois vers supplémentaires dans P*: A grant peine se gari Alisandre a cel fie / Si ses mires neussent le plus seurement overe / Ja ni out de son cors recovri sancte – 5916 Treskes en Ethiopie *CP* – 5917 l. prasiens g. *CP* – 5918 g. e l. *CP* – 5919 out peines *CP*; e haans *C*; e heans *P* – 5920 qe *absent dans P* – 5922 En Briamonde *CP*; t. gent destrange *C* – 5923 Ne manguent f. *C* – 5924 p. ne p. *CP* – 5926 Avec le; o. une a. *C*; Aver le; o. un a. *P* – 5927 d. discipline *CP* – 5928 a. parais e *CP* – 5929 Disputa A. *C* – 5933 g. esputeison l. *P* – 5934 e comen determine *P* – 5937 c. encline *P* – 5938 Car tut *P*; t. Ynde e. *CP* – 5940 Ke fut *CP* – 5941 trove *C*; troeve *P* – 5943 tut li mondes *CP* – 5944 t. les t. *P* – 5947 quivere *CP* – 5950 t. habitable *CP*; s. alee e. *P* – 5951 c. diseit la *CP* – 5952 paisant *C*;persant *P* – 5953 o. oue un *P*; ke muton *CP* – 5954 Nen o. *CP* – 5956 n. chevoil; s. gernon *CP* – 5958 Ni o.; neust hidur de *P* – 5959 Quant ke avez dist il fet ne prise mie un *CP* – 5962 norrez *absent dans P* – 5966 f. e en cavernes m. *CP* – 5968 l. de s. *P* – 5969 e coleuvres l. C; e colevres l. *P* – 5972 ne faciez del r. *CP* – 5675 de draconce e *CP* – 5976 saverez *CP* – 5978 averez *CP* – 5980 le taillur *P* – 5982 Q. del *CP* – 5984 la lur *C*; labur *P* – 5985 n. richeise n. *C* – 5986 ni tressez g. *CP* – 5987 En p. *P*; la *absent dans CP* – 5988 p. yvernail f. *CP* – 5994 ad ia ni averad *CP* – 5995 t. mes s. *P* – 5996 l. vout o. *CP* – 5998 La poeiz s. *P* – 5999 *Un vers supplémentaire dans P*: E si pount ces chevalers tut lur reddur – 6000 sil trovent vers ki t. *C*; sil troevent ne ki t. *P*; *un vers supplémentaire dans P*: Sur eus poez assaier vostre valur – 6002 il bon f. *CP* – 6003 *MS. L commence ici* – 6004 C. beaus e bons ke *C*; C. ont de turkie ki *L* – 6005 sai sil c. *C*; sei sil clament *L* – 6007 dehez ait cel enur *L* – 6008 m. fin de vostre g. *L* – 6009 A. trova n. *P*; cume reis t. *L* – 6010 m. ditel empereur *L* – 6011 navera *CP*; ia en sa vie n. *P*; Que iamais a sun voil navera *L* – 6012 s. ore b. *P*; s. en b. *L* – 6013 Une ysle *C*; – Une isle *P*; Uns illes *L* – 6014 Onc ble kem i semast ne fut c. majurs *C*; Onke ble kem semast ne fut c. maiurs *P*; Unc ble... semast ne fu c. maurs *L* – 6015 Uns poeples *C*; Uns poeples i e. *P*; Uns poples est laenz *L* – 6016 c. de m. *CL*; c. des m. *P* – 6018 beivere *C*;

beivre *PL* – 6019 *Un blanc pour la capitale, à lire* Al; En le maistre *P*; El maistre *L*; g. mult c. *CP*; g. ki sunt c. *L* – 6020 l. de c. *CL*; l. e c. *P* – 6021 c. virine e *P* – 6022 chens la mortecine *C*; c. la m. *P*; *L est mutilé* – 6023 c. ki s. *L* – 6024 e leid e *CP*; e laid e de grande e. *L* – 6025 roie *CP*; roue *L*; parleure *PL* – 6026 Cist *CP*; *L continue la laisse avec* E sunt; vile *CP* – 6027 o. gaunne e blef *CP*; o. calve e blef e neire c. *L* – 6028 Lunges denz e ordes buches laide r. *L* – 6029 s. curb a. *CPL;* la coverture *P* – 6030 naiment point de *P*; ne pas naiment d. *L* – 6031 Entre els nen o. *L*; Neutre e. nont a *CP*; nul nen f. *CP* – 6032 f. ultrage e *L* – 6034 F. un sul iur *L* – 6035 en aust coture *CL*; en aust culture *L* – 6036 grant c. *CPL*; faite *L* – 6038 ele *manque dans CP*; est enseure *P*; defin est seure *L* – 6039 t. ad dedenz *CL*; t. i ad denz *P* – 6040 quivere *CP*; quiere *L* – 6041 Fondee *C*; Fondue *L*; c. cerses a. *P* – 6042 la veir sure *P* – 6043 a Deu *CP*; nun deu s. ad enz u. *L* – 6044 lentaillure *P*; or est ovree; lentailleure *L* – 6045 Marcolan a *C*; E Morcolon a. icele creature *L* – 6046 Coe e; p. entrepreture *CP*; p. le entrepreture *L* – 6047 Tut c. *CP*; Trestuit icil d. *L* – 6048 Ne b. ni p. c.; ni meure *CP*; Il ni puet nul b. c. ne nul f. ni maure *L* – 6049 En e en yvern est tuz *P*; En e. en iver tuit tens i ad f. *L* – 6051 d. secle *CP*; d. siecle ni puet em enz e. *L* – 6052 l. ponz de caspe *L* – 6053 Un ysle *C*; Meopante *CP*; Meopan *L*; dela ces m. *CPL* – 6054 En a. dicel p. ni p. *L*; nen poet lem *CP* – 6055 noistes onc r. *CP*; Ditel; noistes onc parier *L* – 6056 hom *manque dans P* – 6057 *manque dans P*; por les mers h. *C*; p. les granz mers h. *L* – 6058 f. escrivere ne *CP* – 6059 q. il v. *L* – 6062 d. nef ou kanard s. *CP*; dromunt nef u chanard s. *L* – 6063 si la f. enfondrer *CP*; lewe vont si la vont enfundrer *L* – 6064 p. longuement por *P*; Il ni; p. le freit h. *L* – 6065 m. en lan *CPL*; i puent converser *L* – 6067 Coe d. *CP*; Ico d. li p. e li *L* – 6068 fereit *CPL*; f. ost la endreit m. *L* – 6069 E d. *L*; monstre; ne fet fors g. *CPL* – 6070 Li reis ne set quil fet q. *L* – 6071 des t. e derrer *CP*; de travail e de errer *L* – 6072 co li d. *L* – 6073 jeo *manque dans P* – 6074 monde ca *CPL*; dereins *C*; p. forains *L* – 6075 *manque dans L*; d. West e. *CP*; faens *C*; faeins *P* – 6076 E iloques ad pople mult e. *L* – 6077 e quivere e *CP*; e quievres e *L* – 6078 E funt osbercs e elmes e casces e l. *L* – 6079 ke un cite apelez Neims *P*; e si s. nome nains *L*; *un vers supplémentaire dans L:* Cist unt chastels e viles e boscages e plains – 6080 Si ces ne c. itant *CPL* – 6083 a ces veisins *CP*; a ices veisins *L* – 6085 espiez *CL*; espees *P* – 6086 o. c. coranz e *L* – 6087 v. e gris h. *L*; sabelins *CPL* – 6088 Castels riches citiiez e bons p. *L* – 6089 n. roy du monde *CP*; n. empereur ne volt e. *L* – 6090 j. enguerient v. *P* – 6091 Sunt t. c. d. monde *L*; Tut cil d. m. sont *CP* – 6092 Pernent; forz *CPL* – 6093 na forcelesce ne m. f. *L*; nad fortelesce *CP* – 6094 s. mis s. *L* – 6095 mereim *C*; meriem *P*; mairien *L* – 6096 des granz q. *CP*; de granz q. *L* – 6097 ad len ysle *C*; ad len ylle *P*; ad en lille *L* – 6099 *manque dans* *L* – 6103 navera le v. *CL*; nen avera le v. *P* – 6104 m. el siecle e chemins *L* – 6105 v. oiant la *CP*; v. veant la *L* – 6106 lassemblee *CP* – 6107 ki la c. ot h. *L* – 6108 novele *CPL* – 6110 u ma chevalerie *L* – 6111 kavom *C*; ke avom *P*; quavon *L* – 6112 Si nus *CPL*; r. itel f. *CP*; r. tele felonie *L* – 6113 o. e t. *CP* – 6114 ki e *L*; *L s'arrête ici.* – 6116 n. del d. *P* – 6117 fet ne *CP* – 6120 niefs chanarz *CP* – 6121 livereisuns *C*; livereisons *P* – 6123 duchees *C*; ducchees *P* – 6124 De poveres bachelers f. *C*; E de poveres bacheleres f. *P* – 6126 heaumes espiez e *CP* – 6127 Percent l. *P* – 6129 covertures *CP* – 6130 D. lur sandaus *P* – 6131 l. anes l. *CP* – 6133 Cureies *C*; Coreies *P* – 6134 Noistes dun t. *CP* – 6136 l. granz t. *C* – 6138 bosoigne mand A. *CP* – 6139 p. e c. *CP* – 6141 Vint i od *CP* – 6142 en la c. *P* – 6146 de quer sage *C*; de quoer sage *P* – 6147 Fieres *CP* – 6151 mult *manque dans CP* – 6152 A deservi en *P* – 6153 La reine ke out ad; lui conquis *P* – 6157 fu *manque dans* *P* – 6165 m. antifs *CP* – 6166 I. controva *CP*; l. ronz c. *C*; l. rons c. *P* – 6167 premeres *CP* – 6168 livere *CP* – 6169 de sire ses g. *C*; de sire les g. f. descriz *P* – 6170 Demazonie vendrunt d. *P* – 6171 b. chevaleries e *CP* – 6175 espeiz *C*; espeiez *P* – 6177 ne trahant ne m. *CP* – 6178 dun fer; s. gefnes p. *CP* – 6180 celui suz l. *CP* – 6181 coverent *CP* – 6182 beaus mulez *C*; bels mulez *P* – 6183 La pudre leve *P*; p. leve *C* –6184 S.le mulez d. *P* – 6185 En estur *P* – 6186 s. ki f. *C* – 6187 c. barbers *P* – 6189 coverir *CP* – 6190 pur veirs *P* – 6191 f. bel c.; b. a envers *CP* – 6192 de Capadocie *CP* – 6193 s. mercs *CP* – 6196 out grant poeple *P* – 6197 iloec assemblee *C*; illoec muee *P* – 6198 pussance *C* – 6200 e. od le *C* – 6201 en *manque dans* *P*; la mer e *CP* – 6203 enseigne *C*; enseingne *P* – 6204 de quarante liWes *CP* – 6205 m. sonee *CP* – 6207 contreie *C*; contree

P – 6208 valeie *C*; valee *P* – 6209 I. peust em v. *CP* – 6210 m. bon g. *CP*; meinte enseigne f. *P* – 6211 ne pout e. *CP* – 6212 de taraconte oent la *CP* – 6213 a. ysles t. *CP* – 6214 e. mandee *CP* – 6220 escloceres *CP* – 6221 calchetrappes *CP* – 6222 e *manque dans CP* – 6223 l. taneres *CP* – 6225 traverseres *CP* – 6228 p. fieres *CP* – 6232-6234 *forment une laisse dans CP avec une initiale peinte pour* Grosses, *et avec une rime en -er.* – 6237 T. les t. felons ni pout *CP*; n. chevaler *P* – 6240 cel eWe *CP* – 6242 Espees e *P* – 6243 bons *CP* – 6246 g. pru a. *CP* – 6247 Trait nekedent a eus ki se pout aider *C*; se pout aspariller *P* – 6249 i peust em *C*; i poust em *P* – 6250 esp. s. *CP* – 6253 de traconte *CP*; navrer *C* – 6254 E c. *CP* – 6255 i *manque dans CP* – 6257 herbiger *CP* – 6259 s. alier *CP* – 6260 *commence une nouvelle laisse avec une lettre ornée dans CP*; del secle *CP*; de siecle ni poust *P* – 6261 I. sen s.; de butemai e *P* – 6264 ni pout p. *CP* – 6265 nule r. *CP* – 6267 ne sen vodera t. *C*; ne sen voudra *P* – 6268 Si la kil veie son voler a. *CP* – 6269 sont icil d. *CP* – 6271 le armer *P* – 6273 estoet *C*; estot *P* – 6275 quel m. pusse s. *CP* – 6276 Que v. *P* – 6277 l. cruelte v.; deliverer *CP* – 6280 Pus *C* – 6284 forz haspeaus *CP* – 6285 t. en plain as *CP* – 6286 c. les r. *P* – 6287 c. es r. *CP* – 6288 e. ou ont les d. *C* – 6289 l. marinaus *CP* – 6290 E turmissent le *CP*; r. e p. *CP* – 6291 ne a. *P* – 6292 pernent *CP* – 6293 Mangent en *P* – 6296 m. nule r. *P* – 6297 L. mers sont crueles *CP*; r. mut h. *C*; r. mult h. *P* – 6299 enpernant *CP* – 6300 Chantent (*comme dans D*) *CP* – 6301 t. en plain *CP*; Les poet; p. ne vaut *P* – 6304 les damage e t. *P*; acuilli *CP* – 6305 prof deguerpi *CP* – 6306 s. cst t. *P*; l. siWi *CP* – 6309 a taraconte d. *CP* – 6310 close; de mer a. *CP* – 6312 m. an a. *C*; m. a a. *P* – 6313 jefnes *C*; ioefnes *P* – 6314 icist *CP* – 6317 l. turs *CP* – 6318 dazurs *C*; darsurs *P* – 6320 ren ni vaut li murs niert *C*; r. ne vaut li murs *P* – 6321 f. nen ert *CP* – 6322 v. liWes p.: niert a. *CP* – 6323 ni avera d. *CP* – 6324 ne berefrai d. *CP* – 6325 en *manque dans P* – 6326 nafrez *CP*; e blesciez *C*; e blescierz *P* – 6327 E neer en la mer oscire e *CP*; detrencher *C*; destrenchez *P* – 6329 a ces b. *P* – 6330 a. tut le *CP* – 6331 d. monde b. *C* – 6332 o. e p. *CP*; travillez *C* – 6333 preisez *CP* – 6335 Si n. *CP* – 6337 e li poeple *CP* – 6340 Diables denfern est mut eshauciez *C*; – Li diables denfern est mult e. *P* – 6341 esmaez *CP* – 6343 a iceste i. *CP* – 6344 saveront; esluignez *CP* – 6345 *Un vers supplémentaire dans CP*: Devorront les poeples e les genz coe sachez – 6347 q. en ai *CP* – 6348 li bens de cil e. *C*; si biens de ca est eus a. *P* – 6349 devorunt *C*; Tuz devorront *P* – 6351 de cestes m. *C*; de ceste mers *P* – 6352 Ohi d. *CP* – 6353 monstres *CP* – 6355 e ioe esveillez *CP* – 6356 v. enparillez *P* – 6358 la issue *C*; la issue lur d. *P* – 6359 e. leinz n. *CP* – 6361 nefs *manque dans P*; preisez *CP* – 6364 le sege kil *C*; longuement *P* – 6366 V. ke e. *CP* – 6369 mer corage ne *P* – 6371 p. as fonz seurement *C*; p. a fonz seurement *P* – 6373 messagiers *C*; messagers *P* – 6374 Pramet *CP* – 6375 Vengent *C* – 6376 oWent *C*; oent *P* – 6377 e. tut c. *CP* – 63 8 Vienent *C*; Vienent e *P* – 6380 Defors *CP* – 6382 condueront *C*; conduerunt *P* – 6384 la mer ne *C* – 6386 Cherchent *P*; la mer t. *CP* – 6388 e. li reis p. *CP* – 6389 Come d. *CP*; d. li e. *P* – 6390 coliphas *sans capitale* – 6395 si crest en *CP* – 6397 dune e. *CP*; f. envousees *C*; f. enausees *P* – 6399 dune sercle de *P* – 6400 surestamees *CP* – 6401 si fierement s. *CP* – 6402 ke i trosse e. *C*; ki i troeffe e. *P* – 6403 e. urent f. *CP* – 6405 de veire e *CP* – 6406 si veire n. *CP* – 6410 livere *C*; livre *P* – 6415 dit *manque dans CP*; kil enveient si *CP* – 6417 f. iuindre entur e *C*; f. joindre entur un petist e. *P* – 6419 a. pusse e. *C*; a. i p. *P* – 6420 Chennes o. *CP* – 6421 un crokez p. kil f. *CP* – 6422 ja liu *C*; ja lui *P*; ou ne pussent *CP* – 6423 plus tost corre *P* – 6424 doutent corage al *P*; al ariver *CP* – 6425 E *manque dans CP* – 6427 preurs *C*; preiur *P* –6428 de cestes n. *CP*; A. entrer *P* – 6429 E entur *CP* – 6432 tute sost *C*; tote sost *P* – 6433 l. Phtolomeu p. *C* – 6434 de cestes n. *C* – 6435 e. ovoec e. *C*; e. oveske e. *P* – 6436 d. secle e. *CP* – 6437 la mer t. *CP* – 6438 il emer *P*; v. le a *CP* – 6439 ylles austers t. *P* – 6441 P. en fist; out ou il P – 6442 des ylles en *C*; des ysles en *P* – 6443 p. od lui *CP* – 6444 cel b. *CP* – 6445 son ost (*comme dans D*) *CP* – 6447 t. gin (giu?) *P* – 6449 cist *manque dans P*; esproveia *C*; esprova *P* – 6452 p. mer e *C* – 6453 r. sege ni *CP* – 6456 eus a m. *CP* – 6458 N. ni pout *P*; l. mers l. *CP* – 6461 beivere *C*; beivre *P*; dc lur s. *CP* – 6463 la mer d. *CP* – 6464 set kil pusse *C*; siet kil puisse *P*; a *manque dans P* – 6468 p. aseiger *CP* – 6469 b. ohi f. *CP* – 6472 h. e tanz reis traviller *C*; h. en tanz reis travailler *P*; *un vers supplémentaire dans CP*: Joe les rei mes hommes oscire e detrencher – 6473 os e la *CP* –

6477 m. men pusse *C*; m. mem puisse *P* – 6483 soef *CP* – 6484 li hom d. *C*; f. pus l. *CP* – 6486 navereit li ces bones g. *CP*; *un vers supplémentaire dans P*: Mult purreient idunc li poeples damager – 6489 p. de ses b. *CP* – 6492 ke i estoet *C*; ke i estoit *P* – 6494 meinte *CP* – 6495 paene *CP* – 6496 En l.; le sacerfise *CP* – 6499 Hom formas en *CP* – 6502 a ta s. *CP* – 6508 c. en l. *CP* – 6509 ci remainent li o. od l. *CP* – 6515 e les c. *P* – 6516 Treiz j. *P* – 6518 doinge *C*; doigne *P* – 6519 cruelte *CP* – 6521 Del c. *CP* – 6522 E le c. *CP*; o. veintera l. *C* – 6523 fiere *CP* – 6525 E *manque dans CP* – 6526 Aprof le *CP* – 6527 Asemble ses hommes mande s. o. adait *CP* – 6530 t. nen ait *CP* – 6532 v. eus frad *CP* – 6533 beau p. *CP* – 6539 a eus eurent f. covenance *CP*; *un vers supplémentaire dans CP*: Mistrent jur de assembler com fut la purparlance – 6541 d. a la *P* – 6549 del *manque dans P* – 6550 Pus f. *CP*; serrer *C*; fermer *P* – 6553 c. overaigne; soudeer *CP* – 6554 lui covint a s. *CP* – 6557 Del b.; trestutes enluer *CP* – 6559 P. icest g. *CP* – 6560 lignee nen pussent *CP* – 6561 e echitus li *CP* – 6563 tens isteront *C*; tens esteront por *P* – 6564 en *manque dans CP*; C. eles f. *P* – 6567 a tute sa g. *CP* – 6569 Denz un; m. kar ne pout p. *C*; Dens un; m. car ne pout p. *P* – 6576 *manque dans P* – 6578 onques nen fut *CP* – 6579 out ces e. *CP* – 6580 s. ceus de *CP* – 6583 l. getiens aveit *CP* – 6584 lur lignee esteit *CP* – 6585 n. poet *CP* – 6586 les mers furent reddes e *CP*; e lisle estreit *C*; e lysle fut estreit *P* – 6590 Sen ala *P* – 6594 p. gecienes *CP*; *un vers supplémentaire dans CP*: E les mers engelees e les glaucienes – 6595 t. armonienes *CP* – 6596 as overes aficienes *C*; as oevres aficienes *P* – 6602 m. caucasum e *CP* – 6606 poi seus e. *CP* – 6616 Un autel *CP*; a. i ad *P* – 6617 Q. i f.; s. en r. *CP* – 6618 le *manque dans P* – 6620 E. hircaene e *CP* – 6622 d. seint Jerom e *P*; Ethicus *CP* – 6623 Ke p.; c. out son tens u. *CP* – 6624 Ke un *CP*; cinc *C*; cink *P* – 6625 loveraigne *CP* – 6628 d. ien ai *C*; d. en ai *P* – 6629 c. en l. *CP* – 6630 *manque dans P* – 6633 Ni out mervaille; ni ait mene *CP*; *un vers supplémentaire dans P*: Del mond cercher fut Alisandre mult penee – 6634 ne siet en *P* – 6636 A. sont r. *P*; enrichi *CP* – 6637 monde ad prof e. *CP* – 6640 v. teus c. *C*; v. ces c. *P* – 6641 ne pus m. *C*; ne puis *P* – 6643 ne poent li *CP* – 6652 j. sui e *CP* – 6654 controveure *C*; contruveure; r. i aioste *P* – 6655 rien *manque dans P* – 6656 Lamende d. *P* – 6657 e troge averez *CP* – 6658 l. estore *CP* – 6659 Jeronime *CP*; Osorie *C*; e sorie *P* – 666O Dyonise *CP* – 6668 Em ne *CP* – 6670 pust *C*; poet *P* – 6672 ducs *CP* – 6673 b. e meint dur e. *P*; *Début d'une lacune dans C*; *variantes de P*: 6674 fut mult g. – 6677 fut – 6678 ducs – 6681 roys *om.* – 6682 de motes m. – 6683 come f. – 6684 colore e auqanz – 6685 les regnes – 6687 Ni contre estout c. – 6689 par altre le – 6691 t. le s. – 6694 plusurs fet p. – 6695 fontaingne i ad dont dulce – 6699 v. ait – 6700 nest mortels ke len bevera par iur – 6701 la tergue la pour – 6702 ethiopie i ad – 6703 De d. lignee e – 6704 t. i s. – 6705 Altre une de – 6706 solement i conuit sa – 6707 Hom ne conuist s. p. ne pere sa – 6708 s. connu e.; beste en – 6709 en tel a. – 6710 C. mastreeit s. – 6711 p. en ad – 6713 neiment traison ne ne v. – 6714 Un a.; od lungue – 6716 poeple en l. – 6718 oliphant ne b. – 6722 Psambaris e. – 6723 Sent i; ethiopie; m. fiere g. – 6725 q. oeuz o. – 6728 De ca; ethiopie – 6730 p. quarante vivre – 6731 ki nait un – 6732 Agriophagos les nonce c. – 6734 len sout en universe m. – 6735 ad qui as morz – 6736 e tut tens sont – 6737 Onc ne – 6738 E artabatites l. – 6739 Cinomolegrins i; un fie poeple chenin – 6741 Un altre poeple i ad i. – 6743 en *om.* – 6744 Ja el ni m.; t. ne seit ciant – 6745 le *om.* – 6746 e. li poeples corteis – 6747 Macrobii – 6749 bones leis – 6750 chevaus paleis chasteaus e deis – 6751 de ethiopie dreit en lorient – 6752 I ad – 6753 pleine neire com – 6755 pople *om.* – 6756 ne levere ne – 6757 pertus menue al menton solement – 6758 le (*comme dans D*) – 6762 Tesmonie s. – 6763 au *manque dans P* – 6768 darabi de b. – 6770 sont nount p. – 6771 siet *om.* – 6772 A. diloec; r. ni s. – 6774 ethiope (*comme dans D*) – 6775 E set coe ke coe nus d. – 6776 D. ethiopies s. – 6780 Tresken J. – 6783 este r. – 6784 ne fut li – 6785 e *om.* – 6789 Bethleem; siwant – 6792 Troverent s. – 6793 ethiope (*comme dans D*) – 6794 dreit par e. – 6796 ni esteint – 6797 ethiopie – 6803 p. nen e – 6804 Uns m. i ad – 6807 come – 6810 i. ne p. – 6813 autre *om.* – 6814 Li un hante – 6815 Li altre noWent; haute r. – 6820 monstres maurieiesins – 6825 Ni ad – 6828 sa veue ne dure c. – 6829 tut r. – 6830 dite – 6831 Ethiopie i – 6832 al leverer – 6835 Ethiopie – 6837 livere – 6838 n. coe e. – 6839 Il desecke en yvern e desecke en – 6842 Tut nu h. – 6843 s. e m. e itant – 6845 Meinent a lur osteus – 6846 il *om.* – 6847 E c. – 6849 li *om.* – 6851 V. en c. – 6852 d. cist

a. – 6853 c. ovec eus o. m. – 6857 Ces; jeo *om.* – 6858 yvern nen e. – 6859 en eWe – 6862 M. nen ad – 6864 m. ken p. – 6866 amdeus – 6868 Uns delphins – 6869 Escherde; trencheant – 6870 cocatrices – 6875 i. veisdie – 6876 ni ert – 6877 r. od sa – 6880 ethiopie – 6881 De pierres – 6882 Liez; q. tut ad – 6883 ethiopie i ad ardant ur m. – 6884 un crois i – 6886 Enquerent a.; *un vers supplémentaire*: E quant ke il demande lur dist e lur espont – 6887 *C reprend*; i A. ke l. *CP* – 6888 Ke lui facent r. *CP*; e dirrai Ws ben dunt *C*; e dirrai vous bien dont *P* – 6890 consail a tuz les deus enquer *CP* – 6891 Ke ice A. ke tut *CP* – 6893 s. tut le *CP* – 6896 ke ice ai *C*; q̄ ice ai *P* – 6899 E richeir m. *C*; E richeier m. *P* – 6900 pusse *C*; puisse *P* – 6904 Aprof le, oi les r. *CP* – 6907 r. en coi s. *CP* – 6908 mervailles *C*; merveilles *P* – 6909 li gueres s. *C*; li guieres s. *P* – 6910 Ki v. *C*; l. arsuns *CP* – 6914 Tuz tens *C*; Tut tens *P* – 6915 e. en va *C*; e. en val li *P*; r. a p. *CP* – 6916 a la fosse m. i ad *CP* – 6917 Ke od le *CP* – 6918 Estencele li *CP*; feus a la *P* – 6919 freidur *CP* – 6921 tuz tens *CP* – 6923 Ni r. *CP* – 6924 de la b. *CP* – 6930 preisez *CP* – 6931 sest fortment t. *CP* – 6934 e. li c. *CP* – 6935 Prof d. *CP* – 6938 d. mut enveisez *C*; d. mult enveissez *P* – 6939 B. mut e. *C*; B. mult enseeles *P*; e *manque dans CP* – 6940 o. avant a *P* – 6941 fu e *manque dans CP* – 6943 De la blanche *CP*; – la *manque dans C*; fu la *manque dans P* – 6945 renomee trova *CP* – 6948 vivere *C*; vivre *P* – 6952 avera si a per *CP*; la *manque dans P* – 6956 sel *C*; seel *P* – 6960 Nule r. – 6964 pernez a per *C* – 6967 Des b. e des g. *C* – 6968 vivere charier *C*; vivre charier *P* – 6969 f. e p. *P* – 6971 d. ioe en ai m. *C*; v. dirrai ioe en ai m. *P* – 6973 Juvenceaus s. *CP* – 6974 Ces averez; mi triwer *CP* – 6975 El monde *C*; El mond *P*; jeo *manque dans CP* – 6977 c. averez t.; or mer *CP* – 6978 poet nuls h. *C*; poet nus h. *P* – 6983 A. respondi o. *CP* – 6984 Si paroum *CP*; de donneier *C*; de douuerrer *P* – 6988 M. chameus *C*; M. chameaus *P* – 6990 Dans *CP chiffres écrits en lettres* (*voir aussi* 6991, 6992) – 6992 e quatre *CP* – 6996 s. vif r. *CP* – 6997 l. cors l. *C* – 6998 ke un mois l. *CP* – 7000 h. cinc cenz c. *CP* – 7002 c. mile chevauchanz *C*; *nouvelle lacune dans C*; *variantes de P*: – 7004 Tut f. esbai – 7007 Kil feist t. – 7008 en stature – 7009 Alisandres – 7010 C. empris lessample en une putreture – 7012 f. fere d. – 7014 sa nurreiture – 7015 e *om.* – 7016 celui neit la t. i naure – 7017 v. manger turnee – 7023 vei eschanuz e – 7030 dune mervaille vous dirom si – 7032 a tieuz genz com m. – 7033 Escharcece i ad deWe e des b. – 7034 ni irrez – 7035 i conduierom – 7036 S. autanz h. – 7037 De b. – 7039 ke coe est e si coest v. – 7040 v. primes m. – 7044 p. en g. – 7050 Si surdist p. – 7052 quel achar com puis estre d. – 7057 pernez – 7060 Coment d. – 7064 ki fustes f.– 7065 L. nus dereinner devant – 7067 Menerom v. – 7069 E d. – 7075 Alisandre sapreste par – 7076 De b. – 7077 Ne ni ad – 7082 Voisent al phaacen – 7083 Od le – 7084 S. quarante mil hommes od lui ad r. – 7085 h. e h. – 7086 dreit devers l.; *deux vers supplémentaires*: Passent deserz les roches e les bois foilluz / E les estreiz chemins e les ysles menuz – 7088 s. les leons e les dragons f. – 7091 p. de pantheres e de t. –7093 errez – 7095 basme dolives – 7096 dattes de giroffre de peivre e – 7097 Despeces p.; tut le – 7098 Ne nount altre vivre ne pain ne sauge ne alis – 7099 *om.* – 7101 l. especes; coe fut parais – 7103 l. od p. – 7104 *suit* 7106, *i. e.* Neir ert plus ke charbons escherde out le vis – 7105 b. e l. – 7108 aveit il p. – 7111 m. bel le – 7113 de se v. – 7115 S. fait A.; saver – 7116 voler – 7117 veer – 7118 eveskes par v. – 7119 Li eveskes li r. – 7123 Si offrez v. – 7129 s. idonc e. – 7130 e. alure aisiez – 7131 riches le d. – 7132 li encens – 7133 cheres especes; tuz tens – 7134 e par encens – 7138 Gresille ne pluie ni chet – 7139 Tonerre ne escleir – 7140 naproeschent as destreiz – 7141 li eveskes dist – 7142 Ly eveskes dist – 7143 C. arbre del s. – 7144 d. nuls hom ait – 7145 De cens ne; b. domesche ne – 7146 s. de corage pure – 7150 averez – 7153 qui les respons l. – 7155 saparilla o. – 7158 A ices p. – 7162 Veient a.; un rai del c. – 7164 li reis se humilie – 7166 ne parout ne – 7172 conquerra – C 5 par *om.* – 7 coe *om.* – C 9 Pensa – C 24 ja tut lur – C 28 ces barons a force (*corrigé en* saforce *par une autre main*) C 32 les – C 55 oes – C 58 de noz bois alez hors – C 59 Li eveskes – C 61 Le conforte – C 65 puis –C 66 bien – C 68 puissance – C 73 *om.* – C 76 soi – C 78 de cests fuz – C 87 larbre i m. – C 99 l. puis e – C 100 valeis – C 105 a. a l. – C 107 eirz – C 109 fut – C 114 il er m. – C 115 partiz *om.* – C 116 errerent – C 117 le val e – C 118 Jordet – C 123 Jordec les d. transverserent – C 125 entre eus – C 128 e anguisses ont e meinte mesavaenture – C 129 v. mlt dure – C 130 *om.* – C 132 Seseirs – C 138 de herbes v. – C 141 ne asanz n. – C 143 naturaument – C 144 Fors – C 146 r. li f. – C

148 pureint – C 157 Puis la – C 162 c. dre g. – C 167 Sere – C 169 e. noelent p. – C 172 lurs mers – 7179 ardoir *manque dans CP*; peivere *CP*; kel ne d. *P* – 7180 pusse *CP* – 7182 oi sires l. *P* – 7183 Par plusurs *CP*; merz *P* – 7184 Kar e. *C*; Car e. *P* – 7186 gent *manque dans CP* – 7188 siWirent mut a *C*; sivirent mult a *P* – 7189 V. se A. *P* – 7190 e tuz l. *CP*; plus fors *manque dans P* – 7192 errent *C*; eirent *P* – 7194 e *manque dans P* – 7195 o. les d. *CP* – 7197 E s. *CP* – 7198 o. les d. *C* – 7199 come *C*; com *P*; *nouvelle lacune dans C, variantes de P*: – 7202 Ni vout t. – 7204 dune c.; *un vers supplémentaire*: Les ungles ont entieres les chefs vers le corz – 7207 e. i persent – 7209 f. acier ne – 7210 en leWage – 7217 Com f. – 7222 faascen en ad – 7224 a tut som b. – 7225 agregge li doels e – 7227 son barnee kar il – 7228 i sont granz – 7229 m. i f. – 7233 e aisee la – 7234 Plentive de vingnes de – 7237 longe come l. – 7239 r. asmee – 7240 A. Alisandre e – 7241 b. avironee – 7244 ou fut d. – 7249 la montee – 7250 ke lur est – 7251 al iurnee – 7252 Teste n. – 7253 ni ad rien t. – 7256 *Un vers supplémentaire*: Mande ad ses princes e sa gent plus cremue – 7258 Ke le mieuz de sa g. – 7259 Celee est achapee honie e. – 7662 d. corner retreue – 7263 g. acreue – 7265 Veirement il – 7266 Fut e.; n. fut m. – 7269 navera; bosoin aue – 7272 ka g. – 7273 sis orguils t. – 7276 mort *om.* – 7282 o. le v. – 7286 *C reprend*; Od *CP*; river (*comme dans D*) *CP* – 7287 f. edifier *CP* – 7288 quareus *C*; quarreaus; lur m. *P* – 7292 li *manque dans CP*; *quatre vers supplémentaires dans P*: Li messagers i entrent sanz nul demorer / Pur lur message faire a Alisandre le fier / Hardiz furent e bauz e abatanz messager / Come firent lur message tost poez oier – 7296 reis veit l. *CP*; e. venuz *P* – 7299 d. nen ad *CP*; veer ne *manque dans CP* – 7300 sen rit *CP* – 7303 D. li reis Porrus *CP* – 7306 avers *C*; aveirs *P* – 7308 toleiz *C*; toleis *P*; *un vers supplémentaire dans CP*: Ore refetes (refetez *P*) citez chasteaus espes e menuz – 7311 d. emes ca *CP* – 7318 M. jel claim tut q. *CP*; pernum *C* – 7320 Joe voie kil *CP* – 7323 ke mut c. *C*; ke mult c. *P* – 7324 er r. ou li e. *CP* – 7326 ni avereit m. *CP* – 7333 M. sen A. *CP* – 7334 Apele s.; a eus en p. *CP* – 7335 tost *manque dans CP* – 7336 E t. *CP* – 7337 faascen en v. – 7340 mult *manque dans CP* – 7342 moerge *CP* – 7346 Autre tel soit de *C*; Altre tiel soit *P* – 7347 en dorra *CP*; iurrad *C*; iurad *P* – 7352

e desconfiz l. *P* – 7354 Kar mi l. *CP* – 7355 ne dut sa *C*; s. grant h. *CP* – 7357 Il naufra m.; e moi fist *CP* – 7359 Oscire hom *C*; Oscirrei hom pur hom *P* – 7361 Remaindereit en *C* – 7364 comun *P* – 7365 veintre *CP* – 7366 haunge *CP* – 7370 t. e l. *C* – 7371 avint *P* – 7373 un ore d. *C* – 7377 ne change p. *P*; avereit *CP* – 7378 v. au r. *P* – 7380 d. la d. *CP* – 7381 Celui receverout tut ki en avera *C*; Coe lui receverunt tut qui en avera *P* – 7384 si seom t. *CP* – 7387 veu *manque dans P*; avera *CP* – 7390 e *manque dans P*; safie *P* – 7392 kil ni m. *CP* – 7396 Vent d. *C*; Veent d. *P* – 7398 A. od sa *CP* – 7400 f. entendu li *P* – 7402 n. eschalwaitent v. *C* – 7403 e teint b. *C*; e ceint b. *P* – 7406 le *manque dans P* – 7409 veintera en averad (averat *P*) *CP* – 7411 come reis *CP* – 7413 e *manque dans P* – 7416 l. espiez e *CP* – 7418 E *manque dans CP* – 7419 v. ne sont ne blesce ne maumis *CP*; *deux vers supplémentaires dans CP*: Areivindre de rechef ont les (le *C*) chevaus oscis / E cors encontre cors se sont donc a pie mis – 7420 est as gardanz a ki estera p. *CP* – 7421 Amdui *CP* – 7422 e. li uns s. *P* – 7423 *Un vers supplémentaire dans CP*: Lentredeus le vermail treis lez le retrait – 7424 P. autretel f. *CP* – 7426 sen ferent *P*; en aguait *CP* – 7427 coveri *P* – 7432 d. espeies c. *C*; d. espiez c. *P* – 7434 li haubert e li heaume d. *C* – 7435 e. contentifs d. *P* – 7436 ni veient l. *C*; ni veint l. *P* – 7439 au grundiller *CP* – 7441 en lisver *C*; en lissir *P* – 7446 S. seignu[r]s soffrez *P* – 7448 veintereit *CP*; eust *C*; eut *P* – 7449 r. amdeus e *CP* – 7450 ne chivaler *C* – 7452 T. men c. jel comand e *CP* – 7453 E si *CP* – 7454 a. come f. *C* – 7461 e hastivement c. *CP* – 7464 E il lad *CP* – 7465 feute *C*; feutee *P* – 7466 seremenz e ostage d. *CP* – 7467 trestuz – reclame *CP* – 7469 e de e. *CP* – 7473 L. feuz e *CP* – 7474 tuz les t. *P* – 7475 Asiet ses *C*; Assiet ices *P* – 7480 M. traite g. *C*; M. trait g. *P* – 7481 sa overaigne *C*; eut se overaigne *P* – 7482 C. a c. *CP* – 7484 Coele ke *P* – 7485 od b. *CP* – 7486 A. vient d. *CP* – 7487 u. soe f. *C*; u. soi f. *P* – 7490 *Un vers supplémentaire dans P*: E coe orrez plus avant car ne vous mentrai mie – 7491 e. acustumez *P* – 7493 e. message *P* – 7495 e veit l. *P* – 7501 ly *manque dans P* – 7502 Ca defors al *CP* – 7503 b. legier *C* – 7505 de vostre a. – 7507 ceinz nen e. *CP* – 7510 conreez *CP* – 7511 s. apref Ws enseez *C*; s. aproef vous enseez – 7512 Antigon *CP* – 7513 rei e son *CP* – 7514 il *manque dans CP*; dirra; consail pernez –

7515 e. come d. *CP* – 7518 E T.; desus tuz *CP* – 7521 Si li *CP* – 7523 e. verrais h. *CP* – 7527 com coe e. *CP* – 7531 merciz e *C* – 7533 Joe sui de *CP* – 7534 Hiscanus *CP* – 7536 d. ke v. *CP* – 7537 E *manque dans P* – 7539 de iiii m. *P* – 7541 Antigon *CP*; ore *manque dans P* – 7544 l. travillez *C* – 7546 le lou ke *CP*; lui a. *C*; le a *P* – 7551 Nen s. *CP* – 7552 preisez *CP* – 7555 volentiers merciz *P*; enseez *CP* – 7556 donques b. *C* – 7557 e. esbauz e *C*; en dreites bauz e *P* – 7561 B. compain Antigon *C*; B. compaignie Antigon *P* – 7565 e li murs *CP* – 7568 v. ardeir d. *CP* – 7577 a tholmu diloec a *C*; a thomra diloec a *P* – 7578 e genz *CP* – 7581 ke toleit me *CP* – 7583 s. as c. *CP* – 7584 c. renc grez *CP* – 7586 D. Antigon I. *P* – 7590 Ke aveer vus *P* – 7591 O. en e. *P* – 7592 T. Ws c. *C*; T. nus c. *P* – 7595 Si mis freres *P* – 7597 dit iceste foiz ni i. *C*; d. icest foiz ni i. *P* – 7599 li manderai *CP* – 7601 E *manque dans P*; i merrai *CP* – 7602 E tresques a *C*; E treske a; c. lur troverai *P* – 7603 Ki e. *CP* – 7605 r. mut b. *C*; r. mult b. *P* – 7606 s. travaille lui *P* – 7607 volentiers *CP* – 7610 e eschiwent le *C*; e eschivent le *P* – 7611 Mervaille en e. *C*; nuls ni g. *CP* – 7615 poet len a *CP* – 7616 ele *manque dans CP*; aignel ou colom (colum *P*) *CP* – 7617 s. ardant come d. *C*; ardant com d. *P* – 7618 Vezzie come g. *C*; Vezzie com g. *P*; c. come leon *C* – 7619 Pleine d. *CP*; diables e mut ad q. *C*; diables e mult ad quoer *P* – 7621 ou meime s. *CP* – 7624 P. k [*blanc*] A. *P* – 7629 Q. de la seinte virgne p. *C*; Q. la seinte virgine p. *P* – 7634 al *manque dans P* – 7635 E *manque dans CP* – 7636 morz sis filz *CP* – 7637 Salemun *C*; Salemon *P* – 7638 Ke sa *C*; Ki sa *P* – 7641 i. en b. *CP* – 7647 al overe f. *CP* – 7653 sem plaint *C* – 7654 au derain se *CP* – 7655 d. toen de la *CP* – 7658 d. encontre *C*; sadresce encontre *P* – 7661 sa (*comme dans D*) *CP* – 7663 ma f. mad r. *P* – 7665 Antigon; c. aue *CP* – 7668 G. de sa *P* – 7669 Messager e. *CP* – 7670 A. est p. *CP* – 7672 e ele a li *manque dans P* – 7673 Deduient e *CP* – 7675 E *manque dans CP*; s. aveirs p. *CP* – 7681 v. lius asez *C*; v. liu ases *P* – 7682 a. beaus d. *CP* – 7684 f. enraignez *CP* – 7685 Vous estez A. *P* – 7687 le conuissez *CP* – 7688 Si veu laviez ja *CP* – 7689 preisissez *C*; preissississez *P* – 7690 cheut *CP* – 7692 ke me baisez *C*; ke moi bassez *P* – 7693 A. respont come cortois e ensenez *P*; *un vers supplémentaire dans P*: Gentille reine granz merciz en aiez – 7694 p. e a. *CP* – 7695 enveisez *C*; enveissee *P* – 7696 par douce d. *P* – 7697 h. com l. *CP* – 7698 Apref m. *C*; Aproef m. *P* – 7699 v. si le v. *P* – 7700 lyndiene r. *P* – 7701 cors Ws offri e m. *C*; cors Ws soffri en m. *P* – 7702 f. grant h. *P* – 7704 C. en c. *CP*; de cartage *P* – 7705 Vergonde out *CP* – 7709 mavez grant utrage *C* – 7710 dit *manque dans P* – 7711 d. hom m. *C* – 7713 mespeie *CP* – 7714 T. hom ke *C*; f. men v. *CP* – 7715 ke moersisse *CP* – 7717 Moi vus refusastes *P* – 7718 tienc en prison e de *CP* – 7719 dist vergonde s. *CP* – 7720 e. cheet en *CP* – 7723 sages *CP* – 7725 f. ke d. *C* – 7727 E c. *C* – 7728 L. goWes au *C*; L.jouWes au *P* – 7730 Encore c. *CP* – 7731 coe nen v. *CP* – 7733 r. i dotasse ma espeie *CP* – 7737 s. mespeie *CP* – 7739 Se Ws *C*; Si vus *P*; ad *manque dans CP* – 7740 p. vergonde d. *C*; a vergonde d. *P* – 7741 chaet *C*; chaiet *P* – 7742 l. sen decline *CP* – 7743 b. er celee *P* – 7748 e. desuz ma *CP* – 7750 n. savera for nus *C*; nen savera fors vus (nus?) *P* – 7753 c. furre de *C*; c. furree de *P* – 7754 de sabeline *CP* – 7756 Recordanz la *CP* – 7758 Amontent l. *CP* – 7759 v. en secrei *P* – 7760 vos *manque dans CP*; p. a mei *CP* – 7761 Antigon *CP* – 7762 ne savera p. *C*; nen savera p. *P* – 7765 le gefne v. *CP* – 7766 sis filz *CP* – 7767 Il vient a *CP* – 7772 Si laverai v. *CP*; e desenfle mun ire *P* – 7773 E C. *CP*; d. nus d. *P* – 7774 si petite m. *C*; si petist m. *P* – 7777 d. lempereiz *C*; lempereriz *P* – 7781 ad treska m. *CP* – 7783 joe voil lui oscire *C*; joe lui voil oscire *P* – 7787 le messager a. *CP* – 7791 m. volers s. *C*; miens volers *P* – 7794 v. peust il v. oscireit *CP* – 7796 p. ki fut *CP* – 7797 c. en ben e en *C*; comand en ma curt ken bien e en *P* – 7798 Kar ki lui feist m. m. h. enfreindreit *C*; Kar li feist m. m. h. i freindreit *P* – 7799 avereit *C*; aveit *P* – 7803 ke coe out *C*; ke coe oit *P* – 7804 fut en poi *P* – 7806 mes *manque dans P* – 7807 ne soffreie *P* – 7810 e. poeie *CP* – 7811 f. lee si *C*; f. liee si *P* – 7813 se test si *CP* – 7816 reis donnoie *C*; la nuiz com reis domnoie *P* – 7818 f. lonura *CP* – 7820 a prive lui *P* – 7821 s. aveirs e *CP* – 7823 messager; ke sen turna *CP* – 7824 tuz e v. *CP* – 7826 le bon T.; lenvea *CP* – 7827 s. leis *C*; s. les *P* – 7829 E issint; m. en Persie *CP* – 7830 Babilonie *CP* – 7831 Darie *CP* – 7834 aprof le *CP* – 7835 A eus treis; m. entreus d. *CP* – 7836 l. nons d. p. aprof les l. *CP* – 7837 l. nons de eus o. *C*; les de eus o. *P* – 7838 Dan N. li einnez fut un hom mut requiz *C*; Dan Nembroth li einez fut hom mult requiz *P* – 7840 Deust estre honiz *C*; deus estre honiz *P* – 7841 neiez *C*; naiez *P* – 7842 En Assirie la *CP* – 7843 i dobles turs *C*; i doubles turs *P* – 7844 Ditel m. *CP* – 7845 f. nen e. *CP* – 7847 S. lignage afole *CP* – 7850 Ethiopie *CP* – 7852 Babilonie *CP*; e *manque dans C* – 7853 Nembroth *P* – 7855 Coe sont *CP* – 7859 solum *CP* – 7860 la premur *CP* – 7861 Ki ne *CP* – 7863 Tut de *CP* – 7870 de cler m. *CP* – 7871 li c. beaus e li mur a. *C*; li c. leaus e li mur a. *P* – 7872 La vient *CP* – 7873 le riche t. darie *CP* – 7876 Aportent lui *CP* – 7878 coe ni f. *P* – 7883 deske en la *CP* – 7884 En la cite de babilonie fut A. li f. *P* – 7887 e ses fiez c. (chivalers *C*) *CP*; *un vers supplémentaire dans CP*: Les ducs e les contes e les bons soudeers – 7889 triWers *C*; triuWers *P* – 7891 l. deus d. *CP* – 7892 Ki p. *P*; avera granz *CP* – 7893 sen gard de *CP* – 7895 un juggeres p. *CP* – 7896 Enginneres e *CP* – 7897 Li reis *C*; reis *manque dans P*; lui (li *P*) od les *CP* – 7898 j. de un *CP* – 7906 c. destempra u. *CP* – 7907 Li venims *CP* – 7908 T. le a la c. *P* – 7909 m. od tut s. *C*; Le reis a manger sist od tut s. *P* – 7913 p. bone g. *CP* – 7916 set les maus *C*; siet les maus *P* – 7954 Beauz tuz s. *P* – 7958 li granz li poestifs *CP* – 7961 Entre tut trente d. *CP* – 7964 E *manque dans CP* – 7968 li *manque dans P* – 7970 come le pussent *C* – 7972 kil en d. (deussent *P*) *CP* – 7984-8024 *manque dans CP* – 8025 Pur la *CP* – 8027 riche *comme dans D* – 8028 Apref *C*; Aproef *P* – 8032 c. fermerent *CP* – 8034 se medlerent *CP* – 8038 Premer se; m. ke t. *CP* – 8040 g. ki e. *C*; g. qui e. *P* – 8046 Ou s. *CP* – 8047 ki au c. *CP* – 8048 cheirent *CP* – 8050 t. (tiel *P*) dolur en *CP* – 8051 E eissille en *C*; m. mar v. *CP* – 8053 *Un vers supplémentaire dans CP*: Li reis e li princes lur vies en (em *P*) perdirent. –

GLOSSAIRE

(L'astérisque renvoie aux notes)

abandoner, 1382, *laisser galoper*; 1839, *livrer*
abisme, 6387, abisse, 6431, abise, 6437, *monde souterrain*
abosoigné, 1800, *en détresse*
abrevé, 1063, *enrôlé*
absolu, 4572, *sacré*
acceptable, 225, *approprié*
achaison, 65, acheson, 369, encheson, 3462, enchaison, 7408, *cause, occasion*
achaisoner, 2825, *accuser*
achaté, 3729, *gagné, conquis*
acisure, 4071, *fente*
acliné, 3215, *tombé*
acoillir, 1175, *attaquer* ; acollir, 441, *obtenir*
acointer (s'), 1338, *prendre connaissance de*
acoragé, 889, *désireux de*
acouper, 2827, *accuser*
acouté , 183, *appuyé* ; s'acuter, 514, *s'appuyer*
acraventer, 1591, agraventer, 3566, *abattre, écraser*
adamante, 195, *diamant*
adrecer (s'), 2335, *faire amende honorable* ; adrescer, P 94, *faire justice*
aduré, 609, *acharné*
affaité, 7671, *poli, bien élevé*
afferant, 1704, auferant, 4093, *coursier*
affermer, 127, *élever*
affeublure, 3392, *vêtement*
agard, 3230, *jugement*
agarder, 3280, *juger*
agreger, 7225, *s'amplifier*
ahers, 6194, *joints, ralliés*
ainzcui, 5292, *aujourd'hui*

aire, P 53, 4661, *race, extraction*
aire, 119, *voir* eire
aire, 84, *ind. prés. 3 de* errer, *faire route*
airé, 783, *en colère*
aisil, 7099, *vinaigre*
alaisser, 2010, eslaissier, 2938, eslesser, 4094, *se lancer au galop*
alasché, 901, *affaibli*
alasser 2216, *affaiblir*
alemele, 1898, *lame d'épée ou de lance*
alie, 6117, *fruit de l'alisier*
almaire, P 45, *bibliothèque*
*almazur, 1489, *émir, prince païen*
aloigne, 4826, *absinthe*
alowe, 2050, *alouette*
alphage, 965, *noble*
amater, 3964, *abattre*
amatir, 7848, *accabler, humilier*
amay, 5020, *épouvanté*
amuce, 6167, *capuchon*
antif, 2500, auntis, 6165, *ancien*
anvel, 2458, *annuel*
apel, 2820, *accusation*
apenti, 5420, *dépendant*
aposer, 436, *mettre en avant, alléguer*
aprin, 4931, *de sanglier*
aprof, 6360, *après* ; C 193, *d'après*
aquilon, 5780, *nord*
arable, 4701, *érable*
aragé, 2882, *enragé*
aragé, 3687, *déchiqueté*
arblastele, 6179, *arbalète*
arblaster, 4004, *arbalétrier*
archal, 1644, *laiton*
arement, 4952, *encre*
arguz, 7320, *artifices*
artimage, 52, *magie*
ascerin, 1806, asceré, 1824, asceren, 2694, *en acier*

asener, 6851, *réussir*
asorber, P 1 63, *aveugler*
assené, 898, *ensanglanté*
astele, 3085, *éclat*
asummer, 204, *évaluer, résumer* ; asomer, 3765, *accomplir* ; assomer, 5577, *apprécier*
atantir, 127, *organiser* (?)
atie, 2893, *pari, défi*
atier, 7388, *défier*
atiffé, 770, *subtil* ; 3876, *vêtu* ; 6647, *orné*
atiffement, P 15, *ornement*
atorner, 645, *équiper*
atraiz, 2238, *matériel*
atroé, 1080, *qui rend tribut*
atruer, 7263, *imposer un tribut* ; s'atruer, 2527, *payer un tribut*
atucher, 1329, *mentionner*
auferant, 4093, *voir* afferant
aumaille, 4861, *animaux*
aumenere, 1405, *bourse*
auner, 1068, *assembler*
aunoi, 3333, *aulnaie*
austrion, 4672, *sud*
auter, 3833, *autel*
aveal, 2065, avel, 2647, *désir, plaisir*
aveaus, 4770, *pas* (?)
avenant, 5116, *quantité requise*
averse, 4784, *oppressante*
avir, 439, *estimation*
avouer (s'), 791, *reconnaître comme suzerain*
avouerie, 2393, *soumission*
avouglir, 5788, *assombrir*
avoutre, 1868, *bâtard*

bacheler, 1593, *jeune guerrier*
bahys, 402, *attentif*
baille, 4755, *fortification*
baillie, 1114, *pouvoir*

baillir, 4254, *traiter*
bair, C95, *faire peur*
bals, 1747, baut, 2711, baud, 3235, *joyeux*
ban, 2722, *proclamation, mobilisation*
banir, 1099, *assembler, mobiliser*
baratter, C 179, *pratique du troc*
baretter 3986, *affronter*
baretur, 2440, *coquin*
barnage, 446, *bravoure* ; 568, *chevaliers*
barné, 1065, *chevaliers*
bastiser, 563, *à usage de bête de somme*
bataille, 1730, *corps d'armée*
bateiz, 1879, *grand bruit*
baudir, 1733, *encourager*
berfroy, 2155, berfrei, 4265, *tour mobile à usage de machine de siège (on l'approchait du rempart lors de l'assaut d'une ville)*
berz, 4532, *corbeilles*
bestiaire, P 48, *bêtes, faune*
beté, 6594, *gelé*
bident, 5817, *brebis*
bise 5451, *biche*
bise, 6504, *nord*
bissin, 3841, *en byssus (étoffe de lin teinte en pourpre)*
blanchoier, 2145, *étinceler*
bleif, 6027, *blême*
bleste, 6222, *blette*
boeals, 2058, boeles, 3089, boeaus, 3552, *entrailles*
boban, 2726, *arrogance, orgueil*
bocler, 6245, *à boucle (bosse de l'écu)*
bohorder, 131, *jouter*
*bonde, 5386, *borne*
bonder, 750, *bondir*, 3116, *retentir, résonner*
bordel, 2264, *bâtiment*
bordon, 3302, *bardot*
boydie, 6875, *stratagème*
bracer, 3808, *préparer, ruminer*
*brandir, 1952, *brandir* ; 2184, *faire un moulinet du bras*

brandis, 7416, *chevaux rapides*
bredis, 2129, *vigoureux*
bretasche, 880, *tour en bois transportable* ; bretaske, 4092, *tour en bois portée par des éléphants*
broigne, 616, *cuirasse*
broiller, 5834, *brûler*
bucle, 1644, *boucle, bosse*
buffoy, 1438, *arrogance*
bugle, 4859, *buffle*
buies, 2024, *chaînes*
burni, 1960, *étincelant*
burnois, 3784, *étincelant*
busine, 1573, *trompette*
bussey, 4807, *bosquet* (?)
but (de), 7280, *sur le champ*
butemay, 6234, *naphte liquide, pétrole ou asphalte*

calketrap, 6221, *chausse-trappe*
cantel (en), 2164, *de côté*
carier, 6968, *porter*
carpir, C 157, *peigner*
catoplepa, 6830, *catoblepas, monstre*
caveaus, 6223, *souterrains*
*celé, 4302, *au plafond sculpté.*
cembel, 2147, *provocation, défi* ; 5229, *joute.*
cendal, 1645, cendeal, 2069, *soie unie et légère, proche de notre taffetas*
cens, 943, *taxe*
cercler, 4033, *cerclé*, 6188, *cerclé de fer*
cerres, 4363, *pois chiches*
cerviz, 5108, *cou*
cester, 3436, *trébucher*
cetual, 4344, *zédoaire*
chaeler, 1460, *diriger*
chalant, 2727, *bateau*
chalendre, 1754, *alouette des bois*
chaline, 2282, *chaleur*

chanceler, 611, *renverser* ; 1459, *défaillir*
chanz, 4276, *plafond*
chapleiz, 1702, *combat*
chasé, 766, *pourvu d'un fief*
chastel, 4001, *tour portée par un éléphant*
chastelet, 1662, *tour portée par un éléphant*
charbocle, 4308, *escarboucle*
chastier, 661, *corriger*
chaud pas, 4832, *sur le champ*
chaveres, 6223, *mineurs* (?)
cheminesson, 81, *voyage*
chevage, 2293, *tribut*
cheverel, 5766, *chevreuil*
chevesce, 717, *têtière*
*chisil, 4369, *toile fine*
ciglaton, 1403, ciclaton, 2517, *riche soie*
cirizien, 3710, *chirurgien*
claree, 738, *vin aromatisé*
claveaus, 4276, *clous*
clavel, 2168, *anneau, maille de haubert*
clergon, 487, *disciple*
cloet, 4158, *petit clou*
cloiere, 6220, *place fortifiée*
cloufiché, 2342, *cloué*
cocatrice, 5692, *crocodile*
cointe, 2361, *habile*
cointise, 7490, *ruse*
colee, 621, *coup*
colere, 2760, *collier*
coliphas, 6390, *sous-marins*
coluber, 5969, *couleuvre*
columb, 2659, colom, 7616, *colombe*
commettre, 3257, *tramer*
comin, 1601, *cumin*
comparer, 3981, *payer pour*
compasser, 7289, *construire*
confection, 6401, *produit, préparation*

conissance, 2161, *armoiries*
conjecturacion, 374, *don de prédiction*
conjunccion, 56, *figurine (réalisée par assemblage)*
conjureison, 73, *sortilège*
conreier, 3303, *équiper, parer*
conrey, 1729, *corps de troupes, compagnie*
constanlacion, 51, constellation, 372, *constellation*
contraille, 1867, *insulte*
contralier, 1236, *attaquer* ; 1786, *insulter*
contre escrit, 5305, *copie d'une lettre*
controvere, 6654, controveure, 7051, *mensonge*
controver, 6166, *inventer*
contur, 1488, *comtes*
converser, 4629, *vivre, habiter*
copuné, 113, *orné d'une bordure*
coral, 4151, *du cœur*
corsage, 583, *corps*
coste, 4529, *corbeille*
costeiz, 4277, *voûté* (?)
costeiz, 1885, *coteau*
costome, 1354, *taxe* ; 3406, *coutume*
costomer, 1346, *vassal*
costomer, 3374, *habitué*
costus, 18, custus, 4843, *douloureux*
cotivour, 5993, *cultivateur*
cotiver, 6033, *rendre un culte à*
couple, 4286, *attache des chevrons*
coute, 6079, cute, 4511, *coudée*
craventer, 4790, graventer, 1004, *abattre*
crepe, 4364, *poêle*
crespe, 449, *bouclé*
crevoiz, 6884, *crevasse*
croissir, 3523, *se fracasser*
crouler, 410, *trembler* ; 1193, *brandir*
cuillir, 6304, *attaquer*
culvert, 1, *plein de vices, ignoble*
culvertage, 574, *vilenie* ; 945, *esclavage*

culvertise, 6505, *vilenie*
curius, 4847, *préoccupé*
curser, 546, *adj., rapide* ; 1577, *subst., coursier*
curtil, 4367, *potager*
curtiner, 676, *orner de tentures*
cusé, 145, *tourmenté*
custure, 4057, *champ*
cute, 4306, *couverture*
cuture, 6035, *culte*

damache, 7145, *domestique*
dampner, 5434, *condamner*
dancel, 133, *jeune noble*
danger, 1284, *pouvoir, possession* ; faire danger, 189, *résister*
danter, 5745, *dompter*
danture, 4060, *soumission*
*danz, 473, *maître, seigneur*
daree, 4319, *petite monnaie*
daunoier, 6979, *badiner*
deceivable, 6, *trompeur*
decerte, 4571, *récompense*
defens, 7131, *enclos*
defensable (gent), 1165, *défenseurs*
deferrer (se), 5888, *extraire un trait de son corps*
defoler, 4816, *piétiner*
dehé, 487, dehez, 2676, deheit, 6007, *maudit (formule d'imprécation)*
deinté, 765, *mets délicat* ; 7682, *objet précieux*
deis, 764, *table d'honneur, table royale*
deliverer, 674, *vider*
demeine, 2096, *vassal lige* ; 3592, *propre, privé*
departir, 34, *diviser* ; 623, *disperser* ; 7926, *partir*
*dent tirant, 5115, *monstre*
deporter, 2704, *épargner*
desaffublé, 124, *tête nue*
desbareté, 1841, *vaincu*
deschauz, 4733, *pieds nus*
desconreié, 1834, *dans le désordre*

desconseillé, 1910, *découragé*
descosu, 1691, *démaillé*
descrecion, 7624, *jugement*
desecher, 6839, *cesser d'être sec*
deshait, C 27, *souffrance*
desmentir, 3038, *mettre en pièces*
desparagé, 3695, *qui fait une mésalliance*
despendre, 1060, *distribuer*
despense, 4369, *dépense, endroit où l'on conserve les provisions*
despenser, 556, *économe*
desponde, 34, *règle*
desraier, 4032, se desraier, 2146, *s'élancer*
desrainement, P 19, *justification*
desreyner, 1356, *soutenir son droit par les armes*
desroy, 1426, *insolence* ; 5228, *violence*
destemprer, 2812, *brasser* ; 6558, *faire pourrir*
destorber, 2044, *obstacle* ; 6358, *bloquer*
destors, 2866, *déployé*
destraire, 6846, *tourmenter, épuiser*
destreindre, 304, *tourmenter, attaquer*
destreit, 86, destrois, 3791, destraiz, 7032, *angoisse* ; destreiz, 1749, *défilé*
destresce, 887, *manque*
deugé, 873, *fin* ; 5092, *efflanqué*
devise, 6431, *confins*
diter, 1335, *composer*
ditez, 2333, *messages*
doctrine, 2348, *science*
*dormante (table), 4354, *table fixe*
double, 1873, *double revêtement (de l'écu)*
doubler, 2966, *à double épaisseur* ; 3368, *nappe épaisse*
dowaire, 794, *douaire*
*dragon, 1406, *monnaie d'or (à rapprocher de la drachme ou dragme)* ; 3466, *étendard*
dragonee, 6802, *venin d'un dragon*
dreiturer, 285, *juste*
*dromon, 61, *dromon (navire)*

drugeman, 2731, *interprète*
drujun, C 36, *ami*
dusil, 4373, *cannelle, robinet fixé à un tonneau*

*eale, éale, *monstre*
ecoufle, 2401, *milan*
effacion, 5446, *taille*
eire, 119, *passage, voir aire*
eisil, 4372, *vinaigre*
eit, 6227, *hâte, joie, voir* het
eleboré, 7907, *d'ellébore*
enarder, 4172, *brûler*
enarmure, 1036, *courroie de l'écu*
enbosoigné, 6345, *avec précipitation*
enbrever, 3339, *enrôler*
enbrievement, P 23, *ouvrage*
enbuit, 1651, *pénétré*
enchaitiver, 1592, *faire prisonnier*
encombrer, 286, *épreuve, difficulté*
encraventer, 331, *détruire*
encroé, 3769, *accroché*
endenté, 112, *dentelé* ; 5705, *couvert de pointes*
enditer, 1227, *composer*
endosser, 5880, *entreprendre (d'escalader) ?*
enfirger, 2024, *mettre aux fers*
enframeure, 4296, *plafond (?)*
enfrené, 4177, *avec son frein*
enfuir, 1213, *enterrer*
engarde, 2736, *avant-garde*
engeter (s'), 6564, *se libérer*
engin, 62, *magie* ; 338, *ruse, artifice* ; 1582, *machine de guerre* ; 2348, *subtilité*
enginer, 659, *tromper* ; 7290, *construire*
enginor, 2361, *stratège*
enginus, 31, *rusé*
enherdre, 3001, *se rassembler*
enheudure, 2562, *garde (de l'épée)*

enlevé, 4312, *sculpté*
enluer, 6417, *enduire*
enoché, 895, *endommagé*
enpeindre, 5828, *lancer* ; 7443, *frapper*
enpernant, 2711, *audacieux*
enpleider, 3232, *accuser*
ensample, 1287, *exemple* ; 7010, *modèle*
ensamplaire, 4595, *preuve*
entaier, 2883, *embourber (s'-)*, 4110, *se souiller*
entaille, 4312, *sculpture*
entaillé, 115, *sculpté*
entaillure, 1032, *sculpture*
*ente, 4795, *arbre greffé*
ententif, 2503, *enclin à*
enticement, 2454, *encouragement*
entouche, 7950, *poison*
entreparler, 5218, *intermédiaire*
entresoner, 1389, *annoncer*
enturner, 3652, *patrouiller*
entusché, 5658, *empoisonné*
entuschement, C 192, *empoisonnement*
envier, 5299, *défier*
envolsé, 4281, *arrondi*
envoucer, 7290, *voûter*
equacion, 204, *conjonction*
errur, 320, *peur* ; 6696, *doute* ; 7003, *surprise*
esbaier, 1449, *aboyer*
eschale, 5512, *coquillage*
eschar, 1509, *dérision*
eschargaiter, 2046, eschaugaiter, 4168, *garder, monter la garde*
eschargayte, 597, *garde, sentinelle*
escharmant, 1405, *désigne une étoffe d'origine perse*
escharni, 1881, *raillé*
escharseté, 5264, *manque*
eschec, 2065, *butin*
eschele, 1730, *corps de troupes*
escherdé, *voir* eskerdé

escheri, 1372, *limité en nombre*
eschiper, 629, *embarquer*
eschiver, 2744, *éviter*
eschu, 2188, *déchargé* ; 5766, *craintif*
esclavine, 4719, *rude étoffe*
esclavon, 5946, *de Slavonie*
esclavotz, 1650, *sabots des chevaux (?)*
esclendre, 1422, *faible*
esclice, 6179, *éclat de bois*
escomengez, 6335, *excommunié*
escorné, 3760, *privé de*
escrillant, 4516, *glissant*
escuage, 2302, *obligation de service*
escurs, 363, *genoux*
esgruiner, 3159, *voler en éclats*
*eskarnard, 61, karnard, 6120, *navire de transport de marchandises*
eskerdé, 5041, eskardé, 7104, escherdé, 7198, *couvert d'écailles, hérissé de piquants, couvert de gale*
eslaoir (se), 2835, *jurer son innocence*
eslier, 1107, *allier*
esmanaier (s'), 4115, *avoir pitié de*
esmé, 7239, *estimé*
esmolu, 1687, *acéré*
esperir (s'), 240, *s'éveiller*
espie, 2662, *espion*
espié, 614, *lance*
espleit (a), 84, *à vive allure* ; 3792, faire espleit de, *exécuter*
espleiter, 913, *accomplir, agir* ; 2011, *réussir*
esplen, 3025, *rate*
esponde, 183, *rebord*
espondre, 45, *expliquer*
espons, 7153, *réponse*
espositur, 329, expositur, 1501, *interprète*
establie, 460, *troupes*
estadie, 5491, *stade, mesure de longueur grecque*
estage, 591, *habitation* ; 2306, *temps de service*

estal (donner), 461, *résister* ; prendre un estal, 1636, *prendre position* ; rendre estal, 4146, *rendre les coups*
estancher, 2014, *tomber de fatigue* ; 3938, *arrêter*
esteindre, 4882, *tuer*
estenceler, 1461, *bouillir*
estive, 2253, *flûte*
estiver, 2255, *jouer de la flûte*
estole, 3755, *robe*
estoper, 6416, *boucher*
estordir, 1200, *s'évanouir*
estoré, 1838, *bien pourvu*
estormi, 781, *sens dessus dessous*
estotie, 2894, estoltie, P 129, *folie*
estraier, 617, *abandonner* ; 4098, *errer*
estrecé, 2851, *rétréci, diminué*
estreim formentail, 466, *paille de froment*
estres, 7653, *étages supérieurs*
estrif, 2497, *affrontement* ; 5932, *querelle* ; a estrif, 2013, *à fond de train*
estriver, 7438, *se quereller*
estrus (a), 4849, *complètement*
estuer, 7677, *conserver*
estuffer, 1308, *ravitailler*
eur, C 154, *bord, voir* ur
ewaiguage, P 121, *voie navigable (?)*

fableur, 6009, *conteur de sornettes*
faille, 1857, *défaite*
failler, *se tromper, ne pas rencontrer juste*
faintement, 934, *faussement*
faiture, 418, *créature* ; 1019, *travail, exécution*
falir, 436, *remettre en cause*
famillus, 1887, *affamé*
fauchant, 4088, *sorte d'arme de hast, de faux*
faucon, 7230, *engin de guerre*
*faunos, 5688, 5758, *faunes*
fauscer, 1197, *entamer, mettre en pièces*

feaus, 4761, *loyaux*
feaus, 4769, *cruels*
fé, 5870, *homme*
feauté, 1057, *hommage*
feffé, P 156, *pourvu d'un fief*
feim, 2030, *foin*
fellé, 5064, *fourchu*
femmenine, 4691, *gouvernée par des femmes*
ferant, 1403, *gris*
fereiz, 1876, *coups*
fermer, 614, *attacher* ; 1581, *fortifier*
ferré, 1382, *empierré*
fervesti, 1250, fervestu, 1664, *portant une armure*
fes, 7354, *responsabilité*
fié, 1228, feu, 2187, fee, 2279, fiu, 3125, *fief*
feutre, 2864, *feutre, tapis de selle sur lequel le talon de la lance est appuyé*
fevere, 4758, *forgeron*
fi, 2370, *fidèle*
fié, 1229, fie, C 63, *fois*
figure, 1401, *allégorie*
fiz en loy, 7766, *gendre*
flanchi, 6166, *recourbé*
flatir, 1999, *écraser*
fletre, 1422, *faible*
floceu, 7088, *à la crinière hérissée*
floché, 5093, *hirsute*
flori, 6313, *aux cheveux blancs*
foer, a nul -, 220, par nul -, 5084, *à aucun prix*
foics, 3785, *quantité, nombre*
fonde, 43, *fronde*
forcheure, 1038, *carrure*
forçur, 1490, forcior, P 172, *plus fort*
forein, 458, *étranger*
formentail, 466, *voir* estreim
fornir, 1181, *accomplir*
forre, 618, *fourreau*

forveer, 4487, *égarer*
fosser, 3324, *creuser des fossés*
fouir, 1271, *enterrer*
framente, 4290, *toit, plafond (?)*
franchise, 1785, *liberté*
frarin, 1609, *faible*
frenetis, 1304, *fou*
frengé, 2875, *décoré de franges*
fresé, 2739, *orné*
fresel, 2160, *frange, ruban*
froissir, 869, fruisser, 1902, fruissir, 3523, *briser, fracasser*
frus, 532, *tumulte*
furnil, 4368, *four, plat du four (?)*
futif, 388, *fuyard*
fuz, C 78, *arbre*

gaber, 207, *se moquer (de), plaisanter*
gabois, 2709, *sarcasme*
gace, 2179, ?
gainnur, C 162, *commerçants*
gals, 1749, gaus, 4771, *forêts, ombre fournie par les arbres*
galengal, 4343, *galanga (épice)*
galerne, 4670, *nord-ouest*
gambeison, 844, *tunique rembourrée*
garçonaille, 1868, *valetaille*
garez, 5743, *jarrets*
garir, 171, *protéger* ; 1140, *être sauvé* ; 4171, *soigner*
garison, 76, *salut, protection*
garnement, 146, *vêtement*
garnir, 182, *avertir* ; (se-), 3658, *se garder* ; garni, 1308, *approvisionné*
gas, 2720, gab, P 127, *plaisanterie*
gastine, 5489, *lieu en friche*
gaudin, 4720, *de la forêt, sauvage*
gavelok, 1193, *javelot*
gelofre, 1601, gyroffre, 4366, *girofle*
gerrous, 1305, *voir* guerreur

geste, 739, *chanson de geste* ; 760, *race, lignage*
geteiz, 1028, geteisce, 5397, *coulé*
gingevere, 4344, *gingembre*
glacer, 2183, *glisser*
glacien, 4203, *brillant*
glatir, 1616, *aboyer*
glay, 4816, *jonc*
gleive, 2864, *lance*
gomfanonner, 543, gonfanoner, 6256, *gonfalonnier*
*gonfanon, 1628, 1645, *gonfanon, étendard*
gorgeier, 5448, *pousser des cris rauques*
governour, 4968, *pilote*
graisle, 599, gresle, 1205, *trompette*
granz, 4663, *volonté*
gravel, 2789, *rivage*
gravele, 1431, *sable*
graventer, *voir* craventer
graver, 2967, *sable*
gré, 773, *faveur* ; 1853, *désir*
gré, 847, *marche d'escalier*
gref, 4953, *grave*
gregois, 1031, *grec*
grenon, 2521, *moustaches*
gresler, 5085, *roussir*
greu, 1463, *langue grecque*
grevance, 475, *mal*
grevé, 4053, *gravé*
grever, 2467, *blesser* ; 4400, *accabler*
griffon, 2514, *grec*
grisil, 5821, *grêle*
groin, 1885, *sommet*
grondiller, 2309, *gronder*
gualoné, 137, *tressé*
guarait, 1976, *guéret*
guaymenter, 7983, *se lamenter*
guenchir, 1947, *battre en retraite* ; 2171, *faire virer* ; 30004, *s'échapper*

gueredon, 5358, *récompense*
guerreur, 2411, gerrous, 1305, *combatif*

haange, 7366, *haine*
hachee, 1909, *épreuve*
hanste, 3098, hante, 2107, *lance* ; pleine sa hanste, 1899, *de toute la longueur de sa lance*
hanter, 4696, *vivre*
haspals, 1529, haspels, 6284, *mercenaires*
haterel, 4749, *nuque*
haur, 2843, *haine*
hé, 1829, *haine*
het, 820, heit, 4396, *joie*
herbigur, 671, *intendant*
hernals, 1750, *stupide*
heudure, 1035, *garde de l'épée*
horstraire, 4392, *sortir*
houre, 2831, oure, 402, orre, 7126, *heure*
huge, 4529, *coffre*
husier, 671, *gardien*

ile, 28, idle, 4646, idlle, 6532, ille, 4439, isle, 4122, *île*
inde, 6318, *indigo*

jacintin, 3843, *couleur de rubis*
jeuparti, 1050, *alternative*
jointure, 4067, *jarrets*
jolif, 441, *oisif*
juise, 5374, *jour du Jugement*
jun, 41, join, 4517, *juin*
junet, 41, *juillet*
juste, 4387, *flacon*

*kamante, 4355, *matière précieuse*
karecte, 241, *charme*
karnarz, 6120, *voir* eskarnard
kernels, 1663, *créneaux*

kernu, 715, *à longue crinière*
keu, 556, *cuisinier*

laborur, 3930, *paysan*
lait, 4813, lay, 4843, *coup*
lambresche, 4339, *lambris*
lambrins, 4326, *lambris*
larriz, 3952, laris, 4451, larri, 5035, *lande*
latimer, P 85, *interprète*
laur, 5774, *largeur*
lay, 4815, *lac*
lay, 4843, *voir* lait
laydenger, 655, *déshonorer, maltraiter*
lé, 4987, lee, 6926, lez, 7172, *largeur*
lecherie, 2384, *perfidie*
legacion, 5468, *mission*
leres, 1524, *voleur*
lices, 1679, *palissades* ; 2202, *fortifications*
lin, 1626, *lignage*
liois, 2126, *pierre blanche*
liste, 2617, *barrière*
listé, 1023, *bordé*
lorein, 3635, *harnais*
lue, 2421, *lieue*
luz, 5135, *brochet*

mail, 5710, mals, 1741, *massue*
maille, 1872, *petite monnaie d'un demi-denier*
malpas, 6228, *défilé*
malviz, 2050, *grive*
manaie, 1456, *grâce, pitié*
manaier, 3553, *avoir pitié de*
mangonel, 877, *mangonneau, sorte de catapulte*
manticoral, 5693, *manticore, animal fabuleux*
marage, 567, *côtier*
marchal, 458, *maréchal-ferrant* ; mareschal, 671 *palefrenier*
margarite, 5511, *perle*

margerie, 6832, *perle*
marien, 6095, *voir* merien
marir, 1187, *enrager*
marrement, 1003, *malheur*
marri, 6148, *matrice, possibilité d'avoir des enfants*
meisere, 2765, *mur*
mer, 3371, *pur*
merc, 5385, mercs, 5377, mers, 6193, *bornes*
mercher, 2871, *délimiter* ; 4603, *avoir une même frontière*
merien, 4212, marien, 6095, merin, 2238, *bois*
mers, 6193, *voir* merc
merz, 4533, *marchandise*
mi party, 541, *de deux couleurs*
*missodur, 1921, *cheval de prix*
molu, 844, *acéré* ; 853 *en poudre, moulu*
mon, 5930, *avec certitude*
monde, 40, *pur*
monoceros, 4209, *monocéros*
monoculos, 5693, *monoculos*
more, 5698, *marais*
mors, 6863, *morsure*
morticine, 6022, *charogne*
mue, 712, prison

nager, 6480, *ramer*
naffrer, 2177, *blesser*
naffreure, 1013, *blessure*
nais, 4450, *natifs du pays*
naraillis, 346, *narines*
neel, 2167, neelure, 1033, *nielle, incrustation d'émail noir*
noals, 1739, *pire*
noelé, 115, *niellé*
noier, 2782, *nager*
nonchaloir (mettre en -), 2834, *négliger*
nou (a -), 4916, *à la nage*
nour, 6868, *nageur*
noyals, 3689, *voir* noals

oel champ, 5195, *terrain plat, voir owele*
oes, 677, *usage*
onicle, 1020, *onyx*
orbe, 2018, *sombre*
orfreis, 112, *orfroi*
orle, 477, *bord* ; 720, *bordure*
orz, 7231, *jardins*
os, 3160, *audacieux*
oscorant, 3444, *s'obscurcissant*
oscur, 2561, *terne*
ostage, 2298, *gage*
osteer, 2082, *faire la guerre*
osterin, 1629, *oriental*
ouele, 6226, *voir* owele
outreié, 3880, *vaincu*
outrer, 1852, *vaincre* ; 1936, *passer*
overur, 3928, *forgeron*
owe, 6864, *oie*
owele, 3237, ouele, 6226; 3237, *juste* ; 6226, *plat*
owelement, 5583, ouelement, 7360, *également, pareillement*
oytime, 5445, *âgé de huit jours*

paille, 1603, paiele, 5369, *étoffe de soie*
palestre, 452, *exercices athlétiques*
palestre, 755, *défenseur*
palmoier, 1731, *faire tournoyer*
panil, 4362, *millet*
pardos, 6991, *léopards*
parlers, 7895, *à la langue fourbe*
parmeines, 554, *aussitôt*
partir, 1951, *mettre en pièces*
pasmer, 1200, palmer, 1992, *s'évanouir*
pastiz, C 106, *nourriture*
pautoner, 557, pautener, 6471, *mendiant*
pecier, 364, pescier, 909, *briser, détruire*
pel, 257, *peau*
pel, 878, *pieu*

pendant, 1736, *vallon*
penir, 447, *s'efforcer*
*penon, 1645, *pennon*
penuncel, 1678, *pennon*
penus, 11, *soucieux de*
perche, 5135, *perche (poisson)*
perche, 2874, *perche (unité de mesure)*
perdura, 1565, *futur 3 de* pardoner, *pardonner, oublier*
perere, 877, *perrière*
pereus, 5189, *pierreux*
perin, 1602, *marche de pierre* ; perin, 4728, *de pierre*
pers, 4782, *sombre*
*pert, 6770, *effronté*
pertusé, 2862, *ciselé*
pertuz, 6416, *trou*
perus, 4686, pereus, 5189, *pierreux*
pesaz, 3751, *tiges de pois*
pescer, 2622, *détruire, voir* pecier
pestel, 4364, *pilon*
peu, 2549, *clément*
pié, 5908, *homme*
piment, 738, *vin aux épices*
plaier, 994, *blesser*
plait, 814, *querelle* ; 3223, *procès*
*plante, 4359, *vigne*
plevine, 7744, *gage*
pleyer, 351, *caresser*
podnei, P 109, *orgueil*
pompee, 612, *arrogance*
ponz torneiz, 2618, *ponts-levis*
porz, 7227, *passages*
post, 6547, *poteau*
postif, 4338, *porte*
poton, 55, *petit pot*
poyvere, 1601, *poivre*
proier, 624, preier, P 76, *piller*
proiors, 6427, *brigands*

purchaz, 3627, *gain*
purficher, 1865, *éperonner*
purvers, 6190, *luxurieux*

quarrel, 2038, quarel, 4092, quarele, 7288, quaraus, 4277, quareaus, 4759, *carreau d'arbalète*
quarere, 6221, *carrière*
quarters (taillees a -), 540, *décorées de quatre motifs différents*
quiri, 6400, *bordé de cuir*
quite, 948, *exempt d'obligation*
quitus, 20, *hâtif, cinglant*
quoy, 1442, *calme*

raier, 1980, *couler* ; 2145, *briller*
raime, 1275, *branche*
rain, 3307, *branche*
raine, 5970, *grenouille*
randon (de -), 362, *à vive allure*
randoner, 1384, rendoner, 749, *aller à vive allure*
raynes, 4098, *rênes*
rebonder, 39, *résonner*
recercelé, 4419, *frisé*
rechins (a -), 4936, *en arrière*
recoillir, 1113, *accueillir*
recreant, 1708, *qui se déclare vaincu*
recreire, 1434, *abandonner* ; 858, *vaincre*
recreue, 3536, *défaite*
redde, 2771, *rapide*
reddur, 1495, *assurance*
ree, 4194, *bûcher*
rees, 81, *rasé*
rehercer, 1869, *rappeler*
reille, 477, *parapet*
renomees, 2747, *nouvelles*
rereban, 4496, *arrière-ban*
reson, 3281, *discours* ; 5469, *récit*

respit (mettre en -), 920, *laisser de côté* ; a respits, 1255, *à crédit* ; 7789, *trêve*
ret, *ind. pr. 3 de* rere, C 183, *déchirer*
retenir, 4029, *payer la solde de*
retraicion, 3265, *reproche*
retraire, 815, *reprocher* ; 1455, *retirer* ; P 46, *lire*
reuser, 908, *reculer*
reveler, 1466, *se révolter*
reverser, 4611, *se reporter à, consulter*
riveer, P 108, rivier, 7286, *chasser le gibier d'eau*
river, 6424, *entrer au port*
roal, 470, *ivoire (de morse)*
roe, 6025, *rauque*
roele, 1469, *molette (de l'éperon)* ; 4388, *bassin* ; 6174, *bouclier*
roiste, 3011, *violent* ; 4535, *rude*
romanzour, 6733, *auteur de récits en français*
roncin, 3301, *cheval de service, de charge*
ros, 3165, *roseau*
rosey, 4805, *endroit couvert de roseaux*
rouir, 2818, *rougir*
rous, 5040, russes, 5016, *roux*
ruele, 6233, *passage*

sabelin, 542, *doublé de zibeline*
sabeline, 4725, *zibeline*
sabloney, 1431, *sable*
sachier, 618, *tirer*
saffré, 2740, *orné*
sagitaire, 4591, *archer*
sakez, 7058, *impératif 5 de* sachier, *tirer*
sambue, 716, *housse de selle*
samit, 132, *étoffe de soie (tissée à six fils)*
sapey, 4806, *sapin*
sapinois, 3786, *en sapin*
saul, 5136, *repu*
sauz, 1737, *saule*
sauz, 4734, sals, 1745, *bond* ; tot sals, *à pas de géant*

sechim, 4373, *bois précieux*
seete, 6243, *flèche*
segoy, 5232, *siège*
seisi, 3398, *en possession de*
semblance, 503, *déguisement*
sené, 1087, *sénat*
sengle, 184, *seul, qui n'est pas accompagné d'autre vêtement*
sente, 4792, *chemin*
septentrion, 4587, *nord*
serce, 5131, *serce (sorte de chouette)*
*sergant, 671, *serviteur* ; 2096, *fantassin*
sermon, 72, *langue*
serre, 5334, *prison*
serrement, 5047, *en une haie compacte*
servage, 2900, *esclavage*
seurté, 1077, *foi*
sevré, 620, *séparé*
sibler, 346, *siffler*
sie, 5705, *scie*
sié, 1244, see, 7511, *siège, trône*
siecle, 1219, *monde*
sigle, 565, *voile*
sigler, 1161, *faire voile*
sister, 554, *sesterce*
sivre, 5642, *suivre, voir* sure
socore, 1923, socurre, 1921, *secourir*
soef, 2549, *doux*
sojorné, 156, *reposé*
solien, 1031, *syrien*
soltain, P 134, soudan, 2719, *sultan*
som, 485, son, 367, *sommet*
somaille, 1862, *bagage*
somer, 553, somere, 3783, *bête de somme*
sommage, 4545, *bêtes de somme*
somme, 4245, *essentiel*
son, 367, *voir* som
son, 7650, *chanson*

soniz, 1652, *chansons*
sor, 3715, *alezan*
sorfaiture, 1027, *arrogance*
sors, 374, sorz, 7320, *sorts, magie*
sortir, 7972, *s'en remettre au sort* ; 7836, *dériver*
sorvenir, 1985, *attaque surprise*
sotil, 1033, *fin, voir* sutif
sotil, 4439, *écarté*
soudan, *voir* soltain
soudee, 2279, *solde*
soudier, 1807, *payer* ; 4276, *fixer*
soudier, 538, soudoier, 3911, *mercenaire*
soulent, 4528, *en sueur*
soun, 5958, *voix*
soveaus, 3685, *au moins*
sovin, 4933, *sur le dos*
soy, 4801, *soif*
sucher, 6294, *sucer*
suffreite, 1421, *pauvreté*
sullenz, 3236, *en sueur, voir* soulent
sure, 4407, *suivre, voir* sivre
surquidance, 5849, *outrecuidance*
surquidé, P112, *outrecuidant*
surstamé, 6400, *comblé d'étain*
sutif, 4271, *habile, voir* sotil

*table dormante, 4354, *voir* dormante
tabor, 1573, *tambour*
taillage, 2303, *impôt*
talent, 1001, *désir*
talentis, 1251, *plein d'ardeur*
tapiné, 121, *déguisé en mendiant*
targe, 615, *bouclier*
targer, 1809, *tarder*
tart, 2401, *paresseux*
tavele, 6176, *ruban*
tay, 7610, *boue*

teatre, 4320, *salle*
tenser, 1589, *défendre* ; 2232, *payer un impôt*
tenserie, 1085, *tribut*
terrier, 537, terrer, 5211, *vassal, seigneur qui tient une terre d'un suzerain*
tesson, 5451, *blaireau*
test, 366, *coquille d'œuf*
torchaz, 3759, *paille*
torneiz, 2618, *voir* ponz torneiz, *ponts-levis*
torché, 3760, *rossé*
torreaux, 6224, *tours*
traine, 7740, *piège*
traitiz, 139, *bien dessiné*
traveters, 5719, *serviteurs chargés du voyage*
tref, 846, *tente*
trescorre, 7314, *être dans son tort*
tresliz, 1878, *aux mailles serrées*
trestel, 4355, *tréteau*
treu, 587, trewe, 1256, *tribut*
treus, 2231, trewes, 4191, *trêve*
triacle, 4824, *remède*
tribler, 225, *piler*
tributer, 3902, *qui paie un tribut*
triewer, P 67, *qui paie un tribut*
* triffure, 1033, trifoire, 1131, *ciselure*
trosser, 1576, *charger*
truage, 579, *tribut*
truer, 7889, *qui paie un tribut*
truerie, 1379, *tribut*

ur, 319, *bord, voir* eur
ustil, 4360, *ustensiles*

vaillez, 2334, *vaillant*
vair, 449, *clair*
*vassal, 152, *homme* ; 1062, *vassal*
vasselage, 1323, *prouesse*

*vavasor, 537, *vavasseur, petit seigneur*
veautre, 128, *vautre*
veillable, 734, *vigilant*
veisdie, 2361, *ruse*
veisé, 7674, voisié, 4934, *rusé*
venteler, 2143, *ventiler*, 2601, *s'agiter* ; ventoler, 5812, *souffler*
verge, 6202, *voile* ; 6393, *latte de bois*
vergé, 1818, *renforcé*
verm, 3687, *sanglier*
vers, 1320, *vers* ; 6643, *œuvre* ; 6959, *partie, paragraphe*
versiler, 1339, *lire à haute voix*
viaire, P 61, *visage* ; 4603, *autorité*
viande, 887, *nourriture*
viander, 561, *dispensateur de nourriture, hôte*
viaz, 4923, *vite*
viz, 7290, *escalier*
voirdit, 155, veirdit, 176, *révélation*
volt, 5396, *forme du visage*
volu, 840, *voûté*
voluper, 5581, *envelopper*
vosie, 7618, *ruse*
vouse, 5395, *arcade*
vousure, 1028, *voûte*

wast, 4424, *subst., désert* ; 5017, *adj., sauvage*
wastine, 4708, *lieu désert*

ymage, 227, *statuette, figurine*
ymagerie, 1092, *incrustations*
ypotamos, 4428, ypotami, 4921, *hippopotame*

INDEX DES NOMS PROPRES
(avec la première occurrence du nom)

Antonien, 1772, vassal d'Alexandre.

Apolin, 1392, le dieu Apollon, l'un des trois dieux des Sarrasins, avec Mahon et Tervagant.

Apoloyne, 970, prince de Tyr et de Sidon.

Aquarie, 44, le Verseau, signe du zodiaque.

Arabi, 1712, Araby, 5626, Arabien, 6192, les Arabes.

Arabie, 1552, Arabi, 1575, Araby, 6768, l'Arabie.

Arcabatistes, 6738, peuple monstrueux d'Éthiopie.

Archelau(s), 1623, roi perse, un des frères de Darius (2908-2909).

Aresche, 1701, un des chefs de l'armée perse.

Argos, 3162, les Argiens (les Grecs).

Aristotle, 455, Aristothe, P42, Aristote.

Armoyne, 971, Arménie, Armenie, 6609, montagne d'Arménie.

Asye, 35, Asie, 3868, l'Asie.

Assire, 1043, Assirie, 3121, Asserie, 3593, l'Assyrie.

assirienes, 6599, assyriennes.

Athenes, 2156, Athènes.

Atheniens, 2334, les Athéniens.

Attlante, 6609, Athlante, 6835, montagne.

Atropos, C 48, l'une des trois Parques.

Aufrike, 35, Aufrikqe, 107, Aufriqe, 686, Aufrique, Aufriqe, 4616, l'Afrique.

aufrikienes, 6601, africaines.

aufriquant, 1712, africains.

Aumarie, 1771, lieu où sont fabriqués les *pailes d'Aumarie*, riches étoffes de soie : Almeria, en Andalousie ?

Azachey, 6745, peuple monstrueux d'Éthiopie.

Babiloyne, 972, Babiloine, 5981, Babiloigne, 3904, Babylone.

Babilonien, 7965, les habitants de Babylone.

Bache, 6724, le dieu Bacchus.

Bactracen, 4384, Bactres.

Balin (chastel), 1631, place forte de Darius.

Barbarin, 1608, Berbère.

Barionas de Nubie, 2930, chef perse.

Barzanes, 3662, l'un des deux assassins de Darius (cf. Besas).

CASSANDRE, 635, nom d'un prince.

CAUCASÉ, 6609, Caucasus, 6610, le Caucase.

CAYIN, 1618, Caïn.

CESAR, 1338, Jules César.

CEZILE, 1079, CEZILLE, 2369, la Sicile.

CHANALIUS, voir Canalius.

CHANOIL, 3019, peuple allié à Darius : à identifier à Chanalius, les Cananéens ?

CHARLE WAIN, 4674, Charles's Wain, la constellation du Grand Chariot (c'est-à-dire la Grande Ourse).

CHELION (mont), 6490, nom d'une montagne.

CINOMOLGRINS, 6739, peuple monstrueux d'Éthiopie (cynocéphales).

CIRIE, voir Sirie.

CIRRIM, 1700, 1895, Cyrus, cousin de Darius, tué par Tholomé. Cf. Cyrin.

CLAUSTRON, 5781, mer indienne.

CLEOPATRA, 642, CLEOPATRAM, 668, CLEOPATRAS, 683, Cléopâtre, deuxième épouse de Philippe de Macédoine.

CLOTOS, C 48, l'une des trois Parques.

CORINTH, 1307, CORINZE, 2416, CORINTHES, 2474, Corinthe.

CORMORALS, 5917, peuple de l'Inde.

CRETE, 1553, la Crête.

CRISOLIDAS, 6579, île d'Asie.

CYRIN, 1624, 2700, Cyrus, duc de Chaldée, vassal de Darius. Cf. Cirrim.

DAIRE 1, 27, DAYRE, 930, DARIS, 1257, DARIN, 1607, DARY, 1940, DARIE, P1, Darius III de Perse, adversaire d'Alexandre.

DAIRE 2, 6157, Darius, roi de Perse, prédécesseur de l'adversaire d'Alexandre, vaincu par la reine Tharamis.

DALMADE, 3028, duc d'Athènes (Démade) ; il s'agit sans doute du même personnage que Salmadas.

DAMAS, 687, Damas.

DAMPNEDIEU, 593, DAMPDIEU, 3167, le Seigneur Dieu.

DANIEL, 3890, le prophète Daniel.

DARIN, DARIS, DARY, voir Daire.

DAVID, 6791, le roi David.

FRASSIENS, 5917, les Prasiens, peuple indien situé près de Taprobane.

GANGARIDES, 4646, île de l'Inde, 5918, peuple de l'Inde, mentionné par Pline (VI, 65).
GANGES, 4639, le Gange, fleuve de l'Inde.
GARAMANT, 6797, peuple d'Éthiopie.
GAUDIENS, 5917, GAUDIENES (mers), 6604, peuple et mer de l'Inde.
GAYRON DE PAVIE, 1774, vassal d'Alexandre.
GAZEINS, 7725, habitants de Gaza.
GENTIENES, 6594, du pays des Geteus (?) : voir la note.
GEROBOANS, 2718, duc de Médie : cf. Jéroboam dans *Rois* I, XI 28.
GETEUS, 6583, peuple allié à Gog et Magog.
GOG, 4501, GOG ET MAGOG, 5976. Voir la note, v. 4501.
GRACE, 639, pays de Cléopâtre.
GRECE, 969, la Grèce.
GREGOIS, 949, GREGEIS, 2044, les Grecs.
GREU, 952, 5082, GRUIS, 3513, GRIUS, 5761, grec.
GRIFFAIN, 6580, GRIFFON, 2514, le peuple Griffain : voir la note du v. 6580.
GUIS, 1552, les Juifs ?

HEBRIE, voir Brie.
HERCULES, 2259, HERCULEM, 2275, Hercule.
HERODES, 6790, Hérode.
HIRCANIE, 6620, l'Hyrcanie.

IDLLES AS PERDUZ, 1534, îles mystérieuses.
INDE, 29, YNDE, 2085, majur, 1500, superior, 4416, dereine, 4438 : " l'Inde Majeure, qui comprend la plus grande partie de notre Inde, s'encadre entre une Inde Mineure qui s'étend du nord de la côte de Coromandel et englobe les péninsules du sud-est asiatique, et une Inde Méridienne, qui comprend l'Éthiopie et les régions côtières du sud-ouest asiatique. " (J. Le Goff, " L'Occident médiéval et l'Orient Indien ", art. cit., p. 291). L'Inde supérieure « désignait encore au commencement du XVIe siècle la partie Nord et Nord-Est de l'Asie (Sibérie et Mandchourie), au Nord du Catay (Chine septentrionale) que l'on en faisait ordinairement dépendre "

PERSANT, 1711, PERSIENS, 4864, PERSIS, 6156, PERS, 6192, les Perses.
PERSE, 918, PERSIE, 1096, PEERSE, 5601, la Perse.
PHAACEN, voir Faacen.
PHARAON, 7634, Pharaon.
PHEBUS, 531, le dieu Phébus.
PHELIPPE 1, 92, PHELIPPON, 63, PHELIPPUS, 526, Philippe de Macédoine.
PHELIPPE 2, 2794, médecin d'Alexandre.
PHELIPPE 3, 5193, PHELIPPON, 5261, frère d'Alexandre.
PHENICE, 3850, la Phénicie.
PHILOTAS, C 37, compagnon d'Alexandre.
PIERS AUMPHER, 7985, Pierre Alphonse, auteur au XIIe siècle de la *Disciplina clericalis*.
POLIBATRE, 4657, contrée de l'Inde.
POMPE, 1338, POMPEIE, 4612, voir Troge.
PORRE, 3613, PORRES, P53, PORRUS, 3990, roi d'Inde majeure.
PORTES CASPIAS : voir Caspias.
PRASIENES (les genz prasienes), 6602, les Prasiens : voir note.
PRESAMBARIS, 6722, nom donné par un peuple de l'Éthiopie au chien dont il fait son roi.

QUARSUS (les), 7988, site en Égypte, à Alexandrie.

RIFAIRES, 6083, peuple oriental ; cf Riphains.
RIPHAINS, 6317, peuple allié à Gog et Magog ; cf Rifaires.
ROME, 1087, Rome.
ROMEINS, 1098, les Romains.
ROMENIE, 1084, la région de Rome.
RUGE MER, 5462, la mer Rouge.

SABA, 1613, cité d'Éthiopie.
SABIN LE SAUVAGE, 2897, vassal d'Alexandre.
SALIN, 1610, guerrier perse.
SALMADAS, 2396, SALAMANDE, 2453, SALMANDES, 2461, noble athénien ; voir note du v. 2292 et Damade.
SALOMÉ, 1622, 1669, SALOMEE, 1732, SALLOMÉ, P167, cousin de Darius ou son neveu.
SALOMON, 6784, le roi Salomon.

TABLE

Achevé d'imprimer en 2003
sur les presses des Editions Slatkine
à Genève–Suisse